本项研究与报告编撰、出版得到了中原发展研究基金会、新型城镇化与中原经济区建设河南省协同创新中心项目经费及河南省发展和改革委员会政府购买服务项目资金的支持，在此一并表示感谢！

中原发展研究院
智 库 丛 书

中原经济区
竞争力报告
（2017）

REPORT ON THE COMPETITIVENESS OF
CENTRAL PLAINS ECONOMIC REGION (2017)

主　　　编◎耿明斋

执 行 主 编◎郑祖玄

副　主　编◎赵志亮

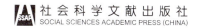

社 会 科 学 文 献 出 版 社
SOCIAL SCIENCES ACADEMIC PRESS (CHINA)

"中原发展研究院智库丛书"
编 委 会

总　序

由苏联开启，曾经波及半个地球，涵盖几十个国家的计划经济体制模式，是基于某种理论逻辑构建的。而针对这种体制所进行的市场化改革，却是基于经济发展的现实需要。最初，为了证明这种改革的正当性，人们往往采取对理论进行重新解释甚至不惜曲解的办法。而守护原有理论正当性和纯洁性的学者则将这些理论与已经变化了的现实相对照，指出现实中某些变化的非合法性，要求纠正并向原有的符合理论模式的体制回归。1990 年底，我参加了某个当时被认为是全国经济学界最重要的学术会议，强烈地感受到上述两派学者的分歧，也突然悟到他们都有一个共同的错误，即把现实放到了一个从属的地位，将现实的合法性归入某种理论框架，试图用理论的合法性来解释现实的合法性。这显然颠倒了理论与现实的关系。

其实，现实的合法性来源于自身，并不需要用理论来证明。因此，经济研究还有另外一条更为正确的途径，那就是从现实出发，从实际中我们所遇到的问题出发，先弄清楚问题是什么，然后再去寻找可以解释问题的理论。如果找不到现成的可以解释问题的理论，那就说明理论本身有问题，理论发展和创新的突破口也就找到了。自那以后，我就一头扎进了现实中，自觉走上了从现实出发、从问题出发的研究轨道。

还有一个问题也是经过长期琢磨和争论才弄清楚并坚持下来的，那就是我们研究的切入点和主攻方向究竟是涉及全局还是局部的问题；究竟是关注看起来更大、更重要但距离我们更遥远的事情，还是看起来更小也没那么重要但意义更深远的身边的事情。我们最终选择了后者，那就是发生在我们身边的看起来渺小但对整个中国的现代化进程都具有深远影响的事情，即传统平原农区工业化与经济社会转型。时间已证明当初我们的选择是正确的，相信其将继续证明我们的正确性。

十多年来，我们围绕传统平原农区工业化与经济社会转型这个主题进行了卓有成效的探索，主持了"欠发达平原农业区产业结构调整升级与工业化发展模式研究""传统平原农区工业化与社会转型路径研究""黄河中下游平原农区工业化与社会转型路径研究""中西部地区承接产业转移的重点与政策研究"等多项重大、重点、一般国家社科基金项目，以及一系列教育部、省政府、相关地方政府和企业委托项目的研究，完成了《关于建设中原城市群经济隆起带若干问题的思考》《河南省协调空间开发秩序和调整空间结构研究》《鹤壁现代城市形态发展战略规划》等多个区域发展研究报告，编撰出版了《传统农区工业化与社会转型丛书》一套，出版《中国农区工业化道路研究》《人口流动、制度壁垒与新型城镇化》等专著数十种。2004 年初提出论证并被河南省委、省政府采纳，写入河南省"十一五"和"十二五"规划及历次省域经济发展重要文件的"郑汴一体化"战略，成为我们这个团队的品牌之作。

为了更好地凝练方向，聚集人才，积累资料和成果，早在 1994 年 1 月，我们就成立了"改革发展研究院"。2009 年 9 月，更是促成了河南省人民政府研究室与河南大学合作共建了"中原发展研究院"①。中原发展研究院的宗旨是更好地践行从现实出发、从身边的问题做起的研究理念，围绕传统平原农区工业化与经济社会转型这个主轴，以河南这个典型区域为对象，从宏观到微观、从经济结构到社会结构，把每个细枝末节都梳理清楚，在更基础的层面把握经济和社会演进的方向，为政府提供有科学依据的决策建议，为经济学术尤其是发展经济学、制度经济学和区域经济学提供有价值的思想素材，在传统的政府系列和高校及科研院所之外打造一个高端的智库机构。

2011 年 9 月，适逢中原发展研究院成立两周年之际，《国务院关于支持河南省加快建设中原经济区的指导意见》（国发〔2011〕32 号）的出台，标志着中原经济区正式上升为国家战略，同时，也意味着以河南省，即以中原为研究对象的中原发展研究院真正是应时而生的。中原发展研究院多位学者作为全程深度参与中原经济区上升国家战略研究谋划团队的核心成员，从一开始就意识到，作为较早就有意识地将自己的研究领域锁定在河南也就是中原的专业团队，我们应该为中原经济区的研究和建设做点什么。为此，从 2011 年 3 月开始，中原发展研究院启动了一项计划，就是全面梳理中原经济区经济社会发展的现状，比较其优势和劣势，分析其发展过程中遇到的问题，提出解决问题的思路，构成一个能够反映中原经济区经济社会发展运行状况的完整体系，成果冠以《中原经济区竞争力报告》名称，作为中原发展研究院的系列年度出版物之一，每年一份，连续编撰出版，首份报告于 2012 年 4 月面世。

2012 年，适逢河南大学百年庆典，深圳海王集团总裁刘占军博士和北京汉唐教育集团张晓彬董事长两位校友得知我们的研究计划后，不仅非常赞赏，而且乐于施以援手，分别资助了《中原经济区发展指数报告》和《中原经济区金融竞争力报告》两个项目，该两个项目的首份年度报告于 2013 年 11 月面世。从 2014 年开始，河南财政金融学院则资助《中原经济区财政发展报告》的编撰与出版。

上述三种报告的编撰和出版，不仅使我们收获了知识和经验，也为我们赢得了社会声誉。2013 年 6 月，我们又获得了新一轮高水平大学建设工程项目，即 2011 工程项目——新型城镇化与中原经济区建设河南省协同创新中心——的支持，并以中原发展研究院为依托单位，同年，中原发展研究院获批为河南省高校人文社会科学重点研究基地。② 为了将"中原发展研究"这一主题做深做细做透，2013 年下半年我们就开始酝酿谋划更大规模的研究出版计划。该计划的基本思路是：在继续编撰出版《中原经济区竞争力报告》和《中原经济区发展指数研究报告》等综合性报告的基础上，将"中原发展"问题按不同的经济社会活动领域分解成若干个专题，分别进行研究，并于每年定期出版专题报告，形成系列，冠以"中原发展研究院智库丛书"名称。

---

① 2013 年河南省发展和改革委员会也加入了共建序列。

② 作为智库建设的先行者，中原发展研究院于 2015 年 7 月被确定为河南省委、省政府重点支持的智库机构之首（中共河南省委办公厅、河南省人民政府办公厅发豫办〔2015〕32 号文《关于加强中原智库建设的意见》），同时被吸收为国家智库中国国际经济交流中心的理事单位。

"中原发展研究院智库丛书"实际上是自 20 世纪 90 年代初开启的传统平原农区工业化与经济社会转型研究的继续和升华，也是前述国家社科基金重大招标项目"中西部地区承接产业转移的重点与政策研究"（项目编号：11&ZD050）、新型城镇化与中原经济区建设河南省协同创新中心以及河南省人文社会科学重点研究基地中原发展研究院系列专题等多个课题研究成果的有机组成部分。同时融汇了中央相关部委、河南省委省政府及相关部门、相关基层政府与企业委托的各类专项研究课题及提交报告和政策建议的内容。

需要特别说明的是，该项研究和出版计划得到了郑州宇通集团公司、河南投资集团公司、河南民航发展投资公司、河南铁路投资公司、中原信托公司、中原证券公司、河南恒通化工集团公司等企业及河南省中原发展研究基金会的赞助。同时，河南省发展和改革委员会、河南省财政厅也以政府购买服务的方式给予了支持，在此一并表示感谢，对这些企业及政府部门领导强烈的社会责任感和使命感表示深深的敬意。

"中原发展研究院智库丛书"为年度出版物，其所含所有报告均为每年一期，连续出版。

该丛书是中原发展研究院的重点项目和拳头产品，我们为其研究和撰写投入了大量精力，力求无憾。但因项目工程浩大，问题和瑕疵必然在所难免。期待着关心中原经济区建设的各级领导和专家及广大读者提出宝贵意见，以使该丛书能够不断改进，日臻完善。

耿明斋

2016 年 5 月 8 日修订

目 录

综 合 篇

第1章 河南省2015年宏观经济发展报告 …………………………………………… 003

第2章 河南省2015年新型城镇化发展报告 ………………………………………… 018

第3章 河南省2015年新型工业化发展报告 ………………………………………… 029

第4章 河南省2015年新型农业现代化发展报告 …………………………………… 045

第5章 河南省2015年现代服务业发展报告 ………………………………………… 052

第6章 河南省2015年社会事业发展报告 …………………………………………… 058

第7章 河南省2015年信息化发展报告 ……………………………………………… 073

第8章 河南省2015年县域经济发展报告 …………………………………………… 080

区域篇一（河南部分）

第9章 郑州市2015年发展报告 ……………………………………………………… 091

第10章 开封市2015年发展报告 …………………………………………………… 112

第11章 洛阳市2015年发展报告 …………………………………………………… 132

第12章 平顶山市2015年发展报告 ………………………………………………… 153

第13章 安阳市2015年发展报告 …………………………………………………… 174

第14章 鹤壁市2015年发展报告 …………………………………………………… 194

第15章 新乡市2015年发展报告 …………………………………………………… 213

第16章 焦作市2015年发展报告 …………………………………………………… 234

第17章 濮阳市2015年发展报告 …………………………………………………… 254

第18章 许昌市2015年发展报告 …………………………………………………… 274

第19章 漯河市2015年发展报告 …………………………………………………… 294

第20章　三门峡市 2015 年发展报告 ……………………………………………… 313

第21章　南阳市 2015 年发展报告 ………………………………………………… 332

第22章　商丘市 2015 年发展报告 ………………………………………………… 354

第23章　信阳市 2015 年发展报告 ………………………………………………… 375

第24章　周口市 2015 年发展报告 ………………………………………………… 396

第25章　驻马店市 2015 年发展报告 ……………………………………………… 417

第26章　济源市 2015 年发展报告 ………………………………………………… 438

区域篇二（山西、河北、山东、安徽部分）

第27章　运城市 2015 年发展报告 ………………………………………………… 457

第28章　晋城市 2015 年发展报告 ………………………………………………… 463

第29章　长治市 2015 年发展报告 ………………………………………………… 468

第30章　邢台市 2015 年发展报告 ………………………………………………… 473

第31章　邯郸市 2015 年发展报告 ………………………………………………… 478

第32章　聊城市 2015 年发展报告 ………………………………………………… 484

第33章　菏泽市 2015 年发展报告 ………………………………………………… 489

第34章　淮北市 2015 年发展报告 ………………………………………………… 494

第35章　宿州市 2015 年发展报告 ………………………………………………… 499

第36章　蚌埠市 2015 年发展报告 ………………………………………………… 504

第37章　亳州市 2015 年发展报告 ………………………………………………… 510

第38章　阜阳市 2015 年发展报告 ………………………………………………… 516

第39章　东平县 2015 年发展报告 ………………………………………………… 522

第40章　凤台县 2015 年发展报告 ………………………………………………… 525

附录一 ………………………………………………………………………………… 528

附录二 ………………………………………………………………………………… 530

后　记 ………………………………………………………………………………… 532

综 合 篇

第 1 章
河南省 2015 年宏观经济发展报告

2015 年，河南省总人口 9480 万，是全国人口第三大省，也是外出务工大省，劳动力资源丰富。河南省小麦产量居全国第 1 位，是名副其实的中国的"大粮仓"。河南地区生产总值 3.70 万亿元，居全国第 5 位。2015 年，郑州新郑机场旅客吞吐量达 1729.74 万人次，货邮吞吐量达 40.33 万吨，货邮吞吐量增速居全国大型机场第 8 位。

2015 年，河南省产业转型升级取得重大进展，第三产业增加值占生产总值比重达到 39.5%，比 2010 年提高 8.9 个百分点，成为拉动增长、扩大就业的生力军；高成长性制造业和高技术产业占工业的 56.3%，提高 15.5 个百分点，装备、食品行业主营业务收入超万亿元；产业集聚区规模以上工业增加值占全省的 60.4%，提高 20 个百分点以上，成为工业增长的主阵地。城镇化率 46.85%，提高 8.03 个百分点，五年新增 790 万城镇人口，中原城市群成为国家重点培育发展的城市群。创新能力持续增强，国家级研发中心数量翻了一番，国家重点实验室新增 9 家，达到 14 家，河南粮食作物协同创新中心成为国家首批协同创新中心，可见光通信、客车智能驾驶等核心关键技术取得重大突破。林业生态省建设取得明显进展。主要污染物排放总量完成国家控制目标，"十二五"节能目标提前一年完成。继粮食生产核心区之后，中原经济区、郑州航空港经济综合实验区上升为国家战略，实验区建设"三年打基础"目标基本实现，郑州机场二期工程提前一年建成，现代综合交通枢纽、国际物流中心加快建设，全球智能终端制造基地初步形成。高速公路新增 1289 公里，"米"字形高速铁路网建设全面展开。电力装机容量净增 1740 万千瓦，疆电入豫工程建成投运。郑州成为国家级互联网骨干直联点，跻身全国十大通信网络交换枢纽，"全光网"河南建成。丹江口库区 16.2 万移民迁安四年任务两年完成，南水北调中线一期工程如期通水。

1.1 河南省经济规模竞争力评价分析

1.1.1 河南省经济规模竞争力发展概述

2006～2015 年，河南省经济规模指标的变化情况如表 1-1-1 所示。

自 2008 年全球金融危机以来，国际经济增长乏力，中国经济受危机影响，经济增长放缓。2015 年，中国 GDP 增长率为 6.9%，河南省 GDP 增长率为 8.3%，高于全国水平 1.4 个百分点，经济增长态势良好。2006～2015 年，河南省经济规模大幅增长，各项经济指标持续稳步提高。2006～2015 年，河南省地区生产总值由 12362.79 亿元增长到

表 1 - 1 - 1　河南省 2006～2015 年经济规模竞争力指标

年份	地区生产总值（亿元）	地区生产总值增长率（%）	人均地区生产总值（元）	一般预算财政总收入（亿元）	人均财政总收入（元）	固定资产投资额（亿元）	人均固定资产投资额（元）	全社会消费品零售总额（亿元）	人均全社会消费品零售总额（元）	城镇居民人均可支配收入（元）	农村居民家庭人均纯收入（元）
2006	12362.79	14.4	13172	679.17	723.14	5907.74	6290.18	3932.55	4187.13	9810.30	3261.00
2007	15012.46	14.6	16012	862.08	921.03	8010.11	8557.81	4690.32	5011.03	11477.10	3851.60
2008	18407.78	12.1	19522.52	1008.9	1070.00	10490.64	11125.94	5662.5	6005.41	13231.10	4454.20
2009	19480.46	10.9	20533.85	1126.06	1186.95	13704.50	14445.56	6746.4	7111.20	14371.60	4807.00
2010	23092.36	12.5	24552.05	1381.32	1468.63	16585.86	17634.27	8004.22	8510.18	15930.30	5523.70
2011	26931.03	11.9	28686.65	1721.76	1834.00	17768.95	18927.30	9453.6	10069.88	18194.80	6604.00
2012	29599.31	9.91	31468.54	2040.33	2171.28	21450.00	22826.66	10915.62	11616.18	20442.60	7524.90
2013	32155.86	9.00	34174.00	2415.45	2565.98	26087.46	27713.26	12426.6	13201.04	22398.03	8475.34
2014	34938.24	8.86	30782.17	2739.26	2902.98	30782.17	32622.05	14004.95	14842.05	23672.06	9966.07
2015	37002.16	8.3	39122.61	3016.05	3181.49	35660.35	37616.40	15740.4	16603.80	25575.61	10852.86

资料来源：历年《中国统计年鉴》。

37002.16 亿元；人均地区生产总值由 13172 元增长到 39122.61 元；一般预算财政总收入由 679.17 亿元增长到 3016.05 亿元；人均财政总收入由 723.14 元增长到 3181.49 元；固定资产投资额由 5907.74 亿元增长到 35660.35 亿元；人均固定资产投资额由 6290.18 元增长到 37616.40 元；全社会消费品零售总额由 3932.55 亿元增长到 15740.4 亿元；人均全社会消费品零售总额由 4187.13 元增长到 16603.80 元；城镇居民人均可支配收入由 9810.30 元增长到 25575.61 元；农村居民家庭人均纯收入由 3261.00 元增长到 10852.86 元。由此可见，河南经济在过去十年中取得巨大发展，其中固定资产投资额增长最多，河南省固定资产投资额是十年前的 6 倍多。

1.1.2　河南省经济规模竞争力在全国的排位变化

2014～2015 年，河南省经济规模竞争力及其二级指标在全国的排位变化情况如表 1 - 1 - 2 和图 1 - 1 - 1 所示。

（1）2015 年，河南省经济规模竞争力综合排位在全国处于第 12 位，表明其在全国处于中势地位；与 2014 年相比上升 3 位，经济规模扩大。

（2）从指标所处区位看，2015 年处于上游区的指标有 5 项，分别是地区生产总值、地区生产总值增长率、一般预算财政总收入、固定资产投资额、全社会消费品零售总额，其中地区生产总值、一般预算财政总收入、固定资产投资额和全社会消费品零售总额是河南省经济规模竞争力的优势指标；处在下游区的指标有 6 项，分别是人均地区生产总值、人均财政总收入、人均固定资产投资额、人均全社会消费品零售总额、城镇居民人均可支配收入和农村居民家庭人均纯收入，其中人均财政总收入、人均固定资产投资额、城镇居民人均可支配收是河南省经济规模竞争力中的劣势指标。

表 1 - 1 - 2　河南省 2014～2015 年经济规模竞争力及其二级指标在全国排位趋势

指标	地区生产总值	地区生产总值增长率	人均地区生产总值	一般预算财政总收入	人均财政总收入	固定资产投资额	人均固定资产投资额	全社会消费品零售总额	人均全社会消费品零售总额	城镇居民人均可支配收入	农村居民家庭人均纯收入	经济规模竞争力
2014 年排位	5	14	22	9	30	3	21	5	20	23	17	15
2015 年排位	5	13	18	8	28	3	21	5	19	24	17	12
升降	0	1	4	1	2	0	0	0	1	-1	0	3
优势度	优势	中势	中势	优势	劣势	优势	劣势	优势	中势	劣势	中势	中势

注：在全国排位时，排位处于 1～10 位的归为优势指标，11～20 位的归为中势指标，21～31 位的归为劣势指标；排位处于 1～16 位的归为上游区域，排位处于 17～31 位的归为下游区域。本报告中所有涉及全国排位的指标，均按此标准归类。

资料来源：由 2015～2016 年《中国统计年鉴》整理计算得到。

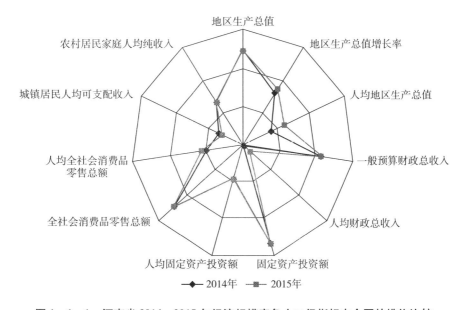

图 1 - 1 - 1　河南省 2014～2015 年经济规模竞争力二级指标在全国的排位比较

　　（3）从雷达图图形变化看，2015 年与 2014 年相比，面积略有增大，经济规模竞争力呈现上升趋势。

　　（4）从排位变化动因看，在地区生产总值增长率、人均地区生产总值、一般预算财政总收入和人均财政总收入、人均全社会消费品零售总额 5 项指标排位上升和城镇居民人均可支配收入指标排位下降的综合作用下，2015 年河南省经济规模竞争力在全国的综合排位上升 3 位，居全国第 12 位。

1.1.3　河南省经济规模竞争力在中部六省的排位变化

2014～2015年，河南省经济规模竞争力及其二级指标在中部六省的变化情况如表1-1-3和图1-1-2所示。

表1-1-3　河南省2014～2015年经济规模竞争力及其二级指标在中部六省排位趋势

指标	地区生产总值	地区生产总值增长率	人均地区生产总值	一般预算财政总收入	人均财政总收入	固定资产投资额	人均固定资产投资额	全社会消费品零售总额	人均全社会消费品零售总额	城镇居民人均可支配收入	农村居民家庭人均纯收入	经济规模竞争力
2014年排位	1	5	3	1	6	1	5	1	4	6	4	3
2015年排位	1	5	3	1	6	1	5	1	3	6	4	3
升降	0	0	0	0	0	0	0	0	1	0	0	0
优势度	优势	劣势	中势	优势	劣势	优势	劣势	优势	中势	劣势	中势	中势

注：在中部六省排位时，排位处于1～2位的归为优势指标，3～4位的归为中势指标，5～6位的归为劣势指标；排位处于1～3位的归为上游区域，排位处于4～6位的归为下游区域。本报告中所有涉及中部六省排位的指标，均按此标准归类。

资料来源：由2015～2016年《中国统计年鉴》整理计算得到。

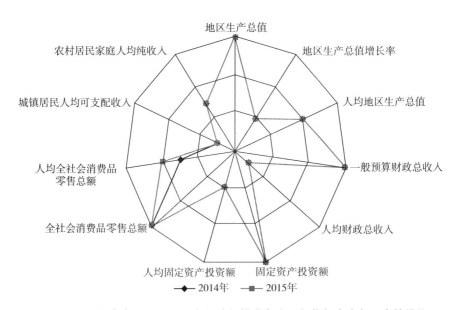

图1-1-2　河南省2014～2015年经济规模竞争力二级指标在中部六省的排位

（1）2015年河南省经济规模竞争力综合排位在中部六省处于第3位，表明其在中部六省处于中势地位，与2014年排位相同。

（2）从指标所处区位看，2015年处于上游区的指标有6项，分别是地区生产总值、人均地区生产总值、一般预算财政总收入、固定资产投资额、全社会消费品零售总额、人均全社会消费品零售总额，其中地区生产总值、一般预算财政总收入、固定资产投资额、全社会消费品零售总额是河南省经济规模竞争力的优势指标；处于下游区的指标有5 项，分别是地区生产总值增长率、人均财政总收入、人均固定资产投资额、城镇居民人均可支配收入和农村居民家庭人均纯收入，其中地区生产总值增长率、人均财政总收入、人均固定资产投资额和城镇居民人均可支配收入是河南省经济规模竞争力中的劣势指标。

（3）从雷达图图形变化看，2015 年与 2014 年相比，面积略有增加，经济规模竞争力保持不变。

（4）从排位变化的动因看，在人均全社会消费品零售总额指标排位上升，其他各项指标排位不变的综合作用下，2015 年河南省经济规模竞争力在中部六省的综合排位保持不变，仍居中部六省第 3 位。

1.1.4 河南省各地市经济规模竞争力排位变化

2014～2015 年，河南省各地市经济规模竞争力及其二级指标的变化情况，如表 1－1－4所示。

表 1－1－4 河南省各地市 2014～2015 年经济规模竞争力及其二级指标排位趋势

城　　　市	地区生产总值		地区生产总值增长率		人均地区生产总值		一般预算财政总收入		人均财政总收入		固定资产投资额	
	2014 年	2015 年	2014 年	2015 年	2014 年	2015 年	2014 年	2015 年	2014 年	2015 年	2014 年	2015 年
郑 州 市	1	1	5	1	1	1	1	1	1	1	1	1
开 封 市	13	13	4	2	13	11	10	10	11	10	14	14
洛 阳 市	2	2	12	4	5	5	2	2	4	3	2	2
平顶山市	12	12	18	15	12	13	5	6	8	11	10	11
安 阳 市	8	9	15	14	9	10	8	9	12	13	8	8
鹤 壁 市	17	17	1	13	7	7	17	17	6	5	17	17
新 乡 市	6	6	7	16	11	12	4	4	9	9	4	6
焦 作 市	7	7	14	12	4	4	7	7	5	6	7	7
濮 阳 市	14	14	2	3	10	9	15	15	13	12	15	15
许 昌 市	4	4	6	8	6	6	6	5	7	7	6	5
漯 河 市	16	16	10	5	8	8	16	16	10	8	16	16
三门峡市	15	15	11	18	3	3	11	13	3	4	12	12
南 阳 市	3	3	16	7	15	15	3	3	14	14	3	3
商 丘 市	10	10	8	11	17	17	9	8	15	15	9	9
信 阳 市	9	8	13	9	14	14	14	14	16	16	5	4
周 口 市	5	5	9	6	18	18	12	11	18	18	11	10
驻马店市	11	11	17	10	16	16	13	12	17	17	13	13
济 源 市	18	18	3	17	2	2	18	18	2	2	18	18

续表

城　　市	人均固定资产投资额		全社会消费品零售总额		人均全社会消费品零售总额		金融机构贷款年底余额		人均金融机构贷款年底余额		经济规模竞争力	
	2014 年	2015 年	2014 年	2015 年	2014 年	2015 年	2014 年	2015 年	2014 年	2015 年	2014 年	2015 年
郑 州 市	3	2	1	1	1	1	1	1	1	1	1	1
开 封 市	15	15	9	9	8	7	11	10	10	9	10	6
洛 阳 市	5	5	2	2	2	2	2	2	2	2	2	2
平顶山市	12	12	11	11	10	10	4	4	7	7	15	15
安 阳 市	10	9	12	12	13	13	10	11	12	12	11	12
鹤 壁 市	7	7	17	17	15	15	16	17	4	5	8	17
新 乡 市	8	11	7	7	11	12	5	7	9	10	4	7
焦 作 市	4	4	13	13	4	4	12	12	8	8	5	4
濮 阳 市	9	8	14	14	14	14	15	15	17	17	12	9
许 昌 市	6	6	10	10	7	8	6	5	5	3	3	3
漯 河 市	11	10	15	15	6	6	17	16	13	13	17	11
三门峡市	1	1	16	16	5	5	14	14	6	6	7	10
南 阳 市	14	14	3	3	9	9	3	3	14	14	8	5
商 丘 市	16	16	6	6	16	16	8	8	15	16	14	16
信 阳 市	13	13	5	5	12	11	7	6	11	11	13	8
周 口 市	18	18	4	4	17	17	13	13	18	18	16	13
驻马店市	17	17	8	8	18	18	9	9	16	15	18	18
济 源 市	2	3	18	18	3	3	18	18	3	4	6	14

资料来源：由 2015～2016 年《河南统计年鉴》整理计算得到。

2015 年河南省各市经济规模竞争力排位保持不变的城市有 5 个，分别是郑州、洛阳、平顶山、许昌、驻马店。2015 年河南省各市经济规模竞争力排位上升的城市有 7 个，分别是开封、焦作、濮阳、漯河、南阳、信阳、周口。2015 年河南省各市经济规模竞争力排位下降的城市有 6 个，分别是安阳、鹤壁、新乡、三门峡、商丘、济源。详细变动情况见表 1－1－4 及区域篇各章分析。

1.2　河南省经济结构竞争力评价分析

1.2.1　河南省经济结构竞争力发展概述

2006～2015 年，河南省经济结构竞争力指标的变化情况，如表 1－2－1 所示。

从表 1－2－1 来看，河南省在 2006～2015 年的十年里，经济结构在逐步优化。产业结构优化度不断提高，第二、三产业占 GDP 比重从 2006 年的 84.5% 增长到 2015 年的 88.62%；所有制结构优化度也不断提高，城乡收入差距 2006～2015 年不断缩小；支出结构比例呈现先减少后缓慢回升的态势，消费与投资的比例在 2013 年后开始回升，消费额相对投资额开始增加；国际贸易结构 2015 年比 2014 年降低，出口比例减少，进口增加。

表 1 - 2 - 1　河南省 2006 ~ 2015 年经济结构竞争力指标

单位：%

年份	产业结构（第二、三产业占 GDP 比重）	所有制结构（非国有工业企业主营业务收入/工业企业主营业务收入）	人均收入结构（乡村/城市）	支出结构（消费/投资）	国际贸易结构（出口/进出口总额）
2006	84.5	43.29	33.24	96.51	67.73
2007	85.23	47.56	33.56	81.65	65.53
2008	85.24	56.97	33.66	72.43	61.32
2009	85.79	58.93	33.45	65.71	54.67
2010	85.89	60.25	34.67	63.9	59.21
2011	86.96	62.27	36.3	61.48	58.94
2012	87.26	63.23	36.81	60.46	58.77
2013	87.4	65.91	37.84	61.57	61.46
2014	88.09	68.95	42.10	61.85	62.12
2015	88.62	85.96	42.43	66.27	59.49

资料来源：历年《中国统计年鉴》。

1.2.2　河南省经济结构竞争力在全国的排位变化

2014 ~ 2015 年，河南省经济结构竞争力及二级指标在全国的排位变化情况，如表 1 - 2 - 2 和图 1 - 2 - 1 所示。

表 1 - 2 - 2　河南省 2014 ~ 2015 年经济结构竞争力及二级指标在全国的排位趋势

指标	产业结构	所有制结构	人均收入结构	支出结构	国际贸易结构	经济结构竞争力
2014 年排位	23	6	9	24	8	15
2015 年排位	21	6	8	25	16	16
升降	2	0	1	-1	-8	-1
优势度	劣势	优势	优势	劣势	中势	中势

资料来源：由 2015 ~ 2016 年《中国统计年鉴》整理计算得到。

（1）2015 年河南省经济结构竞争力综合排位处于第 16 位，表明其在全国处于中势地位；与 2014 年相比排位下降 1 位。

（2）从指标所处区位看，2015 年处于上游区的指标有 3 个，分别是所有制结构、人均收入结构、国际贸易结构；处于下游区的指标有 2 个，分别是产业结构、支出结构。

（3）从雷达图图形变化看，2015 年与 2014 年相比，面积略有缩小，经济结构竞争力呈现稳定态势。

（4）从排位变化的动因看，在产业结构、人均收入结构指标排位上升，支出结构、国际贸易结构指标排位下降，其他指标排位不变的综合作用下，2015 年河南省经济结构竞争力综合排位与 2014 年相比排位下降 1 位，居全国第 16 位。

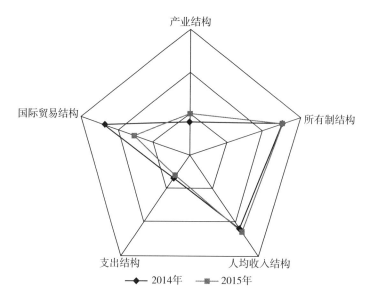

图1-2-1 河南省2014～2015年经济结构竞争力二级指标在全国的排位比较

1.2.3 河南省经济结构竞争力在中部六省的排位变化

2014～2015年，河南省经济结构竞争力及其二级指标在中部六省排位的变化情况，如表1-2-3和图1-2-2所示。

表1-2-3 河南省2014～2015年经济结构竞争力及其二级指标在中部六省排位趋势

指标	产业结构	所有制结构	人均收入结构	支出结构	国际贸易结构	经济结构竞争力
2014年排位	6	2	2	6	3	5
2015年排位	5	1	2	6	6	5
升降	1	1	0	0	-3	0
优势度	劣势	优势	优势	劣势	劣势	劣势

资料来源：由2015～2016年《中国统计年鉴》整理计算得到。

（1）2015年河南省经济结构竞争力综合排位处于第5位，表明其在六省中处于劣势地位；与2014年相比排位保持不变。

（2）从指标所处区位看，2015年处于中部六省上游区的指标有2个，分别为所有制结构、人均收入结构，且均是优势指标；处于下游区的指标有3个，分别为产业结构、支出结构、国际贸易结构，它们全为劣势指标。

（3）从雷达图图形变化看，2015年与2014年相比，面积基本保持不变，经济结构竞争力呈现平稳发展趋势。

（4）从排位变化的动因看，在产业结构、所有制结构排位上升，国际贸易结构指标排位下降，其他指标排位不变的综合作用下，2015年河南省经济结构竞争力综合排位保持不变，仍居中部六省第5位。

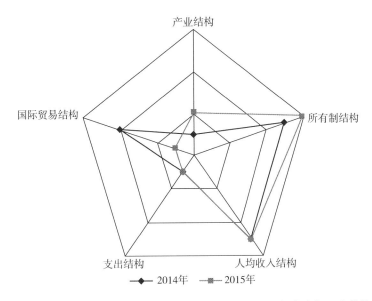

图 1 - 2 - 2 河南省 2014～2015 年经济结构竞争力二级指标在中部六省排位比较

1.2.4 河南省各地市经济结构竞争力的变化

2014～2015 年，河南省各地市经济结构竞争力及其二级指标的变化情况，如表 1 - 2 - 4 所示。

表 1 - 2 - 4 河南省各地市 2014～2015 年经济结构竞争力及其二级指标排位趋势

城　市	产业结构		所有制结构		人均收入结构		支出结构		国际贸易结构		单位 GDP 能耗增减率		经济结构 竞争力	
	2014 年	2015 年	2014 年	2015 年	2014 年	2015 年	2014 年	2015 年	2014 年	2015 年	2014 年	2015 年	2014 年	2015 年
郑 州 市	1	1	6	7	1	1	3	4	14	15	2	4	1	1
开 封 市	14	14	2	2	9	9	2	2	6	6	10	1	4	2
洛 阳 市	3	3	16	16	18	18	7	8	9	7	8	9	13	11
平顶山市	8	8	17	17	14	13	10	9	4	5	1	11	12	14
安 阳 市	9	10	13	13	10	10	11	12	17	17	13	13	15	17
鹤 壁 市	7	6	12	12	5	4	17	17	8	8	5	7	7	8
新 乡 市	11	11	8	9	7	8	13	11	10	12	15	17	11	12
焦 作 市	4	4	9	8	2	3	15	15	12	11	9	14	6	6
濮 阳 市	12	12	10	10	16	16	14	14	2	1	4	3	14	13
许 昌 市	5	5	7	4	4	5	12	13	3	2	7	5	2	3
漯 河 市	10	9	3	3	6	6	6	6	13	13	17	12	5	4
三门峡市	6	7	18	18	8	7	18	18	16	16	18	18	18	18
南　　阳	13	13	11	11	12	12	4	3	11	10	11	8	10	9
商 丘 市	15	15	15	14	17	17	8	7	7	7	3	6	17	15

续表

城　　市	产业结构		所有制结构		人均收入结构		支出结构		国际贸易结构		单位GDP能耗增减率		经济结构竞争力	
	2014年	2015年	2014年	2015年	2014年	2015年	2014年	2015年	2014年	2015年	2014年	2015年	2014年	2015年
信 阳 市	18	18	5	5	11	11	9	10	15	14	16	16	16	16
周 口 市	16	16	1	1	13	14	1	1	1	9	6	10	3	5
驻马店市	17	17	4	6	15	15	5	5	5	4	12	15	8	10
济 源 市	2	2	14	15	3	2	16	16	18	18	14	2	9	7

资料来源：由2015～2016年《河南统计年鉴》整理计算得到。

注：此表中所有制经济结构指非国有工业企业增加值/工业增加值。

2015年河南省各市经济结构竞争力排位保持不变的城市有4个，分别是郑州、焦作、三门峡、信阳。2015年河南省各市经济结构竞争力排位上升的城市有7个，分别是开封、洛阳、濮阳、漯河、南阳、商丘、济源。2015年河南省各市经济结构竞争力排位下降的城市有7个，分别是平顶山、安阳、鹤壁、新乡、许昌、周口、驻马店。详细变动情况见表1－2－4及地市篇各章分析。

1.3　河南省经济外向度竞争力评价分析

1.3.1　河南省经济外向度竞争力发展概述

2006～2015年，河南省经济外向度竞争力指标的变化情况，如表1－3－1所示。

表1－3－1　河南省2006～2015年经济外向度竞争力指标

年份	进出口总额（万美元）	货物和服务净流出（净出口）（亿元）	出口拉动指数（净出口/GDP）（%）	外商投资企业投资总额（亿美元）	出口总额（万美元）	外贸依存度（进出口总额/GDP）（%）
2006	979594	－62.3	－0.5	233.22	663497	7.92
2007	1280493	－185.18	－1.23	256.56	839145	8.53
2008	1747934	－454.32	－2.52	293.05	1071890	9.7
2009	1343839	－2566.28	－13.17	346.58	734648	6.9
2010	1779157	－3094.87	－13.4	378.66	1053447	7.71
2011	3264212	－4018.63	－14.92	409.53	1924040	12.12
2012	5433308	601.6	2.03	463	3193072	11.58
2013	6277358	890.71	2.77	477.87	3857778.8	12.90
2014	6847514	1019.21	2.92	588.78	4253352.3	12.04
2015	7695655	910	2.46	687.10	4577870	12.96

资料来源：历年《中国统计年鉴》。

从表 1-3-1 来看，河南省在 2006~2015 年的十年里，经济外向度有了明显增强。进出口总额、外商投资企业投资总额、出口总额、外贸依存度指标近 3 年来一直处于上升趋势中，表明河南的经济外向度竞争力稳定增强。

1.3.2　河南省经济外向度竞争力在全国的排位变化

2014~2015 年，河南省经济外向度竞争力及其二级指标在全国的排位变化情况，如表 1-3-2 和图 1-3-1 所示。

表 1-3-2　河南省 2014~2015 年经济外向度竞争力及其二级指标在全国排位趋势

指标	进出口总额	货物和服务净流出	出口拉动指数	外商投资企业投资总额	出口总额	外贸依存度	经济外向度竞争力
2014 年排位	12	6	9	15	11	19	9
2015 年排位	11	9	11	16	10	16	11
升降	1	-3	-2	-1	1	3	-2
优势度	中势	优势	中势	中势	优势	中势	中势

资料来源：由 2015~2016 年《中国统计年鉴》整理计算得到。

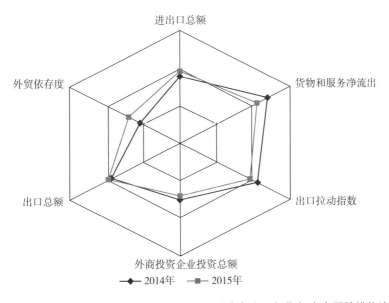

图 1-3-1　河南省 2014~2015 年经济外向度竞争力二级指标在全国的排位比较

（1）2015 年河南省经济外向度竞争力综合排位处于第 11 位，表明其在全国处于中势地位，与 2014 年相比下降 2 位。

（2）从指标所处区位看，2015 年全部指标均位于上游区，其中货物和服务净流出、出口总额为优势指标。

（3）从雷达图图形变化看，2015 年与 2014 年相比，面积略微缩小，经济外向度竞争力呈现下降的趋势。

（4）从排位变化的动因看，在进出口总额、出口总额、外贸依存度指标排位上升，货物和服务净流出、出口拉动指数、外商投资企业投资总额下降的综合作用下，2015年河南省经济外向度竞争力综合排位与2014年相比下降2位，居全国第11位。

1.3.3 河南省经济外向度竞争力在中部六省的排位变化

2014～2015年，河南省经济外向度竞争力及其二级指标在中部六省的排位变化情况，如表1-3-3和图1-3-2所示。

表1-3-3 河南省2014～2015年经济外向度竞争力及其二级指标在中部六省排位趋势

指标	进出口总额	货物和服务净流出	出口拉动指数	外商投资企业投资总额	出口总额	外贸依存度	经济外向度竞争力
2014年排位	1	1	2	3	1	3	1
2015年排位	1	2	4	4	1	2	3
升降	0	-1	-2	-1	0	1	-2
优势度	优势	优势	中势	中势	优势	优势	中势

资料来源：由2015～2016年《中国统计年鉴》整理计算得到。

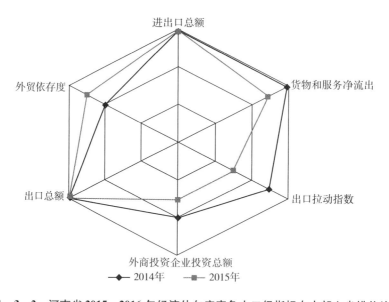

图1-3-2 河南省2015～2016年经济外向度竞争力二级指标在中部六省排位比较

（1）2015年河南省经济外向度竞争力综合排位处于第3位，表明其在六省中处于中势地位；与2014年相比排位下降2位。

（2）从指标所处区位看，2015年进出口总额、货物和服务净流出、出口总额、外贸依存度指标均位于中部六省上游区，且都为优势指标。

（3）从雷达图图形变化看，2015 年与 2014 年相比，面积缩小，经济外向度竞争力呈下降趋势。

（4）从排位变化的动因看，在货物和服务净流出、出口拉动指数、外商投资企业投资总额指标排位下降，外贸依存度指标排位上升的综合作用下，2015 年河南省经济外向度竞争力综合排位下降，居中部六省第 3 位。

1.3.4　河南省各地市经济外向度竞争力的排位变化

2014～2015 年，河南省各地市经济外向度竞争力及其二级指标的排位变化情况，如表 1-3-4 所示。

表 1-3-4　河南各地市 2014～2015 年经济外向度竞争力及其二级指标排位趋势

城　市	进出口总额		货物和服务净流出		出口拉动指数		实际 FDI		利用省外资金		省外资金/固定资产投资		经济外向度竞争力	
	2014 年	2015 年	2014 年	2015 年	2014 年	2015 年	2014 年	2015 年	2014 年	2015 年	2014 年	2015 年	2014 年	2015 年
郑　州　市	1	1	1	1	1	1	1	1	1	1	16	17	1	1
开　封　市	14	15	11	11	12	13	10	9	7	7	2	3	9	10
洛　阳　市	5	3	3	3	7	5	2	2	2	2	13	13	3	2
平顶山市	13	12	9	7	10	8	15	15	9	10	8	6	14	12
安　阳　市	7	8	17	17	17	17	14	13	4	4	5	5	12	14
鹤　壁　市	17	17	14	14	9	7	7	7	13	13	1	1	10	9
新　乡　市	8	7	7	9	8	11	4	4	5	5	9	9	5	5
焦　作　市	2	2	4	5	3	3	6	6	6	6	6	8	2	3
濮　阳　市	12	9	8	6	4	4	11	10	17	17	17	16	11	8
许　昌　市	3	5	2	2	2	2	8	8	11	11	12	12	4	4
漯　河　市	10	11	12	12	11	9	5	5	16	16	10	10	7	7
三门峡市	18	16	16	16	16	16	3	3	12	12	11	11	13	13
南　阳　市	4	4	5	4	5	6	9	11	10	9	15	14	6	6
商　丘　市	16	18	13	13	14	14	17	17	3	3	4	4	15	15
信　阳　市	11	13	15	15	15	15	13	12	15	15	18	18	16	18
周　口　市	9	10	6	8	6	10	12	14	8	8	7	7	11	11
驻马店市	15	14	10	10	13	12	16	16	14	14	14	15	17	16
济　源　市	6	6	18	18	18	18	18	18	18	18	3	2	18	17

资料来源：由 2015～2016 年《河南统计年鉴》整理计算得到。

2015 年河南省各市经济外向度竞争力排位保持不变的城市有 6 个，分别是郑州、新乡、许昌、三门峡、南阳、商丘。排位上升的城市有 7 个，分别是洛阳、平顶山、鹤壁、濮阳、漯河、驻马店、济源。排位下降的城市有 5 个，分别是开封、安阳、焦作、信阳、周口。详细变动情况见表 1-3-4 及区域篇各章分析。

1.4 河南省宏观经济竞争力综合分析

1.4.1 河南省宏观经济竞争力在全国的排位综合分析

从指标所处区位看，2015年河南省经济规模竞争力、经济结构竞争力、经济外向度竞争力均处于全国上游区。从指标变化趋势看，在经济规模竞争力指标排位上升，经济结构竞争力、经济外向度竞争力指标排位下降的综合影响下，宏观竞争力指标排位上升1位，居全国第15位，如表1-4-1所示。

表1-4-1 河南省2014~2015年宏观经济竞争力指标在全国的排位趋势

指标	经济规模竞争力	经济结构竞争力	经济外向度竞争力	宏观经济竞争力
2014年排位	15	15	9	16
2015年排位	12	16	11	15
升降	3	-1	-2	1
优势度	中势	中势	中势	中势

1.4.2 河南省宏观经济竞争力在中部六省的排位综合分析

从指标所处区位看，2015年河南省经济规模竞争力和经济外向度竞争力均处于中部六省上游区，经济结构竞争力处于中部六省下游区。从指标变化趋势看，经济规模竞争力、经济结构竞争力指标排位保持不变，经济外向度竞争力指标排位下降。从综合排位分析来看，三个指标不同的变化趋势决定了2015年河南省宏观经济竞争力排位呈稳定趋势，仍居第5位，如表1-4-2所示。

表1-4-2 河南省2014~2015年宏观经济竞争力指标在中部六省排位趋势

指标	经济规模竞争力	经济结构竞争力	经济外向度竞争力	宏观经济竞争力
2014年排位	3	5	1	5
2015年排位	3	5	3	5
升降	0	0	-2	0
优势度	中势	劣势	中势	劣势

1.4.3 河南省各地市宏观经济竞争力的综合排位

2014~2015年，河南省各地市宏观经济竞争力的变化情况，如表1-4-3所示。

表 1 - 4 - 3　河南省各地市 2014～2015 宏观经济竞争力的排位趋势

城　市	经济规模竞争力		经济结构竞争力		经济外向度竞争力		宏观经济竞争力	
	2014 年	2015 年	2014 年	2015 年	2014 年	2015 年	2014 年	2015 年
郑 州 市	1	1	1	1	1	1	1	1
开 封 市	10	6	4	2	9	10	6	5
洛 阳 市	2	2	13	11	3	2	4	3
平顶山市	15	15	12	14	14	12	15	14
安 阳 市	11	12	15	17	12	14	13	15
鹤 壁 市	8	17	7	8	10	9	7	12
新 乡 市	4	7	11	12	5	5	5	9
焦 作 市	5	4	6	6	2	3	3	4
濮 阳 市	12	9	14	13	11	8	14	10
许 昌 市	3	3	2	3	4	4	2	2
漯 河 市	17	11	5	4	8	7	11	7
三门峡市	7	10	18	18	13	13	12	16
南 阳 市	8	5	10	9	6	6	9	6
商 丘 市	14	16	17	15	15	15	18	18
信 阳 市	13	8	16	16	16	18	17	13
周 口 市	16	13	3	5	7	11	10	8
驻马店市	18	18	8	10	17	16	16	17
济 源 市	6	14	9	7	18	17	8	11

资料来源：由 2015～2016 年《河南统计年鉴》整理计算得到。

　　2015 年河南省各市宏观经济竞争力排位保持不变的城市有 3 个，分别是郑州、许昌、商丘。2015 年河南省各市宏观经济竞争力排位上升的城市有 8 个，分别是开封、洛阳、平顶山、濮阳、漯河、南阳、信阳、周口，其中濮阳保持了上年的增长态势，宏观经济竞争力持续上升。2015 年河南省各市宏观经济竞争力排位下降的城市有 7 个，分别是安阳、鹤壁、新乡、焦作、三门峡、驻马店、济源，其中驻马店延续了上年的下降趋势，宏观经济竞争力持续下降，经济形势不容乐观。详细变动情况见表 1 - 4 - 3 及地市篇各章分析。

第 2 章
河南省 2015 年新型城镇化发展报告

2015 年底，河南省城镇人口达到 4441.38 万，城镇化水平达到 46.85%，比 2006 年高出了 14.38 个百分点，尤其是近 5 年，全省每年约有 200 万农民变身为市民，新型城镇化进入快速发展期。2014 年，洛阳市、禹州市、新郑市和兰考县入选首批国家新型城镇化综合试点地区；2015 年，濮阳市和长垣县入选第二批国家新型城镇化综合试点地区；2016 年 12 月，鹤壁市、新密市、登封市、长葛市入选第三批国家新型城镇化综合试点地区。至此，河南省国家新型城镇化综合试点地区已达到 10 个。

近年来河南省积极完善城乡规划体系，稳定推进新型城镇化。深化户籍制度改革，推行居住证制度，强化"一基本两牵动三保障"，农业转移人口市民化机制不断完善。与此同时，河南省深化投融资体制改革，推行政府与社会资本合作模式，市政公用事业市场化改革深入实施，并积极开展城市管理下沉，深入推进网格化、精细化管理，初步构建了权责明确、功能完备、管理规范、运行顺畅的城市运行体系。新型城镇化的快速发展让百姓宜居更宜业。据测算，目前全省经济总量的 70% 左右在城镇产出，投资的 80% 左右在城镇发生，消费的 82% 左右在城镇实现，劳动力的 42% 左右在城镇就业，城镇已成为经济社会发展的主阵地，成为集聚人口、资源、要素、产业的最大平台。

2.1　河南省城镇化进程竞争力评价分析

2.1.1　河南省城镇化进程竞争力发展概述

2006～2015 年，河南省城镇化进程竞争力指标的变化情况，如表 2 - 1 - 1 所示。

表 2 - 1 - 1　河南省 2006～2015 年城镇化进程竞争力指标

年份	城镇化率（%）	城镇居民人均可支配收入（元）	城市建成区面积（平方公里）	市区人口密度（人/平方公里）	人均拥有道路面积（平方米）	人均日生活用水量（升）	燃气普及率（%）	人均城市园林绿地面积（平方米）
2006	32.47	9810.26	1678.60	5305	10.00	129.50	63.23	—
2007	34.34	11477.05	1775.30	5902	10.81	125.90	68.87	—
2008	36.03	13231.11	1857.24	5967	9.90	115.90	66.91	8.20
2009	37.70	14371.56	1913.26	4886	10.44	118.50	72.89	8.72

续表

年份	城镇化率（%）	城镇居民人均可支配收入（元）	城市建成区面积（平方公里）	市区人口密度（人/平方公里）	人均拥有道路面积（平方米）	人均日生活用水量（升）	燃气普及率（%）	人均城市园林绿地面积（平方米）
2010	38.50	15930.26	2014.40	5178	10.25	109.10	73.43	8.65
2011	40.57	18194.80	2098.07	5124	10.83	108.60	76.19	8.90
2012	42.43	20442.62	2219.07	4964	11.08	104.09	77.94	9.23
2013	43.80	22398.03	2289.08	4982	11.57	105.38	81.98	9.58
2014	45.20	23672.06	2374.67	5149	11.67	107.44	83.76	9.93
2015	46.85	25575.61	2503.08	5155	12.06	111.07	86.02	10.16

2006～2015 年，河南省城镇化进程竞争力不断提高。城镇化率、城镇居民人均可支配收入、城市建成区面积、市区人口密度、人均日生活用水量、燃气普及率等指标都有了大幅度的上升。河南省的城镇化率指标呈现不断增长的趋势，从 2006 年的 32.47% 持续增长至 2015 年的 46.85%，城镇化水平稳步提高。城镇居民人均可支配收入近年来增长较快，人均拥有道路面积、人均城市园林绿地面积和燃气普及率等指标稳定增长。

2.1.2　河南省城镇化进程竞争力在全国的排位变化

2014～2015 年，河南省城镇化进程竞争力及其二级指标在全国的排位变化情况，如表 2－1－2 和图 2－1－1 所示。

表 2－1－2　河南省 2014～2015 年城镇化进程竞争力及其二级指标在全国的排位趋势

指标	城镇化率	城镇居民人均可支配收入	城市建成区面积	市区人口密度	人均拥有道路面积	人均日生活用水量	燃气普及率	人均城市园林绿地面积	城镇化进程竞争力
2014 年排位	27	23	6	2	27	30	27	28	27
2015 年排位	27	24	5	2	26	30	26	28	25
升降	0	－1	1	0	1	0	1	0	2
优势度	劣势	劣势	优势	优势	劣势	劣势	劣势	劣势	劣势

（1）2015 年河南省城镇化进程竞争力综合排位在全国处于第 25 位，表明其在全国处于劣势地位；与 2014 年相比上升 2 位。

（2）从指标所处区位看，2015 年处于上游区的指标有 2 个，分别是城市建成区面积和市区人口密度，且它们均是河南省城镇化进程竞争力的优势指标；处于下游区的指标有 6 个，分别是城镇化率、城镇居民人均可支配收入、人均拥有道路面积、人均日生活用水量、燃气普及率和人均城市园林绿地面积，且它们均是河南省城镇化进程竞争力中的劣势指标。

（3）从雷达图图形变化看，2015 年与 2014 年相比，面积略有增大，城镇化进程竞争力呈现上升趋势。

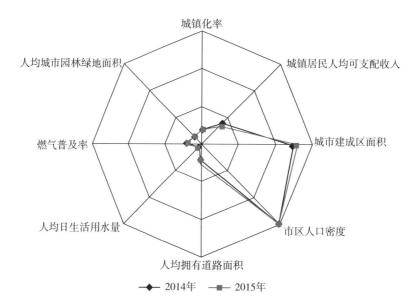

图2-1-1 河南省2014~2015年城镇化进程竞争力二级指标在全国的排位比较

（4）从排位变化的动因看，在城镇居民人均可支配收入指标排位下降，城市建成区面积、人均拥有道路面积、燃气普及率指标排位上升，其他指标排位不变的综合作用下，2015年河南省城镇化进程竞争力在全国的综合排位上升2位，居全国第25位。

2.1.3 河南省城镇化进程竞争力在中部六省的排位变化

2014~2015年，河南省城镇化进程竞争力及其二级指标在中部六省的排位变化情况，如表2-1-3和图2-1-2所示。

表2-1-3 河南省2014~2015年城镇化进程竞争力及其二级指标在中部六省的排位趋势

指标	城镇化率	城镇居民人均可支配收入	城市建成区面积	市区人口密度	人均拥有道路面积	人均日生活用水量	燃气普及率	人均城市园林绿地面积	城镇化进程竞争力
2014年排位	6	6	1	1	6	6	6	5	6
2015年排位	6	6	1	1	6	6	6	5	6
升降	0	0	0	0	0	0	0	0	0
优势度	劣势	劣势	优势	优势	劣势	劣势	劣势	劣势	劣势

（1）2015年河南省城镇化进程竞争力在中部六省中处于第6位，表明其在中部六省处于劣势地位；与2014年相比排位保持不变。

（2）从指标所处区位看，2015年处于上游区的指标有2个，分别是城市建成区面积和市区人口密度，且它们均是河南省城镇化进程竞争力中的优势指标；处在下游区的指标有6个，分别是城镇化率、城镇居民人均可支配收入、人均拥有道路面积、人均日生活用水量、燃气普及率、人均城市园林绿地面积，且它们均是河南省城镇化进程竞争力中的劣

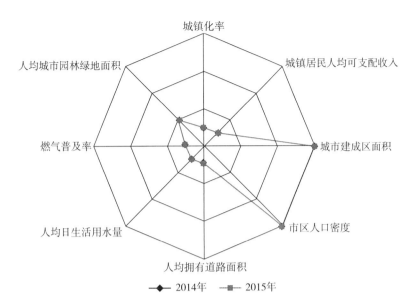

图 2 - 1 - 2　河南省 2014 ~ 2015 年城镇化进程竞争力二级指标在中部六省的排位比较

势指标。

（3）从雷达图图形变化看，2015 年与 2014 年相比，面积不变，城镇化进程竞争力呈现稳定发展趋势。

（4）从排位变化的动因看，在所有指标排位不变的综合作用下，2015 年河南省城镇化进程竞争力在中部六省的综合排位保持不变，居中部六省第 6 位。

2.1.4　河南省各地市城镇化进程竞争力的排位变化

2014 ~ 2015 年，河南省各地市城镇化进程竞争力及其二级指标的排位变化情况，如表 2 - 1 - 4所示。

表 2 - 1 - 4　河南省各地市 2014 ~ 2015 年城镇化进程竞争力及其二级指标的排位趋势

城　　　市	城镇化率		城镇居民人均可支配收入		城市建成区面积		市区人口密度		人均拥有道路面积	
	2014 年	2015 年	2014 年	2015 年	2014 年	2015 年	2014 年	2015 年	2014 年	2015 年
郑 州 市	1	1	1	1	1	1	1	1	18	18
开 封 市	12	12	15	15	5	4	4	6	8	8
洛 阳 市	5	5	2	2	2	2	5	3	15	15
平顶山市	7	7	5	5	10	11	12	13	14	13
安 阳 市	11	11	4	4	9	9	11	11	10	10
鹤 壁 市	3	3	12	12	13	14	13	14	6	5
新 乡 市	8	8	6	6	4	5	8	8	9	9
焦 作 市	4	4	7	7	6	6	6	7	5	6
濮 阳 市	15	15	8	10	16	16	15	15	11	11

城　　市	城镇化率		城镇居民人均可支配收入		城市建成区面积		市区人口密度		人均拥有道路面积	
	2014 年	2015 年	2014 年	2015 年	2014 年	2015 年	2014 年	2015 年	2014 年	2015 年
许 昌 市	9	9	9	8	8	7	10	10	13	14
漯 河 市	10	10	11	11	15	13	9	9	7	7
三门峡市	6	6	13	13	18	16	2	4	16	17
南 阳 市	14	14	10	9	3	3	17	17	12	12
商 丘 市	16	16	14	14	14	15	3	2	17	16
信 阳 市	13	13	17	17	7	8	18	18	4	4
周 口 市	18	18	18	18	12	12	14	12	2	2
驻马店市	17	17	16	16	11	10	16	16	1	1
济 源 市	2	2	3	3	17	18	7	5	3	3

城　　市	人均日生活用水量		燃气普及率		人均城市园林绿地面积		城镇化进程竞争力	
	2014 年	2015 年	2014 年	2015 年	2014 年	2015 年	2014 年	2015 年
郑 州 市	18	17	8	9	17	17	1	1
开 封 市	11	13	5	4	9	16	12	12
洛 阳 市	10	11	16	16	16	15	4	4
平顶山市	13	15	13	11	13	14	8	8
安 阳 市	1	1	3	3	15	11	9	9
鹤 壁 市	7	14	7	7	2	2	5	5
新 乡 市	9	7	1	2	14	13	6	6
焦 作 市	14	10	6	6	8	9	3	3
濮 阳 市	8	4	10	5	6	4	15	15
许 昌 市	12	9	11	12	10	12	11	10
漯 河 市	4	2	14	14	3	3	10	11
三门峡市	6	8	9	15	4	7	7	7
南 阳 市	17	18	17	18	1	1	14	14
商 丘 市	16	16	15	13	18	18	16	16
信 阳 市	3	3	4	10	5	5	13	13
周 口 市	2	5	12	8	12	8	17	17
驻马店市	15	12	18	17	11	9	18	18
济 源 市	5	6	2	1	7	6	2	2

　　2015 年河南省城镇化进程竞争力排位保持不变的城市有 16 个，分别是郑州、开封、洛阳、平顶山、安阳、鹤壁、新乡、焦作、濮阳、三门峡、南阳、商丘、信阳、周口、驻马店和济源；排位发生变化的城市有 2 个，漯河市排位下降 1 位，许昌市排位上升 1 位。

2.2 河南省城镇社会保障竞争力评价分析

2.2.1 河南省城镇社会保障竞争力发展概述

2006～2015 年，河南省城镇社会保障竞争力指标的变化情况，如表 2－2－1 所示。

表 2－2－1 河南省 2006～2015 年城镇社会保障竞争力指标

年份	城市城镇社区服务设施数（个/万人）	医疗保险覆盖率（%）	养老保险覆盖率（%）	失业保险覆盖率（%）	工伤保险覆盖率（%）	城镇登记失业率（%）
2006	1.10	22.08	23.91	21.41	13.57	3.50
2007	1.14	21.42	23.74	20.20	13.35	3.41
2008	1.16	23.53	26.55	19.28	14.03	3.40
2009	1.06	52.42	27.12	18.49	13.86	3.50
2010	0.92	50.44	26.64	17.19	13.62	3.40
2011	0.73	49.88	27.46	16.48	15.41	3.40
2012	0.77	49.68	28.41	16.44	16.11	3.10
2013	0.71	55.72	32.74	17.98	18.75	3.10
2014	0.76	54.86	33.57	18.13	18.89	2.97
2015	1.20	52.80	33.97	17.64	19.29	2.96

从表 2－2－1 来看，2006～2015 年，河南省城镇社会保障竞争力呈现稳定发展趋势。失业保险覆盖率、城镇登记失业率呈现下降趋势，医疗保险覆盖率、养老保险覆盖率、工伤保险覆盖率呈现整体上升趋势，表明河南省城镇社会保障中基本保险保障水平不断提升，覆盖人员不断增加。城镇登记失业率整体不断下降，表明河南省城镇失业人数不断减少，就业环境不断改善。

2.2.2 河南省城镇社会保障竞争力在全国的排位变化

2014～2015 年，河南省城镇社会保障竞争力及其二级指标在全国综合排位的变化，如表 2－2－2 和图 2－2－1 所示。

表 2－2－2 河南省 2014～2015 年城镇社会保障竞争力及其二级指标在全国的排位趋势

指标	城市城镇社区服务设施数	医疗保险覆盖率	养老保险覆盖率	失业保险覆盖率	工伤保险覆盖率	城镇登记失业率	城镇社会保障竞争力
2014 年排位	28	28	24	16	24	7	25
2015 年排位	30	29	23	15	25	10	27
升降	－2	－1	1	1	－1	－3	－2
优势度	劣势	劣势	劣势	中势	劣势	优势	劣势

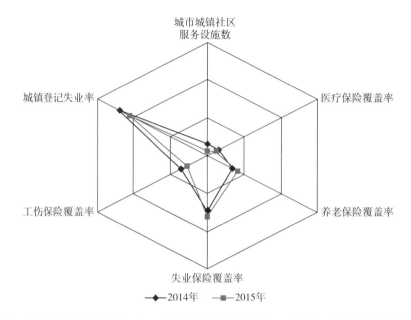

图 2 - 2 - 1　河南省 2014 ~ 2015 年城镇社会保障竞争力二级指标在全国的排位比较

（1）2015 年河南省城镇社会保障竞争力在全国处于第 27 位，表明其在全国处于劣势地位；与 2014 年相比下降 2 位。

（2）从指标所处区位看，2015 年位于上游区的有 2 个，分别为失业保险覆盖率和城镇登记失业率指标，其中城镇登记失业率是河南省城镇社会保障竞争力的优势指标；处于下游区的指标有 4 个，分别为城市城镇社区服务设施数、医疗保险覆盖率、养老保险覆盖率、工伤保险覆盖率，且它们均为河南省城镇社会保障竞争力中的劣势指标。

（3）从雷达图变化来看，2015 年与 2014 年相比，面积略微缩小，城镇社会保障竞争力呈现下降趋势，其中城市城镇社区服务设施数和城镇登记失业率成为图形扩张的主要制约点。

（4）从排位动因上看，在养老保险覆盖率、失业保险覆盖率指标排位上升，其他指标排位下降的综合作用下，2015 年河南省城镇社会保障力竞争力在全国排位下降 2 位，居全国第 27 位。

2.2.3　河南省城镇社会保障竞争力在中部六省的排位变化

2014 ~ 2015 年，河南省城镇社会保障竞争力及其二级指标在中部六省的排位变化情况，如表 2 - 2 - 3 所示和图 2 - 2 - 2 所示。

（1）2015 年河南省城镇社会保障竞争力在中部六省处于第 5 位，表明其在中部六省处于劣势地位；与 2014 年相比保持不变。

（2）从指标所处区位看，2015 年处于上游区的指标有 2 个，分别是失业保险覆盖率、

表 2 - 2 - 3 河南省 2014 ~ 2015 年城镇社会保障竞争力及其二级指标在中部六省的排位趋势

指标	城市城镇社区 服务设施数	医疗保险 覆盖率	养老保险 覆盖率	失业保险 覆盖率	工伤保险 覆盖率	城镇登记 失业率	城镇社会保障 竞争力
2014 年排位	6	6	5	2	4	1	5
2015 年排位	6	6	4	2	4	2	5
升降	0	0	1	0	0	- 1	0
优势度	劣势	劣势	中势	优势	中势	优势	劣势

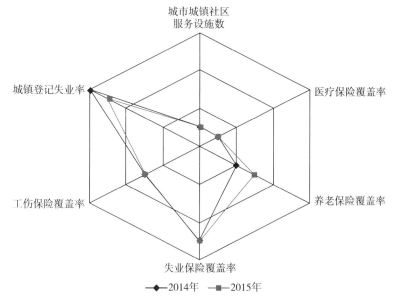

图 2 - 2 - 2 河南省 2014 ~ 2015 年城镇社会保障竞争力二级指标在中部六省的排位比较

城镇登记失业率,且均为河南省城镇社会保障竞争力中的优势指标;处于下游区的指标有 4 个,分别为城市城镇社区服务设施数、医疗保险覆盖率、养老保险覆盖率、工伤保险覆盖率,且城市城镇社区服务设施数、医疗保险覆盖率为河南省城镇社会保障竞争力中的劣势指标。

(3)从雷达图图形变化看,2015 年与 2014 年相比,面积基本不变,城镇社会保障竞争力呈现稳定发展趋势。

(4)从排位变化的动因看,在养老保险覆盖率指标排位上升、城镇登记失业率指标排位下降,其他指标排位不变的综合作用下,2015 年河南省城镇社会保障竞争力在中部六省的综合排位保持不变,居中部六省第 5 位。

2.2.4 河南省各地市城镇社会保障竞争力的排位变化

2014 ~ 2015 年,河南省各地市城镇社会保障竞争力及其二级指标排位的变化情况,如表 2 - 2 - 4 所示。

表2－2－4　河南省各地市2014～2015年城镇社会保障竞争力及其二级指标的排位趋势

城　　市	城市城镇社区服务设施数		医疗保险覆盖率		养老保险覆盖率		失业保险覆盖率		工伤保险覆盖率		城镇登记失业率		城镇社会保障竞争力	
	2014年	2015年	2014年	2015年	2014年	2015年	2014年	2015年	2014年	2015年	2014年	2015年	2014年	2015年
郑 州 市	2	2	10	7	1	1	2	2	1	2	1	1	3	1
开 封 市	11	6	5	5	3	3	9	8	8	9	9	11	5	4
洛 阳 市	1	1	2	1	4	4	7	6	5	5	15	16	2	3
平顶山市	9	8	7	4	15	15	5	5	11	11	13	14	10	10
安 阳 市	3	7	6	6	5	6	8	9	4	4	10	13	4	5
鹤 壁 市	13	16	16	14	14	12	10	10	12	12	5	2	15	12
新 乡 市	4	10	9	9	6	5	11	11	3	3	17	18	6	7
焦 作 市	7	12	12	11	7	7	6	7	9	8	18	17	8	9
濮 阳 市	16	13	15	17	13	14	3	3	10	10	3	4	11	11
许 昌 市	6	13	14	15	10	10	16	16	15	15	4	8	16	15
漯 河 市	14	15	1	2	9	9	15	14	7	7	2	3	9	8
三门峡市	12	17	8	8	8	8	4	4	6	6	6	7	7	6
南 阳 市	8	4	18	18	12	13	12	12	13	13	12	5	14	14
商 丘 市	17	11	4	10	16	16	17	17	17	18	14	15	13	17
信 阳 市	10	3	11	12	11	11	14	15	16	16	8	6	12	13
周 口 市	15	9	17	16	17	17	18	18	14	14	16	10	18	18
驻马店市	5	5	13	13	18	18	13	13	18	17	11	12	17	16
济 源 市	18	18	3	3	2	2	1	1	2	1	7	8	1	1

　　2015年河南省城镇社会保障竞争力综合排位中，排位上升的城市有7个，分别是郑州、开封、鹤壁、许昌、漯河、三门峡、驻马店。其中，郑州市的排位从2014年的第3位上升到2015年的第1位，其医疗保险覆盖率指标排位上升是其综合排位上升的主要原因；鹤壁市的排位从2014年的第15位上升到2015年的第12位，其城镇登记失业率指标排位上升是其综合排位上升的主要原因。排位下降的城市有6个，分别是洛阳、安阳、新乡、焦作、商丘、信阳，其他城市排位保持不变。

2.3　河南省新型城镇化竞争力综合分析

2.3.1　河南省新型城镇化竞争力在全国的排位综合分析

　　2014～2015年，河南省新型城镇化竞争力指标在全国的变化情况，如表2－3－1所示。

表 2 - 3 - 1   河南省 2014 ~ 2015 年新型城镇化竞争力在全国的排位趋势

指标	城镇化进程竞争力	城镇社会保障竞争力	新型城镇化竞争力
2014 年排位	27	25	25
2015 年排位	25	27	25
升降	2	- 2	0
优势度	劣势	劣势	劣势

（1）2015 年河南省新型城镇化竞争力位于全国第 25 位，表明在全国处于劣势地位；与 2014 年相比保持不变。

（2）从指标所处区位看，2015 年两个指标均处于下游区域。

（3）从指标变化趋势看，城镇化进程竞争力指标排位上升 2 位，城镇社会保障竞争力指标排位下降 2 位，新型城镇化竞争力在全国综合排位保持不变，仍然处于劣势地位。

2.3.2   河南省新型城镇化竞争力在中部六省的排位综合分析

2014 ~ 2015 年，河南省新型城镇化竞争力指标在中部六省的变化情况，如表 2 - 3 - 2 所示。

表 2 - 3 - 2   河南省 2014 ~ 2015 年新型城镇化竞争力在中部六省的排位趋势

指标	城镇化进程竞争力	城镇社会保障竞争力	新型城镇化竞争力
2014 年排位	6	5	6
2015 年排位	6	5	6
升降	0	0	0
优势度	劣势	劣势	劣势

（1）2015 年河南省新型城镇化竞争力位于中部六省第 6 位，表明在中部六省处于劣势地位；与 2014 年相比排位保持不变。

（2）从指标所处区位看，2015 年两个指标均处于下游区域。

（3）从指标变化趋势看，两个指标排位均保持不变，新型城镇化竞争力综合排位在中部六省中保持不变，仍处于劣势地位。

2.3.3   河南省各地市新型城镇化竞争力的综合排位

2014 ~ 2015 年，河南省各地市新型城镇化竞争力的变化情况，如表 2 - 3 - 3 所示。

2015 年，河南省各地市新型城镇化竞争力中，排位上升的有 3 个城市，分别是郑州、濮阳、漯河；排位下降的城市有 3 个，分别是平顶山、信阳、济源；其余城市的排位都保持不变。综合来看，2015 年河南省各地市新型城镇化竞争力稳定发展，各地市发展步伐基本一致，较上年变化不大。

表 2 - 3 - 3　河南省各地市 2014～2015 年新型城镇化竞争力的排位趋势

城市	城镇化进程竞争力		城镇社会保障竞争力		新型城镇化竞争力	
	2014 年	2015 年	2014 年	2015 年	2014 年	2015 年
郑 州 市	1	1	3	1	2	1
开 封 市	12	12	5	4	8	8
洛 阳 市	4	4	2	3	3	3
平顶山市	8	8	10	10	9	10
安 阳 市	9	9	4	5	6	6
鹤 壁 市	5	5	15	12	11	11
新 乡 市	6	6	6	7	5	5
焦 作 市	3	3	8	9	4	4
濮 阳 市	15	15	11	11	14	13
许 昌 市	11	10	16	15	12	12
漯 河 市	10	11	9	8	10	9
三门峡市	7	7	7	6	7	7
南 阳 市	14	14	14	14	15	15
商 丘 市	16	16	13	17	16	16
信 阳 市	13	13	12	13	13	14
周 口 市	17	17	18	18	18	18
驻马店市	18	18	17	16	17	17
济 源 市	2	2	1	1	1	2

第3章
河南省2015年新型工业化发展报告

2015年是"十二五"的收官之年。世界经济总体上延续疲弱复苏的态势，我国经济结构性矛盾突出，经济下行压力较大。面对如此复杂的环境，河南省把稳增长保态势作为全局工作的突出任务，把调结构转方式作为主攻方向，实施促进经济持续健康发展30条、稳增长保态势25个重大专项、财政支持稳增长18条等政策举措，使经济运行稳中向好，尤其工业发展稳中有进。2015年，河南省工业增加值为15823.33亿元，比上年增长0.02%。电子信息、装备制造、汽车及零部件、食品、现代家居、服装服饰等高成长性制造业比上年增长11.4%，对河南省规模以上工业增长的贡献率为59.9%。产业集聚区规模以上工业增加值占全省的60.4%，成为工业增长的主阵地。

2015年，河南省深入调整产业结构，启动技改提升工程和工业强基工程，智能终端、智能装备、现代家居等终端高端产品及传统产业中的高附加值产品较快增长，宇通客车拿到法国大订单，中铁盾构全球最大的矩形掘进机走出国门。产业集聚区、商务中心区、特色商业区支撑带动作用继续增强。大力推进节能减排，完成48台燃煤发电机组锅炉烟气综合治理、1147万千瓦燃煤发电机组超低排放改造，拆改849台10蒸吨及以下燃煤锅炉，淘汰38.4万辆黄标车，全面完成国家下达的淘汰60万吨焦炭、72万千瓦电力等落后产能任务。

3.1 河南省工业竞争力评价分析

3.1.1 河南省工业竞争力发展概述

2006～2015年，河南省工业竞争力指标的排位变化情况，如表3-1-1所示。

表3-1-1 河南省2006～2015年工业竞争力指标排位变化

年份	工业增加值（亿元）	工业增加值增长率（%）	人均工业增加值（元）	工业增加值占GDP比重（%）	全社会工业固定资产投资（亿元）	规模以上工业资产总额（亿元）	规模以上工业成本费用利润率（%）	规模以上工业流动资产周转次数（次/年）
2006	6031.21	20.69	6421.65	48.79	2737.30	11026.18	9.13	3.18
2007	7508.33	17.49	8021.75	50.01	4087.30	13788.00	11.60	3.55
2008	9328.15	16.24	10124.17	51.86	5329.70	16421.08	9.53	3.84
2009	9900.27	8.68	10435.62	50.82	6959.00	19668.61	9.58	3.64

年份	工业增加值（亿元）	工业增加值增长率（%）	人均工业增加值（元）	工业增加值占GDP比重（%）	全社会工业固定资产投资（亿元）	规模以上工业资产总额（亿元）	规模以上工业成本费用利润率（%）	规模以上工业流动资产周转次数（次/年）
2010	11950.88	14.56	12706.94	51.75	8228.10	23467.42	10.18	3.69
2011	13949.32	12.00	14858.67	51.80	9113.30	29049.22	9.48	3.89
2012	15017.56	7.89	15965.94	50.74	11029.00	35174.81	8.30	3.35
2013	15960.60	6.52	16955.28	49.58	13139.01	42021.92	8.13	3.38
2014	15809.09	-0.01	16754.02	45.25	15388.91	50540.15	7.83	3.03
2015	15823.33	0.02	16691.28	42.76	17030.74	55710.97	7.23	3.07

注：①全社会工业固定资产投资按采矿业，制造业，电气、燃力及水的生产和供应业三个产业的总值计算；②由于2016年统计年鉴不再报告规模以上工业流动资产周转次数这一指标，故用主营业务收入/全部流动资产平均余额得到，其中全部流动资产平均余额为期初和期末的流动资产之和的算术平均值；③由于2016年统计年鉴不再报告规模以上工业成本费用利润率这一指标，故用利润总额/成本费用总额得到，其中成本费用总额为主营业务成本、销售费用、管理费用、财务费用之和。

2015年河南省工业发展速度同比趋缓，工业增加值为15823.33亿元，增长率回升至0.02%；人均工业增加值为16691.28元；工业增加值占GDP的比重持续下滑至42.76%；规模以上工业成本费用利润率自2010年以来，呈现逐渐下降趋势，降至7.23%。随着河南省不断调整产业结构、淘汰落后产能，工业经济结构不断优化，其中全社会工业固定资产投资完成17030.74亿元；规模以上工业资产总额为55710.97亿元。

3.1.2 河南省工业竞争力在全国的排位变化

2014～2015年，河南省工业竞争力及其二级指标在全国的排位变化情况，如表3-1-2和图3-1-1所示。

表3-1-2 河南省2014～2015年工业竞争力及其二级指标在全国的排位趋势

指标	工业增加值	工业增加值增长率	人均工业增加值	工业增加值占GDP比重	全社会工业固定资产投资	规模以上工业资产总额	规模以上工业成本费用利润率	规模以上工业流动资产周转次数	工业竞争力
2014年排位	5	26	16	4	3	5	9	5	5
2015年排位	5	16	16	3	3	5	7	4	4
升降	0	10	0	1	0	0	2	1	1
优势度	优势	中势	中势	优势	优势	优势	优势	优势	优势

（1）2015年河南省工业竞争力在全国中综合排位处于第4位，表明其在全国处于优势地位，与2014年相比排位上升1位。

（2）从指标所处区位看，2015年所有指标均处于上游区，其中除了工业增加值增长率和人均工业增加值外其余指标都是河南省工业竞争力中的优势指标。

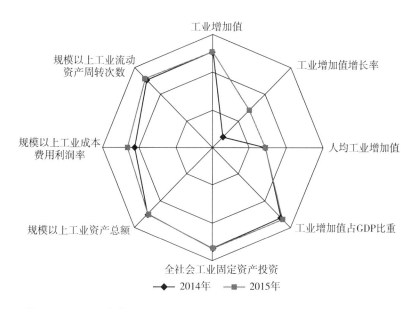

图 3 - 1 - 1　河南省 2014 ～ 2015 年工业竞争力二级指标在全国的排位比较

（3）从雷达图图形变化来看，2015 年与 2014 年相比，面积明显增大，工业竞争力呈现上升趋势，其中工业增加值增长率指标成为图形扩张的明显的动力点。

（4）从排位变化的动因看，在工业增加值增长率、工业增加值占 GDP 比重、规模以上工业成本费用利润率、规模以上工业流动资产周转次数指标排位上升和其他指标排位不变的综合作用下，2015 年河南省工业竞争力综合排位上升 1 位，居全国第 4 位。

3.1.3　河南省工业竞争力在中部六省中的排位变化

2014 ～ 2015 年，河南省工业竞争力及其二级指标在中部六省的排位变化情况，如表 3 - 1 - 3 和图 3 - 1 - 2 所示。

表 3 - 1 - 3　河南省 2014 ～ 2015 年工业竞争力及其二级指标在中部六省的排位趋势

指标	工业增加值	工业增加值增长率	人均工业增加值	工业增加值占 GDP 比重	全社会工业固定资产投资	规模以上工业资产总额	规模以上工业成本费用利润率	规模以上工业流动资产周转次数	工业竞争力
2014 年排位	1	5	2	2	1	1	1	3	1
2015 年排位	1	4	2	1	1	1	1	3	1
升降	0	1	0	1	0	0	0	0	0
优势度	优势	中势	优势	优势	优势	优势	优势	中势	优势

（1）2015 年河南省工业竞争力综合排位处于第 1 位，表明其在中部六省处于优势地位，与 2014 年相比排位不变。

（2）从指标所处区位看，2015 年处于上游区的指标有 7 个，分别是工业增加值、人均工业增加值、工业增加值占 GDP 比重、全社会工业固定资产投资、规模以上工业成本

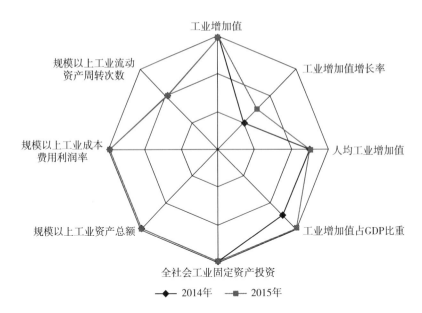

图 3 - 1 - 2　河南省 2014～2015 年工业竞争力二级指标在中部六省的排位比较

费用利润率、规模以上工业资产总额、规模以上工业流动资产周转次数，其中除规模以上工业流动资产周转次数外其余指标均为河南省工业竞争力中的优势指标；处于下游区的指标有 1 个，为工业增加值增长率，它是河南省工业竞争力中的中势指标。

（3）从雷达图图形变化来看，2015 年与 2014 年相比，面积略有增大，工业竞争力呈现稳定趋势，其中工业增加值增长率和工业增加值占 GDP 比重指标成为图形扩张明显的动力点。

（4）从排位变化的动因看，在工业增加值增长率、工业增加值占 GDP 比重指标排位上升和其他指标排位不变的综合作用下，2015 年河南省工业竞争力综合排位保持不变，居中部六省第 1 位。

3.1.4　河南省各地市工业竞争力的排位变化

2014～2015 年，河南省各地市工业竞争力及其二级指标排位的变化情况，如表 3 - 1 - 4 所示。

表 3 - 1 - 4　河南省各地市 2014～2015 年工业竞争力及其二级指标的排位趋势

城　　市	工业增加值		工业增加值增长率		人均工业增加值		规模以上工业资产总额		规模以上工业资产总贡献率	
	2014 年	2015 年	2014 年	2015 年	2014 年	2015 年	2014 年	2015 年	2014 年	2015 年
郑 州 市	1	1	6	2	2	2	1	1	7	9
开 封 市	15	15	4	4	13	13	12	11	8	7
洛 阳 市	2	2	10	6	8	8	2	2	18	18
平顶山市	9	9	17	16	10	11	6	6	15	17

续表

城　　市	工业增加值		工业增加值增长率		人均工业增加值		规模以上工业资产总额		规模以上工业资产总贡献率	
	2014 年	2015 年	2014 年	2015 年	2014 年	2015 年	2014 年	2015 年	2014 年	2015 年
安 阳 市	8	8	15	15	11	10	10	10	6	8
鹤 壁 市	17	17	3	13	6	6	17	17	16	15
新 乡 市	6	7	1	17	12	12	7	7	14	11
焦 作 市	5	5	14	7	4	3	5	5	5	5
濮 阳 市	10	10	5	9	9	9	11	14	3	4
许 昌 市	3	3	12	8	5	5	3	3	4	3
漯 河 市	16	16	7	3	7	7	15	15	1	1
三门峡市	11	11	13	18	3	4	8	8	10	12
南 阳 市	4	4	16	12	14	14	4	4	13	16
商 丘 市	12	12	8	10	18	18	13	13	9	13
信 阳 市	14	14	9	5	16	16	16	16	11	6
周 口 市	7	6	11	1	15	15	9	9	2	2
驻马店市	13	13	18	11	17	17	14	12	12	10
济 源 市	18	18	2	14	1	1	18	18	17	14

城　　市	规模以上工业全员劳动生产率		规模以上工业成本费用利润率		规模以上工业产品销售率		工业竞争力	
	2014 年	2015 年	2014 年	2015 年	2014 年	2015 年	2014 年	2015 年
郑 州 市	5	4	3	5	15	13	1	1
开 封 市	18	18	5	3	2	3	11	10
洛 阳 市	7	8	18	18	5	9	7	6
平顶山市	15	15	10	13	16	14	14	16
安 阳 市	1	5	12	15	10	8	9	9
鹤 壁 市	12	12	15	14	18	17	15	17
新 乡 市	10	11	16	11	11	12	10	11
焦 作 市	8	9	8	8	3	2	3	3
濮 阳 市	3	1	6	6	4	5	4	5
许 昌 市	6	2	4	4	12	15	2	2
漯 河 市	9	7	2	2	6	10	8	7
三门峡市	4	6	7	10	9	4	6	8
南 阳 市	13	13	11	16	14	16	12	12
商 丘 市	14	16	14	17	13	11	16	18
信 阳 市	17	17	13	9	7	6	17	14
周 口 市	11	10	1	1	1	1	5	4
驻马店市	16	14	9	7	8	7	18	15
济 源 市	2	3	17	12	17	18	13	13

　　2015 年，河南省各市工业竞争力排位上升的城市有 6 个，分别是开封、洛阳、漯河、信阳、周口、驻马店；河南省各市工业竞争力排位不变的城市有 6 个，分别是郑

州、安阳、焦作、许昌、南阳、济源；河南省各市工业竞争力排位下降的城市有 6 个，分别是平顶山、鹤壁、新乡、濮阳、三门峡、商丘。2015 年，河南省继续推进稳增长调结构、淘汰落后产能等经济转型举措，传统工业强市在转型压力下，工业发展依然面临挑战。

3.2 河南省工业化进程竞争力评价分析

3.2.1 河南省工业化进程竞争力发展概述

2006～2015 年，河南省工业化进程竞争力指标的变化情况，如表 3 - 2 - 1 所示。

表 3 - 2 - 1 河南省 2006～2015 年工业化进程竞争力指标

单位：%

年份	第二产业增加值占 GDP 比重	第二产业增加值增长率	第二产业从业人员占总就业人员比重	第二产业从业人员增长率	第二产业贡献率
2006	54.40	17.7	42.39	3.62	63.42
2007	55.20	18.1	42.61	1.65	61.92
2008	56.94	14.57	42.69	−0.48	64.65
2009	56.52	12.41	43.02	3.63	49.65
2010	57.28	14.80	43.4	3.21	61.35
2011	57.28	13.24	47.08	21.1	57.33
2012	56.33	11.40	48.72	8.69	46.66
2013	55.31	10.00	54.77	37.25	44.36
2014	50.99	9.40	54.88	3.28	0.36
2015	48.42	7.70	54.06	0.02	4.88

注：在全国排位中，第二产业从业人员指标按采矿业，制造业，电力、燃气及水的生产和供应业，建筑业的指标加总而得；第二产业贡献率按第二产业增加值增加量/GDP 增加值增量的绝对值计算得到。

2006～2015 年，河南省工业化有了较快发展，第二产业增加值占 GDP 比重、第二产业贡献率，在 2010 年由上升转为下降，同时第二产业增加值增长率在 2008 年经济危机爆发后呈现缓慢下降趋势。近几年河南省经济结构调整对于工业的发展影响开始显现，但各指标依然保持较高比重，均高于全国平均水平，继续促进河南省经济发展。

3.2.2 河南省工业化进程竞争力在全国的排位变化

2014～2015 年，河南省工业化进程竞争力及其二级指标在全国的排位变化情况，如表 3 - 2 - 2 和图 3 - 2 - 1 所示。

表 3 - 2 - 2　河南省 2014 ~ 2015 年工业化进程竞争力及其二级指标在全国排位趋势

指标	第二产业增加值占 GDP 比重	第二产业增加值增长率	第二产业从业人员占总就业人员比重	第二产业从业人员增长率	第二产业贡献率	工业化进程竞争力
2014 年排位	9	14	6	3	31	8
2015 年排位	8	14	6	4	28	8
升降	1	0	0	- 1	3	0
优势度	优势	中势	优势	优势	劣势	优势

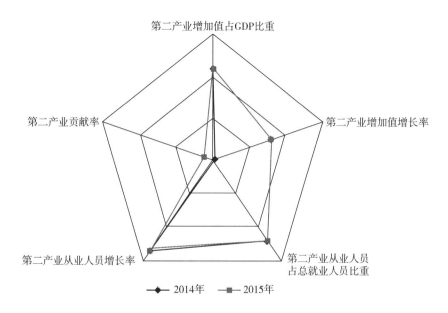

图 3 - 2 - 1　河南省 2014 ~ 2015 年工业化进程竞争力二级指标在全国的排位比较

（1）2015 年河南省工业化进程竞争力综合排位在全国处于第 8 位，表明其在全国处于优势地位，与 2014 年相比排位保持不变。

（2）从指标所处区位看，2015 年处于上游区的指标有 4 个，分别是第二产业增加值占 GDP 比重、第二产业增加值增长率、第二产业从业人员占总就业人员比重、第二产业从业人员增长率，其中除了第二产业增加值增长率外其余三项指标均是河南省工业化进程竞争力的优势指标；处于下游区的指标有 1 个，是第二产业贡献率，也是河南省工业化进程竞争力中的劣势指标。

（3）从雷达图图形变化来看，2015 年与 2014 年相比，面积略有增加，工业化进程竞争力呈现稳定趋势，其中第二产业贡献率指标成为图形扩张明显的动力点。

（4）从排位变化的动因看，在第二产业从业人员增长率指标排位下降和第二产业增加值占 GDP 比重、第二产业贡献率指标排位上升的综合作用下，2015 年河南省工业化进程竞争力在全国的综合排位保持不变，居全国第 8 位。

3.2.3 河南省工业化进程竞争力在中部六省的排位变化

2014～2015年，河南省工业化进程竞争力及其二级指标在中部六省的排位变化情况，如表3－2－3和图3－2－2所示。

表3－2－3 河南省2014～2015年工业化进程竞争力及其二级指标在中部六省的排位趋势

指标	第二产业增加值占GDP比重	第二产业增加值增长率	第二产业从业人员占总就业人员比重	第二产业从业人员增长率	第二产业贡献率	工业化进程竞争力
2014年排位	3	4	1	2	6	4
2015年排位	3	4	1	2	6	3
升降	0	0	0	0	0	1
优势度	中势	中势	优势	优势	劣势	中势

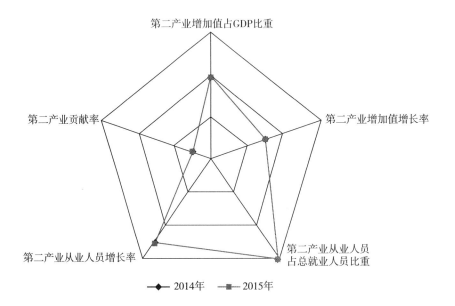

图3－2－2 河南省2014～2015年工业化进程竞争力二级指标在中部六省的排位比较

（1）2015年河南省工业化进程竞争力在中部六省中综合排位处于第3位，表明其在中部六省处于中势地位，与2014年相比排位上升1位。

（2）从指标所处区位看，2015年处于上游区的指标有3个，分别是第二产业增加值占GDP比重、第二产业从业人员占总就业人员比重、第二产业从业人员增长率，其中第二产业从业人员占总就业人员比重、第二产业从业人员增长率为河南省工业化进程竞争力中的优势指标；处于下游区的指标有2个，为第二产业增加值增长率、第二产业贡献率，其中第二产业贡献率是河南省工业化进程竞争力中的劣势指标。

（3）从雷达图图形变化来看，2015年与2014年相比，面积不变，工业化进程竞争力呈现上升趋势。

（4）从排位变化的动因看，在所有指标排位保持不变的综合作用下，2015 年河南省工业化进程竞争力综合排位上升 1 位，居中部六省第 3 位。

3.2.4 河南省各地市工业化进程竞争力的排位变化

2014～2015 年，河南省各地市工业化进程竞争力及其二级指标的排位变化情况，如表 3－2－4 所示。

表 3－2－4 河南省各地市 2014～2015 年工业化进程竞争力及其二级指标的排位趋势

城　　市	第二产业增加值占 GDP 比重		第二产业增加值增长率		第二产业从业人员占总就业人员比重	
	2014 年	2015 年	2014 年	2015 年	2014 年	2015 年
郑 州 市	11	11	11	3	4	5
开 封 市	16	16	2	5	8	7
洛 阳 市	12	12	14	7	13	12
平顶山市	8	8	18	16	15	15
安 阳 市	9	10	13	15	6	4
鹤 壁 市	2	2	3	13	2	3
新 乡 市	10	9	4	17	1	2
焦 作 市	5	4	15	8	3	1
濮 阳 市	7	7	1	1	10	9
许 昌 市	6	5	10	10	11	11
漯 河 市	3	3	7	4	7	8
三门峡市	4	6	12	18	18	18
南 阳 市	14	14	17	11	16	16
商 丘 市	15	15	6	12	9	14
信 阳 市	18	17	9	6	17	17
周 口 市	13	13	8	2	14	13
驻马店市	17	18	16	9	12	10
济 源 市	1	1	5	14	5	6

城　　市	第二产业从业人员增长率		第二产业固定资产投资占比		工业化进程竞争力	
	2014 年	2015 年	2014 年	2015 年	2014 年	2015 年
郑 州 市	15	5	18	18	13	6
开 封 市	9	6	14	10	9	7
洛 阳 市	10	9	16	15	16	12
平顶山市	13	14	15	14	17	17
安 阳 市	16	2	12	13	11	10
鹤 壁 市	3	11	8	3	1	3
新 乡 市	6	15	9	7	5	9
焦 作 市	12	3	2	1	6	1
濮 阳 市	1	13	7	9	2	4
许 昌 市	17	18	5	8	8	8
漯 河 市	14	7	1	2	3	2

续表

城　市	第二产业从业人员增长率		第二产业固定资产投资占比		工业化进程竞争力	
	2014 年	2015 年	2014 年	2015 年	2014 年	2015 年
三门峡市	18	1	10	12	12	15
南 阳 市	7	12	6	5	14	14
商 丘 市	5	16	3	6	7	16
信 阳 市	8	ˋ8	17	17	18	18
周 口 市	11	10	4	4	10	5
驻马店市	2	4	11	11	15	13
济 源 市	4	17	13	16	4	11

2015 年，河南省各市工业化进程竞争力排位上升的城市有 8 个，分别是郑州、开封、洛阳、安阳、焦作、漯河、周口、驻马店；2015 年河南省各市工业化进程竞争力排位下降的城市有 6 个，分别是鹤壁、新乡、濮阳、三门峡、商丘、济源；其他城市排位保持不变。

3.3　河南省企业竞争力评价分析

3.3.1　河南省企业竞争力发展概述

2006 ~ 2015 年，河南省企业竞争力指标的变化情况，如表 3 - 3 - 1 所示。

表 3 - 3 - 1　河南省 2006 ~ 2015 年企业竞争力指标

年份	规模以上工业企业数（个）	规模以上工业企业平均资产（亿元）	规模以上工业企业主营业务收入平均值（亿元）	规模以上工业企业平均流动资产(亿元)	规模以上工业企业资产负债率(%)	规模以上工业企业成本费用利润率(%)	规模以上工业企业平均利润(亿元)
2006	11895	0.93	13809.07	0.38	60.26	9.13	0.10
2007	13510	1.02	18936.82	0.42	57.80	11.60	0.14
2008	18700	0.93	25389.8	0.37	57.84	9.53	0.14
2009	18105	1.09	28246.65	0.43	56.45	9.58	0.13
2010	19548	1.20	36163.12	0.50	55.23	10.18	0.17
2011	18328	1.58	47647.21	0.68	53.88	9.48	0.23
2012	19237	1.83	52276.38	0.82	51.42	8.32	0.21
2013	19773	2.13	59545.79	0.99	48.80	8.13	0.22
2014	21748	2.32	68037.47	1.04	46.93	7.83	0.23
2015	22892	2.43	73365.96	1.10	47.01	7.23	0.21

注："规模以上工业企业平均流动资产"指标和"流动资产年平均余额"指标是同一含义，但在《中国统计年鉴》和《河南统计年鉴》中略有区别。

2006 ~ 2015 年，河南省规模以上工业企业数不断增多，2015 年增加到 22892 个；规模以上工业企业平均资产也在不断增多，尤其是近几年，增速较快，2015 年规模以上工业企业平均资产达到 2.43 亿元；规模以上工业企业主营业务收入平均值也在持续上升，2015 年达到 73365.96 亿元；规模以上工业企业平均利润呈现不断波动的趋势，2015 年达到 0.21 亿元。规模以上工业企业资产负债率、规模以上工业企业成本费用利润率自 2008 年以后在波动中缓慢下降。

3.3.2　河南省企业竞争力在全国的排位变化

2014~2015 年，河南省企业竞争力及其二级指标在全国的排位变化情况，如表 3-3-2 和图 3-3-1 所示。

表 3-3-2　河南省 2014~2015 年企业竞争力及其二级指标在全国的排位趋势

指标	规模以上工业企业数	规模以上工业企业平均资产	规模以上工业企业主营业务收入平均值	规模以上工业企业平均流动资产	规模以上工业企业资产负债率	规模以上工业企业成本费用利润率	规模以上工业企业平均利润	企业竞争力
2014 年排位	5	22	4	25	30	9	11	9
2015 年排位	5	23	4	24	30	7	8	7
升降	0	-1	0	1	0	2	3	2
优势度	优势	劣势	优势	劣势	劣势	优势	优势	优势

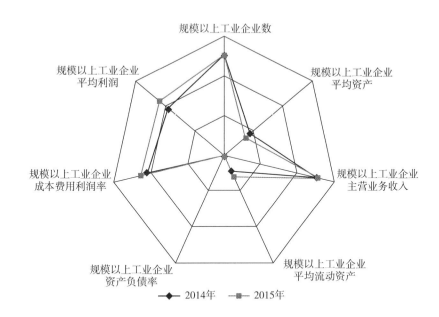

图 3-3-1　河南省 2014~2015 年企业竞争力二级指标在全国的排位比较

（1）2015 年河南省企业竞争力综合排位处于第 7 位，表明其在全国处于优势地位，与 2014 年相比排位上升 2 位。

（2）从指标所处区位看，2015 年处于上游区的指标有 4 个，分别是规模以上工业企业数、规模以上工业企业主营业务收入平均值、规模以上工业企业成本费用利润率、规模以上工业企业平均利润,且均是河南省企业竞争力中的优势指标;处于下游区的指标有3个,分别为规模以上工业企业平均资产、规模以上工业企业平均流动资产、规模以上工业企业资产负债率,且均为河南省企业竞争力中的劣势指标。

(3) 从雷达图图形变化来看,2015 年与 2014 年相比,面积略有增大,企业竞争力呈现上升趋势,其中规模以上工业企业平均利润成为图形扩张的明显的动力点。

(4) 从排位变化的动因看,在规模以上工业企业平均流动资产、规模以上工业企业成本费用利润率、规模以上工业企业平均利润指标排位上升和规模以上工业企业平均资产指标排位下降的综合作用下,2015 年河南省企业竞争力综合排位上升 2 位,居全国第 7 位。

3.3.3 河南省企业竞争力在中部六省的排位趋势

2014 ~ 2015 年,河南省企业竞争力及其二级指标在中部六省的排位变化情况,如表 3 - 3 - 3 和图 3 - 3 - 2 所示。

表 3 – 3 – 3 河南省 2014 ~ 2015 年企业竞争力及其二级指标在中部六省的排位趋势

指标	规模以上工业企业数	规模以上工业企业平均资产	规模以上工业企业主营业务收入平均值	规模以上工业企业平均流动资产	规模以上工业企业资产负债率	规模以上工业企业成本费用利润率	规模以上工业企业平均利润	企业竞争力
2014 年排位	1	2	1	2	6	1	2	1
2015 年排位	1	2	1	2	6	1	1	1
升降	0	0	0	0	0	0	1	0
优势度	优势	优势	优势	优势	劣势	优势	优势	优势

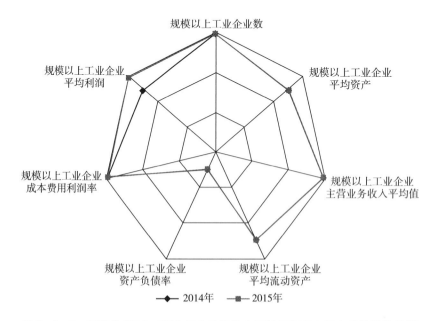

图 3 – 3 – 2 河南省 2014 ~ 2015 年企业竞争力二级指标在中部六省的排位比较

（1）2015 年河南省企业竞争力综合排位处于第 1 位，表明其在中部六省处于优势地位，与 2014 年相比排位保持不变。

（2）从指标所处区位看，处于上游区的指标有 6 个，分别是规模以上工业企业数、规模以上工业企业平均资产、规模以上工业企业主营业务收入平均值、规模以上工业企业平均流动资产、规模以上工业企业成本费用利润率、规模以上工业企业平均利润，且均为河南省企业竞争力的优势指标；处于下游区的指标有 1 个，是规模以上工业企业资产负债率，且是河南省企业竞争力中的劣势指标。

（3）从雷达图图形变化来看，2015 年与 2014 年相比，面积略有增大，企业竞争力呈现稳定趋势，规模以上工业企业平均利润指标成为图形扩张的明显动力点。

（4）从排位变化的动因看，在规模以上工业企业平均利润指标排位上升和其他指标排位不变的综合作用下，2015 年河南省企业竞争力综合排位保持不变，居中部六省之首。

3.3.4　河南省各地市企业竞争力的排位变化

2014 ~ 2015 年，河南省各地市企业竞争力及其二级指标的排位变化情况，如表 3 - 3 - 4 所示。

表 3 - 3 - 4　河南各地市 2014 ~ 2015 年企业竞争力及其二级指标的排位趋势

城　　市	规模以上工业企业数		规模以上工业企业平均资产		规模以上工业企业主营业务收入平均值		流动资产年平均余额		规模以上工业企业资产负债率	
	2014 年	2015 年	2014 年	2015 年	2014 年	2015 年	2014 年	2015 年	2014 年	2015 年
郑　州　市	1	1	3	3	3	3	1	1	5	3
开　封　市	6	6	16	16	16	15	13	13	14	17
洛　阳　市	3	3	5	5	6	6	2	2	4	5
平 顶 山 市	14	14	4	4	13	13	5	5	3	1
安　阳　市	12	12	8	11	7	11	9	10	1	2
鹤　壁　市	17	17	9	6	11	7	18	18	9	10
新　乡　市	7	10	11	9	9	8	6	6	6	7
焦　作　市	9	11	7	7	4	4	7	8	12	11
濮　阳　市	13	13	13	13	10	9	12	12	17	14
许　昌　市	4	4	6	8	8	10	4	3	13	13
漯　河　市	15	15	10	10	5	5	14	14	16	15
三 门 峡 市	16	16	2	2	2	2	8	7	7	4
南　阳　市	2	2	14	14	15	17	3	4	8	9
商　丘　市	11	8	15	15	14	14	11	11	10	8
信　阳　市	8	7	18	18	17	16	16	16	11	12
周　口　市	10	9	12	12	12	12	10	9	18	18
驻 马 店 市	5	5	17	17	18	18	15	15	15	16
济　源　市	18	18	1	1	1	1	17	17	2	6

城　　市	规模以上工业企业成本费用利润率		规模以上工业企业平均利润		全员劳动生产率		企业竞争力	
	2014 年	2015 年	2014 年	2015 年	2014 年	2015 年	2014 年	2015 年
郑 州 市	3	5	3	2	5	4	1	1
开 封 市	5	3	13	11	18	18	15	15
洛 阳 市	18	18	15	16	7	8	2	2
平顶山市	10	13	10	13	15	15	10	9
安 阳 市	12	15	9	12	1	5	7	11
鹤 壁 市	15	14	12	10	12	12	14	13
新 乡 市	16	11	11	9	10	11	8	7
焦 作 市	8	8	7	6	8	9	5	6
濮 阳 市	6	6	8	8	3	1	13	12
许 昌 市	4	4	6	7	6	2	3	4
漯 河 市	2	2	1	1	9	7	9	8
三门峡市	7	10	2	4	4	6	4	3
南 阳 市	11	16	16	18	13	13	11	14
商 丘 市	14	17	14	17	14	16	16	16
信 阳 市	13	9	18	14	17	17	18	18
周 口 市	1	1	4	3	11	10	12	10
驻马店市	9	7	17	15	16	14	17	17
济 源 市	17	12	5	5	2	3	6	5

2015 年河南省各市企业竞争力排位上升的城市有 8 个，分别是平顶山、鹤壁、新乡、濮阳、漯河、三门峡、周口、济源；河南省各市企业竞争力排位保持不变的城市有 6 个，分别是郑州、开封、洛阳、商丘、信阳、驻马店；河南省各市企业竞争力排位下降的城市有 4 个，分别是安阳、焦作、许昌、南阳。

3.4　河南省新型工业化竞争力综合分析

3.4.1　河南省新型工业化竞争力在全国的排位综合分析

2014～2015 年，河南省新型工业化竞争力指标在全国的排位变化情况，如表 3－4－1 所示。

表 3－4－1　河南省 2014～2015 年新型工业化竞争力指标在全国的排位趋势

指标	工业竞争力	工业化进程竞争力	企业竞争力	新型工业化竞争力
2014 年排位	5	8	9	5
2015 年排位	4	8	7	3
升降	1	0	2	2
优势度	优势	优势	优势	优势

（1）从指标所处区位看，2015 年工业竞争力、工业化进程竞争力、企业竞争力均处于上游区。

（2）从指标变化趋势来看，在 3 个指标中，工业竞争力指标排位上升 1 位，企业竞争力指标排位上升 2 位，工业化进程竞争力指标排位保持不变。

（3）从综合排位分析来看，在工业竞争力、企业竞争力指标排位上升和工业化进程竞争力指标排位不变的综合作用下，2015 年河南省新型工业化竞争力排位上升 2 位，居全国第 3 位。

3.4.2 河南省新型工业化竞争力在中部六省的排位综合分析

2014～2015 年，河南省新型工业化竞争力指标在中部六省的排位变化情况，如表 3 - 4 - 2 所示。

表 3 - 4 - 2 河南省 2014～2015 年新型工业化竞争力指标在中部六省的排位趋势

指标	工业竞争力	工业化进程竞争力	企业竞争力	新型工业化竞争力
2014 年排位	1	4	1	1
2015 年排位	1	3	1	1
升降	0	1	0	0
优势度	优势	中势	优势	优势

（1）从指标所处区位看，2015 年工业竞争力、工业化进程竞争力和企业竞争力均处于上游区。

（2）从指标变化趋势来看，在 3 个指标中，工业竞争力、企业竞争力指标排位保持不变，工业化进程竞争力排位上升 1 位。

（3）从综合排位分析来看，在工业竞争力、企业竞争力指标排位保持不变和工业化进程竞争力指标排位上升的综合作用下，河南省新型工业化竞争力保持不变，居中部六省第 1 位。

3.4.3 河南省各地市新型工业化竞争力的综合排位

2014～2015 年，河南省各地市新型工业化竞争力的排位变化情况，如表 3 - 4 - 3 所示。

表 3 - 4 - 3 河南省各地市 2014～2015 年新型工业化竞争力指标的排位趋势

城 市	工业竞争力		工业化进程竞争力		企业竞争力		新型工业化竞争力	
	2014 年	2015 年	2014 年	2015 年	2014 年	2015 年	2014 年	2015 年
郑州市	1	1	13	6	1	1	1	1
开封市	11	10	9	7	15	15	12	11
洛阳市	7	6	16	12	2	2	8	7
平顶山市	14	16	17	17	10	9	15	15

续表

城　市	工业竞争力		工业化进程竞争力		企业竞争力		新型工业化竞争力	
	2014 年	2015 年	2014 年	2015 年	2014 年	2015 年	2014 年	2015 年
安 阳 市	9	9	11	10	7	12	10	9
鹤 壁 市	15	17	1	3	14	11	13	14
新 乡 市	10	11	5	9	8	7	9	10
焦 作 市	3	3	6	1	5	6	3	2
濮 阳 市	4	5	2	4	13	13	4	6
许 昌 市	2	2	8	8	3	4	2	3
漯 河 市	8	7	3	2	9	8	6	5
三门峡市	6	8	12	15	4	3	5	8
南 阳 市	12	12	14	14	11	14	14	13
商 丘 市	16	18	7	16	16	16	16	18
信 阳 市	17	14	18	18	18	18	18	17
周 口 市	5	4	10	5	12	10	7	4
驻马店市	18	15	15	13	17	17	17	16
济 源 市	13	13	4	11	6	5	11	12

　　2015 年河南省各地市新型工业化竞争力排位上升的城市有 9 个，分别是开封、洛阳、安阳、焦作、漯河、南阳、信阳、周口、驻马店；河南省各地市新型工业化竞争力排位保持不变的城市有 2 个，分别是郑州、平顶山；河南省各地市新型工业化竞争力排位下降的城市有 7 个，分别是鹤壁、新乡、濮阳、许昌、三门峡、商丘、济源。

第 4 章
河南省 2015 年新型农业现代化发展报告

2015 年，河南省农业在高起点上再夺丰收，实现农业农村经济持续稳定发展，整体发展情况良好。2015 年河南省主要粮食产量达到 6067.1 万吨，人均主要粮食产量达到 0.64 吨，两项指标相比 2014 年均有一定程度的提升；农业产值继续增加，2015 年农业增加值为 4348.41 亿元；农业劳动生产率继续提高，达到了 8630.16 元／（人·年），农民人均纯收入达到 10852.86 元，人均农业增加值达到 4586.93 元。河南省农业结构不断优化，农业机械化全面推广，农业产业化经营稳步发展，科技对农业的贡献率和农业劳动生产率逐步提高，农业基础设施和农村生态环境建设进一步完善，河南省农业工作取得了一定成效。

4.1 河南省农业竞争力评价分析

4.1.1 河南省农业竞争力发展概述

2006～2015 年，河南省农业竞争力指标的变化情况，如表 4-1-1 所示。

表 4-1-1　河南省 2006～2015 年农业竞争力指标

年份	农业增加值（亿元）	人均农业增加值（元）	农民人均纯收入（元）	人均主要粮食产量（吨）	农业劳动生产率［元/（人·年）］	农村人均用电量（kW·h）	支农资金比重（%）
2006	1916.74	2042.20	3261.03	0.54	6284.39	284.75	7.73
2007	2217.66	2365.31	3851.60	0.56	7594.73	345.51	8.15
2008	2658.78	2830.30	4454.24	0.57	9337.87	374.09	9.19
2009	2769.05	2927.73	4806.95	0.57	10015.15	415.14	12.44
2010	3258.09	3449.09	5523.73	0.58	12013.61	421.94	11.69
2011	3512.24	3737.82	6604.03	0.59	13152.25	452.07	11.31
2012	3769.54	4007.59	7524.94	0.60	14343.69	477.81	11.02
2013	4058.98	4311.94	8475.34	0.61	15836.83	512.62	11.28
2014	4261.67	4521.67	9966.07	0.61	8241.35	536.08	10.98
2015	4348.41	4586.93	10852.86	0.64	8630.16	637.09	11.64

注：2014～2015 年，河南省农业劳动生产率数据指标，由于统计口径问题，分母所用数据为乡村人口。

从表 4-1-1 来看，2006～2015 年，河南省农业竞争力有了大幅提升。农业增加值在 2006～2015 年稳步增加，人均农业增加值在 2006～2015 年处于稳步增长阶段；农民人均纯收入不断增加，从 2006 年的 3261.03 元增加到 2015 年的 10852.86 元；人均主要粮食产量在整体上呈稳健上升趋势，从 2006 年的 0.54 吨增加到 2015 年的 0.64 吨；2015 年农业劳动生产率为 8630.16 元/（人·年）；农村人均用电量呈现大幅增长的趋势，从 2006 年的 284.75 千瓦时增加到 2015 年的 637.09 千瓦时；在支农资金比重指标方面，2006～2009 年出现短暂的上升，2009～2014 年又呈现整体下降趋势，2015 年呈现上升趋势。

4.1.2　河南省农业竞争力在全国的排位变化

2014～2015 年，河南省农业竞争力及其二级指标在全国的排位变化情况，如表 4 - 1 - 2 和图 4 - 1 - 1 所示。

表 4 - 1 - 2　河南省 2014～2015 年农业竞争力及其二级指标在全国的排位趋势

年份	农业增加值（亿元）	人均农业增加值（元）	农民人均纯收入（元）	人均主要粮食产量（吨）	农业劳动生产率[元/（人·年）]	农村人均用电量（kW·h）	支农资金比重(%)	农业竞争力
2014 年排位	2	14	17	5	18	15	17	10
2015 年排位	2	15	17	5	19	14	19	11
升降	0	-1	0	0	-1	1	-2	-1
优势度	优势	中势	中势	优势	中势	中势	中势	中势

注：长期以来我们一直称河南省为农业大省，但农业大省并不见得就一定是农业强省。在农业竞争力评价体系当中，相对于总量指标，我们更注重各种人均指标和比例指标。河南省农业发展的一些人均指标和比例指标其实并不占优势，从而导致对河南省农业发展水平的评价并不高。

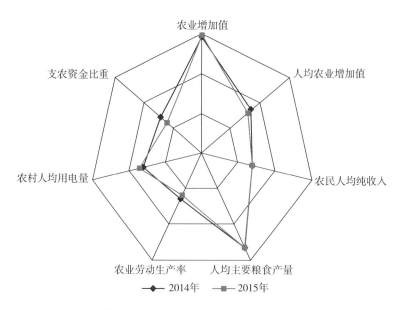

图 4 - 1 - 1　河南省 2014～2015 年农业竞争力二级指标在全国的排位比较

（1）2015年河南省农业竞争力在全国的综合排位为第11位，表明其在全国处于中势地位，与2014年相比下降1位。

（2）从指标所处区位来看，2015年处于上游的指标有4个，分别是农业增加值、人均农业增加值、人均主要粮食产量、农村人均用电量，其中农业增加值、人均主要粮食产量是河南省农业竞争力中的优势指标；处于下游指标的有3个，为支农资金比重、农民人均纯收入、农业劳动生产率。

（3）从雷达图图形变化看，2015年与2014年相比，面积略有缩小，仅农村人均用电量成为图形扩张的主要动力点。

（4）从排位变化的动因看，在农村人均用电量指标排位上升和人均农业增加值等指标排位下降的综合作用下，2015年河南省农业竞争力综合排位居全国第11位，与2014年河南省农业竞争力综合排位相比下降了1位。

4.1.3 河南省农业竞争力在中部六省的排位变化

2014~2015年，河南省农业竞争力及其二级指标在中部六省的排位变化情况，如表4-1-3和图4-1-2所示。

表4-1-3 河南省2014~2015年农业竞争力及其二级指标在中部六省的排位趋势

年份	农业增加值	人均农业增加值	农民人均纯收入	人均主要粮食产量	农业劳动生产率	农村人均用电量	支农资金比重	农业竞争力
2014年排位	1	3	4	1	3	1	3	2
2015年排位	1	3	4	1	3	1	3	2
升降	0	0	0	0	0	0	0	0
优势度	优势	中势	中势	优势	中势	优势	中势	优势

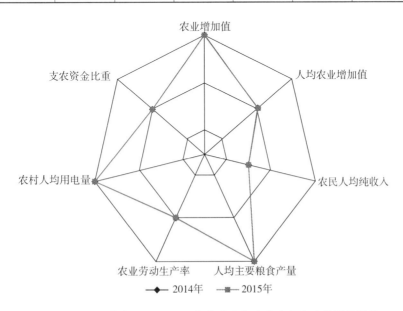

图4-1-2 河南省2014~2015年农业竞争力在中部六省的排位比较

（1）2015年河南省农业竞争力综合排位在中部六省中处于第2位，表明其在中部六省中处于优势地位，与2014年河南省农业竞争力在中部六省的排位相比没有变化。

（2）从指标所处区位来看，2015年位于上游区的有6个，分别是农业增加值、人均农业增加值、人均主要粮食产量、农业劳动生产率、农村人均用电量和支农资金比重，其中农业增加值、人均主要粮食产量、农村人均用电量是优势指标；处于下游区的指标有1个，是农民人均收入指标。

（3）从雷达图图形变化来看，2015年与2014年相比，面积没有变化，农业竞争力呈现稳定趋势。

（4）从排位变化动因上看，在各项指标排位不变的综合作用下，2015年河南省农业竞争力在中部六省的综合排位中仍居第2位，与2014年河南省农业竞争力在中部六省的排位相比保持不变。

4.1.4　河南省各地市农业竞争力的排位变化

2014～2015年，河南省各地市农业竞争力及其二级指标的变化情况，如表4－1－4所示。

表4－1－4　河南省各地市2014～2015年农业竞争力及其二级指标的排位趋势

城　市	农业增加值		人均农业增加值		农民人均纯收入		人均主要粮食产量		农业劳动生产率		农村人均用电量		支农资金比重		农业竞争力	
	2014年	2015年	2014年	2015年	2014年	2015年	2014年	2015年	2014年	2015年	2014年	2015年	2014年	2015年	2014年	2015年
郑州市	13	13	18	18	1	1	18	18	18	18	2	2	18	18	16	16
开封市	6	6	2	2	13	13	12	12	2	2	14	15	10	6	6	4
洛阳市	7	7	15	15	11	11	15	15	13	13	5	5	12	11	14	13
平顶山市	11	11	16	16	12	12	14	14	17	17	8	8	13	13	18	18
安阳市	9	9	11	10	8	8	8	8	16	15	3	3	5	10	9	8
鹤壁市	17	17	12	12	5	5	5	5	4	4	17	16	14	17	13	14
新乡市	8	8	13	13	7	7	7	7	6	6	1	1	9	12	4	6
焦作市	14	14	14	14	3	3	13	13	7	7	4	4	17	16	12	10
濮阳市	12	12	8	8	15	15	6	6	10	10	13	12	3	4	11	12
许昌市	10	10	9	11	4	4	10	10	9	6	9	9	15	14	7	9
漯河市	16	16	10	9	2	2	9	9	11	14	12	13	16	15	15	15
三门峡市	15	15	6	5	9	9	17	16	1	1	16	17	7	9	10	11
南阳市	1	1	7	7	10	10	11	11	12	9	15	14	1	2	2	2
商丘市	5	5	5	6	17	17	4	2	8	11	7	7	6	3	5	5
信阳市	3	3	1	1	14	14	2	4	5	5	11	10	2	1	1	1
周口市	2	2	4	4	18	18	3	3	9	12	18	18	8	8	8	7
驻马店市	4	4	3	3	16	16	1	1	14	9	10	11	4	5	3	3
济源市	18	18	17	17	6	6	16	17	15	16	6	6	11	7	17	17

2015 年河南省各市农业竞争力保持不变的城市有 8 个，分别为郑州、平顶山、漯河、南阳、商丘、信阳、驻马店和济源。其他城市均有不同幅度的变化，2015 年河南省各市农业竞争力排位上升的城市有 5 个，分别为开封、焦作、洛阳、安阳、周口。2015 年河南省各市农业竞争力排位下降的城市有 5 个，分别为鹤壁、濮阳、三门峡、新乡、许昌。

4.2 中原经济区农业发展中的现状与问题

4.2.1 中原经济区改革开放以来农业发展的现状

中原经济区是国家重要的粮食生产基地、现代农业基地和农业现代化示范区，积极探索三化协调的发展是中原经济区建设的核心问题。

在早期，河南省多数涉农企业以养殖业为主，经营方式过于单一，研发力度相对较弱，产品种类也不够多样。现如今，随着农村经济条件的不断提高，消费者对农产品的需求不断上涨。为适应农业市场的变化，满足消费者需求，不少企业积极进行技术研发与创新，不断完善生产工艺流程，力图做到精细化分工、差异化生产，以此赢得更多市场份额。

随着农村经济的不断发展、农户市场意识的不断增强，越来越多的涉农企业开始意识到农业产业化的重要性，并逐步走向农业产业化的发展道路。一方面，农业产业化经营能够改变农户在农业市场中的弱势地位，有效保障了农户与企业谈判过程中的话语权，从而切实保障了农户的合法利益；另一方面，农业产业化经营对企业而言也是不错的选择，能够减少企业在原材料供应方面的被动，进而确保原材料供应的数量与质量。总而言之，农业产业化经营逐渐成为一种有效途径。

4.2.2 发展基础动力欠缺，后劲不足

河南省人均耕地少、规模小、布局分散，不利于市场化运作。河南农业劳动力整体素质水平较低，主要表现为因接受教育年限短，农村人口文化素质水平较低，职业技能低；思想素质低；身体素质状况低下；经营管理素质不高，市场风险意识差；政策、法制观念淡薄等。同时，农村劳动力就业结构发生了重大变化，强壮劳动力向第二、三产业转移，剩下的多为妇女、老人，留下来的农民大部分只有传统的耕作技术和经验，对现代科技的接受与应用能力较差，无法为河南高效农业做大做强提供人力资本。

4.2.3 农业技术落后，缺乏足够的资金投入

农业生产技术落后，科技投入也很有限，导致农产品的产量不稳定，经营者既承担价格风险，同时还承担着自然的风险，农产品的产量直接受天气、气候的影响。尤其是在遇到自然灾害时，产量上不来，收益就上不来，甚至会出现倒挂的可能。同时，资金投入对农业生产、农业技术创新及农业产业化发展有巨大作用。资金投入是农业产业化不断发展

的根本，直接关乎农业产业化的整体水平。就河南省农业产业化发展现状而言，尽管各级政府都开始重视并加大对农业的支持力度，但是，农业支出总额占政府财政支出总额的比例仍相对较小。

4.2.4 农产品的市场性较弱，缺乏对农产品的深加工。

目前大多数农业生产者往往只顾大量盲目地生产，并且产品单一，也不参与生产完成后的销售问题，造成产销脱节。因而不能时刻把握市场信息，适当地调整营销策略；特色农产品基地逐渐壮大，但基地效益不明显。河南的大部分地区，特别是中东部地区的主要农业作物是玉米、小麦等，这些地区为我国粮食安全做出了巨大贡献，但是耕种品种过于单一，农产品缺乏市场吸引力，很难适应市场发展的需要。另外，在市场上流通的农产品也只是初级品，没有注重产品价值的进一步挖掘，也就是缺乏对农产品的深加工。对农产品进行深加工不仅可以提升产品的附加值，更可增加产品的多样性，利于市场的开拓及竞争力的提升。很多农业从事者没有意识到这点的重要性。

4.3 推进中原经济区农业发展的政策措施

4.3.1 推动农业结构战略调整，提高农业综合生产能力

加快推进河南粮食生产核心区建设，通过稳定面积，机制创新，完善相关政策，提高粮食生产的规模化、集约化、产业化、标准化水平，实现内涵式增长，建立粮食生产稳定增长的长效机制。发展优质粮食生产；在其余耕地上，加快构建粮饲兼顾、农牧结合、循环发展的新型种养结构。发展园艺业、水产业、食用菌、设施农业等高效农业。山地、丘陵地区和山前平原区要因地制宜，扩大谷子、红薯等耐旱作物种植规模，发展林果、木本粮油生产。调整畜牧业结构，优化畜禽养殖空间布局，稳定猪禽生产，加快发展肉牛肉羊产业，大力发展奶牛业；扩大青贮玉米和优质牧草种植规模，促进"粮—经—饲"三元种植结构协调发展。

4.3.2 转变农业发展方式和生产方式，发展现代农业

开发农业多种功能，培育休闲观光农业品牌。保持传统乡村风貌，传承农耕文化，加强重要农业文化遗产发掘和保护，扶持建设一批具有历史、文化、地域、民族特点的特色景观旅游村镇。坚持以特色产业为基础，加快现代农业产业基地"景区化"步伐，实现产区变景区、田园变公园、产品变礼品。加强特色产业文化和旅游产品展示展销平台等基础设施和公共服务设施建设，打造一批休闲农业与乡村旅游专业村、示范休闲农庄（农家）、农业主题公园、森林人家，形成一批具有影响力的精品线路、精品节会。

开展以农业面源为重点的农业生态治理，继续推进测土配方施肥，推广节地、节水、节肥、节种等先进适用技术和生物有机肥、低毒低残留农药，按规定落实相关财税扶持政策；落实畜禽规模化养殖环境影响评价制度，开展生态畜牧业示范农场创建活动，推广农

牧结合循环发展模式；大力实施林业生态建设提升工程，落实天然林资源保护，扩大范围，提高补助标准各项政策；积极推进新一轮退耕还林工程，加快坡耕地综合治理工程、丹江口库区水保二期工程、小流域综合治理工程和国家中部区域人工影响天气功能建设工程。落实湿地生态效益补偿、湿地保护奖励试点政策。

4.3.3 提高农业产业素质和市场开拓能力，拓宽农产品销售渠道

积极培育新型农业经营主体，激发农村经济发展活力和农业内生发展动力，抓好农产品经纪人和职业农民队伍建设，提高农业产业素质和市场开拓能力，拓宽农产品流通销售渠道。积极引导农民按照市场需求进行生产销售，构建专业化、集约化、组织化、社会化相结合的农业经营体系，稳步提高农民参与流通和组织化程度，将农业产业化经营贯穿于整个现代农业市场体系中。加强组织实施农产品市场工程升级，实现农产品种植、检验、标准化生产全过程，形成源头可追溯、流向可跟踪、信息可查询、产品可召回的管理体系。拓展业务功能、激发农产品品牌效益，加强农业市场体系创新和农产品发展深度融合，推动农业生产资料电子商务发展，建立新型农产品营销网络，提升农产品的流通效率，促进现代农业流通方式转型发展。

4.3.4 加快农村金融改革，增强农村发展融资能力

支持粮食生产规模经营主体开展营销贷款试点，鼓励引导粮食等大宗农产品收储加工企业为新型农业经营主体提供订单收购、代烘代储等服务。引导银行业金融机构把新型农业经营主体纳入客户信用评定范围，对信用等级较高的在同等条件下实行贷款优先等激励措施，对符合条件的进行综合授信；探索开展厂房、渔场渔船抵押，大型农机具融资租赁、生产订单、农业保单质押试点。支持新型农业经营主体利用期货、期权等衍生工具进行风险管理。建立健全农村产权交易中心，探索建立农村资产评估机构，完善价格评估体系和评估机制，研究制定省级和试点县（市）实施方案，积极稳妥推进农村承包土地经营权和农民住房财产权抵押贷款试点工作。

4.3.5 提高资源利用效率，提倡农业绿色环保经济

在目前这种状况下，靠大规模增加资源投入来满足农产品不断增长的需求是不现实的，根本的出路是大力提高资源综合开发和回收利用率，实现废弃物的资源化利用，运用高新技术对农产品进行深加工，为农村大量剩余劳动力创造就业机会，并改变传统的生产方式，发展以"减量化、再利用、资源化"为原则，以"低消耗、低排放、高效率"为基本特征的循环经济。同时，要大力提倡清洁生产，科学施肥施药，减少农药用量，推广应用生物农药及低毒低残留农药，建立现代农业发展模式。积极引导农户搞适度规模化、标准化养殖治污统一管理，发展生态型畜牧业，实现"畜禽养殖—肥料生产—沼气池—田园种植"的循环农业生态模式，变废为宝，减少对环境的破坏和污染。通过政府引导与投资，加快太阳能、风能和农村水电等再生能源的开发和利用，既节约能源、变废为宝，又改善了生态环境。

第5章
河南省 2015 年现代服务业发展报告

2015 年，随着我国经济发展进入新常态，河南省服务业的发展越发呈现与经济发展的一致性，且已经在河南省的国民经济结构中占据主导地位。河南省服务业的发展主要呈现两大特点。一是规模不断扩大，比重不断提高。2015 年，河南省服务业实现增加值14875.23 亿元，约占地区生产总值的 40.2%，服务业总量居全国第 7 位、中部六省首位，服务业对河南省经济贡献率由 2008 年的 25.0% 提高到 2015 年的 40.2%。二是服务业重点领域加快发展，交通运输仓储邮电业增加值、金融业增加值、房地产业增加值、批发和零售业增加值和住宿餐饮业增加值分别达到了 1809.39 亿元、1991.11 亿元、1657.04 亿元和2609.46 亿元，与 2014 年相比，分别增加了 7.92%、31.93%、7.48% 和 14.53%；服务业载体建设全面提速，7 个营业收入超百亿元的服务业集群相继形成，扶持建设多个省级示范物流园区，开工建设一批电子商务、服务外包、文化创意、知识产权等服务业特色园区。

5.1 河南省服务业竞争力发展概述

2005 ~ 2015 年，河南省服务业竞争力指标的变化情况如表 5 - 1 - 1 所示。

表 5 - 1 - 1 河南省 2005 ~ 2015 年服务业竞争力指标

指标	服务业增加值（亿元）	服务业增加值增长率（%）	人均服务业增加值（元）	服务业从业人员数（万人）	服务业从业人员数增长率（%）	交通运输仓储邮电业增加值（亿元）	金融业增加值（亿元）	房地产业增加值（亿元）	批发和零售业增加值（亿元）	住宿和餐饮业增加值（亿元）
2005	3181.27	16.90	3409.21	1272.00	6.00	625.87	181.74	298.19	616.25	302.23
2006	3721.44	17.00	3965.03	1318.00	3.62	739.29	219.72	348.70	682.40	377.94
2007	4511.97	21.20	4812.38	1366.00	3.64	866.73	302.31	447.44	765.76	493.40
2008	5099.76	13.00	5428.74	1424.22	4.26	802.25	413.83	512.42	916.50	511.71
2009	5700.91	11.80	6027.61	1509.20	5.97	823.57	499.92	622.98	1057.81	526.51
2010	6607.89	15.90	6995.26	1577.00	4.49	873.30	697.68	773.23	1293.50	605.23
2011	7991.72	20.90	8504.99	1674.90	6.21	961.50	868.20	987.00	1586.09	797.99
2012	9157.57	14.60	9735.88	1740.00	3.89	1151.91	1013.60	1040.70	1877.82	898.36
2013	10290.49	12.40	10932.21	1789.00	2.82	1309.30	1181.77	1165.07	2072.59	998.47
2014	12961.67	25.96	13736.40	1873.00	4.70	1676.59	1509.20	1541.76	2278.45	998.35
2015	14875.23	14.76	15727.83	2007.00	7.15	1809.39	1991.11	1657.04	2609.46	1030.80

2005 ~ 2015 年，河南省服务业竞争力有较大提高，服务业增加值从 2005 年的3181.27 亿元增长到 2015 年的 14875.23 亿元，人均服务业增加值、服务业从业人员数也

稳步增长；2005 ~ 2015 年，交通运输仓储邮电业增加值、金融业增加值、房地产业增加值、批发零售业增加值及住宿和餐饮业增加值总体增长。2005 ~ 2015 年，河南省的服务业取得了巨大的发展成就。

2005 ~ 2015 年，河南省服务业增加值增长率大致可以分为 2 个阶段。第一阶段为 2005 ~ 2007 年，服务业增加值增长率不断增长，从 2005 年的 16.9% 增长到 2007 年的 21.20%，增长率增加较快；第二阶段为 2007 ~ 2015 年，服务业增加值增长率呈现波动增长态势，总体保持 11% 以上的增长率，其中 2014 年最高为 25.96%，最低为 2009 年 11.80%。

2005 ~ 2015 年，河南省服务业从业人员数增长率大致可以分为 2 个阶段。第一阶段为 2005 ~ 2007 年，服务业从业人员数增长率从 6% 下降至 3.64%；第二阶段为 2007 ~ 2015 年，服务业从业人员数增长率有所波动，但总体上仍保持在 2.8% 以上，其中 2015 年较 2014 年有较大增长，增长率为 7.15%，说明 2015 年河南服务业有较大发展。现代服务业对拉动增长、扩大投资、增加财力、吸纳就业发挥了积极作用。

5.2 河南省服务业竞争力在全国的排位

2014 ~ 2015 年，河南省服务业竞争力及其二级指标在全国的排位变化情况，如表 5 - 2 - 1 和图 5 - 2 - 1 所示。

表 5 - 2 - 1 河南省 2014 ~ 2015 年服务业竞争力及其二级指标在全国的排位趋势

指标	服务业增加值	服务业增加值增长率	人均服务业增加值	交通运输仓储邮电业增加值	金融业增加值	房地产业增加值	批发和零售业增加值	住宿和餐饮业增加值	服务业竞争力
2014 年排位	7	9	24	5	8	5	8	4	13
2015 年排位	7	5	25	5	8	6	7	4	9
升降	0	4	-1	0	0	-1	1	0	4
优势度	优势	优势	劣势	优势	优势	优势	优势	优势	优势

（1）2015 年河南省服务业竞争力综合排位在全国处于第 9 位，表明其在全国处于优势地位，与 2014 年相比上升 4 位。

（2）从指标所处区位看，2015 年处于上游区的指标有 7 个，分别是服务业增加值、服务业增加值增长率、交通运输仓储邮电业增加值、金融业增加值、房地产业增加值、批发和零售业增加值、住宿和餐饮业增加值，且均是河南省服务业竞争力中的优势指标；处于下游区的指标有 1 个，是人均服务业增加值，是河南省服务业竞争力中的劣势指标。

（3）从雷达图图形变化看，2015 年与 2014 年相比，面积明显增大，服务业竞争力呈现上升趋势，其中服务业增加值增长率指标成为图形扩张的动力点。

（4）从排位变化的动因看，在服务业增加值增长率、批发和零售业增加值指标排位上升和人均服务业增加值、房地产业增加值指标排位下降的综合作用下，2015 年河南省服务业竞争力在全国的综合排位上升 4 位，居全国第 9 位。

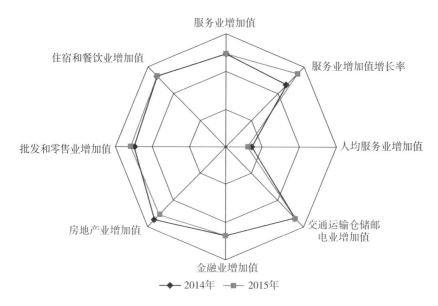

图 5 - 2 - 1　河南省 2014～2015 年服务业竞争力二级指标在全国的排位比较

5.3　河南省服务业竞争力在中部六省的排位

2014～2015 年，河南省服务业竞争力及其二级指标在中部六省的排位变化情况，如表 5 - 3 - 1 和图 5 - 3 - 1 所示。

表 5 - 3 - 1　河南省 2014～2015 年服务业竞争力及其二级指标在中部六省的排位趋势

指标	服务业增加值	服务业增加值增长率	人均服务业增加值	交通运输仓储邮电业增加值	金融业增加值	房地产业增加值	批发和零售业增加值	住宿和餐饮业增加值	服务业竞争力
2014 年	1	3	4	1	1	1	1	1	3
2015 年	1	1	6	1	1	1	1	1	1
升降	0	2	- 2	0	0	0	0	0	2
优势度	优势	优势	劣势	优势	优势	优势	优势	优势	优势

（1）2015 年河南省服务业竞争力综合排位在中部六省处于第 1 位，表明其在中部六省处于优势地位，与 2014 年河南省在中部六省的服务业竞争力排位相比上升了 2 位。

（2）从指标所处区位看，2015 年处于上游区的指标有 7 个，分别是服务业增加值、服务业增加值增长率、交通运输仓储邮电业增加值、金融业增加值、房地产业增加值、批发和零售业增加值、住宿和餐饮业增加值，且均为河南省服务业竞争力中的优势指标；处于下游区的指标有 1 个，是人均服务业增加值，是河南省服务业竞争力中的劣势

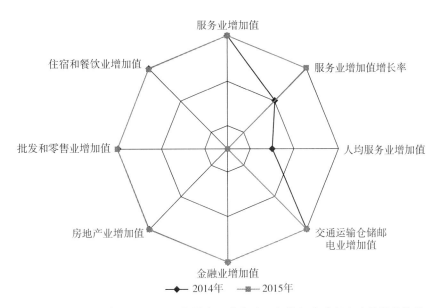

图 5 - 3 - 1 河南省 2014 ～ 2015 年服务业竞争力二级指标在中部六省的排位比较

指标。

（3）从雷达图图形变化看，2015 年与 2014 年相比，面积基本不变，人均服务业增加值指标成为图形扩张明显的制约点。

（4）从排位变化的动因看，在服务业增加值增长率指标排位上升和人均服务业增加值指标排位下降的综合作用下，2015 年河南省服务业竞争力在中部六省的综合排位为第 1位，与 2014 年河南省服务业竞争力在中部六省的排位相比上升了 2 位。

5.4 河南省各地市服务业竞争力的排位变化

2014 ～2015 年，河南省各地市服务业竞争力及其二级指标排位的变化情况，如表 5 - 4 - 1所示。

表 5 - 4 - 1 河南省各地市 2014 ～ 2015 年服务业竞争力及其二级指标的排位趋势

城　　　市	服务业增加值		服务业增加值增长率		人均服务业增加值		服务业从业人员数		服务业从业人员数增长率		交通运输仓储邮电业增加值	
	2014 年	2015 年	2014 年	2015 年	2014 年	2015 年	2014 年	2015 年	2014 年	2015 年	2014 年	2015 年
郑 州 市	1	1	8	10	1	1	1	1	13	5	1	1
开 封 市	12	12	6	5	8	7	11	10	11	9	12	11
洛 阳 市	2	2	9	12	2	2	6	7	9	12	2	2
平顶山市	10	11	18	16	10	10	12	11	16	8	13	13
安 阳 市	5	5	12	8	7	8	10	8	18	2	8	8
鹤 壁 市	17	17	13	6	12	12	17	17	4	4	17	16

续表

城　　市	服务业增加值		服务业增加值增长率		人均服务业增加值		服务业从业人员数		服务业从业人员数增长率		交通运输仓储邮电业增加值	
	2014 年	2015 年	2014 年	2015 年	2014 年	2015 年	2014 年	2015 年	2014 年	2015 年	2014 年	2015 年
新 乡 市	4	4	14	17	9	9	8	9	6	10	7	7
焦 作 市	13	13	10	13	4	4	13	14	8	11	4	4
濮 阳 市	14	14	15	14	11	11	14	13	5	3	16	17
许 昌 市	6	6	7	4	6	6	9	12	14	17	6	6
漯 河 市	16	16	17	11	15	15	16	16	12	6	15	15
三门峡市	15	15	11	15	5	5	15	15	1	18	5	5
南 阳 市	3	3	5	2	13	13	2	2	2	13	3	3
商 丘 市	11	8	4	1	17	17	7	5	10	1	9	9
信 阳 市	8	10	3	7	14	14	4	6	15	14	10	12
周 口 市	7	9	1	9	18	18	3	3	3	15	14	14
驻马店市	9	7	2	3	16	16	5	4	7	7	11	10
济 源 市	18	18	16	18	3	3	18	18	17	16	18	18

城　　市	金融业增加值		房地产业增加值		批发和零售业增加值		住宿和餐饮业增加值		服务业竞争力	
	2014 年	2015 年	2014 年	2015 年	2014 年	2015 年	2014 年	2015 年	2014 年	2015 年
郑 州 市	1	1	1	1	1	1	1	1	1	1
开 封 市	13	14	13	13	13	12	12	12	13	9
洛 阳 市	2	2	2	2	2	2	3	3	3	3
平顶山市	5	5	9	10	7	6	6	6	14	13
安 阳 市	6	6	6	6	4	5	14	14	11	4
鹤 壁 市	16	16	16	17	17	17	17	17	16	15
新 乡 市	3	3	4	4	6	7	8	9	5	8
焦 作 市	10	11	11	9	5	4	11	11	9	11
濮 阳 市	15	15	14	14	15	15	13	13	15	14
许 昌 市	9	10	10	11	8	8	4	4	6	7
漯 河 市	18	18	15	15	16	16	15	15	18	17
三门峡市	14	13	17	16	14	14	16	16	12	16
南 阳 市	4	4	3	3	3	3	2	2	2	2
商 丘 市	12	12	8	8	11	11	5	5	10	5
信 阳 市	8	7	7	7	12	13	7	7	8	10
周 口 市	7	8	5	5	10	10	9	8	4	12
驻马店市	11	9	12	12	9	9	10	10	7	6
济 源 市	17	17	18	18	18	18	18	18	17	18

2015 年河南省服务业竞争力排位保持不变的城市有 3 个，分别是郑州市、洛阳市、南阳市。

2015 年河南省服务业竞争力排位上升的城市有 8 个，分别是开封市、平顶山市、安阳市、鹤壁市、濮阳市、漯河市、商丘市和驻马店市。

开封市在服务业增加值增长率、人均服务业增加值、服务业从业人员数、服务业从业人员数增长率、交通运输仓储邮电业增加值、批发和零售业增加值指标排位上升和金融业增加值指标排位下降的综合作用下，服务业竞争力排位上升了 4 位，居河南省第 9 位；平顶山市在服务业增加值增长率、服务业从业人员数、服务业从业人员数增长率、批发和零售业增加值指标排位上升和服务业增加值、房地产业增加值指标排位下降的综合作用下，服务业竞争力排位上升了 1 位，居河南省第 13 位；安阳市在服务业增加值增长率、服务业从业人员数、服务业从业人员数增长率指标排位上升和人均服务业增加值、批发和零售业增加值指标排位下降的综合作用下，服务业竞争力排位上升了 7 位，居河南省第 4 位；鹤壁市在服务业增加值增长率、交通运输仓储邮电业增加值指标排位上升和房地产业增加值指标排位下降的综合作用下，服务业竞争力排位上升了 1 位，居河南省第 15 位；濮阳市在服务业增加值增长率、服务业从业人员数、服务业从业人员数增长率指标排位上升和交通运输仓储邮电业增加值指标排位下降的综合作用下，服务业竞争力排位上升了 1 位，居河南省第 14 位；漯河市在服务业增加值增长率、服务业从业人员数增长率指标排位上升及其他指标排位不变的综合作用下，服务业竞争力排位上升了 1 位，居河南省第 17 位；商丘市在服务业增加值、服务业增加值增长率、服务业从业人员数、服务业从业人员数增长率指标排位上升及其他指标排位不变的综合作用下，服务业竞争力排位上升了 5 位，居河南省第 5 位；驻马店市在服务业增加值、服务业从业人员数、交通运输仓储邮电业增加值、金融业增加值指标排位上升及服务业增加值增长率指标排位下降的综合作用下，服务业竞争力排位上升了 1 位，居河南省第 6 位。

2015 年河南省服务业竞争力排位下降的城市有 7 个，分别是新乡市、焦作市、许昌市、三门峡市、信阳市、周口市和济源市。

新乡市在服务业增加值增长率、服务业从业人员数、服务业从业人员数增长率、批发和零售业增加值、住宿和餐饮业增加值指标排位下降和其他指标排位不变的综合作用下，服务业竞争力排位下降了 3 位，居河南省第 8 位；焦作市在服务业增加值增长率、服务业从业人员数、服务业从业人员数增长率、金融业增加值指标排位下降和房地产业增加值、批发和零售业增加值指标排位上升的综合作用下，服务业竞争力排位下降了 2 位，居河南省第 11 位；许昌市在服务业从业人员数、服务业从业人员数增长率、金融业增加值、房地产业增加值指标排位下降和服务业增加值增长率指标排位上升的综合作用下，服务业竞争力排位下降了 1 位，居河南省第 7 位；三门峡市在服务业增加值增长率、服务业从业人员数增长率指标排位下降和金融业增加值、房地产业增加值指标排位上升的综合作用下，服务业竞争力排位下降了 4 位，居河南省第 16 位；信阳市在服务业增加值、服务业增加值增长率、服务业从业人员数、交通运输仓储邮电业增加值、批发和零售业增加值指标排位下降和服务业从业人员数增长率、金融业增加值指标排位上升的综合作用下，服务业竞争力排位下降了 2 位，居河南省第 10 位；周口市在服务业增加值、服务业增加值增长率、服务业从业人员数增长率、金融业增加值指标排位下降及住宿和餐饮业增加值指标排位上升的综合作用下，服务业竞争力排位下降了 8 位，居河南省第 12 位；济源市在服务业增加值增长率指标排位下降和服务业从业人员数增长率指标排位上升的综合作用下，服务业竞争力排位下降了 1 位，居河南省第 18 位。

第 6 章
河南省 2015 年社会事业发展报告

2015 年，河南省委、省政府深入贯彻落实党的十八大和十八届三中、四中、五中全会精神，深入推进文化体制改革，着力社会主义核心价值体系建设，着力事关民生的文化惠民工程，着力公共文化服务体系和文化市场体系建设，文化建设取得了显著成就。2015年，济源市成功获得创建第三批国家公共文化服务体系示范区资格；由河南省推荐的2015 "感动中原" 年度人物——王宽当选 "感动中国" 2015 年度人物；李佩甫的长篇小说《生命册》获第九届茅盾文学奖；"舞台艺术送农民" "高雅艺术进校园" "欢乐中原"等全民文化活动办得红红火火；"河南省纪念中国人民抗日战争暨世界反法西斯战争胜利70 周年演出季" 活动持续时间最长，演出剧目众多，有豫剧《口上的女人》《红菊》《红高粱》等；2015 年，河南省加快了文化 "走出去" 的步伐，在上海国际艺术节上，河南推出了包括大型豫剧现代戏《焦裕禄》、原创历史豫剧《玄奘》《河南博物院华夏古乐》等在内的 8 部剧目，是参会以来推介剧目最多的一次。

2015 年，河南省加快推进科技创新。深化科技计划和资金管理改革，设立科技创新风险投资基金；中原现代农业科技示范区获得批准，新增 25 个院士工作站，新当选 3 名院士，获得 28 项国家科技奖励，数量创历年新高；扎实推进开放式创新，中科院等一批高层次科研单位在河南省设立新型研发机构；大力推进 "大众创业、万众创新"，加快创业孵化载体建设，培育 6 家国家级众创空间。

2015 年，河南省教育事业发展态势良好。加快推进第二期学前教育三年行动计划，新增幼儿园 1660 所；继续改善贫困地区义务教育薄弱学校基本办学条件，实施扩充城镇义务教育资源五年计划，实现义务教育学校生均公用经费基准定额城乡统一；加快普通高中改造项目建设和多样化发展试点，持续推进全民技能振兴工程、职教攻坚二期工程，中职学校全日制在校生学费全免；启动高等教育优势特色学科建设工程，15 所地方本科院校转型发展试点有序推进；争取 "985" "211" 高校追加招生计划3600 多人。

6.1　河南省文化竞争力评价分析

6.1.1　河南省文化竞争力发展概述

2006～2015 年，河南省文化竞争力指标的变化情况，如表 6-1-1 所示。

表6-1-1 河南省2006~2015年文化竞争力指标

年份	文化、体育和娱乐业就业人员数(万人)	文化、体育和娱乐业就业人员平均工资(元)	城镇居民人均文化娱乐支出(元)	农村居民人均文化娱乐支出(元)	城镇居民文化娱乐支出占消费性支出比重(%)	农村居民文化娱乐支出占消费性支出比重(%)
2006	7.0	17996	847.12	199	12.67	5.46
2007	7.2	20401	936.55	212	11.97	5.04
2008	7.2	23075	988.95	214	11.19	4.44
2009	7.1	25973	1048.14	234	10.96	4.48
2010	7	28511	1137.16	250	10.49	4.34
2011	7.1	31249	1373.94	278	11.14	4.06
2012	7.1	35925	1525.33	344	11.11	6.83
2013	8.5	36555	1911.16	408	12.89	7.25
2014	7.5	42426	1721.90	757.8	10.64	10.41
2015	7.8	47591	1991.87	851.4	11.61	10.79

注：按城镇单位从业人员相关指标来比较文化、体育和娱乐业就业人员数和就业人员平均工资；支出指标均采用消费支出指标。

2006~2015年，河南省的文化竞争力有所上升。文化、体育和娱乐业就业人员数，城镇居民人均文化娱乐支出与城镇居民文化娱乐支出占消费性支出比重经历2014年下降后，于2015年分别上升至7.8万人、1991.87元和11.61%。2006~2015年，文化、体育和娱乐业就业人员平均工资、农村居民人均文化娱乐支出和农村居民文化娱乐支出占消费性支出比重稳步上升，从2014年的42426元、757.8元和10.41%增至2015年的47591元、851.4元和10.79%。

6.1.2 河南省文化竞争力在全国的排位变化

2014~2015年，河南省文化竞争力及其二级指标在全国的排位变化情况，如表6-1-2和图6-1-1所示。

表6-1-2 河南省2014~2015年文化竞争力及其二级指标在全国的排位趋势

指标	文化、体育和娱乐业就业人员数	文化、体育和娱乐业就业人员平均工资	城镇居民人均文化娱乐支出	农村居民人均文化娱乐支出	城镇居民文化娱乐支出占消费性支出比重	农村居民文化娱乐支出占消费性支出比重	文化竞争力
2014年	4	28	23	21	16	14	19
2015年	3	29	21	24	10	15	19
升降	1	-1	2	-3	6	-1	0
优势度	优势	劣势	劣势	劣势	优势	中势	中势

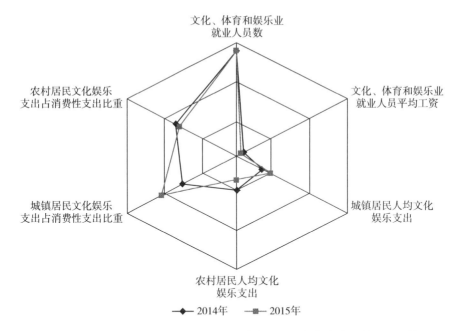

图 6 – 1 – 1　河南省 2014～2015 年文化竞争力二级指标在全国的排位比较

（1）2015 年河南省文化竞争力综合排位在全国处于第 19 位，表明其在全国处于中势地位，与 2014 年相比排位不变。

（2）从指标所处区位看，2015 年处于上游区的指标有 3 个，分别是文化、体育和娱乐业就业人员数，城镇居民文化娱乐支出占消费性支出比重和农村居民文化娱乐支出占消费性支出比重；其中文化、体育和娱乐业就业人员数和城镇居民文化娱乐支出占消费性支出比重为河南省文化竞争力的优势指标，农村居民文化娱乐支出占消费性支出比重为河南省文化竞争力的中势指标；处于下游区的指标有 3 个，分别是文化、体育和娱乐业就业人员平均工资，城镇居民人均文化娱乐支出和农村居民人均文化娱乐支出；其中处于下游区的三个指标均是河南省文化竞争力的劣势指标。

（3）从雷达图图形变化看，2015 年与 2014 年相比，面积基本不变，文化竞争力排位保持不变。

（4）从排位变化的动因看，在文化、体育和娱乐业就业人员数，城镇居民人均文化娱乐支出与城镇居民文化娱乐支出占消费性支出比重指标的排位上升，以及文化、体育和娱乐业就业人员平均工资，农村居民人均文化娱乐支出和农村居民文化娱乐支出占消费性支出比重等指标排位下降的综合作用下，2015 年河南省文化竞争力在全国的综合排位保持不变，居全国第 19 位。

6.1.3　河南省文化竞争力在中部六省的排位变化

2014～2015 年，河南省文化竞争力及其二级指标在中部六省的变化情况，如表 6 – 1 – 3 和图 6 – 1 – 2 所示。

表 6 - 1 - 3 河南省 2014～2015 年文化竞争力及其二级指标在中部六省的排位趋势

指标	文化、体育和娱乐业就业人员数	文化、体育和娱乐业就业人员平均工资	城镇居民人均文化娱乐支出	农村居民人均文化娱乐支出	城镇居民文化娱乐支出占消费性支出比重	农村居民文化娱乐支出占消费性支出比重	文化竞争力
2014 年	1	5	4	4	5	4	4
2015 年	1	5	3	5	3	4	4
升降	0	0	1	-1	2	0	0
优势度	优势	劣势	中势	劣势	中势	中势	中势

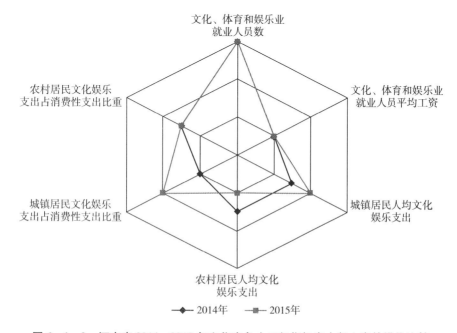

图 6 - 1 - 2 河南省 2014～2015 年文化竞争力二级指标在中部六省的排位比较

（1）2015 年河南省文化竞争力综合排位在中部六省处于第 4 位，表明其在中部六省处于中势地位，与 2014 年相比，排位不变。

（2）从指标所处区位看，2015 年处于上游区的指标有 3 个，分别是文化、体育和娱乐业就业人员数，城镇居民人均文化娱乐支出和城镇居民文化娱乐支出占消费性支出比重，其中文化、体育和娱乐业就业人员数为优势指标，城镇居民人均文化娱乐支出和城镇居民文化娱乐支出占消费性支出比重为中势指标；处于下游区的指标有 3 个，分别是文化、体育和娱乐业就业人员平均工资，农村居民人均文化娱乐支出和农村居民文化娱乐支出占消费性支出比重，其中文化、体育和娱乐业就业人员平均工资和农村居民人均文化娱乐支出为劣势指标，农村居民文化娱乐支出占消费性支出比重为中势指标。

（3）从雷达图图形变化看，2015 年与 2014 年相比，面积基本不变，文化竞争力排位保持不变。

（4）从排位变化的动因看，在城镇居民文化娱乐支出和城镇居民文化娱乐支出占消费性支出比重指标排位上升，以及农村居民人均文化娱乐支出指标排位下降的综合作用下，2015 年河南省文化竞争力在中部六省的综合排位保持不变，居第 4 位。

6.1.4 河南省各地市文化竞争力的排位变化

2014～2015 年，河南省各地市文化竞争力及其二级指标的变化情况，如表 6 - 1 - 4 所示。

表 6 - 1 - 4 河南省各地市 2014～2015 年文化竞争力及其二级指标的排位趋势

城　市	文化、体育和娱乐业就业人员数		文化、体育和娱乐业就业人员平均工资		城镇居民人均文化娱乐支出		农村居民人均文化娱乐支出		城镇居民文化娱乐支出占消费性支出比重		农村居民文化娱乐支出占消费性支出比重		文化竞争力	
	2014 年	2015 年	2014 年	2015 年	2014 年	2015 年	2014 年	2015 年	2014 年	2015 年	2014 年	2015 年	2014 年	2015 年
郑 州 市	1	1	18	1	9	6	2	2	16	15	3	12	7	7
开 封 市	7	7	2	4	8	10	8	3	9	13	8	2	6	6
洛 阳 市	3	2	4	13	3	2	7	7	4	2	7	7	2	1
平顶山市	11	10	8	7	7	11	17	16	12	8	16	13	14	12
安 阳 市	18	5	16	12	15	14	10	13	14	12	14	16	17	15
鹤 壁 市	16	17	14	18	13	15	4	5	6	14	2	5	8	13
新 乡 市	10	8	10	9	6	5	5	8	10	5	4	3	4	4
焦 作 市	8	9	11	10	12	8	3	4	11	9	5	11	9	9
濮 阳 市	12	13	17	17	14	12	13	11	3	4	11	6	12	11
许 昌 市	9	14	3	6	4	3	9	9	5	3	13	9	5	3
漯 河 市	15	15	6	5	10	4	12	15	13	6	12	15	13	10
三门峡市	14	16	7	11	2	9	6	1	2	7	6	1	3	2
南 阳 市	2	3	5	8	5	7	15	17	8	11	17	18	11	14
商 丘 市	13	12	15	16	16	17	14	14	15	16	10	10	15	16
信 阳 市	4	6	9	14	18	18	18	12	17	18	18	14	18	17
周 口 市	5	11	1	3	17	16	16	18	18	17	15	17	16	18
驻马店市	6	4	13	2	11	13	11	10	7	10	9	4	10	8
济 源 市	17	18	12	15	1	1	1	6	1	1	1	8	1	5

2015 年，河南省各市文化竞争力排位上升的城市有 9 个，分别是洛阳市、平顶山市、安阳市、濮阳市、许昌市、漯河市、三门峡市、信阳市和驻马店市；排位不变的有 4 个，分别是郑州市、开封市、新乡市和焦作市；排位下降的城市有 5 个，分别是鹤壁市、南阳市、商丘市、周口市和济源市。

6.2 河南省科技竞争力评价分析

6.2.1 河南省科技竞争力发展概述

2006～2015 年，河南省科技竞争力指标的变化情况，如表 6 - 2 - 1 所示。

表 6 – 2 – 1　河南省 2006 ~ 2015 年科技竞争力指标

年份	人均 R&D 经费支出（元）	R&D 经费支出占 GDP 比重（%）	万人技术市场成交额（万元/万人）	万人专利数（件/万人）	人均高新技术企业总产值（开发区口径）（元）
2006	84.97	0.64	25.27	—	—
2007	108.01	0.67	27.99	0.06	—
2008	129.71	0.66	26.94	0.07	1321.07
2009	183.2	0.89	27.72	0.12	1594.63
2010	224.56	0.91	28.92	0.16	1958.49
2011	281.74	0.98	38.76	0.26	2934.55
2012	264.68	0.84	42.47	0.55	4571.84
2013	313.75	0.92	42.75	0.69	6252.91
2014	357.83	0.97	43.28	0.90	7359.80
2015	389.06	1.00	47.52	1.19	8819.56

注：按规模以上工业企业 R&D 经费及专利数来计算上述相关指标。

2006 ~ 2015 年，河南省的科技实力持续增强。各项指标稳中有升，人均 R&D 经费支出由 2014 年的 357.83 元上升至 2015 年的 389.06 元；R&D 经费支出占 GDP 比重由 2014 年的 0.97% 上升为 2015 年的 1%；万人技术市场成交额由 2014 年的 43.28 万元上升至 2015 年的 47.52 万元；万人专利数由 2014 年的 0.90 件上升至 2015 年的 1.19 件；人均高新技术企业总产值由 2014 年的 7359.80 元上升至 2015 年的 8819.56 元。

6.2.2　河南省科技竞争力在全国的排位变化

2014 ~ 2015 年，河南省科技竞争力及其二级指标在全国的排位变化情况，如表 6 – 2 – 2 和图 6 – 2 – 1 所示。

表 6 – 2 – 2　河南省 2014 ~ 2015 年科技竞争力及其二级指标在全国的排位趋势

指标	人均 R&D 经费支出	R&D 经费支出占 GDP 比重	万人技术市场成交额	万人专利数	人均高新技术企业总产值（开发区口径）	科技竞争力
2014 年	16	15	26	19	20	19
2015 年	16	13	27	19	22	18
升降	0	2	– 1	0	– 2	1
优势度	中势	中势	劣势	中势	劣势	中势

（1）2015 年，河南省科技竞争力综合排位在全国处于第 18 位，表明其在全国处于中势地位，与 2014 年相比排位上升 1 位。

（2）从指标所处区位看，2015 年处于上游区的指标有 2 个，分别是人均 R&D 经费支出和 R&D 经费支出占 GDP 比重，且均是河南省科技竞争力的中势指标；处于下游区的指标有 3 个，分别是万人技术市场成交额、万人专利数和人均高新技术企业总产值，其中万人专利数是河南省科技竞争力的中势指标，万人技术市场成交额和人均高新技术企业总产

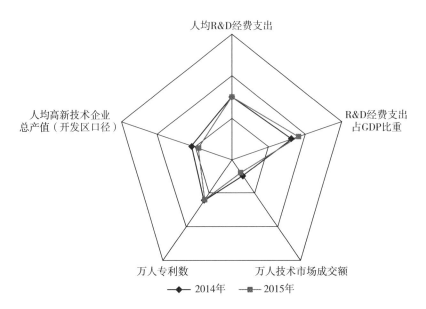

图 6 - 2 - 1   河南省 2014 ~ 2015 年科技竞争力及其二级指标在全国的排位比较

值是河南省科技竞争力的劣势指标。

（3）从雷达图图形变化看，2015 年与 2014 年相比，面积基本不变，科技竞争力呈现上升趋势。

（4）从排位变化的动因看，在 R&D 经费支出占 GDP 比重指标排位上升，以及万人技术市场成交额与人均高新技术企业总产值指标排位下降的综合作用下，2015 年河南省科技竞争力在全国的综合排位上升 1 位，居全国第 18 位。

6.2.3   河南省科技竞争力在中部六省的排位变化

2014 ~ 2015 年，河南省科技竞争力及其二级指标在中部六省的排位变化情况，如表 6 - 2 - 3 和图 6 - 2 - 2 所示。

表 6 - 2 - 3   河南省 2014 ~ 2015 年科技竞争力及其二级指标在中部六省的排位趋势

指标	人均 R&D 经费支出	R&D 经费支出占 GDP 比重	万人技术市场成交额	万人专利数	人均高新技术企业总产值（开发区口径）	科技竞争力
2014 年	4	5	6	5	5	5
2015 年	4	4	6	5	5	5
升降	0	1	0	0	0	0
优势度	中势	中势	劣势	劣势	劣势	劣势

（1）2015 年河南省科技竞争力综合排位在中部六省处于第 5 位，表明其在中部六省处于劣势地位，与 2014 年相比排位保持不变。

（2）从指标所处区位看，2015 年所有指标均处于下游区，其中人均 R&D 经费支出和

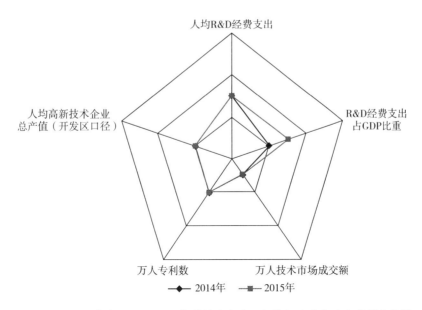

图 6 - 2 - 2　河南省 2014～2015 年科技竞争力二级指标在中部六省的排位比较

R&D 经费支出占 GDP 比重为河南省科技竞争力的中势指标，其余均为河南省科技竞争力的劣势指标。

（3）从雷达图图形变化看，2015 年与 2014 年相比，面积基本不变，河南省科技竞争力排位保持不变。

（4）从排位变化的动因看，在 R&D 经费支出占 GDP 比重上升和其余指标排位不变的综合作用下，2015 年河南省科技竞争力在中部六省的综合排位保持不变，居中部六省第 5 位。

6.2.4　河南省各地市科技竞争力的排位变化

2014～2015 年，河南省各地市科技竞争力及其二级指标变化情况，如表 6 - 2 - 4 所示。

表 6 - 2 - 4　河南省各地市 2014～2015 年科技竞争力及其二级指标的排位趋势

城　　市	人均 R&D 经费支出		R&D 经费支出占 GDP 比重		万人技术市场成交额		万人专利数		规模以上工业企业新产品销售收入		科技竞争力	
	2014 年	2015 年	2014 年	2015 年	2014 年	2015 年	2014 年	2015 年	2014 年	2015 年	2014 年	2015 年
郑 州 市	2	1	5	5	2	2	1	1	1	1	1	1
开 封 市	8	8	8	8	1	8	13	13	10	10	8	8
洛 阳 市	3	3	3	3	6	1	2	2	2	3	2	2
平顶山市	7	7	6	6	3	3	8	7	8	8	6	6
安 阳 市	9	11	9	11	10	13	10	10	7	7	9	10
鹤 壁 市	14	14	15	15	15	11	9	9	15	14	14	14

城　　市	人均R&D经费支出		R&D经费占GDP比重		万人技术市场成交额		万人专利数		规模以上工业企业新产品销售收入		科技竞争力	
	2014年	2015年	2014年	2015年	2014年	2015年	2014年	2015年	2014年	2015年	2014年	2015年
新乡市	6	6	1	1	4	4	5	5	3	4	3	3
焦作市	5	5	7	7	7	7	3	3	5	6	5	5
濮阳市	11	9	11	10	16	14	7	8	14	13	12	12
许昌市	4	4	4	4	17	15	6	6	4	2	7	7
漯河市	13	12	12	12	13	16	14	14	11	12	11	13
三门峡市	10	10	13	13	14	6	12	12	18	17	13	11
南阳市	12	13	10	9	9	9	11	11	6	5	10	9
商丘市	15	15	14	14	12	10	16	16	17	18	15	15
信阳市	17	17	17	18	8	17	17	15	16	16	17	17
周口市	18	18	18	17	18	18	18	18	13	15	18	18
驻马店市	16	16	16	16	11	12	15	17	12	11	16	16
济源市	1	2	2	2	5	5	4	4	9	9	4	4

2015年河南省各市科技竞争力排位上升的城市有2个，分别是三门峡市和南阳市；排位下降的城市有2个，分别是安阳市和漯河市；其余城市排位保持不变。

6.3　河南省教育竞争力评价分析

6.3.1　河南省教育竞争力发展概述

2011～2015年，河南省教育竞争力指标的变化情况，如表6-3-1所示。

表6-3-1　河南省2011～2015年教育竞争力指标

年份	教育业就业人员数（万人）	教育业就业人员平均工资（元）	人均教育固定资产投资（元）	万人中小学学校数（所）	万人中小学专任教师数（人）	万人高等学校数（所）	万人高校专任教师数（人）	万人高等学校在校学生数（人）
2011	117.4	36082	245.4	3.53	93.98	0.01	8.74	159.79
2012	118.9	39582	295.65	3.49	94.26	0.01	9.14	165.75
2013	116.9	42099	308.55	3.34	93.75	0.01	9.66	171.92
2014	119.0	46419	383.90	3.28	94.25	0.01	10.09	178.23
2015	125.00	50152	440.85	3.17	95.03	0.01	10.34	186.38

注：按城镇单位从业人员相关指标来比较教育业就业人员数和教育业就业人员平均工资。

2011～2015年，河南省教育事业持续发展，教育业就业人员数、教育业就业人员平均工资、人均教育固定资产、万人中小学专任教师数、万人高校专任教师数、万人高等学校在校学生数等指标自 2011 年以来均呈现稳步增长趋势，至 2015 年分别达 125 万人、50152 元、440.85 元、95.03 人、10.34 人和 186.38 万人；万人中小学校数呈现逐年下降趋势；万人高等学校数在 2011～2015 年基本不变。

6.3.2　河南省教育竞争力在全国的排位变化

2014～2015 年，河南省教育竞争力及其二级指标在全国的排位变化情况，如表 6-3-2 和图 6-3-1 所示。

表 6-3-2　河南省 2014～2015 年教育竞争力及其二级指标在全国的排位趋势

指标	教育业就业人员数	教育业就业人员平均工资	人均教育固定资产投资	万人中小学学校数	万人中小学专任教师数	万人高等学校数	万人高校专任教师数	万人高等学校在校学生数	教育竞争力
2014 年	3	28	26	3	8	29	17	17	15
2015 年	2	31	24	2	7	29	17	16	16
升降	1	-3	2	1	1	0	0	1	-1
优势度	优势	劣势	劣势	优势	优势	劣势	中势	中势	中势

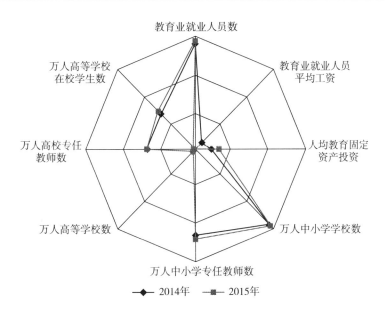

图 6-3-1　河南省 2014～2015 年教育竞争力二级指标在全国的排位比较

（1）2015 年河南省教育竞争力综合排位在全国处于第 16 位，表明其在全国处于中势地位，与 2014 年相比排位下降 1 位。

（2）从指标所处区位看，2015 年处于上游区的指标有 4 个，分别是教育业就业人员数、万人中小学学校数、万人中小学专任教师数和万人高等学校在校学生数，其中教育业就业人员数、万人中小学学校数和万人中小学专任教师数为河南省教育竞争力中的优势指标，万人高等学校在校学生数为河南省教育竞争力的中势指标；处于下游区的指标有 4 个，分别是教育业就业人员平均工资、人均教育固定资产投资、万人高等学校数和万人高校专任教师数，其中教育业就业人员平均工资、人均教育固定资产投资和万人高等学校数指标为河南省教育竞争力中的劣势指标，万人高校专任教师数为河南省教育竞争力的中势指标。

（3）从雷达图图形变化看，2015年与2014年相比，面积基本不变，河南省教育竞争力呈现下降趋势。

（4）从排位变化的动因看，在教育业就业人员数、人均教育固定资产、万人中小学学校数、万人高中小学专任教师数和万人高等学校在校学生数指标排位上升和教育业就业人员平均工资指标排位下降的综合作用下，2015年河南省教育竞争力综合排位下降了1位，居全国第16位。

6.3.3　河南省教育竞争力在中部六省的排位变化

2014～2015年，河南省教育竞争力及其二级指标在中部六省的排位变化情况，如表6-3-3和图6-3-2所示。

表6-3-3　河南省2014～2015年教育竞争力及其二级指标在中部六省的排位趋势

指标	教育业就业人员数	教育业就业人员平均工资	人均教育固定资产投资	万人中小学学校数	万人中小学专任教师数	万人高等学校数	万人高校专任教师数	万人高等学校在校学生数	教育竞争力
2014年	1	5	4	1	2	6	4	5	4
2015年	1	6	5	1	1	6	4	4	3
升降	0	-1	-1	0	1	0	0	1	1
优势度	优势	劣势	劣势	优势	优势	劣势	中势	中势	中势

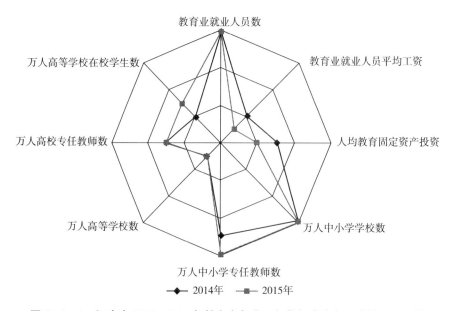

图6-3-2　河南省2014～2015年教育竞争力二级指标在中部六省的排位比较

（1）2015 年河南省教育竞争力综合排位在中部六省处于第 3 位，表明其在中部六省处于中势地位，与 2014 年相比排位上升 1 位。

（2）从指标所处区位看，2015 年处于上游区的指标有 3 个，分别是教育业就业人员数、万人中小学学校数和万人中小学专任教师数，且均为河南省教育竞争力的优势指标；处于下游区的指标有 5 个，分别是教育业就业人员平均工资、人均教育固定资产投资、万人高等学校数、万人高校专任教师数和万人高等学校在校学生数，其中教育业就业人员平均工资、人均教育固定资产投资、万人高等学校数是河南省教育竞争力中的劣势指标，万人高校专任教师数和万人高等学校在校学生数是河南省教育竞争力中的中势指标。

（3）从雷达图图形变化看，2015 年与 2014 年相比，面积基本不变，河南省教育竞争力呈现上升趋势。

（4）从排位变化的动因看，在万人中小学专任教师数和万人高等学校在校学生数指标排位上升及人均教育固定资产和教育业就业人员平均工资指标排位下降的综合作用下，2015 年河南省教育竞争力在中部六省的综合排位上升了 1 位，居中部六省第 3 位。

6.3.4　河南省各地市教育竞争力的排位变化

2014～2015 年，河南省各地市教育竞争力及其二级指标的变化情况，如表 6－3－4 所示。

表 6－3－4　河南省各地市 2014～2015 年教育竞争力及其二级指标的排位趋势

城　　市	教育业就业人员数		教育业就业人员平均工资		人均教育固定资产投资		万人中小学学校数		万人中小学专任教师数	
	2014 年	2015 年	2014 年	2015 年	2014 年	2015 年	2014 年	2015 年	2014 年	2015 年
郑 州 市	2	2	7	1	1	1	18	18	18	16
开 封 市	11	12	6	7	15	17	7	6	8	7
洛 阳 市	7	7	10	11	3	3	12	13	10	11
平顶山市	9	10	2	4	16	11	9	8	12	14
安 阳 市	18	9	16	15	8	7	10	10	11	13
鹤 壁 市	16	17	14	14	4	9	13	12	14	15
新 乡 市	8	8	11	10	5	13	8	7	15	12
焦 作 市	12	13	13	12	6	5	15	15	13	10
濮 阳 市	13	14	18	18	7	8	3	3	4	5
许 昌 市	10	11	15	16	2	4	11	11	6	6
漯 河 市	14	15	12	13	14	6	14	14	16	17
三门峡市	15	16	5	5	12	15	17	17	7	9
南 阳 市	1	1	3	6	10	10	2	4	9	8
商 丘 市	5	5	8	8	17	18	5	5	2	3

续表

城　市	教育业就业人员数		教育业就业人员平均工资		人均教育固定资产投资		万人中小学学校数		万人中小学专任教师数	
	2014 年	2015 年	2014 年	2015 年	2014 年	2015 年	2014 年	2015 年	2014 年	2015 年
信 阳 市	3	3	9	9	9	12	6	9	1	1
周 口 市	4	4	1	2	18	16	1	1	5	2
驻马店市	6	6	17	17	13	14	4	2	3	4
济 源 市	17	18	4	3	11	2	16	16	17	18

城　市	万人高等学校数		万人高校专任教师数		万人高等学校在校学生数		教育竞争力	
	2014 年	2015 年	2014 年	2015 年	2014 年	2015 年	2014 年	2015 年
郑 州 市	1	1	1	1	1	1	5	1
开 封 市	8	8	5	5	4	4	12	4
洛 阳 市	9	9	6	6	5	5	11	7
平顶山市	10	10	9	10	7	9	14	16
安 阳 市	6	6	8	8	6	6	15	10
鹤 壁 市	3	3	11	11	13	13	3	9
新 乡 市	4	4	3	3	3	3	4	2
焦 作 市	2	2	2	2	2	2	8	15
濮 阳 市	18	18	18	18	18	18	6	8
许 昌 市	11	11	14	14	12	12	9	12
漯 河 市	7	7	4	4	10	10	18	18
三门峡市	15	15	15	15	15	15	17	17
南 阳 市	14	14	13	13	14	14	13	13
商 丘 市	12	12	10	9	8	7	1	5
信 阳 市	13	13	12	12	11	11	2	3
周 口 市	16	16	16	16	16	16	16	14
驻马店市	17	17	17	17	17	17	7	6
济 源 市	5	5	7	7	9	8	10	11

　　2015 年，河南省各市教育竞争力排位上升的城市有 7 个，分别是郑州市、开封市、洛阳市、安阳市、新乡市、周口市和驻马店市；排位保持不变的城市有 3 个，分别为漯河市、三门峡市和南阳市；排位下降的城市有 8 个，分别是平顶山市、鹤壁市、焦作市、濮阳市、许昌市、商丘市、信阳市和济源市。

6.4　河南省社会事业竞争力综合分析

6.4.1　河南省社会事业竞争力在全国的排位趋势

　　2014 ~ 2015 年，河南省社会事业竞争力指标在全国的变化情况，如表 6 - 4 - 1 所示。

表6-4-1 河南省2014~2015年社会事业竞争力指标在全国的排位趋势

指标	文化竞争力	科技竞争力	教育竞争力	社会事业竞争力
2014年	19	19	15	20
2015年	19	18	16	19
升降	0	1	-1	1
优势度	中势	中势	中势	中势

（1）从指标所处区位看，2015年河南省教育竞争力指标排位处于上游区；文化竞争力和科技竞争力指标均处于下游区。

（2）从指标变化趋势看，在3个指标中，科技竞争力指标排位上升1位；教育竞争力指标排位下降1位；文化竞争力指标排位不变。

（3）从综合排位分析来看，在教育竞争力指标排位下降和科技竞争力指标排位上升的综合作用下，2015年河南省社会事业竞争力排位上升了1位，居全国第19位。

6.4.2 河南省社会事业竞争力在中部六省的排位分析

2014~2015年，河南省社会事业竞争力指标在中部六省的变化情况，如表6-4-2所示。

表6-4-2 河南省社会事业竞争力2014~2015年在中部六省的排位趋势

指标	文化竞争力	科技竞争力	教育竞争力	社会事业竞争力
2014年	4	5	4	4
2015年	4	5	3	4
升降	0	0	1	0
优势度	中势	劣势	中势	中势

（1）从指标所处区位看，2015年文化竞争力和科技竞争力指标均处于下游区；教育竞争力指标处于上游区。

（2）从指标变化趋势看，2015年河南省文化竞争力和科技竞争力指标排位保持不变；教育竞争力指标排位上升了1位。

（3）从综合排位分析来看，在文化竞争力和科技竞争力指标排位不变和教育竞争力指标排位上升的综合作用下，2015年河南省社会事业竞争力排位保持不变，居中部六省第4位。

6.4.3 河南省各地市社会事业竞争力的综合排位

2014~2015年，河南省各地市社会事业竞争力的变化情况，如表6-4-3所示。

2015年河南省各市社会事业竞争力排位上升的城市有9个，分别是郑州市、开封市、洛阳市、平顶山市、安阳市、新乡市、濮阳市、三门峡市和驻马店市；排位保持不变的城市有3个，分别是商丘市、信阳市和周口市；排位下降的城市有6个，分别是鹤壁市、焦作市、许昌市、漯河市、南阳市和济源市。

表6-4-3 河南省各地市2014~2015年社会事业竞争力的排位趋势

城　　　市	文化竞争力		科技竞争力		教育竞争力		社会事业竞争力	
	2014 年	2015 年	2014 年	2015 年	2014 年	2015 年	2014 年	2015 年
郑 州 市	7	7	1	1	5	1	4	3
开 封 市	6	6	8	8	12	4	8	4
洛 阳 市	2	1	2	2	11	7	2	1
平顶山市	14	12	6	6	14	16	12	11
安 阳 市	17	15	9	10	15	10	15	12
鹤 壁 市	8	13	14	14	3	9	9	14
新 乡 市	4	4	3	3	4	2	3	2
焦 作 市	9	9	5	5	8	15	5	7
濮 阳 市	12	11	12	12	6	8	13	9
许 昌 市	5	3	7	7	9	12	6	8
漯 河 市	13	10	11	13	18	18	14	15
三门峡市	3	2	13	11	17	17	7	6
南 阳 市	11	14	10	9	13	13	10	13
商 丘 市	15	16	15	15	1	5	16	16
信 阳 市	18	17	17	17	2	3	17	17
周 口 市	16	18	18	18	16	14	18	18
驻马店市	10	8	16	16	7	6	11	10
济 源 市	1	5	4	4	10	11	1	5

第 7 章
河南省 2015 年信息化发展报告

2015 年，河南省互联网用户总数达到 6626.9 万户，居全国第五位，网民规模新增 1208 万人，达到 7355 万人，普及率为 77.9%，同比增长 19.7%，手机网民规模达到 6877 万人，占比达 93.5%。全年邮电业务总量 1317.28 亿元，比上年增长 30.3%；其中，邮政行业业务总量（含快递）163.78 亿元，增长 40.5%；电信业务总量 1153.50 亿元，增长 29.0%。快递业务总量 51449.70 万件，增长 74.5%。局用电话交换机总容量 1044 万门，本地固定电话用户 1009.66 万户，移动电话用户 7975.06 万户，电话普及率 95.22 部/百人。

互联网基础设施建设取得显著成效，宽带速率大幅提升，2015 年实施了郑州国家级互联网骨干直联点提升工程，郑州通信网络枢纽地位进一步提升；实施"全光网河南"建设，全光网省如期建成；实施 4G 网络建设优化工程，新建 4G 基站 4.7 万个。截至 2015 年底，河南省光缆线路长度达到 122.4 万公里，居全国第 6 位；移动电话基站数达到 24.9 万个，居全国第 5 位；互联网宽带接入端口数达到 2403.2 万个，居全国第 8 位；互联网省际出口带宽达到 6514G，居全国第 5 位，同比增长 48.2%。

宽带速率大幅提升，2015 年下半年，河南省固定宽带平均接入速率达到 13.68Mbit/s，较 2014 年下半年提高 1.8 倍；河南省宽带用户平均可用下载速率为 11.81Mbit/s，较 2014 年下半年提高 2 倍；宽带用户平均视频下载速率为 9.47Mbit/s，较 2014 年下半年提高 1.7 倍。

商务交易类应用和网络金融类应用发展迅猛，整体渗透率均高于全国平均水平。网络购物、团购和旅行预订的网民渗透率分别高于全国平均水平 6.9 个、0.6 个和 0.1 个百分点；手机网络购物和手机团购网民渗透率分别为 64.6% 和 45.1%，分别高于全国平均水平 9.8 个和 19.6 个百分点。网络理财、网上银行和网上支付的渗透率分别高于全国平均水平 2.9 个、2.4 个和 0.5 个百分点；手机网上支付渗透率高于全国平均水平 2.5 个百分点，较 2014 年增长 21.9 个百分点。

7.1　河南省信息化竞争力评价分析

7.1.1　河南省信息化竞争力发展概述

2005～2015 年，河南省信息化竞争力指标的变化情况，如表 7－1－1 所示。

表 7-1-1　河南省 2005~2015 年信息化竞争力指标

年份	互联网普及率（%）	移动电话用户（万户）	固定电话用户（万户）	固定长途电话交换机容量（路端）	局用电话交换机容量（万门）	移动电话交换机容量（万户）
2005	—	1814.81	1863.48	729010	1350	1574
2006	—	2351.20	2027.50	747502	1376	2936
2007	—	2914.54	1940.47	822924	1372	4093
2008	—	3498.89	1562.44	1048502	2382	6300
2009	—	4016.84	1463.89	1058034	2304	7176
2010	—	4449.72	1432.00	1507479	1996	7948
2011	—	5061.69	1340.39	1510861	1855	8428
2012	—	5787.70	1288.90	1511800	1804	8550
2013	61.7	7200.22	1224.48	1446394	1843	8968
2014	65.3	7712.90	1143.00	1337449	1298	11097
2015	77.9	7975.06	1009.66	328980	1044	11713

从表 7-1-1 可见，2005~2015 年，河南省信息化竞争力有了大幅度的提高，特别是在 2012~2015 年，河南省信息化总体发展水平相较于前几年得到迅速提高。互联网普及率、移动电话用户、移动电话交换机容量始终保持上升趋势；局用电话交换机容量、固定电话用户、固定长途电话交换机容量近年来呈现下降趋势。

7.1.2　河南省各地市信息化竞争力的排位变化

2014~2015 年，河南省各地市信息化竞争力及其二级指标的排位变化情况，如表 7-1-2 所示。

表 7-1-2　河南省各地市 2014~2015 年信息化竞争力及其二级指标的排位趋势

城　　市	移动电话用户		固定电话用户		固定长途电话交换机容量		局用电话交换机容量		移动电话交换机容量		信息化竞争力	
	2014 年	2015 年	2014 年	2015 年	2014 年	2015 年	2014 年	2015 年	2014 年	2015 年	2014 年	2015 年
郑州市	1	1	1	1	1	1	1	1	1	1	1	1
开封市	11	11	15	15	5	5	13	13	4	4	13	13
洛阳市	4	3	11	2	13	7	5	3	11	2	2	2
平顶山市	10	10	9	7	12	9	16	15	3	10	11	11
安阳市	8	8	10	10	10	10	10	10	8	8	9	10
鹤壁市	17	17	12	12	16	16	6	6	17	17	17	17
新乡市	6	6	16	17	15	4	9	11	14	16	4	4
焦作市	13	14	5	6	11	17	14	8	6	9	12	12
濮阳市	14	13	6	4	17	6	8	18	9	18	14	14

城　市	移动电话用户		固定电话用户		固定长途电话交换机容量		局用电话交换机容量		移动电话交换机容量		信息化竞争力	
	2014 年	2015 年	2014 年	2015 年	2014 年	2015 年	2014 年	2015 年	2014 年	2015 年	2014 年	2015 年
许 昌 市	12	12	17	16	4	15	11	9	16	14	10	9
漯 河 市	16	15	8	8	14	14	4	4	12	12	15	15
三门峡市	15	16	7	9	9	12	15	16	10	3	16	16
南 阳 市	2	2	13	13	2	2	12	12	15	15	3	3
商 丘 市	3	4	2	11	7	13	3	5	2	11	5	5
信 阳 市	9	9	14	14	8	8	7	5	5	5	8	8
周 口 市	5	5	4	5	6	11	18	14	18	6	6	7
驻马店市	7	7	3	3	3	3	2	2	13	13	7	6
济 源 市	18	18	18	18	18	18	17	17	7	7	18	18

注：2015 年、2016 年《河南省统计年鉴》中"互联网普及率"指标缺失，各地市没有统计互联网普及率指标，故本研究对该指标进行了调整，信息化竞争力权重发生了改变，并不影响横向比较。

2015 年河南省信息化竞争力中，排位较 2014 年上升的城市许昌和驻马店，排位下降的是安阳和周口，其余 14 个地市排位没有发生变化。

7.2　河南省信息化发展现状及存在的问题

7.2.1　河南省信息化发展的现状

2015 年河南省信息化建设取得重要成就，信息化发展指数在全国的位次逐年上升，根据国家信息中心《中国信息社会发展报告 2015》，2015 年河南省信息社会指数为 0.3575，仍然处于信息社会转型期。河南省信息社会发展水平居全国第 26 位，较上年上升了 1 个位次。从发展速度上看，河南省 2015 年信息社会指数同比增速为 8.04%，较上年下降 1.13 个百分点，居全国第 2 位。

河南省信息基础设施建设水平全面跃升，信息化的发展已经成为引领全省经济社会迈向新一轮发展的重要力量。信息基础设施建设快速推进，近年来积极推进实施"宽带中原"战略，网络基础设施和应用基础设施建设取得显著成效。郑州国家级互联网骨干直联点顺利开通运行，"全光网河南"如期建成，河南省成为全国七大互联网信源集聚地，郑州跻身全国十大通信枢纽。河南省光缆线路总长度、互联网宽带接入端口、移动电话基站数分别达到 122.4 万公里、2403.2 万个、24.9 万个，各省辖市、县（市）城区实现光纤网络全覆盖，行政村光纤通达比例达到 96.4%，率先在全国实现行政村、高速公路、高铁和 3A 级以上景区 4G（第四代移动通信技术）网络全覆盖。

信息化与工业化融合成效显著。大力实施两化深度融合示范工程，"两化"融合发展水平进一步提高，2015 年河南省两化融合发展指数为 71.87，高出全国平均水平 2 个点。

骨干企业两化融合成效显著，两化融合管理体系贯标深入推进，建成一批制造业与互联网融合发展示范企业和智能工厂、智能车间，在推动工业转型升级、提质增效过程中发挥了重要的引领和示范作用。中小企业信息化水平进一步提高，组织开展了"创新中国行"和"智慧企业"建设等助推中小企业信息化应用活动，构建了省、市、县三级中小企业公共服务平台网络体系。"两化"融合支撑能力进一步增强，国家工业云创新服务试点建设取得明显成效，区域和重点行业的工业云平台体系初步建立。完成郑州国家级两化融合试验区建设任务，安阳国家级工业电子商务区域试点取得有效进展，在推动企业竞争力提升、产业结构调整和区域发展方式转变等方面成效显著。

河南省电子信息产业发展迅速，电子信息产业规模不断壮大。2015年电子信息产业主营业务收入达到3656亿元，智能手机产量和维修量突破2亿部，占全球供货量的1/7，成为全球重要的智能终端生产基地，感知设备的研发能力和产业化水平位居全国领先地位。软件服务业保持快速增长势头，主营业务收入达到280亿元，年均增速达到23%。电信业主营业务收入达到553亿元，增速持续高于全国平均水平1.5个百分点以上。

电子商务规模不断壮大，集聚发展水平不断提高，2015年河南省电子商务交易额达到7720亿元，较2014年增长36.4%。中国（郑州）跨境电子商务综合试验区获国务院批准，郑州被确定为国家电子商务示范城市、国家跨境贸易电子商务服务试点城市，洛阳被确定为国家电子商务示范城市、国家电子商务与物流快递协同发展试点。河南省涌现了中华粮网、世界工厂网、中钢网、鲜易网、企汇网、回家网等一批知名本土电子商务平台，在相关专业领域居于全国领先地位。郑东新区国家级电子商务示范基地、河南省电子商务产业园、中部国际电子商务产业园、河南网商园等园区初具规模。培育国家级电子商务示范企业7家、国家级电子商务示范基地3个。

社会领域信息化水平大幅提升，河南省统一的电子政务网络逐步完善，承载各类纵向政务系统68个。电子政务应用深入普及，有效提升了各级政务部门的社会管理和公共服务能力。以各级政府综合门户网站为核心的政务门户网站群成为信息公开的重要窗口，省级政务云平台和数据中心建设初具规模并投入使用。社会保障、医疗卫生等民生领域信息化应用逐步深化，社会保障卡、居民健康卡发卡量分别超过6000万张和600万张，均位居全国第一，在全国率先实现新农合全省跨区即时结报。教育系统"三通两平台"（宽带网络校校通、教学资源班班通、网络学习空间人人通，教育资源公共服务平台、教育管理公共服务平台）建设取得阶段性成效，省域内78%的中小学校接入了宽带网络，43%的中小学校构建了校园网络环境，72%的学校建设有多媒体教室，使用网络学习空间的师生人数达到300万人。农业数据中心、"三农"信息服务平台以及12316"三农"热线省级综合服务平台初步建成，涉农综合信息服务能力明显增强。国家和省级智慧城市试点建设稳步推进，城市管理和服务智慧化应用逐步普及。

7.2.2 河南省信息化发展中存在的主要问题和对策建议

近年来河南省的国家战略逐渐增多，继粮食生产核心区、中原经济区之后，郑州航空港经济综合实验区、郑洛新国家自主创新示范区、中国（郑州）跨境电子商务综合试验区、中国（河南）自由贸易试验区、国家大数据综合试验区相继获批，河南省在全国大局中的地位日益提升，重大战略叠加效应持续增强，赋予前所未有的发展机遇和战略平台，有利于发挥信息化后发优势。

同时，河南省信息化建设还面临严峻挑战。区域竞争越来越激烈，全国各地纷纷加大信息化推进力度，加快新一代信息技术产业布局，河南省信息化发展相比发达省份仍处落后地位，在区域竞争中将面临更大压力。随着新一代信息技术快速演进，信息化发展能力日益重要，信息基础设施建设虽有突破，但还不能满足经济社会发展和人们工作生活的深层次需要。信息化集约建设推进滞后，信息资源集聚和共享程度较低，电子政务共建共享意识不足以及河南省引领和支撑信息化和信息经济发展的领军企业和人才不足，核心信息技术研发和自主创新能力不强，这些因素都制约了河南省信息化快速发展。同时，河南省经济发展水平不高，人口多、底子薄、基础弱、发展不平衡的基本省情没有得到根本改变，为提高信息化应用水平、优化信息化发展环境带来诸多不利因素。

1. 加大信息基础设施建设，推动电子信息产业快速发展

河南省信息化发展水平现阶段与经济社会发展需求差距较大，区域和行业信息化发展水平不平衡，融合创新能力较低。应当持续加大信息基础设施建设，河南省政府已经逐渐在实施信息基础设施投资倍增计划，进一步提升了网络覆盖接入能力。加快 4G 网络向乡镇和行政村延伸，实现 4G 网络行政村全面深度覆盖，推进主要公共场所无线网全覆盖，提升网络访问速率和质量。逐渐推进"三网"（电信网、广播电视网、互联网）融合，加快电信传输网和广播电视传输网建设、升级改造，积极建设下一代广播电视宽带接入网，推进网络资源共建共享，加快广电、电信业务应用与融合基础平台建设，提升支持"三网"融合业务的能力。《河南省"十三五"信息化发展规划》中提出，到 2020 年，全省建成 3～5 个全国大型云计算中心，机架总规模达到 7 万架，达到 140 万台服务器的装机能力，全面形成支撑全省网络经济发展的云服务基础设施。

信息化发展趋势的必然是大力发展智能终端产业。做大做强智能终端全产业链集群，聚焦光通信核心芯片及其延伸产业，重点发展超高速大容量智能光传输核心芯片及相关领域。政府引导软件企业向提供综合解决方案和信息技术服务商转变，鼓励信息技术服务企业发展集高端咨询、软硬件解决方案、信息技术服务于一体的新型业务模式。实施大数据发展战略，并逐渐建设国家大数据综合试验区。推动智能硬件、虚拟现实产业发展；加快北斗卫星导航技术产品研发和示范应用，形成集聚发展的北斗产业体系；加强网络与信息安全核心技术、产品研发和自主创新，发展移动网络信息安全产业，推进安全技术成果转化和产业化，打造以郑州市为核心的国家级信息安全产品研发生产基地。

2. 电子政务共建共享水平较差，信息资源集聚和共享程度较低

政府的电子政务公开及惠及民生领域方面的信息共享和信息服务意识有待加强。信息化资源的透明和公开一方面可以提升公众对政府的信赖程度，另一方面促进政治稳定和社会经济繁荣和发展。目前河南省各级政府和部门之间的信息化平台还存在自成体系、重复建设、信息共享不均等现状，行政机关已经形成了一套固定的运行模式和行政习惯，缺少全省同一层面、互通共享的城市信息化服务平台。此外，信息公开对许多机关和许多人来

讲还不太习惯，城市管理与信息化融合度较低，仍存在不同利益主体不断博弈、不断磨合的过程。随着2015年签订的"互联网＋"项目的实施，河南省政府旨在将各级政务统一整合入微信，微信平台同时提供医疗、便民生活、出行等各类信息，为民众提供生活便利，也为政府探索社会治理提供新模式和示范作用。

3. 职能部门分散，加大引进信息化人才资源

信息化统筹推进力度不够、职能分散，统筹规划和顶层设计难以落地。河南省设有工业和信息化厅，负责拟订并组织实施信息化发展规划和推进信息化和工业化的融合，市县级绝大部分设有工信局。但目前存在县级工信系统中，其信息化管理能力比较薄弱，基层本身工作人员缺乏，甚至出现基层信息工作人员身兼数职或调动部分信息化人员充实到其他工作中去的现象。信息化在实际工作和落实中显得可有可无、无足轻重。信息机构薄弱，与其他"三化"相比较，分管工作太多，人才、部门不够，权利职责不对等，工作重点没有落到信息化上。政府部门、管理机构职能模糊，例如，信息化与城镇化融合的焦点之一是智慧城市的建设，作为关注热点，与其相关的部门如住房和城乡建设厅、科技厅、工信厅等都在设试点，部门之间职能如何界定至今没有明确界限。对此，这些"智慧城市"试点之间有什么关系，到底谁负责"智慧城市"的管理，令人无所适从。因此应尽快理顺和厘清信息化管理机构，切实为信息化建设选定当家人，打破各部门保护。避免出现各部门间按照各自的理解制定思路开展工作，没有形成信息化工作的合力。随着河南省对信息化工作的重视程度加大，这一局面将会缓解，但仍需从体制机制创新角度出发，解决本质上的问题。

信息化人才资源结构性矛盾突出，高端人才、复合型人才引进、培养和激励机制尚不完善。产业支撑能力不足，电子信息产业基础相对薄弱，软件和信息服务业不发达，龙头企业偏少，自主创新能力弱，产业链协同配套不完善。持续加大引进信息化人才资源，完善引进和培养人才的机制，持续引进高端创新型人才、高层次专业技术人才和高技能人才，同时创新人才评价机制。壮大产业支撑能力，政策支持龙头企业，提高自主创新能力。

7.3 河南省信息化发展的未来展望

加快"两化"深度融合，助力网络经济大省。深入落实"互联网＋"行动计划，以智能制造为主攻方向，加快培育具有跨界融合、创新高效的新型产业模式。

一是实施智能制造工程。加快国家两化融合贯标和企业两化融合管理体系建设，培育数字化车间和智能工厂，逐渐启动一批智能化改造项目，推进机器人、智能成套装备在重点领域应用。推动国家互联网与工业融合创新试点建设，组织"互联网＋"工业创新示范，促进互联网企业与制造企业融合发展，培育智能制造整体解决方案的领军企业。

二是培育网络经济新业态。按照"汇聚商家、对接需求、沉淀数据"的思路，加快建设国家和省级工业云创新服务试点，构建综合平台以及若干细分行业平台的工业云体系，发展大数据产业链和交易市场。启动智能传感器、信息安全、智能交通、精准农业等特色物联网产业园建设，培育国内有影响力的工业物联网企业，同时培育壮大以 B2B 为

特征的本土电商平台。制定具体措施，支持利用云计算、大数据等新技术促进电子政务应用和服务。加快信息基础设施重点项目建设，加大三大运营商投资，加强网络与信息安全能力建设，提升工业控制系统信息安全保障水平。

三是加快制造业服务化转型。研究制定推进服务型制造发展的意见，鼓励企业利用互联网发展个性化定制、柔性化生产等新模式，建设制造业服务化支撑平台和产品全生命周期平台，推动生产型制造向服务型制造转变。积极申请国家 5G（第五代移动通信技术）试验网建设，适度超前布局 5G 网络。

第 8 章
河南省 2015 年县域经济发展报告

县域经济在国民经济中处于基础地位，是联结宏观经济与微观经济、工业经济与农业经济、城市经济与农村经济的纽带，被称为国民经济的"细胞"，在很大程度上影响着国民经济的整体发展。近几年国务院的政府工作报告中都明确提出要大力发展县域经济，结合河南省是农业大省且行政区规划的大部分地区是经济发展比较落后的农村这个实际情况，"三农"问题一直都是制约河南省国民经济稳定发展的首要问题，县域经济的发展对解决河南省"三农"问题、推动城乡发展一体化、缩小城乡差距起着至关重要的作用。因此要推动河南省经济快速健康地发展，就要立足于县域经济的发展，通过县域经济的发展加快河南省经济的转型升级，有效推进河南省工业化、城镇化和农业现代化持续健康协调发展。

8.1 县域经济评价体系及竞争力评价分析

8.1.1 县域经济评价体系分析

从本质上看，社会发展阶段（如工业社会和信息社会）不同、县域经济竞争氛围不同、研究角度不同，选取的县域经济竞争力指标也不同。县域经济评价体系不为评价而评价，更不是为了简单排序而评价。运用该系统内的一系列数据决策模型，使该指标体系能够最终找到一个提升县域经济竞争力的解决方案是我们设计本评价体系的最终目标。

比较著名的区域经济竞争力评价指标体系主要有两套，即台湾中山大学、辅仁大学的韦端等人提出的县市竞争力评估指标体系和中国社会科学院倪鹏飞等人提出的中国城市经济竞争力评价指标体系，两者均普遍获得好评。前者所用指标如社会安全、社会福利等，更关注县域经济竞争力的软的方面，更强调县域经济的社会发展和生态要求；而后者则构建了更为复杂的评价体系，从软、硬两方面着手来分析区域经济竞争力，力求更全面地分析区域经济竞争力。无论是县市竞争力评估指标体系，还是中国城市经济竞争力指标体系，均对我们构建河南省县域经济竞争力评价指标具有很强的借鉴作用，但是县市竞争力指标对社会发展的过分强调有失偏颇，对一个处于经济发展中的地区来说更是如此，而城市经济竞争力指标体系之设计过于庞杂，没有轻重缓急之别，不利于控制。

自 1991 年以来，河南省建立了县域经济发展评价体系，从发展评价的视角评估本省的县域经济。河南省统计局根据省委、省政府发展县域经济思路的变化，先后四次对县域经济评价体系进行了修订完善，评价指标从 1991 年的 2 项发展到 1994 年的 5 项、2004 年的 13 项、2006 年的 18 项，至 2008 年 10 月最终形成了由三大板块 22 项指标构成的评价体系。2008 年版的县域经济社会发展评价体系共分经济发展、社会事业发展与人民生活和可持续发展三大部分，所占权重依次为 54%、30% 和 16%。新修订的评价体系在检测经济发展水平、社会事业与人民生活状况的同时，加强了对可持续发展的检测，并把可操作性放在了突出的位置。鉴于发展评价与竞争力评价的关系，我们也将借鉴河南省县域经济发展评价体系所采用的部分指标。

8.1.2　河南省各县域 2014～2015 年县域经济竞争力评价分析

结合河南省的实际情况，我们将河南省 106 个县域作为评判标的，并选取两大类指标评价河南省县域经济竞争力。其中经济实力包括地区生产总值、人均地区生产总值、固定资产投资额、人均固定资产投资额、金融机构贷款年底余额以及人均金融机构贷款年底余额等 6 个指标；发展环境包括一般预算财政总收入、人均财政总收入、全社会消费品零售总额以及人均全社会消费品零售总额等 4 个指标。河南省各县域 2014～2015 年经济竞争力及其二级指标见表 8-1-1。

表 8-1-1　河南省各县域 2014～2015 年县域经济竞争力及其二级指标排位趋势

县　域	地区生产总值		人均地区生产总值		一般预算财政总收入		人均财政总收入		固定资产投资额		人均固定资产投资额	
	2014 年	2015 年	2014 年	2015 年	2014 年	2015 年	2014 年	2015 年	2014 年	2015 年	2014 年	2015 年
中牟县	1	2	4	8	4	2	11	11	14	13	44	52
巩义市	3	4	7	7	2	3	6	6	5	6	14	14
荥阳市	5	5	2	2	7	6	5	4	4	4	5	5
新密市	4	3	6	5	6	7	8	9	7	7	16	15
新郑市	2	1	3	1	1	1	2	2	6	5	18	17
登封市	7	6	11	9	8	8	7	8	9	9	10	13
杞　县	30	28	60	59	33	27	55	52	54	56	87	82
通许县	47	46	34	31	64	59	50	49	77	80	60	59
尉氏县	22	20	45	46	20	18	40	35	35	36	61	62
兰考县	40	38	46	39	25	24	29	30	81	76	74	73
孟津县	37	36	20	20	23	21	14	13	30	28	9	9
新安县	14	13	8	6	14	14	10	10	8	8	2	2
栾川县	84	81	30	29	15	15	4	5	41	40	12	11
嵩　县	88	86	62	62	85	84	59	60	42	42	35	33
汝阳县	94	94	52	55	57	56	35	34	76	71	40	39
宜阳县	41	41	39	42	42	41	44	42	27	27	31	30
洛宁县	82	77	40	40	61	60	38	37	46	47	26	26
伊川县	23	23	35	36	16	16	28	26	10	10	22	19
偃师市	12	12	13	11	17	17	20	18	22	19	23	21
宝丰县	28	33	21	22	24	48	23	38	26	39	17	31
叶　县	49	55	64	70	60	66	74	83	31	25	50	42
鲁山县	90	88	104	104	53	65	68	82	65	67	85	81

续表

县　域	地区生产总值		人均地区生产总值		一般预算财政总收入		人均财政总收入		固定资产投资额		人均固定资产投资额	
	2014 年	2015 年	2014 年	2015 年	2014 年	2015 年	2014 年	2015 年	2014 年	2015 年	2014 年	2015 年
郏　　县	83	83	68	68	44	64	41	55	49	53	47	50
舞 钢 市	101	97	43	41	28	46	12	20	56	54	11	12
汝 州 市	15	14	32	34	11	10	27	25	25	23	57	56
安 阳 县	16	19	31	32	29	40	49	59	3	3	13	16
汤 阴 县	76	73	38	38	40	36	26	24	103	101	71	71
滑　　县	48	47	100	100	48	43	93	92	80	78	105	105
内 黄 县	66	65	71	67	86	88	89	93	100	99	99	101
林 州 市	10	10	18	19	18	20	31	31	1	1	7	6
浚　　县	67	68	73	76	84	83	81	86	95	92	95	92
淇　　县	52	52	9	10	62	58	22	19	85	82	19	18
新 乡 县	44	54	16	17	50	62	25	27	89	97	34	44
获 嘉 县	103	104	84	86	100	101	67	69	104	104	73	74
原 阳 县	100	99	105	105	69	73	63	72	78	85	77	79
延 津 县	95	98	70	77	63	71	46	50	102	103	78	89
封 丘 县	99	96	106	106	99	104	104	105	67	77	81	80
长 垣 县	27	26	44	45	19	19	32	28	23	22	39	38
卫 辉 市	96	102	81	98	51	50	39	39	97	105	72	97
辉 县 市	20	21	29	30	9	9	13	12	15	24	33	37
修 武 县	98	100	27	27	39	39	9	7	79	74	15	10
博 爱 县	39	40	17	16	66	68	33	33	52	57	20	22
武 陟 县	24	24	28	28	37	33	42	40	18	16	30	29
温　　县	35	34	19	18	75	78	45	45	48	46	24	23
沁 阳 市	17	15	5	4	22	26	16	16	17	21	6	7
孟 州 市	25	27	10	13	31	32	15	14	19	18	4	4
清 丰 县	55	51	53	52	88	86	80	81	38	38	41	41
南 乐 县	81	79	51	51	102	102	94	90	66	66	45	45
范　　县	74	69	47	43	92	85	58	54	71	72	46	47
台 前 县	105	105	61	61	105	106	69	67	106	106	79	75
濮 阳 县	19	18	50	49	38	37	72	70	16	14	56	57
许 昌 县	13	17	23	26	35	29	48	46	29	30	48	48
鄢 陵 县	31	32	24	23	41	38	37	36	33	33	32	32
襄 城 县	21	22	25	25	26	25	36	32	37	34	43	43
禹 州 市	6	7	26	24	5	5	17	17	2	2	28	28
长 葛 市	9	8	12	12	13	12	19	15	12	11	21	20
舞 阳 县	78	78	59	60	59	51	51	47	61	60	52	54
临 颍 县	34	35	49	50	45	34	52	48	58	52	67	64
渑 池 县	36	39	15	14	10	11	3	3	21	17	3	3
卢 氏 县	106	106	89	90	72	89	34	43	101	100	55	55
义 马 市	70	92	1	3	21	22	1	1	40	41	1	1
灵 宝 市	8	9	14	15	12	13	21	23	13	12	25	25
南 召 县	97	95	90	88	90	91	66	65	82	75	64	60

县　　域	地区生产总值		人均地区 生产总值		一般预算 财政总收入		人均财政 总收入		固定资产 投资额		人均固定 资产投资额	
	2014 年	2015 年	2014 年	2015 年	2014 年	2015 年	2014 年	2015 年	2014 年	2015 年	2014 年	2015 年
方　城　县	68	67	101	97	49	47	73	73	55	50	83	77
西　峡　县	42	42	22	21	34	30	24	22	24	26	8	8
镇　平　县	51	43	78	73	54	52	77	74	39	37	63	61
内　乡　县	87	84	72	66	68	61	54	53	44	45	42	40
淅　川　县	57	56	58	57	56	55	57	57	32	31	37	35
社　旗　县	93	90	92	87	91	92	82	84	84	81	75	72
唐　河　县	33	29	96	91	52	49	101	103	36	35	89	88
新　野　县	38	37	36	35	76	75	62	63	34	32	36	34
桐　柏　县	91	91	41	44	58	57	30	29	63	61	29	27
邓　州　市	18	16	79	79	27	23	85	85	20	20	84	83
民　权　县	62	63	76	71	65	54	71	61	57	59	65	66
睢　　县	85	87	94	93	94	94	92	94	60	62	62	65
宁　陵　县	104	103	102	102	104	103	100	96	105	102	102	96
柘　城　县	69	70	82	82	81	79	83	77	62	90	68	86
虞　城　县	46	44	85	81	55	53	84	80	53	58	82	78
夏　邑　县	59	59	95	92	78	74	99	98	51	51	80	76
永　城　市	11	11	42	47	3	4	18	21	11	15	58	67
罗　山　县	77	75	55	54	96	96	75	71	47	49	38	36
光　山　县	73	71	65	63	95	95	90	89	50	48	51	49
新　　县	102	101	37	37	106	105	60	51	91	89	27	24
商　城　县	79	80	56	56	97	98	87	79	70	68	53	51
固　始　县	26	25	74	74	36	31	61	66	28	29	69	69
潢　川　县	53	49	54	53	93	93	91	91	43	43	54	53
淮　滨　县	89	89	83	83	103	100	103	100	90	87	76	70
息　　县	64	64	93	94	101	99	106	106	45	44	70	68
扶　沟　县	80	82	69	75	82	80	65	64	75	69	66	63
西　华　县	58	58	75	72	83	82	95	95	73	79	86	85
商　水　县	50	50	86	85	77	76	98	101	74	70	97	98
沈　丘　县	43	45	88	89	30	28	56	56	59	55	92	87
郸　城　县	54	53	91	95	47	45	76	76	68	65	98	99
淮　阳　县	56	57	98	99	71	69	102	102	69	84	100	104
太　康　县	45	48	97	96	46	44	86	87	83	73	104	103
鹿　邑　县	32	31	57	58	32	35	53	58	64	63	93	94
项　城　市	29	30	66	69	43	42	78	75	72	64	101	100
西　平　县	63	61	67	65	70	67	70	68	92	91	94	93
上　蔡　县	61	62	103	103	87	87	105	104	96	95	106	106
平　舆　县	65	66	80	80	74	72	79	78	87	86	91	91
正　阳　县	86	85	87	84	98	97	97	97	99	98	96	95
确　山　县	92	93	48	48	80	77	47	44	98	96	59	58
泌　阳　县	60	60	63	64	67	63	64	62	88	88	88	84
汝　南　县	72	74	77	78	89	90	88	88	93	93	90	90
遂　平　县	71	72	33	33	73	70	43	41	86	83	49	46
新　蔡　县	75	76	99	101	79	81	96	99	94	94	103	102

续表

县　　域	全社会消费品零售总额		人均全社会消费品零售总额		金融机构贷款年底余额		人均金融机构贷款年底余额		县域经济竞争力	
	2014 年	2015 年	2014 年	2015 年	2014 年	2015 年	2014 年	2015 年	2014 年	2015 年
中牟县	30	27	79	84	9	3	27	23	7	10
巩义市	1	1	2	3	4	4	11	11	3	4
荥阳市	3	4	1	1	12	14	8	9	2	2
新密市	2	2	3	2	3	8	10	14	4	3
新郑市	4	3	7	5	1	1	4	3	1	1
登封市	6	5	4	4	21	21	28	32	5	5
杞　县	36	35	81	78	51	53	83	85	47	46
通许县	59	58	43	42	88	86	72	63	44	43
尉氏县	26	25	61	60	40	42	64	67	34	32
兰考县	40	40	39	40	59	41	56	44	39	36
孟津县	69	70	26	25	65	72	39	40	25	24
新安县	29	30	14	14	38	29	22	17	9	7
栾川县	77	78	18	19	77	63	34	25	42	40
嵩　县	55	56	36	35	101	95	95	88	76	72
汝阳县	80	80	34	34	100	96	78	76	71	71
宜阳县	47	46	44	45	69	73	68	72	37	38
洛宁县	84	84	40	41	105	102	97	90	56	55
伊川县	7	7	9	10	7	7	14	12	16	15
偃师市	9	10	5	6	23	22	18	16	10	9
宝丰县	91	90	80	79	44	35	32	24	27	30
叶　县	82	66	100	90	73	76	91	89	57	64
鲁山县	87	87	105	104	42	47	57	60	100	98
郏　县	90	89	90	91	64	67	53	58	72	78
舞钢市	95	94	45	46	36	44	5	6	53	52
汝州市	18	18	46	44	15	13	36	35	18	17
安阳县	54	55	91	93	27	25	51	50	23	26
汤阴县	104	104	96	99	80	81	49	48	58	58
滑　县	41	41	99	100	26	28	74	78	78	79
内黄县	74	76	87	86	95	94	100	97	90	86
林州市	24	23	37	37	14	15	21	31	13	13
浚　县	92	91	102	102	28	31	40	42	80	82
淇　县	97	96	27	27	18	24	2	2	31	28
新乡县	101	100	63	63	25	27	3	4	33	37
获嘉县	102	101	86	85	103	104	81	93	103	103
原阳县	93	103	104	105	92	78	92	80	104	104
延津县	99	98	92	92	104	105	93	99	94	99
封丘县	105	105	106	106	94	106	103	106	105	106
长垣县	58	59	85	83	10	11	13	15	32	29

续表

县 域	全社会消费品零售总额		人均全社会消费品零售总额		金融机构贷款年底余额		人均金融机构贷款年底余额		县域经济竞争力	
	2014 年	2015 年	2014 年	2015 年	2014 年	2015 年	2014 年	2015 年	2014 年	2015 年
卫 辉 市	71	92	57	88	85	80	61	54	91	102
辉 县 市	22	26	25	43	16	17	19	26	15	16
修 武 县	94	93	21	18	79	90	17	19	49	50
博 爱 县	83	82	24	24	63	62	25	30	30	31
武 陟 县	33	34	38	38	46	50	50	51	24	23
温 县	57	57	19	20	62	64	35	39	29	27
沁 阳 市	35	37	12	12	48	46	24	22	11	11
孟 州 市	51	51	11	11	55	61	20	27	14	14
清 丰 县	60	60	64	62	97	97	99	102	54	54
南 乐 县	86	85	62	61	106	103	102	98	79	77
范 县	78	77	47	48	96	99	82	87	63	61
台 前 县	106	106	75	72	98	100	52	56	96	96
濮 阳 县	15	15	35	33	47	36	84	79	36	34
许 昌 县	45	45	69	71	19	19	33	34	19	21
鄢 陵 县	63	63	55	56	22	20	16	13	26	25
襄 城 县	61	61	74	73	20	18	23	21	22	22
禹 州 市	5	6	20	21	6	5	38	36	12	12
长 葛 市	16	16	10	9	8	9	9	8	6	6
舞 阳 县	46	47	30	31	102	101	98	100	66	67
临 颍 县	32	32	52	53	76	59	88	77	41	41
渑 池 县	89	88	32	32	68	68	29	29	20	20
卢 氏 县	100	99	65	66	99	98	66	64	102	101
义 马 市	103	102	6	7	41	43	1	1	28	35
灵 宝 市	11	14	13	13	11	10	12	10	8	8
南 召 县	39	39	22	22	93	84	76	65	93	91
方 城 县	23	22	58	55	43	39	73	69	82	76
西 峡 县	50	50	16	16	24	23	7	7	21	19
镇 平 县	12	11	17	17	37	38	58	61	51	49
内 乡 县	38	38	23	23	34	33	31	33	61	57
淅 川 县	27	28	31	30	39	37	45	45	46	47
社 旗 县	68	68	68	67	71	69	71	68	99	93
唐 河 县	13	12	59	59	56	55	101	101	60	56
新 野 县	19	19	15	15	32	34	37	38	35	33
桐 柏 县	44	44	8	8	82	91	43	47	52	53
邓 州 市	14	13	76	76	17	16	70	73	43	44
民 权 县	81	79	94	94	33	40	46	52	67	66
睢 县	79	81	88	89	75	77	79	81	98	97
宁 陵 县	98	97	98	98	90	89	69	66	106	105

续表

县　　域	全社会消费品零售总额		人均全社会消费品零售总额		金融机构贷款年底余额		人均金融机构贷款年底余额		县域经济竞争力	
	2014 年	2015 年	2014 年	2015 年	2014 年	2015 年	2014 年	2015 年	2014 年	2015 年
柘 城 县	67	69	84	81	72	79	80	83	85	89
虞 城 县	65	65	101	101	35	45	63	71	65	65
夏 邑 县	56	54	93	95	50	54	77	84	86	83
永 城 市	10	9	53	57	2	2	15	18	17	18
罗 山 县	66	67	56	51	49	52	41	37	59	60
光 山 县	49	49	48	47	45	48	44	43	64	63
新　　县	96	95	33	28	91	92	30	28	70	68
商 城 县	72	72	60	58	60	58	47	46	68	70
固 始 县	8	8	29	29	13	12	42	41	38	39
潢 川 县	37	36	42	36	5	6	6	5	45	45
淮 滨 县	75	75	72	64	70	74	65	62	95	94
息　　县	42	42	70	77	66	66	87	91	87	87
扶 沟 县	73	73	77	75	67	75	60	70	81	85
西 华 县	28	29	51	52	83	85	94	94	73	73
商 水 县	53	53	95	96	87	93	104	105	84	84
沈 丘 县	34	33	83	82	30	26	62	59	55	59
郸 城 县	43	43	89	87	52	60	85	95	77	80
淮 阳 县	25	24	67	68	89	87	106	104	89	90
太 康 县	21	21	66	65	58	57	96	96	75	75
鹿 邑 县	20	20	50	50	29	30	54	57	40	42
项 城 市	17	17	54	54	78	82	105	103	50	51
西 平 县	31	31	41	39	54	51	59	53	62	62
上 蔡 县	48	48	97	97	31	32	67	74	92	92
平 舆 县	52	52	73	70	81	70	90	82	83	81
正 阳 县	76	74	82	80	57	56	55	55	97	95
确 山 县	88	86	49	49	86	88	48	49	74	74
泌 阳 县	62	62	78	74	84	83	89	86	69	69
汝 南 县	64	64	71	69	74	71	75	75	88	88
遂 平 县	70	71	28	26	53	49	26	20	48	48
新 蔡 县	85	83	103	103	61	65	86	92	101	100

注：开封市的开封县已于 2014 年 10 月更名为祥符区；三门峡市的陕县已于 2015 年 2 月撤县设为三门峡市陕州区。县域经济竞争力参与排位的县域由 108 个县改为 106 个县，考虑到排位对比标准的一致性，往年县域经济竞争力的排位也变为由 106 个县参与排位。

县域经济竞争力的形成与提升需要长时期的积累与沉淀，经济环境和劳动者素质更是需要长期培育。对比 2014 年、2015 年的县域经济竞争力排位可以看出，各县（市）竞争力排位总体较为稳定，多数仅前进或后退几个名次。只有个别县（市）排位变化较大。排位前十的县（市）中超过半数处于郑州周边，且郑州管辖范围内的中牟县、巩义市、荥阳市、新密市、新郑市和登封市已连续多年排位处于前十位，受到郑州的辐射和带动。

8.2　河南省多年度县域经济竞争力变化分析

8.2.1　河南省 2012～2015 年县域经济竞争力分析

将 2012～2015 年河南省的县域经济竞争力排位变化进行综合分析可以看到，经济竞争力提升势头较好的县域相对集中于豫东北，经济竞争力提升势头较弱的县域相对集中于豫西南。

2012～2015 年排位连续上升的县域有 8 个，如表 8 - 2 - 1 所示，开封市下辖的 4 个县（开封县已更名为祥符区）中有 2 个县排位连续上升；鹤壁市、新乡市、濮阳市、南阳市、商丘市和信阳市下辖的县域均有 1 个县域排位连续上升。从所处区域看，它们中有 3 个县分布在豫东北，2 个县分布在豫东地区。具体变化情况见表 8 - 2 - 1。

表 8 - 2 - 1　河南省 2012～2015 年县域经济竞争力连续上升县域排位情况

县　域	2012 年	2013 年	2014 年	2015 年	县　域	2012 年	2013 年	2014 年	2015 年
通许县	54	50	44	43	范　县	86	71	63	61
兰考县	48	45	39	36	社旗县	103	102	99	93
淇　县	35	32	31	28	民权县	74	72	67	66
长垣县	36	34	32	29	淮滨县	98	97	95	94

2012～2015 年排位连续下降的县域有 10 个，如表 8 - 2 - 2 所示，从所处市域来看，平顶山市、南阳市、周口市下辖的县域中各有 2 个县域上榜，郑州市、安阳市、新乡市、三门峡市下辖的县域中各有 1 个县域上榜。从所处区域看，2 个县分布在豫西，2 个县分布在豫西南，2 个县分布在豫北，1 个县分布在豫中，1 个县分布在豫东南，1 个县分布在豫南，1 个县分布在豫东，分布比较分散。具体变化情况见表 8 - 2 - 2。

表 8 - 2 - 2　河南省 2012～2015 年县域经济竞争力连续下降县域排位情况

县　域	2012 年	2013 年	2014 年	2015 年	县　域	2012 年	2013 年	2014 年	2015 年
中牟县	6	9	7	10	义马市	18	21	28	35
宝丰县	24	26	27	30	淅川县	40	41	46	47
叶　县	51	54	57	64	桐柏县	46	47	52	53
安阳县	17	20	23	26	郸城县	63	65	77	80
卫辉市	79	89	91	102	淮阳县	81	86	89	90

8.2.2　河南省 2011～2015 县域经济竞争力分析

分析 2011～2015 年河南省的县域经济竞争力排位变化可以看到如下两种现象。

（1）2011～2015 年经济竞争力排位上升的县域有 3 个，如表 8 - 2 - 3 所示，从所处市域看，通许县和兰考县来自开封市，长垣县来自新乡市。从所处区域来看，长垣县、兰考县、通许县在河南省的中东部形成了一条狭长的县域经济增长带。

表 8 - 2 - 3　河南省 2011~2015 年县域经济竞争力连续上升县域排位情况

县　域	2011 年	2012 年	2013 年	2014 年	2015 年
通许县	57	54	50	44	43
兰考县	53	48	45	39	36
长垣县	37	36	34	32	29

（2）2011~2015 年经济竞争力排位下降的县域有 3 个，如表 8 - 2 - 4 所示，淅川县和桐柏县来自南阳市，淮阳县来自周口市。

表 8 - 2 - 4　河南省 2011~2015 年县域经济竞争力连续下降县域排位情况

县　域	2011 年	2012 年	2013 年	2014 年	2015 年
淅川县	39	40	41	46	47
桐柏县	45	46	47	52	53
淮阳县	77	81	86	89	90

通过以上对河南省县域经济竞争力排位变化情况变化的分析可以看到，竞争力排位上升县域的分布较为集中，竞争力排位下降县域的分布比较分散，也就是表现了经济实力增强区域相互带动，经济实力较弱区域相对独立的特点。

区域篇一（河南部分）

第 9 章
郑州市 2015 年发展报告

9.1 郑州市发展概述

2015 年，郑州市完成地区生产总值 7311.52 亿元；人均地区生产总值 77178.67 元；一般预算财政总收入 942.90 亿元；固定资产投资额 6371.72 亿元；全社会消费品零售总额 3294.71 亿元；金融机构贷款年底余额 12659.48 亿元；进出口总额 570.26 亿美元；城镇化率 69.69%；城镇居民人均可支配收入 31099.00 元；农民人均纯收入 17125.00 元。

2015 年，郑州市第一产业完成增加值 150.92 亿元，同比增长 3.1%；第二产业完成增加值 3604.15 亿元，同比增长 9.3%；① 第三产业完成增加值 3556.45 亿元，同比增长 11.3%；市场主体、注册资金分别增长 21.9%、15.8%。以"共保体"模式支持科技型、创新型、创业型小微企业发展，贷款余额 2455 亿元，增长 32%；新增挂牌企业 50 家，挂牌上市公司累计 118 家，居中部六省省会城市前列。跨境贸易电子商务试点业务迅猛增长，走货量全年突破 5000 万单。围绕"四力"型项目引进，强化"五职招商"责任制，实际利用外资 38.3 亿美元。航空港实验区建设取得重大进展。在河南省率先推行了"三证合一"、电子营业执照登记管理等创新改革。智能手机产量突破 2 亿部，约占全球供货量的 1/7；富士康液晶面板等重大项目开工建设，友嘉精密机械产业园等项目加快推进。2015 年累计启动村庄拆迁改造 359 个，开工建设安置房 4414 万平方米，回迁群众 42.6 万人，基本实现围合区域内及县城、产业集聚区、组团新区规划区范围内村庄拆迁改造大头落地；市场外迁 58 个，三年 177 个市场外迁的目标基本完成；启动建设新型农村社区 156 个，建设安置房 1177 万平方米，回迁群众 19.9 万人。郑徐高铁主体完工，郑万、郑合高铁开工建设；郑焦、郑机城际铁路通车运营。郑州机场已开通客货航线 171 条，客运量 1729.7 万人次，货运吞吐量 40.3 万吨。多式联运海关监管中心一期建成运营，"四港一体"合作发展机制初步确立。

---

① 这里的第一产业增加值、第二产业增加值与农业增加值、工业增加值不是同等的概念。农业增加值是指农林牧副渔业的增加值，通常简称农业增加值，其包含的家庭副业通常不统计入第一产业。在考虑农村和农业竞争力时，通常使用农林牧副渔业增加值指标，但在国民经济分产业层次统计中，一般使用第一、第二、第三产业。工业和第二产业同样存在区别，建筑业不属于工业，但属于第二产业。增长率均为《河南统计年鉴》中的增长指数指标，该指标考虑了通货膨胀因素。由于每期报告的数据均为当期数据，因此各个当期数据之间未经国民经济消胀处理，不能直接计算增长率。后同。

9.2 郑州市宏观经济竞争力评价分析

9.2.1 经济规模竞争力评价分析

2014～2015 年，郑州市经济规模竞争力指标在河南省的排位变化情况，如表 9-2-1 和图 9-2-1 所示。

表 9-2-1 郑州市 2014～2015 年经济规模竞争力及其二级指标

指标	地区生产总值（亿元）	地区生产总值增长率（%）	人均地区生产总值（元）	一般预算财政总收入（亿元）	人均财政总收入（元）	固定资产投资额（亿元）	人均固定资产投资额（元）	全社会消费品零售总额（亿元）	人均全社会消费品零售总额（元）	金融机构贷款年底余额（亿元）	人均金融机构贷款年底余额（元）	经济规模竞争力
2014 年	6776.99	9.43	72991.72	833.88	8981.28	5355.32	57679.60	2955.40	31831.22	10868.35	117057.81	—
2015 年	7311.52	9.99	77178.67	942.90	9952.99	6371.72	67258.38	3294.71	34778.18	12659.48	133630.45	—
2014 年排位	1	5	1	1	1	1	3	1	1	1	1	1
2015 年排位	1	1	1	1	1	1	2	1	1	1	1	1
升降	0	4	0	0	0	0	1	0	0	0	0	0
优势度	优势	优势	优势	优势	优势	优势	优势	优势	优势	优势	优势	优势

注：在河南省 18 地市排位时，排位处于 1～6 位的归为优势指标，7～12 位的归为中势指标，13～18 位的归为劣势指标；排位处于 1～9 位的归为上游区域，10～18 位的归为下游区域。本报告所涉及河南省 18 地市排位的指标，均按此标准。

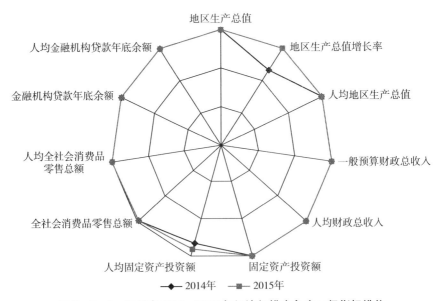

图 9-2-1 郑州市 2014～2015 年经济规模竞争力二级指标排位

（1）2015 年郑州市经济规模竞争力综合排位处于第 1 位，表明其在河南省处于优势地位，与 2014 年相比排位保持不变。

（2）从指标所处的区位看，2015 年全部指标均位于上游区，并且均是优势指标。

（3）从雷达图图形变化看，2015 年与 2014 年相比，面积略有增大，经济规模竞争力呈现稳定趋势。

（4）从排位变化的动因看，在地区生产总值增长率和人均固定资产投资额指标排位上升和其他指标排位不变的综合作用下，2015 年郑州市的经济规模竞争力综合排位保持不变，居河南省第 1 位。

9.2.2　经济结构竞争力评价分析

2014～2015 年，郑州市经济结构竞争力指标在河南省的排位变化情况，如表 9 - 2 - 2 和图 9 - 2 - 2 所示。

表 9 - 2 - 2　郑州市 2014～2015 年经济结构竞争力及其二级指标

指标	产业结构（%）	所有制结构（%）	人均收入结构（%）	支出结构（%）	国际贸易结构（%）	单位 GDP 能耗增减率（%）	经济结构竞争力
2014 年	97.83	76.55	53.17	55.19	57.42	-0.09	—
2015 年	97.94	79.39	55.07	51.71	54.78	-0.08	—
2014 年排位	1	6	1	3	14	2	1
2015 年排位	1	7	1	4	15	4	1
升降	0	-1	0	-1	-1	-2	0
优势度	优势	中势	优势	优势	劣势	优势	优势

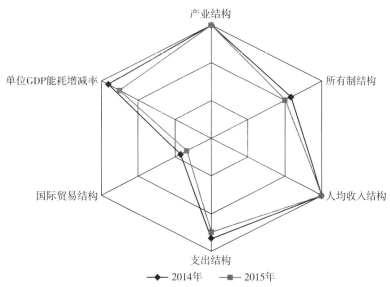

图 9 - 2 - 2　郑州市 2014～2015 年经济结构竞争力二级指标排位

（1）2015 年郑州市经济结构竞争力综合排位处于第 1 位，表明其在河南省处于优势地位，与 2014 年相比排位保持不变。

（2）从指标所处的区位看，2015 年位于上游区的指标有 5 个，分别是产业结构、所有制结构、人均收入结构、支出结构、单位 GDP 能耗增减率，除所有制结构外的其他指标均属于郑州市经济结构竞争力中的优势指标；处于下游区的指标有 1 个，是国际贸易结构，它是郑州市经济结构竞争力中的劣势指标。

（3）从雷达图图形变化看，2015 年与 2014 年相比，面积略有缩小，经济结构竞争力呈现稳定趋势。

（4）从排位变化的动因看，在所有制结构、国际贸易结构、支出结构、单位 GDP 能耗增减率指标排位下降和其他指标排位保持不变的综合作用下，2015 年郑州市的经济结构竞争力综合排位保持不变，居河南省第 1 位。

9.2.3　经济外向度竞争力评价分析

2014 ~ 2015 年，郑州市经济外向度竞争力指标在河南省的排位变化情况，如表 9 - 2 - 3 和图 9 - 2 - 3 所示。

表 9 - 2 - 3　郑州市 2014 ~ 2015 年经济外向度竞争力及其二级指标

指标	进出口总额（亿美元）	货物和服务净流出（亿元）	出口拉动指数（%）	实际 FDI（万美元）	利用省外资金（亿元）	省外资金/固定资产投资（%）	经济外向度竞争力
2014 年	464.31	422.83	6.24	363002.00	852.00	15.91	—
2015 年	570.26	340.49	4.66	382661.00	924.20	14.50	—
2014 年排位	1	1	1	1	1	16	1
2015 年排位	1	1	1	1	1	17	1
升降	0	0	0	0	0	-1	0
优势度	优势	优势	优势	优势	优势	劣势	优势

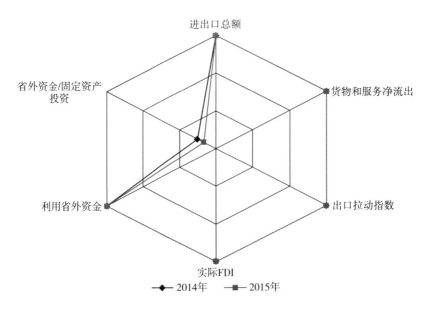

图 9 - 2 - 3　郑州市 2014 ~ 2015 年经济外向度竞争力二级指标排位

（1）2015 年郑州市经济外向度竞争力综合排位处于第 1 位，表明其在河南省处于优势地位，与 2014 年相比排位保持不变。

（2）从指标所处的区位看，2015 年处于上游区的指标有 5 个，分别是进出口总额、货物和服务净流出、出口拉动指数、实际 FDI、利用省外资金，它们均是郑州市经济外向度竞争力中的优势指标；处于下游区的指标有 1 个，是省外资金/固定资产投资，它是郑州市经济外向度竞争力中的劣势指标。

（3）从雷达图图形变化看，2015 年与 2014 年相比，面积略有缩小，经济外向度竞争力呈现稳定趋势。

（4）从排位变化的动因看，在省外资金/固定资产投资指标排位下降和其他指标排位保持不变的综合作用下，2015 年郑州市的经济外向度竞争力综合排位保持不变，居河南省第 1 位。

9.2.4　宏观经济竞争力综合分析

2014～2015 年，郑州市宏观经济竞争力指标在河南省的排位变化和指标结构，如表 9－2－4所示。

表 9－2－4　郑州市 2014～2015 年宏观经济竞争力指标

指标	经济规模竞争力	经济结构竞争力	经济外向度竞争力	宏观经济竞争力
2014 年排位	1	1	1	1
2015 年排位	1	1	1	1
升降	0	0	0	0
优势度	优势	优势	优势	优势

（1）2015 年郑州市宏观经济竞争力排位处于第 1 位，表明其在河南省处于优势地位，与 2014 年相比排位保持不变。

（2）从指标所处区位看，2015 年经济规模竞争力、经济结构竞争力、经济外向度竞争力 3 个指标均处于上游区。

（3）从指标的变化趋势看，3 个指标排位均保持不变。

（4）从排位综合分析看，3 个指标均处于优势地位，决定了 2015 年郑州市宏观经济竞争力综合排位居河南省第 1 位。

9.3　郑州市产业发展评价分析

9.3.1　农业竞争力评价分析

2014～2015 年，郑州市农业竞争力指标在河南省的排位变化情况，如表 9－3－1 和图 9－3－1 所示。

表9-3-1 郑州市2014~2015年农业竞争力及其二级指标

指标	农业增加值（亿元）	人均农业增加值（元）	农民人均纯收入（元）	人均主要粮食产量（吨）	农业劳动生产率［元/(人·年)］	农村人均用电量（kW·h）	支农资金比重（%）	农业竞争力
2014年	149.52	1610.43	15469.51	0.17	5633.14	1256.44	5.89	—
2015年	153.54	1620.72	17125.00	0.18	5740.68	1277.88	6.48	—
2014年排位	13	18	1	18	18	2	18	16
2015年排位	13	18	1	18	18	2	18	16
升降	0	0	0	0	0	0	0	0
优势度	劣势	劣势	优势	劣势	劣势	优势	劣势	劣势

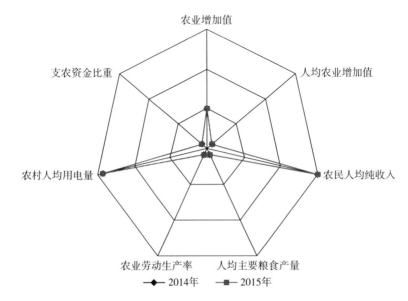

图9-3-1 郑州市2014~2015年农业竞争力二级指标排位

（1）2015年郑州市农业竞争力综合排位处于第16位，表明其在河南省处于劣势地位，与2014年相比排位保持不变。

（2）从指标所处区位看，2015年处于上游区的指标有2个，分别是农民人均纯收入、农村人均用电量，它们均是郑州市农业竞争力的优势指标；其余指标处于下游区，且均为郑州市农业竞争力中的劣势指标。

（3）从雷达图图形变化看，2015年与2014年相比，面积不变，农业竞争力呈现稳定趋势。

（4）从排位变化的动因看，在各项指标排位保持不变的综合作用下，2015年郑州市的农业竞争力综合排位保持不变，居河南省第16位。

9.3.2 工业竞争力评价分析

2014~2015年，郑州市工业竞争力指标在河南省的排位变化情况，如表9-3-2和图9-3-2所示。

表 9 – 3 – 2　郑州市 2014～2015 年工业竞争力及其二级指标

指标	工业增加值（亿元）	工业增加值增长率（％）	人均工业增加值（元）	规模以上工业资产总额（亿元）	规模以上工业资产总贡献率（％）	规模以上工业全员劳动生产率［元/人·年］	规模以上工业成本费用利润率（％）	规模以上工业产品销售率（％）	工业竞争力
2014 年	3066.78	10.67	33030.84	9960.83	17.35	279993.79	9.53	97.82	—
2015 年	3167.41	9.54	33434.43	11296.73	14.44	270694.04	8.28	97.87	—
2014 年排位	1	6	2	1	7	5	3	15	1
2015 年排位	1	2	2	1	9	4	5	13	1
升降	0	4	0	0	−2	1	−2	2	0
优势度	优势	优势	优势	优势	中势	优势	优势	劣势	优势

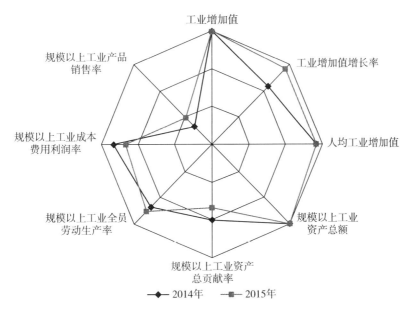

图 9 – 3 – 2　郑州市 2014～2015 年工业竞争力二级指标排位

（1）2015 年郑州市工业竞争力综合排位处于第 1 位，表明其在河南省处于优势地位，与 2014 年相比排位保持不变。

（2）从指标所处区位看，2015 年处于上游区的指标有 7 个，分别是工业增加值、工业增加值增长率、人均工业增加值、规模以上工业资产总额、规模以上工业资产总贡献率、规模以上工业全员劳动生产率、规模以上工业成本费用利润率，其中规模以上工业资产总贡献率是郑州市工业竞争力的中势指标，其余 6 个均为郑州市工业竞争力的优势指标；处于下游区的指标有 1 个，是规模以上工业产品销售率，且为郑州市工业竞争力中的劣势指标。

（3）从雷达图图形变化看，2015 年与 2014 年相比，面积基本不变，工业竞争力呈现稳定趋势。

（4）从排位变化的动因看，在工业增加值增长率、规模以上工业全员劳动生产率、规模以上工业产品销售率指标排位上升和规模以上工业资产总贡献率、规模以上工业成本费用利润率指标排位下降的综合作用下，2015年郑州市的工业竞争力综合排位保持不变，居河南省第1位。

9.3.3　工业化进程竞争力评价分析

2014～2015年，郑州市工业化进程竞争力指标在河南省的排位变化情况，如表9-3-3和图9-3-3所示。

表9-3-3　郑州市2014～2015年工业化进程竞争力及其二级指标

指标	第二产业增加值占GDP比重（%）	第二产业增加值增长率（%）	第二产业从业人员占总就业人员比重（%）	第二产业从业人员增长率（%）	第二产业固定资产投资占比（%）	工业化进程竞争力
2014年	51.46	9.99	37.67	-6.05	27.84	—
2015年	49.29	9.33	37.50	2.68	23.42	—
2014年排位	11	11	4	15	18	13
2015年排位	11	3	5	5	18	6
升降	0	8	-1	10	0	7
优势度	中势	优势	优势	优势	劣势	优势

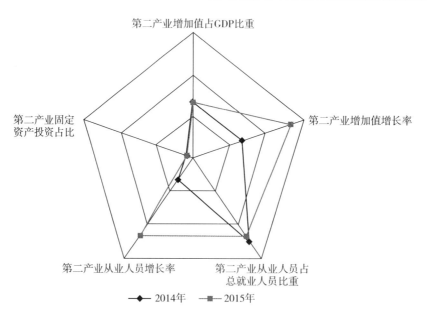

图9-3-3　郑州市2014～2015年工业化进程竞争力二级指标排位

（1）2015年郑州市工业化进程竞争力综合排位处于第6位，表明其在河南省处于优势地位，与2014年相比排位上升了7位。

（2）从指标所处区位看，2015年处于上游区的指标有3个，是第二产业增加值增长率、第二产业从业人员增长率、第二产业从业人员占总就业人员比重，且为郑州市工业化进程竞争力中的优势指标；处于下游区的指标有 2 个，分别是第二产业增加值占 GDP 比重、第二产业固定资产投资占比，其中第二产业增加值占 GDP 比重是中势指标，第二产业固定资产投资占比为郑州市工业化进程竞争力中的劣势指标。

（3）从雷达图图形变化看，2015 年与 2014 年相比，面积明显增大，工业化进程竞争力呈现上升趋势。

（4）从排位变化的动因看，在第二产业增加值增长率、第二产业从业人员增长率指标排位上升和第二产业从业人员占总就业人员比重指标排位下降的综合作用下，2015 年郑州市的工业化进程竞争力综合排位上升 7 位，居河南省第 6 位。

9.3.4　服务业竞争力评价分析

2014～2015 年，郑州市服务业竞争力指标在河南省的排位变化情况，如表 9 - 3 - 4 和图 9 - 3 - 4 所示。

表 9 - 3 - 4　郑州市 2014～2015 年服务业竞争力及其二级指标

指标	服务业增加值（亿元）	服务业增加值增长率（%）	人均服务业增加值（元）	服务业从业人员数（万人）	服务业从业人员数增长率（%）	交通运输仓储邮电业增加值（亿元）	金融业增加值（亿元）	房地产业增加值（亿元）	批发和零售业增加值（亿元）	住宿和餐饮业增加值（亿元）	服务业竞争力
2014 年	3142.70	9.05	33848.55	230.64	2.29	371.13	562.80	371.91	504.37	224.16	—
2015 年	3556.45	11.26	37541.03	252.79	9.60	408.40	701.44	399.92	546.86	251.01	—
2014 年排位	1	8	1	1	13	1	1	1	1	1	1
2015 年排位	1	10	1	1	5	1	1	1	1	1	1
升降	0	-2	0	0	8	0	0	0	0	0	0
优势度	优势	中势	优势	优势	优势	优势	优势	优势	优势	优势	优势

（1）2015 年郑州市服务业竞争力综合排位处于第 1 位，表明其在河南省处于优势地位，与 2014 年相比排位保持不变。

（2）从指标所处区位看，2015 年处于上游区的指标有 9 个，分别为服务业增加值、人均服务业增加值、服务业从业人员数、服务业从业人员数增长率、交通运输仓储邮电业增加值、金融业增加值、房地产业增加值、批发和零售业增加值、住宿和餐饮业增加值，且均为郑州市服务业竞争力的优势指标；处于下游区的指标有 1 个，是服务业增加值增长率，且为郑州市服务业竞争力中的中势指标。

（3）从雷达图图形变化看，2015 年与 2014 年相比，面积略有增加，服务业竞争力呈现稳定趋势。

（4）从排位变化的动因看，在服务业增加值增长率指标排位下降，服务业从业人员

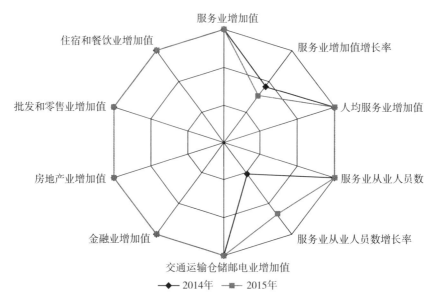

图9－3－4　郑州市2014～2015年服务业竞争力二级指标排位

数增长率指标排位上升和其他指标排位不变的综合作用下，2015年郑州市的服务业竞争力综合排位保持不变，居河南省第1位。

9.3.5　企业竞争力评价分析

2014～2015年，郑州市企业竞争力指标在河南省的排位变化情况，如表9－3－5和图9－3－5所示。

表9－3－5　郑州市2014～2015年企业竞争力及其二级指标

指标	规模以上工业企业数（个）	规模以上工业企业平均资产（亿元）	规模以上工业企业主营业务收入平均值（亿元）	流动资产年平均余额(亿元)	规模以上工业企业资产负债率（％）	规模以上工业企业成本费用利润率（％）	规模以上工业企业平均利润（亿元）	全员劳动生产率［元/(人·年)］	企业竞争力
2014年	2763.00	3.61	4.48	5506.18	54.62	9.53	0.37	279993.79	—
2015年	2820.00	4.01	4.82	6520.41	55.39	8.28	0.37	270694.04	—
2014年排位	1	3	3	1	5	3	3	5	1
2015年排位	1	3	3	1	3	5	2	4	1
升降	0	0	0	0	2	-2	1	1	0
优势度	优势	优势	优势	优势	优势	优势	优势	优势	优势

（1）2015年郑州市企业竞争力综合排位处于第1位，表明其在河南省处于优势地位，与2014年相比排位保持不变。

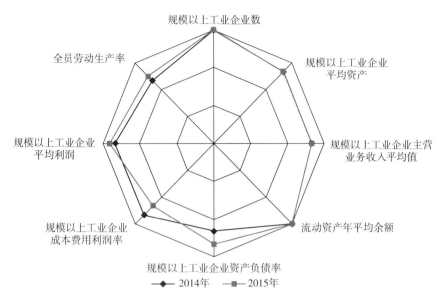

图 9 - 3 - 5　郑州市 2014~2015 年企业竞争力二级指标排位

（2）从指标所处区位看，2015 年所有指标均处于上游区，且均为郑州市企业竞争力中的优势指标。

（3）从雷达图图形变化看，2015 年与 2014 年相比，面积略有增大，企业竞争力呈现稳定趋势。

（4）从排位变化的动因看，在规模以上工业企业资产负债率、规模以上工业企业平均利润、全员劳动生产率指标排位上升、规模以上工业企业成本费用利润率指标排位下降和其他指标排位不变的综合作用下，2015 年郑州市的企业竞争力综合排位保持不变，居河南省第 1 位。

9.4　郑州市城镇化发展评价分析

9.4.1　城镇化进程竞争力评价分析

2014~2015 年，郑州市城镇化进程竞争力指标在河南省的排位变化情况，如表 9 - 4 - 1 和图 9 - 4 - 1 所示。

（1）2015 年郑州市城镇化进程竞争力综合排位仍处于第 1 位，表明其在河南省处于优势地位，与 2014 年相比排位保持不变。

（2）从指标所处区位看，2015 年处于上游区的指标有 5 个，分别是城镇化率、城镇居民人均可支配收入、城市建成区面积、市区人口密度、燃气普及率，其中燃气普及率为郑州市城镇化进程竞争力的中势指标，其余为优势指标；处于下游区的指标有 3 个，分别是人均拥有道路面积、人均日生活用水量、人均城市园林绿地面积，且均为郑州市城镇化

表9－4－1 郑州市2014～2015年城镇化进程竞争力及其二级指标

指标	城镇化率（%）	城镇居民人均可支配收入（元）	城市建成区面积（平方公里）	市区人口密度（人/平方公里）	人均拥有道路面积（平方米）	人均日生活用水量（升）	燃气普及率（%）	人均城市园林绿地面积（平方米）	城镇化进程竞争力
2014年	68.31	29095.00	412.66	14530.00	6.54	90.57	90.15	6.98	—
2015年	69.69	31099.00	437.60	15055.00	7.14	97.14	92.06	7.14	—
2014年排位	1	1	1	1	18	18	8	17	1
2015年排位	1	1	1	1	18	17	9	17	1
升降	0	0	0	0	0	1	-1	0	0
优势度	优势	优势	优势	优势	劣势	劣势	中势	劣势	优势

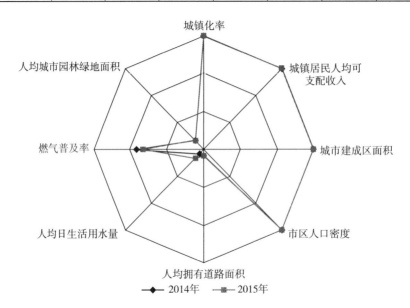

图9－4－1 郑州市2014～2015年城镇化进程竞争力二级指标排位

进程竞争力的劣势指标。

（3）从雷达图图形变化看，2015年与2014年相比，面积基本不变，城镇化进程竞争力呈现稳定趋势。

（4）从排位变化的动因看，在燃气普及率指标排位下降、人均日生活用水量指标排位上升和其他指标排位不变的综合作用下，2015年郑州市的城镇化进程竞争力综合排位保持不变，居河南省第1位。

9.4.2 城镇社会保障竞争力评价分析

2014～2015年，郑州市城镇社会保障竞争力指标在河南省的排位变化情况，如表9－4－2和图9－4－2所示。

表 9 - 4 - 2　郑州市 2014 ~ 2015 年城镇社会保障竞争力及其二级指标

指标	城市城镇社区服务设施数(个/万人)	医疗保险覆盖率(%)	养老保险覆盖率(%)	失业保险覆盖率(%)	工伤保险覆盖率(%)	城镇登记失业率(%)	城镇社会保障竞争力
2014 年	495	51.43	51.82	24.19	24.11	1.37	—
2015 年	1085	51.66	55.59	25.88	24.74	1.61	—
2014 年排位	2	10	1	2	1	1	2
2015 年排位	2	7	1	2	2	1	1
升降	0	3	0	0	- 1	0	1
优势度	优势	中势	优势	优势	优势	优势	优势

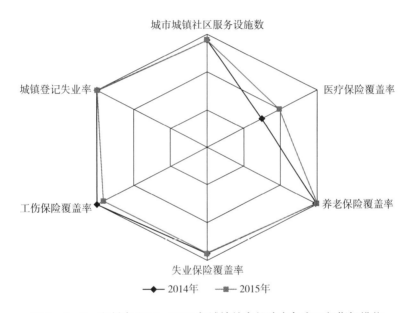

图 9 - 4 - 2　郑州市 2014 ~ 2015 年城镇社会保障竞争力二级指标排位

（1）2015 年郑州市城镇社会保障竞争力综合排位处于第 1 位，表明其在河南省处于优势地位，与 2014 年相比排位上升了 1 位。

（2）从指标所处区位看，这些指标均处于上游区，其中城市城镇社区服务设施数、养老保险覆盖率、失业保险覆盖率、工伤保险覆盖率、城镇登记失业率为郑州市城镇社会保障竞争力的优势指标。

（3）从雷达图图形变化看，2015 年与 2014 年相比，面积略有增加，城镇社会保障竞争力呈现上升趋势。

（4）从排位变化的动因看，在医疗保险覆盖率指标排位上升、工伤保险覆盖率指标排位下降和其他指标排位保持不变的综合作用下，2015 年郑州市的城镇社会保障竞争力综合排位上升 1 位，居河南省第 1 位。

9.5　郑州市社会发展评价分析

9.5.1　教育竞争力评价分析

2014～2015 年，郑州市教育竞争力指标在河南省的排位变化情况，如表 9 - 5 - 1 和图 9 - 5 - 1 所示。

表 9 - 5 - 1　郑州市 2014～2015 年教育竞争力及其二级指标

指标	教育经费占GDP 比重（%）	人均教育经费（元）	人均教育固定资产投资（元）	万人中小学学校数（所）	万人中小学专任教师数（个）	万人高等学校数（所）	万人高校专任教师数（个）	万人高等学校在校学生数（个）	教育竞争力
2014 年	2.34	1705.75	902.50	1.43	75.52	0.06	58.29	843.59	—
2015 年	2.56	1953.78	981.54	1.41	79.98	0.06	58.10	861.27	—
2014 年排位	18	4	1	18	18	1	1	1	5
2015 年排位	16	1	1	18	16	1	1	1	1
升降	2	3	0	0	2	0	0	0	4
优势度	劣势	优势	优势	劣势	劣势	优势	优势	优势	优势

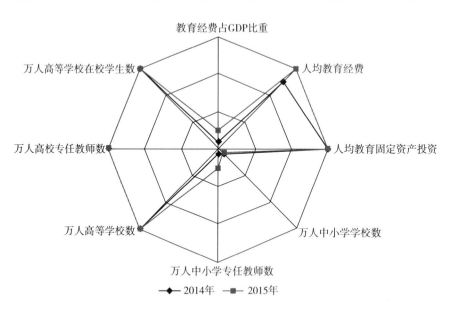

图 9 - 5 - 1　郑州市 2014～2015 年教育竞争力二级指标排位

（1）2015 年郑州市教育竞争力综合排位处于第 1 位，表明其在河南省处于优势地位，与 2014 年相比排位上升 4 位。

（2）从指标所处区位看，2015 年处于上游区的指标有 5 个，分别是人均教育经费、人均教育固定资产投资、万人高等学校数、万人高校专任教师数、万人高等学校在校学生数，且均是郑州市教育竞争力的优势指标；处于下游区的指标有 3 个，分别为教育经费占 GDP 比重、万人中小学学校数、万人中小学专任教师数，它们均是郑州市教育竞争力的劣势指标。

（3）从雷达图图形变化看，2015 年与 2014 年相比，面积明显增大，教育竞争力呈现上升趋势。

（4）从排位变化的动因看，在教育经费占 GDP 比重、人均教育经费、万人中小学专任教师数指标排位上升和其他指标排位不变的综合作用下，2015 年郑州市的教育竞争力综合排位上升 4 位，居河南省第 1 位。

9.5.2 科技竞争力评价分析

2014～2015 年，郑州市科技竞争力指标在河南省的排位变化情况，如表 9－5－2 和图 9－5－2 所示。

表 9－5－2 郑州市 2014～2015 年科技竞争力及其二级指标

指标	科学研究和技术服务业增加值（亿元）	万人科技活动人员（人）	R&D 经费占 GDP 比重（%）	人均 R&D 经费支出（元）	万人技术市场成交额（万元）	科技竞争力
2014 年	163.20	104.74	1.59	1158.80	204.27	—
2015 年	173.85	106.30	1.63	1260.63	219.20	—
2014 年排位	1	1	5	2	2	1
2015 年排位	1	1	5	1	2	1
升降	0	0	0	1	0	0
优势度	优势	优势	优势	优势	优势	优势

（1）2015 年郑州市科技竞争力综合排位处于第 1 位，表明其在河南省处于优势地位，与 2014 年相比排位保持不变。

（2）从指标所处区位看，2015 年所有指标均处于上游区，且均是郑州市科技竞争力的优势指标。

（3）从雷达图图形变化看，2015 年与 2014 年相比，面积略有增加，科技竞争力呈现稳定趋势。

（4）从排位变化的动因看，在人均 R&D 经费支出指标排位上升和其他指标排位不变的综合作用下，2015 年郑州市的科技竞争力综合排位保持不变，居河南省第 1 位。

9.5.3 文化竞争力评价分析

2014～2015 年，郑州市文化竞争力指标在河南省的排位变化情况，如表 9－5－3 和图 9－5－3 所示。

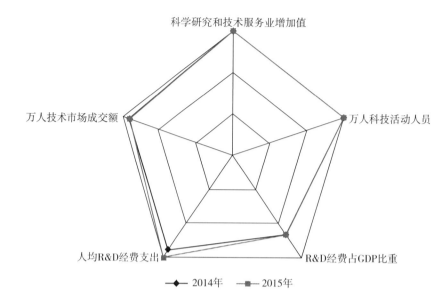

图 9 – 5 – 2　郑州市 2014～2015 年科技竞争力二级指标排位

表 9 – 5 – 3　郑州市 2014～2015 年文化竞争力及其二级指标

指标	全市接待旅游总人次（万人次）	全市旅游总收入（亿元）	城镇居民人均文化娱乐支出（元）	农村居民人均文化娱乐支出（元）	城镇居民文化娱乐支出占消费性支出比重(%)	农村居民文化娱乐支出占消费性支出比重(%)	文化竞争力
2014 年	10264.79	1160.33	1984.98	844.16	9.86	7.59	—
2015 年	12341.96	1394.42	2048.32	976.62	9.44	8.08	—
2014 年排位	1	1	9	2	16	3	4
2015 年排位	1	1	6	2	15	12	7
升降	0	0	3	0	1	− 9	− 3
优势度	优势	优势	优势	优势	劣势	中势	中势

（1）2015 年郑州市文化竞争力综合排位处于第 7 位，表明其在河南处于中势地位，与 2014 年相比排位下降 3 位。

（2）从指标所处区位看，2015 年处于上游区的指标有 4 个，分别是全市接待旅游总人次、全市旅游总收入、农村居民人均文化娱乐支出、城镇居民人均文化娱乐支出，且均是郑州市文化竞争力中的优势指标；处于下游区的指标有 2 个，是城镇居民文化娱乐支出占消费性支出比重、农村居民文化娱乐支出占消费性支出比重，其中城镇居民文化娱乐支出占消费性支出比重是郑州市文化竞争力的劣势指标。

（3）从雷达图图形变化看，2015 年与 2014 年相比，面积略有缩小，文化竞争力呈现下降趋势。

（4）从排位变化的动因看，在城镇居民人均文化娱乐支出、城镇居民文化娱乐支出占消费性支出比重指标排位上升、农村居民文化娱乐支出占消费性支出比重指标排位下降的综合作用下，2015 年郑州市的文化竞争力综合排位下降 3 位，居河南省第 7 位。

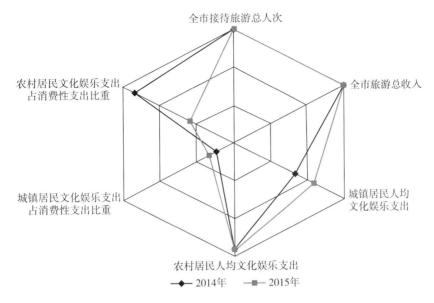

图 9 – 5 – 3　郑州市 2014~2015 年文化竞争力二级指标排位

9.6　郑州市县域经济发展评价分析

9.6.1　县域经济竞争力评价分析

2014~2015 年，郑州市县域经济竞争力指标在河南省的排位变化情况，如表 9 – 6 – 1 和图 9 – 6 – 1 所示。

表 9 – 6 – 1　郑州市 2014~2015 年县域经济竞争力及其二级指标

指标	地区生产总值（亿元）	人均地区生产总值（元）	一般预算财政总收入（亿元）	人均财政总收入（元）	固定资产投资额（亿元）	人均固定资产投资额（元）	全社会消费品零售总额（亿元）	人均全社会消费品零售总额（元）	金融机构贷款年底余额（亿元）	人均金融机构贷款年底余额（元）	县域经济竞争力
2014 年	3686.67	77755.75	196.17	4137.51	2279.43	48075.57	1020.47	21522.80	973.71	20536.66	—
2015 年	4006.96	82303.83	219.02	4498.64	2692.36	55301.66	1232.97	25325.46	1159.37	23813.74	—
2014 年排位	1	1	1	1	1	3	1	1	1	2	1
2015 年排位	1	1	1	1	1	3	1	1	1	1	1
升降	0	0	0	0	0	0	0	0	0	1	0
优势度	优势	优势	优势	优势	优势	优势	优势	优势	优势	优势	优势

（1）2015 年郑州市县域经济竞争力综合排位处于第 1 位，表明其在河南省处于优势地位，与 2014 年相比排位保持不变。

（2）从指标所处区位看，2015 年全部指标均处于上游区，且均是郑州市县域经济竞

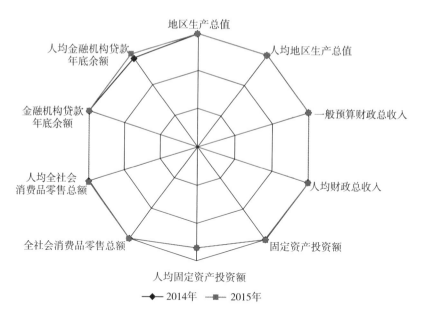

图 9 - 6 - 1　郑州市 2014 ～ 2015 年县域经济竞争力二级指标排位

争力的优势指标。

（3）从雷达图图形变化看，2015 年与 2014 年相比，面积略有增加，县域经济竞争力呈现稳定趋势。

（4）从排位变化的动因看，在人均金融机构贷款年底余额指标排位上升和其他指标排位不变的综合作用下，2015 年郑州市的县域经济竞争力综合排位保持不变，居河南省第 1 位。

9.6.2　郑州市县域经济发展特色分析

（一）巩义市

2015 年，巩义市完成地区生产总值 625.50 亿元，同比增长 8.0%；人均地区生产总值 76094.78 元；一般预算财政总收入 34.73 亿元；全社会固定资产投资额 484.50 亿元；全社会消费品零售总额 248.29 亿元；金融机构贷款年底余额 182.40 亿元；城镇化率 52.35%；城镇居民人均可支配收入 26105 元，农民人均纯收入 17958 元。

2015 年，巩义市第一产业完成增加值 11.26 亿元，同比增长 4.6%；第二产业完成增加值 387.01 亿元，同比增长 7.6%；第三产业完成增加值 227.23 亿元，同比增长 9.6%。2015 年，巩义市共完成林业生态建设造林任务 0.86 万亩，占任务 0.6 万亩的 143%；完成中幼林抚育 1.4 万亩，占任务 1.4 万亩的 100%；完成林业育苗 1400 亩，占任务 1000 亩的 140%。巩义市全部工业增加值 386.5 亿元，比上年增长 7.6%。规模以上工业增加值完成 375.2 亿元，增长 8.0%，其中，轻工业增加值完成 14.98 亿元，增长 4.6%；重工业增加值完成 360.22 亿元，增长 8.1%；轻、重工业比例为 4.0∶96.0。全年亿元及以上固定资产投资在建项目 148 个，完成投资 297.57 亿元，比上年增长 14.6%。重大基础设施建设持续加强，S314 沿黄快速通道、S237 大修、南山旅游路建成通车，中原路西延快速通道完成工程量的 80%；昆仑燃气回郭镇—竹林段燃气管道、巩义燃气河洛路及紫荆路燃气管道、华润燃气米河站建成投产，全年完成供气量 1 亿立方米。中心城区功能持续提升，洛神路、伏羲路建成通车，市养老院、福利院基本完工，体育公园有序推进。商务中心区建设加快，明泰商务楼、五耐科技大厦主体完工，建业壹号城邦等 61 项重点项目顺利实施。

（二）荥阳市

2015 年，荥阳市完成地区生产总值 588.26 亿元，同比增长 8.6%；人均地区生产总值 95558.12 元；一般预算财政总收入 31.60 亿元；全社会固定资产投资额 493.41 亿元；全社会消费品零售总额 222.77 亿元；金融机构贷款年底余额 147.07 亿元；城镇化率 51.54%；城镇居民人均可支配收入 26652 元，农民人均纯收入 16224 元。

2015 年，荥阳市第一产业完成增加值 30.50 亿元，同比增长 4.8%；第二产业完成增加值 366.67 亿元，同比增长 8.6%；第三产业完成增加值 191.09 亿元，同比增长 9.2%。2015 年，荥阳市大力服务交通路网建设，新修铺乡村道路 2 条，总投资 201 万元，修铺道路 3.81 公里；3.88 公里道路招投标结束，准备修铺引进域外境内资金 10.1 亿元，按节点推动了中车造修基地、四维特种材料碳纤维生产线、四维矿业高端机械装备制造、海特机械专业磨具备件等重点项目建设。加强工业发展和企业服务工作，大力服务园区建设，新材料园区土地征迁流转、附属物清理兑付、项目建设等工作按要求协调推进到位，供排水、通信光缆等各种基础设施进展顺利；通过春风行动、协调银企等措施，帮助企业解决人才、资金等问题，年内共培育发展规模以上企业 6 家，实施技改项目 10 家，完成技改项目投资 3520 万元。

（三）新密市

2015 年，新密市完成地区生产总值 642.13 亿元，同比增长 9.5%；人均地区生产总值 79914.43 元；一般预算财政总收入 30.31 亿元；全社会固定资产投资额 468.61 亿元；全社会消费品零售总额 242.94 亿元；金融机构贷款年底余额 172.40 亿元；城镇化率 52.94%；城镇居民人均可支配收入 26633 元，农民人均纯收入 16242 元。

2015 年，新密市第一产业完成增加值 20.10 亿元，同比增长 5.0%；第二产业完成增加值 352.54 亿元，同比增长 8.6%；第三产业完成增加值 269.49 亿元，同比增长 11.8%，新密市 187 个重点项目完成投资 280 亿元，开工率 90%。康宁特二期、香港迅捷、同盈服装总部港、轩辕圣境文化产业园等项目进展顺利，荣获郑州市重点项目建设先进单位。成功举办中韩环保产业合作（新密）对接活动，达成合作意向 17 项。引进郑州市外境内资金 153.4 亿元，实际利用外资 19895 万美元，新培育出口企业 11 家，进出口总额 8300 万美元，增长 19.6%。创新驱动积极有效。强化科技创新引领带动作用，培育省高新技术企业 2 家、电子商务企业 21 家，新增电子商务市场主体 119 家，增长 780%，新密市规模企业信息化应用率达到 45%。新增中国驰名商标 1 件，省著名商标 30 件，省名牌产品 8 个，省长质量奖、郑州市市长质量奖各 1 家。荣获郑州市创业创新工作先进单位。要素保障得到加强。扎实推进存量闲置土地清理和违法占地查处，7 个土地整治、15

个增减挂钩项目有序实施，累计批回土地 15 个批次 3682 亩。拓宽"新三板"上市、债权转股权等融资渠道，成立上海股权托管交易中心新密企业孵化基地，推动 11 家企业挂牌上市。金融机构贷款余额 172.4 亿元，成功运作 PPP 项目 3 个，政府平台融资 21.5 亿元，争取上级资金 14.5 亿元，8.8 亿元的二期城投债已获国家发改委批准。

（四）新郑市

2015 年新郑市完成地区生产总值 873.94 亿元，同比增长 15.6%；人均地区生产总值 99879.19 元；一般预算财政总收入 60.04 亿元；全社会固定资产投资额 488.35 亿元；全社会消费品零售总额 232.87 亿元；金融机构贷款年底余额 346.94 亿元；城镇化率 53.31%；城镇居民人均可支配收入 26655 元，农民人均纯收入 17054 元。

2015 年，新郑市第一产业完成增加值 21.11 亿元，同比增长 0.7%；第二产业完成增加值 535.34 亿元，同比增长 16.1%；第三产业完成增加值 317.48 亿元，同比增长 16.2%。新型工业化步伐加快，新郑市规模以上工业企业达 291 家，年销售收入超 10 亿元企业达 24 家，超 5 亿元企业达 69 家，完成主要工业增加值 284.7 亿元，增长 9.8%。项目建设成效突出，新开工项目 68 个、竣工 123 个，中德医疗产业园、瑞孚医疗产业园、润弘制药、遂成药业等一批重点项目进展顺利，好想你红枣城、雪花啤酒、光明乳业等一批企业建成投产。食品加工和生物医药产业完成增加值 118.5 亿元，增长 14%，占全市主要工业增加值 41.6%。商贸物流业规模壮大，华南城入驻商户 1.2 万多家，营业面积突破 100 万平方米，华商汇建成面积 36 万平方米，签约商户 4500 多家，圣戈班绿色建材园、不锈钢物流园、卓商农机交易中心等项目稳步推进。文化旅游业持续升温，成功举办乙未年黄帝故里拜祖大典和第九届黄帝文化国际论坛，郑韩故城国家遗址公园一期完工，全年接待游客 443 万人次，实现旅游收入 11.9 亿元。房地产业运行平稳，全年竣工商品房 201.3 万平方米，交易额 187.6 亿元，增长 20.4%。

（五）登封市

2015 年，登封市完成地区生产总值 522.30 亿元，同比增长 8.7%；人均地区生产总值 755189.90 元；一般预算财政总收入 26.28 亿元；全社会固定资产投资额 418.11 亿元；全社会消费品零售总额 191.73 亿元；金融机构贷款年底余额 119.55 亿元；城镇化率 51.53%；城镇居民人均可支配收入 25689 元，农民人均纯收入 14683 元。

2015 年，登封市第一产业完成增加值 16.35 亿元，同比增长 4.8%；第二产业完成增加值 307.61 亿元，同比下降 7.1%；第三产业完成增加值 198.35 亿元，同比增长 13.5%；2015 年，文化创意园、中岳非晶新材料二期等 30 个省、郑州市重点项目和 150 个市本级重点项目完成投资 180 亿元；全年引进域外境内资金 100 亿元，重大项目 37 个，当年开工 23 个。争取省政府代发地方政府债券 24.3 亿元，新增银行贷款和资本市场融资 20.1 亿元；中信银行入驻登封；翱翔科技、中岳非晶、河顺股份在"新三板"成功挂牌上市。存量建设用地集中清理处置 3219.6 亩，收回闲置土地 4 宗；争取建设用地指标 1920.1 亩，收储土地 3424.2 亩，供应土地 1479.5 亩。

（六）中牟县

2015 年，中牟县完成地区生产总值 754.83 亿元，同比增长 13.5%；人均地区生产总值 75696.46 元；一般预算财政总收入 36.05 亿元，全社会固定资产投资额 339.39 亿元；全社会消费品零售总额 94.37 亿元；金融机构贷款年底余额 191.03 亿元；城镇化率 45.39%；城镇居民人均可支配收入 24359 元，农民人均纯收入 15349 元。

2015 年，中牟县第一产业完成增加值 41.11 亿元，同比增长 2.4%；第二产业完成增加值 506.72 亿元，同比增长 11.1%；第三产业完成增加值 207.00 亿元，同比增长 26.0%。2015 年，中牟县规模以上工业增加值完成 105 亿元。汽车产业集聚区生产整车 12 万台，实现总产值 650 亿元，成为省十强和二星级产业集聚区。引进青山变速箱等项目 44 个，协议资金 393 亿元。建成郑州日产 20 万台扩能等项目 18 个，完成投资 60 亿元，其中国能一期、比克一期竣工投产，销售新能源电池 2 亿安时。汽车服务业博览园建成宏达车业广场等项目 6 个，在建项目 12 个，集聚商户 5000 余家。第三产业比重达到 50.5%，首次超过第二产业。房地产业平稳运行，商贸流通体系日趋完善。郑州国际文化创意产业园发展上升至省级层面，规划面积拓展至 132 平方公里，完成固定资产投资 85 亿元，实现主营业务收入 18 亿元，成为郑州市 "五快" 专业园区。华特迪士尼、建业 · 华谊兄弟、凤凰卫视等重大项目纷纷入驻，海宁皮革城、杉杉奥特莱斯项目主体完工，方特梦幻王国开业迎宾。全域旅游局面初步形成，全年接待游客 650 万人次，实现旅游总收入 60 亿元，成为 "最美中国绿色生态 · 文化魅力旅游目的地城市" "全省乡村旅游示范县"。

第 10 章
开封市 2015 年发展报告

10.1 开封市发展概述

2015 年，开封市完成地区生产总值 1605.84 亿元；人均地区生产总值 35325.80 元；一般预算财政总收入 108.28 亿元；固定资产投资额 1354.45 亿元；全社会消费品零售总额 747.14 亿元；金融机构贷款年底余额 1018.06 亿元；进出口总额 4.40 亿美元；城镇化率 44.23%；城镇居民人均可支配收入 22922.57 元；农民人均纯收入 10304.03 元。

2015 年，开封市第一产业完成增加值 283.90 亿元，同比增长 4.4%；第二产业完成增加值 657.40 亿元，同比增长 9.1%；第三产业完成增加值 664.54 亿元，同比增长 12.2%。实施金融服务"双计划"。加强银企对接，达成资金支持协议 230.4 亿元；设立 1.7 亿元企业还贷周转金，使用规模达 4.5 亿元；积极帮助企业上市融资，牧宝车居等 5 家企业在新三板挂牌上市。人民币存贷款余额分别达到 1452 亿元和 1018 亿元，较年初增加 179 亿元和 153 亿元，增幅均居全省第 3 位。促进房地产业健康发展。加快房地产去库存化，市区商品房销售面积、销售金额分别增长 43% 和 40.3%；房地产开发投资 168.2 亿元，增长 23.7%，增幅居全省第 4 位；开封市旅游接待量 4556.62 万人次，实现旅游综合收入 359.11 亿元，分别增长 27.3% 和 28.0%。一批"文商旅"融合项目相继完工投入使用，新业态、新模式发展迅速，电商企业达到 1000 多家，电商商户 3000 多家。服务业"两区"建设步伐加快，鼓楼、杞县特色商业区分别获河南省十强、十快特色商业区。商贸、邮政、电信、交通运输业健康发展。"329"工程累计完成投资 907 亿元；24 个省级 A 类重点项目完成投资 175.6 亿元；57 个市级领导分包项目完成投资 233.5 亿元。

10.2 开封市宏观经济竞争力评价分析

10.2.1 经济规模竞争力评价分析

2014 ~ 2015 年，开封市经济规模竞争力指标在河南省的排位变化情况，如表 10 - 2 - 1 和图 10 - 2 - 1 所示。

表 10 - 2 - 1　开封市 2014～2015 年经济规模竞争力及其二级指标

指标	地区生产总值（亿元）	地区生产总值增长率（%）	人均地区生产总值（元）	一般预算财政总收入（亿元）	人均财政总收入（元）	固定资产投资额（亿元）	人均固定资产投资额（元）	全社会消费品零售总额（亿元）	人均全社会消费品零售总额（元）	金融机构贷款年底余额（亿元）	人均金融机构贷款年底余额（元）	经济规模竞争力
2014 年	1492.06	9.55	32453.64	96.19	2092.16	1169.55	25438.83	661.92	14397.42	864.41	18801.82	—
2015 年	1605.84	9.42	35325.80	108.28	2381.87	1354.45	29795.55	747.14	16435.92	1018.06	22395.60	—
2014 年排位	13	4	13	10	11	14	15	9	8	11	10	10
2015 年排位	13	2	11	10	10	14	15	9	7	10	9	6
升降	0	2	2	0	1	0	0	0	1	1	1	4
优势度	劣势	优势	中势	中势	中势	劣势	劣势	中势	中势	中势	中势	优势

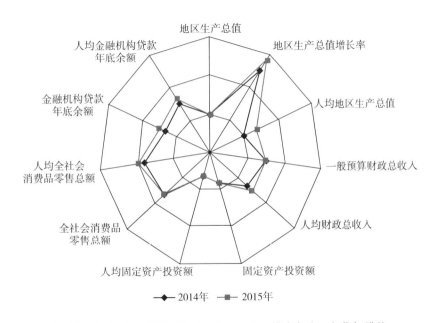

图 10 - 2 - 1　开封市 2014～2015 年经济规模竞争力二级指标排位

（1）2015 年开封市经济规模竞争力综合排位处于第 6 位，表明其在河南省处于优势地位，与 2014 年相比排位上升 4 位。

（2）从指标所处区位看，2015 年处于上游区的指标有 4 个，分别是地区生产总值增长率、全社会消费品零售总额、人均全社会消费品零售总额、人均金融机构贷款年底余额，其中地区生产总值增长率是开封市经济规模竞争力的优势指标；处于下游区的指标有7 个，分别是地区生产总值、人均地区生产总值、一般预算财政总收入、人均财政总收入、固定资产投资额、人均固定资产投资额、金融机构贷款年底余额，其中地区生产总值、固定资产投资额、人均固定资产投资额是开封市经济规模竞争力的劣势指标。

（3）从雷达图图形变化看，2015 年与 2014 年相比，面积明显增大，经济规模竞争力呈现上升趋势。

（4）从排位变化的动因看，在地区生产总值增长率、人均地区生产总值、人均财政总收入、人均全社会消费品零售总额、金融机构贷款年底余额、人均金融机构贷款年底余额指标排位上升和其他指标排位保持不变的综合作用下，2015年开封市经济规模竞争力综合排位上升4位，居河南省第6位。

10.2.2 经济结构竞争力评价分析

2014～2015年，开封市经济结构竞争力指标在河南省的排位变化情况，如表10-2-2和图10-2-2所示。

表10-2-2 开封市2014～2015年经济结构竞争力及其二级指标

指标	产业结构（%）	所有制结构（%）	人均收入结构（%）	支出结构（%）	国际贸易结构（%）	单位GDP能耗增减率（%）	经济结构竞争力
2014年	81.52	81.61	43.40	56.60	83.63	-0.05	—
2015年	82.32	82.81	44.95	55.16	83.84	-0.11	—
2014年排位	14	2	9	2	6	10	4
2015年排位	14	2	9	2	6	1	2
升降	0	0	0	0	0	9	2
优势度	劣势	优势	中势	优势	优势	优势	优势

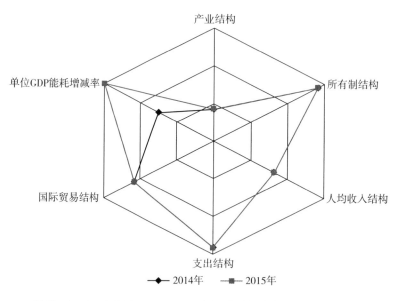

图10-2-2 开封市2014～2015年经济结构竞争力二级指标排位

（1）2015年开封市经济结构竞争力综合排位处于第2位，表明其在河南省处于优势地位，与2014年相比排位上升2位。

（2）从指标所处区位看，2015年处于上游区的指标有5个，分别是所有制结构、人均收入结构、支出结构、国际贸易结构、单位GDP能耗增减率，除人均收入结构处于中势外，其余 4 个指标是开封市经济结构竞争力的优势指标；处于下游区的指标有 1 个，是产业结构，且是开封市经济结构竞争力的劣势指标。

（3）从雷达图图形变化看，2015 年与 2014 年相比，面积明显增大，经济结构竞争力呈现上升趋势。

（4）从排位变化的动因看，在单位 GDP 能耗增减率指标排位上升和其他指标排位不变的综合作用下，2015 年开封市经济结构竞争力综合排位上升 2 位，居河南省第 2 位。

10.2.3　经济外向度竞争力评价分析

2014～2015 年，开封市经济外向度竞争力指标在河南省的排位变化情况，如表 10－2－3 和图 10－2－3 所示。

表 10－2－3　开封市 2014～2015 年经济外向度竞争力及其二级指标

指标	进出口总额（亿美元）	货物和服务净流出（亿元）	出口拉动指数（％）	实际 FDI（万美元）	利用省外资金（亿元）	省外资金/固定资产投资（％）	经济外向度竞争力
2014 年	5.15	21.29	1.43	51698.00	459.90	39.32	—
2015 年	4.40	18.54	1.15	58807.00	498.30	36.79	—
2014 年排位	14	11	12	10	7	2	9
2015 年排位	15	11	13	9	7	3	10
升降	－1	0	－1	1	0	－1	－1
优势度	劣势	中势	劣势	中势	中势	优势	中势

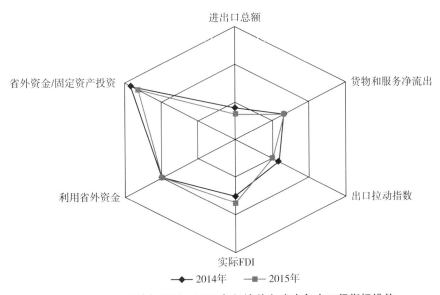

图 10－2－3　开封市 2014～2015 年经济外向度竞争力二级指标排位

（1）2015 年开封市经济外向度竞争力综合排位处于第 10 位，表明其在河南省处于中势地位，与 2014 年相比排位下降 1 位。

（2）从指标所处区位看，2015 年处于上游区的指标有 3 个，分别是实际 FDI、利用省外资金、省外资金/固定资产投资，其中省外资金/固定资产投资是开封市经济外向度竞争力的优势指标；处于下游区的指标有 3 个，分别是进出口总额、货物和服务净流出、出口拉动指数，其中进出口总额和出口拉动指数是开封市经济外向度竞争力的劣势指标。

（3）从雷达图图形变化看，2015 年与 2014 年相比，面积略有缩小，经济外向度竞争力呈现下降趋势。

（4）从排位变化的动因看，在实际 FDI 指标排位上升和进出口总额、出口拉动指数、省外资金/固定资产投资指标排位下降的综合作用下，2015 年开封市经济外向度竞争力综合排位下降 1 位，居河南省第 10 位。

10.2.4　宏观经济竞争力综合分析

2014～2015 年，开封市宏观经济竞争力指标在河南省的排位变化和指标结构，如表 10－2－4 所示。

表 10－2－4　开封市 2014～2015 年宏观经济竞争力指标

指标	经济规模竞争力	经济结构竞争力	经济外向度竞争力	宏观经济竞争力
2014 年排位	10	4	9	6
2015 年排位	6	2	10	4
升降	4	2	−1	2
优势度	优势	优势	中势	优势

（1）2015 年开封市宏观经济竞争力综合排位处于第 4 位，表明其在河南省处于优势地位，与 2014 年相比排位上升 2 位。

（2）从指标所处区位看，2015 年经济结构竞争力、经济规模竞争力指标处于上游区，经济外向度竞争力指标处于下游区。

（3）从指标变化趋势看，经济规模竞争力和经济结构竞争力指标排位分别上升 4 位和 2 位，经济外向度竞争力指标排位下降 1 位。

（4）从排位综合分析看，在经济外向度竞争力指标排位下降和经济规模竞争力、经济结构竞争力指标排位上升的综合作用下，2015 年开封市宏观经济竞争力综合排位上升 2 位，居河南省第 4 位。

10.3　开封市产业发展评价分析

10.3.1　农业竞争力评价分析

2014～2015 年，开封市农业竞争力指标在河南省的排位变化情况，如表 10－3－1 和图 10－3－1 所示。

表 10 - 3 - 1 开封市 2014～2015 年农业竞争力及其二级指标

指标	农业增加值（亿元）	人均农业增加值（元）	农民人均纯收入（元）	人均主要粮食产量（吨）	农业劳动生产率［元/（人·年）］	农村人均用电量（kW·h）	支农资金比重（%）	农业竞争力
2014 年	285.16	6202.61	9315.69	0.61	10577.36	332.72	12.52	—
2015 年	295.72	6505.37	10304.03	0.64	10910.75	353.68	13.69	—
2014 年排位	6	2	13	12	2	14	10	6
2015 年排位	6	2	13	12	2	15	6	4
升降	0	0	0	0	0	-1	4	2
优势度	优势	优势	劣势	中势	优势	劣势	优势	优势

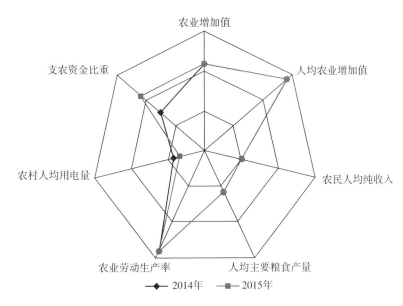

图 10 - 3 - 1 开封市 2014～2015 年农业竞争力二级指标排位

（1）2015 年开封市农业竞争力综合排位处于第 4 位，表明其在河南省处于优势地位，与 2014 年相比排位上升 2 位。

（2）从指标所处区位看，2015 年处于上游区的指标有 4 个，分别是农业增加值、人均农业增加值、农业劳动生产率、支农资金比重，且均是开封市农业竞争力的优势指标；处于下游区的指标有 3 个，分别是农民人均纯收入、人均主要粮食产量、农村人均用电量，其中除人均主要粮食产量处于中势外，其余 2 个指标是开封市农业竞争力的劣势指标。

（3）从雷达图图形变化看，2015 年与 2014 年相比，面积略有增大，农业竞争力呈现上升趋势。

（4）从排位变化的动因看，在支农资金比重指标排位上升和农村人均用电量指标排位下降的综合作用下，2015 年开封市农业竞争力排位上升 2 位，居河南省第 4 位。

10.3.2 工业竞争力评价分析

2014～2015年，开封市工业竞争力指标在河南省的排位变化情况，如表10-3-2和图10-3-2所示。

表10-3-2 开封市2014～2015年工业竞争力及其二级指标

指标	工业增加值（亿元）	工业增加值增长率（%）	人均工业增加值（元）	规模以上工业资产总额（亿元）	规模以上工业资产总贡献率（%）	规模以上工业全员劳动生产率[元/(人·年)]	规模以上工业成本费用利润率（%）	规模以上工业产品销售率（%）	工业竞争力
2014年	574.27	11.19	12490.94	1868.92	16.11	166038.34	9.33	99.57	—
2015年	592.94	9.21	13043.58	2133.38	15.40	144871.26	9.44	98.80	—
2014年排位	15	4	13	12	8	18	5	2	11
2015年排位	15	4	13	11	7	18	3	3	10
升降	0	0	0	1	1	0	2	-1	1
优势度	劣势	优势	劣势	中势	中势	劣势	优势	优势	中势

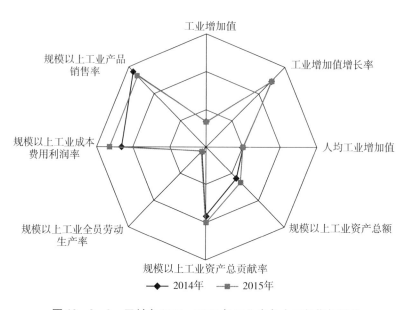

图10-3-2 开封市2014～2015年工业竞争力二级指标排位

（1）2015年开封市工业竞争力综合排位处于第10位，表明其在河南省处于中势地位，与2014年相比排位上升1位。

（2）从指标所处区位看，2015年处于上游区的指标有4个，分别是工业增加值增长率、规模以上工业资产总贡献率、规模以上工业成本费用利润率、规模以上工业产品销售率，其中除规模以上工业资产总贡献率处于中势外，其余3个指标是开封市工业竞争力的优势指标；处于下游区的指标有4个，分别为工业增加值、人均工业增加值、规模以上工业资产总额、规模以上工业全员劳动生产率，其中除规模以上工业资产总额处于中势外，其余 3 个指标是开封市工业竞争力的劣势指标。

（3）从雷达图图形变化看，2015 年与 2014 年相比，面积略有增大，工业竞争力呈现上升趋势。

（4）从排位变化的动因看，在规模以上工业产品销售率指标排位下降和规模以上工业资产总贡献率、规模以上工业资产总额、规模以上工业成本费用利润率指标排位上升的综合作用下，2015 年开封市工业竞争力综合排位上升 1 位，居河南省第 10 位。

10.3.3 工业化进程竞争力评价分析

2014～2015 年，开封市工业化进程竞争力指标在河南省的排位变化情况，如表 10-3-3 和图 10-3-3 所示。

表 10-3-3 开封市 2014～2015 年工业化进程竞争力及其二级指标

指标	第二产业增加值占 GDP 比重（%）	第二产业增加值增长率（%）	第二产业从业人员占总就业人员比重（%）	第二产业从业人员增长率（%）	第二产业固定资产投资占比（%）	工业化进程竞争力
2014 年	42.65	11.61	32.80	-2.78	52.37	—
2015 年	40.94	9.13	32.72	2.47	53.42	—
2014 年排位	16	2	8	9	14	9
2015 年排位	16	5	7	6	10	7
升降	0	-3	1	3	4	2
优势度	劣势	优势	中势	优势	中势	中势

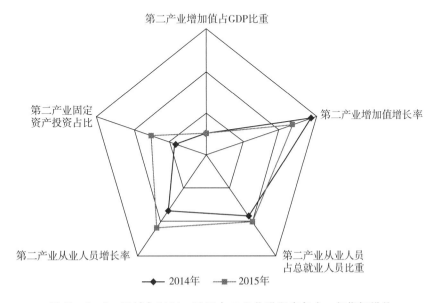

图 10-3-3 开封市 2014～2015 年工业化进程竞争力二级指标排位

（1）2015 年开封市工业化进程竞争力综合排位处于第 7 位，表明其在河南省处于中势地位，与 2014 年相比排位上升 2 位。

（2）从指标所处区位看，2015 年处于上游区的指标有 3 个，分别是第二产业增加值增长率、第二产业从业人员增长率、第二产业从业人员占总就业人员比重，其中第二产业增加值增长率、第二产业从业人员增长率是开封市工业化进程竞争力的优势指标；处于下游区的指标有 2 个，分别是第二产业增加值占 GDP 比重、第二产业固定资产投资占比，其中第二产业增加值占 GDP 比重是开封市工业化进程竞争力的劣势指标。

（3）从雷达图图形变化看，2015 年与 2014 年相比，面积略有增大，工业化进程竞争力呈现上升趋势。

（4）从排位变化的动因看，在第二产业从业人员占总就业人员比重、第二产业从业人员增长率、第二产业固定资产投资占比指标排位上升和第二产业增加值增长率指标排位下降的综合作用下，2015 年开封市工业化进程竞争力综合排位上升 2 位，居河南省第 7 位。

10.3.4 服务业竞争力评价分析

2014～2015 年，开封市服务业竞争力指标在河南省的排位变化情况，如表 10 - 3 - 4 和图 10 - 3 - 4 所示。

表 10 - 3 - 4　开封市 2014～2015 年服务业竞争力及其二级指标

指标	服务业增加值（亿元）	服务业增加值增长率（%）	人均服务业增加值（元）	服务业从业人员数（万人）	服务业从业人员数增长率（%）	交通运输仓储邮电业增加值（亿元）	金融业增加值（亿元）	房地产业增加值（亿元）	批发和零售业增加值（亿元）	住宿和餐饮业增加值（亿元）	服务业竞争力
2014 年	579.95	9.96	12614.44	80.45	2.83	54.42	24.26	40.05	79.80	42.57	—
2015 年	664.54	12.16	14618.85	86.10	7.03	58.57	28.49	44.54	89.27	43.87	—
2014 年排位	12	6	8	11	11	12	13	13	13	12	13
2015 年排位	12	5	7	10	9	11	14	13	12	12	9
升降	0	1	1	1	2	1	-1	0	1	0	4
优势度	中势	优势	中势	中势	中势	中势	劣势	劣势	中势	中势	中势

（1）2015 年开封市服务业竞争力综合排位处于第 9 位，表明其在河南省处于中势地位，与 2014 年相比排位上升 4 位。

（2）从指标所处区位看，2015 年处于上游区的指标有 3 个，分别是服务业增加值增长率、人均服务业增加值、服务业从业人员数增长率，其中服务业增加值增长率是开封市服务业竞争力的优势指标；其余指标处于下游区，其中金融业增加值、房地产业增加值是开封市服务业竞争力的劣势指标。

（3）从雷达图图形变化看，2015 年与 2014 年相比，面积增大，服务业竞争力呈现上

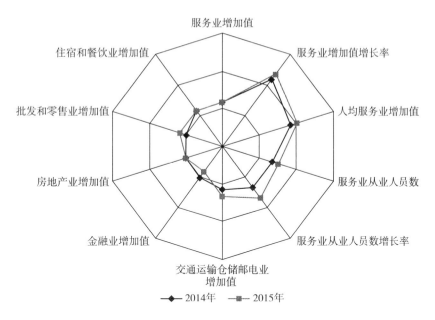

图 10 - 3 - 4　开封市 2014～2015 年服务业竞争力二级指标排位

升趋势。

（4）从排位变化的动因看，在金融业增加值指标排位下降和服务业增加值增长率、人均服务业增加值、服务业从业人员数增长率、服务业从业人员数、交通运输仓储邮电业增加值、批发和零售业增加值指标排位上升的综合作用下，2015 年开封市服务业竞争力综合排位上升 4 位，居河南省第 9 位。

10.3.5　企业竞争力评价分析

2014～2015 年，开封市企业竞争力指标在河南省的排位变化情况，如表 10 - 3 - 5 和图 10 - 3 - 5 所示。

表 10 - 3 - 5　开封市 2014～2015 年企业竞争力及其二级指标

指标	规模以上工业企业数（个）	规模以上工业企业平均资产（亿元）	规模以上工业企业主营业务收入平均值（亿元）	流动资产年平均余额（亿元）	规模以上工业企业资产负债率（％）	规模以上工业企业成本费用利润率（％）	规模以上工业企业平均利润（亿元）	全员劳动生产率［元/（人·年）］	企业竞争力
2014 年	1311.00	1.43	1.84	699.78	34.72	9.33	0.16	166038.34	—
2015 年	1322.00	1.61	2.04	779.72	29.72	9.44	0.18	144871.26	—
2014 年排位	6	16	16	13	14	5	13	18	15
2015 年排位	6	16	15	13	17	3	11	18	15
升降	0	0	1	0	-3	2	2	0	0
优势度	优势	劣势	劣势	劣势	劣势	优势	中势	劣势	劣势

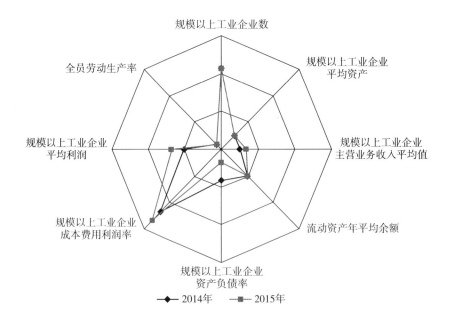

图 10 - 3 - 5　开封市 2014～2015 年企业竞争力二级指标排位

（1）2015 年开封市企业竞争力综合排位处于第 15 位，表明其在河南省处于劣势地位，与 2014 年相比排位不变。

（2）从指标所处区位看，2015 年处于上游区的指标有 2 个，分别是规模以上工业企业数、规模以上工业企业成本费用利润率，它们都是开封市企业竞争力的优势指标；其余指标都处于下游区，而且除了规模以上工业企业平均利润是中势指标外，其他均是开封市企业竞争力的劣势指标。

（3）从雷达图图形变化看，2015 年与 2014 年相比，面积基本不变，企业竞争力呈现稳定趋势。

（4）从排位变化的动因看，在规模以上工业企业主营业务收入平均值、规模以上工业企业成本费用利润率、规模以上工业企业平均利润指标排位上升和规模以上工业企业资产负债率指标排位下降的综合作用下，2015 年开封市企业竞争力综合排位不变，居河南省第 15 位。

10.4　开封市城镇化发展评价分析

10.4.1　城镇化进程竞争力评价分析

2014～2015 年，开封市城镇化进程竞争力指标在河南省的排位变化情况，如表 10 - 4 - 1 和图 10 - 4 - 1 所示。

表 10 − 4 − 1　开封市 2014～2015 年城镇化进程竞争力及其二级指标

指标	城镇化率（％）	城镇居民人均可支配收入（元）	城市建成区面积（平方公里）	市区人口密度（人/平方公里）	人均拥有道路面积（平方米）	人均日生活用水量（升）	燃气普及率（％）	人均城市园林绿地面积（平方米）	城镇化进程竞争力
2014 年	42.58	21466.67	108.99	7642.00	14.49	112.56	94.54	10.51	—
2015 年	44.23	22922.57	129.09	5601.00	14.96	112.49	96.64	9.08	—
2014 年排位	12	15	5	4	8	11	5	9	12
2015 年排位	12	15	4	6	8	13	4	16	12
升降	0	0	1	−2	0	−2	1	−7	0
优势度	中势	劣势	优势	优势	中势	劣势	优势	劣势	中势

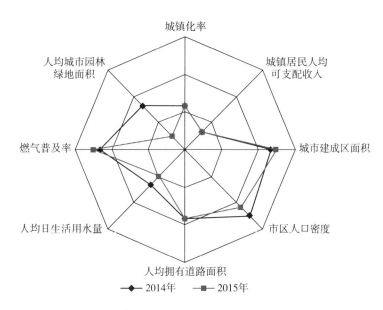

图 10 − 4 − 1　开封市 2014～2015 年城镇化进程竞争力二级指标排位

（1）2015 年开封市城镇化进程竞争力综合排位处于第 12 位，表明其在河南省处于中势地位，与 2014 年相比排位保持不变。

（2）从指标所处区位看，2015 年处于上游区的指标有 4 个，分别是城市建成区面积、市区人口密度、人均拥有道路面积、燃气普及率，其中城市建成区面积、市区人口密度和燃气普及率是开封市城镇化进程竞争力的优势指标；处于下游区的指标有 4 个，分别是城镇化率、城镇居民人均可支配收入、人均日生活用水量、人均城市园林绿地面积，其中人均日生活用水量、城镇居民人均可支配收入、人均城市园林绿地面积是开封市城镇化进程竞争力的劣势指标。

（3）从雷达图图形变化看，2015 年与 2014 年相比，面积略有缩小，城镇化进程竞争力呈现稳定趋势。

（4）从排位变化的动因看，在城市建成区面积、燃气普及率指标排位上升和市区人口密度、人均日生活用水量、人均城市园林绿地面积指标排位下降的综合作用下，2015年开封市城镇化进程竞争力综合排位保持不变，居河南省第12位。

10.4.2 城镇社会保障竞争力评价分析

2014~2015年，开封市城镇社会保障竞争力指标在河南省的排位变化情况，如表10-4-2和图10-4-2所示。

表10-4-2 开封市2014~2015年城镇社会保障竞争力及其二级指标

指标	城市城镇社区服务设施数（个/万人）	医疗保险覆盖率(%)	养老保险覆盖率(%)	失业保险覆盖率(%)	工伤保险覆盖率(%)	城镇登记失业率(%)	城镇社会保障竞争力
2014年	137	53.96	35.06	17.87	17.72	2.99	—
2015年	622	52.27	35.26	17.46	17.40	2.92	—
2014年排位	11	5	3	9	8	9	5
2015年排位	6	5	3	8	9	11	4
升降	5	0	0	1	-1	-2	1
优势度	优势	优势	优势	中势	中势	中势	优势

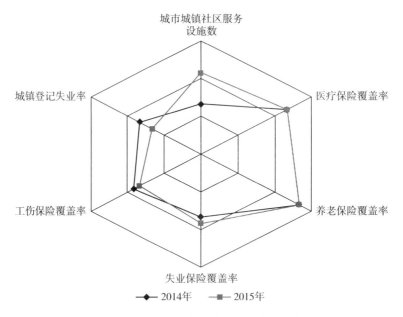

图10-4-2 开封市2014~2015年城镇社会保障竞争力二级指标排位

（1）2015年开封市城镇社会保障竞争力综合排位处于第4位，表明其在河南省处于优势地位，与2014年相比排位上升1位。

（2）从指标所处区位看，2015年处于上游区的指标有5个，分别为城市城镇社区服务设施数、医疗保险覆盖率、养老保险覆盖率、失业保险覆盖率、工伤保险覆盖率，其中城市城镇社区服务设施数、医疗保险覆盖率和养老保险覆盖率是开封市城镇社会保障竞争力的优势指标；处于下游区的指标有 1 个，是城镇登记失业率，且为开封市城镇社会保障竞争力的中势指标。

（3）从雷达图图形变化看，2015 年与 2014 年相比，面积略有增大，城镇社会保障竞争力呈现上升趋势。

（4）从排位变化的动因看，在城市城镇社区服务设施数、失业保险覆盖率指标排位上升和工伤保险覆盖率、城镇登记失业率指标排位下降的综合作用下，2015 年开封市城镇社会保障竞争力综合排位上升 1 位，居河南省第 4 位。

10.5　开封市社会发展评价分析

10.5.1　教育竞争力评价分析

2014 ~ 2015 年，开封市教育竞争力指标在河南省的排位变化情况，如表 10 - 5 - 1 和图 10 - 5 - 1 所示。

表 10 - 5 - 1　开封市 2014 ~ 2015 年教育竞争力及其二级指标

指标	教育经费占GDP 比重（%）	人均教育经费（元）	人均教育固定资产投资（元）	万人中小学学校数（所）	万人中小学专任教师数（人）	万人高等学校数（所）	万人高校专任教师数（人）	万人高等学校在校学生数（人）	教育竞争力
2014 年	3.81	1236.74	216.38	3.51	90.89	0.01	16.42	189.86	—
2015 年	4.08	1443.52	150.35	3.45	94.89	0.01	16.95	196.63	—
2014 年排位	10	18	15	7	8	8	5	4	12
2015 年排位	8	10	17	6	7	8	5	4	4
升降	2	8	-2	1	1	0	0	0	8
优势度	中势	中势	劣势	优势	中势	中势	优势	优势	优势

（1）2015 年开封市教育竞争力综合排位处于第 4 位，表明其在河南省处于优势地位，与 2014 年相比排位上升 8 位。

（2）从指标所处区位看，2015 年处于上游区的指标有 6 个，分别为教育经费占 GDP 比重、万人中小学学校数、万人中小学专任教师数、万人高等学校数、万人高校专任教师数、万人高等学校在校学生数，其中万人中小学学校数、万人高校专任教师数和万人高等学校在校学生数是开封市教育竞争力的优势指标；处于下游区的指标有 2 个，分别是人均教育固定资产投资、人均教育经费，其中人均教育固定资产投资是开封市教育竞争力的劣势指标。

（3）从雷达图图形变化看，2015 年与 2014 年相比，面积明显增大，教育竞争力呈现上升趋势。

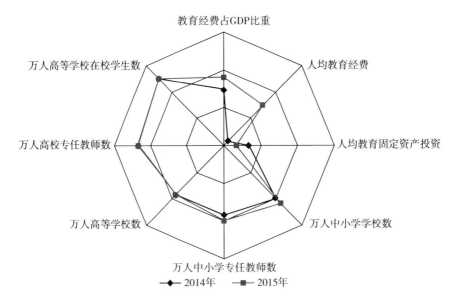

图 10－5－1　开封市 2014～2015 年教育竞争力二级指标排位

（4）从排位变化的动因看，在教育经费占 GDP 比重、人均教育经费、万人中小学学校数、万人中小学专任教师数指标排位上升和人均教育固定资产投资指标排位下降的综合的作用下，2015 年开封市教育竞争力综合排位上升 4 位，居河南省第 8 位。

10.5.2　科技竞争力评价分析

2014～2015 年，开封市科技竞争力指标在河南省的排位变化情况，如表 10－5－2 和图 10－5－2 所示。

表 10－5－2　开封市 2014～2015 年科技竞争力及其二级指标

指标	科学研究和技术服务业增加值(亿元)	万人科技活动人员(人)	R&D 经费占GDP 比重(%)	人均 R&D经费支出(元)	万人技术市场成交额(万元)	科技竞争力
2014 年	28.95	27.50	1.30	421.49	345.08	—
2015 年	32.88	28.60	1.12	395.52	4.52	—
2014 年排位	3	11	8	8	1	5
2015 年排位	3	9	8	8	8	7
升降	0	2	0	0	−7	−2
优势度	优势	中势	中势	中势	中势	中势

（1）2015 年开封市科技竞争力综合排位处于第 7 位，表明其在河南省处于中势地位，与 2014 年相比排位下降 2 位。

（2）从指标所处区位看，2015 年指标均处于上游区，其中科学研究和技术服务业增

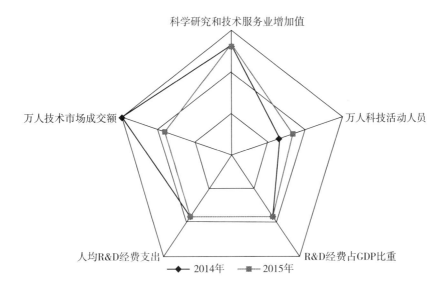

图 10 – 5 – 2　开封市 2014 ~ 2015 年科技竞争力二级指标排位

加值是开封市科技竞争力的优势指标，其他均是开封市科技竞争力的中势指标。

（3）从雷达图图形变化看，2015 年与 2014 年相比，面积缩小，科技竞争力呈现下降趋势。

（4）从排位变化的动因看，在万人科技活动人员指标排位上升和万人技术市场成交额指标排位下降的综合作用下，2015 年开封市科技竞争力综合排位下降 2 位，居河南省第 7 位。

10.5.3　文化竞争力评价分析

2014 ~ 2015 年，开封市文化竞争力指标在河南省的排位变化情况，如表 10 – 5 – 3 和图 10 – 5 – 3 所示。

表 10 – 5 – 3　开封市 2014 ~ 2015 年文化竞争力及其二级指标

指标	全市接待旅游总人次（万人次）	全市旅游总收入（亿元）	城镇居民人均文化娱乐支出（元）	农村居民人均文化娱乐支出（元）	城镇居民文化娱乐支出占消费性支出比重（%）	农村居民文化娱乐支出占消费性支出比重（%）	文化竞争力
2014 年	3586. 66	280. 46	2017. 06	460. 86	11. 76	7. 15	—
2015 年	4556. 62	359. 11	1887. 43	887. 52	9. 96	12. 16	—
2014 年排位	3	3	8	8	9	8	7
2015 年排位	3	3	10	3	13	2	4
升降	0	0	- 2	5	- 4	6	3
优势度	优势	优势	中势	优势	劣势	优势	优势

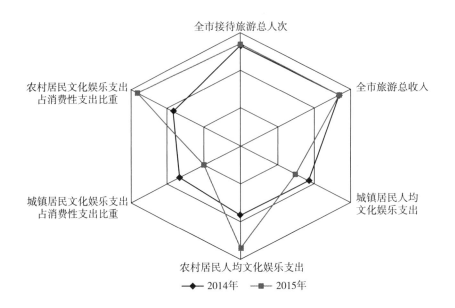

图 10 – 5 – 3　开封市 2014～2015 年文化竞争力二级指标排位

（1）2015 年开封市文化竞争力综合排位处于第 4 位，表明其在河南省处于优势地位，与 2014 年相比排位上升 3 位。

（2）从指标所处区位看，2015 年处于上游区的指标有 4 个，分别为全市接待旅游总人次、全市旅游总收入、农村居民文化娱乐支出占消费性支出比重、农村居民人均文化娱乐支出，且均为优势指标。处于下游区的指标有 2 个，分别为城镇居民人均文化娱乐支出、城镇居民文化娱乐支出占消费性支出比重，其中城镇居民文化娱乐支出占消费性支出比重是开封市文化竞争力的劣势指标。

（3）从雷达图图形变化看，2015 年与 2014 年相比，面积略有增大，文化竞争力呈现上升趋势。

（4）从排位变化的动因看，在农村居民文化娱乐支出占消费性支出比重、农村居民人均文化娱乐支出指标排位上升和城镇居民人均文化娱乐支出、城镇居民文化娱乐支出占消费性支出比重指标排位下降的综合作用下，2015 年开封市文化竞争力综合排位上升 3 位，居河南省第 4 位。

10.6　开封市县域经济发展评价分析

10.6.1　县域经济竞争力评价分析

2014～2015 年，开封市县域经济竞争力指标在河南省的排位变化情况，如表 10 – 6 – 1 和图 10 – 6 – 1 所示。

表 10 – 6 – 1 开封市 2014 ~ 2015 年县域经济竞争力及其二级指标

指标	地区生产总值（亿元）	人均地区生产总值（元）	一般预算财政总收入（亿元）	人均财政总收入（元）	固定资产投资额（亿元）	人均固定资产投资额（元）	全社会消费品零售总额（亿元）	人均全社会消费品零售总额（元）	金融机构贷款年底余额（亿元）	人均金融机构贷款年底余额（元）	县域经济竞争力
2014 年	1151.98	31710.62	48.07	1323.18	804.74	22152.02	359.25	9889.15	309.20	8511.24	—
2015 年	1025.56	34927.97	47.70	1624.42	737.54	25118.88	337.84	11506.19	297.45	10130.57	—
2014 年排位	13	8	12	8	15	14	11	10	14	14	13
2015 年排位	13	7	13	7	15	14	14	10	14	14	12
升降	0	1	– 1	1	0	0	– 3	0	0	0	1
优势度	劣势	中势	劣势	中势	劣势	劣势	劣势	中势	劣势	劣势	中势

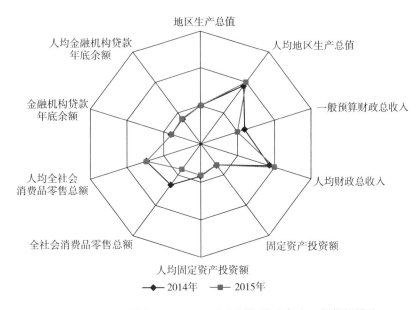

图 10 – 6 – 1 开封市 2014 ~ 2015 年县域经济竞争力二级指标排位

（1）2015 年开封市县域经济竞争力综合排位处于第 12 位，表明其在河南省处于中势地位，与 2014 年相比排位上升 1 位。

（2）从指标所处区位看，2015 年处于上游区的指标有 2 个，分别为人均地区生产总值和人均财政总收入，且是开封市县域经济竞争力的中势指标；其余指标均处于下游区，其中地区生产总值、一般预算财政总收入、固定资产投资额、人均固定资产投资额、金融机构贷款年底余额、全社会消费品零售总额、人均金融机构贷款年底余额是开封市县域经济竞争力的劣势指标。

（3）从排位变化的动因看，在人均地区生产总值、人均财政总收入指标排位上升和一般预算财政总收入、全社会消费品零售总额指标排位下降的综合作用下，2015 年开封市县域经济竞争力综合排位上升 1 位，居河南省第 12 位。

10.6.2　开封市县域经济发展特色分析

（一）杞县

2015年杞县完成地区生产总值265.65亿元，同比增长9.5%；人均地区生产总值29027.56元；一般预算财政总收入12.02亿元；全社会固定资产投资额189.82亿元；全社会消费品零售总额86.90亿元；金融机构贷款年底余额72.88亿元；城镇化率33.53%；城镇居民人均可支配收入18322元，农民人均纯收入10608元。

2015年，杞县第一产业完成增加值76.96亿元，同比增长4.5%；第二产业完成增加值90.53亿元，同比增长9.5%；第三产业完成增加值98.16亿元，同比增长14.0%；2015年，杞国新城城市综合体一期工程、中原万商城项目一期工程、新峰超市改建项目、红豆超市改建项目、大德超市项目已投入运营；复兴路财富广场项目即将投入运营；银河商贸城建设项目进展顺利。特色商业区内限额以上服务业企业发展到90家，完成主营业务收入42.92亿元，同比增长35%。电子商务产业园入驻企业62家，在乡村建立了380余家电子商务进农村网点，吸引了鸵鸟网、赢商网、佰送商城、全球大蒜网等一批行业领先电商企业落户杞县。

（二）通许县

2015年，通许县完成地区生产总值214.14亿元，同比增长9.0%；人均地区生产总值40429.85元；一般预算财政总收入7.52亿元；全社会固定资产投资额152.57亿元；全社会消费品零售总额68.43亿元；金融机构贷款年底余额53.02亿元；城镇化率33.50%；城镇居民人均可支配收入19358元，农民人均纯收入11024元。

2015年，通许县第一产业完成增加值47.45亿元，第二产业完成增加值86.40亿元，第三产业完成增加值80.29亿元。新增规模以上工业企业23家，入围市"双50"企业9家。规划建设了占地500亩的特种电动车产业园，沃隆车业、五星钻豹实现四轮电动车批量生产，电动车产业被认定为河南省13个中小企业特色产业集群之一。创建市级工程技术研究中心4家，备案科技型中小企业40家。现代农业再上台阶。粮食总产达38.7万吨，实现了十二连增。新增省级集群1个、市级集群4个，培育龙头企业5家。牧原牧业建成了现今亚洲生猪出栏量单场规模最大的养殖场。新增家庭农场36家，新发展农民专业合作社126家。建成现代农业示范园区6个。服务业快速发展。特色商业区稳步推进，入驻规模以上企业50家、个体经营户450家。集聚京东帮、乐意网等知名电商20家，引进企业总部45家。

（三）尉氏县

2015年，尉氏县完成地区生产总值311.21亿元，同比增长10.0%；人均地区生产总值35787.57元；一般预算财政总收入15.43亿元；全社会固定资产投资额240.81亿元；全社会消费品零售总额99.29亿元；金融机构贷款年底余额85.74亿元；城镇化率33.57%；城镇居民人均可支配收入20662元，农民人均纯收入10829元。

2015年，尉氏县第一产业完成增加值51.26亿元，同比增长4.3%；第二产业完成增加值165.20亿元，同比增长9.9%；第三产业完成增加值94.75亿元，同比增长13.7%。

2015 年，成功引进了豫港国际健康医疗器械产业园、金盛达建材物流园等 9 个投资 10 亿元以上的项目，以及立邦中原区域生产基地、九元光电、游乐设备等 7 个投资 5 亿元以上的项目。投资 15 亿元，成立了城市绿化等 14 个城市建设工程指挥部，实施各类市政工程 96 个，全县在建项目 89 个，优德科技、电子模块、升龙消防等 41 个新建项目已全面开工建设；48 个续建项目均按既定时间节点快速推进，邦瑞家居、成达木业、万佳棕垫等 27 个项目已建成投产。

（四）兰考县

2015 年，兰考县完成地区生产总值 234.56 亿元，同比增长 10.1%；人均地区生产总值 37185.15 元；一般预算财政总收入 12.73 亿，全社会固定资产投资额 154.34 亿元；全社会消费品零售总额 83.22 亿元；金融机构贷款年底余额 85.80 亿元；城镇化率 35.56%；城镇居民人均可支配收入 19651 元，农民人均纯收入 9072 元。

2015 年，兰考县第一产业完成增加值 39.09 亿元，同比增长 4.3%；第二产业完成增加值 103.28 亿元，同比增长 10.1%；第三产业完成增加值 92.19 亿元，同比增长 13.0%。2015 年，兰考县新增、改善灌溉面积 8 万亩，完成植树造林 1.5 万亩 200 万株，新增养殖厂区 76 个，畜牧业总产值达到 24.4 亿元，签约亿元以上项目 29 个，合同投资额 194.2 亿元，富士康科技园投资 56 亿元，中部家居企业园投资 30 亿元，长城集团智能仪表投资 20 亿元等。恒大家具产业园、华润希望小镇及畜牧业产业化项目基本敲定。

第 11 章
洛阳市 2015 年发展报告

11.1　洛阳市发展概述

2015 年洛阳市完成地区生产总值 3469.03 亿元，同比增长 9.11%；人均地区生产总值 51695.51 元，同比增长 8.07%；一般预算财政总收入 286.69 亿元；一般预算财政总支出 477.76 亿元；固定资产投资额 3576.69 亿元；全社会消费品零售总额 1605.08 亿元；金融机构贷款年底余额 2635.68 亿元；进出口总额 19.51 亿美元；城镇化率 52.65%；城镇居民人均可支配收入 28686.05 元，增长 6.35%；农民人均纯收入 10667.39 元，增长 10.33%。

2015 年，洛阳市第一产业完成增加值 236.39 亿元，同比增长 5.00%；第二产业完成增加值 1695.05 亿元，同比增长 8.52%；第三产业完成增加值 1537.58 亿元，同比增长 10.80%；三次产业产业结构为 6.82∶48.86∶44.32。2015 年，洛阳市农业增加值增速居河南省第一位，签约农业项目 249 个，总投资 381.4 亿元。特色高效农业不断壮大，六大优势产业总面积达到 450 万亩。装备制造业主营业务收入达到 2282.2 亿元，硅光伏产能居全省首位，铝精深加工能力达 178 万吨；签订重大招商引资合同 405 个，总投资 2463.8 亿元，79 个 10 亿元以上重大项目、11 个境内外 500 强企业落户洛阳。

11.2　洛阳市宏观经济竞争力评价分析

11.2.1　经济规模竞争力评价分析

2014～2015 年，洛阳市经济规模竞争力指标在河南省的排位变化情况，如表 11-2-1 和图 11-2-1 所示。

（1）2015 年洛阳市经济规模竞争力综合排位处于第 2 位，表明其在河南省处于优势地位，与 2014 年相比排位保持不变。

（2）从指标所处区位上看，2015 年处于上游区的指标有 11 个，即所选指标全处于上游区，且这 11 个指标均是洛阳市经济规模竞争力的优势指标。

（3）从雷达图图形变化看，2015 年与 2014 年相比，面积略有增大，经济规模竞争力呈现稳定趋势。

表 11 - 2 - 1 洛阳市 2014～2015 年经济规模竞争力及其二级指标

指标	地区生产总值（亿元）	地区生产总值增长率（%）	人均地区生产总值（元）	一般预算财政总收入（亿元）	人均财政总收入（元）	固定资产投资额（亿元）	人均固定资产投资额（元）	全社会消费品零售总额（亿元）	人均全社会消费品零售总额（元）	金融机构贷款年底余额（亿元）	人均金融机构贷款年底余额（元）	经济规模竞争力
2014 年	3284.57	8.97	49417.35	260.26	3915.65	3026.48	45534.26	1429.21	21502.82	2299.96	34603.51	—
2015 年	3469.03	9.11	51695.51	286.69	4272.24	3576.69	53299.85	1605.08	23918.93	2635.68	39276.99	—
2014 年排位	2	12	5	2	4	2	5	2	2	2	2	2
2015 年排位	2	4	5	2	3	2	5	2	2	2	2	2
升降	0	8	0	0	1	0	0	0	0	0	0	0
优势度	优势	优势	优势	优势	优势	优势	优势	优势	优势	优势	优势	优势

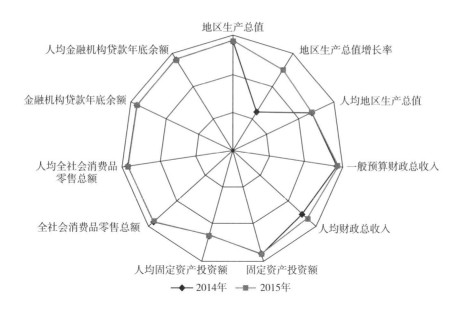

图 11 - 2 - 1 洛阳市 2014～2015 年经济规模竞争力二级指标排位

（4）从排位变化的动因看，在地区生产总值增长率、人均财政总收入指标排位上升和其他指标排位不变的综合作用下，2015 年洛阳市经济规模竞争力综合排位不变，居河南省第 2 位。

11.2.2 经济结构竞争力评价分析

2014～2015 年，洛阳市经济结构竞争力指标在河南省的排位变化情况，如表 11 - 2 - 2 和图 11 - 2 - 2 所示。

表 11 - 2 - 2　洛阳市 2014～2015 年经济结构竞争力及其二级指标

指标	产业结构（%）	所有制结构（%）	人均收入结构（%）	支出结构（%）	国际贸易结构（%）	单位 GDP 能耗增减率(%)	经济结构竞争力
2014 年	92.94	33.82	35.85	47.22	81.56	-5.73	—
2015 年	93.19	41.46	37.19	44.88	83.50	-6.30	—
2014 年排位	3	16	18	7	9	8	13
2015 年排位	3	16	18	8	7	9	11
升降	0	0	0	-1	2	-1	2
优势度	优势	劣势	劣势	中势	中势	中势	中势

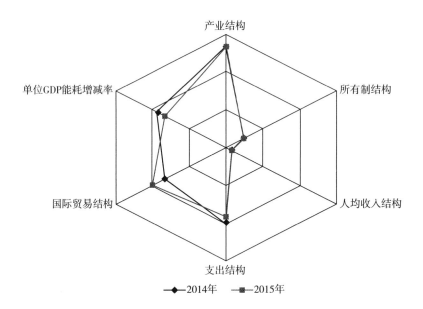

图 11 - 2 - 2　洛阳市 2014～2015 年经济结构竞争力二级指标排位

（1）2015 年洛阳市经济结构竞争力综合排位处于第 11 位，表明其在河南省处于中势地位，与 2014 年相比排位上升 2 位。

（2）从指标所处区位上看，2015 年处于上游区的指标有 4 个，分别是产业结构、支出结构、国际贸易结构、单位 GDP 能耗增减率，其中产业结构指标是洛阳市经济结构竞争力的优势指标；处于下游区的指标有 2 个，分别是所有制结构和人均收入结构，它们均是洛阳市经济结构竞争力中的劣势指标。

（3）从雷达图图形变化看，2015 年与 2014 年相比，面积有所增大，经济结构竞争力呈现上升趋势。

（4）从排位变化的动因看，在国际贸易结构指标排位上升和支出结构、单位 GDP 能耗增减率指标排位下降的综合作用下，2015 年洛阳市经济结构竞争力综合排位上升 2 位，居河南省第 11 位。

11.2.3　经济外向度竞争力评价分析

2014～2015 年，洛阳市经济外向度竞争力指标在河南省的排位变化情况，如表 11-2-3 和图 11-2-3 所示。

表 11-2-3　洛阳市 2014～2015 年经济外向度竞争力及其二级指标

指标	进出口总额（亿美元）	货物和服务净流出（亿元）	出口拉动指数（%）	实际 FDI（万美元）	利用省外资金（亿元）	省外资金/固定资产投资（%）	经济外向度竞争力
2014 年	17.63	68.37	2.08	241025.00	607.80	20.08	—
2015 年	19.51	81.43	2.35	255371.00	661.00	18.48	—
2014 年排位	5	3	7	2	2	13	3
2015 年排位	3	3	5	2	2	13	2
升降	2	0	2	0	0	0	1
优势度	优势	优势	优势	优势	优势	劣势	优势

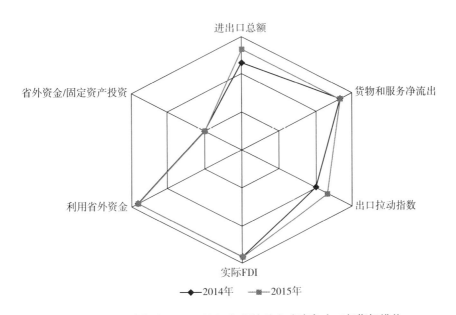

图 11-2-3　洛阳市 2014～2015 年经济外向度竞争力二级指标排位

（1）2015 年洛阳市经济外向度竞争力综合排位处于第 2 位，表明其在河南省处于优势地位，与 2014 年相比排位上升 1 位。

（2）从指标所处区位上看，2015 年处于上游区的指标有 5 个，分别为进出口总额、货物和服务净流出、出口拉动指数、实际 FDI 和利用省外资金，且均为洛阳市经济外向度竞争力的优势指标；处于下游区的指标有 1 个，是省外资金/固定资产投资，它是洛阳市经济外向度竞争力中的劣势指标。

（3）从雷达图图形变化看，2015年与2014年相比，面积有所增大，经济外向度竞争力呈现上升趋势。

（4）从排位变化的动因看，在进出口总额、出口拉动指数指标排位上升和其他指标排位不变的综合作用下，2015年洛阳市经济外向度竞争力综合排位上升1位，居河南省第2位。

11.2.4　宏观经济竞争力综合分析

2014～2015年，洛阳市宏观经济竞争力指标在河南省的排位变化和指标结构，如表11-2-4所示。

表 11 - 2 - 4　洛阳市 2014～2015 年宏观经济竞争力指标

指标	经济规模竞争力	经济结构竞争力	经济外向度竞争力	宏观经济竞争力
2014 年排位	2	13	3	4
2015 年排位	2	11	2	5
升降	0	2	1	- 1
优势度	优势	中势	优势	优势

（1）2015年洛阳市宏观经济竞争力综合排位处于第5位，表明其在河南省处于优势地位，与2014年相比排位下降1位。

（2）从指标所处区位上看，2015年处于上游区的指标有2个，分别是经济规模竞争力和经济外向度竞争力，它们均是洛阳市宏观经济竞争力中的优势指标；处于下游区的指标有1个，是经济结构竞争力，它是洛阳市宏观经济竞争力的中势指标。

（3）从指标变化的趋势上看，经济结构竞争力排位上升了2位，经济外向度竞争力排位上升1位，经济规模竞争力排位保持不变。

（4）从排位综合分析上看，在经济结构竞争力指标、经济外向度竞争力指标排位上升和经济规模竞争力指标排位不变的综合作用下，2015年洛阳市宏观经济竞争力排位下降1位，居河南省第5位。

11.3　洛阳市产业发展评价分析

11.3.1　农业竞争力评价分析

2014～2015年，洛阳市农业竞争力指标在河南省的排位变化情况，如表11-3-1和图11-3-1所示。

表 11 - 3 - 1　洛阳市 2014 ~ 2015 年农业竞争力及其二级指标

指标	农业增加值（亿元）	人均农业增加值（元）	农民人均纯收入（元）	人均主要粮食产量（吨）	农业劳动生产率［元/（人·年）］	农村人均用电量（kW·h）	支农资金比重（%）	农业竞争力
2014 年	247.44	3722.79	9669.00	0.32	7602.78	730.02	12.05	—
2015 年	252.46	3762.12	10667.39	0.37	7757.80	771.22	12.01	—
2014 年排位	7	15	11	15	13	5	12	14
2015 年排位	7	15	11	15	13	5	11	13
升降	0	0	0	0	0	0	1	1
优势度	中势	劣势	中势	劣势	劣势	优势	中势	劣势

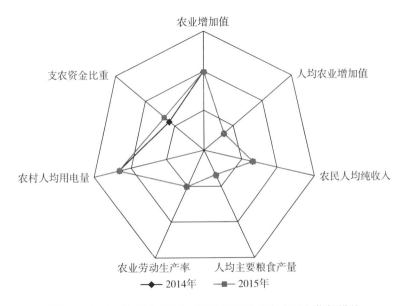

图 11 - 3 - 1　洛阳市 2014 ~ 2015 年农业竞争力二级指标排位

（1）2015 年洛阳市农业竞争力综合排位处于第 13 位，表明其在河南省处于劣势地位，与 2014 年相比排位上升 1 位。

（2）从指标所处区位上看，2015 年处于上游区的指标有 2 个，分别是农业增加值和农村人均用电量，其中农村人均用电量是洛阳市农业竞争力中的优势指标；处于下游区的指标有 5 个，分别是人均农业增加值、农民人均纯收入、人均主要粮食产量、农业劳动生产率、支农资金比重，其中人均农业增加值、人均主要粮食产量、农业劳动生产率指标是洛阳市农业竞争力中的劣势指标。

（3）从雷达图图形变化看，2015 年与 2014 年相比，面积基本不变，农业竞争力呈现上升趋势。

（4）从排位变化的动因看，在支农资金比重指标排位上升和其他指标排位不变的综合作用下，2015 年洛阳市农业竞争力综合排位上升 1 位，居河南省第 13 位。

11.3.2 工业竞争力评价分析

2014～2015年，洛阳市工业竞争力指标在河南省的排位变化情况，如表11-3-2和图11-3-2所示。

表11-3-2 洛阳市2014～2015年工业竞争力及其二级指标

指标	工业增加值（亿元）	工业增加值增长率（%）	人均工业增加值（元）	规模以上工业资产总额（亿元）	规模以上工业资产总贡献率（%）	规模以上工业全员劳动生产率[元/(人·年)]	规模以上工业成本费用利润率（%）	规模以上工业产品销售率（%）	工业竞争力
2014年	1438.30	9.84	21639.62	5201.67	9.41	258113.49	3.74	98.55	—
2015年	1450.89	8.82	21621.12	5764.50	8.37	246969.03	3.35	98.22	—
2014年排位	2	10	8	2	18	7	18	5	7
2015年排位	2	6	8	2	18	8	18	9	6
升降	0	4	0	0	0	-1	0	-4	1
优势度	优势	优势	中势	优势	劣势	中势	劣势	中势	优势

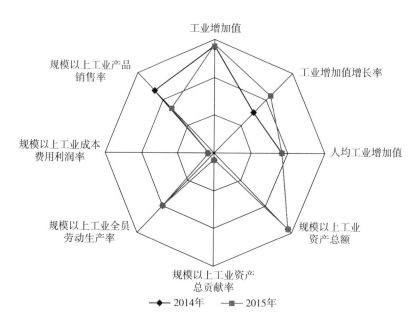

图11-3-2 洛阳市2014～2015年工业竞争力二级指标排位

（1）2015年洛阳市工业竞争力综合排位处于第6位，表明其在河南省处于优势地位，与2014年相比排位上升1位。

（2）从指标所处区位上看，2015年处于上游区的指标有6个，分别是工业增加值、工业增加值增长率、人均工业增加值、规模以上工业资产总额、规模以上工业全员劳动生产率以及规模以上工业产品销售率，其中工业增加值、工业增加值增长率和规模以上工业资产总额是洛阳市工业竞争力中的优势指标；处于下游区的指标有 2 个，分别是规模以上工业资产总贡献率、规模以上工业成本费用利润率，均是洛阳市工业竞争力中的劣势指标。

（3）从雷达图图形变化看，2015 年与 2014 年相比，面积基本不变，工业化进程竞争力呈现上升趋势。

（4）从排位变化的动因看，在工业增加值增长率指标排位上升和规模以上工业全员劳动生产率、规模以上工业产品销售率指标排位下降的综合作用下，2015 年洛阳市工业竞争力综合排位上升 1 位，居河南省第 6 位。

11.3.3　工业化进程竞争力评价分析

2014～2015 年，洛阳市工业化进程竞争力指标在河南省的排位变化情况，如表 11 - 3 - 3 和图 11 - 3 - 3 所示。

表 11 - 3 - 3　洛阳市 2014～2015 年工业化进程竞争力及其二级指标

指标	第二产业增加值占 GDP 比重（%）	第二产业增加值增长率（%）	第二产业从业人员占总就业人员比重（%）	第二产业从业人员增长率（%）	第二产业固定资产投资占比（%）	工业化进程竞争力
2014 年	51.07	9.71	30.97	- 3.15	47.23	—
2015 年	48.86	8.52	30.30	0.32	46.83	—
2014 年排位	12	14	13	10	16	16
2015 年排位	12	7	12	9	15	12
升降	0	7	1	1	1	4
优势度	中势	中势	中势	中势	劣势	中势

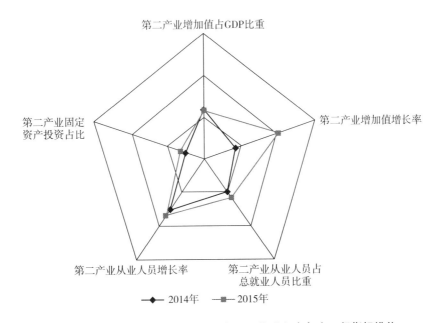

图 11 - 3 - 3　洛阳市 2014～2015 年工业化进程竞争力二级指标排位

（1）2015 年洛阳市工业化进程竞争力综合排位处于第 12 位，表明其在河南省处于中势地位，与 2014 年相比排位上升 4 位。

（2）从指标所处区位上看，2015 年处于上游区的指标有两个，分别是第二产业增加值增长率、第二产业从业人员增长率，且这两个指标均为中势指标；处于下游区的指标有 3 个，分别是第二产业增加值占 GDP 比重、第二产业从业人员占总就业人员比重和第二产业固定资产投资占比，其中第二产业固定资产投资占比是洛阳市工业化进程竞争力中的劣势指标。

（3）从雷达图图形变化看，2015 年与 2014 年相比，面积明显增大，工业化进程竞争力呈现上升趋势。

（4）从排位变化的动因看，在第二产业增加值增长率、第二产业从业人员占总就业人员比重、第二产业从业人员增长率、第二产业固定资产投资占比指标排位上升和第二产业增加值占 GDP 比重指标排位不变的综合作用下，2015 年洛阳市工业化进程竞争力综合排位上升 4 位，居河南省第 12 位。

11.3.4　服务业竞争力评价分析

2014～2015 年，洛阳市服务业竞争力指标在河南省的排位变化情况，如表 11 - 3 - 4 和图 11 - 3 - 4 所示。

表 11 - 3 - 4　洛阳市 2014～2015 年服务业竞争力及其二级指标

指标	服务业增加值（亿元）	服务业增加值增长率（%）	人均服务业增加值（元）	服务业从业人员数（万人）	服务业从业人员数增长率（%）	交通运输仓储邮电业增加值（亿元）	金融业增加值（亿元）	房地产业增加值（亿元）	批发和零售业增加值（亿元）	住宿和餐饮业增加值（亿元）	服务业竞争力
2014 年	1375.29	8.69	20691.66	143.23	4.98	146.92	171.44	172.23	252.80	65.72	—
2015 年	1537.58	10.80	22913.07	150.21	4.87	158.07	195.29	175.83	275.34	78.29	—
2014 年排位	2	9	2	6	9	2	2	2	2	3	3
2015 年排位	2	12	2	7	12	2	2	2	2	3	3
升降	0	-3	0	-1	-3	0	0	0	0	0	0
优势度	优势	中势	优势	中势	中势	优势	优势	优势	优势	优势	优势

（1）2015 年洛阳市服务业竞争力综合排位处于第 3 位，表明其在河南省处于优势地位，与 2014 年相比排位保持不变。

（2）从指标所处区位上看，2015 年处于上游区的指标有 8 个，分别为服务业增加值、人均服务业增加值、服务业从业人员数、交通运输仓储邮电业增加值、金融业增加值、房地产业增加值、批发和零售业增加值、住宿和餐饮业增加值，其中服务业增加值、人均服务业增加值、交通运输仓储邮电业增加值、金融业增加值、房地产业增加值、批发和零售业增加值、住宿和餐饮业增加值为洛阳市服务业竞争力中的优势指标；处于下游区的指标有 2 个，分别是服务业增加值增长率、服务业从业人员数增长率，均是洛阳市服务业竞争

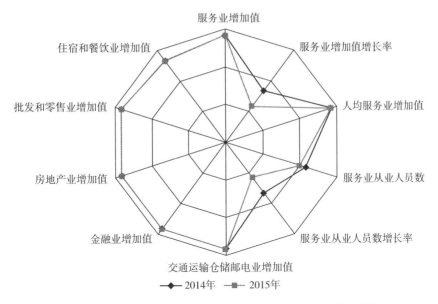

图 11 - 3 - 4　洛阳市 2014 ~ 2015 年服务业竞争力二级指标排位

力中的中势指标。

（3）从雷达图图形变化看，2015 年与 2014 年相比，面积基本不变，服务业竞争力呈现稳定趋势。

（4）从排位变化的动因看，在服务业增加值增长率、服务业从业人员数和服务业从业人员数增长率指标排位下降和其他指标排位不变的综合作用下，2015 年洛阳市服务业竞争力综合排位保持不变，居河南省第 3 位。

11.3.5　企业竞争力评价分析

2014 ~ 2015 年，洛阳市企业竞争力指标在河南省的排位变化情况，如表 11 - 3 - 5 和图 11 - 3 - 5 所示。

表 11 - 3 - 5　洛阳市 2014 ~ 2015 年企业竞争力及其二级指标

指标	规模以上工业企业数（个）	规模以上工业企业平均资产（亿元）	规模以上工业企业主营业务收入平均值（亿元）	流动资产年平均余额（亿元）	规模以上工业企业资产负债率（%）	规模以上工业企业成本费用利润率（%）	规模以上工业企业平均利润（亿元）	全员劳动生产率 [元/（人·年）]	企业竞争力
2014 年	1779	2.92	3.58	2432.33	54.98	3.74	0.13	258113.49	—
2015 年	1858	3.10	3.62	2634.49	54.79	3.35	0.12	246969.03	—
2014 年排位	3	5	6	2	4	18	15	7	2
2015 年排位	3	5	6	2	5	18	16	8	2
升降	0	0	0	0	-1	0	-1	-1	0
优势度	优势	优势	优势	优势	优势	劣势	劣势	中势	优势

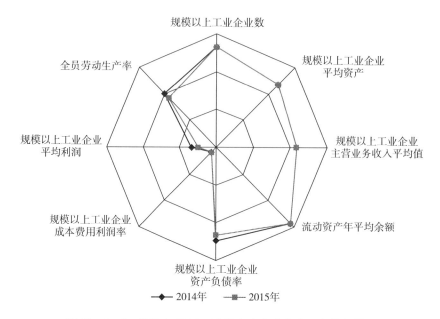

图 11 - 3 - 5　洛阳市 2014 ～ 2015 年企业竞争力二级指标排位

（1）2015 年洛阳市企业竞争力综合排位处于第 2 位，表明其在河南省处于优势地位，与 2014 年相比排位保持不变。

（2）从指标所处区位上看，2015 年处于上游区的指标有 6 个，分别是规模以上工业企业数、规模以上工业企业平均资产、规模以上工业企业主营业务收入平均值、流动资产年平均余额、规模以上工业企业资产负债率、全员劳动生产率，其中规模以上工业企业数、规模以上工业企业平均资产、规模以上工业企业主营业务收入平均值、流动资产年平均余额、规模以上工业企业资产负债率为洛阳市企业竞争力中的优势指标；处于下游区的指标有 2 个，分别是规模以上工业企业成本费用利润率、规模以上工业企业平均利润，且均为洛阳市企业竞争力中的劣势指标。

（3）从雷达图图形变化看，2015 年与 2014 年相比，面积基本不变，企业竞争力呈现稳定趋势。

（4）从排位变化的动因看，在规模以上工业企业资产负债率、规模以上工业企业平均利润、全员劳动生产率指标排位下降和其他指标排位保持不变的综合作用下，2015 年洛阳市企业竞争力综合排位保持不变，居河南省第 2 位。

11.4　洛阳市城镇化发展评价分析

11.4.1　城镇化进程竞争力评价分析

2014 ～ 2015 年，洛阳市城镇化进程竞争力指标在河南省的排位变化情况，如表 11 - 4 - 1 和图 11 - 4 - 1 所示。

表 11 - 4 - 1 洛阳市 2014 ~ 2015 年城镇化进程竞争力及其二级指标

指标	城镇化率（%）	城镇居民人均可支配收入（元）	城市建成区面积（平方公里）	市区人口密度（人/平方公里）	人均拥有道路面积（平方米）	人均日生活用水量（升）	燃气普及率（%）	人均城市园林绿地面积（平方米）	城镇化进程竞争力
2014 年	50.95	26974.00	194.35	7335.00	9.66	115.04	75.94	8.54	—
2015 年	52.65	28686.05	209.37	7278.00	9.82	116.99	76.41	9.23	—
2014 年排位	5	2	2	5	15	10	16	16	4
2015 年排位	5	2	2	3	15	11	16	15	4
升降	0	0	0	2	0	-1	0	1	0
优势度	优势	优势	优势	优势	劣势	中势	劣势	劣势	优势

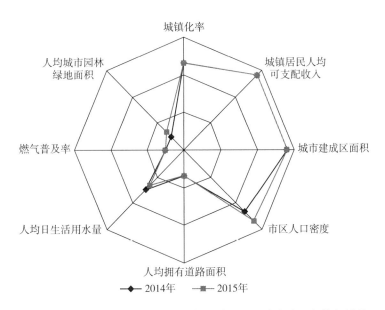

图 11 - 4 - 1 洛阳市 2014 ~ 2015 年城镇化进程竞争力二级指标排位

（1）2015 年洛阳市城镇化进程竞争力综合排位处于第 4 位，表明其在河南省处于优势地位，与 2014 年相比排位保持不变。

（2）从指标所处区位看，2015 年处于上游区的指标有 4 个，分别是城镇化率、城镇居民人均可支配收入、城市建成区面积、市区人口密度，且均是洛阳市城镇化进程竞争力中的优势指标；处于下游区的指标有 4 个，分别是人均拥有道路面积、人均日生活用水量、燃气普及率、人均城市园林绿地面积，其中人均拥有道路面积、燃气普及率、人均城市园林绿地面积是洛阳市城镇化进程竞争力中的劣势指标。

（3）从雷达图图形变化看，2015 年与 2014 年相比，面积略有增加，城镇化进程竞争力呈现稳定趋势。

（4）从排位变化的动因看，在市区人口密度、人均城市园林绿地面积指标排位上升和人均日生活用水量指标排位下降的综合作用下，2015 年洛阳市城镇化进程竞争力综合排位保持不变，居河南省第 4 位。

11.4.2 城镇社会保障竞争力评价分析

2014～2015 年，洛阳市城镇社会保障竞争力指标在河南省的排位变化情况，如表 11－4－2 和图 11－4－2 所示。

表 11－4－2 洛阳市 2014～2015 年城镇社会保障竞争力及其二级指标

指标	城市城镇社区服务设施数（个/万人）	医疗保险覆盖率(%)	养老保险覆盖率(%)	失业保险覆盖率(%)	工伤保险覆盖率(%)	城镇登记失业率(%)	城镇社会保障竞争力
2014 年	605	61.84	32.60	18.65	18.84	3.93	—
2015 年	1208	60.39	32.39	17.92	18.73	3.90	—
2014 年排位	1	2	4	7	5	15	3
2015 年排位	1	1	4	6	5	16	3
升降	0	1	0	1	0	-1	0
优势度	优势	优势	优势	优势	优势	劣势	优势

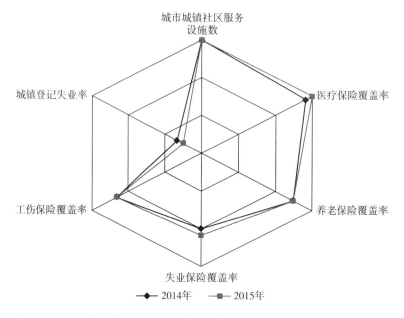

图 11－4－2 洛阳市 2014～2015 年城镇社会保障竞争力二级指标排位

（1）2015 年洛阳市城镇社会保障竞争力综合排位处于第 3 位，表明其在河南省处于优势地位，与 2014 年相比排位保持不变。

（2）从指标所处区位看，2015 年指标均处于上游区的指标有 5 个，分别是城市城镇社区服务设施数、医疗保险覆盖率、养老保险覆盖率、失业保险覆盖率、工伤保险覆盖率，且均是洛阳市城镇社会保障竞争力中的优势指标；处于下游区的指标有 1 个，是城镇登记失业率，它是洛阳市城镇社会保障竞争力中的劣势指标。

（3）从雷达图图形变化看，2015 年与 2014 年相比，面积基本不变，城镇社会保障竞争力呈现稳定趋势。

（4）从排位变化的动因看，在医疗保险覆盖率、失业保险覆盖率指标排位上升和城镇登记失业率指标排位下降的综合作用下，2015 年洛阳市城镇社会保障竞争力综合排位保持不变，居河南省第 3 位。

11.5　洛阳市社会发展评价分析

11.5.1　教育竞争力评价分析

2014～2015 年，洛阳市教育竞争力指标在河南省的排位变化情况，如表 11 - 5 - 1 和图 11 - 5 - 1 所示。

表 11 - 5 - 1　洛阳市 2014～2015 年教育竞争力及其二级指标

指标	教育经费占GDP比重（％）	人均教育经费（元）	人均教育固定资产投资（元）	万人中小学学校数（所）	万人中小学专任教师数（人）	万人高等学校数（所）	万人高校专任教师数（人）	万人高等学校在校学生数（人）	教育竞争力
2014 年	2.84	1401.22	577.23	2.82	89.84	0.01	12.04	147.08	—
2015 年	2.93	1508.26	812.12	2.57	90.23	0.01	11.76	153.23	—
2014 年排位	16	11	3	12	10	9	6	5	11
2015 年排位	15	7	3	13	11	9	6	5	6
升降	1	4	0	-1	-1	0	0	0	5
优势度	劣势	中势	优势	劣势	中势	中势	优势	优势	优势

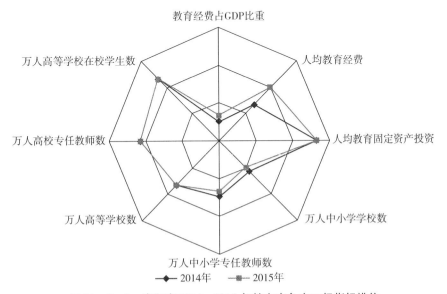

图 11 - 5 - 1　洛阳市 2014～2015 年教育竞争力二级指标排位

（1）2015年洛阳市教育竞争力综合排位处于第6位，表明其在河南省处于优势地位，与2014年相比排位上升5位。

（2）从指标所处区位看，2015年处于上游区的指标有5个，分别是人均教育经费、人均教育固定资产投资、万人高等学校数、万人高校专任教师数、万人高等学校在校学生数，其中人均教育固定资产投资、万人高校专任教师数、万人高等学校在校学生数是洛阳市教育竞争力中的优势指标；处于下游区的指标有3个，分别是教育经费占GDP比重、万人中小学学校数、万人中小学专任教师数，其中教育经费占GDP比重、万人中小学学校数是洛阳市教育竞争力中的劣势指标。

（3）从雷达图图形变化看，2015年与2014年相比，面积明显增大，教育竞争力呈现上升趋势。

（4）从排位变化的动因看，在教育经费占GDP比重、人均教育经费指标排位上升和万人中小学学校数、万人中小学专任教师数指标排位下降的综合作用下，2015年洛阳市教育竞争力综合排位上升5位，居河南省第6位。

11.5.2　科技竞争力评价分析

2014～2015年，洛阳市科技竞争力指标在河南省的排位变化情况，如表11-5-2和图11-5-2所示。

表11-5-2　洛阳市2014～2015年科技竞争力及其二级指标

指标	科学研究和技术服务业增加值（亿元）	万人科技活动人员（人）	R&D经费占GDP比重（%）	人均R&D经费支出（元）	万人技术市场成交额（万元）	科技竞争力
2014年	98.01	61.10	1.63	807.29	15.82	—
2015年	106.89	59.18	1.77	917.17	296.55	—
2014年排位	2	3	3	3	6	2
2015年排位	2	3	3	3	1	2
升降	0	0	0	0	5	0
优势度	优势	优势	优势	优势	优势	优势

（1）2015年洛阳市科技竞争力综合排位处于第2位，表明其在河南省处于优势地位，与2014年相比排位保持不变。

（2）从指标所处区位看，2015年全部5项指标均处于上游区，分别是科学研究和技术服务业增加值、万人科技活动人员、R&D经费占GDP比重、人均R&D经费支出、万人技术市场成交额，且均是洛阳科技竞争力中的优势指标。

（3）从排位变化的动因看，在万人技术市场成交额指标排位上升和其他指标排位不变的综合作用下，2015年洛阳市科技竞争力综合排位不变，居河南省第2位。

11.5.3　文化竞争力评价分析

2014～2015年，洛阳市文化竞争力指标在河南省的排位变化情况，如表11-5-3和图11-5-3所示。

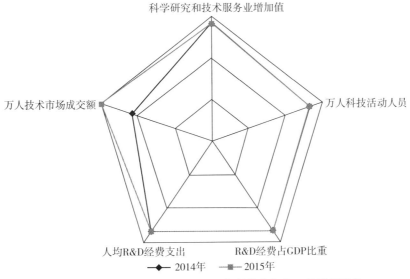

图 11 - 5 - 2　洛阳市 2014 ~ 2015 年科技竞争力二级指标排位

表 11 - 5 - 3　洛阳市 2014 ~ 2015 年文化竞争力及其二级指标

指标	全市接待旅游总人次（万人次）	全市旅游总收入（亿元）	城镇居民人均文化娱乐支出（元）	农村居民人均文化娱乐支出（元）	城镇居民文化娱乐支出占消费性支出比重（%）	农村居民文化娱乐支出占消费性支出比重（%）	文化竞争力
2014 年	7122.16	788.50	2431.00	549.00	13.23	7.40	—
2015 年	8116.64	914.62	2717.74	789.31	13.37	9.41	—
2014 年排位	2	2	3	7	4	7	3
2015 年排位	2	2	2	7	2	7	1
升降	0	0	1	0	2	0	2
优势度	优势	优势	优势	中势	优势	中势	优势

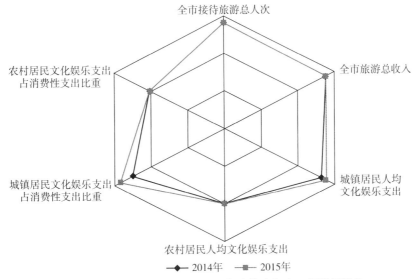

图 11 - 5 - 3　洛阳市 2014 ~ 2015 年文化竞争力二级指标排位

147

（1）2015年洛阳市文化竞争力综合排位处于第1位，表明其在河南省处于优势地位，与2014年相比排位上升2位。

（2）从指标所处区位看，2015年全部指标均处于上游区，其中全市接待旅游总人次、全市旅游总收入、城镇居民人均文化娱乐支出、城镇居民文化娱乐支出占消费性支出比重为优势指标。

（3）从雷达图图形变化看，2015年与2014年相比，面积有所增大，洛阳市文化竞争力呈现上升趋势。

（4）从排位变化的动因看，在城镇居民人均文化娱乐支出、城镇居民文化娱乐支出占消费性支出比重指标排位上升和其他指标排位不变的综合作用下，2015年洛阳市文化竞争力综合排位上升2位，居河南省第1位。

11.6 洛阳市县域经济发展评价分析

11.6.1 县域经济竞争力评价分析

2014～2015年，洛阳市县域经济竞争力指标在河南省的排位变化情况，如表11-6-1和图11-6-1所示。

表11-6-1 洛阳市2014～2015年县域经济竞争力及其二级指标

指标	地区生产总值（亿元）	人均地区生产总值（元）	一般预算财政总收入（亿元）	人均财政总收入（元）	固定资产投资额（亿元）	人均固定资产投资额(元)	全社会消费品零售总额（亿元）	人均全社会消费品零售总额（元）	金融机构贷款年底余额（亿元）	人均金融机构贷款年底余额（元）	县域经济竞争力
2014年	1982.74	43494.45	100.53	2205.21	2100.75	46083.01	689.56	15126.43	581.65	12759.42	—
2015年	2145.89	46778.86	111.26	2425.46	2506.23	54633.99	774.93	16893.00	679.02	14802.25	—
2014年排位	3	5	2	3	2	4	4	2	6	7	2
2015年排位	3	5	2	3	2	4	4	2	5	6	2
升降	0	0	0	0	0	0	0	0	1	1	0
优势度	优势	优势	优势	优势	优势	优势	优势	优势	优势	优势	优势

（1）2015年洛阳市县域经济竞争力综合排位处于第2位，表明其在河南省处于优势地位，与2014年相比排位保持不变。

（2）从指标所处区位看，2015年全部指标均处于上游区，且均是洛阳市县域经济竞争力中的优势指标。

（3）从雷达图图形变化看，2015年与2014年相比，面积略有增加，县域经济竞争力呈现稳定趋势。

（4）从排位变化的动因看，在金融机构贷款年底余额、人均金融机构贷款年底余额

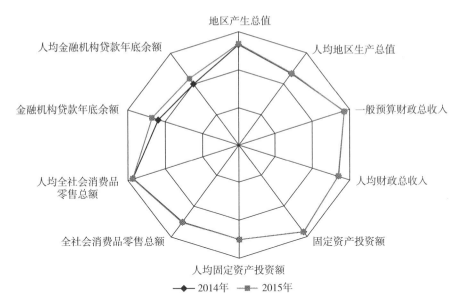

图 11－6－1 洛阳市 2014～2015 年县域经济竞争力二级指标排位

指标排位上升和其他指标排位不变的综合作用下，2015 年洛阳市县域经济竞争力综合排位保持不变，居河南省第 2 位。

11.6.2 洛阳市县域经济发展特色分析

（一）偃师市

2015 年偃师市完成地区生产总值 414.18 亿元，同比增长 10.8%；人均地区生产总值 73110 元；一般预算财政总收入 15.91 亿元，一般预算财政总支出 27.99 亿元；全社会固定资产投资额 295.42 亿元；全社会消费品零售总额 146.45 亿元；金融机构贷款年底余额 116.72 亿元；城镇化率 55.12%；城镇居民人均可支配收入 25705 元，农民人均纯收入 15286 元。

2015 年，偃师市第一产业完成增加值 20.33 亿元，同比增长 4.2%；第二产业完成增加值 221.22 亿元，同比增长 11.3%；第三产业完成增加值 172.63 亿元，同比增长 11.0%；三次产业占比为 4.91∶53.41∶41.68。2015 年，偃师市粮食总产 2.7 亿公斤，增长 8.4%。创建小麦、玉米高产示范片 6 个，面积 6.78 万亩。2015 年实施重点项目 216 个，总投资 583 亿元，完成投资 201.6 亿元。列入省、洛阳市重点项目 20 个，完成投资 77.3 亿元，占年度目标的 152.3%。中国二里头夏都博物馆被列入国家"十三五"重大文化建设项目，商城遗址保护展示一、二期工程完工。

（二）栾川县

2015 年栾川县完成地区生产总值 152.19 亿元，同比增长 12.5%；人均地区生产总值 43458 元；一般预算财政总收入 17.20 亿元，一般预算财政总支出 27.34 亿元；全社会固定资产投资额 214.99 亿元；全社会消费品零售总额 57.89 亿元；金融机构贷款年底余额 63.38 亿元；城镇化率 44.53%；城镇居民人均可支配收入 24979 元，农民人均纯收入 9175 元。

2015 年，栾川县第一产业完成增加值 14.64 亿元，同比增长 4.8%；第二产业完成增加值 86.20 亿元，同比增长 13.5%；第三产业完成增加值 51.35 亿元，同比增长 8.0%；三次产业占比为 9.62∶56.64∶33.74。2015 年，栾川县发展乡村旅游带动群众脱贫工作经验在全省推广，特色产业发展步伐加快，完成中药材、食用菌、特色林果、生态畜禽、有机杂粮等农业结构调整 2 万亩。栾川县钼精矿、钨精矿产量同比分别增长 12.9% 和 28.9%；洛钼集团 APT、栾川县工矿技术改造、河道治理及农网改造升级等项目推进顺利；老君山景区提升、白土矿产资源整合及尾矿库建设、全景栾川乡村旅游提升、生态林业建设等 16 个项目竣工。2015 年，栾川县被评选为"世界十大乡村度假胜地"，累计接待游客 1031 万人次，实现旅游总收入 63.5 亿元，同比分别增长 8%、20%。

（三）洛宁县

2015 年洛宁县完成地区生产总值 158.27 亿元，同比增长 11.4%；人均地区生产总值 37000 元；一般预算财政总收入 7.42 亿元，一般预算财政总支出 24.41 亿元；全社会固定资产投资额 207.52 亿元；全社会消费品零售总额 55.79 亿元；金融机构贷款年底余额 31.96 亿元；城镇化率 30.00%；城镇居民人均可支配收入 22440 元，农民人均纯收入 8323 元。

2015 年，洛宁县第一产业完成增加值 28.88 亿元，同比增长 5.1%；第二产业完成增加值 62.97 亿元，同比增长 13.7%；第三产业完成增加值 66.42 亿元，同比增长 11.5%；三次产业占比为 18.25∶39.79∶41.96。2015 年，洛宁县粮食总产 2.75 亿公斤，万亩旱作小麦示范方创全国高产新纪录，推进林业生态建设，完成人工造林 6.4 万亩，创建省级出口杨木质量安全示范区。2015 年，实施千万元以上工业项目 29 个，累计完成投资 21.5 亿元；龙门药业、嘉盛新能源一期、彤耀建材等一批调整工业结构的项目竣工投产；中硅高科、中建材等清洁能源项目落地实施；神灵药业、银河电子产业园、亿辉光电科技产业园等开工建设，高新技术产业发展实现新突破。

（四）孟津县

2015 年孟津县完成地区生产总值 239.86 亿元，同比增长 10.8%；人均地区生产总值 56870 元；一般预算财政总收入 13.07 亿元，一般预算财政总支出 25.39 亿元；全社会固定资产投资额 271.65 亿元；全社会消费品零售总额 62.29 亿元；金融机构贷款年底余额 60.54 亿元；城镇化率 44.38%；城镇居民人均可支配收入 23296 元，农民人均纯收入 10570 元。

2015 年，孟津县第一产业完成增加值 25.65 亿元，同比增长 5.0%；第二产业完成增加值 130.68 亿元，同比增长 11.7%；第三产业完成增加值 83.52 亿元，同比增长 11.4%；三次产业占比为 10.69∶54.49∶34.82。2015 年，孟津县粮食总产达 2.45 亿公斤，较 2014 年增长 12.4%，河南省小麦播种技术模式试验示范现场会在孟津县召开，孟津县成为"河南省保护性耕作重点县"。实施千万元以上项目 323 个，新开工亿元以上项目 52 个；50 个重点工业项目完成投资 101 亿元。接待游客、门票收入、旅游综合收益达到 700 万人次、989 万元和 8.5 亿元，同比增长 17.6%、19.2% 和 18.8%。

（五）汝阳县

2015 年汝阳县完成地区生产总值 129.78 亿元，同比增长 10.5%；人均地区生产总值

30856 元；一般预算财政总收入 7.76 亿元，一般预算财政总支出 21.86 亿元；全社会固定资产投资额 161.00 亿元；全社会消费品零售总额 57.31 亿元；金融机构贷款年底余额 38.34 亿元；城镇化率 31.66%；城镇居民人均可支配收入 21697 元，农民人均纯收入 8410 元。

2015 年，汝阳县第一产业完成增加值 14.80 亿元，同比增长 5.2%；第二产业完成增加值 67.77 亿元，同比增长 11.4%；第三产业完成增加值 47.21 亿元，同比增长 10.9%；三次产业占比为 11.40∶52.22∶36.38。2015 年，汝阳县收购烟叶 6.62 万担，实现烟叶特产税 1731 万元，综合税收 8105 万元。实施亿元以上重大项目 71 个，总投资 346.6 亿元；前坪水库移民搬迁、导流洞、泄洪洞等工程建设有序推进；金钼汝阳 2 万吨钼采选项目建成投产；中联商混站项目基本建成，余热发电并网运行。投入专项资金 3787 万元，实施十大项重点扶贫工程，20 个贫困村达到市级扶贫开发示范村标准，实现贫困人口 6893 人稳定脱贫。

（六）嵩县

2015 年嵩县完成地区生产总值 145.51 亿元，同比增长 11.1%；人均地区生产总值 28165 元；一般预算财政总收入 5.78 亿元，一般预算财政总支出 26.76 亿元；全社会固定资产投资额 211.04 亿元；全社会消费品零售总额 69.53 亿元；金融机构贷款年底余额 39.46 亿元；城镇化率 31.05%；城镇居民人均可支配收入 23141 元，农民人均纯收入 9083 元。

2015 年，嵩县第一产业完成增加值 29.61 亿元，同比增长 5.1%；第二产业完成增加值 50.79 亿元，同比增长 12.0%；第三产业完成增加值 65.12 亿元，同比增长 12.8%；三次产业占比为 20.35∶34.90∶44.75。2015 年，嵩县粮食总产 22 万吨，增速居洛阳市第一；新栽植核桃 2.8 万亩，花卉苗木 1.5 万亩，中药材 2.1 万亩，皂角 2 万亩；种植烟叶 1.8 万亩；"伊河鲂鱼"被农业部认定为农产品地理标志保护品种。嵩县黄金产量首次突破 30 万两，达到 31.3 万两，同比增长 32.9%；氟化工产业链条进一步拉长，现代中药和生物医药产业呈现集聚发展态势；2015 年新签约千万元以上项目 57 个，开工 48 个，48 个重点项目全部完成年度任务，13 个省市重点项目投资完成率居洛阳市第一。2015 年入嵩游客、旅游收入同比分别增长 11%、17%，获得"中国最美休闲度假旅游名县"称号，入选全国首批"国家全域旅游示范区"试点。

（七）新安县

2015 年新安县完成地区生产总值 379.96 亿元，同比增长 12.1%；人均地区生产总值 79525 元；一般预算财政总收入 17.33 亿元，一般预算财政总支出 28.78 亿元；全社会固定资产投资额 449.26 亿元；全社会消费品零售总额 91.50 亿元；金融机构贷款年底余额 96.68 亿元；城镇化率 42.45%；城镇居民人均可支配收入 26637 元，农民人均纯收入 12203 元。

2015 年，新安县第一产业完成增加值 21.57 亿元，同比增长 4.7%；第二产业完成增加值 232.48 亿元，同比增长 12.5%；第三产业完成增加值 125.92 亿元，同比增长 12.6%；三次产业占比为 5.68∶61.18∶33.14。2015 年，新安县实现粮食总产 4 亿斤，同比增长 8.6%；新流转土地 1.8 万亩，朝天椒、大粒樱桃、中药材、玫瑰等特色产业种植面积达到 22.7 万亩；鹏云循环农业和绿尔蜗牛被成功认定为市级农业产业集群。新安县实施千万元以上项目 156 个，完成投资 79.8 亿元；推进双瑞万基 2 万吨海绵钛、冀能新材料年产 120 万吨高钙石灰、创晟科技年产 150 万套太阳能光伏组件等项目，并分别投资 16 亿元、6 亿元、5 亿元。黛眉山景区滑道、圣母庙、望乡楼建成投用，荆紫仙山景区观光索道投入使用，2015 年接待游客 805 万人次，旅游综合收入 18 亿元，同比分别增长 10.6% 和 10.7%。

（八）伊川县

2015 年伊川县完成地区生产总值 301.49 亿元，同比增长 10.9%；人均地区生产总值 38620 元；一般预算财政总收入 17.04 亿元，一般预算财政总支出 32.17 亿元；全社会固定资产投资额 416.80 亿元；全社会消费品零售总额 156.63 亿元；金融机构贷款年底余额 172.80 亿元；城镇化率 40.00%；城镇居民人均可支配收入 24234 元，农民人均纯收入 11086 元。

2015 年，伊川县第一产业完成增加值 26.77 亿元，同比增长 4.1%；第二产业完成增加值 164.72 亿元，同比增长 11.6%；第三产业完成增加值 110.00 亿元，同比增长 11.5%；三次产业占比为 8.88∶54.63∶36.49。2015 年，伊川县粮食产量 38.9 万吨，增产 5.8 万吨，畜牧业稳步发展。规模以上工业增加值 126.9 亿元，增长 14.6%，总产值 557.8 亿元，增长 14.5%；非金属矿物制品业、铝及精深加工业、电力生产和供应业、装备制造业、食品加工业、电子信息业等六大行业共完成增加值 97.6 亿元，增长 14.9%，比全部工业增速高 0.3 个百分点；固定资产投资保持平稳增长，完成投资 423 亿元，增长 20%。2015 年伊川县第三产业增加值占 GDP 比重首次超过 35%；以商务服务业、居民服务业和健康服务业等为主的现代服务业主营业务收入增长 35.5%，增速在洛阳市保持第 2 位。

（九）宜阳县

2015 年宜阳县完成地区生产总值 224.66 亿元，同比增长 9.3%；人均地区生产总值 36766 元；一般预算财政总收入 9.76 亿元，一般预算财政总支出 28.56 亿元；全社会固定资产投资额 278.53 亿元；全社会消费品零售总额 77.55 亿元；金融机构贷款年底余额 59.14 亿元；城镇化率 32.60%；城镇居民人均可支配收入 22870 元，农民人均纯收入 8659 元。

2015 年，宜阳县第一产业完成增加值 34.44 亿元，同比增长 4.9%；第二产业完成增加值 99.87 亿元，同比增长 9.6%；第三产业完成增加值 90.35 亿元，同比增长 10.9%；三次产业占比为 15.33∶44.45∶40.22。2015 年，宜阳县粮食总产量达到 8.5 亿斤，居洛阳市第一。宜阳县建成锦屏山 3000 亩生态观光园，郑卢高速 52 公里生态廊道和十大经济林带，新增林地 5.9 万亩，林木成活率达到 95% 以上。2015 年引进亿元以上项目 37 个，成功引进中诚新能源汽车、正威有色科技城、河洛水乡等一批大项目，分别投资 50 亿元、40 亿元、21 亿元。2015 年，宜阳县成功举办全国皮划艇激流回旋春季冠军赛和青少年锦标赛、"体彩杯"河南省青少年射箭冠军赛等 5 大赛事活动；新建、改扩建幼儿园 36 所，实施农村中小学校舍维修改造项目 18 个。

第 12 章
平顶山市 2015 年发展报告

12.1　平顶山市发展概述

2015 年，平顶山市完成地区生产总值 1686.01 亿元，同比增长 6.54%；人均地区生产总值 33991.03 元，同比增长 2.95%；一般预算财政总收入 117.88 亿元；固定资产投资额 1627.39 亿元，增长 10.19%；全社会消费品零售总额 690.15 亿元，增长 12.22%；城镇化率 49.21%，城镇居民人均可支配收入 25591.96 元，增长 7.83%；农民人均纯收入 10449.78 元，增长 10.13%。

2015 年，平顶山市第一产业完成增加值 167.04 亿元，增长 4.6%；第二产业完成增加值 853.76 亿元，下降 5.5%；第三产业完成增加值 665.2 亿元，增长 9.3%，三次产业占比 9.9∶50.6∶39.5。平顶山市非煤产业比重提高 15.5%，高新技术产业和装备制造业比重分别提升 9.8% 和 7.8%，七大高耗能行业比重下降 14.3%，节能减排得到加强，万元生产总值能耗下降 25.7%。规模以上工业增加值 559.7 亿元，年均增长 9.1%。新增国家高新技术企业 17 家、国家重点实验室 1 家、省工程技术研究中心 9 家，平煤神马集团进入国家自主创新领军企业试点。生态环境持续改善。重点节能减排和蓝天、碧水、乡村清洁等工程深入实施，大气污染防治和白龟湖饮用水源地生态保护不断强化，秸秆禁烧工作顺利完成。林业生态建设有效提升，完成造林 6.7 万亩、森林抚育 5.8 万亩。农业方面，新增土地流转面积 7.2 万亩，新建高标准粮田 14.6 万亩，新增市级龙头企业 24 家，培育 2 家省级产业化集群和 1 家省示范性产业集群，建成 15 个千亩以上都市生态农业示范园区，带动建设生态循环农田 20 万亩，顺义循环农业研究院挂牌成立。

12.2　平顶山市宏观经济竞争力评价分析

12.2.1　经济规模竞争力评价分析

2014~2015 年，平顶山市经济规模竞争力指标在河南省的排位变化情况，如表 12-2-1 和图 12-2-1 所示。

（1）2015 年平顶山市经济规模竞争力综合排位处于第 15 位，表明其在河南省处于劣势地位，与 2014 年相比排位持平。

（2）从指标所处区位看，2015 年处于上游区的指标有 3 个，分别是一般预算财政总收入、金融机构贷款年底余额、人均金融机构贷款年底余额，其中一般预算财政总收入、

表 12 – 2 – 1　平顶山市 2014～2015 年经济规模竞争力及其二级指标

指标	地区生产总值（亿元）	地区生产总值增长率（%）	人均地区生产总值（元）	一般预算财政总收入（亿元）	人均财政总收入（元）	固定资产投资额（亿元）	人均固定资产投资额（元）	全社会消费品零售总额（亿元）	人均全社会消费品零售总额（元）	金融机构贷款年底余额（亿元）	人均金融机构贷款年底余额（元）	经济规模竞争力
2014 年	1637.17	7.31	33015.81	130.72	2636.06	1476.93	29784.32	614.99	12402.06	1242.31	25052.84	—
2015 年	1686.01	6.54	33991.03	117.88	2376.46	1627.39	32809.31	690.15	13913.96	1405.26	28331.08	—
2014 年排位	12	18	12	5	8	10	12	11	10	4	7	15
2015 年排位	12	15	13	6	11	11	12	11	10	4	7	15
升降	0	3	–1	–1	–3	–1	0	0	0	0	0	0
优势度	中势	劣势	劣势	优势	中势	中势	中势	中势	中势	优势	中势	劣势

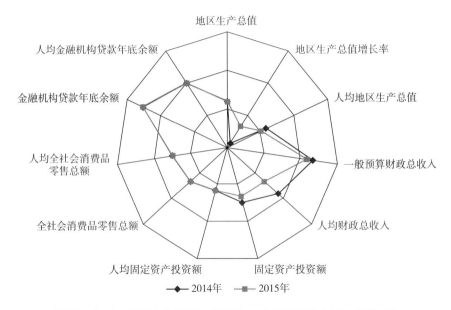

图 12 – 2 – 1　平顶山市 2014～2015 年经济规模竞争力二级指标排位

金融机构贷款年底余额是平顶山市经济规模竞争力中的优势指标，处于下游区的指标有 8 个，分别是地区生产总值、地区生产总值增长率、人均地区生产总值、人均财政总收入、人均全社会消费品零售总额、固定资产投资额、全社会消费品零售总额、人均固定资产投资额，其中人均地区生产总值和地区生产总值增长率是平顶山市经济规模竞争力中的劣势指标，其余 6 个指标均为中势指标。

（3）从雷达图图形变化看，2015 年与 2014 年相比，面积略有缩小，经济规模竞争力呈现稳定趋势。

（4）从排位变化的动因看，在地区生产总值增长率排位上升和一般预算财政总收入、人均地区生产总值、人均财政总收入、固定资产投资额指标排位下降的综合作用下，2015年平顶山市的经济规模竞争力综合排位与 2014 年相当。

12.2.2 经济结构竞争力评价分析

2014~2015 年，平顶山市经济结构竞争力指标在河南省的排位变化情况，如表 12-2-2 和图 12-2-2 所示。

表 12-2-2 平顶山市 2014~2015 年经济结构竞争力及其二级指标

指标	产业结构 （%）	所有制结构 （%）	人均收入结构 （%）	支出结构 （%）	国际贸易结构 （%）	单位 GDP 能耗增减率 （%）	经济结构 竞争力
2014 年	89.79	22.38	38.90	41.64	85.69	-11.88	—
2015 年	90.09	28.17	40.83	42.41	86.78	-6.00	—
2014 年排位	8	17	14	10	4	1	12
2015 年排位	8	17	13	9	5	11	14
升降	0	0	1	1	-1	-10	-2
优势度	中势	劣势	劣势	中势	优势	中势	劣势

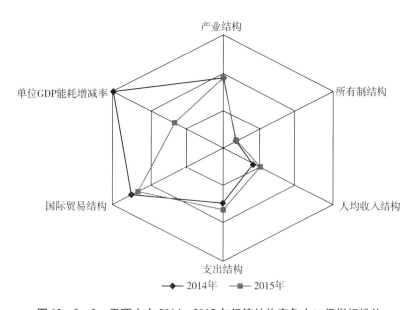

图 12-2-2 平顶山市 2014~2015 年经济结构竞争力二级指标排位

（1）2015 年平顶山市经济结构竞争力综合排位处于第 14 位，表明其在河南省处于劣势地位，与 2014 年相比指标排位下降 2 位。

（2）从指标所处的区位看，2015 年处于上游区的指标有 3 个，分别是产业结构、支出结构、国际贸易结构，其中国际贸易结构为平顶山市经济结构竞争力中的优势指标；产业结构、支出结构为平顶山市经济结构竞争力中的中势指标；处于下游区的指标有 3 个，分别是所有制结构、人均收入结构、单位 GDP 能耗增减率，其中单位 GDP 能耗增减率为中势指标，所有制结构和人均收入结构为劣势指标。

（3）从雷达图图形变化看，2015 年与 2014 年相比，面积缩小，经济结构竞争力呈现下降趋势。

（4）从排位变化的动因看，在人均收入结构、支出结构排位上升，国际贸易结构、单位 GDP 能耗增减率排位下降，其他指标排位不变的综合作用下，2015 年平顶山市的经济结构竞争力综合排位下降 2 位，居河南省第 14 位。

12.2.3 经济外向度竞争力评价分析

2014～2015 年，平顶山市经济外向度竞争力指标在河南省的排位变化情况，如表 12－2－3 和图 12－2－3 所示。

表 12－2－3　平顶山市 2014～2015 年经济外向度竞争力及其二级指标

指标	进出口总额（亿美元）	货物和服务净流出（亿元）	出口拉动指数（%）	实际 FDI（万美元）	利用省外资金（亿元）	省外资金/固定资产投资（%）	经济外向度竞争力
2014 年	6.96	30.51	1.86	36493.00	440.40	29.82	—
2015 年	6.78	31.09	1.84	40633.00	476.30	29.27	—
2014 年排位	13	9	10	15	9	8	14
2015 年排位	12	7	8	15	10	6	12
升降	1	2	2	0	-1	2	2
优势度	中势	中势	中势	劣势	中势	优势	中势

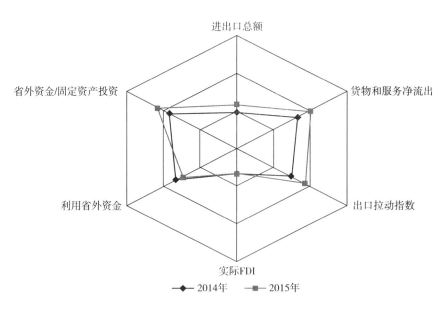

图 12－2－3　平顶山市 2014～2015 年经济外向度竞争力二级指标排位

（1）2015 年平顶山市经济外向度竞争力综合排位处于第 12 位，表明其在河南省处于中势地位，与 2014 年相比上升 2 位。

（2）从指标所处区位看，2015 年处于上游区的指标有 3 个，分别是货物和服务净流出、出口拉动指数、省外资金/固定资产投资，其中省外资金/固定资产投资是平顶山市经济外向度竞争力中的优势指标；货物和服务净流出、出口拉动指数指标是平顶山市经济外向度竞争力中的中势指标；处于下游区的指标有 3 个，分别是实际 FDI、利用省外资金、进出口总额。

（3）从雷达图图形变化看，2015 年与 2014 年相比，面积增大，经济外向度竞争力呈现上升趋势。

（4）从排位变化的动因看，在进出口总额、货物和服务净流出、出口拉动指数和省外资金/固定资产投资指标排位上升，利用省外资金指标排位下降和其他指标排位不变等的综合作用下，2015 年平顶山市的经济外向度竞争力综合排位上升了 2 位，居河南省第 12 位。

12.2.4 宏观经济竞争力综合分析

2014 ~ 2015 年，平顶山市宏观经济竞争力指标在河南省的排位变化和指标结构，如表 12 - 2 - 4 所示。

表 12 - 2 - 4 平顶山市 2014 ~ 2015 年宏观经济竞争力指标

指标	经济规模竞争力	经济结构竞争力	经济外向度竞争力	宏观经济竞争力
2014 年排位	15	12	14	15
2015 年排位	15	14	12	16
升降	0	−2	2	−1
优势度	劣势	劣势	中势	劣势

（1）2015 年平顶山市宏观经济竞争力综合排位处于第 16 位，表明其在河南省处于劣势地位，与 2014 年相比，指标排位下降 1 位。

（2）从指标所处区位看，2015 年经济规模竞争力、经济结构竞争力、经济外向度竞争力指标处于下游区，其中经济外向度竞争力为平顶山市宏观经济竞争力的中势指标。

（3）从指标变化的趋势看，经济规模竞争力保持不变和经济结构竞争力下降 2 位、经济外向度竞争力上升 2 位，宏观经济竞争力排位下降 1 位。

（4）从排位综合分析看，在经济规模竞争力排位不变、经济结构竞争力排位下降和经济外向度竞争力排位上升的综合作用下，2015 年平顶山市宏观经济竞争力排位下降 1 位，居河南省第 16 位。

12.3 平顶山市产业发展评价分析

12.3.1 农业竞争力评价分析

2014 ~ 2015 年，平顶山市农业竞争力指标在河南省的排位变化情况，如表 12 - 3 - 1 和图 12 - 3 - 1 所示。

表 12 - 3 - 1　平顶山市 2014 ~ 2015 年农业竞争力及其二级指标

指标	农业增加值（亿元）	人均农业增加值（元）	农民人均纯收入（元）	人均主要粮食产量（吨）	农业劳动生产率［元/（人·年）］	农村人均用电量（kW·h）	支农资金比重（%）	农业竞争力
2014 年	170.91	3446.57	9488.70	0.35	6464.93	448.74	11.94	—
2015 年	172.90	3485.87	10449.78	0.43	6465.81	473.42	11.93	—
2014 年排位	11	16	12	14	17	8	13	18
2015 年排位	11	16	12	14	17	8	13	18
升降	0	0	0	0	0	0	0	0
优势度	中势	劣势	中势	劣势	劣势	中势	劣势	劣势

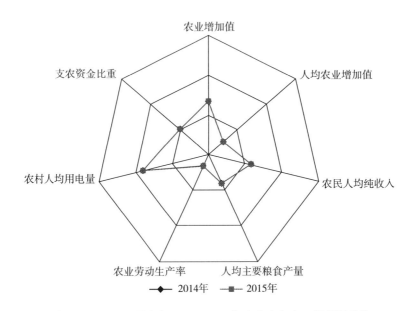

图 12 - 3 - 1　平顶山市 2014 ~ 2015 年农业竞争力二级指标排位

（1）2015 年平顶山市农业竞争力综合排位处于第 18 位，表明其在河南省处于劣势地位，与 2014 年相比排位保持不变。

（2）从指标所处区位看，2015 年处于上游区的指标有 1 个，是农村人均用电量，也是平顶山市农业竞争力中的中势指标；处于下游区的指标有 6 个，分别是农业增加值、支农资金比重、农民人均纯收入、人均主要粮食产量、人均农业增加值、农业劳动生产率，其中农业增加值、农民人均纯收入是平顶山市农业竞争力中的中势指标，其余 4 个指标均为劣势指标。

（3）从雷达图图形变化看，2015 年与 2014 年相比，面积不变，农业竞争力呈现稳定趋势。

（4）从排位变化的动因看，2015 年各方面指标排位与 2014 年相同，2015 年平顶山市的农业竞争力综合排位不变，居河南省第 18 位。

12.3.2　工业竞争力评价分析

2014～2015 年，平顶山市工业竞争力指标在河南省的排位变化情况，如表 12－3－2 和图 12－3－2 所示。

表 12－3－2　平顶山市 2014～2015 年工业竞争力及其二级指标

指标	工业增加值（亿元）	工业增加值增长率（%）	人均工业增加值（元）	规模以上工业资产总额（亿元）	规模以上工业资产总贡献率（%）	规模以上工业全员劳动生产率［元/（人·年）］	规模以上工业成本费用利润率（%）	规模以上工业产品销售率（%）	工业竞争力
2014 年	802.16	8.35	16176.66	2877.43	12.28	206510.11	7.15	97.50	—
2015 年	774.84	5.42	15621.39	3026.79	8.88	178367.13	5.56	97.87	—
2014 年排位	9	17	10	6	15	15	10	16	14
2015 年排位	9	16	11	6	17	15	13	13	16
升降	0	1	-1	0	-2	0	-3	3	-2
优势度	中势	劣势	中势	优势	劣势	劣势	劣势	劣势	劣势

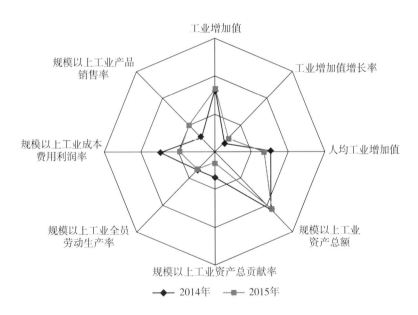

图 12－3－2　平顶山市 2014～2015 年工业竞争力二级指标排位

（1）2015 年平顶山市工业竞争力综合排位处于第 16 位，表明其在河南省处于劣势地位，与 2014 年相比下降 2 位。

（2）从指标所处的区位看，2014 年处于上游区的指标有 2 个，分别是规模以上工业资产总额、工业增加值，其中规模以上工业资产总额是平顶山市工业竞争力中的优势指标；处于下游区的指标有 6 个，分别是规模以上工业全员劳动生产率、人均工业增加值、规模以上工业成本费用利润率、工业增加值增长率、规模以上工业资产总贡献率、规模以上工业产品销售率，其中人均工业增加值是平顶山市工业竞争力中的中势指标，其余5个指标均为劣势指标。

（3）从雷达图图形变化看，2015年与2014年相比，面积略微缩小，工业竞争力呈现下降趋势。

（4）从排位变化的动因看，在工业增加值增长率、规模以上工业产品销售率指标排位上升和人均工业增加值、规模以上工业成本费用利润率及规模以上工业资产总贡献率指标排位下降的综合作用下，2015年平顶山市的工业竞争力综合排位下降2位，居河南省第16位。

12.3.3 工业化进程竞争力评价分析

2014~2015年，平顶山市工业化进程竞争力指标在河南省的排位变化情况，如表12-3-3和图12-3-3所示。

表12-3-3 平顶山市2014~2015年工业化进程竞争力及其二级指标

指标	第二产业增加值占GDP比重（%）	第二产业增加值增长率（%）	第二产业从业人员占总就业人员比重（%）	第二产业从业人员增长率（%）	第二产业固定资产投资占比（%）	工业化进程竞争力
2014年	53.72	8.37	28.47	-4.57	50.00	—
2015年	50.64	5.45	27.07	-2.33	46.86	—
2014年排位	8	18	15	13	15	17
2015年排位	8	16	15	14	14	17
升降	0	2	0	-1	1	0
优势度	中势	劣势	劣势	劣势	劣势	劣势

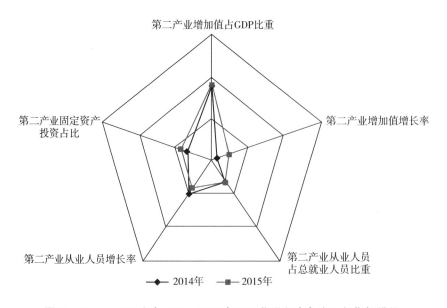

图12-3-3 平顶山市2014~2015年工业化进程竞争力二级指标排位

（1）2015 年平顶山市工业化进程竞争力综合排位处于第 17 位，表明其在河南省处于劣势地位，与 2014 年相比排位保持不变。

（2）从指标所处区位看，2014 年处于上游区指标有 1 个，为第二产业增加值占 GDP 比重，该指标为中势指标。

（3）从雷达图图形变化看，2015 年与 2014 年相比，面积略微增大，工业化进程竞争力呈现稳定趋势。

（4）从排位变化的动因看，在第二产业增加值增长率、第二产业固定资产投资占比指标排位上升和第二产业从业人员增长率指标排位下降的综合作用下，2014 年平顶山市的工业化进程竞争力综合排位保持不变，居河南省第 17 位。

12.3.4　服务业竞争力评价分析

2014～2015 年，平顶山市服务业竞争力指标在河南省的排位变化情况，如表 12－3－4 和图 12－3－4 所示。

表 12－3－4　平顶山市 2014～2015 年服务业竞争力及其二级指标

指标	服务业增加值（亿元）	服务业增加值增长率（%）	人均服务业增加值（元）	服务业从业人员数（万人）	服务业从业人员数增长率（%）	交通运输仓储邮电业增加值（亿元）	金融业增加值（亿元）	房地产业增加值（亿元）	批发和零售业增加值（亿元）	住宿和餐饮业增加值（亿元）	服务业竞争力
2014 年	590.61	6.20	11910.48	78.54	-3.45	52.81	77.23	56.61	123.17	54.82	—
2015 年	665.20	9.32	13410.95	84.67	7.80	55.69	90.71	59.20	135.79	60.89	—
2014 年排位	10	18	10	12	16	13	5	9	7	6	14
2015 年排位	11	16	10	11	8	13	5	10	6	6	13
升降	-1	2	0	1	8	0	0	-1	1	0	1
优势度	中势	劣势	中势	中势	中势	劣势	优势	中势	优势	优势	劣势

（1）2015 年平顶山市服务业竞争力综合排位处于第 13 位，表明其在河南处于劣势地位，与 2014 年相比上升 1 位。

（2）从指标所处的区位看，2015 年处于上游区的指标有 4 个，分别是服务业从业人员数增长率、金融业增加值、批发和零售业增加值、住宿和餐饮业增加值，其中金融业增加值、批发和零售业增加值、住宿和餐饮业增加值是平顶山市服务业竞争力中的优势指标；处于下游区的指标有 6 个，分别是服务业增加值、房地产业增加值、服务业增加值增长率、人均服务业增加值、交通运输仓储邮电业增加值、服务业从业人员数；其中服务业增加值、人均服务业增加值、服务业从业人员数增长率、服务业从业人员数、房地产业增加值均为平顶山市服务业竞争力中的中势指标。

（3）从雷达图图形变化看，2015 年与 2014 年相比，面积增加，服务业竞争力呈现上升趋势。

（4）从排位变化的动因看，在服务业增加值增长率、服务业从业人员数、服务业人

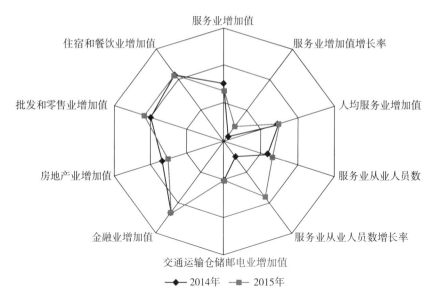

图 12 - 3 - 4　平顶山市 2014~2015 年服务业竞争力二级指标排位

员数量增长率、批发和零售业增加值指标排位上升，服务业增加值、房地产业增加值指标排位下降的综合作用下。2015 年平顶山市的服务业竞争力综合排位上升 1 位，居河南省第 13 位。

12.3.5　企业竞争力评价分析

2014~2015 年，平顶山市企业竞争力指标在河南省的排位变化情况，如表 12 - 3 - 5 和图 12 - 3 - 5 所示。

表 12 - 3 - 5　平顶山市 2014~2015 年企业竞争力及其二级指标

指标	规模以上工业企业数（个）	规模以上工业企业平均资产（亿元）	规模以上工业企业主营业务收入平均值（亿元）	流动资产年平均余额（亿元）	规模以上工业企业资产负债率（%）	规模以上工业企业成本费用利润率（%）	规模以上工业企业平均利润（亿元）	全员劳动生产率［元/(人·年)］	企业竞争力
2014 年	854.00	3.37	2.85	1359.16	55.14	7.15	0.19	206510.11	—
2015 年	862.00	3.51	2.72	1413.02	59.31	5.56	0.16	178367.13	—
2014 年排位	14	4	13	5	3	10	10	15	10
2015 年排位	14	4	13	5	1	13	13	15	9
升降	0	0	0	0	2	-3	-3	0	1
优势度	劣势	优势	劣势	优势	优势	劣势	劣势	劣势	中势

（1）2015 年平顶山市企业竞争力综合排位处于第 9 位，表明其在河南省处于中势地位，与 2014 年相比排位上升 1 位。

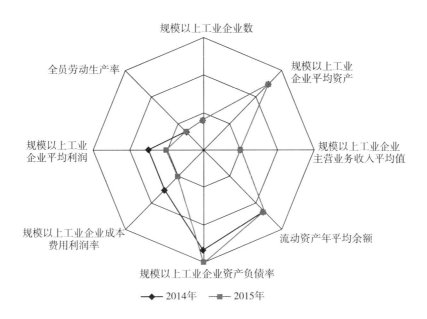

图 12 - 3 - 5　平顶山市 2014～2015 年企业竞争力二级指标排位

（2）从指标所处区位看，2015 年处于上游区的指标有 3 个，分别是规模以上工业企业平均资产、规模以上工业企业资产负债率、流动资产年平均余额，全部是平顶山市企业竞争力中的优势指标；处于下游区的指标有 5 个，分别是全员劳动生产率、规模以上工业企业平均利润、规模以上工业企业数、规模以上工业企业成本费用利润率、规模以上工业企业主营业务收入平均值，这 5 个指标均为平顶山市企业竞争力中的劣势指标。

（3）从雷达图图形变化看，2015 年与 2014 年相比，面积略微缩小，综合作用下，企业竞争力呈现上升趋势。

（4）从排位变化的动因看，在规模以上工业企业资产负债率指标排位上升和规模以上工业企业成本费用利润率、规模以上工业企业平均利润指标排位下降的综合作用下，2015 年平顶山市的企业竞争力综合排位上升 1 位，居河南省第 9 位。

12.4　平顶山市城镇化发展评价分析

12.4.1　城镇化进程竞争力评价分析

2014～2015 年，平顶山市城镇化进程竞争力指标在河南省的排位变化情况，如表 12 - 4 - 1 和图 12 - 4 - 1 所示。

（1）2015 年平顶山市城镇化进程竞争力综合排位处于第 8 位，表明其在河南省处于中势地位，与 2014 年相比保持不变。

（2）从指标所处的区位看，2015 年处于上游区的指标有 2 个，分别是城镇居民人均

表 12 – 4 – 1　平顶山市 2014～2015 年城镇化进程竞争力及其二级指标

指标	城镇化率（%）	城镇居民人均可支配收入（元）	城市建成区面积（平方公里）	市区人口密度（人/平方公里）	人均拥有道路面积（平方米）	人均日生活用水量（升）	燃气普及率（%）	人均城市园林绿地面积（平方米）	城镇化进程竞争力
2014 年	47.83	24393.11	73.40	3608.00	11.52	107.37	87.40	10.31	—
2015 年	49.21	25591.96	73.40	3620.00	13.06	108.48	90.31	10.39	—
2014 年排位	7	5	10	12	14	13	13	13	8
2015 年排位	7	5	11	13	13	15	11	14	8
升降	0	0	-1	-1	1	-2	2	-1	0
优势度	中势	优势	中势	劣势	劣势	劣势	中势	劣势	中势

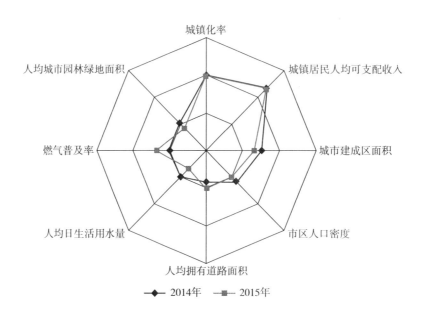

图 12 – 4 – 1　平顶山市 2014～2015 年城镇化进程竞争力二级指标排位

可支配收入、城镇化率，其中城镇居民人均可支配收入是平顶山市城镇化进程竞争力中的优势指标；处于下游区的指标有 6 个，分别是城市建成区面积、燃气普及率、人均日生活用水量、人均城市园林绿地面积、市区人口密度、人均拥有道路面积，其中城市建成区面积、燃气普及率为中势指标，市区人口密度、人均拥有道路面积、人均日常生活用水量、人均城市园林绿地面积为劣势指标。

（3）从雷达图图形变化看，2015 年与 2014 年相比，面积几乎不变，城镇化进程竞争力呈现稳定趋势。

（4）从排位变化的动因看，在人均拥有道路面积、燃气普及率指标排位上升和城市建成区面积、市区人口密度、人均日生活用水量、人均城市园林绿地面积指标排位下降的综合作用下，2015 年平顶山市的城镇化进程竞争力综合排位保持不变，居河南省第 8 位。

12.4.2　城镇社会保障竞争力评价分析

2014～2015 年，平顶山市城镇社会保障竞争力指标在河南省的排位变化情况，如表 12-4-2 和图 12-4-2 所示。

表 12-4-2　平顶山市 2014～2015 年城镇社会保障竞争力及其二级指标

指标	城市城镇社区服务设施数（个/万人）	医疗保险覆盖率(%)	养老保险覆盖率(%)	失业保险覆盖率(%)	工伤保险覆盖率(%)	城镇登记失业率(%)	城镇社会保障竞争力
2014 年	205	53.89	21.46	19.56	14.77	3.25	—
2015 年	538	52.43	21.72	18.67	15.09	3.30	—
2014 年排位	9	7	15	5	11	13	10
2015 年排位	8	4	15	5	11	14	10
升降	1	3	0	0	0	-1	0
优势度	中势	优势	劣势	优势	中势	劣势	中势

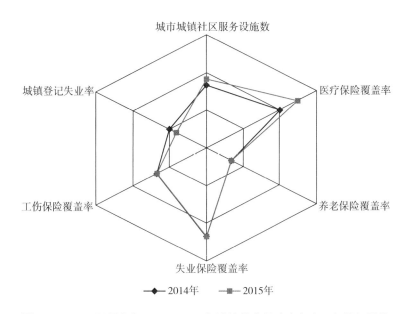

图 12-4-2　平顶山市 2014～2015 年城镇社会保障竞争力二级指标排位

（1）2015 年平顶山市城镇社会保障竞争力综合排位处于第 10 位，表明其在河南省处于中势地位，与 2014 年持平。

（2）从指标所在处区位看，2015 年处于上游区的指标有 3 个，分别是失业保险覆盖率、医疗保险覆盖率、城市城镇社区服务设施数，其中失业保险覆盖率、医疗保险覆盖率是平顶山市城镇社会保障竞争力中的优势指标；处于下游区的指标有 3 个，分别是工伤保险覆盖率、养老保险覆盖率、城镇登记失业率，其中城镇登记失业率、养老保险覆盖率是平顶山市城镇社会保障竞争力中的劣势指标。

（3）从雷达图图形变化看，2015 年与 2014 年相比，面积略有增加，城镇社会保障竞争力呈现稳定趋势。

（4）从排位变化的动因看，在城市城镇社区服务设施数、医疗保险覆盖率指标排位上升，养老保险覆盖率、失业保险覆盖率、工伤保险覆盖率指标排位不变和城镇登记失业率指标排位下降的综合作用下，2015 年平顶山市的城镇社会保障竞争力综合排位与 2014 年持平，居河南省第 10 位。

12.5 平顶山市社会发展评价分析

12.5.1 教育竞争力评价分析

2014～2015 年，平顶山市教育竞争力指标在河南省的排位变化情况，如表 12 – 5 – 1 和图 12 – 5 – 1 所示。

表 12 – 5 – 1　平顶山市 2014～2015 年教育竞争力及其二级指标

指标	教育经费占GDP比重（%）	人均教育经费（元）	人均教育固定资产投资（元）	万人中小学学校数（所）	万人中小学专任教师数（个）	万人高等学校数（所）	万人高校专任教师数（个）	万人高等学校在校学生数（个）	教育竞争力
2014 年	4.03	1331.79	212.88	3.34	87.42	0.01	8.79	113.86	—
2015 年	3.90	1327.38	363.70	3.31	88.66	0.01	8.43	111.23	—
2014 年排位	9	13	16	9	12	10	9	7	14
2015 年排位	9	17	11	8	14	10	10	9	16
升降	0	-4	5	1	-2	0	-1	-2	-2
优势度	中势	劣势	中势	中势	劣势	中势	中势	中势	劣势

（1）2015 年平顶山市教育竞争力综合排位处于第 16 位，表明其在河南省处于劣势地位，与 2014 年相比下降 2 位。

（2）从指标所处区位看，2015 年处于上游区的指标有 3 个，是教育经费占 GDP 比重、万人中小学学校数、万人高等学校在校学生数，全部是平顶山市教育竞争力中的中势指标；处于下游区的指标有 5 个，分别是万人高等学校数、人均教育经费、人均教育固定资产投资、万人高校专任教师数、万人中小学专任教师数，其中人均教育经费、万人中小学专任教师数是平顶山市教育竞争力中的劣势指标。

（3）从雷达图图形变化看，2015 年与 2014 年相比，面积略微缩小，教育竞争力呈现下降趋势。

（4）从排位变化的动因看，在人均教育固定资产投资、万人中小学学校数指标排位上升和人均教育经费、万人中小学专任教师数、万人高校专任教师数、万人高校在校学生

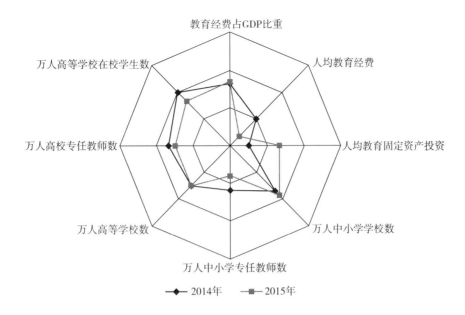

图 12 – 5 – 1　平顶山市 2014～2015 年教育竞争力二级指标排位

数指标排位下降的综合作用下，2015 年平顶山市的教育竞争力综合排位下降，居河南省第 16 位。

12.5.2　科技竞争力评价分析

2014～2015 年，平顶山市科技竞争力指标在河南省的排位变化情况，如表 12 – 5 – 2 和图 12 – 5 – 2 所示。

表 12 – 5 – 2　平顶山市 2014～2015 年科技竞争力及其二级指标

指标	科学研究和技术服务业增加值（亿元）	万人科技活动人员（人）	R&D 经费占GDP 比重（%）	人均 R&D经费支出（元）	万人技术市场成交额（万元）	科技竞争力
2014 年	9.53	42.56	1.55	512.50	51.57	—
2015 年	10.91	39.08	1.47	501.17	23.72	—
2014 年排位	12	7	6	7	3	7
2015 年排位	12	7	6	7	3	6
升降	0	0	0	0	0	1
优势度	中势	中势	优势	中势	优势	优势

（1）2015 年平顶山市科技竞争力综合排位处于第 6 位，表明其在河南省处于优势地位，与 2014 年相比上升 1 位。

（2）从指标所处区位看，2015 年处于上游区指标有 4 个，分别是万人技术市场成交额、R&D 经费占 GDP 比重、万人科技活动人员、人均 R&D 经费支出，其中万人技术市

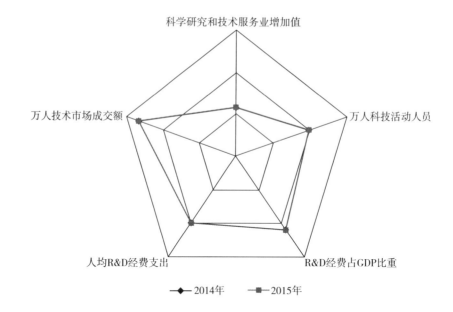

图 12 - 5 - 2　平顶山市 2014 ~ 2015 年科技竞争力二级指标排位

场成交额、R&D 经费占 GDP 比重是平顶山市科技竞争力中的优势指标。

（3）从雷达图图形变化看，2015 年与 2014 年相比，面积不变，科技竞争力呈现上升趋势。

（4）从排位变化的动因看，在所有指标排位不变的情况下，2015 年平顶山市的科技竞争力综合排位上升 1 位，居河南省第 6 位。

12.5.3　文化竞争力评价分析

2014 ~ 2015 年，平顶山市文化竞争力指标在河南省的排位变化情况，如表 12 - 5 - 3 和图 12 - 5 - 3 所示。

表 12 - 5 - 3　平顶山市 2014 ~ 2015 年文化竞争力及其二级指标

指标	全市接待旅游总人次（万人次）	全市旅游总收入（亿元）	城镇居民人均文化娱乐支出（元）	农村居民人均文化娱乐支出（元）	城镇居民文化娱乐支出占消费性支出比重(%)	农村居民文化娱乐支出占消费性支出比重(%)	文化竞争力
2014 年	1371.96	123.26	2043.25	292.18	11.52	5.48	—
2015 年	1871.11	163.80	1851.43	450.77	11.35	8.05	—
2014 年排位	11	9	7	17	12	16	14
2015 年排位	11	9	11	16	8	13	13
升降	0	0	-4	1	4	3	1
优势度	中势	中势	中势	劣势	中势	劣势	劣势

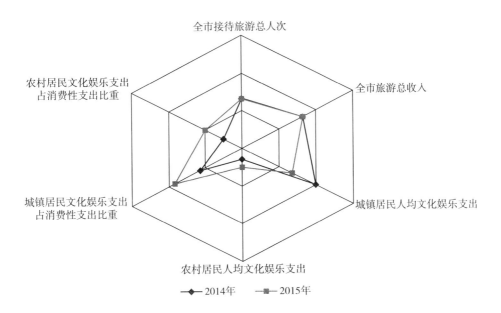

全市接待旅游总人次

全市旅游总收入

城镇居民人均文化娱乐支出

农村居民人均文化娱乐支出

城镇居民文化娱乐支出占消费性支出比重

农村居民文化娱乐支出占消费性支出比重

◆ 2014年　■ 2015年

图 12 - 5 - 3　平顶山市 2014～2015 年文化竞争力二级指标排位

（1）2015 年平顶山市文化竞争力综合排位处于第 13 位，表明其在河南省处于劣势地位，与 2014 年相比上升 1 位。

（2）从指标所处区位看，2015 年处于上游区的指标有 2 个，全市旅游总收入、城镇居民文化娱乐支出占消费性支出比重；处于下游区的指标有 4 个，分别是全市接待旅游总人次、农村居民人均文化娱乐支出、城镇居民人均文化娱乐支出、农村居民文化娱乐支出占消费性支出比重，其中农村居民人均文化娱乐支出、农村居民文化娱乐支出占消费比重是平顶山市文化竞争力中的劣势指标。

（3）从雷达图图形变化看，2015 年与 2014 年相比，面积略微增大，文化竞争力呈现上升趋势。

（4）从排位变化的动因看，在全市旅游总收入和全市接待旅游总人次指标排位不变，城镇居民人均文化娱乐支出下降，其他指标排位上升的综合作用下，2015 年平顶山市的文化竞争力综合排位上升 1 位，居河南省第 13 位。

12.6　平顶山市县域经济发展评价分析

12.6.1　县域经济竞争力评价分析

2014～2015 年，平顶山市县域经济竞争力指标在河南省的排位变化情况，如表 12 - 6 - 1 和图 12 - 6 - 1 所示。

表 12 - 6 - 1　平顶山市 2014 ~ 2015 年县域经济竞争力及其二级指标

指标	地区生产总值（亿元）	人均地区生产总值（元）	一般预算财政总收入（亿元）	人均财政总收入（元）	固定资产投资额（亿元）	人均固定资产投资额（元）	全社会消费品零售总额（亿元）	人均全社会消费品零售总额（元）	金融机构贷款年底余额（亿元）	人均金融机构贷款年底余额（元）	县域经济竞争力
2014 年	1175.08	30240.13	62.52	1608.98	1195.06	30754.22	320.06	8236.47	473.78	12192.38	—
2015 年	1218.79	31395.66	58.97	1519.03	1343.67	34612.31	368.33	9488.06	526.17	13553.85	—
2014 年排位	12	10	9	6	11	7	12	13	10	9	10
2015 年排位	12	10	8	8	9	7	11	13	10	8	9
升降	0	0	1	-2	2	0	1	0	0	1	1
优势度	中势	中势	中势	优势	中势	中势	中势	劣势	中势	中势	中势

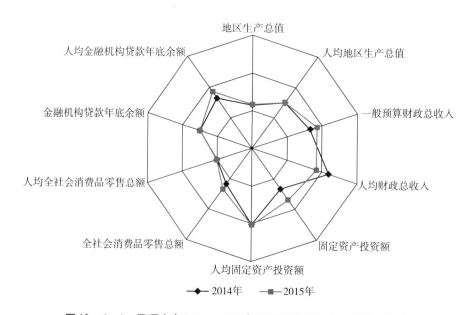

图 12 - 6 - 1　平顶山市 2014 ~ 2015 年县域经济竞争力二级指标排位

（1）2015 年平顶山市县域经济竞争力综合排位处于第 9 位，表明其在河南省处于中势地位，与 2014 年相比上升 1 位。

（2）从指标所处区位看，2015 年处于上游区的指标有 5 个，分别是一般预算财政总收入、人均财政总收入、固定资产投资额、人均固定资产投资额、人均金融机构贷款年底余额；处于下游区的指标有 5 个，分别是地区生产总值、人均地区生产总值、全社会消费品零售总额、人均全社会消费品零售总额、金融机构贷款年底余额，其中人均全社会消费品零售总额是平顶山市县域经济竞争力中的劣势指标。

（3）从雷达图图形变化看，2015 年与 2014 年相比，面积略微增大，县域经济竞争力呈现上升趋势。

（4）从排位变化的动因看，在地区生产总值、人均地区生产总值、人均固定资产投资额、人均全社会消费品零售总额和金融机构贷款年底余额指标排位不变，人均财政总收入下降和其他指标排位上升的综合作用下，2015 年平顶山市的县域经济竞争力综合排位上升 1 位，居河南省第 9 位。

12.6.2　平顶山市县域经济发展特色分析

（一）宝丰县

2015 年，宝丰县完成地区生产总值 246.63 亿元，同比增长 2.2%；人均地区生产总值 49703 元；一般预算财政总收入 8.28 亿元；一般预算财政总支出 20.16 亿元；全社会固定资产投资额 218.72 亿元；全社会消费品零售总额 47.07 亿元；金融机构贷款年底余额 90.49 亿元；城镇化率 38.55%；城镇居民人均可支配收入 21056 元，农民人均纯收入 12468 元。

2015 年，宝丰县第一产业完成增加值 20.32 亿元，第二产业完成增加值 137.44 亿元，第三产业完成增加值 88.87 亿元，三次产业占比 8.2∶55.7∶36.1。宝丰县新增土地流转面积 1.5 万亩。新引进不锈钢项目 2 个，宝通项目建成投产，不锈钢产业实现主营业务收入 36.9 亿元。特色商业区新增全仁商贸公司等规模以上服务企业 6 家，完成固定资产投资 11.5 亿元，增长 66.7%，实现主营业务收入 12.5 亿元，增长 22.3%。深入实施蓝天、碧水、农村清洁"三大工程"，狠抓减煤、治企、降尘、控车等重点工作，淘汰黄标车 141 辆，取缔城区有烟烧烤，关停 30 万吨捣固焦生产线 1 条、"十五小"企业 16 家、铝石窑 43 座，对城区 3 条河流进行综合整治，夏、秋两季秸秆禁烧成效明显，全年空气质量优良天数 236 天。

（二）郏县

2015 年，郏县完成地区生产总值 149.30 亿元，同比增长 9.6%；人均地区生产总值 25999 元；一般预算财政总收入 7.10 亿元；一般预算财政总支出 22.06 亿元；全社会固定资产投资额 193.76 亿元；全社会消费品零售总额 47.54 亿元；金融机构贷款年底余额 61.48 亿元；城镇化率 37.49%；城镇居民人均可支配收入 18621 元，农民人均纯收入 9422 元。

2015 年，郏县第一产业完成增加值 22.47 亿元，同比增长 4.3%；第二产业完成增加值 86.03 亿元，同比增长 11.8%；第三产业完成增加值 40.80 亿元，同比增长 6.7%，三次产业占比 15.1∶57.6∶27.3。规模以上工业企业实现主营业务收入 335.71 亿元，全年建筑业完成总产值 4.14 亿元。新增高标准良田 3.8 万亩。夏粮单产保持全市第一，粮食总产达 32.6 万吨。全年申请专利 360 项。城镇登记失业率控制在 4% 以内。

（三）鲁山县

2015 年，鲁山县完成地区生产总值 140.76 亿元，同比增长 6.0%；人均地区生产总值 17935 元；一般预算财政总收入 7.08 亿元；一般预算财政总支出 30.55 亿元；全社会固定资产投资额 166.02 亿元；全社会消费品零售总额 50.30 亿元；金融机构贷款年底余额 83.11 亿元；城镇化率 33.28%；城镇居民人均可支配收入 18191 元，农民人均纯收入 7278 元。

2015 年，鲁山县第一产业完成增加值 27.32 亿元，同比增长 4.5%；第二产业完成增加值 48.83 亿元，同比增长 4.2%；第三产业完成增加值 64.20 亿元，同比增长 8.9%；三次产业占比 14.9：34.7：45.9。全县完成重点项目投资 122.6 亿元。全年计划完成固定资产投资 60 亿元，主营业务收入 110 亿元，实现税收 1.2 亿元。生态建设持续加强，累计完成营造林 33.68 万亩。2015 年接待游客突破 1000 万人次，较 2010 年翻了一番。累计新建改建国省干线公路 90 多公里、农村公路 437 公里，建成上汤、琴台 110 千伏和宋庄（辛集乡）、四棵树 35 千伏变电站工程。

（四）叶县

2015 年，叶县完成地区生产总值 201.62 亿元，同比增长 8.0%；人均地区生产总值 25879 元；一般预算财政总收入 7.04 亿元；一般预算财政总支出 28.45 亿元；全社会固定资产投资额 285.16 亿元；全社会消费品零售总额 64.83 亿元；金融机构贷款年底余额 58.36 亿元；城镇化率 33.34%；城镇居民人均可支配收入 19651 元，农民人均纯收入 9501 元。

2015 年，叶县第一产业完成增加值 40.98 亿元，同比增长 5.0%；第二产业完成增加值 107.03 亿元，同比增长 8.1%；第三产业完成增加值 53.61 亿元，同比增长 10.2%，三次产业占比 20.3：53.1：26.6。2015 年，叶县争得的中央预算内投资项目共 29 个，计划投资 29112 万元，其中中央预算内资金 14488.8 万元，省基建资金 1014 万元。共推广农业实用新技术 8 项，总面积 200 多万亩，粮食增产 2000 万公斤，开展技术培训 8 期，培训农民 3000 余人次，田间技术指导、技术咨询 500 余人次等，并成功创建玉米高产示范区，总面积达到 11.4 万亩。建成 2 万亩农业综合开发、8 座小水库除险加固等工程，8 万亩土地整理、小农水重点县、中小河流治理等项目加速推进，澧河引水和白灌闸修复工程开工建设。

（五）汝州市

2015 年，汝州市完成地区生产总值 362.33 亿元，同比增长 8.6%；人均地区生产总值 38975 元；一般预算财政总收入 20.66 亿元；一般预算财政总支出 45.19 亿元；全社会固定资产投资额 286.38 亿元；全社会消费品零售总额 118.14 亿元；金融机构贷款年底余额 147.98 亿元；城镇化率 41.26%，城镇居民人均可支配收入 22270 元，农民人均纯收入 13060 元。

2015 年，汝州市第一产业完成增加值 37.07 亿元，同比增长 4.3%；第二产业完成增加值 167.73 亿元，同比增长 6.8%；第三产业完成增加值 157.53 亿元，同比增长 12.9%，三次产业占比 10.2：46.3：43.5。汝州市发展电子商务企业 4000 多家，被确定为全国电子商务进农村综合示范市。推广运用 PPP 模式，7 个项目纳入省 PPP 项目库，3 个 PPP 项目开工建设。开放招商成效显著。实际利用省外资金 64 亿元，同比增长 9%；对外贸易进出口总额 4519 万美元，同比增长 17.7%；实际利用外资 10349 万美元，同比增长 18.9%，增速居直管县第 1 位。全年民生投入 36.3 亿元，占一般公共预算支出的 80.3%，同比增支 8.2 亿元。取缔"十五小"企业 17 家。申报国家生态乡镇 1 个、省级生态乡镇 4 个、省级生态村 11 个。完成造林 3 万亩，森林抚育 1.4 万亩，低效林改造 0.3 万亩。廊道绿化工程全面启动，流转土地 4.8 万亩，绿化面积 1.4 万亩。城区新建公园游园 29 个，新增城市绿地面积 50 万平方米。

（六）舞钢市

2015 年，舞钢市完成地区生产总值 118.16 亿元，同比增长 15.6%；人均地区生产总值 36935 元；一般预算财政总收入 8.80 亿元；一般预算财政总支出 17.25 亿元；全社会固定资产投资额 193.61 亿元；全社会消费品零售总额 40.45 亿元；金融机构贷款年底余额 84.74 亿元；城镇化率 53.69%；城镇居民人均可支配收入 22270 元，农民人均纯收入 11551 元。

2015 年是"十二五"的收官之年。舞钢市第一产业完成增加值 11.8 亿元，同比增长 4.5%；第二产业完成增加值 57.13 亿元，同比增长 19.8%；第三产业完成增加值 49.23 亿元，同比增长 7.9%，舞钢市三次产业占比 9.9∶49.5∶40.6。生产总值增长 15.6%；全社会固定资产投资额增长 17.4%；社会消费品零售总额增长 12.6%；城镇居民人均可支配收入增长 8.5%；农村居民人均纯收入增长 9.5%。地区生产总值、固定资产投资额、规上工业增加值增速保持高位运行，为平顶山市稳增长做出了积极贡献。争取中央专项建设基金 1.24 亿元，河海公司工业余热利用、第一污水处理厂扩建和经山独立工矿区矿源社区改造 3 个项目正在按计划顺利推进。筛选 12 个项目建立全市 PPP 项目库，有 2 个项目进入全省储备库。资本市场直接融资 14.1 亿元，完成平顶山市下达目标任务的 141%。产业集聚区全年完成主营业务收入 175.7 亿元，总产值 203.1 亿元，实现增加值 41.2 亿元，分别增长 20.3%、26.7% 和 24.1%；商务中心区基础设施完成投资 1.67 亿元，产业项目完成投资 3.43 亿元。城镇新增就业人员 4816 人，安置下岗再就业人员 1221 人，确定大学生创业孵化园区 2 个、就业见习基地 13 家。全市城乡居民养老保险参保人员达到 14.5 万人，发放养老金 4827 万元。

第 13 章
安阳市 2015 年发展报告

13.1 安阳市发展概述

2015 年，安阳市完成地区生产总值 1872.35 亿元，同比增长 7.34%；人均地区生产总值 36694.72 元，增长 7.1%；一般预算财政总收入 109.64 亿元；固定资产投资额 1862.88 亿元，增长 15.77%；全社会消费品零售总额完成 675.52 亿元，增长 12.17%；城镇化率 46.84%；城镇居民人均可支配收入 26513.45 元，农民人均纯收入 11721.26 元，分别增长 5.33% 和 9.75%。

2015 年，安阳市第一产业完成增加值 204.71 亿元，同比增长 4%；第二产业完成增加值 926.81 亿元，同比增长 5.8%；第三产业完成增加值 740.82 亿元，同比增长 11.8%；三次产业占比为 10.9∶49.5∶39.6。2015 年，规模以上工业企业增加值 727.8 亿元，增长 5.6%。其中，轻工业增加值 190.5 亿元，增长 5.2%；重工业增加值 537.3 亿元，增长 5.7%。规模以上工业企业 851 家，年销售收入亿元以上企业 403 家，其中 100 亿元以上企业 3 家，50 亿元以上企业 11 家，10 亿元以上企业 57 家。高新技术增加值增速 11.2%。粮食种植面积 573.8 万亩，比上年增长 3%。其中，夏粮种植面积 292.7 万亩，秋粮种植面积 281.1 万亩。粮食总产量达到 227.4 万吨，比上年增长 3.2%；亩产 396.3 公斤，比上年增长 3.8%；棉花产量 4261 吨，比上年增长 15.2%；油料产量 13 万吨，比上年下降 6.5%。服务业投资 755.7 亿元，增长 21.2%。

13.2 安阳市宏观经济竞争力评价分析

13.2.1 经济规模竞争力评价分析

2014～2015 年，安阳市经济规模竞争力指标在河南省的排位变化情况，如表 13-2-1 和图 13-2-1 所示。

（1）2015 年安阳市经济规模竞争力综合排位处于第 12 位，表明其在河南省处于中势地位，与 2014 年相比下降 1 位。

（2）从指标所处的区位看，2015 年处于上游区的指标有 4 个，分别为地区生产总值、一般预算财政总收入、固定资产投资额、人均固定资产投资额，且均为安阳市经济规模竞争力的中势指标；处于下游区的指标有 7 个，分别为地区生产总值增长率、人均地区生产总值、人均财政总收入、全社会消费品零售总额、人均全社会消费品零售总额、金融机

表 13 – 2 – 1　安阳市 2014～2015 年经济规模竞争力及其二级指标

指标	地区生产总值（亿元）	地区生产总值增长率（%）	人均地区生产总值（元）	一般预算财政总收入（亿元）	人均财政总收入（元）	固定资产投资额（亿元）	人均固定资产投资额（元）	全社会消费品零售总额（亿元）	人均全社会消费品零售总额（元）	金融机构贷款年底余额（亿元）	人均金融机构贷款年底余额（元）	经济规模竞争力
2014 年	1791.81	8.67	35209.56	103.26	2029.16	1609.17	31620.55	602.24	11834.12	878.83	17269.13	—
2015 年	1872.35	7.34	36694.72	109.64	2148.82	1862.88	36509.23	675.52	13238.97	1009.64	19787.21	—
2014 年排位	8	15	9	8	12	8	10	12	13	10	12	11
2015 年排位	9	14	10	9	13	8	9	12	13	11	12	12
升降	−1	1	−1	−1	−1	0	1	0	0	−1	0	−1
优势度	中势	劣势	中势	中势	劣势	中势	中势	中势	劣势	中势	中势	中势

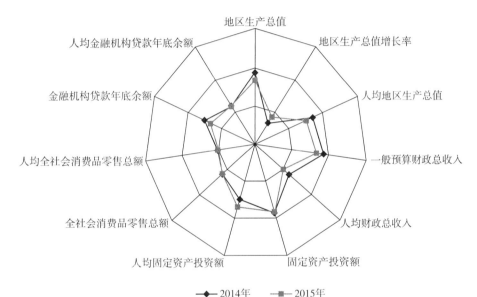

图 13 – 2 – 1　安阳市 2014～2015 年经济规模竞争力二级指标排位

构贷款年底余额、人均金融机构贷款年底余额，其中地区生产总值增长率、人均财政总收入和人均全社会消费品零售总额指标为安阳市经济规模竞争力的劣势指标。

（3）从雷达图图形变化看，2015 年与 2014 年相比，面积略微缩小，经济规模竞争力呈现下降趋势。

（4）从排位变化的动因看，在地区生产总值增长率、人均固定资产投资额指标排位上升和地区生产总值、人均地区生产总值、一般预算财政总收入、人均财政总收入、金融机构贷款年底余额指标排位下降的综合作用下，2015 年安阳市经济规模竞争力综合排位下降 1 位，居河南省第 12 位。

13.2.2　经济结构竞争力评价分析

2014～2015 年，安阳市经济结构竞争力指标在河南省的排位变化情况，如表 13 – 2 – 2 和图 13 – 2 – 2 所示。

表13 - 2 - 2　安阳市2014～2015年经济结构竞争力及其二级指标

指标	产业结构（%）	所有制结构（%）	人均收入结构（%）	支出结构（%）	国际贸易结构（%）	单位GDP能耗增减率(%)	经济结构竞争力
2014年	88.55	58.15	42.43	37.43	33.98	-4.04	—
2015年	89.07	61.95	44.21	36.26	39.85	-5.49	—
2014年排位	9	13	10	11	17	13	15
2015年排位	10	13	10	12	17	13	17
升降	-1	0	0	-1	0	0	-2
优势度	中势	劣势	中势	中势	劣势	劣势	劣势

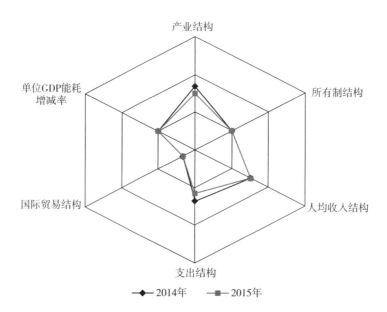

图13 - 2 - 2　安阳市2014～2015年经济结构竞争力二级指标排位

（1）2015年安阳市经济结构竞争力综合排位处于第17位，表明其在河南省处于劣势地位，与2014年相比下降2位。

（2）从指标所处的区位看，2015年所有指标均处于下游，其中所有制结构、国际贸易结构和单位GDP能耗增减率指标为安阳市经济结构竞争力的劣势指标。

（3）从雷达图图形变化看，2015年与2014年相比，面积略有缩小，经济结构竞争力呈现下降趋势。

（4）从排位变化的动因看，在产业结构、支出结构指标排位下降和其他指标排位不变的综合作用下，2015年安阳市经济结构竞争力综合排位下降2位，居河南省第17位。

13.2.3　经济外向度竞争力评价分析

2014～2015年，安阳市经济外向度竞争力指标在河南省的排位变化情况，如表13 - 2 - 3和图13 - 2 - 3所示。

表 13 - 2 - 3 安阳市 2014～2015 年经济外向度竞争力及其二级指标

指标	进出口总额（亿美元）	货物和服务净流出（亿元）	出口拉动指数（%）	实际 FDI（万美元）	利用省外资金（亿元）	省外资金/固定资产投资（%）	经济外向度竞争力
2014 年	14.92	-29.37	-1.64	42839.00	534.70	33.23	—
2015 年	9.69	-12.25	-0.65	49454.00	578.90	31.08	—
2014 年排位	7	17	17	14	4	5	12
2015 年排位	8	17	17	13	4	5	14
升降	-1	0	0	1	0	0	-2
优势度	中势	劣势	劣势	劣势	优势	优势	劣势

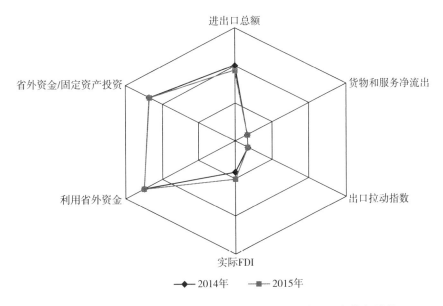

图 13 - 2 - 3 安阳市 2014～2015 年经济外向度竞争力二级指标排位

（1）2015 年安阳市经济外向度竞争力综合排位处于第 14 位，表明其在河南省处于劣势地位，与 2014 年相比下降 2 位。

（2）从指标所处的区位看，2015 年处于上游区的指标有 3 个，分别为进出口总额、利用省外资金和省外资金/固定资产投资，且利用省外资金和省外资金/固定资产投资为安阳市经济外向度竞争力的优势指标；处于下游区的指标有 3 个，分别为货物和服务净流出、出口拉动指数和实际 FDI，且均为安阳市经济外向度竞争力的劣势指标。

（3）从雷达图图形变化看，2015 年与 2014 年相比，面积略有缩小，经济外向度竞争力呈现下降趋势。

（4）从排位变化的动因看，在实际 FDI 指标排位上升和进出口总额指标排位下降的综合作用下，2015 年安阳市经济外向度竞争力综合排位下降 2 位，居河南省第 14 位。

13.2.4　宏观经济竞争力综合分析

2014～2015年，安阳市宏观经济竞争力指标在河南省的排位变化和指标结构，如表13-2-4所示。

表13-2-4　安阳市2014～2015年宏观经济竞争力指标

指标	经济规模竞争力	经济结构竞争力	经济外向度竞争力	宏观经济竞争力
2014年排位	11	15	12	14
2015年排位	12	17	14	15
升降	-1	-2	-2	-1
优势度	中势	劣势	中势	劣势

（1）2015年安阳市宏观经济竞争力综合排位处于第15位，表明其在河南省处于劣势地位，与2014年相比下降了1位。

（2）从指标所处的区位看，2015年经济规模竞争力、经济结构竞争力和经济外向度竞争力指标均处于下游区，其中经济规模竞争力为安阳市宏观经济竞争力的中势指标。

（3）从指标变化趋势来看，经济规模竞争力指标排位下降1位，经济结构竞争力指标排位下降2位，经济外向度竞争力指标排位下降了2位。

（4）从排位综合分析看，在经济规模竞争力指标排位下降、经济结构竞争力指标排位下降和经济外向度竞争力指标排位下降的综合作用下，2015年安阳市宏观经济竞争力综合排位下降了1位，居河南省第15位。

13.3　安阳市产业发展评价分析

13.3.1　农业竞争力评价分析

2014～2015年，安阳市农业竞争力指标在河南省的排位变化情况，如表13-3-1和图13-3-1所示。

表13-3-1　安阳市2014～2015年农业竞争力及其二级指标

指标	农业增加值（亿元）	人均农业增加值（元）	农民人均纯收入（元）	人均主要粮食产量（吨）	农业劳动生产率［元/（人·年）］	农村人均用电量（kW·h）	支农资金比重（%）	农业竞争力
2014年	211.08	4147.68	10680.04	0.71	6947.44	1067.82	13.57	—
2015年	211.35	4142.06	11721.26	0.74	6993.67	1140.68	12.59	—
2014年排位	9	11	8	8	16	3	5	9
2015年排位	9	10	8	8	15	3	10	8
升降	0	1	0	0	1	0	-5	1
优势度	中势	中势	中势	中势	劣势	优势	中势	中势

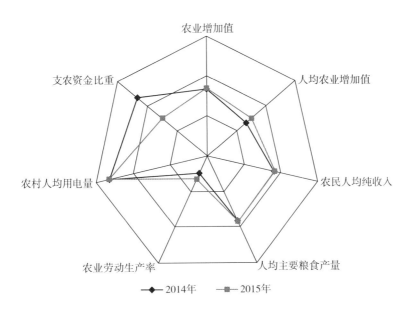

图 13 - 3 - 1　安阳市 2014 ～ 2015 年农业竞争力二级指标排位

（1）2015 年安阳市农业竞争力综合排位处于第 8 位，表明其在河南省处于中势地位，与 2014 年相比上升 1 位。

（2）从指标所处的区位看，2015 年处于上游区的指标有 4 个，分别为农业增加值、农民人均纯收入、人均主要粮食产量、农村人均用电量，其中农村人均用电量为安阳市农业竞争力的优势指标；处于下游区的指标有 3 个，分别为人均农业增加值、农业劳动生产率和支农资金比重，其中农业劳动生产率为安阳市农业竞争力的劣势指标。

（3）从排位变化的动因看，在支农资金比重指标排位下降，人均农业增加值、农业劳动生产率指标排位上升，其他指标排位不变的情况下，2015 年安阳市农业竞争力综合排位上升 1 位，居河南省第 8 位。

13.3.2　工业竞争力评价分析

2014 ～ 2015 年，安阳市工业竞争力指标在河南省的排位变化情况，如表 13 - 3 - 2 和图 13 - 3 - 2 所示。

（1）2015 年安阳市工业竞争力综合排位处于第 9 位，表明其在河南省处于中势地位，与 2014 年持平。

（2）从指标所处的区位看，2015 年处于上游区的指标有 4 个，分别为工业增加值、规模以上工业资产总贡献率、规模以上工业全员劳动生产率和规模以上工业产品销售率。其中规模以上工业全员劳动生产率指标为优势指标；处于下游区的指标有 4 个，分别为工业增加值增长率、人均工业增加值、规模以上工业资产总额和规模以上工业成本费用利润率，其中工业增加值增长率和规模以上工业成本费用利润率为安阳市工业竞争力的劣势指标。

表 13 - 3 - 2　安阳市 2014 ~ 2015 年工业竞争力及其二级指标

指标	工业增加值（亿元）	工业增加值增长率（%）	人均工业增加值（元）	规模以上工业资产总额（亿元）	规模以上工业资产总贡献率（%）	规模以上工业全员劳动生产率〔元/(人·年)〕	规模以上工业成本费用利润率（%）	规模以上工业产品销售率（%）	工业竞争力
2014 年	816.72	9.36	16048.73	2316.93	18.07	305110.60	6.89	98.23	—
2015 年	799.12	5.46	15661.26	2415.14	14.64	270687.06	5.20	98.25	—
2014 年排位	8	15	11	10	6	1	12	10	9
2015 年排位	8	15	10	10	8	5	15	8	9
升降	0	0	1	0	-2	-4	-3	2	0
优势度	中势	劣势	中势	中势	中势	优势	劣势	中势	中势

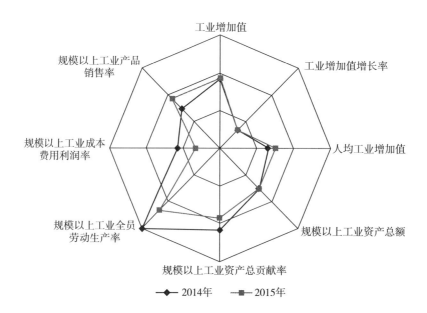

图 13 - 3 - 2　安阳市 2014 ~ 2015 年工业竞争力二级指标排位

（3）从雷达图图形变化看，2015 年与 2014 年相比，面积略微缩小，工业竞争力呈现稳定趋势。

（4）从排位变化的动因看，在规模以上工业资产总贡献率、规模以上工业全员劳动生产率、规模以上工业成本费用利润率指标排位下降和规模以上工业产品销售率、人均工业增加值指标排位上升的综合作用下，2015 年安阳市工业竞争力综合排位保持不变，居河南省第 9 位。

13.3.3　工业化进程竞争力评价分析

2014 ~ 2015 年，安阳市工业化进程竞争力指标在河南省的排位变化情况，如表 13 - 3 - 3 和图 13 - 3 - 3 所示。

表 13 - 3 - 3 安阳市 2014 ~ 2015 年工业化进程竞争力及其二级指标

指标	第二产业增加值占 GDP 比重（%）	第二产业增加值增长率（%）	第二产业从业人员占总就业人员比重（%）	第二产业从业人员增长率（%）	第二产业固定资产投资占比（%）	工业化进程竞争力
2014 年	52.36	9.71	33.23	-7.02	53.88	—
2015 年	49.50	5.80	37.73	16.31	49.89	—
2014 年排位	9	13	6	16	12	11
2015 年排位	10	15	4	2	13	10
升降	-1	-2	2	14	-1	1
优势度	中势	劣势	优势	优势	劣势	中势

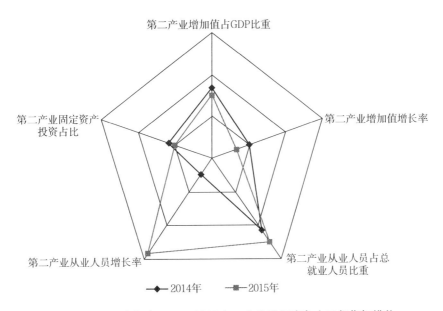

图 13 - 3 - 3 安阳市 2014 ~ 2015 年工业化进程竞争力二级指标排位

（1）2015 年安阳市工业化进程竞争力综合排位处于第 10 位，表明其在河南省处于中势地位，与 2014 年相比上升了 1 位。

（2）从指标所处的区位看，2015 年处于上游区的指标有 2 个，分别为第二产业从业人员占总就业人员比重和第二产业从业人员增长率，均为安阳市工业化进程竞争力的优势指标；处于下游区的指标有 3 个，分别为第二产业增加值占 GDP 比重、第二产业增加值增长率和第二产业固定资产投资占比，其中第二产业增加值增长率和第二产业固定资产投资占比为安阳市工业化进程竞争力的劣势指标。

（3）从雷达图图形变化看，2015 年与 2014 年相比，面积明显增加，工业化进程竞争力呈现上升趋势。

（4）从排位变化的动因看，在第二产业增加值占 GDP 比重、第二产业增加值增长率、第二产业固定资产投资占比指标排位下降和其他指标排位上升的综合作用下，2015 年安阳市工业化进程竞争力综合排位上升了 1 位，居河南省第 10 位。

13.3.4 服务业竞争力评价分析

2014～2015 年，安阳市服务业竞争力指标在河南省的排位变化情况，如表 13－3－4 和图 13－3－4 所示。

表 13－3－4　安阳市 2014～2015 年服务业竞争力及其二级指标

指标	服务业增加值（亿元）	服务业增加值增长率（%）	人均服务业增加值（元）	服务业从业人员数（万人）	服务业从业人员数增长率（%）	交通运输仓储邮电业增加值（亿元）	金融业增加值（亿元）	房地产业增加值（亿元）	批发和零售业增加值（亿元）	住宿和餐饮业增加值（亿元）	服务业竞争力
2014 年	648.42	8.07	12741.60	83.50	-4.67	67.89	66.93	79.87	134.42	33.08	—
2015 年	740.82	11.80	14518.76	100.71	20.62	73.27	80.00	84.32	144.46	36.21	—
2014 年排位	5	12	7	10	18	8	6	6	4	14	11
2015 年排位	5	8	8	8	2	8	6	6	5	14	4
升降	0	4	-1	2	16	0	0	0	-1	0	7
优势度	优势	中势	中势	中势	优势	中势	优势	优势	优势	劣势	优势

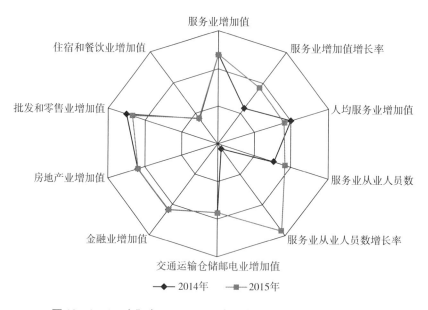

图 13－3－4　安阳市 2014～2015 年服务业竞争力二级指标排位

（1）2015 年安阳市服务业竞争力综合排位处于第 4 位，表明其在河南省处于优势地位，与 2014 年相比上升 7 位。

（2）从指标所处的区位看，2015 年处于上游区的指标有 9 个，分别为服务业增加值、服务业增加值增长率、人均服务业增加值、服务业从业人员数、服务业从业人员数增长率、交通运输仓储邮电业增加值、金融业增加值、房地产业增加值、批发和零售业增加值，其中服务业增加值、服务业从业人员数增长率、金融业增加值、房地产业增加值、批发和零售业增加值为安阳市服务业竞争力的优势指标；处于下游区的指标有 1 个，为住宿和餐饮业增加值，且为安阳市服务业竞争力的劣势指标。

（3）从雷达图图形变化看，2015 年与 2014 年相比，面积明显增加，服务业竞争力呈现上升趋势。

（4）从排位变化的动因看，在服务业增加值增长率、服务业从业人员数、服务业从业人员数增长率指标排位上升和人均服务业增加值、批发和零售业增加值指标排位下降的综合作用下，2015 年安阳市服务业竞争力综合排位上升 7 位，居河南省第 4 位。

13.3.5　企业竞争力评价分析

2014～2015 年，安阳市企业竞争力指标在河南省的排位变化情况，如表 13 - 3 - 5 和图 13 - 3 - 5 所示。

表 13 - 3 - 5　安阳市 2014～2015 年企业竞争力及其二级指标

指标	规模以上工业企业数（个）	规模以上工业企业平均资产（亿元）	规模以上工业企业主营业务收入平均值（亿元）	流动资产年平均余额（亿元）	规模以上工业企业资产负债率（％）	规模以上工业企业成本费用利润率(％)	规模以上工业企业平均利润（亿元）	全员劳动生产率［元/(人·年)］	企业竞争力
2014 年	998.00	2.32	3.56	993.09	59.67	6.89	0.23	305110.60	—
2015 年	1104.00	2.19	3.29	991.85	56.03	5.20	0.16	270687.06	—
2014 年排位	12	8	7	9	1	12	9	1	7
2015 年排位	12	11	11	10	2	15	12	5	12
升降	0	-3	-4	-1	-1	-3	-3	-4	-5
优势度	中势	中势	中势	中势	优势	劣势	中势	优势	中势

（1）2015 年安阳市企业竞争力综合排位处于第 12 位，表明其在河南省处于中势地位，与 2014 年相比综合排位下降 5 位。

（2）从指标所处的区位看，2015 年处于上游区的指标有 2 个，分别是规模以上工业企业资产负债率和全员劳动生产率，均为安阳市企业竞争力的优势指标，处于下游区的指标有 6 个，分别为规模以上工业企业数、规模以上工业企业平均资产、规模以上工业主营业各收入平均值、流动资产年平均余额、规模以上工业企业成本费用利润率和规模以上工业企业平均利润，其中规模以上工业企业成本费用利润率为安阳市企业竞争力的劣势指标。

（3）从雷达图图形变化看，2015 年与 2014 年相比，面积明显缩小，企业竞争力呈现下降趋势。

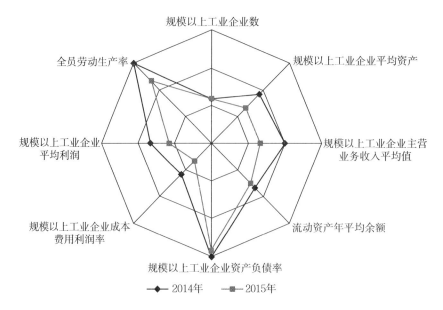

图 13 - 3 - 5 安阳市 2014～2015 年企业竞争力二级指标排位

（4）从排位变化的动因看，在规模以上工业企业数排位不变，其他指标排位下降的综合作用下，2015 年安阳市企业竞争力综合排位下降 5 位，居河南省第 12 位。

13.4 安阳市城镇化发展评价分析

13.4.1 城镇化进程竞争力评价分析

2014～2015 年，安阳市城镇化进程竞争力指标在河南省的排位变化情况，如表 13 - 4 - 1 和图 13 - 4 - 1 所示。

表 13 - 4 - 1 安阳市 2014～2015 年城镇化进程竞争力及其二级指标

指标	城镇化率（%）	城镇居民人均可支配收入（元）	城市建成区面积（平方公里）	市区人口密度（人/平方公里）	人均拥有道路面积（平方米）	人均日生活用水量（升）	燃气普及率（%）	人均城市园林绿地面积（平方米）	城镇化进程竞争力
2014 年	45.27	25172.29	80.00	4697.00	13.87	149.45	98.25	10.09	—
2015 年	46.84	26513.45	81.00	4735.00	14.08	160.62	98.27	10.56	—
2014 年排位	11	4	9	11	10	1	3	15	9
2015 年排位	11	4	9	11	10	1	3	11	9
升降	0	0	0	0	0	0	0	4	0
优势度	中势	优势	中势	中势	中势	优势	优势	中势	中势

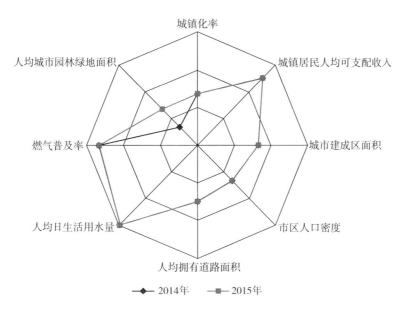

图 13 – 4 – 1　安阳市 2014 ~ 2015 年城镇化进程竞争力二级指标排位

（1）2015 年安阳市城镇化进程竞争力综合排位处于第 9 位，表明其在河南省处于中势地位，与 2014 年相比排位保持不变。

（2）从指标所处的区位看，2015 年处于上游区的指标有 4 个，分别为城镇居民人均可支配收入、城市建成区面积、人均日生活用水量和燃气普及率，其中城镇居民人均可支配收入、人均日生活用水量和燃气普及率为安阳市城镇化进程竞争力的优势指标；处于下游区的指标有 4 个，分别为城镇化率、市区人口密度、人均拥有道路面积和人均城市园林绿地面积。

（3）从雷达图图形变化看，2015 年与 2014 年相比，面积略有增加，城镇化进程竞争力呈现稳定趋势。

（4）从排位变化的动因看，在人均城市园林绿地面积指标排位上升、其他指标排位保持不变的综合作用下，2015 年安阳市城镇化进程竞争力综合排位不变，居河南省第 9 位。

13. 4. 2　城镇社会保障竞争力评价分析

2014 ~ 2015 年，安阳市城镇社会保障竞争力指标在河南省的排位变化情况，如表 13 – 4 – 2 和图 13 – 4 – 2 所示。

（1）2015 年安阳市城镇社会保障竞争力综合排位处于第 5 位，表明其在河南省处于优势地位，与 2014 年相比下降 1 位。

（2）从指标所处的区位看，2015 年处于上游区的指标有 5 个，分别为城市城镇社区服务设施数、医疗保险覆盖率、养老保险覆盖率、失业保险覆盖率和工伤保险覆盖率，其中医疗保险覆盖率、养老保险覆盖率和工伤保险覆盖率为安阳市城镇社会保障竞争力的优

表 13 -4 -2　安阳市 2014 ~ 2015 年城镇社会保障竞争力及其二级指标

指标	城市城镇社区服务设施数(个/万人)	医疗保险覆盖率(%)	养老保险覆盖率(%)	失业保险覆盖率(%)	工伤保险覆盖率(%)	城镇登记失业率(%)	城镇社会保障竞争力
2014 年	379	53.89	31.16	18.19	19.88	3.01	—
2015 年	544	51.99	31.04	17.41	20.04	3.27	—
2014 年排位	3	6	5	8	4	10	4
2015 年排位	7	6	6	9	4	13	5
升降	-4	0	-1	-1	0	-3	-1
优势度	中势	优势	优势	中势	优势	劣势	优势

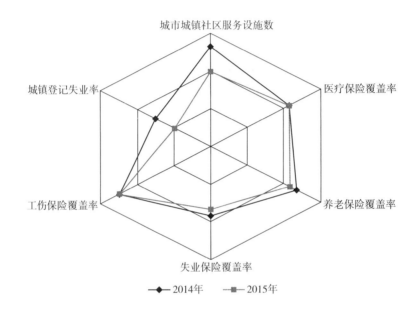

图 13 -4 -2　安阳市 2014 ~ 2015 年城镇社会保障竞争力二级指标排位

势指标；处于下游区的指标有 1 个，为城镇登记失业率，且为安阳市城镇社会保障竞争力的劣势指标。

（3）从雷达图图形变化看，2015 年与 2014 年相比，面积略有缩小，城镇社会保障竞争力呈现下降趋势。

（4）从排位变化的动因看，在医疗保险覆盖率、工伤保险覆盖率指标排位不变和其他指标排位下降的综合作用下，2015 年安阳市城镇社会保障竞争力综合排位下降 1 位，居河南省第 5 位。

13.5　安阳市社会发展评价分析

13.5.1　教育竞争力评价分析

2014 ~ 2015 年，安阳市教育竞争力指标在河南省的排位变化情况，如表 13 -5 -1 和图 13 -5 -1 所示。

表 13 - 5 - 1 安阳市 2014～2015 年教育竞争力及其二级指标

指标	教育经费占GDP比重（%）	人均教育经费（元）	人均教育固定资产投资（元）	万人中小学学校数（所）	万人中小学专任教师数（个）	万人高等学校数（所）	万人高校专任教师数（个）	万人高等学校在校学生数（个）	教育竞争力
2014 年	3.53	1243.08	408.45	3.15	88.51	0.01	8.93	132.10	—
2015 年	3.82	1399.54	521.85	3.12	90.02	0.01	9.27	142.39	—
2014 年排位	12	17	8	10	11	6	8	6	15
2015 年排位	10	12	7	10	13	6	8	6	10
升降	2	5	1	0	-2	0	0	0	5
优势度	中势	中势	中势	中势	劣势	优势	中势	优势	中势

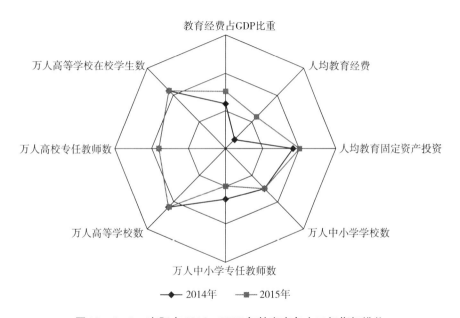

图 13 - 5 - 1 安阳市 2014～2015 年教育竞争力二级指标排位

（1）2015 年安阳市教育竞争力综合排位处于第 10 位，表明其在河南省处于中势地位，与 2014 年相比上升 5 位。

（2）从指标所处的区位看，2015 年处于上游区的指标有 4 个，分别为人均教育固定资产投资、万人高等学校数、万人高校专任教师数和万人高等学校在校学生数，其中万人高等学校在校学生数和万人高等学校数为安阳市教育竞争力的优势指标；处于下游区的指标有 4 个，分别为教育经费占 GDP 比重、人均教育经费、万人中小学学校数和万人中小学专任教师数，其中万人中小学专任教师数为安阳市教育竞争力的劣势指标。

（3）从雷达图图形变化看，2015 年与 2014 年相比，面积明显增加，教育竞争力呈现上升趋势。

（4）从排位变化的动因看，在人均教育经费、教育经费占 GDP 比重和人均教育固定资产投资指标排位上升及万人中小学专任教师数指标排位下降的综合作用下，2015 年安阳市教育竞争力综合排位上升了 5 位，居河南省第 10 位。

13.5.2 科技竞争力评价分析

2014～2015 年，安阳市科技竞争力指标在河南省的排位变化情况，如表 13－5－2 和图 13－5－2 所示。

表 13－5－2 安阳市 2014～2015 年科技竞争力及其二级指标

指标	科学研究和技术服务业增加值（亿元）	万人科技活动人员（人）	R&D 经费占GDP 比重（%）	人均 R&D经费支出（元）	万人技术市场成交额（万元）	科技竞争力
2014 年	14.48	32.33	1.00	352.12	2.75	—
2015 年	17.70	27.48	0.89	325.08	0.93	—
2014 年排位	6	9	9	9	10	9
2015 年排位	6	10	11	11	13	10
升降	0	-1	-2	-2	-3	-1
优势度	优势	中势	中势	中势	劣势	中势

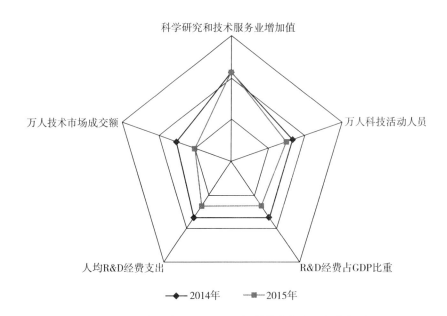

图 13－5－2 安阳市 2014～2015 年科技竞争力二级指标排位

（1）2015 年安阳市科技竞争力综合排位处于第 10 位，表明其在河南省处于中势地位，与 2014 年相比下降 1 位。

（2）从指标所处的区位看，2015 年处于上游区的指标有 1 个，为科学研究和技术服务业增加值，且科学研究和技术服务业增加值为安阳市科技竞争力的优势指标；处于下游区的指标有 4 个，为万人科技活动人员、R&D 经费占 GDP 比重、人均 R&D 经费支出、万人技术市场成交额，除万人技术市场成交额指标外，均为安阳市科技竞争力的中势指标。

（3）从雷达图图形变化看，2015 年与 2014 年相比，面积略有缩小，科技竞争力呈现下降趋势。

（4）从排位变化的动因看，在万人科技活动人员、R&D 经费占 GDP 比重、人均 R&D 经费支出、万人技术市场成交额指标排位下降，其余指标排位不变的综合作用下，2015 年安阳市科技竞争力综合排位下降 1 位，居河南省第 10 位。

13.5.3　文化竞争力评价分析

2014～2015 年，安阳市文化竞争力指标在河南省的排位变化情况，如表 13 – 5 – 3 和图 13 – 5 – 3 所示。

表 13 – 5 – 3　安阳市 2014～2015 年文化竞争力及其二级指标

指标	全市接待旅游总人次（万人次）	全市旅游总收入（亿元）	城镇居民人均文化娱乐支出（元）	农村居民人均文化娱乐支出（元）	城镇居民文化娱乐支出占消费性支出比重（%）	农村居民文化娱乐支出占消费性支出比重（%）	文化竞争力
2014 年	2254.57	199.64	1630.58	446.77	10.72	6.16	—
2015 年	2926.83	249.02	1637.94	563.57	10.50	7.58	—
2014 年排位	7	5	15	10	14	14	13
2015 年排位	5	5	14	13	12	16	14
升降	2	0	1	-3	2	-2	-1
优势度	优势	优势	劣势	劣势	中势	劣势	劣势

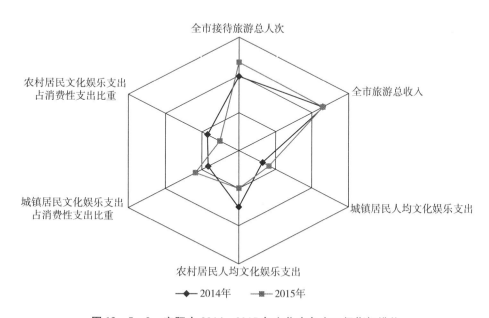

图 13 – 5 – 3　安阳市 2014～2015 年文化竞争力二级指标排位

（1）2015 年安阳市文化竞争力综合排位处于第 14 位，表明其在河南省处于劣势地位，与 2014 年相比下降了 1 位。

（2）从指标所处的区位看，2015 年处于上游区的指标有 2 个，分别为全市接待旅游总人次和全市旅游总收入，都为优势指标；处于下游区的指标有 4 个，为城镇居民人均文化娱乐支出、农村居民人均文化娱乐支出、城镇居民文化娱乐支出占消费性支出比重和农村居民文化娱乐支出占消费性支出比重，其中城镇居民人均文化娱乐支出、农村居民人均文化娱乐支出、农村居民文化娱乐支出占消费性支出比重为安阳市文化竞争力的劣势指标。

（3）从雷达图图形变化看，2015 年与 2014 年相比，面积略有缩小，文化竞争力呈现下降趋势。

（4）从排位变化的动因看，在农村居民人均文化娱乐支出、农村居民文化娱乐支出占消费性支出比重指标排位下降和全市接待旅游总人次、城镇居民人均文化娱乐支出、城镇居民文化娱乐支出占消费性支出比重指标排位上升，其他指标排位不变的综合作用下，2015 年安阳市文化竞争力综合排位下降了 1 位，居河南省第 14 位。

13.6 安阳市县域经济发展评价分析

13.6.1 县域经济竞争力评价分析

2014 ～ 2015 年，安阳市县域经济竞争力指标在河南省的排位变化情况，如表 13 - 6 - 1 和图 13 - 6 - 1 所示。

表 13 - 6 - 1 安阳市 2014 ～ 2015 年县域经济竞争力及其二级指标

指标	地区生产总值（亿元）	人均地区生产总值（元）	一般预算财政总收入（亿元）	人均财政总收入（元）	固定资产投资额（亿元）	人均固定资产投资额（元）	全社会消费品零售总额（亿元）	人均全社会消费品零售总额（元）	金融机构贷款年底余额（亿元）	人均金融机构贷款年底余额（元）	县域经济竞争力
2014 年	1302.98	33797.29	46.42	1204.12	1223.68	31740.33	312.23	8098.77	400.49	10388.11	—
2015 年	1347.28	34774.38	50.29	1297.91	1413.35	36479.74	350.51	9046.93	442.53	11422.13	—
2014 年排位	9	7	13	10	8	6	13	15	11	11	7
2015 年排位	10	8	12	11	8	6	12	14	11	12	7
升降	-1	-1	1	-1	0	0	1	1	0	-1	0
优势度	中势	中势	中势	中势	中势	优势	中势	劣势	中势	中势	中势

（1）2015 年安阳市县域经济竞争力综合排位处于第 7 位，表明其在河南省处于中势地位，与 2014 年相比排位保持不变。

（2）从指标所处的区位看，2015 年处于上游区的指标有 3 个，分别为人均地区生产总值、固定资产投资额和人均固定资产投资额，其中人均固定资产投资额为安阳市县域经济竞争力的优势指标；处于下游区的指标有 7 个，分别为地区生产总值、一般预算财政总收入、人均财政总收入、全社会消费品零售总额、人均全社会消费品零售总额、金融机构贷款年底余额和人均金融机构贷款年底余额，其中人均全社会消费品零售总额为安阳市县

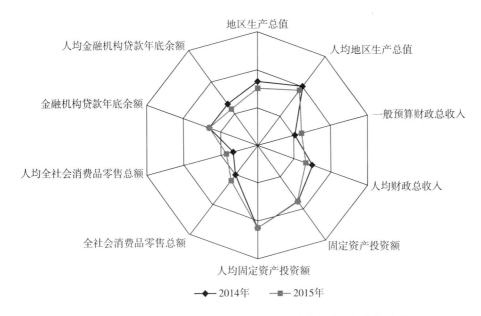

图 13 - 6 - 1　安阳市 2014 ~ 2015 年县域经济竞争力二级指标排位

域经济竞争力的劣势指标。

（3）从雷达图图形变化看，2015 年与 2014 年相比，面积基本不变，县域经济竞争力呈现稳定趋势。

（4）从排位变化的动因看，在地区生产总值、人均地区生产总值、人均财政总收入和人均金融机构贷款年底余额指标排位下降，一般预算财政总收入、全社会消费品零售总额、人均全社会消费品零售总额指标排位上升，以及其他指标排位保持不变的综合作用下，2015 年安阳市县域经济竞争力综合排位保持不变，居河南省第 7 位。

13.6.2　安阳市县域经济发展特色分析

（一）林州市

2015 年，林州市完成地区生产总值 455.47 亿元，同比增长 8.0%；人均地区生产总值 57448 元；一般预算财政总收入 15.32 亿元；一般预算财政总支出 39.16 亿元；全社会固定资产投资额 536.77 亿元；全社会消费品零售总额 105.58 亿元；金融机构贷款年底余额 137.17 亿元；城镇化率 49.50%；城镇居民人均可支配收入 24841 元，农民人均纯收入 15706 元。

2015 年，林州市第一产业完成增加值 20.35 亿元，同比上升 3.3%；第二产业完成增加值 251.53 亿元，同比增长 6.7%；第三产业完成增加值 183.60 亿元，同比增长 12.2%；三次产业占比为 4.4:55.3:40.3。工业总产值完成 1153 亿元，增长 6.4%，规模以上工业增加值完成 252 亿元，增长 6.6%。红旗渠经济技术开发区成为全省唯一一家被列入国家循环改造示范点的园区。2015 年共接待游客 571.7 万人次，旅游综合收入 12.5 亿元。在旅游业带动下，义乌商贸城、长德商贸城、大通物流园、国际汽配城等一批大型物流商贸项目快速推进。全年引进省外资金92亿元、域外资金97亿元。大通物流中心开业运营，长德商贸城、太阳国际等商贸物流项目开工建设。

（二）安阳县

2015年，安阳县完成地区生产总值340.24亿元，同比增长2.6%；人均地区生产总值39699元；一般预算财政总收入9.76亿元；一般预算财政总支出30.49亿元；全社会固定资产投资额501.07亿元；全社会消费品零售总额69.61亿元；金融机构贷款年底余额107.68亿元；城镇化率43.05%；城镇居民人均可支配收入23414元，农民人均纯收入13310元。

2015年，安阳县第一产业完成增加值30.86亿元，同比增长3.3%；第二产业完成增加值184.67亿元，同比增长0.6%；第三产业完成增加值124.7亿元，同比增长8.3%；三次产业占比为8.6：56.2：35.2。2015年，安阳县三产比重较上年提高2.8个百分点。粮食生产实现十二连增，总产78.76万吨，增长5%。开展产业招商、精准招商，光伏新能源产业成为一大亮点，3个光伏电站项目落地，装机容量150兆瓦。新建、扩建农业园区9个，市农科院科研基地、龙飞生态园等园区初具规模。新增高效农业面积4500亩、土地流转面积2万亩，新发展家庭农场52家。电子商务产业孵化园正式运行，引进企业15家。创建中国铁合金现货交易网，交易额突破3亿元。

（三）汤阴县

2015年，汤阴县完成地区生产总值164.00亿元，同比增长13.7%；人均地区生产总值37650元；一般预算财政总收入10.19亿元；一般预算财政总支出22.94亿元；全社会固定资产投资额108.39亿元；全社会消费品零售总额33.69亿元；金融机构贷款年底余额56.64亿元；城镇化率43.48%；城镇居民人均可支配收入21740元，农民人均纯收入11632元。

2015年，汤阴县第一产业完成增加值23.51亿元，同比增长3.9%；第二产业完成增加值90.45亿元，同比增长16.0%；第三产业完成增加值50.04亿元，同比增长12.0%；三次产业占比为14.5：55：30.5。2015年，博大面业、今麦郎饮品等63个项目竣工投产，五年累计完成投资124.3亿元。规模以上工业利润总额实现27.4亿元，是"十一五"末的1.5倍。汤阴县连续五届十年荣获全国"食品工业强县"称号，集聚效应持续增强。产业集聚区面积由17.2平方公里调整为42平方公里，入驻企业196家，是"十一五"末的3.8倍。五年累计完成工业增加值225.6亿元，税收收入6.4亿元，固定资产投资209.9亿元。建设智能工厂、数字化车间试点3个，新增工程技术研究中心和企业技术中心1~3家，培育中国驰名商标1个、河南名牌产品2个，规模以上高新技术产业增加值增长10%以上。

（四）滑县

2015年，滑县完成地区生产总值211.30亿元，同比增长9.1%；人均地区生产总值19079元；一般预算财政总收入9.36亿元；一般预算财政总支出50.53亿元；全社会固定资产投资额153.50亿元；全社会消费品零售总额83.10亿元；金融机构贷款年底余额98.6亿元；城镇化率27.17%；城镇居民人均可支配收入20747元，农民人均纯收入9079元。

2015 年，滑县第一产业完成增加值 65.62 亿元，同比增长 4.2%；第二产业完成增加值 77.95 亿元，同比增长 10.2%；第三产业完成增加值 67.72 亿元，同比增长 13%；三次产业占比为 31∶36.9∶32.1。2015 年滑县粮食总产量 148.2 万吨，比上年增长 3.3%。工业增加值为 69.56 亿元，增长 10.3%。规模以上工业增加值 66.2 亿元，增长 11.6%。全年进出口总额 1787 万美元，比上年增长 16.8%；出口总额 1540 万美元，比上年增长 0.6%。全年交通运输仓储邮电业增加值 64573 万元，比上年增长 6.2%。

（五）内黄县

2015 年，内黄县完成地区生产总值 176.28 亿元，同比增长 10.5%；人均地区生产总值 26238 元；一般预算财政总收入 5.66 亿元；一般预算财政总支出 24.90 亿元；全社会固定资产投资额 113.61 亿元；全社会消费品零售总额 58.53 亿元；金融机构贷款年底余额 42.45 亿元；城镇化率 26.36%；城镇居民人均可支配收入 18851 元，农民人均纯收入 9374 元。

2015 年，内黄县第一产业完成增加值 52.57 亿元，同比增长 4.1%；第二产业完成增加值 70.68 亿元，同比增长 13.1%；第三产业完成增加值 53.04 亿元，同比增长 12.3%；三次产业占比为 29.8∶40.1∶30.1。2015 年，内黄县新增规模以上企业 10 家。全面扩大对外开放，引进亿元以上项目 32 个，天燧气暖联产、华润新能源 400 兆瓦风电等项目签约落地，实际利用外资 4879 万美元。新增城区绿化面积 10000 平方米。新建高标准粮田 5.7 万亩，粮食总产实现十三连增。新增温棚 1 万亩，达到 17.5 万亩；年育苗 2.3 亿株。

第 14 章
鹤壁市 2015 年发展报告

14.1 鹤壁市发展概述

2015 年，鹤壁市完成地区生产总值 715.65 亿元，同比增长 8.0%；人均地区生产总值 44678.04 元，同比增长 8.1%；一般预算财政总收入 52.86 亿元，同比增长 12.2%；固定资产投资完成 701.40 亿元，同比增长 17.7%；全社会消费品零售总额 183.67 亿元，同比增长 12.4%；金融机构贷款年底余额 484.60 亿元，同比增长 10.55%；进出口总额 3.39 亿美元，同比增长 5.28%；城镇化率 55.66%；城镇居民人均可支配收入 24539.90 元，农民人均纯收入 12995.30 元，分别同比增长 6.17% 和 10.99%。

2015 年，鹤壁市第一产业完成增加值 61.85 亿元，同比增长 4.1%；第二产业完成增加值 468.25 亿元，同比增长 7.4%；第三产业完成增加值 185.55 亿元，同比增长 12.0%；三次产业占比为 8.64:65.43:25.93。招商引资方面，引进省外资金 261.4 亿元，同比增长 8.92%；实际利用境外资金 77067 万美元，同比增长 15.4%。项目建设方面，150 个重点项目完成投资占年度计划的 103%，24 个项目竣工、70 个项目开工。企业服务方面，企业反映问题解决率 96%，有效保障了企业正常生产经营；5 个国字号创新研发平台挂牌运行，新增国家级博士后科研工作站 2 个，建成省级创业孵化园区 1 家，新登记市场主体同比增长 19.5%。浚县和宝山产业集聚区成功创建国家级、省级产业示范基地。积极发展"互联网 +"新业态，与曙光、腾讯等知名互联网公司开展了合作，鹤壁城市云计算中心、中国鹤壁城市智慧平台投入使用。

14.2 鹤壁市宏观经济竞争力评价分析

14.2.1 经济规模竞争力评价分析

2014~2015 年，鹤壁市经济规模竞争力指标在河南省的排位变化情况，如表 14-2-1 和图 14-2-1 所示。

（1）2015 年鹤壁市经济规模竞争力综合排位处于第 17 位，表明其在河南省处于劣势地位，与 2014 年相比排位下降了 9 位。

（2）从指标所处的区位看，2015 年处于上游区的指标有 4 个，分别为人均地区生产总值、人均财政总收入、人均固定资产投资额和人均金融机构贷款年底余额，其中人均财政总收入和人均金融机构贷款年底余额为鹤壁市经济规模竞争力的优势指标；处于下游区

表 14 – 2 – 1　鹤壁市 2014～2015 年经济规模竞争力及其二级指标

指标	地区生产总值（亿元）	地区生产总值增长率（%）	人均地区生产总值（元）	一般预算财政总收入（亿元）	人均财政总收入（元）	固定资产投资额（亿元）	人均固定资产投资额（元）	全社会消费品零售总额（亿元）	人均全社会消费品零售总额（元）	金融机构贷款年底余额（亿元）	人均金融机构贷款年底余额（元）	经济规模竞争力
2014 年	682.20	10.10	42549.59	47.11	2938.12	598.68	37340.49	163.44	10194.21	438.34	27339.96	—
2015 年	715.65	8.04	44678.04	52.86	3300.09	701.40	43788.52	183.67	11466.32	484.60	30253.33	—
2014 年排位	17	1	7	17	6	17	7	17	15	16	4	8
2015 年排位	17	13	7	17	5	17	7	17	15	17	5	17
升降	0	–12	0	0	1	0	0	0	0	–1	–1	–9
优势度	劣势	劣势	中势	劣势	优势	劣势	中势	劣势	劣势	劣势	优势	劣势

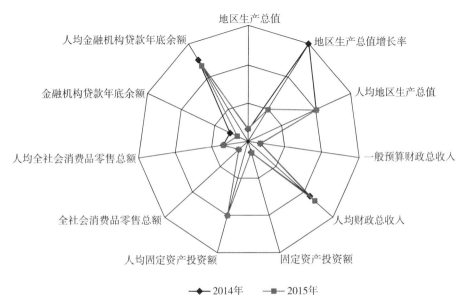

图 14 – 2 – 1　鹤壁市 2014～2015 年经济规模竞争力二级指标排位

的指标有 7 个，分别为地区生产总值、地区生产总值增长率、一般预算财政总收入、固定资产投资额、全社会消费品零售总额、人均全社会消费品零售总额和金融机构贷款年底余额，且均为鹤壁市经济规模竞争力的劣势指标。

（3）从雷达图图形变化看，2015 年与 2014 年相比，面积明显缩小，经济规模竞争力呈现下降趋势。

（4）从排位变化的动因看，在人均财政总收入指标排位上升和地区生产总值增长率、金融机构贷款年底余额和人均金融机构贷款年底余额指标排位下降的综合作用下，2015年鹤壁市经济规模竞争力综合排位下降了 9 位，居河南省第 17 位。

14.2.2　经济结构竞争力评价分析

2014～2015 年，鹤壁市经济结构竞争力指标在河南省的排位变化情况，如表 14 – 2 – 2 和图 14 – 2 – 2 所示。

表 14 - 2 - 2　鹤壁市 2014～2015 年经济结构竞争力及其二级指标

指标	产业结构（%）	所有制结构（%）	人均收入结构（%）	支出结构（%）	国际贸易结构（%）	单位 GDP 能耗增减率(%)	经济结构竞争力
2014 年	90.70	61.15	50.66	27.30	82.72	-7.01	—
2015 年	91.36	63.58	52.96	26.19	81.42	-7.23	—
2014 年排位	7	12	5	17	8	5	7
2015 年排位	6	12	4	17	8	7	8
升降	1	0	1	0	0	-2	-1
优势度	优势	中势	优势	劣势	中势	中势	中势

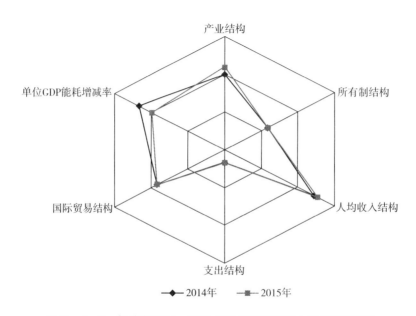

图 14 - 2 - 2　鹤壁市 2014～2015 年经济结构竞争力二级指标排位

（1）2015 年鹤壁市经济结构竞争力综合排位处于第 8 位，表明其在河南省处于中势地位，与 2014 年相比排位下降 1 位。

（2）从指标所处的区位看，2015 年处于上游区的指标有 4 个，分别为产业结构、人均收入结构、国际贸易结构和单位 GDP 能耗增减率，其中产业结构和人均收入结构指标为鹤壁市经济结构竞争力的优势指标；处于下游区的指标有 2 个，分别为所有制结构和支出结构，其中支出结构指标为鹤壁市经济结构竞争力的劣势指标。

（3）从雷达图图形变化看，2015 年与 2014 年相比，面积略有缩小，经济结构竞争力呈现下降趋势。

（4）从排位变化的动因看，在产业结构、人均收入结构指标排位上升和单位 GDP 能耗增减率指标排位下降的综合作用下，2015 年鹤壁市经济结构竞争力综合排位下降了 1 位，居河南省第 8 位。

14.2.3　经济外向度竞争力评价分析

2014～2015 年，鹤壁市经济外向度竞争力指标在河南省的排位变化情况，如表 14 - 2 - 3 和图 14 - 2 - 3 所示。

表 14 - 2 - 3　鹤壁市 2014～2015 年经济外向度竞争力及其二级指标

指标	进出口总额 （亿美元）	货物和服务 净流出（亿元）	出口拉动指数 （％）	实际 FDI （万美元）	利用省外资金 （亿元）	省外资金/ 固定资产投资 （％）	经济外向度 竞争力
2014 年	3.22	12.96	1.90	66785.00	239.90	40.07	—
2015 年	3.39	13.27	1.85	77067.00	261.40	37.27	—
2014 年排位	17	14	9	7	13	1	10
2015 年排位	17	14	7	7	13	1	9
升降	0	0	2	0	0	0	1
优势度	劣势	劣势	中势	中势	劣势	优势	中势

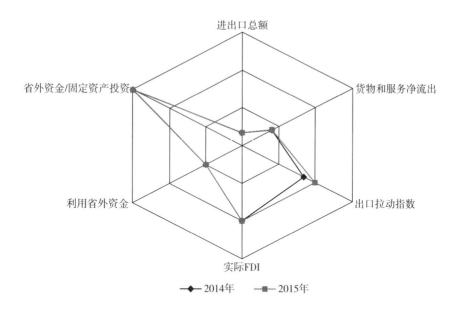

图 14 - 2 - 3　鹤壁市 2014～2015 年经济外向度竞争力二级指标排位

（1）2015 年鹤壁市经济外向度竞争力综合排位处于第 9 位，表明其在河南省处于中势地位，与 2014 年相比排位上升了 1 位。

（2）从指标所处的区位看，2015 年处于上游区的指标有 3 个，分别为实际 FDI、出口拉动指数和省外资金/固定资产投资，其中省外资金/固定资产投资为鹤壁市经济外向度竞争力的优势指标；处于下游区的指标有 3 个，分别为进出口总额、货物和服务净流出及利用省外资金，且均为鹤壁市经济外向度竞争力的劣势指标。

（3）从雷达图图形变化看，2015 年与 2014 年相比，面积略有扩大，鹤壁市经济外向度竞争力呈现上升趋势。

（4）从排位变化的动因看，在出口拉动指数指标排位上升和其他指标排位不变的综合作用下，2015 年鹤壁市经济外向度竞争力综合排位上升了 1 位，居河南省第 9 位。

14.2.4 宏观经济竞争力综合分析

2014 ~ 2015 年，鹤壁市宏观经济竞争力指标在河南省的排位变化和指标结构，如表 14 – 2 – 4 所示。

表 14 – 2 – 4　鹤壁市 2014 ~ 2015 年宏观经济竞争力指标

指标	经济规模竞争力	经济结构竞争力	经济外向度竞争力	宏观经济竞争力
2014 年排位	8	7	10	7
2015 年排位	17	8	9	13
升降	– 9	– 1	1	– 6
优势度	劣势	中势	中势	劣势

（1）2015 年鹤壁市宏观经济竞争力综合排位处于第 13 位，表明其在河南省处于劣势地位，与 2014 年相比排位下降了 6 位。

（2）从指标所处的区位看，2015 年经济结构竞争力和经济外向度竞争力指标均为上游指标，且均为鹤壁市宏观经济竞争力的中势指标。

（3）从指标变化趋势来看，经济外向度竞争力指标排位上升了 1 位，经济规模竞争力指标排位下降了 9 位，经济结构竞争力指标排位下降了 1 位。

（4）从排位综合分析看，在经济外向度竞争力指标排位上升和经济规模竞争力、经济结构竞争力指标排位下降的综合作用下，2015 年鹤壁市宏观经济竞争力综合排位下降了 6 位，居河南省第 13 位。

14.3　鹤壁市产业发展评价分析

14.3.1　农业竞争力评价分析

2014 ~ 2015 年，鹤壁市农业竞争力指标在河南省的排位变化情况，如表 14 – 3 – 1 和图 14 – 3 – 1 所示。

（1）2015 年鹤壁市农业竞争力综合排位处于第 14 位，表明其在河南省处于劣势地位，与 2014 年相比排位下降了 1 位。

（2）从指标所处的区位看，2015 年处于上游区的指标有 3 个，分别为农民人均纯收入、人均主要粮食产量和农业劳动生产率，且均为鹤壁市农业竞争力的优势指标；处于下游区的指标有 4 个，分别为农业增加值、人均农业增加值、农村人均用电量和支农资金比

表 14 – 3 – 1　鹤壁市 2014 ～ 2015 年农业竞争力及其二级指标

指标	农业增加值（亿元）	人均农业增加值（元）	农民人均纯收入（元）	人均主要粮食产量（吨）	农业劳动生产率〔元/（人·年）〕	农村人均用电量（kW·h）	支农资金比重（%）	农业竞争力
2014 年	65.87	4108.27	11709.00	0.74	9662.53	311.06	11.36	—
2015 年	64.49	4026.11	12995.30	0.77	9177.97	346.48	9.26	—
2014 年排位	17	12	5	5	4	17	14	13
2015 年排位	17	12	5	5	4	16	17	14
升降	0	0	0	0	0	1	-3	-1
优势度	劣势	中势	优势	优势	优势	劣势	劣势	劣势

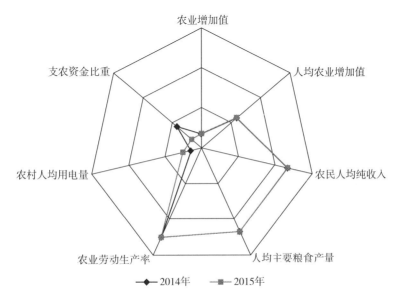

图 14 – 3 – 1　鹤壁市 2014 ～ 2015 年农业竞争力二级指标排位

重，其中农业增加值、支农资金比重和农村人均用电量为鹤壁市农业竞争力的劣势指标。

（3）从雷达图图形变化看，2015 年与 2014 年相比，面积略有缩小，鹤壁市农业竞争力呈现下降趋势。

（4）从排位变化的动因看，在农村人均用电量指标排位上升、支农资金比重指标排位下降和其他指标排位不变的综合作用下，2015 年鹤壁市农业竞争力综合排位下降了 1位，居河南省第 14 位。

14.3.2　工业竞争力评价分析

2014 ～ 2015 年，鹤壁市工业竞争力指标在河南省的排位变化情况，如表 14 – 3 – 2 和图 14 – 3 – 2 所示。

表 14 - 3 - 2　鹤壁市 2014 ~ 2015 年工业竞争力及其二级指标

指标	工业增加值（亿元）	工业增加值增长率（%）	人均工业增加值（元）	规模以上工业资产总额（亿元）	规模以上工业资产总贡献率（%）	规模以上工业全员劳动生产率［元/（人·年）］	规模以上工业成本费用利润率（%）	规模以上工业产品销售率（%）	工业竞争力
2014 年	422.12	11.20	26328.15	1294.65	12.10	219427.40	5.90	96.94	—
2015 年	428.84	7.24	26772.26	1516.60	11.23	225589.70	5.48	96.60	—
2014 年排位	17	3	6	17	16	12	15	18	15
2015 年排位	17	13	6	17	15	12	14	17	17
升降	0	-10	0	0	1	0	1	1	-2
优势度	劣势	劣势	优势	劣势	劣势	中势	劣势	劣势	劣势

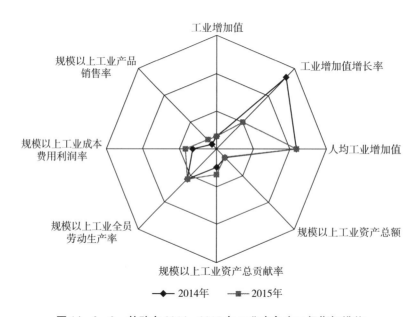

图 14 - 3 - 2　鹤壁市 2014 ~ 2015 年工业竞争力二级指标排位

（1）2015 年鹤壁市工业竞争力综合排位处于第 17 位，表明其在河南省处于劣势地位，与 2014 年相比排位下降了 2 位。

（2）从指标所处的区位看，2015 年处于上游区的指标有 1 个，为人均工业增加值，且为鹤壁市工业竞争力的优势指标；处于下游区的指标有 7 个，分别为工业增加值、工业增加值增长率、规模以上工业资产总额、规模以上工业资产总贡献率、规模以上工业全员劳动生产率、规模以上工业成本费用利润率和规模以上工业产品销售率，其中规模以上工业全员劳动生产率为鹤壁市工业竞争力的中势指标。

（3）从雷达图图形变化看，2015 年与 2014 年相比，面积明显缩小，鹤壁市工业竞争力呈现下降趋势。

（4）从排位变化的动因看，在规模以上工业资产总贡献率、规模以上工业成本费用利润率和规模以上工业产品销售率指标排位上升和工业增加值增长率指标排位下降的综合作用下，2015 年鹤壁市工业竞争力综合排位下降了 2 位，居河南省第 17 位。

14.3.3　工业化进程竞争力评价分析

2014～2015 年，鹤壁市工业化进程竞争力指标在河南省的排位变化情况，如表 14－3－3 和图 14－3－3 所示。

表 14－3－3　鹤壁市 2014～2015 年工业化进程竞争力及其二级指标

指标	第二产业增加值占 GDP 比重（%）	第二产业增加值增长率（%）	第二产业从业人员占总就业人员比重（%）	第二产业从业人员增长率（%）	第二产业固定资产投资占比（%）	工业化进程竞争力
2014 年	67.37	11.50	39.44	3.97	58.04	—
2015 年	65.43	7.36	37.75	－ 0.97	60.17	—
2014 年排位	2	3	2	3	8	1
2015 年排位	2	13	3	11	3	3
升降	0	－ 10	－ 1	－ 8	5	－ 2
优势度	优势	劣势	优势	中势	优势	优势

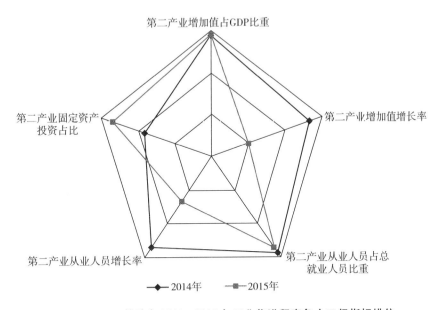

图 14－3－3　鹤壁市 2014～2015 年工业化进程竞争力二级指标排位

（1）2015 年鹤壁市工业化进程竞争力综合排位处于第 3 位，表明其在河南省处于优势地位，与 2014 年相比下降了 2 位。

（2）从指标所处的区位看，2015 年处于上游区的指标有 3 个，分别为第二产业增加值占 GDP 比重、第二产业从业人员占总就业人员比重和第二产业固定资产投资占比，且均为鹤壁市工业化进程竞争力的优势指标；处于下游区的指标有 2 个，分别为第二产业增加值增长率和第二产业从业人员增长率，其中第二产业增加值增长率为鹤壁市工业化进程竞争力的劣势指标。

（3）从雷达图图形变化看，2015年与2014年相比，面积明显缩小，鹤壁市工业化进程竞争力呈现下降趋势。

（4）从排位变化的动因看，在第二产业固定资产投资占比指标排位上升和第二产业增加值增长率、第二产业从业人员占总就业人员比重、第二产业从业人员增长率指标排位下降的综合作用下，2015年鹤壁市工业化进程竞争力综合排位下降2位，居河南省第3位。

14.3.4 服务业竞争力评价分析

2014～2015年，鹤壁市服务业竞争力指标在河南省的排位变化情况，如表14-3-4和图14-3-4所示。

表14-3-4 鹤壁市2014～2015年服务业竞争力及其二级指标

指标	服务业增加值（亿元）	服务业增加值增长率（%）	人均服务业增加值（元）	服务业从业人员数（万人）	服务业从业人员数增长率（%）	交通运输仓储邮电业增加值（亿元）	金融业增加值（亿元）	房地产业增加值（亿元）	批发和零售业增加值（亿元）	住宿和餐饮业增加值（亿元）	服务业竞争力
2014年	159.15	7.90	9926.28	30.60	8.91	28.52	13.22	18.27	28.93	14.45	—
2015年	185.55	12.04	11584.09	34.07	11.35	34.76	15.80	18.25	31.02	16.25	—
2014年排位	17	13	12	17	4	17	16	16	17	17	16
2015年排位	17	6	12	17	4	16	16	17	17	17	15
升降	0	7	0	0	0	1	0	-1	0	0	1
优势度	劣势	优势	中势	劣势	优势	劣势	劣势	劣势	劣势	劣势	劣势

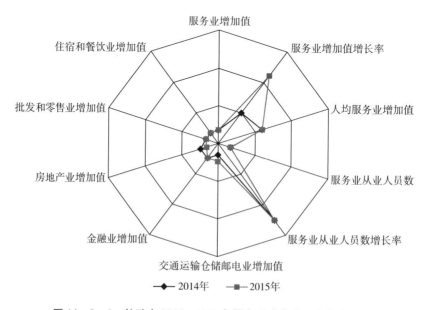

图14-3-4 鹤壁市2014～2015年服务业竞争力二级指标排位

（1）2015 年鹤壁市服务业竞争力综合排位处于第 15 位，表明其在河南省处于劣势地位，与 2014 年相比排位上升了 1 位。

（2）从指标所处的区位看，2015 年处于上游区的指标有 2 个，分别为服务业增加值增长率和服务业从业人员数增长率，且均为鹤壁市服务业竞争力的优势指标；处于下游区的指标有 8 个，分别为服务业增加值、人均服务业增加值、服务业从业人员数、交通运输仓储邮电业增加值、金融业增加值、房地产业增加值、批发和零售业增加值、住宿和餐饮业增加值，其中服务业增加值、服务业从业人员数、交通运输仓储邮电业增加值、金融业增加值、房地产业增加值、批发和零售业增加值及住宿和餐饮业增加值指标为鹤壁市服务业竞争力的劣势指标。

（3）从雷达图图形变化看，2015 年与 2014 年相比，面积略有增加，鹤壁市服务业竞争力呈现上升趋势。

（4）从排位变化的动因看，在服务业增加值增长率和交通运输仓储邮电业增加值指标排位上升和房地产业增加值指标排位下降的综合作用下，2015 年鹤壁市服务业竞争力综合排位上升了 1 位，居河南省第 15 位。

14.3.5 企业竞争力评价分析

2014～2015 年，鹤壁市企业竞争力指标在河南省的排位变化情况，如表 14－3－5 和图 14－3－5 所示。

表 14－3－5　鹤壁市 2014～2015 年企业竞争力及其二级指标

指标	规模以上工业企业数（个）	规模以上工业企业平均资产（亿元）	规模以上工业企业主营业务收入平均值（亿元）	流动资产年平均余额（亿元）	规模以上工业企业资产负债率（%）	规模以上工业企业成本费用利润率（%）	规模以上工业企业平均利润（亿元）	全员劳动生产率［元/（人·年）］	企业竞争力
2014 年	583.00	2.22	2.99	399.46	46.64	5.90	0.17	219427.40	—
2015 年	568.00	2.67	3.51	439.22	44.01	5.48	0.18	225589.70	—
2014 年排位	17	9	11	18	9	15	12	12	14
2015 年排位	17	6	7	18	10	14	10	12	11
升降	0	3	4	0	-1	1	2	0	3
优势度	劣势	优势	中势	劣势	中势	劣势	中势	中势	中势

（1）2015 年鹤壁市企业竞争力综合排位处于第 11 位，表明其在河南省处于中势地位，与 2014 年相比排位上升了 3 位。

（2）从指标所处的区位看，2015 年处于上游区的指标有 2 个，分别为规模以上工业企业平均资产和规模以上工业企业主营业务收入平均值，其中规模以上工业企业平均资产为鹤壁市企业竞争力的优势指标；处于下游区的指标有 6 个，分别为规模以上工业企业数、流动资产年平均余额、规模以上工业企业资产负债率、规模以上工业企业成本费用利

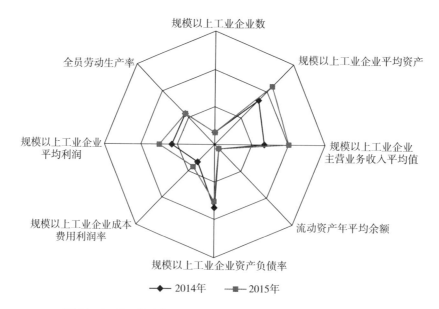

图 14 - 3 - 5　鹤壁市 2014～2015 年企业竞争力二级指标排位

润率、规模以上工业企业平均利润和全员劳动生产率，其中规模以上工业企业数、流动资产年平均余额和规模以上工业企业成本费用利润率为鹤壁市企业竞争力的劣势指标。

（3）从雷达图图形变化看，2015 年与 2014 年相比，面积明显增大，鹤壁市企业竞争力呈现上升趋势。

（4）从排位变化的动因看，在规模以上工业企业平均资产、规模以上工业企业主营业务收入平均值、规模以上工业企业成本费用利润率和规模以上工业企业平均利润等指标排位上升和规模以上工业企业资产负债率指标排位下降的综合作用下，2015 年鹤壁市企业竞争力综合排位上升了 3 位，居河南省第 11 位。

14.4　鹤壁市城镇化发展评价分析

14.4.1　城镇化进程竞争力评价分析

2014～2015 年，鹤壁市城镇化进程竞争力指标在河南省的排位变化情况，如表 14 - 4 - 1 和图 14 - 4 - 1 所示。

（1）2015 年鹤壁市城镇化进程竞争力综合排位处于第 5 位，表明其在河南省处于优势地位，与 2014 年相比排位保持不变。

（2）从指标所处的区位看，2015 年处于上游区的指标有 4 个，分别为城镇化率、人均拥有道路面积、燃气普及率和人均城市园林绿地面积，其中城镇化率、人均拥有道路面积和人均城市园林绿地面积为鹤壁市城镇化进程竞争力的优势指标；处于下游区的指标有 4 个，分别为城镇居民人均可支配收入、城市建成区面积、人均日生活用水量和市区人口密度，其中市区人口密度、城市建成区面积和人均日生活用水量为鹤壁市城镇化进程竞争

表 14 - 4 - 1　鹤壁市 2014 ~ 2015 年城镇化进程竞争力及其二级指标

指标	城镇化率（%）	城镇居民人均可支配收入（元）	城市建成区面积（平方公里）	市区人口密度（人/平方公里）	人均拥有道路面积（平方米）	人均日生活用水量（升）	燃气普及率（%）	人均城市园林绿地面积（平方米）	城镇化进程竞争力
2014 年	54.14	23112.75	64.06	3553.00	16.09	120.69	90.63	14.85	—
2015 年	55.66	24539.90	64.12	3602.00	16.07	112.02	94.30	14.64	—
2014 年排位	3	12	13	13	6	7	7	2	5
2015 年排位	3	12	14	14	5	14	7	2	5
升降	0	0	-1	-1	1	-7	0	0	0
优势度	优势	中势	劣势	劣势	优势	劣势	中势	优势	优势

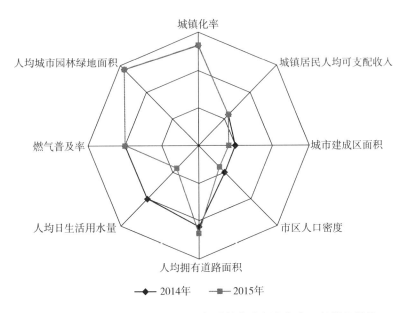

图 14 - 4 - 1　鹤壁市 2014 ~ 2015 年城镇化进程竞争力二级指标排位

力的劣势指标。

（3）从雷达图图形变化看，2015 年与 2014 年相比，面积略有缩小，鹤壁市城镇化进程竞争力呈现稳定趋势。

（4）从排位变化的动因看，在人均拥有道路面积指标排位上升和城市建成区面积、市区人口密度和人均日生活用水量指标排位下降的综合作用下，2015 年鹤壁市城镇化进程竞争力综合排位保持不变，居河南省第 5 位。

14.4.2　城镇社会保障竞争力评价分析

2014 ~ 2015 年，鹤壁市城镇社会保障竞争力指标在河南省的排位变化情况，如表 14 - 4 - 2 和图 14 - 4 - 2 所示。

表 14 - 4 - 2　鹤壁市 2014～2015 年城镇社会保障竞争力及其二级指标

指标	城市城镇社区服务设施数(个/万人)	医疗保险覆盖率(%)	养老保险覆盖率(%)	失业保险覆盖率(%)	工伤保险覆盖率(%)	城镇登记失业率(%)	城镇社会保障竞争力
2014 年	120	45.78	22.20	16.95	13.91	2.77	—
2015 年	143	46.31	22.70	15.89	13.99	1.69	—
2014 年排位	13	16	14	10	12	5	14
2015 年排位	16	14	12	10	12	2	12
升降	-3	2	2	0	0	3	2
优势度	劣势	劣势	中势	中势	中势	优势	中势

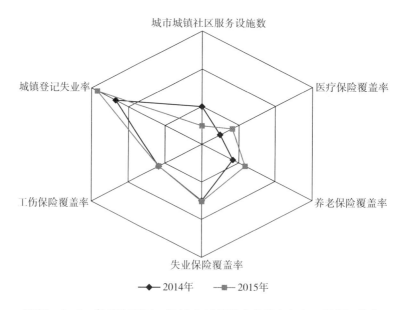

图 14 - 4 - 2　鹤壁市 2014～2015 年城镇社会保障竞争力二级指标排位

（1）2015 年鹤壁市城镇社会保障竞争力综合排位处于第 12 位，表明其在河南省处于中势地位，与 2014 年相比排位上升了 2 位。

（2）从指标所处的区位看，2015 年处于上游区的指标有 1 个，是城镇登记失业率，且为鹤壁市城镇社会保障竞争力的优势指标；处于下游区的指标有 5 个，分别为城市城镇社区服务设施数、医疗保险覆盖率、养老保险覆盖率、失业保险覆盖率和工伤保险覆盖率，其中城市城镇社区服务设施数和医疗保险覆盖率为鹤壁市城镇社会保障竞争力的劣势指标。

（3）从雷达图图形变化看，2015 年与 2014 年相比，面积略有增大，鹤壁市城镇社会保障竞争力呈现上升趋势。

（4）从排位变化的动因看，在医疗保险覆盖率、养老保险覆盖率和城镇登记失业率指标排位上升和城市城镇社区服务设施数指标排位下降的综合作用下，2015 年鹤壁市城镇社会保障竞争力综合排位上升了 2 位，居河南省第 12 位。

14.5　鹤壁市社会发展评价分析

14.5.1　教育竞争力评价分析

2014～2015 年，鹤壁市教育竞争力指标在河南省的排位变化情况，如表 14－5－1 和图 14－5－1 所示。

表 14－5－1　鹤壁市 2014～2015 年教育竞争力及其二级指标

指标	教育经费占GDP 比重（%）	人均教育经费（元）	人均教育固定资产投资（元）	万人中小学学校数（所）	万人中小学专任教师数（人）	万人高等学校数（所）	万人高校专任教师数（人）	万人高等学校在校学生数(人)	教育竞争力
2014 年	4.51	1917.18	502.87	2.76	86.57	0.02	7.49	70.92	—
2015 年	3.73	1660.12	436.46	2.72	87.90	0.02	7.83	75.56	—
2014 年排位	7	2	4	13	14	3	11	13	3
2015 年排位	11	4	9	12	15	3	11	13	9
升降	-4	-2	-5	1	-1	0	0	0	-6
优势度	中势	优势	中势	中势	劣势	优势	中势	劣势	中势

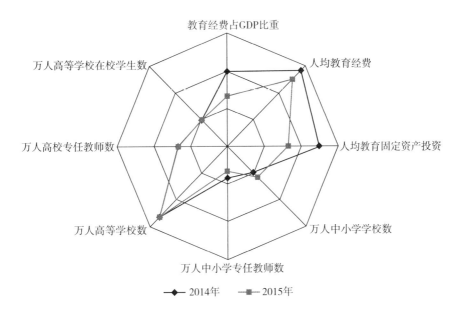

图 14－5－1　鹤壁市 2014～2015 年教育竞争力二级指标排位

（1）2015 年鹤壁市教育竞争力综合排位处于第 9 位，表明其在河南省处于中势地位，与 2014 年相比排位下降了 6 位。

（2）从指标所处的区位看，2015 年处于上游区的指标有 3 个，分别为人均教育经费、人均教育固定资产投资和万人高等学校数，其中人均教育经费和万人高等学校数为鹤壁市教育竞争力的优势指标；处于下游区的指标有 5 个，分别为教育经费占 GDP 比重、万人中小学学校数、万人中小学专任教师数、万人高校专任教师数和万人高等学校在校学生数，其中万人中小学专任教师数和万人高等学校在校学生数是鹤壁市教育竞争力的劣势指标。

（3）从雷达图图形变化看，2015 年与 2014 年相比，面积缩小，鹤壁市教育竞争力呈现下降趋势。

（4）从排位变化的动因看，在万人中小学学校数指标排位上升和教育经费占 GDP 比重、人均教育经费、人均教育固定资产投资、万人中小学专任教师数指标排位下降的综合作用下，2015 年鹤壁市教育竞争力综合排位下降了 6 位，居河南省第 9 位。

14.5.2　科技竞争力评价分析

2014～2015 年，鹤壁市科技竞争力指标在河南省的排位变化情况，如表 14 - 5 - 2 和图 14 - 5 - 2 所示。

表 14 - 5 - 2　鹤壁市 2014～2015 年科技竞争力及其二级指标

指标	科学研究和技术服务业增加值（亿元）	万人科技活动人员（人）	R&D 经费占 GDP 比重（%）	人均 R&D 经费支出（元）	万人技术市场成交额（万元）	科技竞争力
2014 年	0.96	16.84	0.44	187.77	0.37	—
2015 年	1.24	19.34	0.46	205.02	0.96	—
2014 年排位	18	14	15	14	15	18
2015 年排位	18	14	15	14	11	16
升降	0	0	0	0	4	2
优势度	劣势	劣势	劣势	劣势	中势	劣势

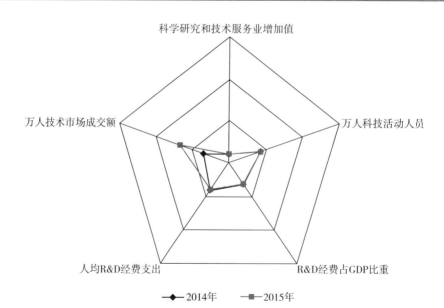

图 14 - 5 - 2　鹤壁市 2014～2015 年科技竞争力二级指标排位

（1）2015 年鹤壁市科技竞争力综合排位处于第 16 位，表明其在河南省处于劣势地位，与 2014 年相比排位上升了 2 位。

（2）从指标所处的区位看，2015 年各个指标均处于下游区，其中万人技术市场成交额为鹤壁市科技竞争力中势指标。

（3）从雷达图图形变化看，2015 年与 2014 年相比，面积略有增大，鹤壁市科技竞争力呈现上升趋势。

（4）从排位变化的动因看，在万人技术市场成交额指标排位上升和其他科技竞争力指标排位不变的综合作用下，2015 年鹤壁市科技竞争力综合排位上升了 2 位，居河南省第 16 位。

14.5.3　文化竞争力评价分析

2014～2015 年，鹤壁市文化竞争力指标在河南省的排位变化情况，如表 14 - 5 - 3 和图 14 - 5 - 3 所示。

表 14 - 5 - 3　鹤壁市 2014～2015 年文化竞争力及其二级指标

指标	全市接待旅游总人次（万人次）	全市旅游总收入（亿元）	城镇居民人均文化娱乐支出（元）	农村居民人均文化娱乐支出（元）	城镇居民文化娱乐支出占消费性支出比重(%)	农村居民文化娱乐支出占消费性支出比重(%)	文化竞争力
2014 年	791.37	50.48	1881.38	659.40	13.03	8.07	—
2015 年	900.50	58.25	1464.33	857.60	9.50	9.55	—
2014 年排位	16	16	13	4	6	2	8
2015 年排位	16	16	15	5	14	5	11
升降	0	0	-2	-1	-8	-3	-3
优势度	劣势	劣势	劣势	优势	劣势	优势	中势

（1）2015 年鹤壁市文化竞争力综合排位处于第 11 位，表明其在河南省处于中势地位，与 2014 年相比排位下降了 3 位。

（2）从指标所处的区位看，2015 年处于上游区的指标有 2 个，分别为农村居民人均文化娱乐支出、农村居民文化娱乐支出占消费性支出比重，且均为鹤壁市文化竞争力的优势指标；处于下游区的指标有 4 个，分别为全市接待旅游总人次、全市旅游总收入、城镇居民文化娱乐支出占消费性支出比重、城镇居民人均文化娱乐支出，且均为鹤壁市文化竞争力的劣势指标。

（3）从雷达图图形变化看，2015 年与 2014 年相比，面积明显缩小，鹤壁市文化竞争力呈现下降趋势。

（4）从排位变化的动因看，在城镇居民人均文化娱乐支出、城镇居民文化娱乐支出占消费性支出比重、农村居民文化娱乐支出占消费性支出比重、农村居民人均文化娱乐支出指标排位下降和其他文化竞争力指标排位不变的综合作用下，2015 年鹤壁市文化竞争力综合排位下降了 3 位，居河南省第 11 位。

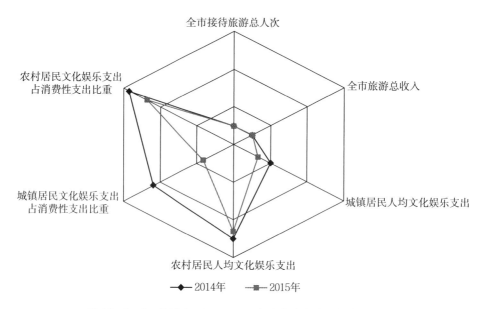

图 14 - 5 - 3　鹤壁市 2014～2015 年文化竞争力二级指标排位

14.6　鹤壁市县域经济发展评价分析

14.6.1　县域经济竞争力评价分析

2014～2015 年，鹤壁市县域经济竞争力指标在河南省的排位变化情况，如表 14 - 6 - 1 和图 14 - 6 - 1 所示。

表 14 - 6 - 1　鹤壁市 2014～2015 年县域经济竞争力及其二级指标

指标	地区生产总值（亿元）	人均地区生产总值（元）	一般预算财政总收入（亿元）	人均财政总收入（元）	固定资产投资额（亿元）	人均固定资产投资额（元）	全社会消费品零售总额（亿元）	人均全社会消费品零售总额（元）	金融机构贷款年底余额（亿元）	人均金融机构贷款年底余额（元）	县域经济竞争力
2014 年	358.44	37975.18	11.93	1263.42	235.03	24900.13	75.98	8049.77	205.94	21818.52	—
2015 年	373.42	39340.99	13.61	1433.71	279.31	29425.96	85.43	9000.36	203.98	21489.56	—
2014 年排位	17	6	17	9	17	13	17	16	15	1	15
2015 年排位	17	6	17	9	17	11	17	16	16	3	16
升降	0	0	0	0	0	2	0	0	-1	-2	-1
优势度	劣势	优势	劣势	中势	劣势	中势	劣势	劣势	劣势	优势	劣势

（1）2015 年鹤壁市县域经济竞争力综合排位处于第 16 位，表明其在河南省处于劣势地位，与 2014 年相比下降了 1 位。

（2）从指标所处的区位看，2015 年处于上游区的指标有 3 个，分别为人均地区生产

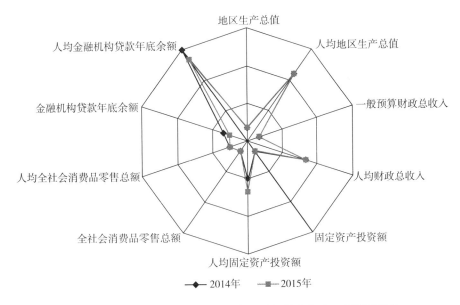

图 14 – 6 – 1 鹤壁市 2014 ~ 2015 年县域经济竞争力二级指标排位

总值、人均财政总收入和人均金融机构贷款年底余额，其中人均地区生产总值和人均金融机构贷款年底余额为鹤壁市县域经济竞争力的优势指标；处于下游区的指标有 7 个，分别为地区生产总值、一般预算财政总收入、固定资产投资额、人均固定资产投资额、全社会消费品零售总额、人均全社会消费品零售总额和金融机构贷款年底余额，其中地区生产总值、一般预算财政总收入、固定资产投资额、全社会消费品零售总额、人均全社会消费品零售总额和金融机构贷款年底余额为鹤壁市县域经济竞争力的劣势指标。

（3）从雷达图图形变化看，2015 年与 2014 年相比，面积略有缩小，鹤壁市县域经济竞争力呈现下降趋势。

（4）从排位变化的动因看，在人均固定资产投资额指标排位上升和金融机构贷款年底余额、人均金融机构贷款年底余额指标排位下降的综合作用下，2015 年鹤壁市县域经济竞争力综合排位下降了 1 位，居河南省第 16 位。

14.6.2 鹤壁市县域经济发展特色分析

（一）浚县

2015 年，浚县完成地区生产总值 169.48 亿元，同比增长 8.1%；规模以上工业增加值完成 90 亿元，同比增长 9.6%；全社会固定资产投资额完成 130.86 亿元，增长 18.2%；全社会消费品零售总额完成 45.4 亿元，增长 12.5%；公共预算财政收入完成 6.01 亿元，增长 13%；金融机构存款年底余额 111.6 亿元；城镇居民人均可支配收入 19660.6 元，同比增长 8.7%；农民人均纯收入 13265.9 元，同比增长 9.5%；城镇化率达到 32.84%。

2015 年浚县第一产业完成增加值 30.33 亿元，同比增长 4.1%；第二产业完成增加值 91.99 亿元，同比增长 9.1%；第三产业完成增加值 47.15 亿元，同比增长 8.7%。规模以上工业企业达到 121 家，食品、家居产业增加值分别完成 38.7 亿元、32.5 亿元，分别增长8.5%、16.7%。项目建设方面，全年共有在建项目102个，年内完成投资140亿元；成功申报国家专项建设基金项目9个，争取专项建设基金2.67亿元；争取中央预算内项目26个，争取资金1.75亿元。开放招商方面，到位省外资金48.2亿元，直接利用外资9300万美元。企业服务方面，协调金融机构为企业放贷27.8亿元，投资担保平台为重点企业融资6.8亿元。

（二）淇县

2015年，淇县完成地区生产总值203.94亿元，同比增长8.5%；人均地区生产总值74261元；一般公共预算总收入7.60亿元，同比增长15%；一般公共预算总支出18.60亿元；全社会固定资产投资额完成148.44亿元，同比增长19.7%；全社会消费品零售总额35.62亿元；金融机构贷款年底余额108.08亿元；城镇化率52.07%；城镇居民人均可支配收入22136元，农村居民人均纯收入13446元，分别增长9.0%、9.6%。

2015年，淇县第一产业完成增加值19.42亿元，同比增长3.7%；第二产业完成增加值156.01亿元，同比增长8.5%；第三产业完成增加值28.51亿元，同比增长12.1%。项目建设方面，新开工项目58个，总投资137.1亿元；省市县重点项目分别完成年投资计划的138.9%、135.2%和129.2%；在四批国家专项建设基金申报中，8个项目获批，共争取资金3.2亿元，居鹤壁市首位；新签约亿元以上项目26个，总投资198.5亿元，投资12亿元的高端润滑油等一批大项目顺利开工；鹤淇产业集聚区投资22亿元实施基础设施项目36个，基本实现"九通一平"。开放招商方面，到位省外资金45亿元，外贸进出口3650万美元，利用境外资金突破1亿美元。企业服务方面，及时解决涉企问题60多个，帮助企业招工3000余人，筹措过桥资金10亿多元，新增建设用地2400余亩，有效保证了企业正常运营和项目的顺利推进。改革创新方面，总投资47.3亿元的6个PPP项目进入省财政盘子，占鹤壁市总数的37.5%；城区集中供热、污水处理厂扩建2个项目签约落地，其中城区集中供热项目成为首个开工建设的PPP项目。

第 15 章
新乡市 2015 年发展报告

15.1 新乡市发展概述

2015 年，新乡市完成地区生产总值 1975.03 亿元；人均地区生产总值 34561.71 元；一般预算财政总收入 144.57 亿元；一般预算财政总支出 310.95 亿元；全社会消费品零售总额 777.51 亿元；金融机构贷款年底余额 1276.15 亿元；城镇化率 49.03%；城镇居民人均可支配收入 25349.08 元，农民人均纯收入 11772.48 元。

2015 年，新乡市第一产业完成增加值 222.77 亿元；第二产业完成增加值 982.71 亿元；第三产业完成增加值 769.55 亿元；三次产业结构为 11.2∶49.8∶39.0。2015 年粮食种植面积（不含长垣）543.2 千公顷，比 2014 年增加 0.93 千公顷。2015 年新乡市工业增加值为 842.73 亿元；规模以上重工业增加值 453.66 亿元。新乡市 25 个产业集聚区（含专业园区）（不含长垣和军工）规模以上工业增加值增长 9.2%；其中，12 个产业集聚区规模以上工业增加值增长 10.5%；13 个专业园区规模以上工业增加值增长 5.8%。2015 年，新乡市全年亿元及以上固定资产投资在建项目（不含长垣）426 个，完成投资 1075.43 亿元。其中，河南科隆新能源有限公司的年产各类高性能电源材料 7.9 万吨，新能源材料产业园项目、新乡新亚纸业集团有限公司的化学浆制浆系统车间改造、河南新鸽摩托车有限公司的新鸽摩托车厂基建工程等已经竣工。

15.2 新乡市宏观经济竞争力评价分析

15.2.1 经济规模竞争力评价分析

2014~2015 年，新乡市经济规模竞争力指标在河南省的排位变化情况，如表 15-2-1 和图 15-2-1 所示。

（1）2015 年新乡市经济规模竞争力综合排位处于第 7 位，表明其在河南省处于中势地位，与 2014 年相比排位下降 3 位。

（2）从指标所处区位来看，2015 年处于上游区的指标有 6 个，分别为地区生产总值、一般预算财政总收入、人均财政总收入、固定资产投资额、全社会消费品零售总额和金融机构贷款年底余额，其中地区生产总值、一般预算财政总收入、固定资产投资额是新乡市经济规模竞争力中的优势指标；处于下游区的指标有 5 个，分别为地区生产总值增长率、人均地区生产总值、人均固定资产投资额、人均全社会消费品零售总额和人均金融机构贷款年底余

表 15 - 2 - 1　新乡市 2014~2015 年经济规模竞争力及其二级指标

指标	地区生产总值（亿元）	地区生产总值增长率（%）	人均地区生产总值（元）	一般预算财政总收入（亿元）	人均财政总收入（元）	固定资产投资额（亿元）	人均固定资产投资额（元）	全社会消费品零售总额（亿元）	人均全社会消费品零售总额（元）	金融机构贷款年底余额（亿元）	人均金融机构贷款年底余额（元）	经济规模竞争力
2014 年	1917.81	9.28	33696.05	139.13	2444.51	1885.22	33123.43	704.15	12371.90	1175.07	20646.05	—
2015 年	1975.03	6.08	34561.71	144.57	2529.82	1964.95	34385.36	777.51	13605.86	1276.15	22331.73	—
2014 年排位	6	7	11	4	9	4	8	7	11	5	9	4
2015 年排位	6	16	12	4	9	6	11	7	12	7	10	7
升降	0	-9	-1	0	0	-2	-3	0	-1	-2	-1	-3
优势度	优势	劣势	中势	优势	中势	优势	中势	中势	中势	中势	中势	中势

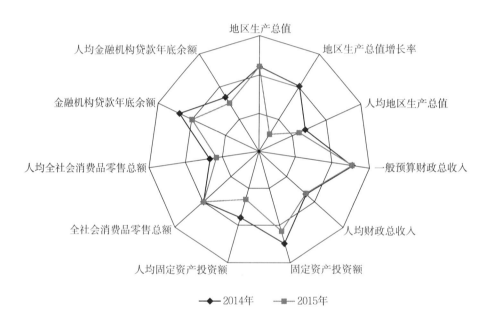

图 15 - 2 - 1　新乡市 2014~2015 年经济规模竞争力二级指标排位

额，地区生产总值增长率为新乡市经济规模竞争力中的劣势指标，其余均为中势指标。

（3）从雷达图图形变化看，2015 年与 2014 年相比，面积明显缩小，经济规模竞争力呈现下降趋势。

（4）从排位变化的动因看，在地区生产总值增长率、人均地区生产总值、固定资产投资额等指标排位下降的作用下，2015 年新乡市经济规模竞争力综合排位下降 3 位，居河南省第 7 位。

15.2.2　经济结构竞争力评价分析

2014~2015 年，新乡市经济结构竞争力指标在河南省的排位变化情况，如表 15 - 2 - 2 和图 15 - 2 - 2 所示。

表 15 - 2 - 2 新乡市 2014～2015 年经济结构竞争力及其二级指标

指标	产业结构（%）	所有制结构（%）	人均收入结构（%）	支出结构（%）	国际贸易结构（%）	单位 GDP 能耗增减率（%）	经济结构竞争力
2014 年	88.36	73.98	44.74	37.35	74.88	-3.62	—
2015 年	88.72	72.18	46.44	39.57	69.82	-2.18	—
2014 年排位	11	8	7	13	10	15	11
2015 年排位	11	9	8	11	12	17	12
升降	0	-1	-1	2	-2	-2	-1
优势度	中势	中势	中势	中势	中势	劣势	中势

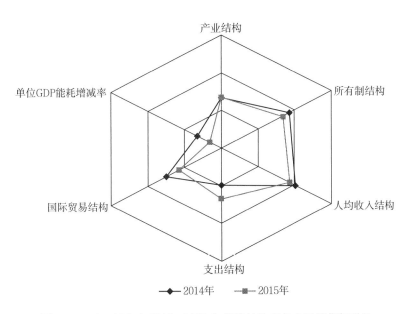

图 15 - 2 - 2 新乡市 2014～2015 年经济结构竞争力二级指标排位

（1）2015 年新乡市经济结构竞争力综合排位处于第 12 位，表明其在河南省处于中势地位，与 2014 年相比下降 1 位。

（2）从指标所处区位来看，2015 年处于上游区位的指标有 2 个，分别为所有制结构、人均收入结构，且均为新乡市经济结构竞争力中的中势指标；处于下游区的指标有 4 个，分别为产业结构、支出结构、国际贸易结构、单位 GDP 能耗增减率，且单位 GDP 能耗增减率为新乡市经济结构竞争力中的劣势指标。

（3）从雷达图图形变化看，2015 年与 2014 年相比，面积略微缩小，经济结构竞争力呈现下降趋势。

（4）从排位变化的动因看，在所有制结构、人均收入结构、国际贸易结构等指标排位下降和支出结构指标排位上升的综合作用下，2015 年新乡市经济结构竞争力综合排位下降 1 位，居河南省第 12 位。

15.2.3　经济外向度竞争力评价分析

2014～2015年，新乡市经济外向度竞争力指标在河南省的排位变化情况，如表15-2-3和图15-2-3所示。

表15-2-3　新乡市2014～2015年经济外向度竞争力及其二级指标

指标	进出口总额（亿美元）	货物和服务净流出（亿元）	出口拉动指数（%）	实际FDI（万美元）	利用省外资金（亿元）	省外资金/固定资产投资（%）	经济外向度竞争力
2014年	12.18	37.24	1.94	86988.00	508.50	26.97	—
2015年	10.47	25.85	1.31	95072.00	550.50	28.02	—
2014年排位	8	7	8	4	5	9	5
2015年排位	7	9	11	4	5	9	5
升降	1	-2	-3	0	0	0	0
优势度	中势	中势	中势	优势	优势	中势	优势

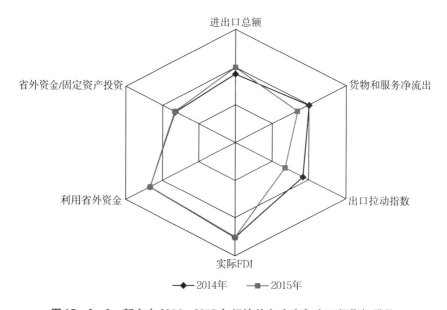

图15-2-3　新乡市2014～2015年经济外向度竞争力二级指标排位

（1）2015年新乡市经济外向度竞争力综合排位处于第5位，表明其在河南省处于优势地位，与2014年相同。

（2）从指标所处区位来看，2015年处于下游区的指标是出口拉动指数，且是新乡市经济外向度竞争力中的中势指标。处于上游区的指标是进出口总额、货物和服务净流出、实际FDI、利用省外资金、省外资金/固定资产投资，其中实际FDI和利用省外资金是新乡市经济外向度竞争力中的优势指标。

（3）从雷达图图形变化看，2015年与2014年相比，面积略有缩小，经济外向度竞争力呈现稳定趋势。

（4）从排位变化的动因看，在货物和服务净流出、出口拉动指数指标排位下降，进出口总额指标排位上升和其他指标排位不变的综合作用下，2015 年新乡市经济外向度竞争力综合排位不变，居河南省第 5 位。

15.2.4　宏观经济竞争力综合分析

2014～2015 年，新乡市宏观经济竞争力指标在河南省的排位变化和指标结构，如表 15－2－4 所示。

表 15－2－4　新乡市 2014～2015 年宏观经济竞争力指标

指标	经济规模竞争力	经济结构竞争力	经济外向度竞争力	宏观经济竞争力
2014 年排位	4	11	5	5
2015 年排位	7	12	5	8
升降	－3	－1	0	－3
优势度	中势	中势	优势	中势

（1）2015 年新乡市宏观经济竞争力综合排位处于第 8 位，表明其在河南省处于中势地位，与 2014 年相比排位下降 3 位。

（2）从指标所处区位来看，2015 年经济规模竞争力、经济外向度竞争力指标排位处于上游区，经济规模竞争力为中势指标，经济外向度竞争力为优势指标，经济结构竞争力指标排位处于下游区，是新乡市宏观经济竞争力中的中势指标。

（3）从指标变化趋势看，2015 年经济规模竞争力指标排位下降 3 位，经济外向度竞争力指标排位不变，经济结构竞争力指标排位下降 1 位。

（4）从排位综合分析看，在经济规模竞争力、经济结构竞争力指标排位下降的综合作用下，2015 年新乡市宏观经济竞争力综合排位下降 3 位，居河南省第 8 位。

15.3　新乡市产业发展评价分析

15.3.1　农业竞争力评价分析

2014～2015 年，新乡市农业竞争力指标在河南省的排位变化情况，如表 15－3－1 和图 15－3－1 所示。

（1）2015 年新乡市农业竞争力综合排位处于第 6 位，表明其在河南省处于优势地位，与 2014 年相比下降 2 位。

（2）从指标所处区位来看，2015 年处于上游区位的指标有 5 个，分别为农业增加值、农民人均纯收入、人均主要粮食产量、农业劳动生产率和农村人均用电量，其中农村人均用电量、农业劳动生产率是新乡市农业竞争力中的优势指标；处于下游区的指标有 2 个，

表 15 – 3 – 1　新乡市 2014～2015 年农业竞争力及其二级指标

指标	农业增加值（亿元）	人均农业增加值（元）	农民人均纯收入（元）	人均主要粮食产量（吨）	农业劳动生产率［元/（人·年）］	农村人均用电量（kW·h）	支农资金比重（%）	农业竞争力
2014 年	227.38	3995.04	10730.20	0.73	8457.76	2147.42	12.80	—
2015 年	227.29	3977.40	11772.48	0.75	8365.17	2235.50	11.98	—
2014 年排位	8	13	7	7	6	1	9	4
2015 年排位	8	13	7	7	6	1	12	6
升降	0	0	0	0	0	0	–3	–2
优势度	中势	劣势	中势	中势	优势	优势	中势	优势

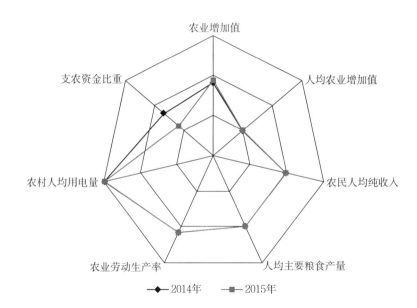

图 15 – 3 – 1　新乡市 2014～2015 年农业竞争力二级指标排位

为人均农业增加值和支农资金比重，其中人均农业增加值是新乡市农业竞争力中的劣势指标，支农资金比重是新乡市农业竞争力中的中势指标。

（3）从雷达图图形变化看，2015 年与 2014 年相比，面积略微缩小，农业竞争力呈现下降趋势。

（4）从排位变化的动因看，在支农资金比重指标排位下降和其他指标排位不变的综合作用下，2015 年新乡市农业竞争力综合排位下降 2 位，居河南省第 6 位。

15.3.2　工业竞争力评价分析

2014～2015 年，新乡市工业竞争力指标在河南省的排位变化情况，如表 15 – 3 – 2 和图 15 – 3 – 2 所示。

表15-3-2 新乡市2014~2015年工业竞争力及其二级指标

指标	工业增加值（亿元）	工业增加值增长率（%）	人均工业增加值（元）	规模以上工业资产总额（亿元）	规模以上工业资产总贡献率（%）	规模以上工业全员劳动生产率［元/（人·年）］	规模以上工业成本费用利润率（%）	规模以上工业产品销售率（%）	工业竞争力
2014年	856.10	11.23	15041.73	2559.10	12.48	236588.68	5.45	98.23	—
2015年	842.73	4.74	14747.19	2918.47	11.83	226891.76	5.87	98.08	—
2014年排位	6	1	12	7	14	10	16	10	10
2015年排位	7	17	12	7	11	11	11	12	11
升降	-1	-16	0	0	3	-1	5	-2	-1
优势度	中势	劣势	中势	中势	中势	中势	中势	中势	中势

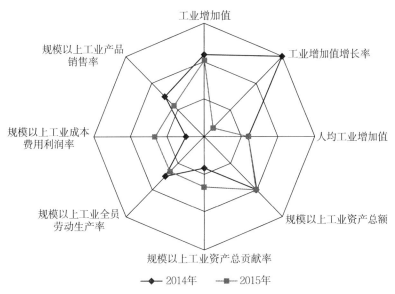

图15-3-2 新乡市2014~2015年工业竞争力二级指标排位

（1）2015年新乡市工业竞争力综合排位处于第11位，表明其在河南省处于中势地位，与2014年相比下降1位。

（2）从指标所处区位来看，2015年处于上游区的指标有2个，分别为工业增加值和规模以上工业资产总额，且均为新乡市工业竞争力中的中势指标；处于下游区的指标有6个，分别为工业增加值增长率、人均工业增加值、规模以上工业资产总贡献率、规模以上工业全员劳动生产率、规模以上工业成本费用利润率和规模以上工业产品销售率，其中工业增加值增长率是新乡市工业竞争力中的劣势指标。

（3）从雷达图图形变化看，2015年与2014年相比，面积明显缩小，工业竞争力呈现下降趋势。

（4）从排位变化的动因看，在工业增加值、工业增加值增长率、规模以上工业全员劳动生产率、规模以上工业产品销售率指标排位下降，规模以上工业资产总贡献率、规模以上工业成本费用利润率指标排位上升的综合作用下，2015年新乡市工业竞争力综合排位下降1位，居河南省第11位。

15.3.3 工业化进程竞争力评价分析

2014~2015年，新乡市工业化进程竞争力指标在河南省的排位变化情况，如表15-3-3和图15-3-3所示。

表15-3-3 新乡市2014~2015年工业化进程竞争力及其二级指标

指标	第二产业增加值占GDP比重（%）	第二产业增加值增长率（%）	第二产业从业人员占总就业人员比重（%）	第二产业从业人员增长率（%）	第二产业固定资产投资占比（%）	工业化进程竞争力
2014年	51.77	11.10	41.39	1.44	56.44	—
2015年	49.76	4.89	39.59	-2.99	57.81	—
2014年排位	10	4	1	6	9	5
2015年排位	9	17	2	15	7	9
升降	1	-13	-1	-9	2	-4
优势度	中势	劣势	优势	劣势	中势	中势

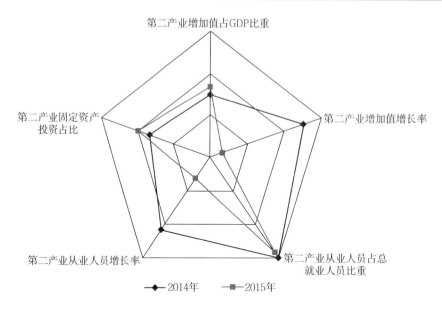

图15-3-3 新乡市2014~2015年工业化进程竞争力二级指标排位

（1）2015年，新乡市工业化进程竞争力综合排位处于第9位，表明其在河南省处于中势地位，与2014年相比下降4位。

（2）从指标所处区位来看，2015年处于上游区的指标有3个，分别为第二产业增加值占GDP比重、第二产业从业人员占总就业人员比重和第二产业固定资产投资占比，除第二产业从业人员占总就业人员比重外均为新乡市工业化进程竞争力中的中势指标；处于下游区的指标有2个，为第二产业增加值增长率和第二产业从业人员增长率，且均为新乡市工业化进程竞争力中的劣势指标。

（3）从雷达图图形变化看，2015 年与 2014 年相比，面积明显缩小，工业化进程竞争力呈现下降趋势。

（4）从排位变化动因看，在第二产业增加值占 GDP 比重、第二产业固定资产投资占比指标排位上升和第二产业增加值增长率、第二产业从业人员占总就业人员比重、第二产业从业人员增长率指标排位下降的综合作用下，2015 年新乡市工业化进程竞争力综合排位下降 4 位，居河南省第 9 位。

15.3.4　服务业竞争力评价分析

2014～2015 年，新乡市服务业竞争力指标在河南省的排位变化情况，如表 15 - 3 - 4 和图 15 - 3 - 4 所示。

表 15 - 3 - 4　新乡市 2014～2015 年服务业竞争力及其二级指标

指标	服务业增加值（亿元）	服务业增加值增长率（%）	人均服务业增加值（元）	服务业从业人员数（万人）	服务业从业人员数增长率（%）	交通运输仓储邮电业增加值（亿元）	金融业增加值（亿元）	房地产业增加值（亿元）	批发和零售业增加值（亿元）	住宿和餐饮业增加值（亿元）	服务业竞争力
2014 年	701.71	7.63	12329.03	94.16	7.82	71.58	105.50	97.05	127.02	52.27	—
2015 年	769.55	8.77	13466.70	99.67	5.85	76.48	124.10	97.08	134.98	55.96	—
2014 年排位	4	14	9	8	6	7	3	4	6	8	5
2015 年排位	4	17	9	9	10	7	3	4	7	9	8
升降	0	-3	0	-1	-4	0	0	0	-1	-1	-3
优势度	优势	劣势	中势	中势	中势	中势	优势	优势	中势	中势	中势

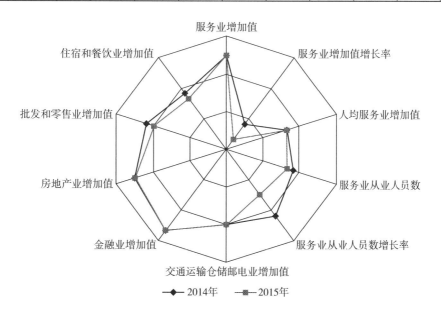

图 15 - 3 - 4　新乡市 2014～2015 年服务业竞争力二级指标排位

（1）2015 年新乡市服务业竞争力综合排位处于第 8 位，表明其在河南省处于中势地位，与 2014 年相比排位下降 3 位。

（2）从指标所处区位看，2015 年处于上游区的指标有 8 个，分别为服务业增加值、人均服务业增加值、服务业从业人员数、交通运输仓储邮电业增加值、金融业增加值、房地产业增加值、批发和零售业增加值、住宿和餐饮业增加值，其中服务业增加值、金融业增加值、房地产业增加值是新乡市服务业竞争力的优势指标；处于下游区的指标有 2 个，分别为服务业增加值增长率和服务业从业人员数增长率，其中服务业增加值增长率为新乡市服务业竞争力的劣势指标，服务业从业人员数增长率为新乡市服务业竞争力的中势指标。

（3）从雷达图图形变化看，2015 年与 2014 年相比，面积明显缩小，新乡市服务业竞争力呈现下降趋势。

（4）从排位变化的动因看，在服务业增加值增长率、服务业从业人员数、服务业从业人员数增长率等指标排位下降的作用下，2015 年新乡市服务业竞争力综合排位下降 3 位，居河南省第 8 位。

15.3.5 企业竞争力评价分析

2014～2015 年，新乡市企业竞争力指标在河南省的排位变化情况，如表 15 - 3 - 5 和图 15 - 3 - 5 所示。

表 15 - 3 - 5 新乡市 2014～2015 年企业竞争力及其二级指标

指标	规模以上工业企业数（个）	规模以上工业企业平均资产（亿元）	规模以上工业企业主营业务收入平均值（亿元）	流动资产年平均余额（亿元）	规模以上工业企业资产负债率(%)	规模以上工业企业成本费用利润率(%)	规模以上工业企业平均利润（亿元）	全员劳动生产率［元/（人·年）］	企业竞争力
2014 年	1285.00	1.99	3.13	1214.41	52.38	5.45	0.18	236588.68	—
2015 年	1226.00	2.38	3.39	1318.82	51.46	5.87	0.19	226891.76	—
2014 年排位	7	11	9	6	6	16	11	10	8
2015 年排位	10	9	8	6	7	11	9	11	7
升降	-3	2	1	0	-1	5	2	-1	1
优势度	中势	中势	中势	优势	中势	中势	中势	中势	中势

（1）2015 年，新乡市企业竞争力综合排位处于第 7 位，表明其在河南省处于中势地位，与 2014 年相比上升 1 位。

（2）从指标所处区位看，2015 年处于上游区的指标有 5 个，分别为规模以上工业企业平均资产、规模以上工业企业主营业务收入平均值、流动资产年平均余额、规模以上工业企业资产负债率和规模以上工业企业平均利润，其中流动资产年平均余额是新乡市企业竞争力的优势指标；处于下游区的指标有 3 个，分别为规模以上工业企业数、规模以上工业企业成本费用利润率、全员劳动生产率，且均为新乡市企业竞争力的中势指标。

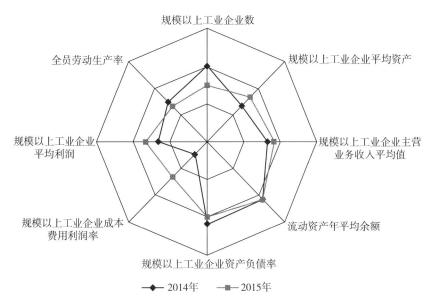

图 15 - 3 - 5　新乡市 2014 ~ 2015 年企业竞争力二级指标排位

（3）从雷达图图形变化看，2015 年与 2014 年相比，面积略微增大，企业竞争力呈现上升趋势。

（4）从排位变化的动因看，在规模以上工业企业平均资产、规模以上工业企业主营业务收入平均值、规模以上工业企业成本费用利润率等指标排位上升和规模以上工业企业数、规模以上工业企业资产负债率、全员劳动生产率指标排位下降的综合作用下，2015 年新乡市企业竞争力综合排位上升 1 位，居河南省第 7 位。

15.4　新乡市城镇化发展评价分析

15.4.1　城镇化进程竞争力评价分析

2014 ~ 2015 年，新乡市城镇化进程竞争力指标在河南省的排位变化情况，如表 15 - 4 - 1 和图 15 - 4 - 1 所示。

（1）2015 年新乡市城镇化进程竞争力综合排位处于第 6 位，表明其在河南省处于优势地位，与 2014 年相比排位保持不变。

（2）从指标所处区位看，2015 年除人均城市园林绿地面积外，其余指标均处于上游区，其中城镇居民人均可支配收入、城市建成区面积、燃气普及率是新乡市城镇化进程竞争力中的优势指标。

（3）从雷达图图形变化看，2015 年与 2014 年相比，面积基本不变，城镇化进程竞争力呈现稳定趋势。

（4）从排位变化动因看，在城市建成区面积、燃气普及率指标排位下降和人均日生活

表15-4-1 新乡市2014~2015年城镇化进程竞争力及其二级指标

指标	城镇化率（%）	城镇居民人均可支配收入（元）	城市建成区面积（平方公里）	市区人口密度（人/平方公里）	人均拥有道路面积（平方米）	人均日生活用水量（升）	燃气普及率（%）	人均城市园林绿地面积（平方米）	城镇化进程竞争力
2014年	47.58	23983.00	112.82	5436.00	14.45	115.33	98.55	10.25	—
2015年	49.03	25349.08	114.79	5473.00	14.49	127.82	98.54	10.50	—
2014年排位	8	6	4	8	9	9	1	14	6
2015年排位	8	6	5	8	9	7	2	13	6
升降	0	0	-1	0	0	2	-1	1	0
优势度	中势	优势	优势	中势	中势	中势	优势	劣势	优势

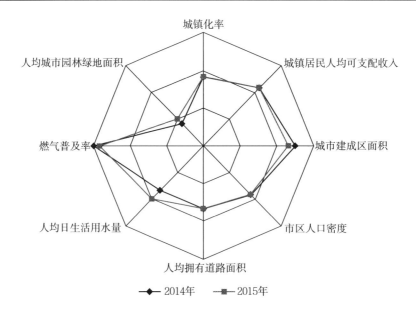

图15-4-1 新乡市2014~2015年城镇化进程竞争力二级指标排位

用水量、人均城市园林绿地面积指标排位上升的综合作用下，2015年新乡市城镇化进程竞争力综合排位保持不变，居河南省第6位。

15.4.2 城镇社会保障竞争力评价分析

2014~2015年，新乡市城镇社会保障竞争力指标在河南省的排位变化情况，如表15-4-2和图15-4-2所示。

（1）2015年新乡市城镇社会保障竞争力综合排位处于第7位，表明其在河南省处于中势地位，与2014年相比排位保持不变。

（2）从指标所处区位看，2015年处于上游区的指标有3个，分别为医疗保险覆盖率、养老保险覆盖率和工伤保险覆盖率，其中养老保险覆盖率和工伤保险覆盖率是新乡市城镇社会保障竞争力中的优势指标；处于下游区的指标有3个，分别为城市城镇社区服务设施

表 15 - 4 - 2　新乡市 2014 ~ 2015 年城镇社会保障竞争力及其二级指标

指标	城市城镇社区服务设施数(个/万人)	医疗保险覆盖率(%)	养老保险覆盖率(%)	失业保险覆盖率(%)	工伤保险覆盖率(%)	城镇登记失业率(%)	城镇社会保障竞争力
2014 年	297	52.71	31.04	16.69	20.32	3.96	—
2015 年	439	51.39	31.48	15.82	20.47	3.98	—
2014 年排位	4	9	6	11	3	17	7
2015 年排位	10	9	5	11	3	18	7
升降	-6	0	1	0	0	-1	0
优势度	中势	中势	优势	中势	优势	劣势	中势

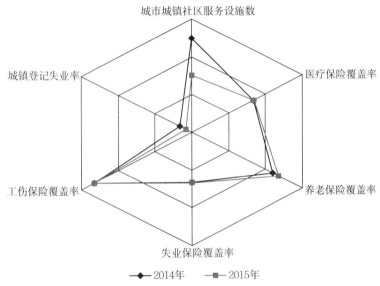

图 15 - 4 - 2　新乡市 2014 ~ 2015 年城镇社会保障竞争力二级指标排位

数、失业保险覆盖率、城镇登记失业率,其中城镇登记失业率是新乡市城镇社会保障竞争力中的劣势指标。

（3）从雷达图图形变化看,2015 年与 2014 年相比,面积略有缩小,城镇社会保障竞争力呈现稳定趋势。

（4）从排位变化的动因看,在城市城镇社区服务设施数、城镇登记失业率指标排位下降和养老保险覆盖率指标排位上升的综合作用下,2015 年新乡市城镇社会保障竞争力综合排位保持不变,居河南省第 7 位。

15.5　新乡市社会发展评价分析

15.5.1　教育竞争力评价分析

2014 ~ 2015 年,新乡市教育竞争力指标在河南省的排位变化情况,如表 15 - 5 - 1 和图 15 - 5 - 1 所示。

表 15 - 5 - 1　新乡市 2014~2015 年教育竞争力及其二级指标

指标	教育经费占GDP 比重（%）	人均教育经费（元）	人均教育固定资产投资（元）	万人中小学学校数（所）	万人中小学专任教师数（个）	万人高等学校数（所）	万人高校专任教师数（个）	万人高等学校在校学生数（人）	教育竞争力
2014 年	4.05	1365.51	486.53	3.42	85.67	0.02	19.23	232.18	—
2015 年	4.14	1427.75	262.72	3.40	90.07	0.02	19.66	243.48	—
2014 年排位	8	12	5	8	15	4	3	3	4
2015 年排位	7	11	13	7	12	4	3	3	2
升降	1	1	-8	1	3	0	0	0	2
优势度	中势	中势	劣势	中势	中势	优势	优势	优势	优势

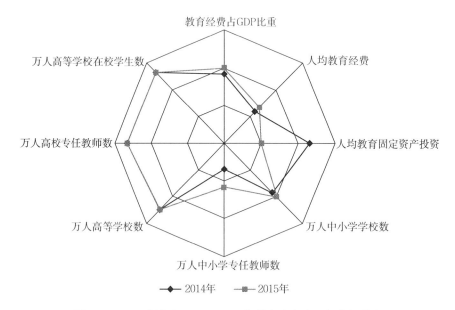

图 15 - 5 - 1　新乡市 2014~2015 年教育竞争力二级指标排位

（1）2015 年新乡市教育竞争力综合排位处于第 2 位，表明其在河南省处于优势地位，与 2014 年相比上升 2 位。

（2）从指标所处区位看，2015 年处于上游的指标有 5 个，分别为教育经费占 GDP 比重、万人中小学学校数、万人高等学校数、万人高校专任教师数和万人高等学校在校学生数，其中万人高等学校数、万人高校专任教师数、万人高等学校在校学生数是新乡市教育竞争力中的优势指标；处于下游区的指标有 3 个，分别为人均教育经费、人均教育固定资产投资、万人中小学专任教师数，其中人均教育固定资产投资为新乡市教育竞争力中的劣势指标。

（3）从雷达图图形变化看，2015 年与 2014 年相比，面积基本不变，教育竞争力呈现上升趋势。

（4）从排位变化动因看，在教育经费占 GDP 比重、人均教育经费、万人中小学学校数等指标排位上升和人均教育固定资产投资指标排位下降的综合作用下，2015 年新乡市教育竞争力综合排位上升 2 位，居河南省第 2 位。

15.5.2　科技竞争力评价分析

2014 ~ 2015 年，新乡市科技竞争力指标在河南省的排位变化情况，如表 15 - 5 - 2 和图 15 - 5 - 2 所示。

表 15 - 5 - 2　新乡市 2014 ~ 2015 年科技竞争力及其二级指标

指标	科学研究和技术服务业增加值(亿元)	万人科技活动人员(人)	R&D 经费占GDP 比重(%)	人均 R&D经费支出(元)	万人技术市场成交额(万元)	科技竞争力
2014 年	7.66	48.82	1.99	669.57	31.31	—
2015 年	8.56	50.03	2.04	703.41	23.55	—
2014 年排位	13	5	1	6	4	3
2015 年排位	14	5	1	6	4	3
升降	-1	0	0	0	0	0
优势度	劣势	优势	优势	优势	优势	优势

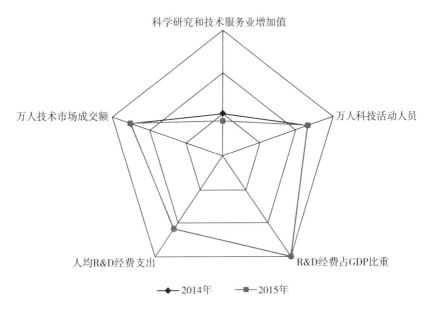

图 15 - 5 - 2　新乡市 2014 ~ 2015 年科技竞争力二级指标排位

（1）2015 年，新乡市科技竞争力综合排位处于第 3 位，表明其在河南省处于优势地位，与 2014 年相比保持不变。

（2）从指标所处区位来看，2015 年处于上游区的指标为万人科技活动人员、R&D 经费占 GDP 比重、人均 R&D 经费支出、万人技术市场成交额，且均为新乡市科技竞争力的优势指标。处于下游区的指标有科学研究和技术服务业增加值，且为新乡市科技竞争力的劣势指标。

（3）从雷达图图形变化看，2015 年与 2014 年相比，面积基本不变，科技竞争力呈现稳定趋势。

（4）从排位变化动因看，在科学研究和技术服务业增加值指标排位下降和其他指标排位不变的综合作用下，2015 年新乡市科技竞争力综合排位保持不变，居河南省第 3 位。

15.5.3　文化竞争力评价分析

2014～2015 年，新乡市文化竞争力指标在河南省的排位变化情况，如表 15 – 5 – 3 和图 15 – 5 – 3 所示。

表 15 – 5 – 3　新乡市 2014～2015 年文化竞争力及其二级指标

指标	全市接待旅游总人次（万人次）	全市旅游总收入（亿元）	城镇居民人均文化娱乐支出（元）	农村居民人均文化娱乐支出（元）	城镇居民文化娱乐支出占消费性支出比重(%)	农村居民文化娱乐支出占消费性支出比重(%)	文化竞争力
2014 年	2293.66	149.47	2076.07	564.29	11.75	7.47	—
2015 年	2916.77	191.81	2062.65	788.30	11.83	10.53	—
2014 年排位	6	8	6	5	10	4	5
2015 年排位	6	8	5	8	5	3	3
升降	0	0	1	– 3	5	1	2
优势度	优势	中势	优势	中势	优势	优势	优势

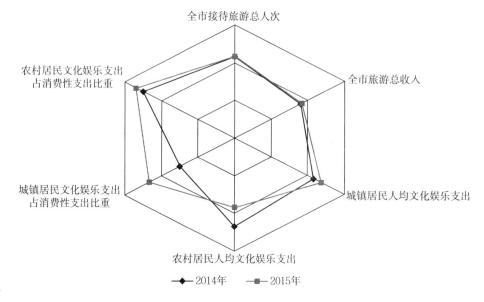

图 15 – 5 – 3　新乡市 2014～2015 年文化竞争力二级指标排位

（1）2015 年新乡市文化竞争力综合排位处于第 3 位，表明其在河南省处于优势地位，与 2014 年相比排位上升 2 位。

（2）从指标所处区位来看，2015 年所有指标均处于上游区，其中全市接待旅游总人次、城镇居民人均文化娱乐支出、城镇居民文化娱乐支出占消费性支出比重、农村居民文化娱乐支出占消费性支出比重是新乡市文化竞争力中的优势指标。

（3）从雷达图图形变化看，2015 年与 2014 年相比，面积明显增大，文化竞争力呈现上升趋势。

（4）从排位变化动因看，在城镇居民人均文化娱乐支出、城镇居民文化娱乐支出占消费性支出比重、农村居民文化娱乐支出占消费性支出比重指标排位上升和农村居民人均文化娱乐支出指标排位下降的综合作用下，2015 年新乡市文化竞争力综合排位上升 2 位，居河南省第 3 位。

15.6　新乡市县域经济发展评价分析

15.6.1　县域经济竞争力评价分析

2014～2015 年，新乡市县域经济竞争力指标在河南省的排位变化情况，如表 15 - 6 - 1 和图 15 - 6 - 1 所示。

表 15 - 6 - 1　新乡市 2014～2015 年县域经济竞争力及其二级指标

指标	地区生产总值（亿元）	人均地区生产总值（元）	一般预算财政总收入（亿元）	人均财政总收入（元）	固定资产投资额（亿元）	人均固定资产投资额（元）	全社会消费品零售总额（亿元）	人均全社会消费品零售总额（元）	金融机构贷款年底余额（亿元）	人均金融机构贷款年底余额（元）	县域经济竞争力
2014 年	1293.80	28106.60	71.82	1560.20	1202.35	26119.92	376.77	8185.03	563.08	12232.34	—
2015 年	1324.04	28817.86	75.76	1648.93	1267.91	27596.19	384.62	8371.38	594.18	12932.52	—
2014 年排位	11	12	5	7	9	9	9	14	7	8	8
2015 年排位	11	12	5	6	11	13	10	17	9	9	11
升降	0	0	0	1	-2	-4	-1	-3	-2	-1	-3
优势度	中势	中势	优势	中势	中势	劣势	中势	劣势	中势	中势	中势

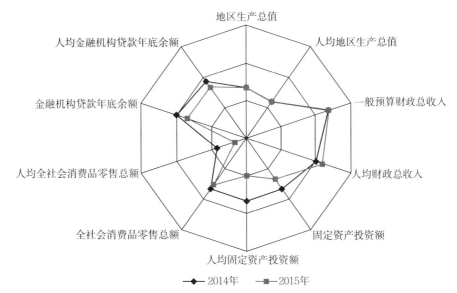

图 15 - 6 - 1　新乡市 2014～2015 年县域经济竞争力二级指标排位

（1）2015 年新乡市县域经济竞争力综合排位处于第 11 位，表明其在河南省处于中势地位，与 2014 年相比排位下降 3 位。

（2）从指标所处区位来看，2015 年处于上游区的指标有 4 个，分别为一般预算财政总收入、人均财政总收入、金融机构贷款年底余额、人均金融机构贷款年底余额，其中一般预算财政总收入是新乡市县域经济竞争力中的优势指标；处于下游区的指标有 6 个，分别为地区生产总值、人均地区生产总值、固定资产投资额、人均固定资产投资额、全社会消费品零售总额、人均全社会消费品零售总额，其中人均固定资产投资额、人均全社会消费品零售总额是新乡市县域经济竞争力中的劣势指标。

（3）从雷达图图形变化看，2015 年与 2014 年相比，面积明显缩小，新乡市县域经济竞争力呈现下降趋势。

（4）从排位变化动因看，在固定资产投资额、人均固定资产投资额、全社会消费品零售总额等指标排位下降和人均财政总收入指标排位上升的综合作用下，2015 年新乡市县域经济竞争力综合排位下降 3 位，居河南省第 11 位。

15.6.2　新乡市县域经济发展特色分析

（一）　新乡县

2015 年，新乡县完成地区生产总值 202.93 亿元，同比增长 4.8%；人均地区生产总值 59476 元；一般预算财政总收入 7.24 亿元，一般预算财政总支出 15.56 亿元；全社会固定资产投资额 120.98 亿元；全社会消费品零售总额 36.33 亿元；金融机构贷款年底余额 99.23 亿元；城镇化率 51.06%；城镇居民人均可支配收入 24253 元，农民人均纯收入 14783 元。

2015 年，新乡县第一产业完成增加值 13.08 亿元，同比增长 3.8%，第二产业完成增加值 145.96 亿元，同比增长 5.0%，第三产业完成增加值 43.89 亿元，同比增长 3.7%。2015 年新乡县规模以上工业实现增加值 140 亿元，增长 5%。新乡县实施投资超千万元项目 150 个，总投资 294 亿元，2015 年完成投资 117 亿元，累计完成投资 182 亿元，其中实施投资超亿元项目 41 个，完成投资 76 亿元，列入省市重点项目 8 个。河师大附中实验学校、清华园学校等 19 个项目开工建设；生物质能源发电、沪江网蚂蚁电商学院等 13 个项目成功签约。新乡县有 15 家企业进入新乡市规模效益 50 强和 50 户高成长性企业，心连心化肥、新亚集团、刘庄农工商等 3 家企业进入全省百强企业。威猛振动被确定为国家互联网与工业融合创新试点企业，心连心化肥、华洋铜业入选国家两化融合管理体系贯标试点企业。

（二）　辉县市

2015 年，辉县市地区生产总值完成 306.78 亿元，同比增长 5.0%；人均地区生产总值 41286 元；一般预算财政总收入 24.00 亿元，一般预算财政总支出 37.60 亿元；全社会固定资产投资额 286.20 亿元；全社会消费品零售总额 95.92 亿元；金融机构贷款年底余额 133.13 亿元；城镇化率 43.25%；城镇居民人均可支配收入 24524 元，农村居民人均纯收入 12930 元。

2015 年，辉县市第一产业完成增加值 38.18 亿元，同比增长 4.6%，第二产业完成增加值 177.33 亿元，同比增长 6.4%，第三产业完成增加值 91.27 亿元，同比增长 1.7%。规模以上工业增加值 189.06 亿元，增长 7%。2015 年产业集聚区规模以上工业增加值完成 93.4 亿元。实施千万元以上项目 169 个，完成投资 79 亿元。引进外资 6823 万美元、内资 47.6 亿元，签约项目 20 个，总投资 101.5 亿元。24 个科技项目获批立项，新增国家级高新技术企业 3 家，高新技术企业增加值比重达到 22.7%。2015 年共接待海内外游客比 2014 年增长 12%，旅游总收入增长 13.5%。

（三）获嘉县

2015 年，获嘉县完成地区生产总值 93.53 亿元，同比增长 8.5%；人均地区生产总值 23001 元；一般预算财政总收入 4.08 亿元，一般预算财政总支出 15.53 亿元；全社会固定资产投资额 92.52 亿元；全社会消费品零售总额完成 36.14 亿元；金融机构贷款年底余额 29.17 亿元；城镇化率 41.91%；城镇居民人均可支配收入达到 18330 元，农民人均纯收入达到 11887 元。

2015 年，获嘉县第一产业完成增加值 15.63 亿元，同比增长 4.4%，第二产业完成增加值 54.09 亿元，同比增长 2.4%，第三产业完成增加值 23.82 亿元，同比增长 3.0%。2015 年，获嘉县万亩高产示范方面积达到 22.25 万亩。粮食总产实现十二连增。签约引进香港锦艺高档纺纱、中原家居产业园标识创意园区等亿元项目 31 个，新开工建设郑州百兴食品、德尔公司汽车线束、金凤化工新型涂料等亿元项目 22 个，锦源化工一期、合丽亚化工竣工投产。

（四）长垣县

2015 年，长垣县完成地区生产总值 271.77 亿元，同比增长 10.6%；人均地区生产总值 36020 元；一般预算财政总收入 15.35 亿元，一般预算财政总支出 39.56 亿元；全社会固定资产投资额 288.05 亿元；全社会消费品零售总额 68.00 亿元；金融机构贷款年底余额 160.47 亿元；城镇化率 41.91%；城镇居民人均可支配收入 21633 元，农民人均纯收入 14950 元。

2015 年，长垣县第一产业完成增加值 32.69 亿元，同比增长 4.3%，第二产业完成增加值 138.10 亿元，同比增长 11.1%，第三产业完成增加值 100.98 亿元，同比增长 12.3%。规模以上工业增加值 121 亿元，增长 11.7%。新增省级生态乡镇 1 个、生态村 8 个，被确定为第二批国家新型城镇化综合试点。产业集聚区实现规模以上工业企业主营业务收入 407.4 亿元，增长 7.1%。固定资产投资额 283 亿元，增长 17.5%。引进亿元以上项目 112 个、"三个 500 强"和行业龙头企业 5 家，实际利用省外资金 44.2 亿元、境外资金 1.2 亿美元，均完成省定目标任务。争取各类上级资金 26 亿元。共实施千万元以上项目 424 个，完成投资 293 亿元。

（五）原阳县

2015 年，原阳县完成地区生产总值 116.85 亿元，同比增长 6.1%；人均地区生产总值 17736 元；一般预算财政总收入 6.52 亿元，一般预算财政总支出 24.45 亿元；全社会固定资产投资额 141.93 亿元；全社会消费品零售总额 34.24 亿元；金融机构贷款年底余额 57.60 亿元；城镇化率 30.64%；城镇居民人均可支配收入 18606 元，农民人均纯收入 9901 元。

2015 年，原阳县第一产业完成增加值 26.86 亿元，同比增长 3.7%，第二产业完成增加值 54.21 亿元，同比增长 8.2%，第三产业完成增加值 35.79 亿元，同比增长 3.6%。规模以上工业增加值完成 31.3 亿元，同比增长 8.9%。金祥家具产业园四期、郑州诚信钢结构等 7 个亿元以上产业项目开工建设；金祥家具产业园二期一批、河南圣玛斯科技有限公司空气净化器等 12 个亿元以上产业项目竣工投产。

（六）延津县

2015 年，延津县完成地区生产总值 117.30 亿元，同比增长 8.5%；人均地区生产总值 25036 元；一般预算财政总收入 6.57 亿元，一般预算财政总支出 18.38 亿元；全社会固定资产投资额 92.96 亿元；全社会消费品零售总额 38.19 亿元；金融机构贷款年底余额 28.84 亿元；城镇化率 33.21%；城镇居民人均可支配收入 19828 元；农民人均纯收入 12413 元。

2015 年，延津县第一产业完成增加值 25.92 亿元，同比增长 4.5%，第二产业完成增加值 58.88 亿元，同比增长 10.5%，第三产业完成增加值 32.50 亿元，同比增长 7.3%。实施千万元以上项目 122 个，完成投资 54.1 亿元，新增高新技术企业 2 家，新培育市级研发中心 2 家，获得市科技进步一等奖 1 项，专利申请量达到 165 件。新增高标准粮田 4.7 万亩，粮食总产达到 46.3 万吨，实现十二连增。

（七）封丘县

2015 年，封丘县完成地区生产总值 118.33 亿元，同比增长 8.8%；人均地区生产总值 16230 元；一般预算财政总收入 3.92 亿元，一般预算财政总支出 29.20 亿元；全社会固定资产投资额 154.32 亿元；全社会消费品零售总额 33.52 亿元；金融机构贷款年底余额 28.84 亿元；城镇化率 32.35%；城镇居民人均可支配收入 18937 元，农民人均纯收入 8412 元。

2015 年，封丘县第一产业完成增加值 38.30 亿元，同比增长 4.2%，第二产业完成增加值 47.55 亿元，同比增长 11.6%，第三产业完成增加值 32.48 亿元，同比增长 9.8%。规模以上工业增加值完成 32.3 亿元，同比增长 12.5%。封丘县产业集聚区入驻企业 95 家，其中限上工业企业 31 家；环卫（起重）产业集聚区入驻企业 176 家，其中限上工业企业 29 家。新开工产业集群项目三个，环卫装备制造产业集群，关联项目 13 个，总投资 25.3 亿元；电商产业集群，关联项目 43 个，总投资 9.3 亿元；农副产品精深加工产业集群，关联项目 5 个，总投资 16.3 亿元。新签约项目 31 个，总投资 67.7 亿元。实施千万元以上项目 130 个，总投资 332 亿元，其中市重点项目 6 个，总投资 31 亿元。争取政策性项目 60 个，到位政策性资金 3.84 亿元。

（八）卫辉市

2015 年，卫辉市完成地区生产总值 96.55 亿元，同比增长 - 21.3%；人均地区生产总值 19424 元；一般预算财政总收入 8.08 亿元，一般预算财政总支出 21.85 亿元；全社会固定资产投资额 90.95 亿元；全社会消费品零售总额 42.29 亿元；金融机构贷款年底余额 56.91 亿元；城镇化率 41.08%；城镇居民人均可支配收入 19834 元，农民人均纯收入 11957 元。

2015 年，卫辉市第一产业完成增加值 23.06 亿元，同比增长 4.6%，第二产业完成增加值 21.68 亿元，同比降低 48.2%，第三产业完成增加值 51.81 亿元，同比增长 0.2%。2015 年，卫辉市实施承接产业转移项目 14 项，到位省外资金 13.59 亿元，其中，新签约项目 6 项，在建项目 5 项，实际到位省外资金 9.39 亿元；竣工项目 3 项，实际省外资金到位 4.2 亿元。实现社区新开工建房面积 78.5 万平方米，入住农户 1655 户，拆除旧宅 758.87 亩、复垦 460 亩。分别完成年度目标任务的 112.1%、103.4%、108.4%、115%。人居环境完成了 25 个示范村、50 个达标村的验收工作。

第 16 章
焦作市 2015 年发展报告

16.1 焦作市发展概述

2015 年，焦作市完成地区生产总值 1926.08 亿元，人均地区生产总值 54590.19 元，一般预算财政总收入 115.11 亿元；一般预算财政总支出 216.32 亿元；固定资产投资额 1906.26 亿元；全社会消费品零售总额 624.72 亿元；金融机构贷款年底余额 944.58 亿元；城镇化率 54.85%；城镇居民人均可支配收入 25235.69 元，农民人均纯收入 13751.20 元。

2015 年，焦作市第一产业增加值 137.10 亿元，增长 4.2%；第二产业增加值 1150.96 元，增长 8.5%；第三产业增加值 638.02 亿元，增长 10.2%。三次产业占比为 7.1∶59.8∶33.1。2015 年焦作市实现规模以上工业增加值 1141.3 亿元，同比增长 7.01%；规模以上工业资产总贡献率达 16.4%；十大产业增加值增长 13.4%，对工业贡献率达 82%。产业集聚区固定资产投资额 1300 亿元，增长 22.2%。引进市外境内项目 862 个，总投资 1568 亿元。实施省重大科技专项 5 个，获省科技进步奖 15 项。授权专利 1420 件，引进高层次紧缺人才 961 人。新增国家级高新技术企业 21 家。高技术产业增加值增长 22.5%。

16.2 焦作市宏观经济竞争力评价分析

16.2.1 经济规模竞争力评价分析

2014～2015 年，焦作市经济规模竞争力指标在河南省的排位变化情况，如表 16－2－1 和图 16－2－1 所示。

（1）2015 年焦作市经济规模竞争力综合排位处于第 4 位，表明其在河南省处于优势地位，与 2014 年相比排位上升 1 位。

（2）从指标所处区位来看，2015 年处于上游区的指标有 8 个，分别为地区生产总值、人均地区生产总值、一般预算财政总收入、人均财政总收入、固定资产投资额、人均固定资产投资额、人均全社会消费品零售总额、人均金融机构贷款年底余额，其中人均地区生产总值、人均财政总收入、人均固定资产投资额、人均全社会消费品零售总额是焦作市经济规模竞争力中的优势指标；处于下游区的指标有 3 个，为地区生产总值增长率、全社会消费品零售总额、金融机构贷款年底余额，其中全社会消费品零售总额是焦作市经济规模竞争力中的劣势指标。

（3）从雷达图图形变化看，2015 年与 2014 年相比，面积略有增大，经济规模竞争力

表 16 - 2 - 1　焦作市 2014～2015 年经济规模竞争力及其二级指标

指标	地区生产总值（亿元）	地区生产总值增长率（%）	人均地区生产总值（元）	一般预算财政总收入（亿元）	人均财政总收入（元）	固定资产投资额（亿元）	人均固定资产投资额（元）	全社会消费品零售总额（亿元）	人均全社会消费品零售总额（元）	金融机构贷款年底余额（亿元）	人均金融机构贷款年底余额（元）	经济规模竞争力
2014 年	1844.31	8.82	52420.60	105.57	3000.73	1653.70	47002.81	558.01	15860.16	853.98	24272.52	—
2015 年	1926.08	8.65	54590.19	115.11	3262.52	1906.26	54028.35	624.72	17706.24	944.58	26771.86	—
2014 年排位	7	14	4	7	5	7	4	13	4	12	8	5
2015 年排位	7	12	4	7	6	7	4	13	4	12	8	4
升降	0	2	0	0	-1	0	0	0	0	0	0	1
优势度	中势	中势	优势	中势	优势	中势	优势	劣势	优势	中势	中势	优势

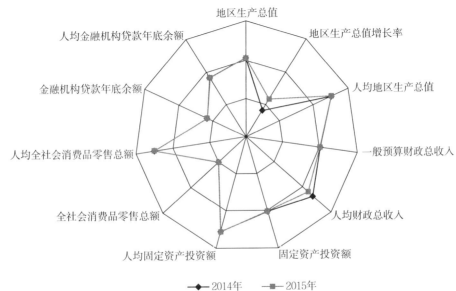

图 16 - 2 - 1　焦作市 2014～2015 年经济规模竞争力二级指标排位

呈现上升趋势。

（4）从排位变化的动因看，在地区生产总值增长率指标排位上升和人均财政总收入指标排位下降的综合作用下，2015 年焦作市经济规模竞争力综合排位上升 1 位，居河南省第 4 位。

16.2.2　经济结构竞争力评价分析

2014～2015 年，焦作市经济结构竞争力指标在河南省的排位变化情况，如表 16 - 2 - 2 和图 16 - 2 - 2 所示。

（1）2015 年焦作市经济结构竞争力综合排位处于第 6 位，表明其在河南省处于优势地位，与 2014 年相比保持不变。

（2）从指标所处区位来看，2015 年处于上游区的指标有 3 个，分别为产业结构、所

表 16 - 2 - 2　焦作市 2014~2015 年经济结构竞争力及其二级指标

指标	产业结构（%）	所有制结构（%）	人均收入结构（%）	支出结构（%）	国际贸易结构（%）	单位 GDP 能耗增减率（%）	经济结构竞争力
2014 年	92.58	69.20	52.21	33.74	69.51	-5.30	—
2015 年	92.88	76.29	54.49	32.77	72.08	-3.46	—
2014 年排位	4	9	2	15	12	9	6
2015 年排位	4	8	3	15	11	14	6
升降	0	1	-1	0	1	-5	0
优势度	优势	中势	优势	劣势	中势	劣势	优势

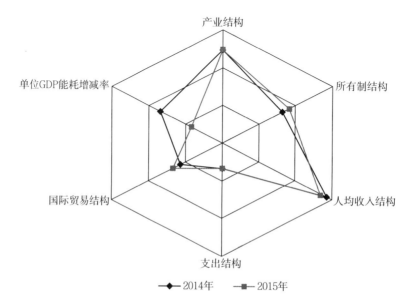

图 16 - 2 - 2　焦作市 2014~2015 年经济结构竞争力二级指标排位

有制结构、人均收入结构，处于下游区的指标有 3 个，分别为支出结构、国际贸易结构、单位 GDP 能耗增减率，其中支出结构和单位 GDP 能耗增减率是焦作市经济结构竞争力中的劣势指标。

（3）从雷达图图形变化看，2015 年与 2014 年相比，面积略有缩小，经济结构竞争力呈现稳定趋势。

（4）从排位变化的动因看，在所有制结构、国际贸易结构指标排位上升，人均收入结构、单位 GDP 能耗增减率指标排位下降，以及产业结构、支出结构指标排位不变的综合作用下，2015 年焦作市经济结构竞争力综合排位不变，居河南省第 6 位。

16.2.3　经济外向度竞争力评价分析

2014~2015 年，焦作市经济外向度竞争力指标在河南省的排位变化情况，如表 16 - 2 - 3 和图 16 - 2 - 3 所示。

（1）2015 年焦作市经济外向度竞争力综合排位处于第 3 位，表明其在河南省处于优

表 16 - 2 - 3 焦作市 2014~2015 年经济外向度竞争力及其二级指标

指标	进出口总额（万美元）	货物和服务净流出(亿元)	出口拉动指数（%）	实际 FDI（万美元）	利用省外资金（亿元）	省外资金/固定资产投资（%）	经济外向度竞争力
2014 年	246362.00	59.05	3.20	72850.00	497.70	30.10	—
2015 年	205600.00	56.57	2.94	78735.00	538.90	28.27	—
2014 年排位	2	4	3	6	6	6	2
2015 年排位	2	5	3	6	6	8	3
升降	0	-1	0	0	0	-2	-1
优势度	优势	优势	优势	优势	优势	中势	优势

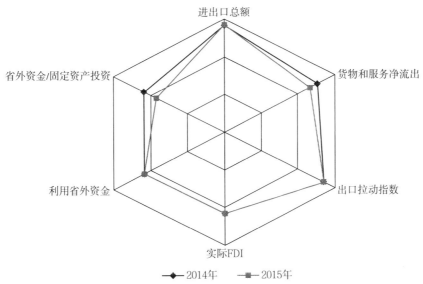

图 16 - 2 - 3 焦作市 2014~2015 年经济外向度竞争力二级指标排位

势地位，与 2014 年相比排位下降 1 位。

（2）从指标所处区位来看，2015 年所有指标均处于上游区，且除省外资金/固定资产投资为焦作市经济外向度竞争力中的中势指标外，其余指标均为焦作市经济外向度竞争力中的优势指标。

（3）从雷达图图形变化看，2015 年与 2014 年相比，面积略有缩小，经济外向度竞争力呈现下降趋势。

（4）从排位变化的动因看，在货物和服务净流出、省外资金/固定资产投资指标排位下降和其余指标排位不变的综合作用下，2015 年焦作市经济外向度竞争力综合排位下降 1 位，居河南省第 3 位。

16.2.4 宏观经济竞争力综合分析

2014~2015 年，焦作市宏观经济竞争力指标在河南省的排位变化和指标结构，如表 16 - 2 - 4 所示。

表 16 - 2 - 4　焦作市 2014~2015 年宏观经济竞争力指标

指标	经济规模竞争力	经济结构竞争力	经济外向度竞争力	宏观经济竞争力
2014 年排位	5	6	2	3
2015 年排位	4	6	3	3
升降	1	0	-1	0
优势度	优势	优势	优势	优势

（1）2015 年焦作市宏观经济竞争力综合排位处于第 3 位，表明其在河南省处于优势地位，与 2014 年相比排位保持不变。

（2）从指标所处区位来看，2015 年所有指标均处于上游区，且均是宏观经济竞争力中的优势指标。

（3）从指标变化趋势看，经济规模竞争力指标排位上升，经济结构竞争力指标排位保持不变，经济外向度竞争力指标排位呈现下降趋势。

（4）从排位综合分析看，在经济规模竞争力指标排位上升、经济结构竞争力指标排位保持不变、经济外向度竞争力指标排位下降的综合作用下，2015 年焦作市宏观经济竞争力排位不变，居河南省第 3 位。

16.3　焦作市产业发展评价分析

16.3.1　农业竞争力评价分析

2014~2015 年，焦作市农业竞争力指标在河南省的排位变化情况，如表 16 - 3 - 1 和图 16 - 3 - 1 所示。

表 16 - 3 - 1　焦作市 2014~2015 年农业竞争力及其二级指标

指标	农业增加值（亿元）	人均农业增加值（元）	农民人均纯收入（元）	人均主要粮食产量（吨）	农业劳动生产率［元/（人·年）］	农村人均用电量（kW·h）	支农资金比重（%）	农业竞争力
2014 年	139.93	3977.24	12517.60	0.59	8413.03	856.44	10.59	—
2015 年	140.30	3976.46	13751.20	0.59	8434.29	890.57	10.04	—
2014 年排位	14	14	3	13	7	4	17	12
2015 年排位	14	14	3	13	5	4	16	10
升降	0	0	0	0	2	0	1	2
优势度	劣势	劣势	优势	劣势	优势	优势	劣势	中势

（1）2015 年焦作市农业竞争力综合排位处于第 10 位，表明其在河南省处于中势地位，与 2014 年相比排位上升 2 位。

（2）从指标所处区位来看，2015 年处于上游区的指标有 3 个，分别为农民人均纯收

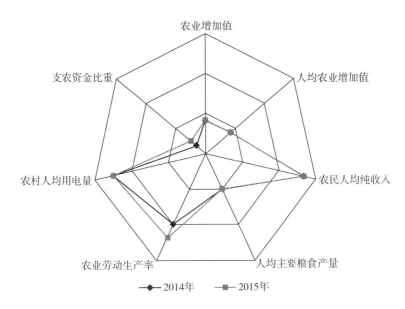

图 16 – 3 – 1　焦作市 2014 ~ 2015 年农业竞争力二级指标排位

入、农业劳动生产率、农村人均用电量，且均为焦作市农业竞争力中的优势指标；处于下游区的指标有 4 个，分别为农业增加值、人均农业增加值、人均主要粮食产量、支农资金比重，且均为焦作市农业竞争力中的劣势指标。

（3）从雷达图图形变化看，2015 年与 2014 年相比，面积明显增大，农业竞争力呈现上升趋势。

（4）从排位变化的动因看，在农业劳动生产率、支农资金比重指标排位上升和其他指标排位不变的综合作用下，2015 年焦作市农业竞争力上升 2 位，居河南省第 10 位。

16.3.2　工业竞争力评价分析

2014 ~ 2015 年，焦作市工业竞争力指标在河南省的排位变化情况，如表 16 – 3 – 2 和图 16 – 3 – 2 所示。

（1）2015 年焦作市工业竞争力综合排位处于第 3 位，表明其在河南省处于优势地位，与 2014 年相比保持不变。

（2）从指标所处区位来看，2015 年所有指标均处于上游区，其中工业增加值、人均工业增加值、规模以上工业资产总额、规模以上工业资产总贡献率、规模以上工业产品销售率是焦作市工业竞争力中的优势指标。

（3）从雷达图图形变化看，2015 年与 2014 年相比，面积略有增大，工业竞争力呈现稳定趋势。

（4）从排位变化的动因看，在工业增加值增长率、人均工业增加值、规模以上工业产品销售率指标排位上升，规模以上工业全员劳动生产率指标排位下降及其他指标排位不变的综合作用下，2015 年焦作市工业竞争力综合排位不变，居河南省第 3 位。

表 16 – 3 – 2　焦作市 2014～2015 年工业竞争力及其二级指标

指标	工业增加值（亿元）	工业增加值增长率（%）	人均工业增加值（元）	规模以上工业资产总额（亿元）	规模以上工业资产总贡献率（%）	规模以上工业全员劳动生产率[元/（人·年）]	规模以上工业成本费用利润率（%）	规模以上工业产品销售率（%）	工业竞争力
2014 年	1066.49	9.46	30312.73	2935.42	18.35	248263.89	7.89	99.07	—
2015 年	1076.76	8.68	30518.38	3113.81	16.42	242577.16	7.11	98.82	—
2014 年排位	5	14	4	5	5	8	8	3	3
2015 年排位	5	7	3	5	5	9	8	2	3
升降	0	7	1	0	0	−1	0	1	0
优势度	优势	中势	优势	优势	优势	中势	中势	优势	优势

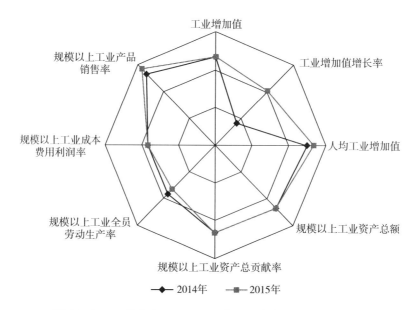

图 16 – 3 – 2　焦作市 2014～2015 年工业竞争力二级指标排位

16.3.3　工业化进程竞争力评价分析

2014～2015 年，焦作市工业化进程竞争力指标在河南省的排位变化情况，如表 16 – 3 – 3 和图 16 – 3 – 3 所示。

（1）2015 年焦作市工业化进程竞争力综合排位处于第 1 位，表明其在河南省处于优势地位，与 2014 年相比上升 5 位。

（2）从指标所处区位来看，2015 年所有指标均处于上游区，其中第二产业增加值占 GDP 比重、第二产业从业人员占总就业人员比重、第二产业从业人员增长率、第二产业固定资产投资占比为优势指标。

表 16 - 3 - 3 焦作市 2014～2015 年工业化进程竞争力及其二级指标

指标	第二产业增加值占 GDP 比重（%）	第二产业增加值增长率（%）	第二产业从业人员占总就业人员比重（%）	第二产业从业人员增长率（%）	第二产业固定资产投资占比（%）	工业化进程竞争力
2014 年	61.80	9.44	37.99	-4.20	66.35	—
2015 年	59.76	8.48	39.70	10.16	69.75	—
2014 年排位	5	15	3	12	2	6
2015 年排位	4	8	1	3	1	1
升降	1	7	2	9	1	5
优势度	优势	中势	优势	优势	优势	优势

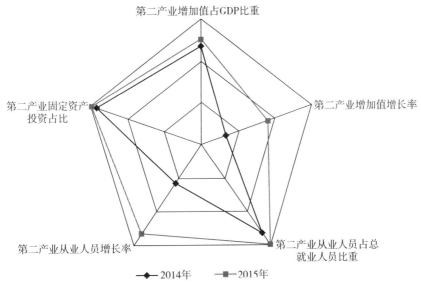

图 16 - 3 - 3 焦作市 2014～2015 年工业化进程竞争力二级指标排位

（3）从雷达图图形变化看，2015 年与 2014 年相比，面积明显增大，工业化进程竞争力呈现上升趋势。

（4）从排位变化的动因看，在所有指标排位上升的作用下，2015 年焦作市工业化进程竞争力综合排位上升 5 位，居河南省第 1 位。

16.3.4 服务业竞争力评价分析

2014～2015 年，焦作市服务业竞争力指标在河南省的排位变化情况，如表 16 - 3 - 4 和图 16 - 3 - 4 所示。

（1）2015 年焦作市服务业竞争力综合排位处于第 11 位，表明其在河南省处于中势地位，与 2014 年相比下降 2 位。

（2）从指标所处区位来看，2015 年处于上游区的指标有 4 个，分别为人均服务业增加值、交通运输仓储邮电业增加值、房地产业增加值、批发和零售业增加值，其中人均服务业增加值、交通运输仓储邮电业增加值、批发和零售业增加值是焦作市服务业竞争力中

表 16 - 3 - 4 焦作市 2014～2015 年服务业竞争力及其二级指标

指标	服务业增加值（亿元）	服务业增加值增长率（%）	人均服务业增加值（元）	服务业从业人员数（万人）	服务业从业人员数增长率（%）	交通运输仓储邮电业增加值（亿元）	金融业增加值（亿元）	房地产业增加值（亿元）	批发和零售业增加值（亿元）	住宿和餐饮业增加值（亿元）	服务业竞争力
2014 年	567.60	8.39	16113.62	68.43	6.20	112.50	46.26	49.94	133.66	47.58	—
2015 年	638.02	10.17	18083.10	72.03	5.27	108.31	55.75	68.25	145.09	49.66	—
2014 年排位	13	10	4	13	8	4	10	11	5	11	9
2015 年排位	13	13	4	14	11	4	11	9	4	11	11
升降	0	-3	0	-1	-3	0	-1	2	1	0	-2
优势度	劣势	劣势	优势	劣势	中势	优势	中势	中势	优势	中势	中势

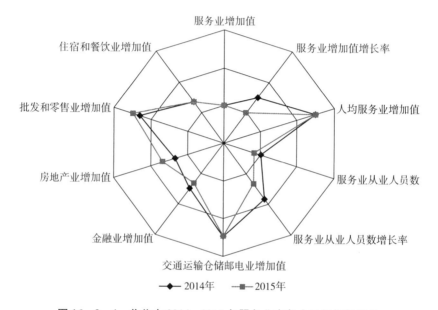

图 16 - 3 - 4 焦作市 2014～2015 年服务业竞争力二级指标排位

的优势指标；处于下游区的指标有 6 个，分别为服务业增加值、服务业增加值增长率、服务业从业人员数、服务业从业人员数增长率、金融业增加值、住宿和餐饮业增加值，其中服务业增加值、服务业增加值增长率、服务业从业人员数是焦作市服务业竞争力中的劣势指标。

（3）从雷达图图形变化看，2015 年与 2014 年相比，面积明显缩小，服务业竞争力呈现下降趋势。

（4）从排位变化的动因看，在房地产业增加值、批发和零售业增加值指标排位上升，服务业增加值增长率、服务业从业人员数、服务业从业人员数增长率等指标排位下降和其他指标排位不变的综合作用下，2015 年焦作市服务业竞争力综合排位下降 2 位，居河南省第 11 位。

16.3.5 企业竞争力评价分析

2014～2015 年，焦作市企业竞争力指标在河南省的排位变化情况，如表 16 - 3 - 5 和图 16 - 3 - 5 所示。

表 16 - 3 - 5　焦作市 2014～2015 年企业竞争力及其二级指标

指标	规模以上工业企业数（个）	规模以上工业企业平均资产（亿元）	规模以上工业企业主营业务收入平均值（亿元）	流动资产年平均余额（亿元）	规模以上工业企业资产负债率（％）	规模以上工业企业成本费用利润率（％）	规模以上工业企业平均利润（亿元）	全员劳动生产率［元/（人·年）］	企业竞争力
2014 年	1214.00	2.42	3.94	1156.63	39.63	7.89	0.29	248263.89	—
2015 年	1213.00	2.57	4.24	1216.43	41.15	7.11	0.28	242577.16	—
2014 年排位	9	7	4	7	12	8	7	8	5
2015 年排位	11	7	4	8	11	8	6	9	6
升降	-2	0	0	-1	1	0	1	-1	-1
优势度	中势	中势	优势	中势	中势	中势	优势	中势	优势

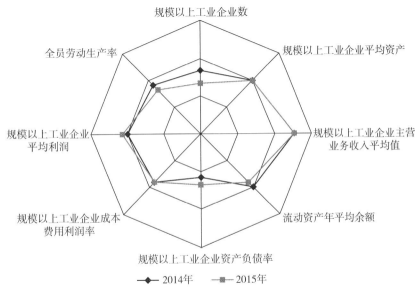

图 16 - 3 - 5　焦作市 2014～2015 年企业竞争力二级指标排位

（1）2015 年焦作市企业竞争力综合排位处于第 6 位，表明其在河南省处于优势地位，与 2014 年相比下降 1 位。

（2）从指标所处区位来看，2015 年处于上游区的指标有 6 个，分别为规模以上工业企业平均资产、规模以上工业企业主营业务收入平均值、流动资产年平均余额、规模以上工业企业成本费用利润率、规模以上工业企业平均利润、全员劳动生产率，其中规模以上工业企业主营业务收入平均值、规模以上工业企业平均利润指标是焦作市企业竞争力中的优势指标；处于下游区的指标有 2 个，为规模以上工业企业数、规模以上工业企业资产负债率，均为焦作市企业竞争力中的中势指标。

（3）从雷达图图形变化看，2015 年与 2014 年相比，面积略微缩小，企业竞争力呈现下降趋势。

（4）从排位变化的动因看，在规模以上工业企业资产负债率、规模以上工业企业平均利润指标排位上升和规模以上工业企业数、流动资产年平均余额、全员劳动生产率指标排位下降的综合作用下，2015 年焦作市企业竞争力综合排位下降 1 位，居河南省第 6 位。

16.4 焦作市城镇化发展评价分析

16.4.1 城镇化进程竞争力评价分析

2014～2015 年，焦作市城镇化进程竞争力指标在河南省的排位变化情况，如表 16 - 4 - 1 和图 16 - 4 - 1 所示。

表 16 - 4 - 1 焦作市 2014～2015 年城镇化进程竞争力及其二级指标

指标	城镇化率（%）	城镇居民人均可支配收入（元）	城市建成区面积（平方公里）	市区人口密度（人/平方公里）	人均拥有道路面积（平方米）	人均日生活用水量（升）	燃气普及率（%）	人均城市园林绿地面积（平方米）	城镇化进程竞争力
2014 年	53.23	23977.17	106.00	7268.00	16.12	106.43	93.99	11.03	—
2015 年	54.85	25235.69	111.20	5564.00	16.02	117.11	95.12	11.07	—
2014 年排位	4	7	6	6	5	14	6	8	3
2015 年排位	4	7	6	7	6	10	6	9	3
升降	0	0	0	-1	-1	4	0	-1	0
优势度	优势	中势	优势	中势	优势	中势	优势	中势	优势

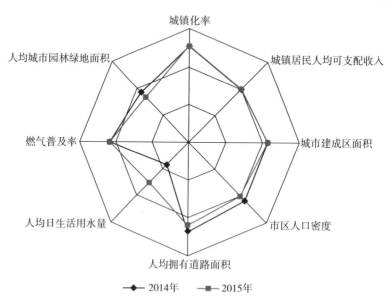

图 16 - 4 - 1 焦作市 2014～2015 年城镇化进程竞争力二级指标排位

（1）2015 年焦作市城镇化进程竞争力综合排位处于第 3 位，表明其在河南省处于优势地位，与 2014 年相比排位保持不变。

（2）从指标所处区位来看，2015 年处于上游区的指标有 7 个，分别为城镇化率、城镇居民人均可支配收入、城市建成区面积、市区人口密度、人均拥有道路面积、燃气普及率、人均城市园林绿地面积，其中城镇化率、城市建成区面积、人均拥有道路面积、燃气普及率是焦作市城镇化进程竞争力中的优势指标；处于下游区的指标有 1 个，为人均日生活用水量，且是焦作市城镇化进程竞争力中的中势指标。

（3）从雷达图图形变化看，2015 年与 2014 年相比，面积基本不变，城镇化进程竞争力呈现稳定趋势。

（4）从排位变化的动因看，在市区人口密度、人均拥有道路面积、人均城市园林绿地面积指标排位下降，人均日生活用水量指标排位上升和其他指标排位不变的综合作用下，2015 年焦作市城镇化进程竞争力综合排位不变，居河南省第 3 位。

16.4.2　城镇社会保障竞争力评价分析

2014 ~ 2015 年，焦作市城镇社会保障竞争力指标在河南省的排位变化情况，如表 16 - 4 - 2 和图 16 - 4 - 2 所示。

表 16 - 4 - 2　焦作市 2014 ~ 2015 年城镇社会保障竞争力及其二级指标

指标	城市城镇社区服务设施数(个/万人)	医疗保险覆盖率(%)	养老保险覆盖率(%)	失业保险覆盖率(%)	工伤保险覆盖率(%)	城镇登记失业率(%)	城镇社会保障竞争力
2014 年	237	50.67	29.71	19.13	17.51	4.11	—
2015 年	283	49.11	29.49	17.90	17.77	3.97	—
2014 年排位	7	12	7	6	9	18	9
2015 年排位	12	11	7	7	8	17	9
升降	- 5	1	0	- 1	1	1	0
优势度	中势	中势	中势	中势	中势	劣势	中势

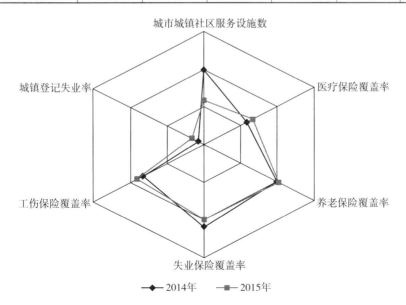

图 16 - 4 - 2　焦作市 2014 ~ 2015 年城镇社会保障竞争力二级指标排位

（1）2015年焦作市城镇社会保障竞争力综合排位处于第9位，表明其在河南省处于中势地位，与2014年相比排位保持不变。

（2）从指标所处区位来看，2015年处于上游区的指标有3个，分别为养老保险覆盖率、失业保险覆盖率、工伤保险覆盖率，且均为焦作市城镇社会保障竞争力中的中势指标；处于下游区的指标有3个，分别为城市城镇社区服务设施数、医疗保险覆盖率、城镇登记失业率，其中城镇登记失业率是焦作市城镇社会保障竞争力中的劣势指标。

（3）从雷达图图形变化看，2015年与2014年相比，面积基本不变，城镇社会保障竞争力呈现稳定趋势。

（4）从排位变化的动因看，在城市城镇社区服务设施数、失业保险覆盖率指标排位下降，医疗保险覆盖率、工伤保险覆盖率、城镇登记失业率指标排位上升和养老保险覆盖率指标排位不变的综合作用下，2015年焦作市城镇社会保障竞争力排位不变，居河南省第9位。

16.5 焦作市社会发展评价分析

16.5.1 教育竞争力评价分析

2014～2015年，焦作市教育竞争力指标在河南省的排位变化情况，如表16-5-1和图16-5-1所示。

表16-5-1 焦作市2014～2015年教育竞争力及其二级指标

指标	教育经费占GDP比重（%）	人均教育经费（元）	人均教育固定资产投资（元）	万人中小学学校数（所）	万人中小学专任教师数（个）	万人高等学校数（所）	万人高校专任教师数（个）	万人高等学校在校学生数(人)	教育竞争力
2014年	2.68	1404.87	429.13	2.24	86.86	0.02	22.85	266.67	—
2015年	2.46	1339.73	614.20	2.15	90.50	0.02	23.71	275.72	—
2014年排位	17	10	6	15	13	2	2	2	8
2015年排位	18	16	5	15	10	2	2	2	15
升降	-1	-6	1	0	3	0	0	0	-7
优势度	劣势	劣势	优势	劣势	中势	优势	优势	优势	劣势

（1）2015年焦作市教育竞争力综合排位处于第15位，表明其在河南省处于劣势地位，与2014年相比下降7位。

（2）从指标所处区位来看，2015年处于上游区的指标有4个，分别为人均教育固定资产投资、万人高等学校数、万人高校专任教师数、万人高等学校在校学生数，且均为焦作市教育竞争力中的优势指标；处于下游区的指标有4个，分别为教育经费占GDP比重、人均教育经费、万人中小学学校数、万人中小学专任教师数，其中教育经费占GDP比重、人均教育经费、万人中小学学校数为焦作市教育竞争力中的劣势指标。

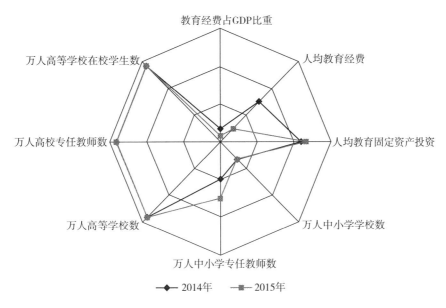

图 16 - 5 - 1 焦作市 2014 ～ 2015 年教育竞争力二级指标排位

（3）从雷达图图形变化看，2015 年与 2014 年相比，面积明显缩小，教育竞争力呈现下降趋势。

（4）从排位变化的动因看，在人均教育固定资产投资、万人中小学专任教师数指标排位上升和教育经费占 GDP 比重、人均教育经费指标排位下降的综合作用下，2015 年焦作市教育竞争力综合排位下降 7 位，居河南省第 15 位。

16.5.2 科技竞争力评价分析

2014 ～ 2015 年，焦作市科技竞争力指标在河南省的排位变化情况，如表 16 - 5 - 2 和图 16 - 5 - 2 所示。

表 16 - 5 - 2 焦作市 2014 ～ 2015 年科技竞争力及其二级指标

指标	科学研究和技术服务业增加值（亿元）	万人科技活动人员（人）	R&D 经费占GDP 比重（%）	人均 R&D经费支出（元）	万人技术市场成交额（万元）	科技竞争力
2014 年	10.74	61.14	1.35	707.23	9.33	—
2015 年	11.96	64.46	1.44	788.66	13.63	—
2014 年排位	10	2	7	5	7	5
2015 年排位	11	2	7	5	7	5
升降	-1	0	0	0	0	0
优势度	中势	优势	中势	优势	中势	优势

（1）2015 年焦作市科技竞争力综合排位处于第 5 位，表明其在河南省处于优势地位，与 2014 年相比排位保持不变。

（2）从指标所处区位来看，2015 年处于上游区的指标有万人科技活动人员、R&D 经

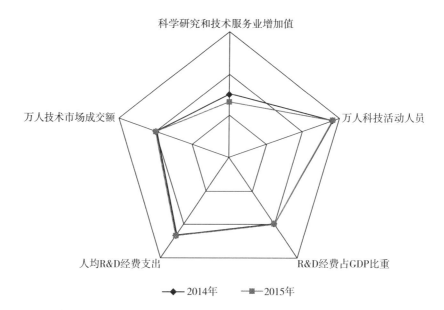

图 16 - 5 - 2　焦作市 2014～2015 年科技竞争力二级指标排位

费占 GDP 比重、人均 R&D 经费支出、万人技术市场成交额，其中万人科技活动人员、人均 R&D 经费支出为焦作市科技竞争力中的优势指标。处于下游区的指标为科学研究和技术服务业增加值，且为焦作市科技竞争力中的中势指标。

（3）从雷达图图形变化看，2015 年与 2014 年相比，面积基本不变，教育竞争力呈现稳定趋势。

（4）从排位变化的动因看，在科学研究和技术服务业增加值指标排位下降及其他指标排位不变的综合作用下，2015 年焦作市科技竞争力综合排位不变，居河南省第 5 位。

16.5.3　文化竞争力评价分析

2014～2015 年，焦作市文化竞争力指标在河南省的排位变化情况，如表 16 - 5 - 3 和图 16 - 5 - 3 所示。

表 16 - 5 - 3　焦作市 2014～2015 年文化竞争力及其二级指标

指标	全市接待旅游总人次（万人次）	全市旅游总收入（亿元）	城镇居民人均文化娱乐支出（元）	农村居民人均文化娱乐支出（元）	城镇居民文化娱乐支出占消费性支出比重（%）	农村居民文化娱乐支出占消费性支出比重（%）	文化竞争力
2014 年	3332.14	269.19	1907.53	699.81	11.70	7.43	—
2015 年	3741.19	300.78	1943.16	859.85	10.98	8.45	—
2014 年排位	4	4	12	3	11	5	6
2015 年排位	4	4	8	4	9	11	6
升降	0	0	4	-1	2	-6	0
优势度	优势	优势	中势	优势	中势	中势	优势

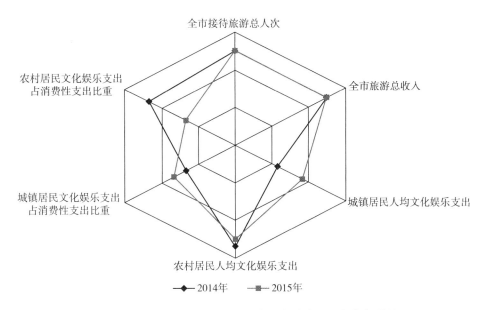

图 16 – 5 – 3 焦作市 2014 ～ 2015 年文化竞争力二级指标排位

（1）2015 年焦作市文化竞争力综合排位处于第 6 位，表明其在河南省处于优势地位，与 2014 年相比保持不变。

（2）从指标所处区位来看，2015 年处于上游区的指标有 5 个，分别为全市接待旅游总人次、全市旅游总收入、城镇居民人均文化娱乐支出、农村居民人均文化娱乐支出、城镇居民文化娱乐支出占消费性支出比重，其中全市接待旅游总人次、全市旅游总收入、农村居民人均文化娱乐支出是焦作市文化竞争力中的优势指标；处于下游区的指标有 1 个，为农村居民文化娱乐支出占消费性支出比重，且为中势指标。

（3）从雷达图图形变化看，2015 年与 2014 年相比，面积基本不变，文化竞争力呈现稳定趋势。

（4）从排位变化的动因看，在农村居民人均文化娱乐支出、农村居民文化娱乐支出占消费性支出比重指标排位下降和城镇居民人均文化娱乐支出、城镇居民文化娱乐支出占消费性支出比重指标排位上升的综合作用下，2015 年焦作市文化竞争力综合排位不变，居河南省第 6 位。

16.6 焦作市县域经济发展评价分析

16.6.1 县域经济竞争力评价分析

2014 ～ 2015 年，焦作市县域经济竞争力指标在河南省的排位变化情况，如表 16 – 6 – 1 和图 16 – 6 – 1 所示。

（1）2015 年焦作市县域经济竞争力综合排位处于第 4 位，表明其在河南省处于优势地位，与 2014 年相比保持不变。

表16－6－1　焦作市2014～2015年县域经济竞争力及其二级指标

指标	地区生产总值（亿元）	人均地区生产总值（元）	一般预算财政总收入（亿元）	人均财政总收入（元）	固定资产投资额（亿元）	人均固定资产投资额（元）	全社会消费品零售总额（亿元）	人均全社会消费品零售总额（元）	金融机构贷款年底余额（亿元）	人均金融机构贷款年底余额（元）	县域经济竞争力
2014年	1432.33	56635.04	53.11	2099.97	1261.84	49893.76	369.28	14601.56	372.99	14748.24	—
2015年	1494.22	59526.82	57.31	2283.19	1443.80	57518.12	413.71	16481.36	406.29	16185.67	—
2014年排位	6	2	10	4	7	2	10	3	13	5	4
2015年排位	7	2	9	4	7	2	9	3	12	5	4
升降	－1	0	1	0	0	0	1	0	1	0	0
优势度	中势	优势	中势	优势	中势	优势	中势	优势	中势	优势	优势

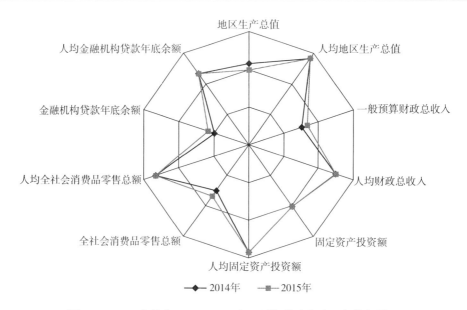

图16－6－1　焦作市2014～2015年县域经济竞争力二级指标排位

（2）从指标所处区位来看，2015年处于上游区的指标有9个，分别为地区生产总值、人均地区生产总值、一般预算财政总收入、人均财政总收入、固定资产投资额、人均固定资产投资额、全社会消费品零售总额、人均全社会消费品零售总额、人均金融机构贷款年底余额，其中人均地区生产总值、人均财政总收入、人均固定资产投资额、人均全社会消费品零售总额、人均金融机构贷款年底余额指标是焦作市县域经济竞争力中的优势指标；处于下游区的指标有1个，为金融机构贷款年底余额，是焦作市县域经济竞争力中的中势指标。

（3）从雷达图图形变化看，2015年与2014年相比，面积基本不变，焦作市县域经济竞争力呈现稳定趋势。

（4）从排位变化的动因看，在地区生产总值指标排位下降和一般预算财政总收入、全社会消费品零售总额、金融机构贷款年底余额指标排位上升的综合作用下，2015年焦作市县域经济竞争力综合排位保持不变，居河南省第4位。

16.6.2　焦作市县域经济发展特色分析

（一）修武县

2015 年，修武县地区生产总值达到 114.21 亿元，同比增长 10.4%；人均地区生产总值 44335 元；一般预算财政总收入 9.82 亿元，一般预算财政总支出 16.22 亿元；全社会固定资产投资额 155.15 亿元；全社会消费品零售总额 41.90 亿元；金融机构贷款年底余额 49.74 亿元；城镇化率 46.43%；城镇居民人均可支配收入 24197 元，农民人均纯收入 13135 元。

2015 年，修武县第一产业完成增加值 7.42 亿元，同比增长 3.0%，第二产业完成增加值 65.20 亿元，同比增长 11.4%，第三产业完成增加值 41.60 亿元，同比增长 10.9%。规模以上工业增加值完成 54.6 亿元，增长 12.9%，其中高新技术产业增加值完成 21.5 亿元，增长 21.6%。2015 年，修武县共引进项目 51 个，其中亿元以上项目 44 个，10 亿元以上项目 8 个。森林覆盖率达 30.93%，城市绿化覆盖率达 43.4%，分别比国家森林城市标准高出 0.93 个和 3.4 个百分点；人均公园绿地面积达 15.2 平方米，比国家森林城市标准多出 4.6 平方米。

（二）武陟县

2015 年，武陟县完成地区生产总值 291.33 亿元，同比增长 10.0%；人均地区生产总值 43806 元；一般预算财政总收入 10.69 亿元，一般预算财政总支出 25.56 亿元；全社会固定资产投资额 304.42 亿元；全社会消费品零售总额完成 87.56 亿元；金融机构贷款年底余额 80.98 亿元；城镇化率 38.60%；城镇居民人均可支配收入达 24455 元，农民人均纯收入达 13840 元。

2015 年，武陟县第一产业完成增加值 36.56 亿元，同比增长 4.6%，第二产业完成增加值 178.05 亿元，同比增长 10.5%，第三产业完成增加值 76.73 亿元，同比增长 11.0%。规模以上工业增加值完成 181.9 亿元，增长 12.4%。全年开工建设千万元以上项目 191 个，完成投资 125.1 亿元；21 个中央预算内投资项目全部开工；4 个省重点项目和 33 个市重点项目完成投资分别占年度目标的 154.5%、150.1%。产业集聚区新建城际西路、兴业路东延等主干道路 20 公里，实施亿元以上项目 18 个，建成 12 个。新建高标准粮田 4 万亩，粮食总产达到 55.14 万吨，新增家庭农场 40 家、农民合作社 136 家。引进超 10 亿元旅游项目两个，妙乐寺景区文化小镇启动实施，黄河湿地公园完成土地收储，嘉应观景区游客服务中心主体完工，嘉应大观园水上乐园稳步建设。

（三）温县

2015 年，温县完成地区生产总值 244.17 亿元，增长 10.5%；人均地区生产总值 58688 元；全社会固定资产投资额 208.03 亿元；一般预算财政总收入 6.33 亿元，一般预算财政总支出 17.58 亿元；全社会消费品零售总额完成 68.52 亿元；金融机构贷款年底余额 62.36 亿元；城镇化率 45.12%；城镇居民人均可支配收入 24137 元，农民人均纯收入 13793 元。

2015 年，温县第一产业完成增加值 27.42 亿元，同比增长 4.9%，第二产业完成增加值 155.17 亿元，同比增长 10.9%，第三产业完成增加值 61.58 亿元，同比增长 11.2%。与上海湘江实业、广誉远、卖货郎、比亚迪等企业签订了战略合作协议，共签约项目 35 个，总投资 82 亿元。2015 年新引进外来投资项目 76 个，总投资 151.9 亿元，其中，亿元以上项目 36 个，10 亿元以上项目 5 个。共实施重点项目 100 个，完成投资 71.3 亿元。围绕"十三五"谋划重大项目 364 个，总投资 1312.8 亿元。谋划 PPP 重大招商项目 12 个，总投资 282 亿元。共争取上级项目 40 个，到位资金 2.5 亿元，增长 78.6%。祥云镇成功列入全省 8 个建制镇示范试点项目。温县规模以上工业企业实现主营业务收入 585.7 亿元，利税 68.2 亿元，分别增长 15.7% 和 5%。装备制造、食品加工、制革制鞋三个主导产业完成主营业务收入 397 亿元，增长 16.1%。农产品加工企业达 112 家，规模以上企业达 40 家，形成了粮食、怀药、调味料、小麦种子等农业产业化集群，年销售收入达 70 亿元以上。

（四）博爱县

2015 年，博爱县完成地区生产总值 224.78 亿元，增长 8.7%；人均地区生产总值 60348 元；全社会固定资产投资额 188.61 亿元；一般预算财政总收入 6.90 亿元，一般预算财政总支出 15.28 亿元；全社会消费品零售总额 56.43 亿元；金融机构贷款年底余额 64.37 亿元；城镇化率 50.01%；城镇居民人均可支配收入 24223 元，农民人均纯收入 13142 元。

2015 年，博爱县第一产业完成增加值 18.60 亿元，同比增长 3.6%，第二产业完成增加值 144.15 亿元，同比增长 9.9%，第三产业完成增加值 62.03 亿元，同比增长 6.2%。规模以上工业增加值完成 149.8 亿元，增长 11.9%。2015 年，新引进项目 65 个，总投资 154.9 亿元。106 个重点项目完成投资 93.9 亿元，占年计划的 109.2%。共谋划实施 28 个重点旅游项目，建成观音广场、大泉湖滨水栈道等 5 个项目。2015 年接待游客 81.3 万人次，旅游收入超过 8300 万元，分别增长 41.5%、39.6%。

（五）孟州市

2015 年，孟州市完成地区生产总值 267.63 亿元，同比增长 8.8%；人均地区生产总值 72675 元；全社会固定资产投资额 297.62 亿元，一般预算财政总收入 11.13 亿元，一般预算财政总支出 18.98 亿元；全社会消费品零售总额 73.01 亿元；金融机构贷款年底余额 65.15 亿元；城镇化率 45.98%；城镇居民人均可支配收入 25098 元，农民人均纯收入 14378 元。

2015 年，孟州市第一产业完成增加值 20.40 亿元，同比增长 4.4%，第二产业完成增加值 185.68 亿元，同比增长 8.9%，第三产业完成增加值 61.55 亿元，同比增长 9.9%。规模以上工业增加值 195.6 亿元，增长 10.7%；新建、续建 500 万元以上项目 139 个，其中亿元以上 37 个，10 亿元以上 8 个，列入省、市重点管理项目 22 个。新增高标准良田 4.7 万亩、高效节水灌溉面积 2.5 万亩，小麦高产创建核心示范区面积 10.6 万亩。产业集聚区建成面积由 5.7 平方公里增至 10.85 平方公里。

（六）沁阳市

2015 年，沁阳市完成地区生产总值 352.10 亿元，同比增长 8.2%；人均地区生产总值 79992 元；一般预算财政总收入 12.44 亿元，一般预算财政总支出 23.06 亿元；全社会固定资产投资额 289.96 亿元；全社会消费品零售总额 86.29 亿元；金融机构贷款年底余额 83.68 亿元；城镇化率 57.56%；城镇居民人均可支配收入 25149 元，农民人均纯收入 14689 元。

2015 年，沁阳市第一产业完成增加值 19.91 亿元，同比增长 4.4%，第二产业完成增加值 228.49 亿元，同比增长 8.1%，第三产业完成增加值 103.70 亿元，同比增长 9.3%。高新技术产业增加值完成 129.3 亿元，增长 9.7%。土地流转面积达到 19.8 万亩，农产品加工企业总数达到 56 家，新增农民专业合作社 42 家、家庭农场 21 家。全年实施 1000 万元以上重点建设项目 144 个，其中新建项目 81 个，完成投资 124.5 亿元，万都预焙阳极一期等 74 个项目建成或部分建成，超威四期、天鹅型材高档铝型材等项目正在加快建设，国电投 2×100 万千瓦发电机组等重大项目开工建设。

第 17 章
濮阳市 2015 年发展报告

17.1　濮阳市发展概述

2015 年，濮阳市完成地区生产总值 1328.34 亿元；人均地区生产总值 36842.07 元；一般预算财政总收入 79.00 亿元，一般预算财政总支出 218.82 亿元；全社会固定资产投资额 1324.34 亿元；全社会消费品零售总额 470.68 亿元；金融机构贷款年底余额 543.35 亿元；进出口总额 7.87 亿美元；城镇化率 40.35%；城镇居民人均可支配收入 24928.00 元，农民人均纯收入 9789.70 元。

2015 年，濮阳市第一产业增加值 157.48 亿元，增长 4.4%；第二产业增加值 751.19 亿元，增长 9.9%；第三产业增加值 419.68 亿元，增长 10.1%。三次产业结构为 11.86：56.55：31.59。2015 年，濮阳市流转土地 114.2 万亩，新增现代农业园区 20 个，新增标准化养殖场 50 个。农民专业合作社较上年增加 215 家。农业生产机械化率 81%。深入实施工业强市战略 "131" 工程，新增规模以上工业企业 73 家，达到 987 家。高新技术产业和战略性新兴产业快速发展，增速高出工业平均水平 12.7 个百分点，对规模以上工业增加值的贡献率达到 59.5%。投资 286 亿元的 "文 23 战略" 储气库启动先导工程、中原油田石化总厂扩能改造、日濮洛输油管线工程取得新进展，濮阳至开封、至邯郸等输气管道建成投用。丰利石化丙烯联产芳烃项目投产试运行。南水北调濮阳配套工程建成通水。总投资 44.78 亿元的引黄入冀补淀工程濮阳段开工建设。

17.2　濮阳市宏观经济竞争力评价分析

17.2.1　经济规模竞争力评价分析

2014～2015 年，濮阳市经济规模竞争力指标在河南省的排位变化情况，如表 17-2-1 和图 17-2-1 所示。

（1）2015 年濮阳市经济规模竞争力综合排位处于第 9 位，表明其在河南省处于中势地位，与 2014 年相比排位上升了 3 位。

（2）从指标所处的区位看，2015 年处于上游区的指标有 3 个，分别为地区生产总值增长率、人均地区生产总值、人均固定资产投资额，且地区生产总值增长率为濮阳市经济规模竞争力的优势指标；处于下游区的指标有 8 个，分别是地区生产总值、一般预算财政总收入、人均财政总收入、固定资产投资额、全社会消费品零售总额、人均全社会消费品

表 17 - 2 - 1 濮阳市 2014 ~ 2015 年经济规模竞争力及其二级指标

指标	地区生产总值（亿元）	地区生产总值增长率（%）	人均地区生产总值（元）	一般预算财政总收入（亿元）	人均财政总收入（元）	固定资产投资额（亿元）	人均固定资产投资额（元）	全社会消费品零售总额（亿元）	人均全社会消费品零售总额（元）	金融机构贷款年底余额（亿元）	人均金融机构贷款年底余额（元）	经济规模竞争力
2014 年	1253.61	9.95	34895.08	70.40	1959.64	1137.31	31657.90	416.00	11579.81	461.36	12842.27	—
2015 年	1328.34	9.39	36842.07	79.00	2191.07	1324.34	36731.22	470.68	13054.62	543.35	15070.04	—
2014 年排位	14	2	10	15	13	15	9	14	14	15	17	12
2015 年排位	14	3	9	15	12	15	8	14	14	15	17	9
升降	0	-1	1	0	1	0	1	0	0	0	0	3
优势度	劣势	优势	中势	劣势	中势	劣势	中势	劣势	劣势	劣势	劣势	中势

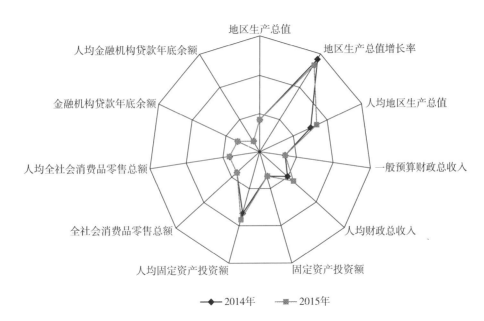

图 17 - 2 - 1 濮阳市 2014 ~ 2015 年经济规模竞争力二级指标排位

零售总额、金融机构贷款年底余额和人均金融机构贷款年底余额，其中地区生产总值、一般预算财政总收入、固定资产投资额、全社会消费品零售总额、人均全社会消费品零售总额、金融机构贷款年底余额和人均金融机构贷款年底余额为濮阳市经济规模竞争力的劣势指标。

（3）从雷达图图形变化看，2015 年与 2014 年相比，面积略有扩大，经济规模竞争力呈现上升趋势。

（4）从排位变化的动因看，在人均地区生产总值、人均财政总收入、人均固定资产投资额指标排位上升和地区生产总值增长率指标排位下降的综合作用下，2015 年濮阳市经济规模竞争力综合排位上升了 3 位，居河南省第 9 位。

17.2.2 经济结构竞争力评价分析

2014～2015 年，濮阳市经济结构竞争力指标在河南省的排位变化情况，如表 17－2－2 和图 17－2－2 所示。

表 17－2－2　濮阳市 2014～2015 年经济结构竞争力及其二级指标

指标	产业结构（%）	所有制结构（%）	人均收入结构（%）	支出结构（%）	国际贸易结构（%）	单位 GDP 能耗增减率(%)	经济结构竞争力
2014 年	87.58	64.24	37.14	36.58	90.00	-8.16	—
2015 年	88.14	71.21	39.27	35.54	89.58	-9.18	—
2014 年排位	12	10	16	14	2	4	14
2015 年排位	12	10	16	14	1	3	13
升降	0	0	0	0	1	1	1
优势度	中势	中势	劣势	劣势	优势	优势	劣势

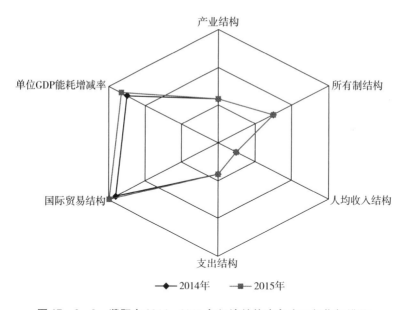

图 17－2－2　濮阳市 2014～2015 年经济结构竞争力二级指标排位

（1）2015 年濮阳市经济结构竞争力综合排位处于第 13 位，表明其在河南省处于劣势地位，与 2014 年相比排位上升 1 位。

（2）从指标所处的区位看，2015 年处于上游区的指标有 2 个，为国际贸易结构和单位 GDP 能耗增减率，并且为濮阳市经济结构竞争力的优势指标；处于下游区的指标有 4 个，分别是产业结构、所有制结构、人均收入结构、支出结构，其中人均收入结构和支出结构指标为濮阳市经济结构竞争力的劣势指标。

（3）从雷达图图形变化看，2015 年与 2014 年相比，面积略有扩大，经济结构竞争力呈现上升趋势。

（4）从排位变化的动因看，在国际贸易结构、单位 GDP 能耗增减率指标排位上升作用下，2015 年濮阳市经济结构竞争力综合排位上升 1 位，居河南省第 13 位。

17. 2. 3　经济外向度竞争力评价分析

2014～2015 年，濮阳市经济外向度竞争力指标在河南省的排位变化情况，如表 17 - 2 - 3 和图 17 - 2 - 3 所示。

表 17 - 2 - 3　濮阳市 2014～2015 年经济外向度竞争力及其二级指标

指标	进出口总额（亿美元）	货物和服务净流出（亿元）	出口拉动指数（%）	实际 FDI（万美元）	利用省外资金（亿元）	省外资金/固定资产投资（%）	经济外向度竞争力
2014 年	7. 17	35. 23	2. 81	48717. 00	176. 60	15. 53	—
2015 年	7. 87	38. 81	2. 92	57544. 00	194. 30	14. 67	—
2014 年排位	12	8	4	11	17	17	11
2015 年排位	9	6	4	10	17	16	8
升降	3	2	0	1	0	1	3
优势度	中势	优势	优势	中势	劣势	劣势	中势

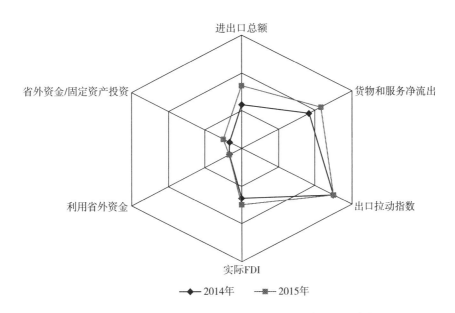

图 17 - 2 - 3　濮阳市 2014～2015 年经济外向度竞争力二级指标排位

（1）2015 年濮阳市经济外向度竞争力综合排位处于第 8 位，表明其在河南省处于中势地位，与 2014 年相比排位上升 3 位。

（2）从指标所处的区位看，2015 年处于上游区的指标有 3 个，分别是进出口总额、货物和服务净流出及出口拉动指数，其中货物和服务净流出和出口拉动指数为濮阳市经济外向度竞争力的优势指标；处于下游区的指标有 3 个，分别实际 FDI、利用省外资金和省外资金/固定资产投资，其中利用省外资金和省外资金/固定资产投资为濮阳市经济外向度竞争力的劣势指标。

（3）从雷达图图形变化看，2015 年与 2014 年相比，面积明显扩大，经济外向度竞争力呈现上升趋势。

（4）从排位变化的动因看，在进出口总额、货物和服务净流出、实际 FDI、省外资金/固定资产投资指标排位上升的综合作用下，2015 年濮阳市经济外向度竞争力综合排位上升 3 位，居河南省第 8 位。

17.2.4 宏观经济竞争力综合分析

2014～2015 年，濮阳市宏观经济竞争力指标在河南省的排位变化和指标结构，如表17－2－4 所示。

表 17－2－4　濮阳市 2014～2015 年宏观经济竞争力指标

指标	经济规模竞争力	经济结构竞争力	经济外向度竞争力	宏观经济竞争力
2014 年排位	12	14	11	13
2015 年排位	9	13	8	10
升降	3	1	3	3
优势度	中势	劣势	中势	中势

（1）2015 年濮阳市宏观经济竞争力综合排位处于第 10 位，表明其在河南省处于中势地位，与 2014 年相比排位上升了 3 位。

（2）从指标所处的区位看，2015 年经济规模竞争力和经济外向度竞争力指标处于上游指标，且经济规模竞争力、经济外向度竞争力指标为濮阳市宏观经济竞争力的中势指标。2015 年经济结构竞争力处于下游位置，且经济结构竞争力指标为濮阳市宏观经济竞争力的劣势指标。

（3）从指标变化趋势来看，与 2014 年相比，经济规模竞争力指标排位上升了 3 位，经济结构竞争力指标排位上升了 1 位，经济外向度竞争力指标排位上升了 3 位。

（4）从排位综合分析看，在经济规模竞争力、经济结构竞争力和经济外向度竞争力指标排位上升的综合作用下，2015 年濮阳市宏观经济竞争力综合排位上升了 3 位，居河南省第 10 位。

17.3　濮阳市产业发展评价分析

17.3.1　农业竞争力评价分析

2014～2015 年，濮阳市农业竞争力指标在河南省的排位变化情况，如表 17－3－1 和图 17－3－1 所示。

表 17 - 3 - 1　濮阳市 2014 ~ 2015 年农业竞争力及其二级指标

指标	农业增加值（亿元）	人均农业增加值（元）	农民人均纯收入（元）	人均主要粮食产量（吨）	农业劳动生产率[元/（人·年）]	农村人均用电量（kW·h）	支农资金比重（%）	农业竞争力
2014 年	158.07	4400.02	8828.40	0.74	7734.74	384.60	14.78	—
2015 年	160.12	4441.00	9789.70	0.75	7995.40	399.29	14.07	—
2014 年排位	12	8	15	6	10	13	3	11
2015 年排位	12	8	15	6	10	12	4	12
升降	0	0	0	0	0	1	-1	-1
优势度	中势	中势	劣势	优势	中势	中势	优势	中势

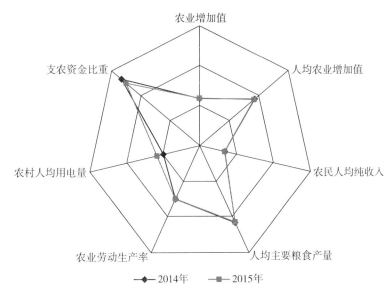

图 17 - 3 - 1　濮阳市 2014 ~ 2015 年农业竞争力二级指标排位

（1）2015 年濮阳市农业竞争力综合排位处于第 12 位，表明其在河南省处于中势地位，与 2014 年相比排位下降了 1 位。

（2）从指标所处的区位看，2015 年处于上游区的指标有 3 个，分别是人均农业增加值、人均主要粮食产量和支农资金比重，且人均主要粮食产量和支农资金比重均为濮阳市农业竞争力的优势指标；处于下游区的指标有 4 个，分别是农业增加值、农民人均纯收入、农业劳动生产率和农村人均用电量，其中农民人均纯收入为濮阳市农业竞争力的劣势指标。

（3）从雷达图图形变化看，2015 年与 2014 年相比，面积基本不变，农业竞争力呈现下降趋势。

（4）从排位变化的动因看，在农村人均用电量指标排位上升和支农资金比重排位下降的综合作用下，2015 年濮阳市农业竞争力综合排位下降了 1 位，居河南省第 12 位。

17.3.2 工业竞争力评价分析

2014～2015 年，濮阳市工业竞争力指标在河南省的排位变化情况，如表 17－3－2 和图 17－3－2 所示。

表 17－3－2　濮阳市 2014～2015 年工业竞争力及其二级指标

指标	工业增加值（亿元）	工业增加值增长率（%）	人均工业增加值（元）	规模以上工业资产总额（亿元）	规模以上工业资产总贡献率（%）	规模以上工业全员劳动生产率[元/(人·年)]	规模以上工业成本费用利润率（%）	规模以上工业产品销售率（%）	工业竞争力
2014 年	716.41	11.13	19941.75	1895.49	19.97	282430.34	9.01	98.83	—
2015 年	727.26	8.45	20170.92	1993.34	17.45	315240.52	7.65	98.53	—
2014 年排位	10	5	9	11	3	3	6	4	4
2015 年排位	10	9	9	14	4	1	6	5	5
升降	0	-4	0	-3	-1	2	0	-1	-1
优势度	中势	中势	中势	劣势	优势	优势	优势	优势	优势

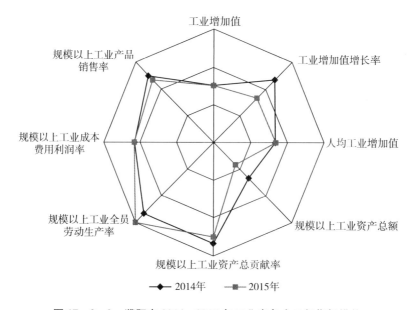

图 17－3－2　濮阳市 2014～2015 年工业竞争力二级指标排位

（1）2015 年濮阳市工业竞争力综合排位处于第 5 位，表明其在河南省处于优势地位，比 2014 年下降 1 位。

（2）从指标所处的区位看，2014 年处于上游区的指标有 6 个，分别是工业增加值增长率、人均工业增加值、规模以上工业资产总贡献率、规模以上工业全员劳动生产率、规模以上工业成本费用利润率和规模以上工业产品销售率，其中规模以上工业资产总贡献率、规模以上工业全员劳动生产率、规模以上工业成本费用利润率和规模以上工业产品销售率为濮阳市工业竞争力的优势指标；处于下游区的指标有 2 个，分别是工业增加值和规模以上工业资产总额，其中，规模以上工业资产总额为濮阳市工业竞争力的劣势指标。

（3）从雷达图图形变化看，2015 年与 2014 年相比，面积略有缩小，工业竞争力呈现下降趋势。

（4）从排位变化的动因看，在规模以上工业全员劳动生产率指标排位上升和工业增加值增长率、规模以上工业资产总额、规模以上工业资产总贡献率和规模以上工业产品销售率指标排位下降的综合作用下，2015 年濮阳市工业竞争力综合排位下降 1 位，居河南省第 5 位。

17.3.3　工业化进程竞争力评价分析

2014～2015 年，濮阳市工业化进程竞争力指标在河南省的排位变化情况，如表 17 - 3 - 3 和图 17 - 3 - 3 所示。

表 17 - 3 - 3　濮阳市 2014～2015 年工业化进程竞争力及其二级指标

指标	第二产业增加值占 GDP 比重（%）	第二产业增加值增长率（%）	第二产业从业人员占总就业人员比重（%）	第二产业从业人员增长率（%）	第二产业固定资产投资占比（%）	工业化进程竞争力
2014 年	57.89	11.97	32.48	9.55	60.11	—
2015 年	56.55	9.94	31.88	− 1.85	55.52	—
2014 年排位	7	1	10	1	7	3
2015 年排位	7	1	9	13	9	4
升降	0	0	1	− 12	− 2	− 1
优势度	中势	优势	中势	劣势	中势	优势

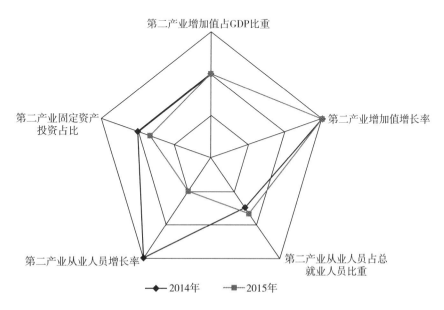

图 17 - 3 - 3　濮阳市 2014～2015 年工业化进程竞争力二级指标排位

（1）2015 年濮阳市工业化进程竞争力综合排位处于第 4 位，表明其在河南省处于优势地位，与 2014 年相比排位下降 1 位。

（2）从指标所处的区位看，2015 年处于上游区的指标有 4 个，分别是第二产业增加值占 GDP 比重、第二产业增加值增长率、第二产业从业人员占总就业人员比重和第二产业固定资产投资占比，其中第二产业增加值增长率为濮阳市工业化进程竞争力的优势指标；处于下游区的指标有 1 个，为第二产业从业人员增长率，是濮阳市工业化进程竞争力的劣势指标。

（3）从雷达图图形变化看，2015 年与 2014 年相比，面积明显缩小，工业化进程竞争力呈现下降趋势。

（4）从排位变化的动因看，在第二产业从业人员占总就业人员比重指标排位上升和第二产业从业人员增长率、第二产业固定资产投资占比指标排位下降的综合作用下，2015 年濮阳市工业化进程竞争力综合排位下降 1 位，居河南省第 4 位。

17.3.4　服务业竞争力评价分析

2014～2015 年，濮阳市服务业竞争力指标在河南省的排位变化情况，如表 17 - 3 - 4 和图 17 - 3 - 4 所示。

表 17 - 3 - 4　濮阳市 2014～2015 年服务业竞争力及其二级指标

指标	服务业增加值（亿元）	服务业增加值增长率（%）	人均服务业增加值（元）	服务业从业人员数（万人）	服务业从业人员数增长率（%）	交通运输仓储邮电业增加值（亿元）	金融业增加值（亿元）	房地产业增加值（亿元）	批发和零售业增加值（亿元）	住宿和餐饮业增加值（亿元）	服务业竞争力
2014 年	372.26	7.50	10362.23	63.48	8.26	30.79	20.13	37.91	55.86	34.23	—
2015 年	419.68	10.06	11639.87	73.15	15.24	33.94	24.66	41.69	66.81	39.03	—
2014 年排位	14	15	11	14	5	16	15	14	15	13	15
2015 年排位	14	14	11	13	3	17	15	14	15	13	14
升降	0	1	0	1	2	−1	0	0	0	0	1
优势度	劣势	劣势	中势	劣势	优势	劣势	劣势	劣势	劣势	劣势	劣势

（1）2015 年濮阳市服务业竞争力综合排位处于第 14 位，表明其在河南省处于劣势地位，与 2014 年相比排位上升了 1 位。

（2）从指标所处的区位看，2015 年处于上游区的指标有 1 个，即服务业从业人员数增长率，且为濮阳市服务业竞争力的优势指标；处于下游区的指标有 9 个，分别是服务业增加值、服务业增加值增长率、人均服务业增加值、服务业从业人员数、交通运输仓储邮电业增加值、金融业增加值、房地产业增加值、批发和零售业增加值及住宿和餐饮业增加值，且服务业增加值、服务业增加值增长率、服务业从业人员数、交通运输仓储邮电业增加值、金融业增加值、房地产业增加值、批发和零售业增加值及住宿和餐饮业增加值指标为濮阳市服务业竞争力的劣势指标。

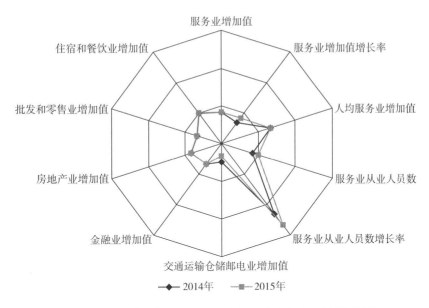

图 17 - 3 - 4　濮阳市 2014 ~ 2015 年服务业竞争力二级指标排位

（3）从雷达图图形变化看，2015 年与 2014 年相比，面积略有扩大，服务业竞争力呈现上升趋势。

（4）从排位变化的动因看，在服务业增加值增长率、服务业从业人员数和服务业从业人员数增长率指标排位上升和交通运输仓储邮电业增加值指标排位下降的综合作用下，2015 年濮阳市服务业竞争力综合排位上升了 1 位，居河南省第 14 位。

17.3.5　企业竞争力评价分析

2014 ~ 2015 年，濮阳市企业竞争力指标在河南省的排位变化情况，如表 17 - 3 - 5 和图 17 - 3 - 5 所示。

表 17 - 3 - 5　濮阳市 2014 ~ 2015 年企业竞争力及其二级指标

指标	规模以上工业企业数（个）	规模以上工业企业平均资产（亿元）	规模以上工业企业主营业务收入平均值（亿元）	流动资产年平均余额（亿元）	规模以上工业企业资产负债率（%）	规模以上工业企业成本费用利润率（%）	规模以上工业企业平均利润（亿元）	全员劳动生产率［元/（人·年）］	企业竞争力
2014 年	988.00	1.92	3.11	738.98	31.04	9.01	0.26	282430.34	—
2015 年	1006.00	1.98	3.38	794.93	33.82	7.65	0.24	315240.52	—
2014 年排位	13	13	10	12	17	6	8	3	13
2015 年排位	13	13	9	12	14	6	8	1	12
升降	0	0	1	0	3	0	0	2	1
优势度	劣势	劣势	中势	中势	劣势	优势	中势	优势	中势

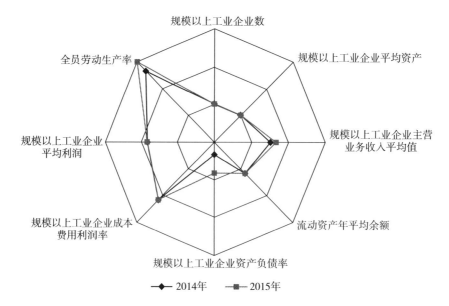

图 17 – 3 – 5　濮阳市 2014～2015 年企业竞争力二级指标排位

（1）2015 年濮阳市企业竞争力综合排位处于第 12 位，表明其在河南省处于中势地位，与 2014 年相比排位上升 1 位。

（2）从指标所处的区位看，2015 年处于上游区的指标有 4 个，分别是规模以上工业企业主营业务收入平均值、规模以上工业企业成本费用利润率、规模以上工业企业平均利润和全员劳动生产率，其中规模以上工业企业成本费用利润率和全员劳动生产率为濮阳市企业竞争力的优势指标；处于下游区的指标有 4 个，分别是规模以上工业企业数、规模以上工业企业平均资产、流动资产年平均余额和规模以上工业企业资产负债率，其中规模以上工业企业数、规模以上工业企业平均资产和规模以上工业企业资产负债率为濮阳市企业竞争力的劣势指标。

（3）从雷达图图形变化看，2015 年与 2014 年相比，面积略有扩大，企业竞争力呈现上升趋势。

（4）从排位变化的动因看，在规模以上工业企业主营业务收入平均值、规模以上工业企业资产负债率和全员劳动生产率指标排位上升的作用下，2015 年濮阳市企业竞争力综合排位上升 1 位，居河南省第 12 位。

17.4　濮阳市城镇化发展评价分析

17.4.1　城镇化进程竞争力评价分析

2014～2015 年，濮阳市城镇化进程竞争力指标在河南省的排位变化情况，如表 17 – 4 – 1 和图 17 – 4 – 1 所示。

表 17 – 4 – 1　濮阳市 2014～2015 年城镇化进程竞争力及其二级指标

指标	城镇化率（%）	城镇居民人均可支配收入（元）	城市建成区面积（平方公里）	市区人口密度（人/平方公里）	人均拥有道路面积（平方米）	人均日生活用水量（升）	燃气普及率（%）	人均城市园林绿地面积（平方米）	城镇化进程竞争力
2014 年	38.51	23766.55	54.00	3338.00	13.04	120.28	89.00	13.59	—
2015 年	40.35	24928.00	56.00	3384.00	13.91	139.98	96.23	14.29	—
2014 年排位	15	8	16	15	11	8	10	6	15
2015 年排位	15	10	16	15	11	4	5	4	15
升降	0	− 2	0	0	0	4	5	2	0
优势度	劣势	中势	劣势	劣势	中势	优势	优势	优势	劣势

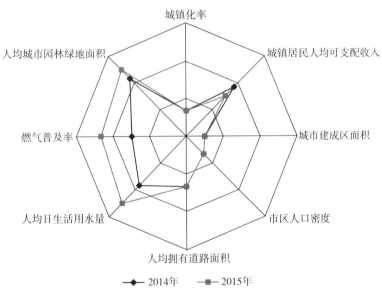

图 17 – 4 – 1　濮阳市 2014～2015 年城镇化进程竞争力二级指标排位

（1）2015 年濮阳市城镇化进程竞争力综合排位处于第 15 位，表明其在河南省处于劣势地位，与 2014 年相比排位保持不变。

（2）从指标所处的区位看，2014 年处于上游区的指标有 3 个，分别是人均日生活用水量、燃气普及率和人均城市园林绿地面积，其中人均日生活用水量、燃气普及率和人均城市园林绿地面积为濮阳市城镇化进程竞争力的优势指标；处于下游区的指标有 5 个，分别是城镇化率、城镇居民人均可支配收入、城市建成区面积、市区人口密度和人均拥有道路面积，其中城镇化率、城市建成区面积和市区人口密度为濮阳市城镇化进程竞争力的劣势指标。

（3）从排位变化的动因看，在人均日生活用水量、燃气普及率和人均城市园林绿地面积指标排位上升和城镇居民人均可支配收入指标排位下降的综合作用下，2015 年濮阳市城镇化进程竞争力综合排位保持不变，居河南省第 15 位。

17.4.2 城镇社会保障竞争力评价分析

2014～2015年，濮阳市城镇社会保障竞争力指标在河南省的排位变化情况，如表17-4-2和图17-4-2所示。

表17-4-2 濮阳市2014～2015年城镇社会保障竞争力及其二级指标

指标	城市城镇社区服务设施数（个/万人）	医疗保险覆盖率（%）	养老保险覆盖率（%）	失业保险覆盖率（%）	工伤保险覆盖率（%）	城镇登记失业率（%）	城镇社会保障竞争力
2014年	41	46.51	22.54	21.70	16.95	2.75	—
2015年	220	41.19	22.02	20.40	16.82	2.59	—
2014年排位	16	15	13	3	10	3	11
2015年排位	13	17	14	3	10	4	11
升降	3	-2	-1	0	0	-1	0
优势度	劣势	劣势	劣势	优势	中势	优势	中势

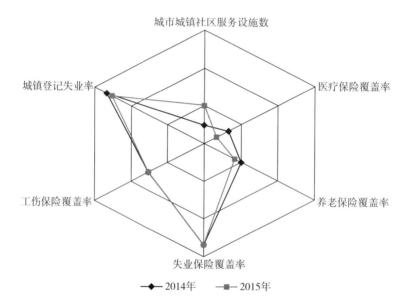

图17-4-2 濮阳市2014～2015年城镇社会保障竞争力二级指标排位

（1）2015年濮阳市城镇社会保障竞争力综合排位处于第11位，表明其在河南省处于中势地位，与2014年相比排位保持不变。

（2）从指标所处的区位看，2015年处于上游区的指标有2个，分别是失业保险覆盖率和城镇登记失业率，其中失业保险覆盖率和城镇登记失业率为濮阳市城镇社会保障竞争力的优势指标；处于下游区的指标有4个，分别是城市城镇社区服务设施数、医疗保险覆盖率、养老保险覆盖率和工伤保险覆盖率，其中城市城镇社区服务设施数、医疗保险覆盖率和养老保险覆盖率为濮阳市城镇社会保障竞争力的劣势指标。

（3）从雷达图图形变化看，2015年与2014年相比，面积基本不变，城镇社会保障竞争力呈现稳定趋势。

（4）从排位变化的动因看，在城市城镇社区服务设施数指标排位上升和医疗保险覆盖率、养老保险覆盖率、城镇登记失业率指标排位下降的综合作用下，2014 年濮阳市城镇社会保障竞争力综合排位保持不变，居河南省第 11 位。

17.5　濮阳市社会发展评价分析

17.5.1　教育竞争力评价分析

2014～2015 年，濮阳市教育竞争力指标在河南省的排位变化情况，如表 17 - 5 - 1 和图 17 - 5 - 1 所示。

表 17 - 5 - 1　濮阳市 2014～2015 年教育竞争力及其二级指标

指标	教育经费占GDP 比重（%）	人均教育经费（元）	人均教育固定资产投资（元）	万人中小学学校数（所）	万人中小学专任教师数（人）	万人高等学校数（所）	万人高校专任教师数（人）	万人高等学校在校学生数（人）	教育竞争力
2014 年	4.53	1580.80	426.18	3.83	104.06	0.00	2.24	22.57	—
2015 年	4.45	1635.91	438.83	3.81	103.03	0.00	2.17	23.27	—
2014 年排位	6	5	7	3	4	18	18	18	6
2015 年排位	6	5	8	3	5	18	18	18	8
升降	0	0	-1	0	-1	0	0	0	-2
优势度	优势	优势	中势	优势	优势	劣势	劣势	劣势	中势

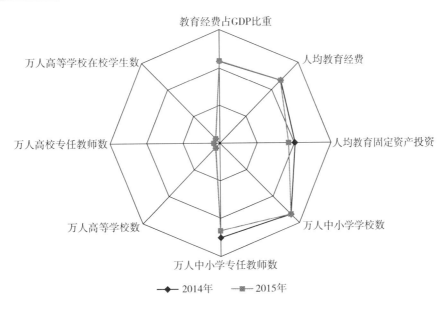

图 17 - 5 - 1　濮阳市 2014～2015 年教育竞争力二级指标排位

（1）2015 年濮阳市教育竞争力综合排位处于第 8 位，表明其在河南省处于中势地位，与 2014 年相比排位下降了 2 位。

（2）从指标所处的区位看，2015 年处于上游区的指标有 5 个，分别是教育经费占 GDP 比重、人均教育经费、人均教育固定资产投资、万人中小学学校数和万人中小学专任教师数，且教育经费占 GDP 比重、人均教育经费、万人中小学学校数和万人中小学专任教师数均为濮阳市教育竞争力的优势指标；处于下游区的指标有 3 个，分别是万人高等学校数、万人高校专任教师数和万人高等学校在校学生数，且均为濮阳市教育竞争力的劣势指标。

（3）从雷达图图形变化看，2015 年与 2014 年相比，面积略有缩小，教育竞争力呈现下降趋势。

（4）从排位变化的动因看，在人均教育固定资产投资、万人中小学专任教师数指标排位下降的作用下，2015 年濮阳市教育竞争力综合排位下降了 2 位，居河南省第 8 位。

17.5.2　科技竞争力评价分析

2014～2015 年，濮阳市科技竞争力指标在河南省的排位变化情况，如表 17 - 5 - 2 和图 17 - 5 - 2 所示。

表 17 - 5 - 2　濮阳市 2014～2015 年科技竞争力及其二级指标

指标	科学研究和技术服务业增加值（亿元）	万人科技活动人员（人）	R&D 经费占 GDP 比重（%）	人均 R&D 经费支出（元）	万人技术市场成交额（万元）	科技竞争力
2014 年	9.58	29.61	0.87	304.76	0.19	—
2015 年	12.60	22.98	0.95	348.27	0.55	—
2014 年排位	11	10	11	11	16	11
2015 年排位	10	12	10	9	14	12
升降	1	-2	1	2	2	-1
优势度	中势	中势	中势	中势	劣势	中势

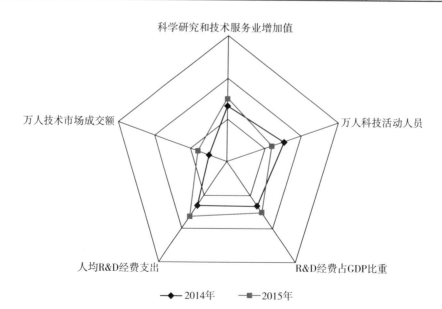

图 17 - 5 - 2　濮阳市 2014～2015 年科技竞争力二级指标排位

（1）2015 年濮阳市科技竞争力综合排位处于第 12 位，表明其在河南省处于中势地位，与 2014 年相比排位下降了 1 位。

（2）从指标所处的区位看，2015 年人均 R&D 经费支出处于上游区，且为濮阳市科技竞争力的中势指标；其他各个指标均处于下游区，其中万人技术市场成交额为濮阳市科技竞争力的劣势指标。

（3）从雷达图图形变化看，2015 年与 2014 年相比，面积略有缩小，科技竞争力呈现下降趋势。

（4）从排位变化的动因看，在科学研究和技术服务业增加值、R&D 经费占 GDP 比重、人均 R&D 经费支出、万人技术市场成交额指标排位上升和万人科技活动人员指标排位下降的综合作用下，2015 年濮阳市科技竞争力综合排位下降 1 位，居河南省第 12 位。

17.5.3　文化竞争力评价分析

2014 ～ 2015 年，濮阳市文化竞争力指标在河南省的排位变化情况，如表 17 - 5 - 3 和图 17 - 5 - 3 所示。

表 17 - 5 - 3　濮阳市 2014 ～ 2015 年文化竞争力及其二级指标

指标	全市接待旅游总人次（万人次）	全市旅游总收入（亿元）	城镇居民人均文化娱乐支出（元）	农村居民人均文化娱乐支出（元）	城镇居民文化娱乐支出占消费性支出比重（%）	农村居民文化娱乐支出占消费性支出比重（%）	文化竞争力
2014 年	1465.08	111.09	1812.35	362.83	13.38	6.32	—
2015 年	1667.09	128.08	1843.82	656.39	12.46	9.45	—
2014 年排位	10	11	14	13	3	11	11
2015 年排位	12	11	12	11	4	6	9
升降	-2	0	2	2	-1	5	2
优势度	中势	中势	中势	中势	优势	优势	中势

（1）2015 年濮阳市文化竞争力综合排位处于第 9 位，表明其在河南省处于中势地位，与 2014 年相比排位上升了 2 位。

（2）从指标所处的区位看，2015 年处于上游区的指标有 2 个，分别是城镇居民文化娱乐支出占消费性支出比重和农村居民文化娱乐支出占消费性支出比重，且城镇居民文化娱乐支出占消费性支出比重和农村居民文化娱乐支出占消费性支出比重为濮阳市文化竞争力的优势指标；处于下游区的指标有 4 个，分别是全市接待旅游总人次、全市旅游总收入、城镇居民人均文化娱乐支出和农村居民人均文化娱乐支出，且均为濮阳市文化竞争力的中势指标。

（3）从雷达图图形变化看，2015 年与 2014 年相比，面积明显扩大，文化竞争力呈现上升趋势。

（4）从排位变化的动因看，在城镇居民人均文化娱乐支出、农村居民人均文化娱乐

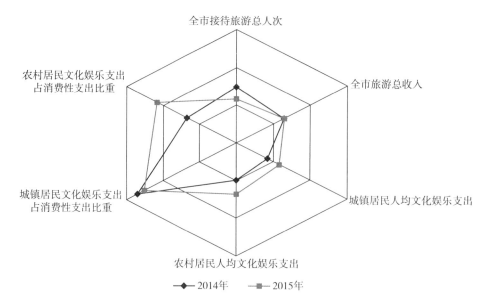

图 17 – 5 – 3　濮阳市 2014 ~ 2015 年文化竞争力二级指标排位

支出、农村居民文化娱乐支出占消费性支出比重指标排位上升和全市接待旅游总人次、城镇居民文化娱乐支出占消费性支出比重指标排位下降的综合作用下，2015 年濮阳市文化竞争力综合排位上升了 2 位，居河南省第 9 位。

17.6　濮阳市县域经济发展评价分析

17.6.1　县域经济竞争力评价分析

2014 ~ 2015 年，濮阳市县域经济竞争力指标在河南省的排位变化情况，如表 17 – 6 – 1 和图 17 – 6 – 1 所示。

表 17 – 6 – 1　濮阳市 2014 ~ 2015 年县域经济竞争力及其二级指标

指标	地区生产总值（亿元）	人均地区生产总值（元）	一般预算财政总收入（亿元）	人均财政总收入（元）	固定资产投资额（亿元）	人均固定资产投资额（元）	全社会消费品零售总额（亿元）	人均全社会消费品零售总额（元）	金融机构贷款年底余额（亿元）	人均金融机构贷款年底余额（元）	县域经济竞争力
2014 年	885.98	30553.04	25.15	867.16	817.09	28177.57	308.90	10652.42	196.99	6793.30	—
2015 年	964.04	33226.84	28.98	998.93	943.82	32529.65	347.14	11964.66	226.91	7820.71	—
2014 年排位	15	9	15	14	14	8	14	9	16	15	16
2015 年排位	14	9	15	14	14	8	13	9	15	15	15
升降	1	0	0	0	0	0	1	0	1	0	1
优势度	劣势	中势	劣势	劣势	劣势	中势	劣势	中势	劣势	劣势	劣势

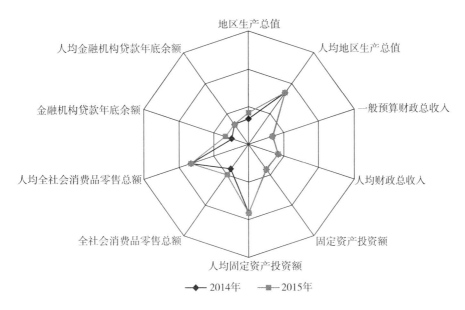

图 17 - 6 - 1　濮阳市 2014 ～ 2015 年县域经济竞争力二级指标排位

（1）2015 年濮阳市县域经济竞争力综合排位处于第 15 位，表明其在河南省处于劣势地位，与 2014 年相比排位上升 1 位。

（2）从指标所处的区位看，2015 年处于上游区的指标有 3 个，分别是人均地区生产总值、人均固定资产投资额和人均全社会消费品零售总额，且均为濮阳市县域经济竞争力的中势指标；处于下游区的指标有 7 个，分别是地区生产总值、一般预算财政总收入、人均财政总收入、固定资产投资额、全社会消费品零售总额、金融机构贷款年底余额和人均金融机构贷款年底余额，且均为濮阳市县域经济竞争力的劣势指标。

（3）从雷达图图形变化看，2015 年与 2014 年相比，面积略有扩大，县域经济竞争力呈现上升趋势。

（4）从排位变化的动因看，在地区生产总值、全社会消费品零售总额和金融机构贷款年底余额指标排位上升和其他指标排位不变的综合作用下，2015 年濮阳市县域经济竞争力综合排位上升 1 位，居河南省第 15 位。

17.6.2　濮阳市县域经济发展特色分析

（一）濮阳县

2015 年，濮阳县完成地区生产总值 342.21 亿元，同比增长 11.7%；人均地区生产总值 33835 元，同比增长 11.9%；一般预算财政总收入 10.09 亿元；一般预算财政总支出 41.08 亿元；全社会固定资产投资额 312.22 亿元；全社会消费品零售总额 137.57 亿元；金融机构贷款年底余额 89.97 亿元；城镇化率 37.30%；城镇居民人均可支配收入 22266 元，农民人均纯收入 10205 元。

2015 年，濮阳县第一产业完成增加值 40.95 亿元，同比增长 4.4%；第二产业完成增加值 218.76 亿元，同比增长 12.2%；第三产业完成增加值 82.50 亿元，同比增长

14.4%；三次产业占比为 11.97∶63.92∶24.11。2015 年，濮阳县 2015 年粮食总产 95.7 万吨，实现十二连增。完成植树造林 646 万株。流转土地 4 万亩，新建王密城高效农业园区等百亩以上园区 14 个、有道畜牧养殖等标准化养殖场 15 家。舒舒电子、汇元药业等 13 个项目建成投产，濮阳县规模以上工业企业达 200 家，其中纳税百万元以上企业 20 家。位于户部寨、文留的濮阳市化工产业集聚区晋级河南省省级产业集聚区。上亿广场一期、庆祖台一路商业街等项目主体完工；金堤河国家湿地公园二期、海通文信荷花园建成投用；渠村金沙黄河休闲旅游初具看点；澶州府衙复建、开州古城等项目启动建设。

（二）清丰县

2015 年清丰县完成地区生产总值 204.52 亿元，同比增长 11.7%；人均地区生产总值 32446 元，同比增长 12.0%；一般预算财政总收入 5.75 亿元；一般预算财政总支出 25.47 亿元；全社会固定资产投资额 231.84 亿元；全社会消费品零售总额 67.70 亿元；金融机构贷款年底余额 36.71 亿元；城镇化率 26.51%；城镇居民人均可支配收入 20183 元，农民人均纯收入 11201 元。

2015 年，清丰县第一产业完成增加值 40.21 亿元，同比增长 4.4%；第二产业完成增加值 115.71 亿元，同比增长 13.0%；第三产业完成增加值 48.60 亿元，同比增长 14.3%；三次产业占比为 19.66∶56.58∶23.76。2015 年，清丰县新建高标准粮田 7.92 万亩，新流转土地 3 万余亩。新建提升辰希缘、绿海圆梦等高效农业示范园区 8 个，改扩建标准化养殖场 7 个；新建扩建经济林、苗木基地 8 个。农民专业合作社达到 577 家。现代服务业提速发展。清丰县电子商务产业园投入运营；亿洲乐活城市广场一期、天润城购物广场竣工投用；小火车站旧址综合开发、北欧小镇等项目快速推进。

（三）南乐县

2015 年南乐县完成地区生产总值 156.57 亿元，同比增长 11.8%；人均地区生产总值 32913 元，同比增长 9.8%；一般预算财政总收入 4.06 亿元；一般预算财政总支出 22.11 亿元；全社会固定资产投资额 166.36 亿元；全社会消费品零售总额 51.69 亿元；金融机构贷款年底余额 29.83 亿元；城镇化率 29.32%；城镇居民人均可支配收入 20233 元，农民人均纯收入 10399 元。

2015 年，南乐县第一产业完成增加值 31.27 亿元，同比增长 4.5%；第二产业完成增加值 87.67 亿元，同比增长 13.1%；第三产业完成增加值 37.63 亿元，同比增长 13.7%；三次产业占比为 19.97∶56.00∶24.03。2015 年南乐县粮食总产达到 47 万吨，实现十二连增。木伦河集团三期、天人健等一批企业建成投产，阳光印务棒棒冰等一批知名企业签约落地。产业集聚区功能进一步完善，区内建成与县城有效衔接的"五纵九横"路网框架，建成区面积达 6.8 平方公里。南林高速东延、东南外环路竣工通车。2015 年农网改造升级工程 10 千伏及以下项目和农田机井通电项目完工。完成 800 套棚户区改造安置房建设任务，对 1503 户农村危房进行改造。

（四）范县

2015 年范县完成地区生产总值 168.94 亿元，同比增长 13.9%；人均地区生产总值 36606 元，同比增长 15.1%；一般预算财政总收入 5.77 亿元；一般预算财政总支出 26.75

亿元；全社会固定资产投资额 160.83 亿元；全社会消费品零售总额 57.96 亿元；金融机构贷款年底余额 35.22 亿元；城镇化率 30.11%；城镇居民人均可支配收入 17633 元，农民人均纯收入 7805 元。

2015 年，范县第一产业完成增加值 17.07 亿元，同比增长 4.5%；第二产业完成增加值 109.80 亿元，同比增长 14.9%；第三产业完成增加值 42.07 亿元，同比增长 14.6%；三次产业占比为 10.11∶64.99∶24.90。范县两个土地整治项目分别在范县王楼镇、白衣阁乡、陆集乡、张庄乡境内实施，共整治面积 8378.91 公顷，新增耕地面积 19.26 公顷，总投资 14121.21 万元。2015 年度小农水重点县项目，建设面积 3 万亩，完成投资 2136.75 万元，占总投资的 80%。中泰镓提取、百优福生物燃油、恒德信、泰普胶粘等多家企业陆续成功实施"腾笼换鸟"计划。

（五）台前县

2015 年台前县完成地区生产总值 91.81 亿元，同比增长 12.7%；人均地区生产总值 28542 元，同比增长 12.2%；一般预算财政总收入 3.32 亿元；一般预算财政总支出 18.32 亿元；全社会固定资产投资额 72.56 亿元；全社会消费品零售总额 32.22 亿元；金融机构贷款年底余额 35.18 亿元；城镇化率 29.30%；城镇居民人均可支配收入 17142 元，农民人均纯收入 7434 元。

2015 年，台前县第一产业完成增加值 9.55 亿元，同比增长 4.7%；第二产业完成增加值 53.17 亿元，同比增长 13.2%；第三产业完成增加值 29.09 亿元，同比增长 14.4%；三次产业占比为 10.40∶57.91∶31.69。2015 年台前县流转土地 2.65 万亩，新增有效灌溉面积 5000 亩，旱涝保收田 4000 亩，实施了高标准良田"百千万"工程。产业集聚区基础设施投资完成 1.4 亿元，集聚区污水处理厂主体工程完工，羽绒园区污水处理厂建成投运，省级羽绒检验检测中心竣工运营，供气工程开工建设，长丰路、兴发路建成通车。农村产权确权登记颁证工作完成 70%，建立了农村产权交易中心。全年签约亿元以上项目 48 个，实际利用省外资金 17.7 亿元、境外资金 5187 万美元。

第 18 章
许昌市 2015 年发展报告

18.1 许昌市发展概述

2015 年，许昌市完成地区生产总值 2171.16 亿元；人均地区生产总值 50162.45 元；一般预算财政总收入 138.55 亿元；一般预算财政总支出 249.56 亿元；固定资产投资额 1965.37 亿元；全社会消费品零售总额 707.19 亿元；金融机构贷款年底余额 1357.02 亿元；进出口总额 19.1 亿美元；城镇化率 47.57%；城镇居民人均可支配收入 25224.90 元；农民人均纯收入 13355.10 元。

2015 年，许昌市第一产业完成增加值 169.58 亿元，同比增长 4.1%；第二产业完成增加值 1280.89 亿元，同比增长 8.3%；第三产业完成增加值 720.69 亿元，同比增长 12.3%。三次产业占比为 7.8∶59.0∶33.2。2015 年，许昌市推进农业"三大工程"，新增高标准粮田 40 万亩，建成千亩以上都市生态农业示范园区 9 个。组织实施"16718"投资促进计划，160 个重点项目完成投资 758 亿元，带动固定资产投资 1931 亿元。新能源汽车产业园、1000 兆瓦光伏发电等 73 个项目开工建设，许昌烟机易地技改、森源电气产业基地二期等 33 个项目竣工投产。许昌电子商务产业园、长葛空港电子商务产业园等开园运营，国内首家地市级阿里巴巴跨境电商产业带成功上线。推广政府和社会资本合作模式，推介 PPP 项目 157 个，33 个入选省 PPP 项目库，争取省扶持资金 5883 万元，签约项目 18 个，总投资 276 亿元。新增新三板挂牌企业 12 家、区域性股权交易中心挂牌企业 15 家，资本市场直接融资 96.4 亿元。实施"1242"服务业发展计划，许昌市服务业增加值增长 12.2%。设立中科院河南产业技术创新与育成中心许昌分中心、郑州大学许昌研究院。

18.2 许昌市宏观经济竞争力评价分析

18.2.1 经济规模竞争力评价分析

2014～2015 年，许昌市经济规模竞争力指标在河南省的排位变化情况，如表 18-2-1 和图 18-2-1 所示。

（1）2015 年许昌市经济规模竞争力综合排位处于第 3 位，表明其在河南省处于优势地位，与 2014 年相比保持不变。

（2）从指标所处区位看，2015 年处于上游区的指标有 10 个，分别是地区生产总值、

表 18 – 2 – 1　许昌市 2014～2015 年经济规模竞争力及其二级指标

指标	地区生产总值（亿元）	地区生产总值增长率（%）	人均地区生产总值（元）	一般预算财政总收入（亿元）	人均财政总收入（元）	固定资产投资额（亿元）	人均固定资产投资额（元）	全社会消费品零售总额（亿元）	人均全社会消费品零售总额（元）	金融机构贷款年底余额（亿元）	人均金融机构贷款年底余额（元）	经济规模竞争力
2014 年	2087.23	9.29	48471.50	125.22	2908.07	1676.34	38929.43	627.20	14565.36	1166.20	27082.54	—
2015 年	2171.16	8.95	50162.45	138.55	3201.05	1965.37	45408.04	707.19	16339.01	1357.02	31352.63	—
2014 年排位	4	6	6	6	7	6	6	10	7	6	5	3
2015 年排位	4	8	6	5	7	5	6	10	8	5	3	3
升降	0	-2	0	1	0	1	0	0	-1	1	2	0
优势度	优势	中势	优势	优势	中势	优势	优势	中势	中势	优势	优势	优势

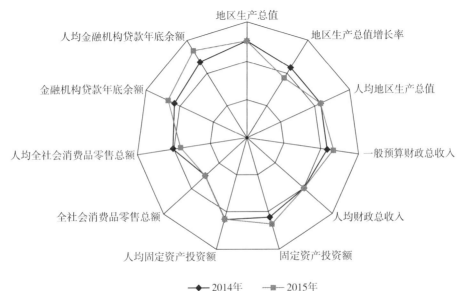

图 18 – 2 – 1　许昌市 2014～2015 年经济规模竞争力二级指标排位

地区生产总值增长率、人均地区生产总值、一般预算财政总收入、人均财政总收入、固定资产投资额、人均固定资产投资额、人均全社会消费品零售总额、金融机构贷款年底余额和人均金融机构贷款年底余额，其中地区生产总值增长率、人均财政总收入、人均全社会消费品零售总额为中势指标，其余均为许昌市经济规模竞争力中的优势指标；处于下游区的指标有 1 个，为全社会消费品零售总额，且为许昌市经济竞争力的中势指标。

（3）从雷达图图形变化看，2015 年与 2014 年相比，面积基本不变，经济规模竞争力呈现稳定趋势。

（4）从排位变化的动因看，在一般预算财政总收入、固定资产投资额、金融机构贷款年底余额、人均金融机构贷款年底余额指标排位上升和地区生产总值增长率、人均全社会消费品零售总额指标排位下降的综合作用下，2015 年许昌市经济规模竞争力综合排位保持不变，居河南省第 3 位。

18.2.2 经济结构竞争力评价分析

2014～2015年，许昌市经济结构竞争力指标在河南省的排位变化情况，如表18-2-2和图18-2-2所示。

表18-2-2 许昌市2014～2015年经济结构竞争力及其二级指标

指标	产业结构（%）	所有制结构（%）	人均收入结构（%）	支出结构（%）	国际贸易结构（%）	单位GDP能耗增减率（%）	经济结构竞争力
2014年	91.15	76.22	51.11	37.41	88.67	-6.23	—
2015年	92.19	82.54	52.94	35.98	89.53	-8.20	—
2014年排位	5	7	4	12	3	7	2
2015年排位	5	4	5	13	2	5	3
升降	0	3	-1	-1	1	2	-1
优势度	优势	优势	优势	劣势	优势	优势	优势

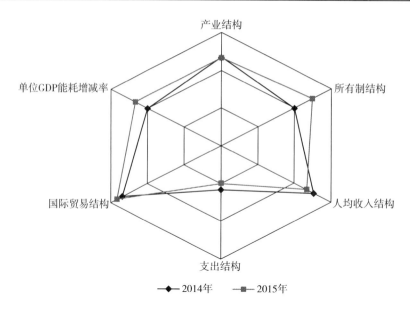

图18-2-2 许昌市2014～2015年经济结构竞争力二级指标排位

（1）2015年许昌市经济结构竞争力综合排位处于第3位，表明其在河南省处于优势地位，与2014年相比下降1位。

（2）从指标所处区位看，2015年处于上游区的指标有5个，分别是产业结构、所有制结构、人均收入结构、国际贸易结构和单位GDP能耗增减率，其中产业结构、所有制结构、人均收入结构、国际贸易结构、单位GDP能耗增减率为许昌市经济结构竞争力中的优势指标；处于下游区的指标有1个，即支出结构指标，是许昌市经济结构竞争力中的劣势指标。

（3）从雷达图图形变化看，2015年与2014年相比，面积基本不变，经济结构竞争力呈下降趋势。

（4）从排位变化的动因看，在所有制结构、国际贸易结构、单位 GDP 能耗增减率指标排位上升和人均收入结构、支出结构指标排位下降的综合作用下，2015 年许昌市经济结构竞争力综合排位下降 1 位，居河南省第 3 位。

18.2.3　经济外向度竞争力评价分析

2014～2015 年，许昌市经济外向度竞争力指标在河南省的排位变化情况，如表 18 - 2 - 3 和图 18 - 2 - 3 所示。

表 18 - 2 - 3　许昌市 2014～2015 年经济外向度竞争力及其二级指标

指标	进出口总额（亿美元）	货物和服务净流出（亿元）	出口拉动指数（%）	实际 FDI（万美元）	利用省外资金（亿元）	省外资金/固定资产投资（%）	经济外向度竞争力
2014 年	22.76	108.12	5.18	59725.00	374.00	22.31	—
2015 年	19.10	94.07	4.33	68090.00	406.80	20.70	—
2014 年排位	3	2	2	8	11	12	4
2015 年排位	5	2	2	8	11	12	4
升降	-2	0	0	0	0	0	0
优势度	优势	优势	优势	中势	中势	中势	优势

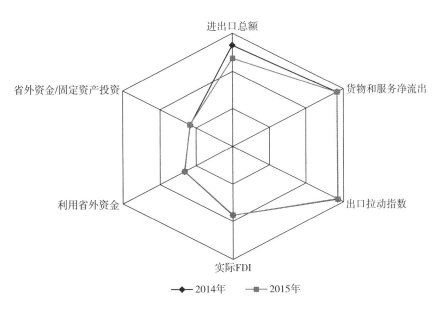

图 18 - 2 - 3　许昌市 2014～2015 年经济外向度竞争力二级指标排位

（1）2015 年许昌市经济外向度竞争力综合排位处于第 4 位，表明其在河南省处于优势地位，与 2014 年相比排位保持不变。

（2）从指标所处区位看，处于上游区的指标有 4 个，分别为进出口总额、货物和服务净流出、实际 FDI、出口拉动指数，其中进出口总额、货物和服务净流出、出口拉动指数指标为许昌市经济外向度竞争力中的优势指标；处于下游区的有 2 个，分别为利用省外资金、省外资金/固定资产投资，且均是许昌市经济外向度竞争力中的中势指标。

（3）从雷达图图形变化看，2015 年与 2014 年相比，面积基本不变，经济外向度竞争力呈现稳定趋势。

（4）从排位变化的动因看，在进出口总额指标排位下降和其他各项指标排位未发生改变的综合作用下，2015 年许昌市经济外向度竞争力综合排位保持不变，居河南省第 4 位。

18.2.4　宏观经济竞争力综合分析

2014 ~ 2015 年，许昌市宏观经济竞争力指标在河南省的排位变化和指标结构，如表 18 - 2 - 4 所示。

表 18 - 2 - 4　许昌市 2014 ~ 2015 年宏观经济竞争力指标

指标	经济规模竞争力	经济结构竞争力	经济外向度竞争力	宏观经济竞争力
2014 年排位	3	2	4	2
2015 年排位	3	3	4	2
升降	0	− 1	0	0
优势度	优势	优势	优势	优势

（1）2015 年许昌市宏观经济竞争力综合排位处于第 2 位，表明其在河南省处于优势地位，与 2014 年相比排位保持不变。

（2）从指标所处区位看，2015 年经济规模竞争力、经济结构竞争力、经济外向度竞争力三个指标都处于上游区，且均为许昌市宏观经济竞争力中的优势指标。

（3）从指标变化趋势看，经济结构竞争力排位下降 1 位，经济规模竞争力、经济外向度竞争力排位保持不变。

（4）从排位综合分析看，在经济结构竞争力排位下降和经济规模竞争力、经济外向度竞争力排位不变的综合作用下，2015 年许昌市宏观经济竞争力综合排位保持不变，居河南省第 2 位。

18.3　许昌市产业发展评价分析

18.3.1　农业竞争力评价分析

2014 ~ 2015 年，许昌市农业竞争力指标在河南省的排位变化情况，如表 18 - 3 - 1 和图 18 - 3 - 1 所示。

表 18 – 3 – 1　许昌市 2014～2015 年农业竞争力及其二级指标

指标	农业增加值（亿元）	人均农业增加值（元）	农民人均纯收入（元）	人均主要粮食产量（吨）	农业劳动生产率［元/（人·年）］	农村人均用电量（kW·h）	支农资金比重（%）	农业竞争力
2014 年	189.17	4393.06	12140.00	0.65	8755.62	435.78	11.29	—
2015 年	174.54	4032.51	13355.10	0.67	8246.40	459.27	11.58	—
2014 年排位	10	9	4	10	5	9	15	7
2015 年排位	10	11	4	10	7	9	14	9
升降	0	－2	0	0	－2	0	1	－2
优势度	中势	中势	优势	中势	中势	中势	劣势	中势

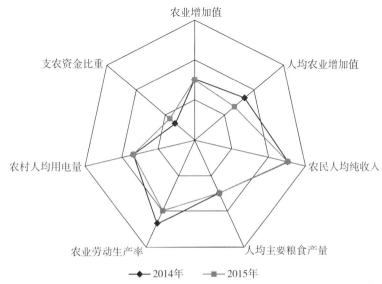

图 18 – 3 – 1　许昌市 2014～2015 年农业竞争力二级指标排位

（1）2015 年许昌市农业竞争力排位处于第 9 位，表明其在河南省处于中势地位，与 2014 年相比下降 2 位。

（2）从指标所处区位看，处于上游区的有 3 个，分别为农民人均纯收入、农业劳动生产率、农村人均用电量，其中农民人均纯收入指标是许昌市农业竞争力中的优势指标；处于下游区的有 4 个，分别为农业增加值、人均农业增加值、人均主要粮食产量和支农资金比重，其中农业增加值、人均农业增加值、人均主要粮食产量为许昌市农业竞争力中的中势指标，支农资金比重为许昌市农业竞争力中的劣势指标。

（3）从雷达图图形变化看，2015 年与 2014 年相比，面积略有缩小，农业竞争力呈现下降趋势。

（4）从排位变化的动因看，在人均农业增加值、农业劳动生产率指标排位下降和支农资金比重指标排位上升的综合作用下，2015 年许昌市农业竞争力综合排位下降 2 位，居河南省第 9 位。

18.3.2　工业竞争力评价分析

2014～2015 年，许昌市工业竞争力指标在河南省的排位变化情况，如表 18 - 3 - 2 和图 18 - 3 - 2 所示。

表 18 - 3 - 2　许昌市 2014～2015 年工业竞争力及其二级指标

指标	工业增加值（亿元）	工业增加值增长率（%）	人均工业增加值（元）	规模以上工业资产总额（亿元）	规模以上工业资产总贡献率（%）	规模以上工业全员劳动生产率［元/(人·年)］	规模以上工业成本费用利润率（%）	规模以上工业产品销售率（%）	工业竞争力
2014 年	1175.46	9.71	27297.55	3704.59	19.82	277001.15	9.53	98.06	—
2015 年	1186.74	8.48	27418.47	4003.88	18.91	289263.15	9.12	97.79	—
2014 年排位	3	12	5	3	4	6	3	12	2
2015 年排位	3	8	5	3	3	2	4	15	2
升降	0	4	0	0	1	4	-1	-3	0
优势度	优势	中势	优势	优势	优势	优势	优势	劣势	优势

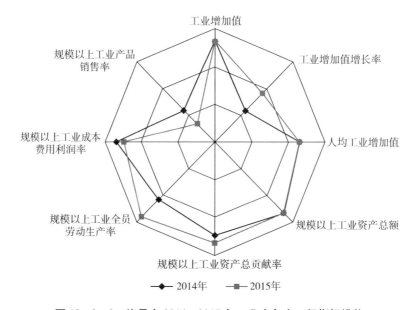

图 18 - 3 - 2　许昌市 2014～2015 年工业竞争力二级指标排位

（1）2015 年许昌市工业竞争力综合排位处于第 2 位，表明其在河南省处于优势地位，与 2014 年相比保持不变。

（2）从指标所处区位看，处于上游区的有 7 个，分别是工业增加值、工业增加值增长率、人均工业增加值、规模以上工业资产总额、规模以上工业资产总贡献率、规模以上工业全员劳动生产率、规模以上工业成本费用利润率，其中工业增加值增长率为中势指标，其他均为许昌市工业竞争力中的优势指标；处于下游区的有 1 个，为规模以上工业产品销售率，且为许昌市工业竞争力中的劣势指标。

（3）从雷达图图形变化看，2015 年与 2014 年相比，面积略有扩大，工业竞争力呈现稳定趋势。

（4）从排位变化的动因看，在工业增加值增长率、规模以上工业资产总贡献率、规模以上工业全员劳动生产率指标排位上升和规模以上工业成本费用利润率、规模以上工业产品销售率等指标排位下降的综合作用下，2015 年许昌市工业竞争力综合排位保持不变，居河南省第 2 位。

18.3.3　工业化进程竞争力评价分析

2014～2015 年，许昌市工业化进程竞争力指标在河南省的排位变化情况，如表 18－3－3和图 18－3－3 所示。

表 18－3－3　许昌市 2014～2015 年工业化进程竞争力及其二级指标

指标	第二产业增加值占 GDP 比重（％）	第二产业增加值增长率（％）	第二产业从业人员占总就业人员比重（％）	第二产业从业人员增长率（％）	第二产业固定资产投资占比（％）	工业化进程竞争力
2014 年	60.76	10.06	32.22	－12.97	61.60	—
2015 年	59.00	8.27	30.72	－13.89	55.86	—
2014 年排位	6	10	11	17	5	8
2015 年排位	5	10	11	18	8	8
升降	1	0	0	－1	－3	0
优势度	优势	中势	中势	劣势	中势	中势

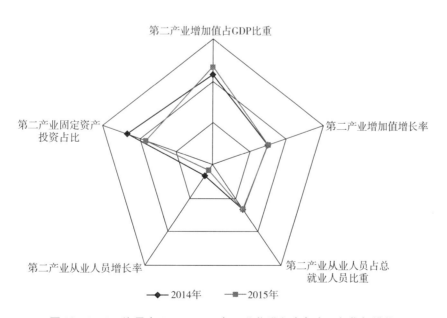

图 18－3－3　许昌市 2014～2015 年工业化进程竞争力二级指标排位

（1）2015 年许昌市工业化进程竞争力指标综合排位处于第 8 位，表明其在河南省处于中势地位，与 2014 年相比排位保持不变。

（2）从指标所处区位看，2015 年许昌市工业化进程竞争力中有 2 个指标处于上游区，分别为第二产业增加值占 GDP 比重、第二产业固定资产投资占比，且第二产业增加值占 GDP 比重为许昌市工业化进程竞争力中的优势指标；处于下游区的指标有 3 个，分别为第二产业增加值增长率、第二产业从业人员占总就业人员比重、第二产业从业人员增长率，其中第二产业增加值增长率、第二产业从业人员占总就业人员比重为许昌市工业化进程竞争力中的中势指标，第二产业从业人员增长率为许昌市工业化进程竞争力中的劣势指标。

（3）从雷达图图形变化看，2015 年与 2014 年相比，面积基本不变，工业化进程竞争力呈现稳定趋势。

（4）从排位变化的动因看，在第二产业从业人员增长率、第二产业固定资产投资占比指标排位下降和第二产业增加值占 GDP 比重指标排位上升的综合作用下，2015 年许昌市工业化进程竞争力综合排位保持不变，居河南省第 8 位。

18.3.4 服务业竞争力评价分析

2014～2015 年，许昌市服务业竞争力指标在河南省的排位变化情况，如表 18-3-4 和图 18-3-4 所示。

表 18-3-4 许昌市 2014～2015 年服务业竞争力及其二级指标

指标	服务业增加值（亿元）	服务业增加值增长率（%）	人均服务业增加值（元）	服务业从业人员数（万人）	服务业从业人员数增长率（%）	交通运输仓储邮电业增加值（亿元）	金融业增加值（亿元）	房地产业增加值（亿元）	批发和零售业增加值（亿元）	住宿和餐饮业增加值（亿元）	服务业竞争力
2014 年	634.36	9.18	14731.66	84.77	-0.25	88.07	49.56	51.30	117.74	61.80	—
2015 年	720.69	12.30	16650.85	74.14	-12.55	96.07	57.27	54.90	127.56	67.33	—
2014 年排位	6	7	6	9	14	6	9	10	8	4	6
2015 年排位	6	4	6	12	17	6	10	11	8	4	7
升降	0	3	0	-3	-3	0	-1	-1	0	0	-1
优势度	优势	优势	优势	中势	劣势	优势	中势	中势	中势	优势	中势

（1）2015 年许昌市服务业竞争力排位处于第 7 位，表明其在河南省处于中势地位，与 2014 年相比下降 1 位。

（2）从指标所处区位看，2015 年处于上游区的指标有 6 个，分别为服务业增加值、服务业增加值增长率、人均服务业增加值、交通运输仓储邮电业增加值、批发和零售业增加值、住宿和餐饮业增加值，其中服务业增加值、服务业增加值增长率、人均服务业增加值、交通运输仓储邮电业增加值、住宿和餐饮业增加值指标是许昌市服务业竞争力中的优势指标；处于下游区的指标有 4 个，分别为服务业从业人员数、服务业从业人员数增长率、金融业增加值、房地产业增加值，其中服务业从业人员数、金融业增加值、房地产业增加值指标为许昌市服务业竞争力中的中势指标，服务业从业人员数增长率指标为许昌市

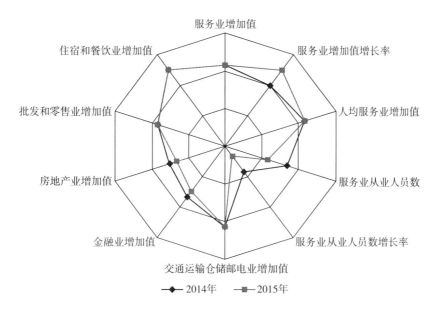

图 18 - 3 - 4　许昌市 2014~2015 年服务业竞争力二级指标排位

服务业竞争力中的劣势指标。

（3）从雷达图图形变化看，2015 年与 2014 年相比，面积略微缩小，服务业竞争力呈现下降趋势。

（4）从排位变化的动因看，在服务业增加值增长率指标排位上升和服务业从业人员数、服务业从业人员数增长率、金融业增加值、房地产业增加值指标排位下降的综合作用下，2015 年许昌市服务业竞争力综合排位下降 1 位，居河南省第 7 位。

18.3.5　企业竞争力评价分析

2014~2015 年，许昌市企业竞争力指标在河南省的排位变化情况，如表 18 - 3 - 5 和图 18 - 3 - 5 所示。

表 18 - 3 - 5　许昌市 2014~2015 年企业竞争力及其二级指标

指标	规模以上工业企业数（个）	规模以上工业企业平均资产（亿元）	规模以上工业企业主营业务收入平均值（亿元）	流动资产年平均余额（亿元）	规模以上工业企业资产负债率（%）	规模以上工业企业成本费用利润率（%）	规模以上工业企业平均利润（亿元）	全员劳动生产率［元/（人·年）］	企业竞争力
2014 年	1499.00	2.47	3.37	1616.00	34.97	9.53	0.29	277001.15	—
2015 年	1632.00	2.45	3.31	1821.98	36.17	9.12	0.27	289263.15	—
2014 年排位	4	6	8	4	13	3	6	6	3
2015 年排位	4	8	10	3	13	4	7	2	4
升降	0	-2	-2	1	0	-1	-1	4	-1
优势度	优势	中势	中势	优势	劣势	优势	中势	优势	优势

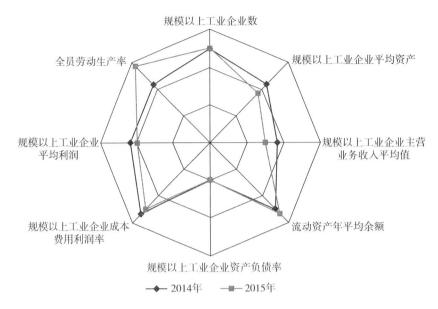

图 18 - 3 - 5   许昌市 2014~2015 年企业竞争力二级指标排位

（1）2015 年许昌市企业竞争力综合排位处于第 4 位，表明其在河南省处于优势地位，与 2014 年相比下降 1 位。

（2）从指标所处区位看，2015 年处于上游区的指标有 6 个，分别为规模以上工业企业数、规模以上工业企业平均资产、流动资产年平均余额、规模以上工业企业成本费用利润率、规模以上工业企业平均利润、全员劳动生产率，其中规模以上工业企业数、流动资产年平均余额、规模以上工业企业成本费用利润率和全员劳动生产率指标为许昌市企业竞争力中的优势指标；处于下游区的指标有 2 个，是规模以上工业企业主营业务收入平均值、规模以上工业企业资产负债率指标，且规模以上工业企业资产负债率为许昌企业竞争力中的劣势指标。

（3）从雷达图图形变化看，2015 年与 2014 年相比，面积略有缩小，企业竞争力呈现下降趋势。

（4）从排位变化的动因看，在流动资产年平均余额、全员劳动生产率指标排位上升和规模以上工业企业平均资产、规模以上工业企业主营业务收入平均值、规模以上工业企业成本费用利润率、规模以上工业企业平均利润指标排位下降的综合作用下，2015 年许昌市企业竞争力综合排位下降 1 位，居河南省第 4 位。

18.4   许昌市城镇化发展评价分析

18.4.1   城镇化进程竞争力评价分析

2014~2015 年，许昌市城镇化进程竞争力指标在河南省的排位变化情况，如表 18 - 4 - 1 和图 18 - 4 - 1 所示。

表 18 – 4 – 1 许昌市 2014 ~ 2015 年城镇化进程竞争力及其二级指标

指标	城镇化率（%）	城镇居民人均可支配收入（元）	城市建成区面积（平方公里）	市区人口密度(人/平方公里)	人均拥有道路面积（平方米）	人均日生活用水量（升）	燃气普及率（%）	人均城市园林绿地面积（平方米）	城镇化进程竞争力
2014 年	45.70	23752.61	88.00	5103.00	12.56	110.14	88.65	10.51	—
2015 年	47.57	25224.90	90.00	5196.00	12.46	121.56	88.69	10.52	—
2014 年排位	9	9	8	10	13	12	11	9	11
2015 年排位	9	8	7	10	14	9	12	12	10
升降	0	1	1	0	– 1	3	– 1	– 3	1
优势度	中势	中势	中势	中势	劣势	中势	中势	中势	中势

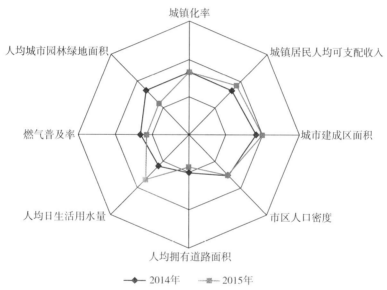

图 18 – 4 – 1 许昌市 2014 ~ 2015 年城镇化进程竞争力二级指标排位

（1）2015 年许昌市城镇化进程竞争力排位处于第 10 位，表明其在河南省处于中势地位，与 2014 年相比排位上升 1 位。

（2）从指标所处区位看，2014 年处于上游区的指标有 4 个，分别是城镇化率、城镇居民人均可支配收入、城市建成区面积、人均日生活用水量，且均是许昌市城镇化进程竞争力中的中势指标；处于下游区的指标有 4 个，分别为市区人口密度、人均拥有道路面积、燃气普及率、人均城市园林绿地面积，其中人均拥有道路面积指标为许昌市城镇化进程竞争力中的劣势指标。

（3）从雷达图图形变化看，2015 年与 2014 年相比，面积基本不变，城镇化进程竞争力呈现上升趋势。

（4）从排位变化的动因看，在城镇居民人均可支配收入、城市建成区面积、人均日生活用水量指标排位上升和人均拥有道路面积、燃气普及率、人均城市园林绿地面积指标排位下降的综合作用下，2015 年许昌市城镇化进程竞争力综合排位上升 1 位，居河南省第 10 位。

18.4.2　城镇社会保障竞争力评价分析

2014～2015 年，许昌市城镇社会保障竞争力指标在河南省的排位变化情况，如表 18－4－2 和图 18－4－2 所示。

表 18－4－2　许昌市 2014～2015 年城镇社会保障竞争力及其二级指标

指标	城市城镇社区服务设施数(个/万人)	医疗保险覆盖率(%)	养老保险覆盖率(%)	失业保险覆盖率(%)	工伤保险覆盖率(%)	城镇登记失业率(%)	城镇社会保障竞争力
2014 年	239	47.21	24.61	13.95	12.24	2.75	—
2015 年	220	46.03	25.33	13.32	12.31	2.85	—
2014 年排位	6	14	10	16	15	3	13
2015 年排位	13	15	10	16	15	8	15
升降	－7	－1	0	0	0	－5	－2
优势度	劣势	劣势	中势	劣势	劣势	中势	劣势

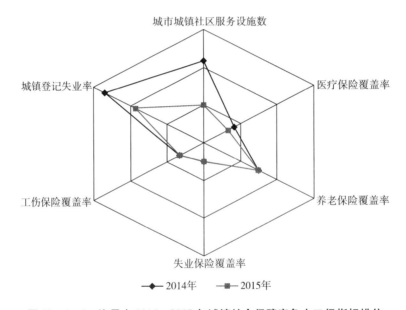

图 18－4－2　许昌市 2014～2015 年城镇社会保障竞争力二级指标排位

（1）2015 年许昌市城镇社会保障竞争力排位处于第 15 位，表明其在河南省处于劣势地位，与 2014 年相比下降 2 位。

（2）从指标所处区位看，2015 年许昌市城镇社会保障竞争力中处于上游区的指标有 1 个，为城镇登记失业率，且为许昌市城镇社会保障竞争力的中势指标；处于下游区的指标有 5 个，分别为城市城镇社区服务设施数、医疗保险覆盖率、养老保险覆盖率、失业保障覆盖率、工伤保险覆盖率，其中养老保险覆盖率为许昌市城镇社会保障竞争力中的中势指标，城市城镇社区服务设施数、医疗保险覆盖率、失业保险覆盖率、工伤保险覆盖率指标是许昌市城镇社会保障竞争力中的劣势指标。

（3）从雷达图图形变化看，2015 年与 2014 年相比，面积明显缩小，城镇社会保障竞争力呈现下降趋势。

（4）从排位变化的动因看，在城市城镇社区服务设施数、医疗保险覆盖率、城镇登记失业率指标排位下降和其他指标排位不变的综合作用下，2015 年许昌市城镇社会保障竞争力排位下降 2 位，居河南省第 15 位。

18.5　许昌市社会发展评价分析

18.5.1　教育竞争力评价分析

2014～2015 年，许昌市教育竞争力指标在河南省的排位变化情况，如表 18－5－1 和图 18－5－1 所示。

表 18－5－1　许昌市 2014～2015 年教育竞争力及其二级指标

指标	教育经费占 GDP 比重（％）	人均教育经费（元）	人均教育固定资产投资（元）	万人中小学学校数（所）	万人中小学专任教师数（人）	万人高等学校数（所）	万人高校专任教师数（人）	万人高等学校在校学生数（人）	教育竞争力
2014 年	3.14	1523.03	723.73	2.90	94.52	0.01	6.16	79.81	—
2015 年	3.05	1524.57	731.12	2.90	98.14	0.01	6.22	81.93	—
2014 年排位	14	6	2	11	6	11	14	12	9
2015 年排位	14	6	4	11	6	11	14	12	12
升降	0	0	－2	0	0	0	0	0	－3
优势度	劣势	优势	优势	中势	优势	中势	劣势	中势	中势

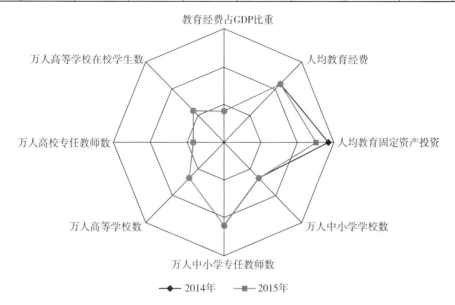

图 18－5－1　许昌市 2014～2015 年教育竞争力二级指标排位

（1）2015 年许昌市教育竞争力排位处于第 12 位，表明其在河南省处于中势地位，与 2014 年相比下降 3 位。

（2）从指标所处区位看，2015 年处于上游区的指标有 3 个，分别是人均教育经费、万人中小学专任教师数、人均教育固定资产投资，且均为许昌市教育竞争力的优势指标；处于下游区的指标有 5 个，分别为教育经费占 GDP 比重、万人中小学学校数、万人高等学校数、万人高校专任教师数、万人高等学校在校学生数，其中教育经费占 GDP 比重、万人高校专任教师数指标是许昌市教育竞争力的劣势指标。

（3）从雷达图图形变化看，2015 年与 2014 年相比，面积略有缩小，教育竞争力呈现下降趋势。

（4）从排位变化的动因看，在人均教育固定资产投资指标排位下降和其他指标排位不变的综合作用下，2015 年许昌市教育竞争力综合排位下降 3 位，居河南省第 12 位。

18.5.2　科技竞争力评价分析

2014～2015 年，许昌市科技竞争力指标在河南省的排位变化情况，如表 18－5－2 和图 18－5－2 所示。

表 18－5－2　许昌市 2014～2015 年科技竞争力及其二级指标

指标	科学研究和技术服务业增加值（亿元）	万人科技活动人员（人）	R&D 经费占 GDP 比重（%）	人均 R&D 经费支出（元）	万人技术市场成交额（万元）	科技竞争力
2014 年	13.29	47.01	1.63	790.92	0.00	—
2015 年	15.52	48.61	1.68	843.93	0.00	—
2014 年排位	7	6	4	4	17	8
2015 年排位	7	6	4	4	15	8
升降	0	0	0	0	2	0
优势度	中势	优势	优势	优势	劣势	中势

（1）2015 年许昌市科技竞争力排位处于第 8 位，表明其在河南省处于中势地位，与 2014 年相比排位保持不变。

（2）从指标所处区位看，2015 年处于上游区的指标有 4 个，分别是科学研究和技术服务业增加值、万人科技活动人员、R&D 经费占 GDP 比重、人均 R&D 经费支出，其中万人科技活动人员、R&D 经费占 GDP 比重、人均 R&D 经费支出为许昌市科技竞争力中的优势指标，科学研究和技术服务业增加值是许昌市科技竞争力中的中势指标；处于下游区的指标有 1 个，是万人技术市场成交额，且它是许昌市科技竞争力中的劣势指标。

（3）从雷达图图形变化看，2015 年与 2014 年相比，面积基本不变，科技竞争力呈现稳定趋势。

（4）从排位变化的动因看，在万人技术市场成交额指标排位上升和其他指标排位不变的综合作用下，2015 年许昌市科技竞争力综合排位保持不变，居河南省第 8 位。

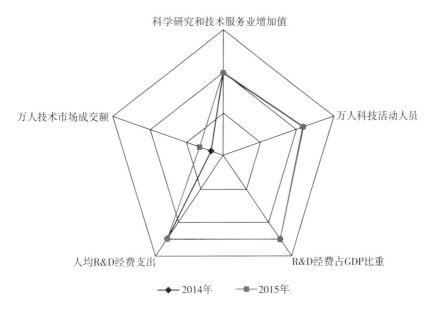

图 18 – 5 – 2　许昌市 2014 ~ 2015 年科技竞争力二级指标排位

18.5.3　文化竞争力评价分析

2014 ~ 2015 年，许昌市文化竞争力指标在河南省的排位变化情况，如表 18 – 5 – 3 和图 18 – 5 – 3 所示。

表 18 – 5 – 3　许昌市 2014 ~ 2015 年文化竞争力及其二级指标

指标	全市接待旅游总人次（万人次）	全市旅游总收入（亿元）	城镇居民人均文化娱乐支出（元）	农村居民人均文化娱乐支出（元）	城镇居民文化娱乐支出占消费性支出比重(%)	农村居民文化娱乐支出占消费性支出比重(%)	文化竞争力
2014 年	1126.68	62.85	2136.60	454.00	13.21	6.18	—
2015 年	1285.52	72.34	2239.94	748.09	12.65	8.72	—
2014 年排位	13	15	4	9	5	13	9
2015 年排位	15	15	3	9	3	9	8
升降	– 2	0	1	0	2	4	1
优势度	劣势	劣势	优势	中势	优势	中势	中势

（1）2015 年许昌市文化竞争力综合排位处于第 8 位，表明其在河南省处于中势地位，与 2014 年相比排位上升 1 位。

（2）从指标所处区位看，2015 年处于上游区的指标有 4 个，分别是城镇居民人均文化娱乐支出、农村居民人均文化娱乐支出、城镇居民文化娱乐支出占消费性支出比重、农村居民文化娱乐支出占消费性支出比重，其中城镇居民人均文化娱乐支出、城镇居民文化娱乐支出占消费性支出比重为许昌市文化竞争力中的优势指标；处于下游区的指标有 2 个，分别为全市接待旅游总人次、全市旅游总收入，且均为许昌市文化竞争力中的劣势

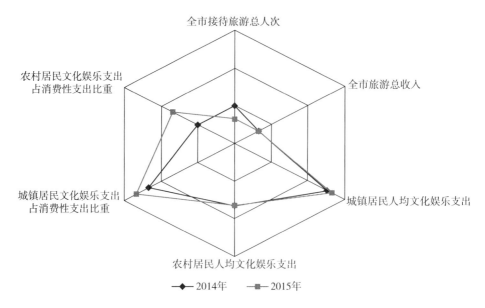

全市接待旅游总人次

农村居民文化娱乐支出
占消费性支出比重

全市旅游总收入

城镇居民文化娱乐支出
占消费性支出比重

城镇居民人均文化娱乐支出

农村居民人均文化娱乐支出

◆ 2014年   ■ 2015年

图 18 - 5 - 3　许昌市 2014～2015 年文化竞争力二级指标排位

指标。

（3）从雷达图图形变化看，2015 年与 2014 年相比，面积略微增大，文化竞争力呈现上升趋势。

（4）从排位变化的动因看，在城镇居民人均文化娱乐支出、城镇居民文化娱乐支出占消费性支出比重、农村居民文化娱乐支出占消费性支出比重指标排位上升和全市接待旅游总人次指标排位下降的综合作用下，2015 年许昌市文化竞争力综合排位上升 1 位，居河南省第 8 位。

18.6　许昌市县域经济发展评价分析

18.6.1　县域经济竞争力评价分析

2014～2015 年，许昌市县域经济竞争力指标在河南省的排位变化情况，如表 18 - 6 - 1 和图 18 - 6 - 1 所示。

（1）2015 年许昌市县域经济竞争力排位处于第 3 位，表明其在河南省处于优势地位，与 2014 年相比保持不变。

（2）从指标所处区位看，2015 年县域经济竞争力中所有指标均处于上游区，除全社会消费品零售总额为中势指标外，其余均为许昌市县域经济竞争力优势指标。

（3）从雷达图图形变化看，2015 年与 2014 年相比，面积基本不变，县域经济竞争力呈现稳定趋势。

（4）从排位变化的动因看，在金融机构贷款年底余额指标排位上升和其他指标排位不变的综合作用下，2015 年许昌市县域经济竞争力综合排位保持不变，位于河南省第 3 位。

表 18 - 6 - 1　许昌市 2014～2015 年县域经济竞争力及其二级指标

指标	地区生产总值（亿元）	人均地区生产总值（元）	一般预算财政总收入（亿元）	人均财政总收入（元）	固定资产投资额（亿元）	人均固定资产投资额（元）	全社会消费品零售总额（亿元）	人均全社会消费品零售总额（元）	金融机构贷款年底余额（亿元）	人均金融机构贷款年底余额（元）	县域经济竞争力
2014 年	1840.68	48339.64	77.16	2026.48	1402.69	36837.33	473.81	12443.23	632.91	16621.40	—
2015 年	1913.15	49934.81	85.46	2230.66	1644.02	42910.34	534.79	13958.53	729.23	19033.50	—
2014 年排位	4	4	4	5	4	5	7	5	4	4	3
2015 年排位	4	4	4	5	4	5	7	5	3	4	3
升降	0	0	0	0	0	0	0	0	1	0	0
优势度	优势	优势	优势	优势	优势	优势	中势	优势	优势	优势	优势

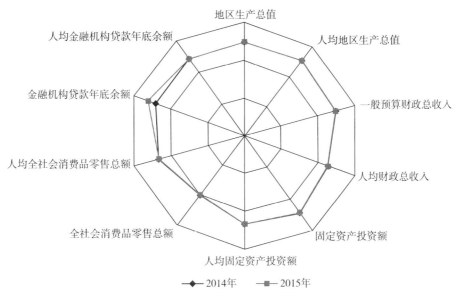

图 18 - 6 - 1　许昌市 2012～2014 年县域经济竞争力二级指标排位

18.6.2　许昌市县域经济发展特色分析

（一）禹州市

2015 年，禹州市完成地区生产总值 512.38 亿元，同比增长 9.5%；人均地区生产总值 45050 元，同比增长 9.0%；一般预算财政总收入 32.06 亿元，一般预算财政总支出 52.56 亿元；全社会固定资产投资额 527.66 亿元；全社会消费品零售总额 185.89 亿元；金融机构贷款年底余额 180.62 亿元；城镇化率 43.19%；城镇居民人均可支配收入 25478 元，农民人均纯收入 13838 元。

2015 年，禹州市第一产业完成增加值 30.23 亿元，同比增长 4.1%；第二产业完成增加值 298.25 亿元，同比增长 8.2%；第三产业完成增加值 183.91 亿元，同比增长 13.8%；三次产业占比为 5.90∶58.21∶35.89。2015 年，禹州市被列入国家深化县城基础设施投融资体制改革试点县，大周等 4 个乡镇被列入河南省首批重点建设示范镇。2015 年，禹州市以遵循"统一领导、统一规划、统一平台"的建设要求，与许昌市监控中心联网测试成功，初步实现了图像资源的信息共享。2015 年 8 月，百逸达实业有限公司在全国中小企业股份转让系统公司（"新三板"）挂牌，成为禹州市首家"新三板"挂牌企业。投资 6.5 亿元的禹州市产业集聚区机械加工园配套生活区建设项目和投资 4.5 亿元的禹州市产业集聚区西产业园配套生活区建设项目开工。河南森源集团禹州 1 千兆瓦光伏发电项目开工。

（二）长葛市

2015 年，长葛市完成地区生产总值 494.22 亿元，同比增长 11.7%；人均地区生产总值 72776 元，同比增长 11.2%；一般预算财政总收入 19.59 亿元，一般预算财政总支出 34.24 亿元；全社会固定资产投资额 359.34 亿元；全社会消费品零售总额 136.40 亿元；金融机构贷款年底余额 168.64 亿元；城镇化率 50.18%；城镇居民人均可支配收入 23828 元，农民人均纯收入 13612 元。

2015 年，长葛市第一产业完成增加值 25.14 亿元，同比增长 4.2%；第二产业完成增加值 363.74 亿元，同比增长 12.4%；第三产业完成增加值 105.35 亿元，同比增长 11.0%；三次产业占比为 5.09∶73.60∶21.31。2015 年，长葛市粮食总产达到 55.3 万吨，增产 1.6 万吨。实施"81235"投资促进计划，80 个重点项目全部开工建设，累计完成投资 129 亿元。产业集聚区连续 5 年保持河南省"十强"，各项指标达到了"三星级"标准。全年共签约合同项目 100 个，引进市外资金 252 亿元，实际到位省外资金 95 亿元，外贸进出口总值达到 1.43 亿美元。引进了阿里巴巴、京东等战略合作伙伴，空港电商园、中原再生金属国际交易中心和"农村淘宝"项目投入运行，企业电子商务应用率达到 70%。城市公共自行车系统一期工程投入使用。

（三）许昌县

2015 年，许昌县完成地区生产总值 345.95 亿元，同比增长 5.8%；人均地区生产总值 44708 元，同比增长 5.2%；一般预算财政总收入 11.36 亿元，一般预算财政总支出 29.53 亿元；全社会固定资产投资额 267.36 亿元；全社会消费品零售总额 78.11 亿元；金融机构贷款年底余额 128.75 亿元；城镇化率 37.39%；城镇居民人均可支配收入 23658 元，农民人均纯收入 13421 元。

2015 年，许昌县第一产业完成增加值 30.30 亿元，同比增长 3.1%；第二产业完成增加值 214.79 亿元，同比增长 4.0%；第三产业完成增加值 100.86 亿元，同比增长 13.7%；三次产业占比为 8.76∶62.09∶29.15。2015 年，建成高标准粮田 38.4 万亩，高效节水灌溉 19.3 万亩，粮食面积常年稳定在 150 万亩以上。累计签约项目资金 786 亿元，引进省外资金 221 亿元，创琦通信等一批优质项目相继落地；累计完成固定资产投资 796 亿元，宏安商贸港、纺织品产业园等项目相继建成投用。新增股权挂牌企业 3 家、新三板上市企业 2 家，国家级高新技术企业达到 12 家，现有院士工作站 3 家，省市级工程技术研究中心 41 家，连续 7 次获得"全国科技进步先进县"。尚集产业集聚区成为河南省星级产业集聚区，商贸物流园区成为省级示范物流园区。

（四）鄢陵县

2015 年，鄢陵县完成地区生产总值 257.59 亿元，同比增长 9.3%；人均地区生产总值 46437 元，同比增长 8.7%；一般预算财政总收入 9.82 亿元，一般预算财政总支出 28.71 亿元；全社会固定资产投资额 244.87 亿元；全社会消费品零售总额 66.80 亿元；金融机构贷款年底余额 119.66 亿元；城镇化率 37.30%；城镇居民人均可支配收入 23445 元，农民人均纯收入 13474 元。

2015 年，鄢陵县第一产业完成增加值 48.92 亿元，同比增长 3.7%；第二产业完成增加值 124.43 亿元，同比增长 10.7%；第三产业完成增加值 84.24 亿元，同比增长 10.4%；三次产业占比为 18.99∶48.31∶32.70。2015 年，鄢陵县实施"百千万"工程，建成高标准粮田 36.3 万亩，被授予"全省产粮大县""全省粮食流通监督检查示范县"。金汇产业集聚区规划面积调整至 19.17 平方公里，累计入驻企业 128 家，被授予全省"节约集约利用土地示范集聚区""十快"产业集聚区，晋升"一星级产业集聚区"金雨玫瑰、花溪科学养老中心等一批三产项目建成投用，特色商业区成功获批，花都温泉成为"国家 4A 级旅游景区"，花木产业集聚区被确定为"省级旅游度假区"。引黄调蓄工程建成蓄水，花木产业集聚区水系连通工程建设投用，鹤鸣湖风景区获批"省级水利风景区"。鄢陵创客园、科技孵化中心挂牌成立，花艺公司"博士后科研工作站"成功获批。

（五）襄城县

2015 年，襄城县完成地区生产总值 303.01 亿元，同比增长 8.6%；人均地区生产总值 44916 元，同比增长 8.1%；一般预算财政总收入 12.64 亿元，一般预算财政总支出 28.41 亿元；全社会固定资产投资额 244.80 亿元；全社会消费品零售总额 67.60 亿元；金融机构贷款年底余额 131.56 亿元；城镇化率 36.66%；城镇居民人均可支配收入 22235 元，农民人均纯收入 12534 元。

2015 年，襄城县第一产业完成增加值 33.93 亿元，同比增长 3.8%；第二产业完成增加值 158.09 亿元，同比增长 8.0%；第三产业完成增加值 111.00 亿元，同比增长 11.8%；三次产业占比为 11.20∶52.17∶36.63。2015 年，襄城县全年共实施重点项目 96 个，完成年度投资 158.9 亿元。"十项民生工程"全部落实，涉及民生的财政支出达 19.03 亿元，占公共财政预算支出的 67%。实施城区夜景亮化，修缮"汝水虹桥"，开展城乡环境综合整治和"美丽乡村"建设，获得省级"园林城"和"省级卫生城"称号。上海宝钢、中国电力投资总公司、中国石化、平煤集团等大型企业先后入驻循环经济产业集聚区；其中，投资 10 亿元的年产 3600 吨硅烷气项目开工建设，投资 5.6 亿元的国内最大干熄焦余热发电项目正式运行。

第 19 章
漯河市 2015 年发展报告

19.1 漯河市发展概述

2015 年，漯河市完成地区生产总值 992.59 亿元；人均地区生产总值 37986.59 元；一般预算财政总收入 68.28 亿元；一般预算财政总支出 163.90 亿元；固定资产投资额 927.27 亿元；全社会消费品零售总额 437.41 亿元；金融机构贷款年底余额 504.18 亿元；进出口总额约 7.41 亿美元；城镇化率 47.54%；城镇居民人均可支配收入 24754.63 元，农民人均纯收入 11979.82 元。

2015 年，漯河市第一产业完成增加值 106.41 亿元，同比增长 3.9%；第二产业完成增加值 624.75 亿元，同比增长 9.2%；第三产业完成增加值 261.43 亿元，同比增长 11.1%；三次产业占比为 10.72∶62.94∶26.34。食品、化工等主导产业提质增效，电子信息、生物医药等战略性新兴产业快速发展。漯河市规模以上工业企业主营业务收入 2883 亿元，增长 10.2%；实现利润 304 亿元，增长 9.2%；规模以上高新技术产业增加值 142 亿元，增长 33.5%。第三产业发展加快，这是 2008 年以来首次高于河南省平均水平。电子商务蓬勃发展，漯河市各类电商企业超千家，4 家企业被评为省级电子商务示范企业，创办了河南省首家电商学院，东兴电商园成为河南省电子商务示范基地。

19.2 漯河市宏观经济竞争力评价分析

19.2.1 经济规模竞争力评价分析

2014～2015 年，漯河市经济规模竞争力指标在河南省的排位变化情况，如表 19－2－1 和图 19－2－1 所示。

（1）2015 年漯河市经济规模竞争力综合排位处于第 11 位，表明其在河南省处于中势地位，与 2014 相比排位上升 6 位。

（2）从指标所处区位来看，2015 年处于上游区的指标有 4 个，分别为地区生产总值增长率、人均地区生产总值、人均财政总收入和人均全社会消费品零售总额，其中地区生产总值增长率和人均全社会消费品零售总额为漯河市经济规模竞争力优势指标；其余指标处于下游区，其中地区生产总值、一般预算财政总收入、固定资产投资额、全社会消费品零售总额、金融机构贷款年底余额、人均金融机构贷款年底余额为漯河市经济规模竞争力的

表 19 - 2 - 1 漯河市 2014 ~ 2015 年经济规模竞争力及其二级指标

指标	地区生产总值（亿元）	地区生产总值增长率（%）	人均地区生产总值（元）	一般预算财政总收入（亿元）	人均财政总收入（元）	固定资产投资额（亿元）	人均固定资产投资额（元）	全社会消费品零售总额（亿元）	人均全社会消费品零售总额（元）	金融机构贷款年底余额（亿元）	人均金融机构贷款年底余额（元）	经济规模竞争力
2014 年	941.16	9.07	36366.31	62.86	2429.05	794.70	30707.11	386.40	14930.45	420.18	16235.61	—
2015 年	992.59	9.02	37986.59	68.28	2613.21	927.27	35486.91	437.41	16739.86	504.18	19295.03	—
2014 年排位	16	10	8	16	10	16	11	15	6	17	13	17
2015 年排位	16	5	8	16	8	16	10	15	6	16	13	11
升降	0	5	0	0	2	0	1	0	0	1	0	6
优势度	劣势	优势	中势	劣势	中势	劣势	中势	劣势	优势	劣势	劣势	中势

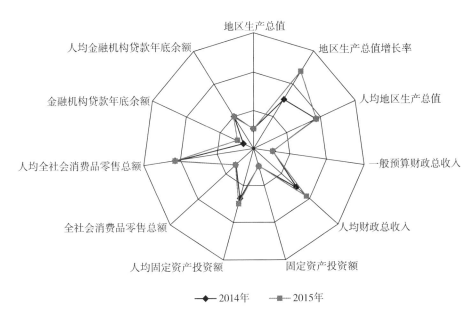

图 19 - 2 - 1 漯河市 2014 ~ 2015 年经济规模竞争力二级指标排位

劣势指标。

（3）从雷达图图形变化看，2015 年与 2014 年相比，面积略有增加，漯河市经济规模竞争力呈现上升趋势。

（4）从排位的动因看，在地区生产总值增长率、人均财政总收入、人均固定资产投资额、金融机构贷款年底余额指标排位上升的作用下，2015 漯河市经济规模竞争力综合排位上升 6 位，位居河南省第 11 位。

19.2.2 经济结构竞争力评价分析

2014 ~ 2015 年，漯河市经济结构竞争力指标在河南省的排位变化情况，如表 19 - 2 - 2 和图 19 - 2 - 2 所示。

表19-2-2 漯河市2014~2015年经济结构竞争力及其二级指标

指标	产业结构(%)	所有制结构(%)	人均收入结构(%)	支出结构(%)	国际贸易结构(%)	单位GDP能耗增减率(%)	经济结构竞争力
2014年	88.41	81.19	46.79	48.62	67.25	-2.86	—
2015年	89.28	82.69	48.39	47.17	67.74	-5.60	—
2014年排位	10	3	6	6	13	17	5
2015年排位	9	3	6	6	13	12	4
升降	1	0	0	0	0	5	1
优势度	中势	优势	优势	优势	劣势	中势	优势

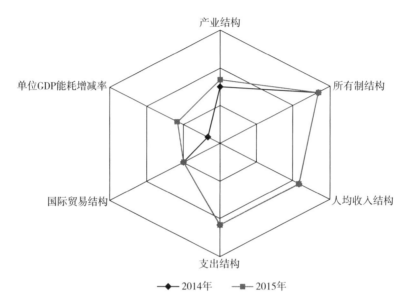

图19-2-2 漯河市2014~2015年经济结构竞争力二级指标排位

（1）2015年漯河市经济结构竞争力综合排位处于第4位，表明其在河南省处于优势地位，与2014年相比排位上升1位。

（2）从指标所处区位来看，2015年处于上游区的指标有4个，分别为产业结构、所有制结构、人均收入结构、支出结构，除产业结构是中势指标，其他3个指标均为漯河市经济结构竞争力的优势指标；处于下游区的指标有2个，分别为国际贸易结构、单位GDP能耗增减率，其中国际贸易结构为漯河市经济结构竞争力的劣势指标。

（3）从雷达图图形变化看，2015年与2014年相比，面积略有增大，漯河市经济结构竞争力呈现上升趋势。

（4）从排位变化动因看，在产业结构和单位GDP能耗增减率指标排位上升的综合作用下，2015漯河经济结构竞争力综合排位上升1位，居河南省第4位。

19.2.3 经济外向度竞争力评价分析

2014~2015年，漯河市经济外向度竞争力指标在河南省的排位变化情况，如表19-2-3和图19-2-3所示。

表 19 – 2 – 3　漯河市 2014～2015 年经济外向度竞争力及其二级指标

指标	进出口总额（亿美元）	货物和服务净流出（亿元）	出口拉动指数（％）	实际 FDI（万美元）	利用省外资金（亿元）	省外资金/固定资产投资（％）	经济外向度竞争力
2014 年	7.76	16.44	1.75	78897.00	192.20	24.19	—
2015 年	7.41	16.38	1.65	85574.00	207.90	22.42	—
2014 年排位	10	12	11	5	16	10	8
2015 年排位	11	12	9	5	16	10	7
升降	–1	0	2	0	0	0	1
优势度	中势	中势	中势	优势	劣势	中势	中势

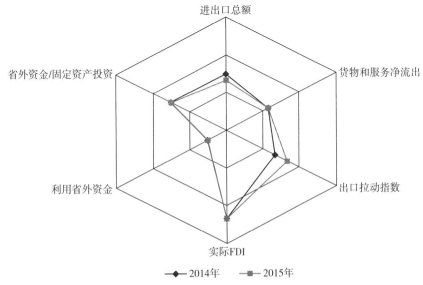

图 19 – 2 – 3　漯河市 2014～2015 年经济外向度竞争力二级指标排位

（1）2015 年漯河市经济外向度竞争力综合排位处于第 7 位，表明其在河南省处于中势地位，与 2014 年相比排位上升 1 位。

（2）从指标所处区位来看，2015 年处于上游区的指标有 2 个，分别为出口拉动指数和实际 FDI，其中实际 FDI 为漯河市经济外向度竞争力的优势指标；其余指标处于下游区，其中利用省外资金是漯河市经济外向度竞争力的劣势指标。

（3）从雷达图图形变化看，2015 年与 2014 年相比，面积略有增大，漯河市经济外向度竞争力呈现上升趋势。

（4）从排位动因看，在出口拉动指数指标排位上升和进出口总额指标排位下降的综合作用下，2015 年漯河市经济外向度竞争力综合排位上升 1 位，居河南省第 7 位。

19.2.4　宏观经济竞争力综合分析

2014～2015 年，漯河市宏观经济竞争力指标在河南省的排位变化和指标结构，如表 19 – 2 – 4 所示。

表 19 - 2 - 4　漯河市 2014～2015 年宏观经济竞争力指标

指标	经济规模竞争力	经济结构竞争力	经济外向度竞争力	宏观经济竞争力
2014 年排位	17	5	8	11
2015 年排位	11	4	7	7
升降	6	1	1	4
优势度	中势	优势	中势	中势

（1）2015 年漯河市宏观经济竞争力综合排位处于第 7 位，表明其在河南省处于中势地位，与 2014 年相比排位上升 4 位。

（2）从指标所处区位来看，2015 年经济结构竞争力和经济外向度竞争力处于上游区，其中经济结构竞争力为漯河市宏观经济竞争力的优势指标；经济规模竞争力处于下游区，且为漯河市宏观经济竞争力的中势指标。

（3）从指标变化趋势看，经济规模竞争力上升 6 位，经济结构竞争力上升 1 位，经济外向度竞争力上升 1 位。

（4）从排位综合分析看，在经济规模竞争力、经济结构竞争力和经济外向度竞争力指标排位上升的作用下，2015 年漯河市宏观经济竞争力综合排位上升 4 位，居河南省第 7 位。

19.3　漯河市产业发展评价分析

19.3.1 农业竞争力评价分析

2014～2015 年，漯河市农业竞争力指标在河南省的排位变化情况，如表 19 - 3 - 1 和图 19 - 3 - 1 所示。

表 19 - 3 - 1　漯河市 2014～2015 年农业竞争力及其二级指标

指标	农业增加值（亿元）	人均农业增加值（元）	农民人均纯收入（元）	人均主要粮食产量（吨）	农业劳动生产率[元/(人·年)]	农村人均用电量（kW·h）	支农资金比重（%）	农业竞争力
2014 年	110.71	4277.79	10893.00	0.68	7733.80	387.47	11.23	—
2015 年	108.25	4142.66	11979.82	0.70	7577.32	373.73	10.08	—
2014 年排位	16	10	6	9	11	12	16	15
2015 年排位	16	9	6	9	14	13	15	15
升降	0	1	0	0	-3	-1	1	0
优势度	劣势	中势	优势	中势	劣势	劣势	劣势	劣势

（1）2015 年漯河市农业竞争力综合排位处于第 15 位，表明其在河南省处于劣势地位，与 2014 年相比排位保持不变。

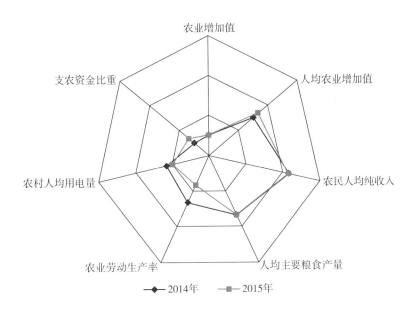

图 19 - 3 - 1　漯河市 2014 ~ 2015 年农业竞争力二级指标排位

（2）从指标所处区位来看，2015 年处于上游区的指标有 3 个，分别为人均农业增加值、农民人均纯收入和人均主要粮食产量，其中农民人均纯收入是漯河市农业竞争力的优势指标；处于下游区的指标有 4 个，分别为农业增加值、农业劳动生产率、农村人均用电量、支农资金比重，其中农业增加值、农业劳动生产率、农村人均用电量和支农资金比重为漯河市农业竞争力的劣势指标。

（3）从雷达图图形变化看，2015 年与 2014 年相比，面积基本不变，漯河市农业竞争力呈现稳定趋势。

（4）从排位变化动因看，在人均农业增加值、支农资金比重指标排位上升和农业劳动生产率、农村人均用电量指标排位下降的综合作用下，2015 年漯河市农业竞争力综合排位不变，居河南省第 15 位。

19.3.2　工业竞争力评价分析

2014 ~ 2015 年，漯河市工业竞争力指标在河南省的排位变化情况，如表 19 - 3 - 2 和图 19 - 3 - 2 所示。

（1）2015 年漯河市工业竞争力综合排位处于第 7 位，表明其在河南省处于中势地位，与 2014 年相比排位上升 1 位。

（2）从指标所处区位来看，2015 年处于上游区的指标有 5 个，分别为人均工业增加值、规模以上工业资产总贡献率、规模以上工业全员劳动生产率、工业增加值增长率、规模以上工业成本费用利润率，其中工业增加值增长率、规模以上工业资产总贡献率和规模以上工业成本费用利润率指标是漯河市工业竞争力中的优势指标；处于下游区的指标有 3 个，分别为工业增加值、规模以上工业资产总额和规模以上工业产品销售率，其中工业增加值、规模以上工业资产总额指标是漯河市工业竞争力的劣势指标。

表 19 – 3 – 2　漯河市 2014～2015 年工业竞争力及其二级指标

指标	工业增加值（亿元）	工业增加值增长率（%）	人均工业增加值（元）	规模以上工业资产总额（亿元）	规模以上工业资产总贡献率（%）	规模以上工业全员劳动生产率 [元/(人·年)]	规模以上工业成本费用利润率（%）	规模以上工业产品销售率（%）	工业竞争力
2014 年	560.29	10.47	21649.58	1431.75	25.17	238530.93	12.04	98.54	—
2015 年	583.97	9.25	22348.58	1535.95	25.40	251033.61	11.91	98.18	—
2014 年排位	16	7	7	15	1	9	2	6	8
2015 年排位	16	3	7	15	1	7	2	10	7
升降	0	4	0	0	0	2	0	– 4	1
优势度	劣势	优势	中势	劣势	优势	中势	优势	中势	中势

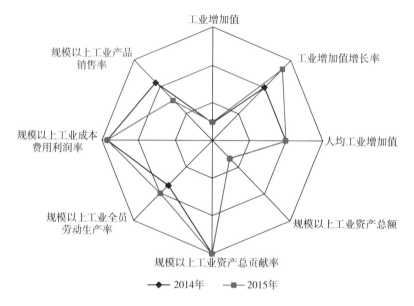

图 19 – 3 – 2　漯河市 2014～2015 年工业竞争力二级指标排位

（3）从雷达图图形变化看，2015 年与 2014 年相比，面积略有增大，漯河市工业竞争力呈现上升趋势。

（4）从排位变化的动因看，在工业增加值增长率、规模以上工业全员劳动生产率指标排位上升和规模以上工业产品销售率指标排位下降的综合作用下，2015 年漯河市工业竞争力综合排位上升 1 位，居河南省第 7 位。

19.3.3　工业化进程竞争力评价分析

2014～2015 年，漯河市工业化进程竞争力指标在河南省的排位变化情况，如表 19 – 3 – 3 和图 19 – 3 – 3 所示。

（1）2015 年漯河市工业化进程竞争力综合排位处于第 2 位，表明其在河南省处于优势地位，与 2014 年相比排位保持不变。

（2）从指标所处区位来看，2015 年处于上游区的指标有 5 个，分别为第二产业增加

表 19 - 3 - 3　漯河市 2014～2015 年工业化进程竞争力及其二级指标

指标	第二产业增加值占 GDP 比重（%）	第二产业增加值增长率（%）	第二产业从业人员占总就业人员比重（%）	第二产业从业人员增长率（%）	第二产业固定资产投资占比（%）	工业化进程竞争力
2014 年	63.71	10.51	32.97	-5.36	70.73	—
2015 年	62.94	9.17	32.69	2.10	68.00	—
2014 年排位	3	7	7	14	1	2
2015 年排位	3	4	8	7	2	2
升降	0	3	-1	7	-1	0
优势度	优势	优势	中势	中势	优势	优势

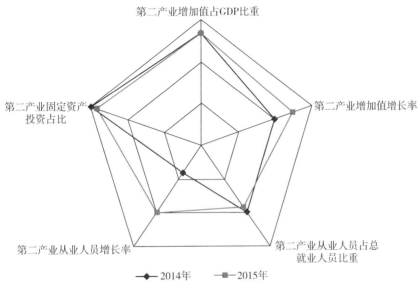

图 19 - 3 - 3　漯河市 2014～2015 年工业化进程竞争力二级指标排位

值占 GDP 比重、第二产业增加值增长率、第二产业从业人员占总就业人员比重、第二产业从业人员增长率、第二产业固定资产投资占比，其中第二产业增加值占 GDP 比重、第二产业增加值增长率和第二产业固定资产投资占比指标为漯河市工业化进程竞争力中的优势指标，其余指标均为漯河市工业化进程竞争力中的中势指标。

（3）从雷达图图形变化看，2015 年与 2014 年相比，面积有所扩大，漯河市工业化进程竞争力呈现稳定趋势。

（4）从排位变化的动因看，在第二产业增加值增长率、第二产业从业人员增长率指标排位上升和第二产业从业人员占总就业人员比重、第二产业固定资产投资占比指标排位下降的综合作用下，2015 年漯河市工业化进程竞争力综合排位不变，居河南省第 2 位。

19.3.4　服务业竞争力评价分析

2014～2015 年，漯河市服务业竞争力指标在河南省的排位变化情况，如表 19 - 3 - 4 和图 19 - 3 - 4 所示。

表19－3－4　漯河市2014～2015年服务业竞争力及其二级指标

指标	服务业增加值（亿元）	服务业增加值增长率（%）	人均服务业增加值（元）	服务业从业人员数（万人）	服务业从业人员数增长率（%）	交通运输仓储邮电业增加值（亿元）	金融业增加值（亿元）	房地产业增加值（亿元）	批发和零售业增加值（亿元）	住宿和餐饮业增加值（亿元）	服务业竞争力
2014年	232.48	6.78	8982.82	38.12	2.32	40.52	8.78	26.54	46.91	29.25	—
2015年	261.43	11.15	10005.15	41.37	8.52	44.10	11.31	25.76	50.25	25.42	—
2014年排位	16	17	15	16	12	15	18	15	16	15	18
2015年排位	16	11	15	16	6	15	18	15	16	15	17
升降	0	6	0	0	6	0	0	0	0	0	1
优势度	劣势	中势	劣势	劣势	优势	劣势	劣势	劣势	劣势	劣势	劣势

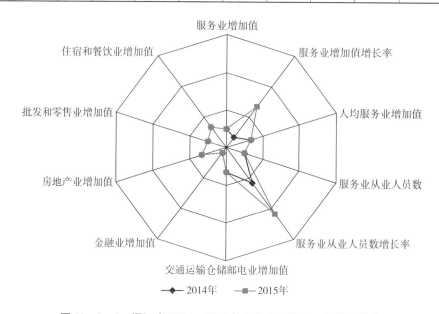

图19－3－4　漯河市2014～2015年服务业竞争力二级指标排位

（1）2015年漯河市服务业竞争力综合排位处于第17位，表明其在河南省处于劣势地位，与2014年相比排位上升1位。

（2）从指标所处区位来看，2015年处于上游区的指标有1个，为服务业从业人员数增长率，且服务业从业人员数增长率指标为漯河市服务业竞争力中的优势指标；处于下游区的指标有9个，分别为服务业增加值、服务业增加值增长率、人均服务业增加值、服务业从业人员数、交通运输仓储邮电业增加值、金融业增加值、房地产业增加值、批发和零售业增加值及住宿和餐饮业增加值，其中服务业增加值、人均服务业增加值、服务业从业人员数、交通运输仓储邮电业增加值、金融业增加值、房地产业增加值、批发和零售业增加值及住宿和餐饮业增加值指标是漯河市服务业竞争力中的劣势指标。

（3）从雷达图图形变化看，2015年与2014年相比，面积略微增大，漯河市服务业竞争力呈现上升趋势。

（4）从排位变化的动因看，在服务业增加值增长率和服务业从业人员数增长率指标排位上升和其他指标排位不变的综合作用下，2015 年漯河市服务业竞争力综合排位上升 1 位，居河南省第 17 位。

19.3.5　企业竞争力评价分析

2014～2015 年，漯河市企业竞争力指标在河南省的排位变化情况，如表 19 – 3 – 5 和图 19 – 3 – 5 所示。

表 19 – 3 – 5　漯河市 2014～2015 年企业竞争力及其二级指标

指标	规模以上工业企业数（个）	规模以上工业企业平均资产（亿元）	规模以上工业企业主营业务收入平均值（亿元）	流动资产年平均余额（亿元）	规模以上工业企业资产负债率（%）	规模以上工业企业成本费用利润率（%）	规模以上工业企业平均利润（亿元）	全员劳动生产率[元/（人·年）]	企业竞争力
2014 年	665.00	2.15	3.94	621.14	32.00	12.04	0.42	238530.93	—
2015 年	700.00	2.19	4.14	662.75	32.10	11.91	0.44	251033.61	—
2014 年排位	15	10	5	14	16	2	1	9	9
2015 年排位	15	10	5	14	15	2	1	7	8
升降	0	0	0	0	1	0	0	2	1
优势度	劣势	中势	优势	劣势	劣势	优势	优势	中势	中势

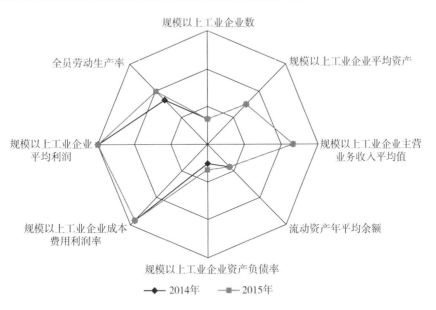

图 19 – 3 – 5　漯河市 2014～2015 年企业竞争力二级指标排位

（1）2015 年漯河市企业竞争力综合排位处于第 8 位，表明其在河南省处于中势地位，与 2014 年相比排位上升 1 位。

（2）从指标所处区位来看，2015 年处于上游区的指标有 4 个，分别为规模以上工业企业主营业务收入平均值、规模以上工业企业成本费用利润率、规模以上工业企业平均利润和全员劳动生产率，其中规模以上工业企业成本费用利润率、规模以上工业企业主营业务收入平均值和规模以上工业企业平均利润指标为漯河市企业竞争力中的优势指标；处于下游区的指标有4个，分别为规模以上工业企业数、规模以上工业企业平均资产、流动资产年平均余额、规模以上工业企业资产负债率，其中规模以上工业企业数、流动资产年平均余额、规模以上工业企业资产负债率指标为漯河市企业竞争力中的劣势指标。

（3）从雷达图图形变化看，2015年与2014年相比，面积略微增大，漯河市企业竞争力呈现上升趋势。

（4）从排位变化的动因看，在规模以上工业企业资产负债率和全员劳动生产率指标排位上升和其他指标排位不变的综合作用下，2015年漯河市企业竞争力综合排位上升1位，居河南省第8位。

19.4 漯河市城镇化发展评价分析

19.4.1 城镇化进程竞争力评价分析

2014~2015年，漯河市城镇化进程竞争力指标在河南省的排位变化情况，如表19-4-1和图19-4-1所示。

表19-4-1 漯河市2014~2015年城镇化进程竞争力及其二级指标

指标	城镇化率（%）	城镇居民人均可支配收入（元）	城市建成区面积（平方公里）	市区人口密度（人/平方公里）	人均拥有道路面积（平方米）	人均日生活用水量（升）	燃气普及率（%）	人均城市园林绿地面积（平方米）	城镇化进程竞争力
2014年	45.70	23281.00	61	5224.00	14.52	143.97	78.05	14.78	—
2015年	47.54	24754.63	66	5283.00	15.01	144.30	77.71	14.62	—
2014年排位	9	11	15	9	7	4	14	3	10
2015年排位	10	11	13	9	7	2	14	3	11
升降	−1	0	2	0	0	2	0	0	−1
优势度	中势	中势	劣势	中势	中势	优势	劣势	优势	中势

（1）2015年漯河市城镇化进程竞争力综合排位处于第11位，表明其在河南省处于中势地位，与2014年相比排位下降1位。

（2）从指标所处区位来看，2015年处于上游区的指标有4个，分别为市区人口密度、人均拥有道路面积、人均日生活用水量、人均城市园林绿地面积，其中人均日生活用水量、人均城市园林绿地面积指标为漯河市城镇化进程竞争力中的优势指标；处于下游区的指标有4个，分别为城镇化率、城镇居民人均可支配收入、城市建成区面积、燃气普及率，其中城市建成区面积、燃气普及率指标为漯河市城镇化进程竞争力中的劣势指标。

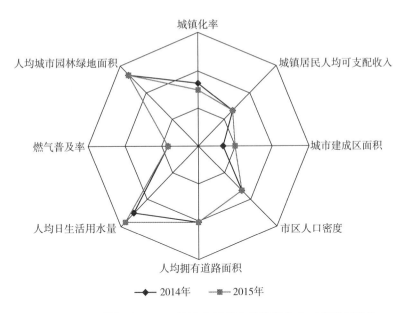

图 19 - 4 - 1　漯河市 2014 ~ 2015 年城镇化进程竞争力二级指标排位

（3）从雷达图图形变化看，2015 年与 2014 年相比，面积基本不变，漯河市城镇化进程竞争力呈现下降趋势。

（4）从排位变化的动因看，在城市建成区面积、人均日生活用水量指标排位上升和城镇化率指标排位下降的综合作用下，2015 年漯河市城镇化进程竞争力综合排位下降 1位，居河南省第 11 位。

19.4.2　城镇社会保障竞争力评价分析

2014 ~ 2015 年，漯河市城镇社会保障竞争力指标在河南省的排位变化情况，如表 19 - 4 - 2和图 19 - 4 - 2 所示。

表 19 - 4 - 2　漯河市 2014 ~ 2015 年城镇社会保障竞争力及其二级指标

指标	城市城镇社区服务设施数（个/万人）	医疗保险覆盖率（%）	养老保险覆盖率（%）	失业保险覆盖率（%）	工伤保险覆盖率（%）	城镇登记失业率（%）	城镇社会保障竞争力
2014 年	83	64.69	26.38	14.76	17.81	1.92	—
2015 年	167	59.85	25.96	14.06	17.94	1.96	—
2014 年排位	14	1	9	15	7	2	8
2015 年排位	15	2	9	14	7	3	8
升降	-1	-1	0	1	0	-1	0
优势度	劣势	优势	中势	劣势	中势	优势	中势

（1）2015 年漯河市城镇社会保障竞争力综合排位处于第 8 位，表明其在河南省处于中势地位，与 2014 年相比排位不变。

（2）从指标所处区位来看，2015 年处于上游区的指标有 4 个，分别为医疗保险覆盖

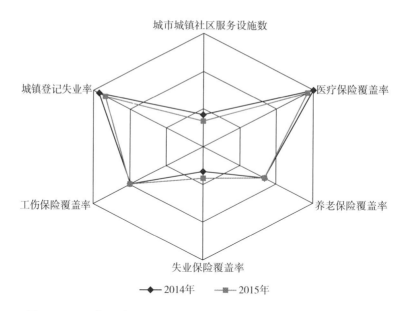

图 19 - 4 - 2　漯河市 2014～2015 年城镇社会保障竞争力二级指标排位

率、养老保险覆盖率、工伤保险覆盖率、城镇登记失业率，其中医疗保险覆盖率、城镇登记失业率指标为漯河市城镇社会保障竞争力中的优势指标；处于下游区的指标有 2 个，分别为城市城镇社区服务设施数、失业保险覆盖率，且均为漯河市城镇社会保障竞争力中的劣势指标。

（3）从雷达图图形变化看，2015 年与 2014 相比，面积基本不变，漯河市城镇社会保障竞争力呈现稳定趋势。

（4）从排位变化的动因看，在失业保险覆盖率指标排位上升和城市城镇社区服务设施数、医疗保险覆盖率、城镇登记失业率指标排位下降的综合作用下，2015 年漯河市城镇社会保障竞争力综合排位不变，居河南省第 8 位。

19.5　漯河市社会发展评价分析

19.5.1　教育竞争力评价分析

2014～2015 年，漯河市教育竞争力指标在河南省的排位变化情况，如表 19 - 5 - 1 和图 19 - 5 - 1 所示。

（1）2015 年漯河市教育竞争力综合排位处于第 18 位，表明其在河南省处于劣势地位，与 2014 年相比排位不变。

（2）从指标所处区位来看，2015 年处于上游区的指标有 3 个，分别为人均教育固定资产投资、万人高等学校数、万人高校专任教师数，其中人均教育固定资产投资、万人高校专任教师数为漯河市教育竞争力中的优势指标；处于下游区的指标有 5 个，分别为教育经费占 GDP 比重、人均教育经费、万人中小学学校数、万人中小学专任教师数、万人高

表 19 – 5 – 1　漯河市 2014 ~ 2015 年教育竞争力及其二级指标

指标	教育经费占GDP 比重（％）	人均教育经费（元）	人均教育固定资产投资（元）	万人中小学学校数（所）	万人中小学专任教师数（人）	万人高等学校数（所）	万人高校专任教师数（人）	万人高等学校在校学生数（人）	教育竞争力
2014 年	3.59	1304.63	269.33	2.34	79.50	0.01	17.62	99.10	—
2015 年	3.39	1283.26	578.53	2.32	79.46	0.01	18.47	101.10	—
2014 年排位	11	14	14	14	16	7	4	10	18
2015 年排位	12	18	6	14	17	7	4	10	18
升降	– 1	– 4	8	0	– 1	0	0	0	0
优势度	中势	劣势	优势	劣势	劣势	中势	优势	中势	劣势

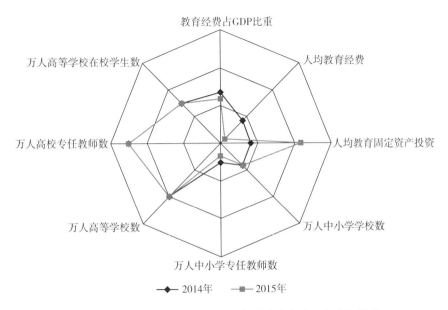

图 19 – 5 – 1　漯河市 2014 ~ 2015 年教育竞争力二级指标排位

等学校在校学生数，其中人均教育经费、万人中小学学校数、万人中小学专任教师数指标为漯河市教育竞争力中的劣势指标。

（3）从雷达图图形变化看，2015 年与 2014 年相比，面积基本不变，漯河市教育竞争力呈现稳定趋势。

（4）从排位变化的动因看，在人均教育固定资产投资指标排位上升和教育经费占GDP 比重、人均教育经费、万人中小学专任教师数指标排位下降的综合作用下，2015 年漯河市教育竞争力综合排位不变，居河南省第 18 位。

19.5.2　科技竞争力评价分析

2014 ~ 2015 年，漯河市科技竞争力指标在河南省的排位变化情况，如表 19 – 5 – 2 和图 19 – 5 – 2 所示。

表 19 - 5 - 2　漷河市 2014～2015 年科技竞争力及其二级指标

指标	科学研究和技术服务业增加值（亿元）	万人科技活动人员（人）	R&D 经费占GDP 比重（%）	人均 R&D经费支出（元）	万人技术市场成交额（万元）	科技竞争力
2014 年	4.83	20.09	0.65	237.70	0.68	—
2015 年	5.95	21.93	0.78	296.52	0.00	—
2014 年排位	15	13	12	13	13	14
2015 年排位	15	13	12	12	15	14
升降	0	0	0	1	-2	0
优势度	劣势	劣势	中势	中势	劣势	劣势

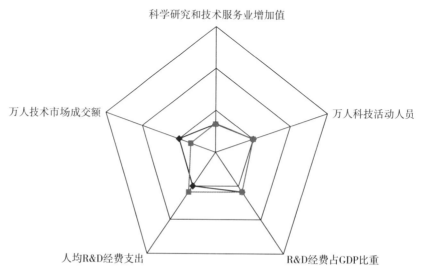

图 19 - 5 - 2　漷河市 2014～2015 年科技竞争力二级指标排位

（1）2015 年漷河市科技竞争力综合排位处于第 14 位，表明其在河南省处于劣势地位，与 2014 年相比排位保持不变。

（2）从指标所处区位来看，2015 年各指标均处于下游区，分别为科学研究和技术服务业增加值、万人科技活动人员、R&D 经费占 GDP 比重、人均 R&D 经费支出、万人技术市场成交额，其中科学研究和技术服务业增加值、万人科技活动人员、万人技术市场成交额为漷河市科技竞争力中的劣势指标。

（3）从雷达图图形变化看，2015 年与 2014 年相比，面积基本不变，科技竞争力呈现稳定趋势。

（4）从排位变化的动因看，在人均 R&D 经费支出指标排位上升和万人技术市场成交额指标排位下降的综合作用下，2015 年漷河市科技竞争力综合排位不变，居河南省第 14 位。

19.5.3　文化竞争力评价分析

2014～2015 年，漷河市文化竞争力指标在河南省的排位变化情况，如表 19 - 5 - 3 和图 19 - 5 - 3 所示。

表 19 – 5 – 3　漯河市 2014 ~ 2015 年文化竞争力及其二级指标

指标	全市接待旅游总人次（万人次）	全市旅游总收入（亿元）	城镇居民人均文化娱乐支出（元）	农村居民人均文化娱乐支出（元）	城镇居民文化娱乐支出占消费性支出比重(%)	农村居民文化娱乐支出占消费性支出比重(%)	文化竞争力
2014 年	758.20	46.63	1972.00	372.60	11.43	6.28	—
2015 年	876.35	53.94	2159.00	497.57	11.59	7.66	—
2014 年排位	18	17	10	12	13	12	15
2015 年排位	17	17	4	15	6	15	12
升降	1	0	6	–3	7	–3	3
优势度	劣势	劣势	优势	劣势	优势	劣势	中势

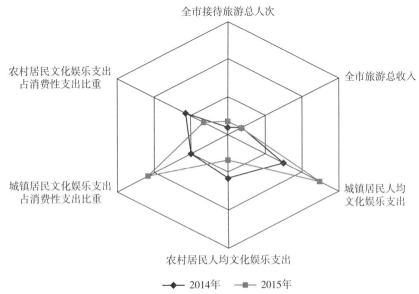

图 19 – 5 – 3　漯河市 2014 ~ 2015 年文化竞争力二级指标排位

（1）2015 年漯河市文化竞争力综合排位处于第 12 位，表明其在河南省处于中势地位，与 2014 年相比上升 3 位。

（2）从指标所处区位看，2015 年处于上游区的指标有 2 个，分别为城镇居民人均文化娱乐支出和城镇居民文化娱乐支出占消费性支出比重，两者均为漯河市文化竞争力中的优势指标；处于下游区的指标有 4 个，分别为全市接待旅游总人次、全市旅游总收入、农村居民人均文化娱乐支出和农村居民文化娱乐支出占消费性支出比重，且均为漯河市文化竞争力中的劣势指标。

（3）从雷达图图形变化看，2015 年与 2014 年相比，面积略微增大，漯河市文化竞争力呈现上升趋势。

（4）从排位变化的动因看，在全市接待旅游总人次、城镇居民人均文化娱乐支出、城镇居民文化娱乐支出占消费性支出比重指标排位上升和农村居民人均文化娱乐支出、农村居民文化娱乐支出占消费性支出比重指标排位下降的综合作用下，2015 年漯河市文化竞争力综合排位上升 3 位，居河南省第 12 位。

19.6 漯河市县域经济发展评价分析

19.6.1 县域经济竞争力评价分析

2014～2015 年，漯河市县域经济竞争力指标在河南省的排位变化情况，如表 19 - 6 - 1 和图 19 - 6 - 1 所示。

表 19 - 6 - 1 漯河市 2014～2015 年县域经济竞争力及其二级指标

指标	地区生产总值（亿元）	人均地区生产总值（元）	一般预算财政总收入（亿元）	人均财政总收入（元）	固定资产投资额（亿元）	人均固定资产投资额（元）	全社会消费品零售总额（亿元）	人均全社会消费品零售总额（元）	金融机构贷款年底余额（亿元）	人均金融机构贷款年底余额（元）	县域经济竞争力
2014 年	379.73	29764.22	14.91	1168.62	318.94	24998.93	148.20	11616.24	81.62	6397.63	—
2015 年	398.58	31027.88	18.41	1433.43	375.03	29194.54	166.08	12928.54	98.87	7696.93	—
2014 年排位	16	11	16	11	16	12	16	7	17	17	17
2015 年排位	16	11	16	10	16	12	16	7	17	16	17
升降	0	0	0	1	0	0	0	0	0	1	0
优势度	劣势	中势	劣势	中势	劣势	中势	劣势	中势	劣势	劣势	劣势

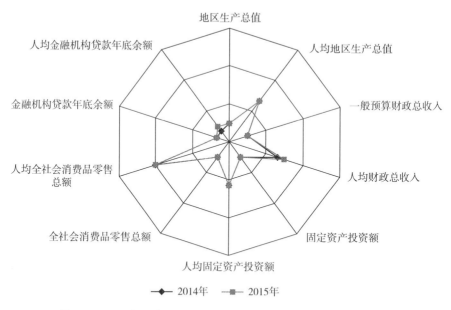

图 19 - 6 - 1 漯河市 2014～2015 年县域经济竞争力二级指标排位

（1）2015 年漯河市县域经济竞争力综合排位处于第 17 位，表明其在河南省处于劣势地位，与 2014 年相比排位不变。

（2）从指标所处区位来看，2015 年处于上游区的指标有 1 个，为人均全社会消费品零售总额，且为漯河市县域经济竞争力中的中势指标；处于下游区的指标有 9 个，分别为地区生产总值、人均地区生产总值、一般预算财政总收入、人均财政总收入、固定资产投资额、人均固定资产投资额、全社会消费品零售总额、金融机构贷款年底余额、人均金融机构贷款年底余额，其中地区生产总值、一般预算财政总收入、固定资产投资额、全社会消费品零售总额、金融机构贷款年底余额、人均金融机构贷款年底余额指标为漯河市县域经济竞争力中的劣势指标。

（3）从雷达图图形变化看，2015 年与 2014 年相比，面积基本不变，漯河市县域经济竞争力呈现稳定趋势。

（4）从排位变化的动因看，在人均财政总收入、人均金融机构贷款年底余额指标排位上升和其他指标排位不变的综合作用下，2015 年漯河市县域经济竞争力综合排位不变，居河南省第 17 位。

19.6.2　漯河市县域经济发展特色分析

（一）舞阳县

2015 年，舞阳县完成地区生产总值 158.25 亿元，同比增长 10.1%；人均地区生产总值 28570.95 元；一般预算财政总收入 8.00 亿元；一般预算财政总支出 24.79 亿元；全社会固定资产投资额 180.11 亿元；全社会消费品零售总额 77.55 亿元；金融机构贷款年底余额 33.52 亿元；城镇化率 40.56%；农民人均纯收入 7916 元，城镇居民人均可支配收入 18863 元。

2015 年，舞阳县第一产业完成增加值 25.10 亿元，同比增长 3.8%；第二产业完成增加值 87.09 亿元，同比增长 11.0%；第三产业完成增加值 46.06 亿元，同比增长 11.3%；三次产业占比为 15.86∶55.03∶29.11。盐及化工产业实现主营业务收入 163 亿元，增长 25.8%；服装服饰产业实现主营业务收入 42 亿元，增长 18.6%，被河南省发改委确定为舞阳县第二大主导产业。华鑫漯阜物流、飞亚手袋、君来菌往 3 家企业的新三板上市工作顺利推进。建成规模化生态养殖场 48 家，探索走出了资源循环利用、农牧融合发展的新路子，河南省生态畜牧业发展现场会在舞阳县召开。玉川村镇银行挂牌运营。贾湖遗址保护展示工程和环境整治工程加快推进，贾湖旅游文化园、农民画创意园、贾湖酒文化园入选全市十大文化产业园区。舞阳县实现第三产业增加值 46.06 亿元，增长 11.3%，占生产总值的比重提高 11 个百分点。

（二）临颍县

2015 年，临颍县完成地区生产总值 240.33 亿元，同比增长 8.2%；人均地区生产总值 33089.58 元；一般预算财政总收入 10.42 亿元；一般预算财政总支出 31.36 亿元；全社会固定资产投资额 194.92 亿元；社会消费品零售总额 88.53 亿元；金融机构贷款年底余额 65.36 亿元；城镇化率 42.89%；城镇居民人均可支配收入 21381 元，农民人均纯收入 12599 元。

2015 年，临颍县第一产业完成增加值 31.31 亿元，同比增长 3.7%；第二产业完成增加值 161.62 亿元，同比增长 8.4%；第三产业完成增加值 47.40 亿元，同比增长 11.1%；三次产业占比为 13.03∶67.25∶19.72。临颍县强力实施"根植闽东南、深耕珠三角、决战长三角"招商大会战，成功签约建泰科技产业园、上好佳食品工业园等超亿元项目 62 个，计划总投资 438 亿元。连续 6 年获河南省对外开放先进县。格凌生物、樱花包装、开口笑食品 3 家企业分别在上海股交中心、中原股权交易中心挂牌。产业集聚区实施道路和配套服务项目 31 个，西、东、南三大综合服务中心全部建成，电子交易、质检研发、人力资源培训三大平台加快完善，基础支撑力、发展影响力全面提升，晋升为省级经济技术开发区，2015 年产业集聚区工业增加值、从业人员等发展指标全部达到河南省二星级产业集聚区标准，漯河市产业集聚区观摩评比再获第一。坚持发展任务项目化、具体化、台账化，2015 年实施工业、城建、农业、社会事业等各类项目 219 个，总投资 237 亿元，完成 126 亿元，顺利实现"双百"目标。创新成立河南省首家"土地银行"，已"存贷"土地 25 万亩，为新型农业经营主体融资 4300 万元。

第 20 章
三门峡市 2015 年发展报告

20.1　三门峡市发展概述

2015 年，三门峡市完成地区生产总值 1251.04 亿元；人均地区生产总值 55681.38 元；一般预算财政总收入 93.94 亿元；一般预算财政总支出 172.83 亿元；固定资产投资额 1548.97 亿元；全社会消费品零售总额 396.86 亿元；金融机构贷款年底余额 671.76 亿元；进出口总额约 4.37 亿美元；城镇化率 51.61%；城镇居民人均可支配收入 23824.6 元；农民人均纯收入 11084.20 元。

2015 年，三门峡市第一产业完成增加值 118.47 亿元，增长 5.0%；第二产业完成增加值 727.90 亿元，增长 1.0%；第三产业完成增加值 404.67 亿元，增长 10.0%；三次产业结构之比为 9.4∶60.1∶30.5。2015 年高新技术产业完成增加值 104 亿元，占规模以上工业增加值的 17.2%。三门峡市 23 个省重点项目完成投资 201 亿元，245 个市重点项目完成投资 858 亿元，其中亿元以上工业转型升级项目 54 个，完成投资 295 亿元。2015 年接待国内外游客 2898.54 万人次，增长 14.2%，旅游总收入 203.86 亿元，增长 15.7%。"三品一标"农产品数量 133 个，"灵宝苹果"品牌价值 171 亿元，跻身全国初级农产品类地理标志产品十强。

20.2　三门峡市宏观经济竞争力评价分析

20.2.1　经济规模竞争力评价分析

2014~2015 年，三门峡市经济规模竞争力指标在河南省的排位变化情况，如表 20-2-1 和图 20-2-1 所示。

（1）2015 年三门峡市经济规模竞争力的综合排位处于第 10 位，在河南省处于中势地位，与 2014 年相比排位下降 3 位。

（2）从指标所处区位来看，2015 年处于上游区的指标有 5 个，分别为人均地区生产总值、人均财政总收入、人均固定资产投资额、人均全社会消费品零售总额、人均金融机构贷款年底余额，且均为三门峡市经济竞争力的优势指标；其余指标处于下游区，其中地区生产总值、地区生产总值增长率、一般预算财政总收入、全社会消费品零售总额、金融机构贷款年底余额指标为三门峡市经济规模竞争力的劣势指标。

表 20 - 2 - 1　三门峡市 2014～2015 年经济规模竞争力及其二级指标

指标	地区生产总值（亿元）	地区生产总值增长率（%）	人均地区生产总值（元）	一般预算财政总收入（亿元）	人均财政总收入（元）	固定资产投资额（亿元）	人均固定资产投资额（元）	全社会消费品零售总额（亿元）	人均全社会消费品零售总额（元）	金融机构贷款年底余额（亿元）	人均金融机构贷款年底余额(元)	经济规模竞争力
2014 年	1240.06	9.0	55259.9	92.45	4119.73	1339.11	59673.8	355.76	15853.36	587.04	26159.84	—
2015 年	1251.04	3.33	55681.38	93.94	4181.14	1548.97	68942.78	396.86	17663.76	671.76	29899.38	—
2014 年排位	15	11	3	11	3	12	1	16	5	14	6	7
2015 年排位	15	18	3	13	4	12	1	16	5	14	6	10
升降	0	-7	0	-2	-1	0	0	0	0	0	0	-3
优势度	劣势	劣势	优势	劣势	优势	中势	优势	劣势	优势	劣势	优势	中势

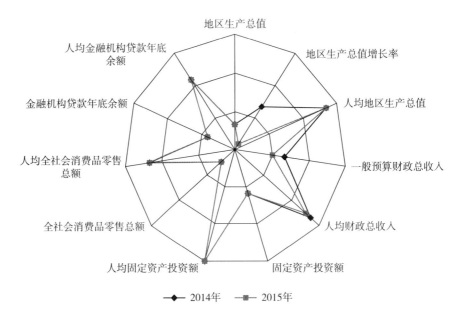

图 20 - 2 - 1　三门峡市 2014～2015 年经济规模竞争力二级指标排位

（3）从雷达图图形变化看，2015 年与 2014 年相比，面积明显缩小，经济规模竞争力呈现下降趋势。

（4）从排位变化的动因来看，在地区生产总值增长率、一般预算财政总收入、人均财政总收入指标排位下降和其他指标排位不变的综合作用下，2015 年三门峡市经济规模竞争力综合排位下降 3 位，居河南省第 10 位。

20.2.2　经济结构竞争力评价分析

2014～2015 年，三门峡市经济结构竞争力指标在河南省的排位变化情况，如表 20 - 2 - 2 和图 20 - 2 - 2 所示。

表 20 – 2 – 2　三门峡市 2014 ~ 2015 年经济结构竞争力及其二级指标

指标	产业结构（％）	所有制结构（％）	人均收入结构（％）	支出结构（％）	国际贸易结构（％）	单位 GDP 能耗增减率（％）	经济结构竞争力
2014 年	91.02	19.84	43.89	26.57	49.93	– 1.29	—
2015 年	90.53	14.16	46.52	25.62	40.07	– 0.66	—
2014 年排位	6	18	8	18	16	18	18
2015 年排位	7	18	7	18	16	18	18
升降	– 1	0	1	0	0	0	0
优势度	中势	劣势	中势	劣势	劣势	劣势	劣势

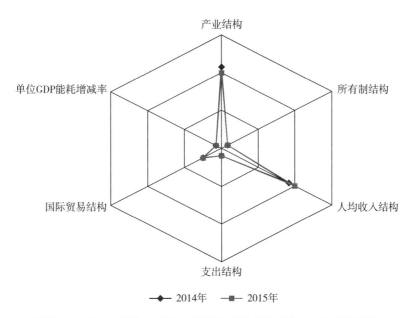

图 20 – 2 – 2　三门峡市 2014 ~ 2015 年经济结构竞争力二级指标排位

（1）2015 年三门峡市经济结构竞争力综合排位处于第 18 位，表明其在河南省处于劣势地位，与 2014 年排位相同。

（2）从指标所处区位来看，2015 年处于上游区的指标有 2 个，分别是产业结构、人均收入结构指标，且均为三门峡市经济结构竞争力的中势指标；处于下游区的指标有 4 个，分别为所有制结构、支出结构、国际贸易结构、单位 GDP 能耗增减率指标，且均为三门峡市的劣势指标。

（3）从雷达图图形变化情况来看，2015 年与 2014 年相比，面积基本不变，经济结构竞争力呈现稳定趋势。

（4）从排位变化动因看，在产业结构指标排位下降和人均收入结构指标排位上升的综合作用下，2015 年三门峡市经济结构竞争力综合排位与 2014 年相比保持不变，居河南省第 18 位。

20.2.3 经济外向度竞争力评价分析

2014～2015年，三门峡市经济外向度竞争力指标在河南省的排位变化情况，如表20－2－3和图20－2－3所示。

表20－2－3 三门峡市2014～2015年经济外向度竞争力及其二级指标

指标	进出口总额（亿美元）	货物和服务净流出（亿元）	出口拉动指数（%）	实际FDI（万美元）	利用省外资金（亿元）	省外资金/固定资产投资(%)	经济外向度竞争力
2014年	2.38	－0.02	0	95679.00	301.80	22.54	—
2015年	4.37	－5.42	－0.43	100817.00	327.30	21.13	—
2014年排位	18	16	16	3	12	11	13
2015年排位	16	16	16	3	12	11	13
升降	2	0	0	0	0	0	0
优势度	劣势	劣势	劣势	优势	中势	中势	劣势

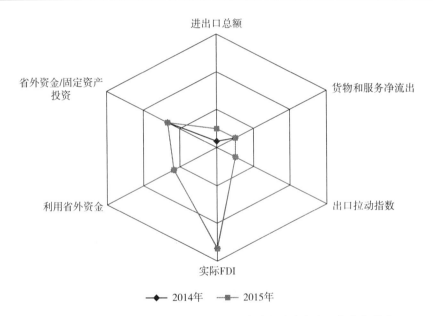

图20－2－3 三门峡市2014～2015年经济外向度竞争力二级指标排位

（1）2015年三门峡市经济外向度竞争力综合排位处于第13位，表明其在河南省处于劣势地位，与2014年相比排位相同。

（2）从指标所处区位来看，2015年处于上游区的指标有1个，是实际FDI指标，且是三门峡市经济外向度竞争力的优势指标；处于下游区的指标有5个，分别是进出口总额、货物和服务净流出、出口拉动指数、利用省外资金、省外资金/固定资产投资，其中进出口总额、货物和服务净流出、出口拉动指数指标是三门峡市经济外向度竞争力的劣势指标。

（3）从排位变化的动因看，在进出口总额指标排位上升和其他指标排位不变的综合作用下，2015年三门峡市经济外向度竞争力综合排位不变，居河南省第13位。

20.2.4　宏观经济竞争力综合分析

2014～2015 年，三门峡市宏观经济竞争力指标在河南省的排位变化和指标结构，如表 20-2-4 所示。

表 20-2-4　三门峡市 2014～2015 年宏观经济竞争力指标

指标	经济规模竞争力	经济结构竞争力	经济外向度竞争力	宏观经济竞争力
2014 年排位	7	18	13	12
2015 年排位	10	18	13	14
升降	-3	0	0	-2
优势度	中势	劣势	劣势	劣势

（1）2015 年三门峡市宏观经济竞争力综合排位处于第 14 位，表明其在河南省处于劣势地位，与 2014 年相比排位下降了 2 位。

（2）从指标所处区位来看，2015 年所有指标均处于下游区，经济规模竞争力为三门峡市宏观经济竞争力的中势指标；经济结构竞争力、经济外向度竞争力为三门峡市宏观经济竞争力的劣势指标。

（3）从指标变化趋势看，2015 年与 2014 年相比，经济规模竞争力指标呈现下降趋势，经济结构竞争力、经济外向度竞争力指标没有变化。

（4）从排位综合分析看，在经济规模竞争力指标排位下降，其他指标排位不变的综合作用下，2015 年三门峡市宏观经济竞争力综合排位下降 2 位，居河南省第 14 位。

20.3　三门峡市产业发展评价分析

20.3.1　农业竞争力评价分析

2014～2015 年，三门峡市农业竞争力指标在河南省的排位变化情况，如表 20-3-1 和图 20-3-1 所示。

表 20-3-1　三门峡市 2014～2015 年农业竞争力及其二级指标

指标	农业增加值（亿元）	人均农业增加值（元）	农民人均纯收入（元）	人均主要粮食产量（吨）	农业劳动生产率[元/(人·年)]	农村人均用电量（kW·h）	支农资金比重（%）	农业竞争力
2014 年	111.98	4989.98	9979.10	0.27	10613.9	331.85	13.40	—
2015 年	119.17	5304.16	11084.20	0.32	11310.51	346.15	12.71	—
2014 年排位	15	6	9	17	1	16	7	10
2015 年排位	15	5	9	16	1	17	9	11
升降	0	1	0	1	0	-1	-2	-1
优势度	劣势	优势	中势	劣势	优势	劣势	中势	中势

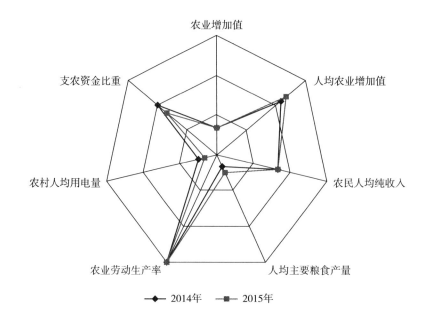

图 20 - 3 - 1 三门峡市 2014～2015 年农业竞争力二级指标排位

（1）2015 年三门峡市农业竞争力综合排位处于第 11 位，表明其在河南省处于中势地位，与 2014 年相比排位下降了 1 位。

（2）从指标所处区位来看，2015 年处于上游区的指标有 4 个，分别是人均农业增加值、农民人均纯收入、农业劳动生产率、支农资金比重指标，其中人均农业增加值、农业劳动生产率指标为三门峡市农业竞争力的优势指标；处于下游区的指标有 3 个，分别是农业增加值、人均主要粮食产量、农村人均用电量，且均是三门峡市农业竞争力的劣势指标。

（3）从雷达图图形变化看，2015 年与 2014 年相比，面积缩小，农业竞争力呈现下降趋势。

（4）从排位变化的动因看，在人均农业增加值、人均主要粮食产量指标排位上升和农村人均用电量、支农资金比重指标排位下降的综合作用下，2015 年三门峡市农业竞争力综合排位下降 1 位，居河南省第 11 位。

20.3.2 工业竞争力评价分析

2014～2015 年，三门峡市工业竞争力指标在河南省的排位变化情况，如表 20 - 3 - 2 和图 20 - 3 - 2 所示。

（1）2015 年三门峡市工业竞争力综合排位处于第 8 位，表明其在河南省处于中势地位，与 2014 年相比排位下降 2 位。

（2）从指标所处区位来看，2015 年处于上游区的指标有 4 个，分别是人均工业增加值、规模以上工业资产总额、规模以上工业全员劳动生产率、规模以上工业产品销售率，其中人均工业增加值、规模以上工业全员劳动生产率、规模以上工业产品销售率指标是三

表 20 - 3 - 2　三门峡市 2014 ~ 2015 年工业竞争力及其二级指标

指标	工业增加值（亿元）	工业增加值增长率（%）	人均工业增加值（元）	规模以上工业资产总额（亿元）	规模以上工业资产总贡献率（%）	规模以上工业全员劳动生产率[元/（人·年）]	规模以上工业成本费用利润率（%）	规模以上工业产品销售率（%）	工业竞争力
2014 年	709.88	9.61	31633.69	2538.67	14.85	280738.56	8.21	98.28	—
2015 年	661.16	0.70	29427.36	2782.98	11.61	269487.33	6.59	98.70	—
2014 年排位	11	13	3	8	10	4	7	9	6
2015 年排位	11	18	4	8	12	6	10	4	8
升降	0	-5	-1	0	-2	-2	-3	5	-2
优势度	中势	劣势	优势	中势	中势	优势	中势	优势	中势

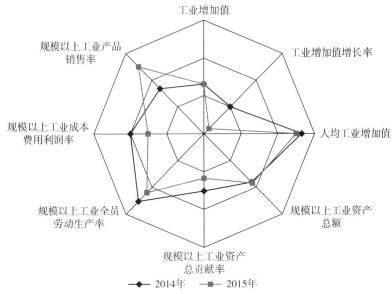

图 20 - 3 - 2　三门峡市 2014 ~ 2015 年工业竞争力二级指标排位

门峡市工业竞争力的优势指标；处于下游区的指标有 4 个，分别是工业增加值、工业增加值增长率、规模以上工业资产总贡献率、规模以上工业成本费用利润率，其中工业增加值增长率是三门峡市工业竞争力的劣势指标。

（3）从雷达图图形变化看，2015 年与 2014 年相比，面积略有缩小，工业竞争力呈现下降趋势。

（4）从排位变化的动因来看，在规模以上工业产品销售率指标排位上升和工业增加值增长率、人均工业增加值、规模以上工业资产总贡献率等指标排位下降的综合作用下，2015 年三门峡市工业竞争力综合排位下降 2 位，居河南省第 8 位。

20.3.3　工业化进程竞争力评价分析

2014 ~ 2015 年，三门峡市工业化进程竞争力指标在河南省的排位变化情况，如表 20 - 3 - 3 和图 20 - 3 - 3 所示。

表 20 - 3 - 3　三门峡市 2014～2015 年工业化进程竞争力及其二级指标

指标	第二产业增加值占 GDP 比重（%）	第二产业增加值增长率（%）	第二产业从业人员占总就业人员比重（%）	第二产业从业人员增长率（%）	第二产业固定资产投资占比（%）	工业化进程竞争力
2014 年	62.52	9.73	15.69	-33.55	56.27	—
2015 年	58.18	1.01	22.20	42.38	50.10	—
2014 年排位	4	12	18	18	10	12
2015 年排位	6	18	18	1	12	15
升降	-2	-6	0	17	-2	-3
优势度	优势	劣势	劣势	优势	中势	劣势

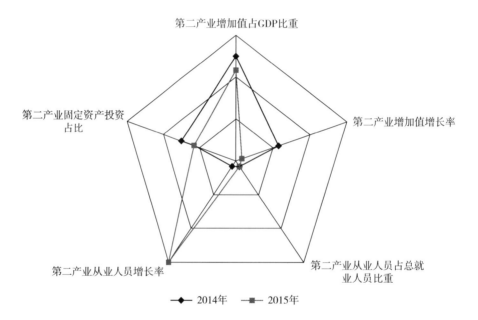

图 20 - 3 - 3　三门峡市 2014～2015 年工业化进程竞争力二级指标排位

（1）2015 年三门峡市工业化进程竞争力综合排位处于第 15 位，表明其在河南省处于劣势地位，与 2014 年相比排位下降 3 位。

（2）从指标所处区位来看，2015 年处于上游区的指标有 2 个，是第二产业增加值占 GDP 比重、第二产业从业人员增长率，且均是三门峡市工业化进程竞争力的优势指标；处于下游区的指标有 3 个，分别是第二产业增加值增长率、第二产业从业人员占总就业人员比重、第二产业固定资产投资占比，其中第二产业增加值增长率、第二产业从业人员占总就业人员比重指标是三门峡市工业化进程竞争力的劣势指标。

（3）从排位变化的动因来看，在第二产业从业人员增长率指标排位上升和第二产业增加值占 GDP 比重、第二产业增加值增长率、第二产业固定资产投资占比指标排位下降的综合作用下，2015 年三门峡市工业化进程竞争力综合排位下降 3 位，居河南省第 15 位。

20.3.4 服务业竞争力评价分析

2014~2015 年，三门峡市服务业竞争力指标在河南省的排位变化情况，如表 20 - 3 - 4 和图 20 - 3 - 4 所示。

表 20 - 3 - 4 三门峡市 2014~2015 年服务业竞争力及其二级指标

指标	服务业增加值（亿元）	服务业增加值增长率（%）	人均服务业增加值（元）	服务业从业人员数（万人）	服务业从业人员数增长率（%）	交通运输仓储邮电业增加值（亿元）	金融业增加值（亿元）	房地产业增加值（亿元）	批发和零售业增加值（亿元）	住宿和餐饮业增加值（亿元）	服务业竞争力
2014 年	353.42	8.15	15749.39	55.28	32.23	92.74	23.11	16.75	70.82	20.54	—
2015 年	404.67	9.97	18011.15	45.86	-17.04	96.93	35.18	19.08	78.46	22.36	—
2014 年排位	15	11	5	15	1	5	14	17	14	16	12
2015 年排位	15	15	5	15	18	5	13	16	14	16	16
升降	0	-4	0	0	-17	0	1	1	0	0	-4
优势度	劣势	劣势	优势	劣势	劣势	优势	劣势	劣势	劣势	劣势	劣势

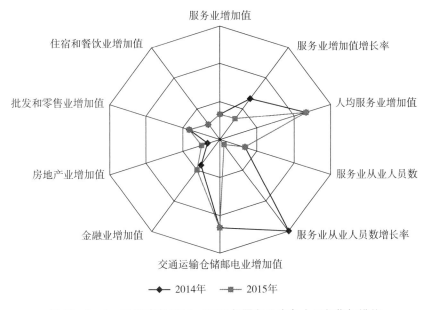

图 20 - 3 - 4 三门峡市 2014~2015 年服务业竞争力二级指标排位

（1）2015 年三门峡市服务业竞争力综合排位处于第 16 位，表明其在河南省处于劣势地位，与 2014 年相比排位下降 4 位。

（2）从指标所处区位来看，2015 年处于上游区的指标有 2 个，分别是人均服务业增加值、交通运输仓储邮电业增加值，且均是三门峡市服务业竞争力的优势指标；处于下游区的指标有 8 个，分别是服务业增加值、服务业增加值增长率、服务业从业人员数增长率、服务业从业人员数、金融业增加值、房地产业增加值、批发和零售业增加值、住宿和餐饮业增加值，且均是三门峡市服务业竞争力的劣势指标。

（3）从雷达图图形变化看，2015 年与 2014 年相比，面积明显缩小，服务业竞争力呈现下降趋势。

（4）从排位变化的动因来看，在金融业增加值、房地产业增加值指标排位上升和服务业增加值增长率、服务业从业人员数增长率指标排位下降的综合作用下，2015 年三门峡市服务业竞争力综合排位下降 4 位，居河南省第 16 位。

20.3.5　企业竞争力评价分析

2014～2015 年，三门峡市企业竞争力指标在河南省的排位变化情况，如表 20－3－5 和图 20－3－5 所示。

表 20－3－5　三门峡市 2014～2015 年企业竞争力及其二级指标

指标	规模以上工业企业数（个）	规模以上工业企业平均资产（亿元）	规模以上工业企业主营业务收入平均值（亿元）	流动资产年平均余额（亿元）	规模以上工业企业资产负债率（%）	规模以上工业企业成本费用利润率（%）	规模以上工业企业平均利润（亿元）	全员劳动生产率［元/(人·年)］	企业竞争力
2014 年	637	3.99	5.45	1059.71	51.43	8.21	0.42	280738.56	—
2015 年	646	4.31	5.43	1255.14	55.08	6.59	0.34	269487.33	—
2014 年排位	16	2	2	8	7	7	2	4	4
2015 年排位	16	2	2	7	4	10	4	6	3
升降	0	0	0	1	3	-3	-2	-2	1
优势度	劣势	优势	优势	中势	优势	中势	优势	优势	优势

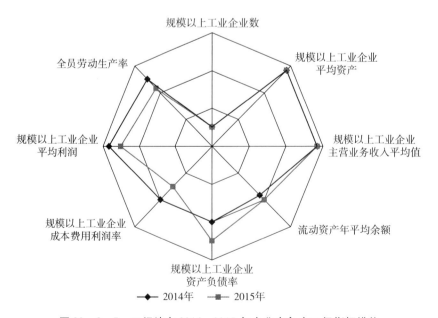

图 20－3－5　三门峡市 2014～2015 年企业竞争力二级指标排位

（1）2015 年三门峡市企业竞争力综合排位处于第 3 位，表明其在河南省处于优势地位，与 2014 年相比排位上升 1 位。

（2）从指标所处区位来看，2015 年处于上游区的指标有 6 个，分别是规模以上工业企业平均资产、规模以上工业企业主营业务收入平均值、流动资产年平均余额、规模以上工业企业资产负债率、规模以上工业企业平均利润、全员劳动生产率，其中规模以上工业企业平均资产、规模以上工业企业主营业务收入平均值、规模以上工业企业资产负债率、规模以上工业企业平均利润、全员劳动生产率指标是三门峡市企业竞争力的优势指标；处于下游区的指标有 2 个，是规模以上工业企业数、规模以上工业企业成本费用利润率，且规模以上工业企业数是三门峡市企业竞争力的劣势指标。

（3）从排位变化的动因来看，在流动资产年平均余额、规模以上工业企业资产负债率指标排位上升和规模以上工业企业成本费用利润率、规模以上工业企业平均利润、全员劳动生产率指标排位下降的综合作用下，2015 年三门峡市企业竞争力综合排位上升 1 位，居河南省第 3 位。

20.4　三门峡市城镇化发展评价分析

20.4.1　城镇化进程竞争力评价分析

2014～2015 年，三门峡市城镇化进程竞争力指标在河南省的排位变化情况，如表 20-4-1 和图 20-4-1 所示。

表 20-4-1　三门峡市 2014～2015 年城镇化进程竞争力及其二级指标

指标	城镇化率（%）	城镇居民人均可支配收入（元）	城市建成区面积（平方公里）	市区人口密度（人/平方公里）	人均拥有道路面积（平方米）	人均日生活用水量（升）	燃气普及率（%）	人均城市园林绿地面积（平方米）	城镇化进程竞争力
2014 年	50.36	22738.50	30.00	11363.00	9.57	122.75	89.70	14.14	—
2015 年	51.61	23824.60	56.00	7134.00	9.34	122.35	77.02	11.34	—
2014 年排位	6	13	18	2	16	6	9	4	7
2015 年排位	6	13	16	4	17	8	15	7	7
升降	0	0	2	-2	-1	-2	-6	-3	0
优势度	优势	劣势	劣势	优势	劣势	中势	劣势	中势	中势

（1）2015 年三门峡市城镇化进程竞争力综合排位处于第 7 位，表明其在河南省处于中势地位，与 2014 年相比排位不变。

（2）从指标所处区位来看，2015 年处于上游区的指标有 4 个，分别是城镇化率、市区人口密度、人均日生活用水量、人均城市园林绿地面积，其中城镇化率、市区人口密度指标是三门峡市城镇化进程竞争力的优势指标；处于下游区的指标有 4 个，分别是城镇居

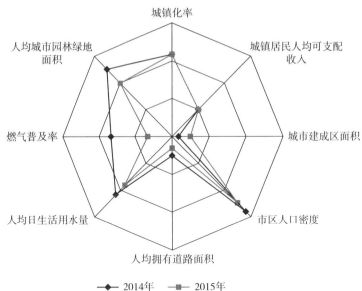

图 20 - 4 - 1　三门峡市 2014～2015 年城镇化进程竞争力二级指标排位

民人均可支配收入、城市建成区面积、人均拥有道路面积、燃气普及率，且均为三门峡市城镇化进程竞争力的劣势指标。

（3）从排位变化的动因来看，在城市建成区面积指标排位上升，市区人口密度、人均拥有道路面积、人均日生活用水量等指标排位下降的综合作用下，2015 年三门峡市城镇化进程竞争力综合排位不变，居河南省第 7 位。

20.4.2　城镇社会保障竞争力评价分析

2014～2015 年，三门峡市城镇社会保障竞争力指标在河南省的排位变化情况，如表 20 - 4 - 2 和图 20 - 4 - 2 所示。

表 20 - 4 - 2　三门峡市 2014～2015 年城镇社会保障竞争力及其二级指标

指标	城市城镇社区服务设施数（个/万人）	医疗保险覆盖率（%）	养老保险覆盖率（%）	失业保险覆盖率（%）	工伤保险覆盖率（%）	城镇登记失业率（%）	城镇社会保障竞争力
2014 年	122	52.83	27.32	19.72	18.56	2.78	—
2015 年	121	51.61	27.58	19.90	18.60	2.84	—
2014 年排位	12	8	8	4	6	6	6
2015 年排位	17	8	8	4	6	7	6
升降	-5	0	0	0	0	-1	0
优势度	劣势	中势	中势	优势	优势	中势	优势

（1）2015 年三门峡市城镇社会保障竞争力综合排位处于第 6 位，表明其在河南省处于优势地位，与 2014 年相比保持不变。

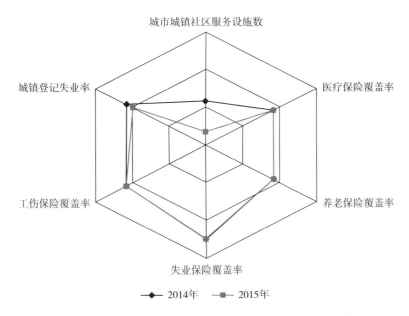

图 20 - 4 - 2 三门峡市 2014~2015 年城镇社会保障竞争力二级指标排位

（2）从指标所处区位来看，2015 年处于上游区的指标有 5 个，分别是医疗保险覆盖率、养老保险覆盖率、失业保险覆盖率、工伤保险覆盖率、城镇登记失业率，其中失业保险覆盖率、工伤保险覆盖率指标是三门峡市城镇社会保障竞争力的优势指标；处于下游区的指标有 1 个，是城市城镇社区服务设施数，且是三门峡市城镇社会保障竞争力的劣势指标。

（3）从雷达图图形变化看，2015 年与 2014 年相比，面积略有缩小，城镇社会保障竞争力呈现稳定趋势。

（4）从排位变化的动因来看，在城市城镇社区服务设施数、城镇登记失业率指标排位下降和其他指标排位不变的综合作用下，2015 年三门峡市城镇社会保障竞争力综合排位保持不变，居河南省第 6 位。

20.5 三门峡市社会发展评价分析

20.5.1 教育竞争力评价分析

2014~2015 年，三门峡市教育竞争力指标在河南省的排位变化情况，如表 20 - 5 - 1 和图 20 - 5 - 1 所示。

（1）2015 年三门峡市教育竞争力综合排位处于第 17 位，表明其在河南省处于劣势地位，与 2014 年相比排位不变。

（2）从指标所处区位来看，2015 年处于上游区的指标有 2 个，分别是人均教育经费、万人中小学专任教师数，其中人均教育经费是三门峡市教育竞争力的优势指标；处于下游

表 20 - 5 - 1　三门峡市 2014 ~ 2015 年教育竞争力及其二级指标

指标	教育经费占 GDP 比重（%）	人均教育经费（元）	人均教育固定资产投资（元）	万人中小学学校数（所）	万人中小学专任教师数（人）	万人高等学校数（所）	万人高校专任教师数（人）	万人高等学校在校学生数（人）	教育竞争力
2014 年	3.27	1808.61	278.42	1.78	91.57	0.00	4.34	56.89	—
2015 年	3.32	1846.11	168.49	1.67	91.55	0.00	4.29	58.08	—
2014 年排位	13	3	12	17	7	15	15	15	17
2015 年排位	13	2	15	17	9	15	15	15	17
升降	0	1	-3	0	-2	0	0	0	0
优势度	劣势	优势	劣势	劣势	中势	劣势	劣势	劣势	劣势

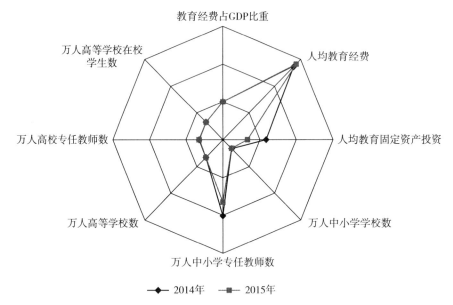

图 20 - 5 - 1　三门峡市 2014 ~ 2015 年教育竞争力二级指标排位

区的指标有 6 个，分别是教育经费占 GDP 比重、人均教育固定资产投资、万人中小学学校数、万人高等学校数、万人高校专任教师数、万人高等学校在校学生数，其中教育经费占 GDP 比重、人均教育固定资产投资、万人中小学学校数、万人高等学校数、万人高校专任教师数、万人高等学校在校学生数是三门峡市教育竞争力的劣势指标。

（3）从排位变化的动因来看，在人均教育经费指标排位上升和人均教育固定资产投资、万人中小学专任教师数指标排位下降的综合作用下，2015 年三门峡市教育竞争力综合排位不变，居河南省第 17 位。

20.5.2　科技竞争力评价分析

2014 ~ 2015 年，三门峡市科技竞争力指标在河南省的排位变化情况，如表 20 - 5 - 2 和图 20 - 5 - 2 所示。

（1）2015 年三门峡市科技竞争力综合排位处于第 11 位，表明其在河南省处于中势地位，与 2014 年相比排位上升了 1 位。

表 20 - 5 - 2　三门峡市 2014 ~ 2015 年科技竞争力及其二级指标

指标	科学研究和技术服务业增加值(亿元)	万人科技活动人员(人)	R&D 经费占 GDP 比重(%)	人均 R&D 经费支出(元)	万人技术市场成交额(万元)	科技竞争力
2014 年	3.26	39.02	0.61	339.52	0.44	—
2015 年	3.63	35.44	0.62	344.60	19.58	—
2014 年排位	16	8	13	10	14	12
2015 年排位	16	8	13	10	6	11
升降	0	0	0	0	8	1
优势度	劣势	中势	劣势	中势	优势	中势

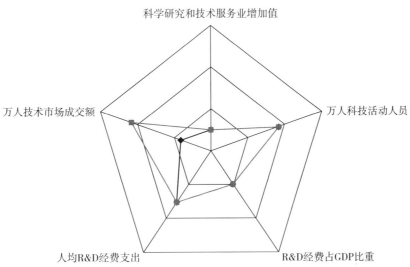

图 20 - 5 - 2　三门峡市 2014 ~ 2015 年科技竞争力二级指标排位

（2）从指标所处区位来看，2015 年处于上游区的指标有 2 个，是万人科技活动人员、万人技术市场成交额，其中万人技术市场成交额为三门峡市科技竞争力的优势指标；处于下游区的指标有 3 个，分别是科学研究和技术服务业增加值、R&D 经费占 GDP 比重、人均 R&D 经费支出，其中科学研究和技术服务业增加值、R&D 经费占 GDP 比重指标是三门峡市科技竞争力的劣势指标。

（3）从雷达图图形变化看，2015 年与 2014 年相比，面积明显增大，科技竞争力呈现上升趋势。

（4）从排位变化的动因来看，在万人技术市场成交额指标排位上升和其他指标排位不变的综合作用下，2015 年三门峡市科技竞争力综合排位上升 1 位，居河南省第 11 位。

20.5.3　文化竞争力评价分析

2014 ~ 2015 年，三门峡市文化竞争力指标在河南省的排位变化情况，如表 20 - 5 - 3 和图 20 - 5 - 3 所示。

表 20 – 5 – 3　三门峡市 2014～2015 年文化竞争力及其二级指标

指标	全市接待旅游总人次（万人次）	全市旅游总收入（亿元）	城镇居民人均文化娱乐支出（元）	农村居民人均文化娱乐支出（元）	城镇居民文化娱乐支出占消费性支出比重(%)	农村居民文化娱乐支出占消费性支出比重(%)	文化竞争力
2014 年	2538.41	176.25	2721.60	560.00	13.75	7.40	—
2015 年	2898.54	203.86	1935.00	1106.00	11.42	13.92	—
2014 年排位	5	6	2	6	2	6	2
2015 年排位	7	7	9	1	7	1	2
升降	-2	-1	-7	5	-5	5	0
优势度	中势	中势	中势	优势	中势	优势	优势

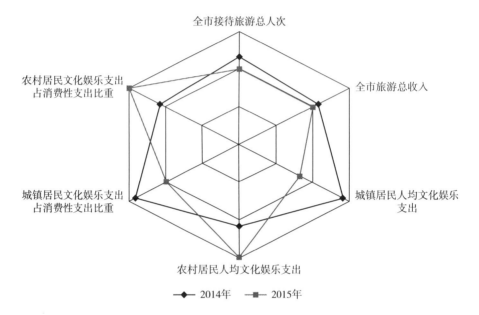

图 20 – 5 – 3　三门峡市 2014～2015 年文化竞争力二级指标排位

（1）2015 年三门峡市文化竞争力综合排位处于第 2 位，表明其在河南省处于优势地位，与 2014 年相比排位保持不变。

（2）从指标所处区位来看，2014 年处于上游区的指标有 6 个，分别是全市接待旅游总人次、全市旅游总收入、城镇居民人均文化娱乐支出、农村居民人均文化娱乐支出、城镇居民文化娱乐支出占消费性支出比重、农村居民文化娱乐支出占消费性支出比重，其中农村居民人均文化娱乐支出、农村居民文化娱乐支出占消费性支出比重为三门峡市文化竞争力的优势指标；没有处于下游区的指标。

（3）从雷达图图形变化看，2015 年与 2014 年相比，面积基本不变，文化竞争力呈现稳定趋势。

（4）从排位变化的动因来看，在全市接待旅游总人次、全市旅游总收入、城镇居民人均文化娱乐支出等指标排位下降和农村居民人均文化娱乐支出、农村居民文化娱乐支出占消费性支出比重指标排位上升的综合作用下，2015 年三门峡市文化竞争力综合排位保持不变，居河南省第 2 位。

20.6　三门峡市县域经济发展评价分析

20.6.1　县域经济竞争力评价分析

2014～2015 年，三门峡市县域经济竞争力指标在河南省的排位变化情况，如表 20 - 6 - 1 和图 20 - 6 - 1 所示。

表 20 - 6 - 1　三门峡市 2014～2015 年县域经济竞争力及其二级指标

指标	地区生产总值（亿元）	人均地区生产总值（元）	一般预算财政总收入（亿元）	人均财政总收入（元）	固定资产投资额（亿元）	人均固定资产投资额（元）	全社会消费品零售总额（亿元）	人均全社会消费品零售总额（元）	金融机构贷款年底余额（亿元）	人均金融机构贷款年底余额（元）	县域经济竞争力
2014 年	1074.11	55779.69	68.93	3579.51	1081.98	56188.46	270.20	14031.79	390.44	20275.92	—
2015 年	904.75	57326.20	56.45	3576.85	977.74	61950.80	259.80	16461.29	346.02	21924.57	—
2014 年排位	14	3	6	2	12	1	15	4	12	3	6
2015 年排位	15	3	10	2	13	1	15	4	13	2	6
升降	-1	0	-4	0	-1	0	0	0	-1	1	0
优势度	劣势	优势	中势	优势	劣势	优势	劣势	优势	劣势	优势	优势

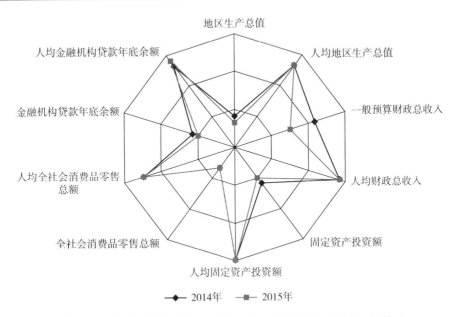

图 20 - 6 - 1　三门峡市 2014～2015 年县域经济竞争力二级指标排位

（1）2015 年三门峡市县域经济竞争力综合排位处于第 6 位，表明其在河南省处于优势地位，与 2014 年相比排位不变。

（2）从指标所处区位来看，2015 年处于上游区的指标有 5 个，分别是人均地区生产总值、人均财政总收入、人均固定资产投资额、人均全社会消费品零售总额、人均金融机构贷款年底余额，且均为三门峡市县域经济竞争力的优势指标；处于下游区的指标有5个，分别是地区生产总值、一般预算财政总收入、固定资产投资额、全社会消费品零售总额、金融机构贷款年底余额，其中地区生产总值、固定资产投资额、全社会消费品零售总额、金融机构贷款年底余额是三门峡市县域经济竞争力的劣势指标。

（3）从排位变化的动因来看，在地区生产总值、一般预算财政总收入、固定资产投资额等指标排位下降，人均金融机构贷款年底余额指标排位上升的综合作用下，2015年三门峡市县域经济竞争力综合排位不变，居河南省第6位。

20.6.2 三门峡市县域经济发展特色分析

（一）灵宝市

2015年灵宝市完成地区生产总值458.57亿元，同比增长3.2%；人均地区生产总值63043.98元；一般预算财政总收入18.27亿元；一般预算财政总支出35.35亿元；全社会固定资产投资额353.30亿元；全社会消费品零售总额139.60亿元；金融机构贷款年底余额164.19亿元；城镇化率41.37%；城镇居民人均可支配收入24158元，农民人均纯收入12793元。

2015年，灵宝市第一产业完成增加值52.42亿元，同比增长5.7%；第二产业完成增加值289.01亿元，同比增长2.1%；第三产业完成增加值117.14亿元，同比增长7.1%。2015年，灵宝市规划6平方公里的城市东拓展区启动建设，中心城区建成区面积达到23平方公里，人口达到20万人。万元生产总值能耗累计下降18%，被评为全国绿化模范县市、全国国土资源节约集约模范市、河南省首批生态文明先行示范市、省级新型城镇化综合试点市。函谷关文化产业园晋升为省级文化产业示范园区，灵宝市4A级景区总数达到4家。

（二）义马市

2015年，义马市完成地区生产总值137.12亿元，同比下降9.5%；人均地区生产总值93724.29元；一般预算财政总收入12.78亿元；一般预算财政总支出15.28亿元；全社会固定资产投资额212.78亿元；全社会消费品零售总额35.00亿元；金融机构贷款年底余额84.98亿元；城镇化率96.16%；城镇居民人均可支配收入23397元，农民人均纯收入14031元。

2015年，义马市第一产业完成增加值1.04亿元，同比增长5.5%；第二产业完成增加值104.11亿元，同比下降12.7%；第三产业完成增加值31.96亿元，同比增长10.9%。义马市签约项目176个，总投资730.69亿元。义马市进出口总额达4.38亿美元，同比增长84.9%，占目标任务的162.8%，增速居河南省第一位。义马市电商交易额超15亿元，网络零售达4亿元以上，呈高速增长态势。邮政和通信业保持较快增长。2015年义马市邮政业务量累计完成2.19亿元，同比增长12.1%。全面落实税制改革政策，稳步推进"营改增"试点工作，义马市共有357户纳税人纳入"营改增"试点范围。

（三）渑池县

2015 年，渑池县完成地区生产总值 230.03 亿元，同比增长 5.8%；人均地区生产总值 65828.62 元；一般预算财政总收入 19.77 亿元；一般预算财政总支出 28.54 亿元；全社会固定资产投资额 299.72 亿元；全社会消费品零售总额 48.70 亿元；金融机构贷款年底余额 61.23 亿元；城镇化率 44.46%；城镇居民人均可支配收入 25725 元，农民人均纯收入 12483 元。

2015 年，渑池县第一产业完成增加值 19.53 亿元，同比增长 2.0%；第二产业完成增加值 151.70 亿元，同比增长 4.8%；第三产业完成增加值 58.79 亿元，同比增长 11.0%。2015 年，渑池县粮食总产量 1.9 亿公斤，农业产业化集群 8 个；新增市级农业产业化龙头企业 6 家，新发展现代特色示范园 5 个。渑池县 38 个市重点项目完成投资 106.3 亿元，华宇兴陶瓷、康耀电子等 26 个项目建成投产。投资 28.8 亿元的华能 2×35 万千瓦热电联产项目主体完工，投资 55.5 亿元的垣渑高速开工建设。高新技术产业增加值占工业增加值比重达 16.2%。

（四）卢氏县

2015 年，卢氏县完成地区生产总值 79.03 亿元，同比增长 8.3%；人均地区生产总值 22239.67 元；一般预算财政总收入 5.63 亿元；一般预算财政总支出 21.05 亿元；全社会固定资产投资额 111.93 亿元；全社会消费品零售总额 36.50 亿元；金融机构贷款年底余额 35.63 亿元；城镇化率 34.15%；城镇居民人均可支配收入 21284 元，农民人均纯收入 7409 元。

2015 年，卢氏县第一产业完成增加值 20.65 亿元，同比增长 5.6%；第二产业完成增加值 27.08 亿元，同比增长 8.8%；第三产业完成增加值 31.30 亿元，同比增长 9.1%。卢氏县完成招商引资 27 亿元，实际利用省外资金 26.5 亿元；实施总投资 373.3 亿元的 79 个重点项目，累计完成投资 66.2 亿元。2015 年接待游客 56.6 万人（次），旅游业总收入 9.5 亿元。产业集聚区内累计入驻项目 32 个，建成投产项目 29 个，完成年度固定资产投资 45.3 亿元，实现营业收入 40.3 亿元、税收 1.06 亿元。新引进农业出口企业 2 家、农业出口企业达到 7 家；新增家庭农场 2 家、专业合作社 12 家、特色农业示范园区 3 家；完成土地流转面积 9.23 万亩。

第 21 章
南阳市 2015 年发展报告

21.1 南阳市发展概述

2015 年，南阳市完成地区生产总值 2866.82 亿元；人均地区生产总值 28653.40 元；一般预算财政总收入 157.08 亿元；一般预算财政总支出 515.84 亿元；固定资产投资额 2989.62 亿元；全社会消费品零售总额 1570.19 亿元；金融机构贷款年底余额 1723.16 亿元；进出口总额约 19.28 亿美元；城镇化率 41.29%；城镇居民人均可支配收入 25140 元；农民人均纯收入 10776.6 元。

2015 年，南阳市第一产业完成增加值 501.65 亿元，同比增长 4.4%；第二产业完成增加值 1268.72 亿元，同比增长 8.3%；第三产业完成增加值 1096.45 亿元，同比增长 12.7%；三次产业占比为 17.5:44.3:38.2。2015 年，南阳市产业集聚发展态势形成装备制造、食品、纺织服装 3 个产业集群，规模分别达到 590 亿元、470 亿元和 430 亿元；南阳市产业集聚区完成固定资产投资 1400 亿元，实现主营业务收入 2300 亿元，9 个产业集聚区主营业务收入超百亿元。工业转型升级步伐加快，实施重大转型升级项目 68 个，累计完成投资 112 亿元，高技术产业和高成长性产业分别增长 17% 和 12.5%。农业发展方式加快转变。新建高标准粮田 92 万亩，粮食总产达 108.2 亿斤，实现十二连增，20 个重点产业化集群实现销售收入 382 亿元，新认证"三品一标"产品 122 个，农产品进京量达 4.3 万吨，流转土地 194 万亩，新增农业专业合作社 1250 家、家庭农场 972 家。

21.2 南阳市宏观经济竞争力评价分析

21.2.1 经济规模竞争力评价分析

2014~2015 年，南阳市经济规模竞争力指标在河南省的排位变化情况，如表 21-2-1 和图 21-2-1 所示。

（1）2015 年南阳市经济规模竞争力综合排位处于第 5 位，表明其在河南省处于优势地位，与 2014 年相比排位上升 3 位。

（2）从指标所处区位看，2015 年处于上游区的指标有 7 个，分别为地区生产总值、地区生产总值增长率、一般预算财政总收入、固定资产投资额、全社会消费品零售总额、人均全社会消费品零售总额和金融机构贷款年底余额，其中地区生产总值、一般预算财政总收入、固定资产投资额、全社会消费品零售总额和金融机构贷款年底余额均为南阳市经

表 21 - 2 - 1　南阳市 2014 ~ 2015 年经济规模竞争力及其二级指标

指标	地区生产总值（亿元）	地区生产总值增长率（%）	人均地区生产总值（元）	一般预算财政总收入（亿元）	人均财政总收入（元）	固定资产投资额（亿元）	人均固定资产投资额（元）	全社会消费品零售总额（亿元）	人均全社会消费品零售总额（元）	金融机构贷款年底余额（亿元）	人均金融机构贷款年底余额（元）	经济规模竞争力
2014 年	2675.57	8.53	26650.31	141.02	1404.69	2575.80	25656.53	1390.05	13845.75	1552.53	13105.22	—
2015 年	2866.82	8.96	28653.40	157.08	1570.02	2989.62	29880.78	1570.19	15693.82	1723.16	17222.70	—
2014 年排位	3	16	15	3	14	3	14	3	9	3	14	8
2015 年排位	3	7	15	3	14	3	14	3	9	3	14	5
升降	0	9	0	0	0	0	0	0	0	0	0	3
优势度	优势	中势	劣势	优势	劣势	优势	劣势	优势	中势	优势	劣势	优势

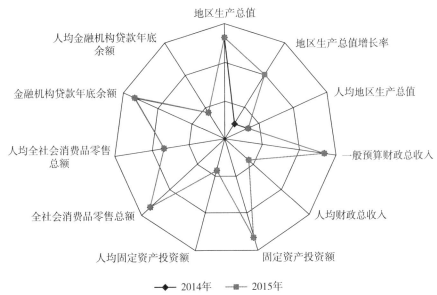

图 21 - 2 - 1　南阳市 2014 ~ 2015 年经济规模竞争力二级指标排位

济规模竞争力中的优势指标；处于下游区的指标 4 个，分别为人均地区生产总值、人均财政总收入、人均固定资产投资额和人均金融机构贷款年底余额，且均为南阳市经济规模竞争力中的劣势指标。

（3）从雷达图图形变化看，2015 年与 2014 年相比，面积明显变大，经济规模竞争力呈现上升趋势。

（4）从排位变化的动因看，在地区生产总值增长率指标排位上升和其他指标排位不变的综合作用下，2015 年南阳市经济规模竞争力综合排位上升 3 位，居河南省第 5 位。

21.2.2　经济结构竞争力评价分析

2014 ~ 2015 年，南阳市经济结构竞争力指标在河南省的排位变化情况，如表 21 - 2 - 2 和图 21 - 2 - 2 所示。

表 21 - 2 - 2　南阳市 2014～2015 年经济结构竞争力及其二级指标

指标	产业结构（%）	所有制结构（%）	人均收入结构（%）	支出结构（%）	国际贸易结构（%）	单位 GDP 能耗增减率（%）	经济结构竞争力
2014 年	82.48	62.34	41.08	53.97	74.23	-4.93	—
2015 年	82.50	69.93	42.87	52.52	76.45	-7.01	—
2014 年排位	13	11	12	4	11	11	10
2015 年排位	13	11	12	3	10	8	9
升降	0	0	0	1	1	3	1
优势度	劣势	中势	中势	优势	中势	中势	中势

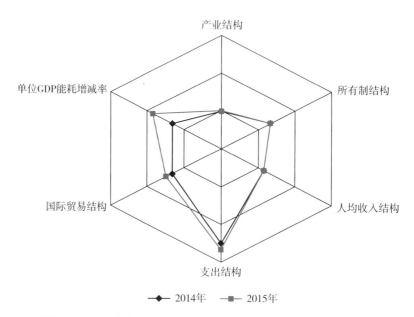

图 21 - 2 - 2　南阳市 2014～2015 年经济结构竞争力二级指标排位

（1）2015 年南阳市经济结构竞争力综合排位处于第 9 位，表明其在河南省处于中势地位，与 2014 年相比排位上升 1 位。

（2）从指标所处区位看，2015 年南阳市处于上游区的指标有 2 个，分别为支出结构、单位 GDP 能耗增减率，其中支出结构为南阳市经济结构竞争力中优势指标；处于下游区的指标有 4 个，分别为产业结构、所有制结构、人均收入结构、国际贸易结构，其中，产业结构为南阳市经济结构竞争力中的劣势指标。

（3）从雷达图图形变化看，2015 年与 2014 年相比，面积略有增大，经济结构竞争力呈现上升趋势。

（4）从排位变化的动因看，在支出结构、国际贸易结构和单位 GDP 能耗增减率指标排位上升和其他指标排位不变的综合作用下，2015 年南阳市经济结构竞争力综合排位上升 1 位，居河南省第 9 位。

21.2.3 经济外向度竞争力评价分析

2014~2015 年，南阳市经济外向度竞争力指标在河南省的排位变化情况，如表 21 - 2 - 3 和图 21 - 2 - 3 所示。

表 21 - 2 - 3 南阳市 2014~2015 年经济外向度竞争力及其二级指标

指标	进出口总额（亿美元）	货物和服务净流出（亿元）	出口拉动指数(%)	实际 FDI（万美元）	利用省外资金（亿元）	省外资金/固定资产投资(%)	经济外向度竞争力
2014 年	19.58	58.29	2.18	57264.00	440.30	17.09	—
2015 年	19.28	63.55	2.22	57136.00	478.70	16.01	—
2014 年排位	4	5	5	9	10	15	6
2015 年排位	4	4	6	11	9	14	6
升降	0	1	-1	-2	1	1	0
优势度	优势	优势	优势	中势	中势	劣势	优势

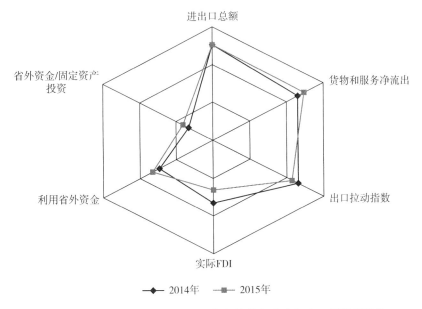

图 21 - 2 - 3 南阳市 2014~2015 年经济外向度竞争力二级指标排位

（1）2015 年南阳市经济外向度竞争力综合排位处于第 6 位，表明其在河南省处于优势地位，与 2014 年相比排位保持不变。

（2）从指标所处区位看，2015 年处于上游区的指标有 4 个，分别为进出口总额、货物和服务净流出、出口拉动指数、利用省外资金，其中进出口总额、货物和服务净流出和出口拉动指数为南阳市经济外向度竞争力中的优势指标；处于下游区的指标有 2 个，分别为实际 FDI 和省外资金/固定资产投资，其中省外资金/固定资产投资是南阳市经济外向度竞争力中的劣势指标。

（3）从雷达图图形变化看，2015 年与 2014 年相比，面积基本不变，经济外向度竞争力呈现稳定趋势。

（4）从排位变化的动因看，在货物和服务净流出、利用省外资金、省外资产投资指标排位上升和出口拉动指数、实际 FDI 指标排位下降的综合作用下，2015 年南阳市经济外向度竞争力综合排位保持不变，居河南省第 6 位。

21.2.4 宏观经济竞争力综合分析

2014～2015 年，南阳市宏观经济竞争力指标在河南省的排位变化和指标结构，如表 21−2−4 所示。

表 21−2−4 南阳市 2014～2015 年宏观经济竞争力指标

指标	经济规模竞争力	经济结构竞争力	经济外向度竞争力	宏观经济竞争力
2014 年排位	8	10	6	9
2015 年排位	5	9	6	6
升降	3	1	0	3
优势度	优势	中势	优势	优势

（1）2015 年，南阳市宏观经济竞争力综合排位处于 6 位，表明其在河南省处于优势地位，与 2014 年相比排位上升了 3 位。

（2）从指标所处区位看，2015 年南阳市经济规模竞争力、经济结构竞争力和经济外向度竞争力处于上游区。

（3）从指标变化趋势看，宏观经济竞争力指标排位上升 3 位，经济结构竞争力指标排位上升 1 位，经济规模竞争力指标排位上升 3 位，经济外向度竞争力排位保持不变。

（4）从排位评价分析看，在经济规模竞争力、经济结构竞争力指标排位上升和经济外向度竞争力指标排位保持稳定的综合作用下，2015 年南阳市宏观经济竞争力综合排位上升了 3 位，居河南省第 6 位。

21.3 南阳市产业发展评价分析

21.3.1 农业竞争力评价分析

2014～2015 年，南阳市农业竞争力指标在河南省的排位变化情况，如表 21−3−1 和图 21−3−1 所示。

（1）2015 年南阳市农业竞争力综合排位处于第 2 位，表明其在河南省处于优势地位，与 2014 年相比排位保持不变。

（2）从指标所处区位看，2015 年处于上游区的指标有 4 个，分别为农业增加值、人均农业增加值、农业劳动生产率、支农资金比重，其中农业增加值、支农资金比重是南阳市农业竞争力中的优势指标；处于下游区的指标有 3 个，分别为农民人均纯收入、人均主

表 21 – 3 – 1　南阳市 2014～2015 年农业竞争力及其二级指标

指标	农业增加值（亿元）	人均农业增加值（元）	农民人均纯收入（元）	人均主要粮食产量（吨）	农业劳动生产率［元/(人·年)］	农村人均用电量（kW·h）	支农资金比重（%）	农业竞争力
2014 年	478.43	4765.49	9741.30	0.62	7679.89	332.39	15.90	—
2015 年	511.72	5114.58	10776.60	0.66	8178.00	363.51	15.22	—
2014 年排位	1	7	10	11	12	15	1	2
2015 年排位	1	7	10	11	8	14	2	2
升降	0	0	0	0	4	1	-1	0
优势度	优势	中势	中势	中势	中势	劣势	优势	优势

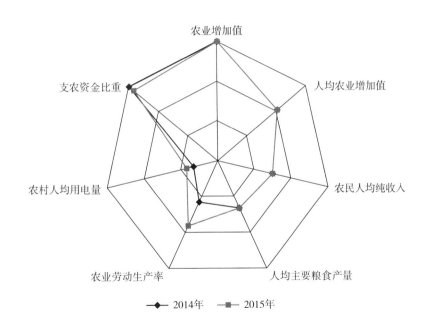

图 21 – 3 – 1　南阳市 2014～2015 年农业竞争力二级指标排位

要粮食产量、农村人均用电量，其中农村人均用电量是南阳市农业竞争力中的劣势指标。

（3）从雷达图图形变化看，2015 年与 2014 年相比，面积基本不变，农业竞争力呈现稳定趋势。

（4）从排位变化的动因看，在农业劳动生产率、农村人均用电量指标排位上升和支农资金比重指标排位下降的综合作用下，2015 年南阳市农业竞争力综合排位保持不变，居河南省第 2 位。

21.3.2　工业竞争力评价分析

2014～2015 年，南阳市工业竞争力指标在河南省的排位变化情况，如表 21 – 3 – 2 和图 21 – 3 – 2 所示。

表 21 - 3 - 2　南阳市 2014～2015 年工业竞争力及其二级指标

指标	工业增加值（亿元）	工业增加值增长率（%）	人均工业增加值（元）	规模以上工业资产总额（亿元）	规模以上工业资产总贡献率（%）	规模以上工业全员劳动生产率[元/（人·年）]	规模以上工业成本费用利润率（%）	规模以上工业产品销售率（%）	工业竞争力
2014 年	1077.37	9.18	10731.21	3360.16	13.27	212442.29	6.92	97.83	—
2015 年	1094.10	8.25	10935.41	3752.94	10.17	199903.76	5.09	97.37	—
2014 年排位	4	16	14	4	13	13	11	14	12
2015 年排位	4	12	14	4	16	13	16	16	12
升降	0	4	0	0	-3	0	-5	-2	0
优势度	优势	中势	劣势	优势	劣势	劣势	劣势	劣势	中势

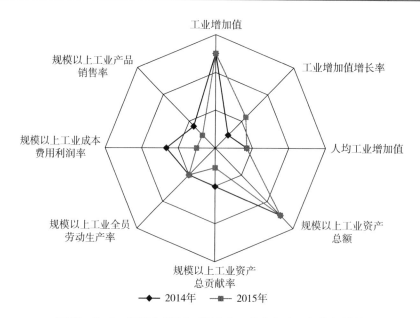

图 21 - 3 - 2　南阳市 2014～2015 年工业竞争力二级指标排位

（1）2015 年南阳市工业竞争力综合排位处于第 12 位，表明其在河南省处于中势地位，与 2014 年相比排位保持不变。

（2）从指标所处区位看，2015 年处于上游区的指标有 2 个，分别为工业增加值、规模以上工业资产总额，它们均为南阳市工业竞争力中的优势指标；处于下游区的指标有 6 个，分别为工业增加值增长率、人均工业增加值、规模以上工业资产总贡献率、规模以上工业全员劳动生产率、规模以上工业成本费用利润率、规模以上工业产品销售率，其中人均工业增加值、规模以上工业资产总贡献率、规模以上工业全员劳动生产率、规模以上工业成本费用利润率、规模以上工业产品销售率是南阳市工业竞争力中的劣势指标。

（3）从雷达图图形变化看，2015 年与 2014 年相比，面积变化不大，工业竞争力呈现稳定趋势。

（4）从排位变化的动因看，在工业增加值增长率指标排位上升和规模以上工业资产总贡献率、规模以上工业成本费用利润率、规模以上工业产品销售率指标排位下降的综合作用下，2015 年南阳市工业竞争力综合排位保持不变，居河南省第 12 位。

21.3.3　工业化进程竞争力评价分析

2014～2015 年，南阳市工业化进程竞争力指标在河南省的排位变化情况，如表 21 - 3 - 3 和图 21 - 3 - 3 所示。

表 21 - 3 - 3　南阳市 2014～2015 年工业化进程竞争力及其二级指标

指标	第二产业增加值占 GDP 比重（%）	第二产业增加值增长率（%）	第二产业从业人员占总就业人员比重（%）	第二产业从业人员增长率（%）	第二产业固定资产投资占比（%）	工业化进程竞争力
2014 年	46.50	9.13	27.19	0.73	60.14	—
2015 年	44.26	8.26	26.45	-1.84	58.91	—
2014 年排位	14	17	16	7	6	14
2015 年排位	14	11	16	12	5	14
升降	0	6	0	-5	1	0
优势度	劣势	中势	劣势	中势	优势	劣势

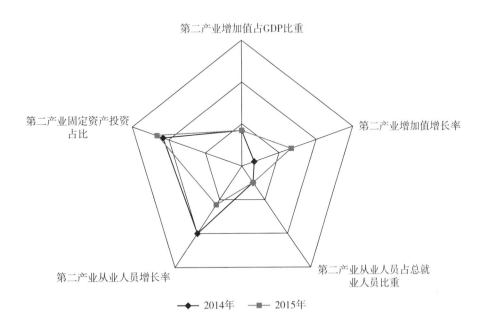

图 21 - 3 - 3　南阳市 2014～2015 年工业化进程竞争力二级指标排位

（1）2015 年南阳市工业化进程竞争力综合排位处于第 14 位，表明其在河南省处于劣势地位，与 2014 年相比排位保持不变。

（2）从指标所处区位看，2015 年处于上游区的指标有 1 个，为第二产业固定资产投资占比，并且第二产业固定资产投资占比为优势指标；处于下游区的指标有 4 个，分别为第二产业增加值占 GDP 比重、第二产业增加值增长率、第二产业从业人员占总就业人员比重、第二产业从业人员增长率，其中第二产业增加值占 GDP 比重、第二产业从业人员占总就业人员比重均为南阳市工业化进程竞争力中的劣势指标。

（3）从雷达图图形变化看，2015 年与 2014 年相比，面积基本不变，工业化进程竞争力呈现稳定趋势。

（4）从排位变化的动因看，在第二产业增加值增长率、第二产业固定资产投资占比指标排位上升和第二产业从业人员增长率指标排位下降的综合作用下，2015 年南阳市工业化进程竞争力综合排位保持不变，居河南省第 14 位。

21.3.4 服务业竞争力评价分析

2014~2015 年，南阳市服务业竞争力指标在河南省的排位变化情况，如表 21-3-4 和图 21-3-4 所示。

表 21-3-4　南阳市 2014~2015 年服务业竞争力及其二级指标

指标	服务业增加值（亿元）	服务业增加值增长率（%）	人均服务业增加值（元）	服务业从业人员数（万人）	服务业从业人员数增长率(%)	交通运输仓储邮电业增加值（亿元）	金融业增加值（亿元）	房地产业增加值（亿元）	批发和零售业增加值（亿元）	住宿和餐饮业增加值（亿元）	服务业竞争力
2014 年	962.55	9.96	9636.00	184.00	13.20	123.53	86.49	112.93	160.53	94.35	—
2015 年	1096.45	12.66	10958.81	187.93	2.13	136.49	102.45	116.20	172.50	103.82	—
2014 年排位	3	5	13	2	2	3	4	3	3	2	2
2015 年排位	3	2	13	2	13	3	4	3	3	2	2
升降	0	3	0	0	-11	0	0	0	0	0	0
优势度	优势	优势	劣势	优势	劣势	优势	优势	优势	优势	优势	优势

（1）2015 年南阳市服务业竞争力综合排位处于第 2 位，表明其在河南省处于优势地位，与 2014 年相比排位保持不变。

（2）从指标所处区位看，2015 年处于上游区的指标有 8 个，分别为服务业增加值、服务业增加值增长率、服务业从业人员数、交通运输仓储邮电业增加值、金融业增加值、房地产业增加值、批发和零售业增加值、住宿和餐饮业增加值，均为南阳市服务业竞争力中的优势指标；处于下游区的指标有 2 个，为人均服务业增加值、服务业从业人员数增长率，均为南阳市服务业竞争力中的劣势指标。

（3）从雷达图图形变化看，2015 年与 2014 年相比，面积略有缩小，服务业竞争力呈现稳定趋势。

（4）从排位变化的动因看，在服务业增加值增长率指标排位上升和服务业从业人员数增长率指标排位下降的综合作用下，2015 年南阳市服务业竞争力综合排位保持不变，居河南省第 2 位。

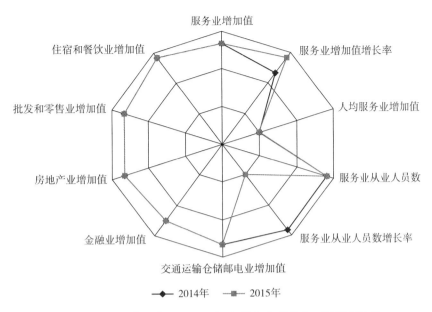

图 21 - 3 - 4　南阳市 2014 ~ 2015 年服务业竞争力二级指标排位

21.3.5　企业竞争力评价分析

2014 ~ 2015 年，南阳市企业竞争力指标在河南省的排位变化情况，如表 21 - 3 - 5 和图 21 - 3 - 5 所示。

表 21 - 3 - 5　南阳市 2014 ~ 2015 年企业竞争力及其二级指标

指标	规模以上工业企业数（个）	规模以上工业企业平均资产（亿元）	规模以上工业企业主营业务收入平均值（亿元）	流动资产年平均余额（亿元）	规模以上工业企业资产负债率（%）	规模以上工业企业成本费用利润率（%）	规模以上工业企业平均利润（亿元）	全员劳动生产率［元/（人·年）］	企业竞争力
2014 年	1899	1.77	2.00	1619.16	49.37	6.92	0.13	212442.29	—
2015 年	2262	1.66	1.85	1745.13	46.98	5.09	0.09	199903.76	—
2014 年排位	2	14	15	3	8	11	16	13	11
2015 年排位	2	14	17	4	9	16	18	13	14
升降	0	0	-2	-1	-1	-5	-2	0	-3
优势度	优势	劣势	劣势	优势	中势	劣势	劣势	劣势	劣势

（1）2015 年南阳市企业竞争力综合排位处于第 14 位，表明其在河南省处于劣势地位，与 2014 年相比排位下降 3 位。

（2）从指标所处区位看，2015 年处于上游区的指标有 3 个，分别为规模以上工业企业数、流动资产年平均余额、规模以上工业企业资产负债率，其中规模以上工业企业数、流动资产年平均余额为南阳市企业竞争力中的优势指标；处于下游区的指标有 5 个，分别为规模以上工业企业平均资产、规模以上工业企业主营业务收入平均值、规模以上工业企

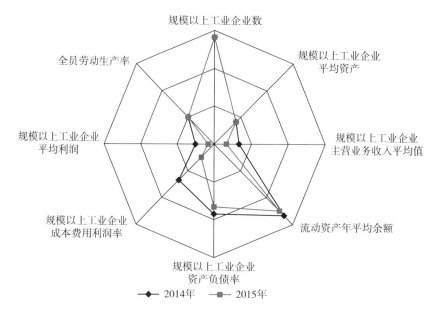

图 21 – 3 – 5　南阳市 2014 ~ 2015 年企业竞争力二级指标排位

业成本费用利润率、规模以上工业企业平均利润、全员劳动生产率，并且均为南阳市企业竞争力中的劣势指标。

（3）从雷达图图形变化看，2015 年与 2014 年相比，面积明显缩小，企业竞争力呈现下降趋势。

（4）从排位变化的动因看，在规模以上工业企业主营业务收入平均值、流动资产年平均余额、规模以上工业企业资产负债率、规模以上工业企业成本费用利润率、规模以上工业企业平均利润指标排位下降和其他指标排位不变的综合作用下，2015 年南阳市企业竞争力综合排位下降 3 位，在河南省居第 14 位。

21.4　南阳市城镇化发展评价分析

21.4.1　城镇化进程竞争力评价分析

2014 ~ 2015 年，南阳市城镇化进程竞争力指标在河南省的排位变化情况，如表 21 – 4 – 1 和图 21 – 4 – 1 所示。

（1）2015 年南阳市城镇化进程竞争力综合排位处于第 14 位，表明其在河南省处于劣势地位，与 2014 年相比排位保持不变。

（2）从指标所处区位看，2015 年处于上游区的指标有 3 个，分别为城镇居民人均可支配收入、城市建成区面积和人均城市园林绿地面积，其中，城市建成区面积和人均城市园林绿地面积指标均为南阳市城镇化进程竞争力中的优势指标；处于下游区的指标有 5 个，分别为城镇化率、市区人口密度、人均拥有道路面积、人均日生活用水量、燃气普及

表 21 - 4 - 1　南阳市 2014～2015 年城镇化进程竞争力及其二级指标

指标	城镇化率（%）	城镇居民人均可支配收入（元）	城市建成区面积（平方公里）	市区人口密度（人/平方公里）	人均拥有道路面积（平方米）	人均日生活用水量（升）	燃气普及率（%）	人均城市园林绿地面积（平方米）	城镇化进程竞争力
2014 年	39.56	23711.00	148.42	2427.00	12.98	94.85	69.42	17.15	—
2015 年	41.29	25140.00	149.45	2506.00	13.63	93.97	72.34	16.66	—
2014 年排位	14	10	3	17	12	17	17	1	14
2015 年排位	14	9	3	17	12	18	18	1	14
升降	0	1	0	0	0	-1	-1	0	0
优势度	劣势	中势	优势	劣势	中势	劣势	劣势	优势	劣势

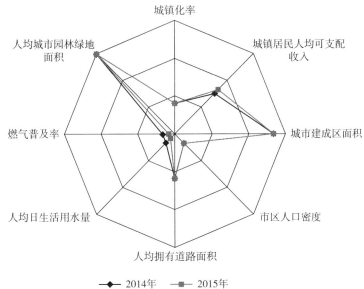

图 21 - 4 - 1　南阳市 2014～2015 年城镇化进程竞争力二级指标排位

率，其中城镇化率、市区人口密度、人均日生活用水量、燃气普及率是南阳市城镇化进程竞争力中的劣势指标。

（3）从雷达图图形变化看，2015 年与 2014 年相比，面积基本不变，城镇化进程竞争力呈现稳定趋势。

（4）从排位变化的动因看，在城镇居民人均可支配收入指标排位上升和人均日生活用水量、燃气普及率指标排位下降的综合作用下，2015 年南阳市城镇化进程竞争力综合排位保持不变，居河南省第 14 位。

21.4.2　城镇社会保障竞争力评价分析

2014～2015 年，南阳市城镇社会保障竞争力指标在河南省的排位变化情况，如表 21 - 4 - 2 和图 21 - 4 - 2 所示。

表 21 - 4 - 2　南阳市 2014~2015 年城镇社会保障竞争力及其二级指标

指标	城市城镇社区服务设施数（个/万人）	医疗保险覆盖率（%）	养老保险覆盖率（%）	失业保险覆盖率（%）	工伤保险覆盖率（%）	城镇登记失业率（%）	城镇社会保障竞争力
2014 年	225	41.29	22.62	15.98	13.26	3.23	—
2015 年	900	39.63	22.13	14.85	13.20	2.76	—
2014 年排位	8	18	12	12	13	12	16
2015 年排位	4	18	13	12	13	5	14
升降	4	0	-1	0	0	7	2
优势度	优势	劣势	劣势	中势	劣势	优势	劣势

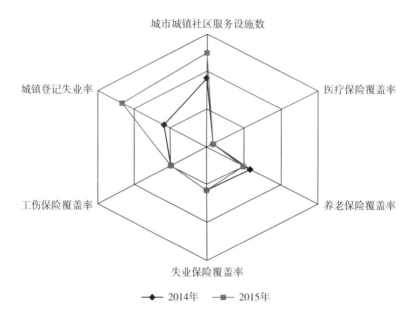

图 21 - 4 - 2　南阳市 2014~2015 年城镇社会保障竞争力二级指标排位

（1）2015 年南阳市城镇社会保障竞争力综合排位处于第 14 位，表明其在河南省处于劣势地位，与 2014 年相比排位上升 2 位。

（2）从指标所处区位看，2015 年处于上游区的指标有 2 个，分别为城市城镇社区服务设施数、城镇登记失业率，均为南阳市城镇社会保障竞争力中的优势指标；处于下游区的指标有 4 个，分别为医疗保险覆盖率、养老保险覆盖率、失业保险覆盖率、工伤保险覆盖率，其中医疗保险覆盖率、养老保险覆盖率和工伤保险覆盖率是南阳市城镇社会保障竞争力中的劣势指标。

（3）从雷达图图形变化看，2015 年与 2014 年相比，面积变大，城镇社会保障竞争力呈现上升趋势。

（4）从排位变化的动因看，在城市城镇社区服务设施数、城镇登记失业率指标排位上升和养老保险覆盖率指标排位下降的综合作用下，2015 年南阳市城镇社会保障竞争力综合排位上升 2 位，居河南省第 14 位。

21.5　南阳市社会发展评价分析

21.5.1　教育竞争力评价分析

2014～2015 年，南阳市教育竞争力指标在河南省的排位变化情况，如表 21 - 5 - 1 和图 21 - 5 - 1 所示。

表 21 - 5 - 1　南阳市 2014～2015 年教育竞争力及其二级指标

指标	教育经费占 GDP 比重（%）	人均教育经费（元）	人均教育固定资产投资（元）	万人中小学学校数（所）	万人中小学专任教师数（个）	万人高等学校数（所）	万人高校专任教师数（个）	万人高等学校在校学生数（人）	教育竞争力
2014 年	4.78	1274.41	306.77	3.93	89.91	0.01	6.31	70.12	—
2015 年	4.74	1356.88	418.41	3.78	92.02	0.01	6.46	74.35	—
2014 年排位	5	16	10	2	9	14	13	14	13
2015 年排位	5	14	10	4	8	14	13	14	14
升降	0	2	0	-2	1	0	0	0	-1
优势度	优势	劣势	中势	优势	中势	劣势	劣势	劣势	劣势

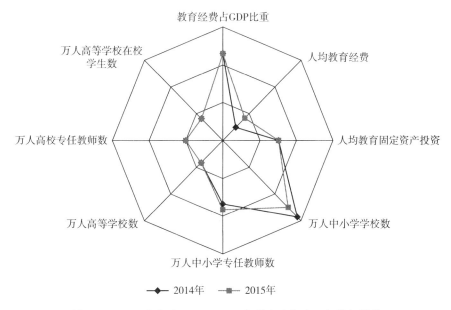

图 21 - 5 - 1　南阳市 2014～2015 年教育竞争力二级指标排位

（1）2015 年南阳市教育竞争力综合排位处于第 14 位，表明其在河南省处于劣势地位，与 2014 年相比排位下降了 1 位。

（2）从指标所处区位看，2015 年处于上游区的指标有 3 个，分别为教育经费占 GDP 比重、万人中小学学校数、万人中小学专任教师数，其中教育经费占 GDP 比重、万人中小学学校数为南阳市教育竞争力中的优势指标；处于下游区的指标有 5 个，分别为人均教育经费、人均教育固定资产投资、万人高等学校数、万人高校专任教师数、万人高等学校在校学生数，其中人均教育固定资产投资为南阳市教育竞争力中的中势指标，其余指标为南阳市教育竞争力中的劣势指标。

（3）从雷达图图形变化看，2015年与2014年相比，面积略微缩小，教育竞争力呈现下降趋势。

（4）从排位变化的动因看，在人均教育经费、万人中小学专任教师数指标排位上升和万人中小学学校数指标排位下降的综合作用下，2015年南阳市教育竞争力综合排位下降了1位，居河南省第14位。

21.5.2 科技竞争力评价分析

2014～2015年，南阳市科技竞争力指标在河南省的排位变化情况，如表21-5-2和图21-5-2所示。

表21-5-2 南阳市2014～2015年科技竞争力及其二级指标

指标	科学研究和技术服务业增加值(亿元)	万人科技活动人员(人)	R&D经费占GDP比重(%)	人均R&D经费支出(元)	万人技术市场成交额(万元)	科技竞争力
2014年	12.55	22.76	0.93	248.95	3.80	—
2015年	14.53	24.47	0.97	276.67	2.71	—
2014年排位	8	12	10	12	9	10
2015年排位	8	11	9	13	9	9
升降	0	1	1	-1	0	1
优势度	中势	中势	中势	劣势	中势	中势

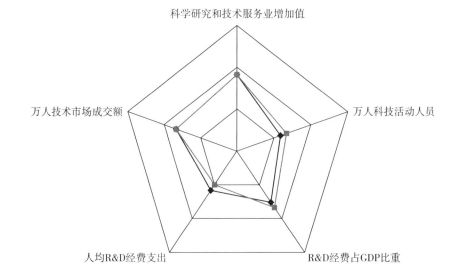

图21-5-2 南阳市2014～2015年科技竞争力二级指标排位

（1）2015 年南阳市科技竞争力综合排位处于第 9 位，表明其在河南省处于中势地位，与 2014 年相比排位上升了 1 位。

（2）从指标所处区位看，2015 年处于上游区的指标有 3 个，分别为科学研究和技术服务业增加值、R&D 经费占 GDP 比重、万人技术市场成交额，均为南阳市科技竞争力中的中势指标；处于下游区的指标有 2 个，分别为万人科技活动人员、人均 R&D 经费支出，分别是南阳市科技竞争力中的中势指标、劣势指标。

（3）从雷达图图形变化看，2015 年与 2014 年相比，面积略有增大，科技竞争力呈现上升趋势。

（4）从排位变化的动因看，在万人科技活动人员、R&D 经费占 GDP 比重指标排位上升和人均 R&D 经费支出指标排位下降的综合作用下，2015 年南阳市科技竞争力综合排位上升了 1 位，居河南省第 9 位。

21.5.3　文化竞争力评价分析

2014～2015 年，南阳市文化竞争力指标在河南省的排位变化情况，如表 21 – 5 – 3 和图 21 – 5 – 3 所示。

表 21 – 5 – 3　南阳市 2014～2015 年文化竞争力及其二级指标

指标	全市接待旅游总人次（万人次）	全市旅游总收入（亿元）	城镇居民人均文化娱乐支出(元)	农村居民人均文化娱乐支出（元）	城镇居民文化娱乐支出占消费性支出比重（%）	农村居民文化娱乐支出占消费性支出比重（%）	文化竞争力
2014 年	1969.26	157.08	2135.60	309.20	11.78	4.57	—
2015 年	2629.23	206.92	1947.51	441.00	10.73	5.65	—
2014 年排位	9	7	5	15	8	17	12
2015 年排位	9	6	7	17	11	18	15
升降	0	1	−2	−2	−3	−1	−3
优势度	中势	优势	中势	劣势	中势	劣势	劣势

（1）2015 年南阳市文化竞争力综合排位处于第 15 位，表明其在河南省处于劣势地位，与 2014 年相比排位下降了 3 位。

（2）从指标所处的区位看，2015 年处于上游区的指标有 3 个，分别为全市接待旅游总人次、全市旅游总收入、城镇居民人均文化娱乐支出，其中全市旅游总收入是南阳市文化竞争力中的优势指标；处于下游区的指标有 3 个，分别为农村居民人均文化娱乐支出、城镇居民文化娱乐支出占消费性支出比重、农村居民文化娱乐支出占消费性支出比重，其中农村居民人均文化娱乐支出和农村居民文化娱乐支出占消费性支出比重是南阳市文化竞争力中的劣势指标。

（3）从雷达图图形变化看，2015 年与 2014 年相比，面积略有缩小，文化竞争力呈现下降的趋势。

（4）从排位变化的动因看，在全市旅游总收入指标排位上升和城镇居民人均文化娱

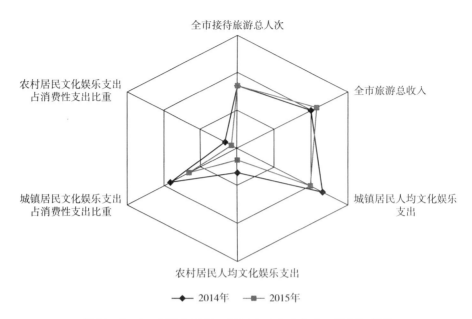

图 21 - 5 - 3　南阳市 2014～2015 年文化竞争力二级指标排位

乐支出、农村居民人均文化娱乐支出、城镇居民文化娱乐支出占消费性支出比重、农村居民文化娱乐支出占消费性支出比重指标排位下降的综合作用下，2015 年南阳市文化竞争力综合排位下降了 3 位，居河南省第 15 位。

21.6　南阳市县域经济发展评价分析

21.6.1　县域经济竞争力评价分析

2014～2015 年，南阳市县域经济竞争力指标在河南省的排位变化情况，如表 21 - 6 - 1 和图 21 - 6 - 1 所示。

表 21 - 6 - 1　南阳市 2014～2015 年县域经济竞争力及其二级指标

指标	地区生产总值（亿元）	人均地区生产总值（元）	一般预算财政总收入（亿元）	人均财政总收入（元）	固定资产投资额（亿元）	人均固定资产投资额（元）	全社会消费品零售总额（亿元）	人均全社会消费品零售总额（元）	金融机构贷款年底余额（亿元）	人均金融机构贷款年底余额（元）	县域经济竞争力
2014 年	2040.11	25028.14	78.82	966.92	2093.11	25678.36	993.23	12184.96	828.22	10160.64	—
2015 年	2199.08	26898.42	88.95	1088.01	2458.65	30073.39	1126.19	13775.13	934.37	11428.94	—
2014 年排位	2	14	3	13	3	11	2	6	2	12	5
2015 年排位	2	14	3	13	3	10	2	6	2	11	5
升降	0	0	0	0	0	1	0	0	0	1	0
优势度	优势	劣势	优势	劣势	优势	中势	优势	优势	优势	中势	优势

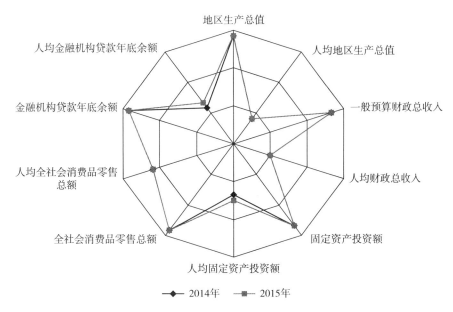

图 21－6－1 南阳市 2014～2015 年县域经济竞争力二级指标排位

（1）2015 年南阳市县域经济竞争力综合排位处于第 5 位，表明其在河南省处于优势地位，与 2014 年相比排位保持不变。

（2）从指标所处区位看，2015 年处于上游区的指标有 6 个，分别为地区生产总值、一般预算财政总收入、固定资产投资额、全社会消费品零售总额、人均全社会消费品零售总额、金融机构贷款年底余额，均是南阳市县域竞争力的优势指标；处于下游区的指标有 4 个，分别为人均地区生产总值、人均财政总收入、人均固定资产投资额、人均金融机构贷款年底余额，其中人均地区生产总值、人均财政总收入是南阳市县域经济竞争力中的劣势指标。

（3）从雷达图图形变化看，2015 年与 2014 年相比，面积变化不大，县域经济竞争力呈现稳定趋势。

（4）从排位变化的动因看，在人均固定资产投资额、人均金融机构贷款年底余额指标排位上升和其他指标排位不变的综合作用下，2015 年南阳市县域经济竞争力综合排位保持不变，居河南省第 5 位。

21.6.2 南阳市县域经济发展特色分析

（一）西峡县

2015 年，西峡县完成地区生产总值 219.47 亿元，增长 10.1%；人均地区生产总值为 50257.61 元；一般预算财政总收入 11.16 亿元，一般预算财政总支出 28.27 亿元；全社会固定资产投资额 284.09 亿元；全社会消费品零售总额 75.16 亿元；金融机构贷款年底余额 108.87 亿元；城镇化率为 45.24%；城镇居民人均可支配收入 25015 元，农民人均纯收入 12981 元。

2015 年，西峡县第一产业完成增加值 28.09 亿元，同比增长 4.5%；第二产业完成增加值 127.12 亿元，同比增长 10.6%；第三产业完成增加值 64.27 亿元，同比增长 11.6%；三次产业占比为 12.8：57.9：29.3。2015 年，西峡县香菇产值达到 20 亿元，出口达 6 亿美元，被评为"全国香菇优秀主产基地县"。猕猴桃产值达到 5 亿元，成功举办"中国西峡猕猴桃产业发展研讨暨产销见面会"。2015 年，西峡县发展中药材 1.5 万亩，山茱萸荣获"全国道地优质中药材十佳规范化基地"，仲景香菇酱、山茱萸被认定为"全国生态原产地保护产品"。西峡县被评为"生态原产地产品保护示范区"。以沪陕高速沿线为重点，完成造林绿化 13.83 万亩，森林抚育和改造 32.66 万亩。

（二）镇平县

2015 年，镇平县完成地区生产总值 215.07 亿元，同比增长 10.5%；人均地区生产总值 25479.30 元；一般预算财政总收入 7.96 亿元，一般预算财政总支出 33.18 亿元；全社会固定资产投资额 236.27 亿元；全社会消费品零售总额 141.76 亿元；金融机构贷款年底余额 89.13 亿元；城镇化率 36.71%；城镇居民人均可支配收入 22508 元，农民人均纯收入 11080 元。

2015 年，镇平县第一产业完成增加值 30.36 亿元，同比增长 4.3%；第二产业完成增加值 103.63 亿元，同比增长 11.1%；第三产业完成增加值 81.08 亿元，同比增长 12.1%；三次产业占比为 14.1：48.2：37.7。2015 年，镇平县共运作各类投资项目 124 个，到位资金 23.7 亿元。争取政策性项目 111 个，到位无偿资金 16.8 亿元。17 个项目被列为省、市重点，完成投资 10.9 亿元。谋划储备"十三五"重大项目 306 个，总投资 2018 亿元。投资 2 亿元建成 14.5 万亩高标准良田，粮食总产连续 9 年稳定在 10 亿斤以上。流转土地 3 万亩，新发展苗木花卉 1.5 万亩、蔬菜 1 万亩，新造林 6.9 万亩。新解决 5 万人安全饮水问题，改造农村危房 2200 户，完成年度 1.1 万人脱贫攻坚任务。

（三）内乡县

2015 年，内乡县完成地区生产总值 147.60 亿元，同比增长 10.8%；人均地区生产总值 26582.84 元；一般预算财政总收入 7.27 亿元，一般预算财政总支出 30.95 亿元；全社会固定资产投资额 208.07 亿元；全社会消费品零售总额 86.01 亿元；金融机构贷款年底余额 93.71 亿元；城镇化率 36.65%；城镇居民人均可支配收入 23186 元，农民人均纯收入 10442 元。

2015 年，内乡县第一产业完成增加值 35.18 亿元，同比增长 4.8%；第二产业完成增加值 61.01 亿元，同比增长 12.2%；第三产业完成增加值 51.40 亿元，同比增长 13.2%；三次产业占比为 23.84：41.34：34.82。2015 年，内乡县粮食生产达 6.6 亿斤，创建万亩示范方 7 个。烟叶收购总量 11.65 万担，实现税收 3302 万元。新发展核桃 1.5 万亩、油桃及小杂果 6000 亩、茶叶 5000 亩，高标准完成大面积造林 5.6 万亩，南阳市造林绿化观摩评比中位居第一。新登记农民合作社国、省两级示范社 9 家，新发展家庭农场 142 家。

（四）淅川县

2015 年，淅川县完成地区生产总值 194.63 亿元，同比增长 10.3%；人均地区生产总值 29423.73 元；一般预算财政总收入 7.78 亿元，一般预算财政总支出 37.50 亿元；全社会固定资产投资额 266.64 亿元；全社会消费品零售总额 93.83 亿元；金融机构贷款年底余额 89.49 亿元；城镇化率 38.5%；城镇居民人均可支配收入 24267 元，农民人均纯收入 9130 元。

2015 年，淅川县第一产业完成增加值 35.54 亿元，同比增长 4.3%；第二产业完成增加值 98.83 亿元，同比增长 10.9%；第三产业完成增加值 60.27 亿元，同比增长 13.2%；三次产业占比为 18.3∶50.7∶31.0。围绕"一县一业"，重点发展汽车零部件加工产业，新增关联企业 10 家，总数达到 75 家，实现行业产值 90 亿元，同比增长 20%。围绕水污染防治，突出抓好 50 个"十二五"规划项目建设，其中 27 个污水、垃圾处理和 5 个工业点源治理项目全面建成。推广"渠首神"生物有机肥 3 万亩，治理水土流失 30 平方公里，高标准完成造林 2.46 万亩，栽植花卉苗木 312 万株，实施了 7 条道路升级改造。新发展茶叶、软籽石榴、竹子和金银花等生态产业 6 万亩，完成营造林 32 万亩，修复消落区生态 1.5 万亩。新发展农民专业合作社 188 家、家庭农场 80 家，赵四鲜桃合作社晋升国家级示范社，"三品一标"认证数量 37 个。

（五）新野县

2015 年，新野县完成地区生产总值 237.40 亿元，同比增长 10.5%；人均地区生产总值 38911.38 元；一般预算财政总收入 6.40 亿元，一般预算财政总支出 26.94 亿元；全社会固定资产投资额 248.27 亿元；全社会消费品零售总额 112.62 亿元；金融机构贷款年底余额 92.58 亿元；城镇化率 36.73%；城镇居民人均可支配收入 23984 元，农民人均纯收入 12986 元。

2015 年，新野县第一产业完成增加值 43.52 亿元，同比增长 4.5%；第二产业完成增加值 118.22 亿元，同比增长 11.2%；第三产业完成增加值 75.66 亿元，同比增长 13.2%；三次产业占比为 18.3∶49.8∶31.9。2015 年，新野县建成高标准粮田 28.3 万亩，粮食总产达 5.2 亿公斤，实现十二连增，保持了"全国粮食生产先进县"荣誉。新野县新命名市级产业化龙头企业 11 家，新组建各类农民合作社 122 家，新发展家庭农场 72 家，规模以上种植大户发展到 1096 家，新野县被确定为第二批国家级现代农业示范区发展改革试点县。新植树木 130 万株，造林 1.66 万亩。

（六）桐柏县

2015 年，桐柏县完成地区生产总值 138.14 亿元，同比增长 7.5%；人均地区生产总值 36362.22 元；一般预算财政总收入 7.69 亿元，一般预算财政总支出 22.61 亿元；全社会固定资产投资额 178.57 亿元；全社会消费品零售总额 79.46 亿元；金融机构贷款年底余额 49.30 亿元；城镇化率 41.45%；城镇居民人均可支配收入 22427 元，农民人均纯收入 8670 元。

2015 年，桐柏县第一产业完成增加值 20.95 亿元，同比增长 4.7%；第二产业完成增加值 73.13 亿元，同比增长 5%；第三产业完成增加值 44.06 亿元，同比增长 16%；三次产业占比为 15.2∶52.9∶31.9。2015 年，桐柏县建成高标准粮田 3.9 万亩，新发展有机茶园 3000 亩、中药材 3000 亩、花卉苗木 4000 亩、蔬菜 2000 亩。新增农民专业合作社 36 家、家庭农场 26 家。申报"三品一标"产品 9 个，桐柏茶叶、夏枯球产地获得"省级出口农产品质量安全示范区"称号，桐柏玉叶获得"国家地理标志产品"认证。盘古溪茶业等 11 家企业 10

多种农产品实现进京销售，天利农业等 4 家企业实现交易板和展示板挂牌。完成营造林 9.8 万亩，完成 10 座水库除险加固工程，解决了 3 万农村人口安全饮水问题。

（七）唐河县

2015 年，唐河县完成地区生产总值 263.02 亿元，同比增长 8.2%；人均地区生产总值 21743.42 元；一般预算财政总收入 8.13 亿元，一般预算财政总支出 43.14 亿元；全社会固定资产投资额 243.01 亿元；全社会消费品零售总额 141.65 亿元；金融机构贷款年底余额 71.80 亿元；城镇化率 37.53%；城镇居民人均可支配收入 22871 元，农民人均纯收入 11080 元。

2015 年，唐河县第一产业完成增加值 70.50 亿元，同比增长 4.5%；第二产业完成增加值 107.45 亿元，同比增长 7.9%；第三产业完成增加值 85.07 亿元，同比增长 12.5%；三次产业占比为 26.8∶40.9∶32.3。2015 年，唐河县粮食总产突破 26.3 亿斤，实现十二连增，增幅居南阳市第一。3 万亩国家级现代农业示范园区项目成功获批，16.3 万亩高标准粮田被确定为省级示范点。畜牧业实现总产值 49 亿元，草腐菌加工产能达 1000 万袋，建成千亩茶园 1 个，植树造林 6.4 万亩。新发展农民专业合作社 504 家，其中市级以上示范社 35 家，新发展家庭农场 320 个，培育省级龙头企业 5 家、市级以上 28 家。

（八）方城县

2015 年，方城县完成地区生产总值 175.37 亿元，同比增长 11.6%；人均地区生产总值 19707.93 元；一般预算财政总收入 8.67 亿元，一般预算财政总支出 36.47 亿元；全社会固定资产投资额 196.48 亿元；全社会消费品零售总额 107.04 亿元；金融机构贷款年底余额 87.51 亿元；城镇化率 33.95%；城镇居民人均可支配收入 22663 元，农民人均纯收入 9891 元。

2015 年，方城县第一产业完成增加值 37.49 亿元，同比增长 4.6%；第二产业完成增加值 73.99 亿元，同比增长 13.4%；第三产业完成增加值 63.89 亿元，同比增长 13.8%；三次产业占比 21.4∶42.2∶36.4。2015 年，方城县新建高标准粮田 6 万亩，粮食总产突破 13 亿斤。农产品"三品一标"认证面积达到 60 万亩，以国家"2011 计划"现代农业示范区为核心的农业科技园区，被评为省级示范园区。新建市级以上龙头企业 4 家，新发展家庭农场 58 家、农民专业合作社 410 家。托管土地 18.3 万亩，特色商业区完成投资 17 亿元，总投资 40 亿元的亚龙国际商博城进展顺利，鸿福物流一期基本建成。

（九）南召县

2015 年，南召县完成地区生产总值 121.64 亿元，同比增长 11.0%；人均地区生产总值 22441.47 元；一般预算财政总收入 5.60 亿元，一般预算财政总支出 25.92 亿元；全社会固定资产投资额 155.03 亿元；全社会消费品零售总额 84.47 亿元；金融机构贷款年底余额 54.08 亿元；城镇化率 35.94%；城镇居民人均可支配收入 22008 元，农民人均纯收入 8789 元。

2015 年，南召县第一产业完成增加值 18.34 亿元，同比增长 4.5%；第二产业完成增加值 59.63 亿元，同比增长 11.9%；第三产业完成增加值 43.67 亿元，同比增长 11.8%；三次产业占比为 15.1∶49.0∶35.9。2015 年，南召县完成森林资源培育 16.5 万亩、通道绿化 5000 亩。新发展苗木花卉 1.5 万亩，花木总面积达到 15 万亩。新发展以辛夷为主的经济林 2.1 万亩，建成小店鹰山、皇后天桥辛夷种植示范基地。投入 2.5 亿元，实施移民避险解困、安全饮水、坡改梯等重点项目 11 个，解决 3.8 万群众和 1.5 万农村师生饮水问题，完成 28 座小型水库除险加固，荣获市"兴水杯"。新建高标准良田 8300 亩，粮食总产 19.5 万吨，增长 10%。省、市级农业产业化龙头企业达到 21 家，新注册农民专业合作社 120 家、家庭农场 42 家，认证无公害农产品生产基地 16 个，绿色、有机农产品达到 21 种。畜牧业实现总产值 8 亿元，增长 4%，肉蛋奶总产 4 万吨，增长 5%。柞蚕业产茧 300 万斤，产业集群销售总收入 28.5 亿元。

（十）社旗县

2015 年，社旗县完成地区生产总值 139.25 亿元，同比增长 11.5%；人均地区生产总值 22563.23 元；一般预算财政总收入 5.54 亿元，一般预算财政总支出 25.00 亿元；全社会固定资产投资额 151.17 亿元；全社会消费品零售总额 63.27 亿元；金融机构贷款年底余额 60.78 亿元；城镇化率 36.25%；城镇居民人均可支配收入 21043 元，农民人均纯收入 8918 元。

2015 年，社旗县第一产业完成增加值 34.74 亿元，同比增长 4.6%；第二产业完成增加值 58.16 亿元，同比增长 13.7%；第三产业完成增加值 46.34 亿元，同比增长 14.3%；三次产业占比为 24.95：41.77：33.28。2015 年，社旗县粮食产量达 54.8 万吨，实现十二连增。烟叶发展到 3.5 万亩，实现税收 2546 万元；完成造林 2.3 万亩，新发展苗木花卉 3 万亩，蔬菜种植面积达到 7.5 万亩。新建、改扩建标准化规模养殖场 20 个，肉、蛋、奶总产达 14.5 万吨，建成高标准粮田 5 万亩，新增有效灌溉面积 4 万亩、旱涝保收田 2.5 万亩。新发展新型农业经营主体 193 家；新增规范化托管土地面积 4.2 万亩。

（十一）邓州市

2015 年，邓州市完成地区生产总值 347.48 亿元，同比增长 8.6%；人均地区生产总值 24519.89 元；一般预算财政总收入 12.77 亿元，一般预算财政总支出 62.41 亿元；全社会固定资产投资额 291.04 亿元；全社会消费品零售总额 140.90 亿元；金融机构贷款年底余额 137.13 亿元；城镇化率 36.62%；城镇居民人均可支配收入 23014 元，农民人均纯收入 11827 元。

2015 年，邓州市第一产业完成增加值 97.46 亿元，同比增长 4.4%；第二产业完成增加值 125.68 亿元，同比增长 9.0%；第三产业完成增加值 124.34 亿元，同比增长 11.4%；三次产业占比 28.0：36.2：35.8。2015 年，邓州市新建高标准粮田 29.3 万亩，发放农业补贴 2.9 亿元。发展黄志牧业、奶牛产业等农业产业化集群 8 个，培育省级农业产业化龙头企业 6 家；奶牛规模养殖场达到 46 家，畜位 4 万头，存栏奶牛 1.5 万头，日产鲜奶 70 吨，牧—沼—菌（菜）农牧结合、种养一体循环发展模式初步形成。邓州市新型农业经营主体发展到 1145 家，其中省级以上示范社 14 家；流转土地 75 万亩，发展蔬菜和食用菌 50 万亩、林果花卉 3 万亩、中药材 3 万亩、油用牡丹等木本油料 1.2 万亩，认定"三品一标"基地 30 万亩，10 个特色农业园区建设持续推进。出台政策支持移民发展特色种植，争取移民扶持资金 2711 万元，5 个移民村被评为省"强村富民"示范村。

第 22 章
商丘市 2015 年发展报告

22.1 商丘市发展概述

2015 年商丘市完成地区生产总值 1812.16 亿元；人均地区生产总值 24940.47 元；一般预算财政总收入 110.71 亿元；一般预算财政总支出 381.70 亿元；固定资产投资额 1768.73 亿元；全社会消费品零售总额 813.18 亿元；金融机构贷款年底余额 1137.75 亿元；进出口总额 3.01 亿美元；城镇化率 38.23%；城镇居民人均可支配收入 23571.51 元；农民人均纯收入 8885.19 元。

2015 年，商丘市第一产业完成增加值 376.97 亿元，同比增长 4.5%；第二产业完成增加值 757.24 亿元，同比增长 8.2%；第三产业完成增加值 677.96 亿元，同比增长 12.7%；三次产业占比为 20.8∶41.8∶37.4。2015 年，商丘市新建高标准粮田 75 万亩，粮食总产 111.6 亿斤（不含永城），实现十二连增。健全土地流转机制，农业产业化经营主体 8125 家。投入水利建设资金 13.2 亿元，实施任庄及马楼水库除险加固、中小河流治理、小农水重点县、灌区续建配套与节水改造工程，新增和改善灌溉除涝面积 149 万亩。2015 年引进固定资产投资 3 亿元以上项目 46 个，总投资 446 亿元，利用省外资金 539 亿元。商丘保税物流中心获批，电商产业园、大学生创业园、传化物流港开工建设。围绕火车站区域升级改造和高铁商城建设，打造市区北部商业圈，商丘市市场商品交易总额 689.7 亿元，增长 13.5%。2015 年接待游客 1576.3 万人次，增长 61.0%；实现旅游收入 96.05 亿元，增长 48.0%。

22.2 商丘市宏观经济竞争力评价分析

22.2.1 经济规模竞争力评价分析

2014～2015 年，商丘市经济规模竞争力指标在河南省的排位变化情况，如表 22-2-1 和图 22-2-1 所示。

（1）2015 年商丘市经济规模竞争力的综合排位处于第 16 位，在河南省处于劣势地位，与 2014 年相比排位下降了 2 位。

（2）从指标所处区位看，2015 年处于上游区的指标有 4 个，分别为一般预算财政总收入、固定资产投资额、全社会消费品零售总额、金融机构贷款年底余额，其中全社会消费品零售总额为商丘市经济规模竞争力的优势指标；其余指标处于下游区，其中人均地区

表 22 - 2 - 1 商丘市 2014 ~ 2015 年经济规模竞争力及其二级指标

指标	地区生产总值（亿元）	地区生产总值增长率（%）	人均地区生产总值（元）	一般预算财政总收入（亿元）	人均财政总收入（元）	固定资产投资额（亿元）	人均固定资产投资额（元）	全社会消费品零售总额（亿元）	人均全社会消费品零售总额（元）	金融机构贷款年底余额（亿元）	人均金融机构贷款年底余额（元）	经济规模竞争力
2014 年	1697.64	9.20	23359.30	100.75	1386.27	1548.78	21311.04	719.18	9895.89	1007.19	13858.84	—
2015 年	1812.16	8.82	24940.47	110.71	1523.72	1768.73	24342.71	813.18	11191.59	1137.75	15658.60	—
2014 年排位	10	8	17	9	15	9	16	6	16	8	15	14
2015 年排位	10	11	17	8	15	9	16	6	16	8	16	16
升降	0	-3	0	1	0	0	0	0	0	0	-1	-2
优势度	中势	中势	劣势	中势	劣势	中势	劣势	优势	劣势	中势	劣势	劣势

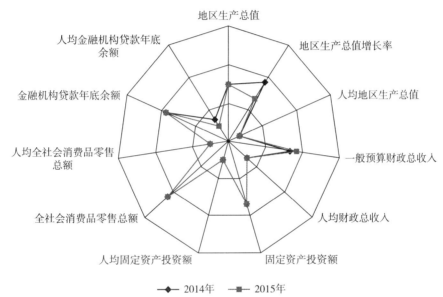

图 22 - 2 - 1 商丘市 2014 ~ 2015 年经济规模竞争力二级指标排位

生产总值、人均财政总收入、人均固定资产投资额、人均全社会消费品零售总额、人均金融机构贷款年底余额指标为商丘市经济规模竞争力的劣势指标。

（3）从雷达图图形变化看，2015 年与 2014 年相比，面积略有缩小，经济规模竞争力呈现下降趋势。

（4）从排位变化的动因来看，在一般预算财政总收入指标排位上升和地区生产总值增长率、人均金融机构贷款年底余额指标排位下降的综合作用下，2015 年商丘市经济规模竞争力综合排位下降了 2 位，居河南省第 16 位。

22.2.2 经济结构竞争力评价分析

2014 ~ 2015 年，商丘市经济结构竞争力指标在河南省的排位变化情况，如表22 - 2 - 2和图 22 - 2 - 2 所示。

表 22 - 2 - 2　商丘市 2014～2015 年经济结构竞争力及其二级指标

指标	产业结构（%）	所有制结构（%）	人均收入结构（%）	支出结构（%）	国际贸易结构（%）	单位 GDP 能耗增减率（%）	经济结构竞争力
2014 年	77.92	45.61	36.03	46.44	83.50	-9.07	—
2015 年	79.20	61.65	37.69	45.98	88.56	-7.70	—
2014 年排位	15	15	17	8	7	3	17
2015 年排位	15	14	17	7	3	6	15
升降	0	1	0	1	4	-3	2
优势度	劣势	劣势	劣势	中势	优势	优势	劣势

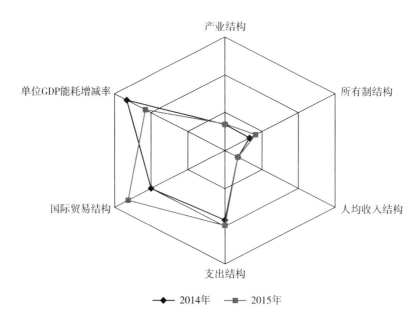

图 22 - 2 - 2　商丘市 2014～2015 年经济结构竞争力二级指标排位

（1）2015 年商丘市经济结构竞争力综合排位处于第 15 位，表明其在河南省处于劣势地位，与 2014 年相比排位上升 2 位。

（2）从指标所处区位来看，2015 年处于上游区的指标有 3 个，分别是支出结构、国际贸易结构、单位 GDP 能耗增减率指标，其中国际贸易结构、单位 GDP 能耗增减率指标为商丘市经济结构竞争力的优势指标；处于下游区的指标有 3 个，分别为产业结构、所有制结构、人均收入结构指标，且均为商丘市的劣势指标。

（3）从雷达图图形变化看，2015 年与 2014 年相比，面积增大，经济结构竞争力呈现上升趋势。

（4）从排位变化动因看，在所有制结构、支出结构、国际贸易结构指标排位上升和单位 GDP 能耗增减率指标排位下降的综合作用下，2015 年商丘市经济结构竞争力综合排位与 2014 年相比，上升 2 位，居河南省第 15 位。

22.2.3　经济外向度竞争力评价分析

2014 ~ 2015 年，商丘市经济外向度竞争力指标在河南省的排位变化情况，如表22 – 2 – 3 和图 22 – 2 – 3 所示。

表 22 – 2 – 3　商丘市 2014 ~ 2015 年经济外向度竞争力及其二级指标

指标	进出口总额（亿美元）	货物和服务净流出（亿元）	出口拉动指数（%）	实际 FDI（万美元）	利用省外资金（亿元）	省外资金/固定资产投资(%)	经济外向度竞争力
2014 年	3.41	14.01	0.83	30897.00	547.70	35.36	—
2015 年	3.01	14.45	0.80	34346.00	595.20	33.65	—
2014 年排位	16	13	14	17	3	4	15
2015 年排位	18	13	14	17	3	4	15
升降	– 2	0	0	0	0	0	0
优势度	劣势	劣势	劣势	劣势	优势	优势	劣势

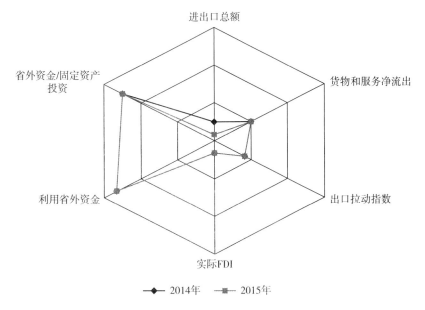

图 22 – 2 – 3　商丘市 2014 ~ 2015 年经济外向度竞争力二级指标排位

（1）2015 年商丘市经济外向度竞争力综合排位处于第 15 位，表明其在河南省处于劣势地位，与 2014 年相比排位不变。

（2）从指标所处区位来看，2015 年处于上游区的指标有 2 个，分别是利用省外资金、省外资金/固定资产投资指标，且均为商丘市经济外向度竞争力的优势指标；处于下游区的指标有 4 个，分别是进出口总额、货物和服务净流出、出口拉动指数、实际 FDI，且均为商丘市经济外向度竞争力的劣势指标。

（3）从排位变化的动因看，在进出口总额指标排位下降和其他指标排位不变的综合作用下，2015 年商丘市经济外向度竞争力综合排位不变，居河南省第 15 位。

22.2.4 宏观经济竞争力综合分析

2014～2015年，商丘市宏观经济竞争力指标在河南省的排位变化和指标结构，如表22-2-4所示。

表22-2-4 商丘市2014～2015年宏观经济竞争力指标

指标	经济规模竞争力	经济结构竞争力	经济外向度竞争力	宏观经济竞争力
2014年排位	14	17	15	18
2015年排位	16	15	15	18
升降	-2	2	0	0
优势度	劣势	劣势	劣势	劣势

（1）2015年商丘市宏观经济竞争力综合排位处于第18位，表明其在河南省处于劣势地位，与2014年相比排位不变。

（2）从指标所处区位来看，2015年经济规模竞争力、经济结构竞争力、经济外向度竞争力指标均处于下游区，且均为商丘市宏观经济竞争力的劣势指标。

（3）从指标变化趋势看，2015年与2014年相比，经济结构竞争力呈现上升趋势，经济规模竞争力指标呈现下降趋势。

（4）从排位综合分析看，在经济结构竞争力指标排位上升和经济规模竞争力指标排位下降的综合作用下，2015年商丘市宏观经济竞争力综合排位不变，居河南省第18位。

22.3 商丘市产业发展评价分析

22.3.1 农业竞争力评价分析

2014～2015年，商丘市农业竞争力指标在河南省的排位变化情况，如表22-3-1和图22-3-1所示。

表22-3-1 商丘市2014～2015年农业竞争力及其二级指标

指标	农业增加值（亿元）	人均农业增加值(元)	农民人均纯收入(元)	人均主要粮食产量（吨）	农业劳动生产率［元/(人·h)］	农村人均用电量（kW·h）	支农资金比重（%）	农业竞争力
2014年	380.48	5235.32	8025.10	0.91	7994.07	480.30	13.46	—
2015年	383.18	5273.58	8885.19	0.95	7994.28	509.65	14.50	—
2014年排位	5	5	17	4	8	7	6	5
2015年排位	5	6	17	2	11	7	3	5
升降	0	-1	0	2	-3	0	3	0
优势度	优势	优势	劣势	优势	中势	中势	优势	优势

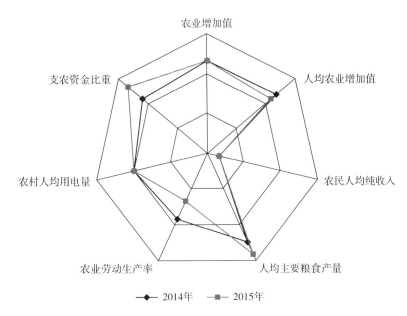

图 22 - 3 - 1　商丘市 2014 ~ 2015 年农业竞争力二级指标排位

（1）2015 年商丘市农业竞争力综合排位处于第 5 位，表明其在河南省处于优势地位，与 2014 年相比排位保持不变。

（2）从指标所处区位来看，2015 年处于上游区的指标有 5 个，分别是农业增加值、人均农业增加值、人均主要粮食产量、农村人均用电量、支农资金比重指标，其中农业增加值、人均农业增加值、人均主要粮食产量、支农资金比重指标为商丘市农业竞争力的优势指标；处于下游区的指标有 2 个，分别是农业劳动生产率和农民人均纯收入，其中农民人均纯收入为商丘市农业竞争力的劣势指标。

（3）从雷达图图形变化看，2015 年与 2014 年相比，面积变化不大，农业竞争力呈现稳定趋势。

（4）从排位变化的动因看，在人均主要粮食产量、支农资金比重指标排位上升和人均农业增加值、农业劳动生产率指标排位下降的综合作用下，2015 年商丘市农业竞争力综合排位保持不变，居河南省第 5 位。

22. 3. 2　工业竞争力评价分析

2014 ~ 2015 年，商丘市工业竞争力指标在河南省的排位变化情况，如表 22 - 3 - 2 和图 22 - 3 - 2 所示。

（1）2015 年商丘市工业竞争力综合排位处于第 18 位，表明其在河南省处于劣势地位，与 2014 年相比排位下降 2 位。

（2）从指标所处区位来看，2015 年处于下游区的指标有 8 个，分别是工业增加值、工业增加值增长率、人均工业增加值、规模以上工业资产总额、规模以上工业资产总贡献率、规模以上工业全员劳动生产率、规模以上工业成本费用利润率、规模以上工业产品销售率，其中人

表 22 - 3 - 2　商丘市 2014～2015 年工业竞争力及其二级指标

指标	工业增加值（亿元）	工业增加值增长率（%）	人均工业增加值（元）	规模以上工业资产总额（亿元）	规模以上工业资产总贡献率（%）	规模以上工业全员劳动生产率[元/（人·年）]	规模以上工业成本费用利润率（%）	规模以上工业产品销售率（%）	工业竞争力
2014 年	624.90	10.23	8598.52	1868.71	15.96	207667.84	6.64	98.02	—
2015 年	642.82	8.39	8846.97	2083.43	11.49	166796.64	4.86	98.10	—
2014 年排位	12	8	18	13	9	14	14	13	16
2015 年排位	12	10	18	13	13	16	17	11	18
升降	0	-2	0	0	-4	-2	-3	2	-2
优势度	中势	中势	劣势	劣势	劣势	劣势	劣势	中势	劣势

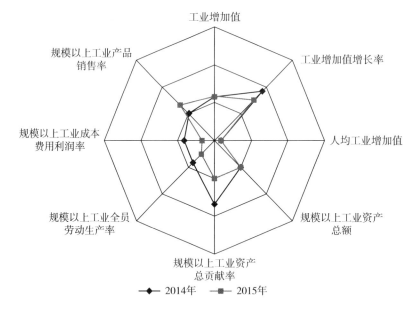

图 22 - 3 - 2　商丘市 2014～2015 年工业竞争力二级指标排位

均工业增加值、规模以上工业资产总额、规模以上工业资产总贡献率、规模以上工业全员劳动生产率、规模以上工业成本费用利润率是商丘市工业竞争力的劣势指标；没有上游区指标。

（3）从雷达图图形变化看，2015 年与 2014 年相比，面积略有缩小，工业竞争力呈现下降趋势。

（4）从排位变化的动因来看，在规模以上工业产品销售率指标排位上升和工业增加值增长率、规模以上工业资产总贡献率、规模以上工业全员劳动生产率、规模以上工业成本费用利润率指标排位下降的综合作用下，2015 年商丘市工业竞争力综合排位下降 2 位，居河南省第 18 位。

22.3.3　工业化进程竞争力评价分析

2014～2015 年，商丘市工业化进程竞争力指标在河南省的排位变化情况，如表 22 - 3 - 3 和图 22 - 3 - 3 所示。

表 22 - 3 - 3　商丘市 2014 ~ 2015 年工业化进程竞争力及其二级指标

指标	第二产业增加值占 GDP 比重(%)	第二产业增加值增长率(%)	第二产业从业人员占总就业人员比重(%)	第二产业从业人员增长率(%)	第二产业固定资产投资占比(%)	工业化进程竞争力
2014 年	43.33	10.84	32.62	1.57	63.15	—
2015 年	41.79	8.24	29.55	-4.72	58.70	—
2014 年排位	15	6	9	5	3	7
2015 年排位	15	12	14	16	6	16
升降	0	-6	-5	-11	-3	-9
优势度	劣势	中势	劣势	劣势	优势	劣势

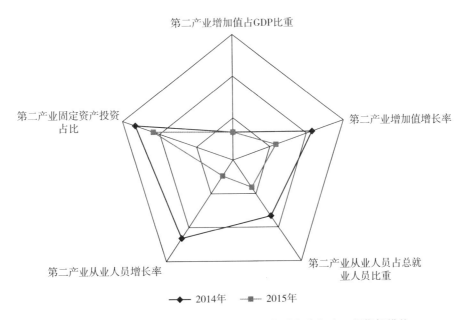

图 22 - 3 - 3　商丘市 2014 ~ 2015 年工业化进程竞争力二级指标排位

（1）2015 年商丘市工业化进程竞争力综合排位处于第 16 位，表明其在河南省处于劣势地位，与 2014 年相比排位下降 9 位。

（2）从指标所处区位来看，2015 年处于上游区的指标有 1 个，是第二产业固定资产投资占比，且是商丘市工业化进程竞争力的优势指标。处于下游区的指标有 4 个，分别是第二产业增加值占 GDP 比重、第二产业增加值增长率、第二产业从业人员占总就业人员比重、第二产业从业人员增长率，其中第二产业增加值占 GDP 比重、第二产业从业人员占总就业人员比重、第二产业从业人员增长率是商丘市工业化进程竞争力的劣势指标。

（3）从雷达图图形变化看，2015 年与 2014 年相比，面积明显缩小，工业化进程竞争力呈现下降趋势。

（4）从排位变化的动因来看，在第二产业增加值增长率、第二产业从业人员占总就业人员比重、第二产业从业人员增长率、第二产业固定资产投资占比指标排位下降的综合作用下，2015 年商丘市工业化进程竞争力综合排位下降 9 位，居河南省第 16 位。

22.3.4 服务业竞争力评价分析

2014～2015年，商丘市服务业竞争力指标在河南省的排位变化情况，如表22－3－4和图22－3－4所示。

表22－3－4　商丘市2014～2015年服务业竞争力及其二级指标

指标	服务业增加值（亿元）	服务业增加值增长率（%）	人均服务业增加值（元）	服务业从业人员数（万人）	服务业从业人员数增长率（%）	交通运输仓储邮电业增加值（亿元）	金融业增加值（亿元）	房地产业增加值（亿元）	批发和零售业增加值（亿元）	住宿和餐饮业增加值（亿元）	服务业竞争力
2014年	587.35	10.00	8081.87	132.55	3.80	63.54	42.45	67.84	93.02	59.01	—
2015年	677.96	12.69	9330.59	166.06	25.28	69.26	53.87	74.05	102.38	62.80	—
2014年排位	11	4	17	7	10	9	12	8	11	5	10
2015年排位	8	1	17	5	9	9	12	8	11	5	5
升降	3	3	0	2	9	0	0	0	0	0	5
优势度	中势	优势	劣势	优势	优势	中势	中势	中势	中势	优势	优势

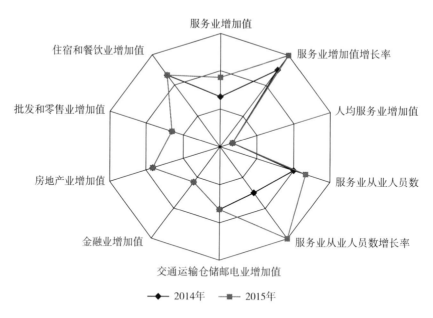

图22－3－4　商丘市2014～2015年服务业竞争力二级指标排位

（1）2015年商丘市服务业竞争力综合排位处于第5位，表明其在河南省处于优势地位，与2014年相比排位上升5位。

（2）从指标所处区位来看，2015年处于上游区的指标有7个，分别是服务业增加值、服务业增加值增长率、服务业从业人员数、服务业从业人员数增长率、交通运输仓储邮电业增加值、房地产业增加值、住宿和餐饮业增加值，其中服务业增加值增长率、服务业从业人员数、服务业从业人员数增长率、住宿和餐饮业增加值指标是商丘市服务业竞争力的优势指标；处于下游区的指标有 3 个，分别是人均服务业增加值、金融业增加值、批发和零售业增加值，其中人均服务业增加值指标是商丘市服务业竞争力的劣势指标。

（3）从雷达图图形变化看，2015 年与 2014 年相比，面积明显增大，服务业竞争力呈现上升趋势。

（4）从排位变化的动因来看，在服务业增加值、服务业增加值增长率、服务业从业人员数、服务业从业人员数增长率指标排位上升和其他指标排位不变的综合作用下，2015年商丘市服务业竞争力综合排位上升，居河南省第 5 位。

22.3.5　企业竞争力评价分析

2014～2015 年，商丘市企业竞争力指标在河南省的排位变化情况，如表 22 - 3 - 5 和图 22 - 3 - 5 所示。

表 22 - 3 - 5　商丘市 2014～2015 年企业竞争力及其二级指标

指标	规模以上工业企业数（个）	规模以上工业企业平均资产（亿元）	规模以上工业企业主营业务收入平均值（亿元）	流动资产年平均余额（亿元）	规模以上工业企业资产负债率（%）	规模以上工业企业成本费用利润率（%）	规模以上工业企业平均利润（亿元）	全员劳动生产率［元/（人·年）］	企业竞争力
2014 年	1078.00	1.73	2.57	793.56	44.28	6.64	0.14	207667.84	—
2015 年	1284.00	1.62	2.40	874.85	48.02	4.86	0.11	166796.64	—
2014 年排位	11	15	14	11	10	14	14	14	16
2015 年排位	8	15	14	11	8	17	17	16	16
升降	3	0	0	0	2	-3	-3	-2	0
优势度	中势	劣势	劣势	中势	中势	劣势	劣势	劣势	劣势

（1）2015 年商丘市企业竞争力综合排位处于第 16 位，表明其在河南省处于劣势地位，与 2014 年相比排位不变。

（2）从指标所处区位来看，2015 年处于下游区的指标有 6 个，分别是规模以上工业企业平均资产、规模以上工业企业主营业务收入平均值、流动资产年平均余额、规模以上工业企业成本费用利润率、规模以上工业企业平均利润、全员劳动生产率，其中规模以上工业企业平均资产、规模以上工业企业主营业务收入平均值、规模以上工业企业成本费用利润率、规模以上工业企业平均利润、全员劳动生产率指标是商丘市企业竞争力的劣势指标。

（3）从排位变化的动因来看，在规模以上工业企业数、规模以上工业企业资产负债率指标排位上升和规模以上工业企业成本费用利润率、规模以上工业企业平均利润、全员劳动生产率指标排位下降的综合作用下，2015 年商丘市企业竞争力综合排位不变，居河南省第 16 位。

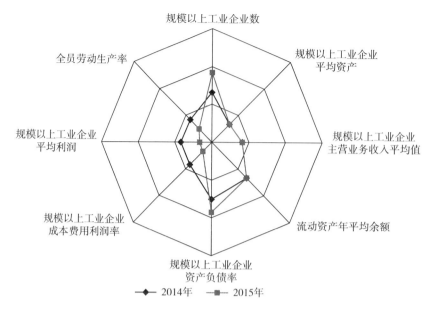

图 22 - 3 - 5　商丘市 2014～2015 年企业竞争力二级指标排位

22.4　商丘市城镇化发展评价分析

22.4.1　城镇化进程竞争力评价分析

2014～2015 年，商丘市城镇化进程竞争力指标在河南省的排位变化情况，如表 22 - 4 - 1 和图 22 - 4 - 1 所示。

表 22 - 4 - 1　商丘市 2014～2015 年城镇化进程竞争力及其二级指标

指标	城镇化率（％）	城镇居民人均可支配收入（元）	城市建成区面积（平方公里）	市区人口密度（人/平方公里）	人均拥有道路面积（平方米）	人均日生活用水量（升）	燃气普及率（％）	人均城市园林绿地面积（平方米）	城镇化进程竞争力
2014 年	36.49	22273.84	62.50	9362.00	9.52	104.22	77.42	6.33	—
2015 年	38.23	23571.51	63.00	9364.00	9.79	104.22	79.91	6.93	—
2014 年排位	16	14	14	3	17	16	15	18	16
2015 年排位	16	14	15	2	16	16	13	18	16
升降	0	0	-1	1	1	0	2	0	0
优势度	劣势	劣势	劣势	优势	劣势	劣势	劣势	劣势	劣势

（1）2015 年商丘市城镇化进程竞争力综合排位处于第 16 位，表明其在河南省处于劣势地位，与 2014 年相比排位不变。

（2）从指标所处区位来看，2015 年处于上游区的指标有 1 个，是市区人口密度，且

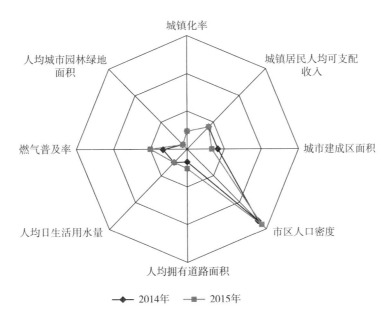

图 22 - 4 - 1　商丘市 2014 ~ 2015 年城镇化进程竞争力二级指标排位

为商丘市城镇化进程竞争力的优势指标；处于下游区的指标有 7 个，分别是城镇化率、城镇居民人均可支配收入、城市建成区面积、人均拥有道路面积、人均日生活用水量、燃气普及率、人均城市园林绿地面积，且均为商丘市城镇化进程竞争力的劣势指标。

（3）从雷达图图形变化看，2015 年与 2014 年相比，面积变化不大，城镇化进程竞争力呈现稳定趋势。

（4）从排位变化的动因来看，在市区人口密度、人均拥有道路面积、燃气普及率指标排位上升和城市建成区面积指标排位下降的综合作用下，2015 年商丘市城镇化进程竞争力综合排位不变，居河南省第 16 位。

22.4.2　城镇社会保障竞争力评价分析

2014 ~ 2015 年，商丘市城镇社会保障竞争力指标在河南省的排位变化情况，如表 22 - 4 - 2 和图 22 - 4 - 2 所示。

表 22 - 4 - 2　商丘市 2014 ~ 2015 年城镇社会保障竞争力及其二级指标

指标	城市城镇社区服务设施数（个/万人）	医疗保险覆盖率（%）	养老保险覆盖率（%）	失业保险覆盖率（%）	工伤保险覆盖率（%）	城镇登记失业率（%）	城镇社会保障竞争力
2014 年	29	58.50	20.86	13.12	11.94	3.62	—
2015 年	320	50.45	20.76	12.34	11.55	3.71	—
2014 年排位	17	4	16	17	17	14	15
2015 年排位	11	10	16	17	18	15	17
升降	6	-6	0	0	-1	-1	-2
优势度	中势	中势	劣势	劣势	劣势	劣势	劣势

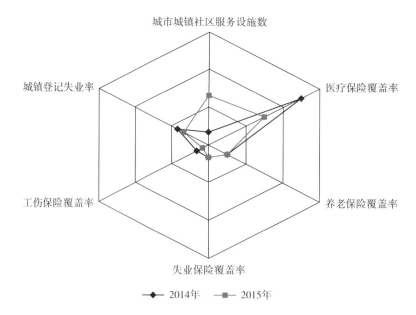

图 22 - 4 - 2　商丘市 2014 ~ 2015 年城镇社会保障竞争力二级指标排位

（1）2015 年商丘市城镇社会保障竞争力综合排位处于第 17 位，表明其在河南省处于劣势地位，与 2014 年相比排位下降了 2 位。

（2）从指标所处区位来看，2015 年指标排位均处于下游区，其中养老保险覆盖率、失业保险覆盖率、工伤保险覆盖率、城镇登记失业率为商丘市城镇社会保障竞争力的劣势指标。

（3）从排位变化的动因来看，在城市城镇社区服务设施数指标排位上升和医疗保险覆盖率、工伤保险覆盖率、城镇登记失业率指标排位下降的综合作用下，2015 年商丘市城镇社会保障竞争力综合排位下降 2 位，居河南省第 17 位。

22.5　商丘市社会发展评价分析

22.5.1　教育竞争力评价分析

2014 ~ 2015 年，商丘市教育竞争力指标在河南省的排位变化情况，如表 22 - 5 - 1 和图 22 - 5 - 1 所示。

（1）2015 年商丘市教育竞争力综合排位处于第 5 位，表明其在河南省处于优势地位，与 2014 年相比排位下降 4 位。

（2）从指标所处区位来看，2015 年处于上游区的指标有 5 个，分别是教育经费占 GDP 比重、万人中小学学校数、万人中小学专任教师数、万人高校专任教师数、万人高等学校在校学生数，其中教育经费占 GDP 比重、万人中小学学校数、万人中小学专任教师数是商丘市教育竞争力的优势指标；处于下游区的指标有 3 个，分别是人均教育经费、

表 22 - 5 - 1 商丘市 2014 ～ 2015 年教育竞争力及其二级指标

指标	教育经费占GDP比重（%）	人均教育经费（元）	人均教育固定资产投资（元）	万人中小学学校数（所）	万人中小学专任教师数（人）	万人高等学校数（所）	万人高校专任教师数（人）	万人高等学校在校学生数（人）	教育竞争力
2014 年	6.28	1466.98	131.12	3.60	113.38	0.01	8.28	106.77	—
2015 年	5.58	1389.28	74.13	3.56	112.20	0.01	8.70	115.76	—
2014 年排位	1	8	17	5	2	12	10	8	1
2015 年排位	3	13	18	5	3	12	9	7	5
升降	-2	-5	-1	0	-1	0	1	1	-4
优势度	优势	劣势	劣势	优势	优势	中势	中势	中势	优势

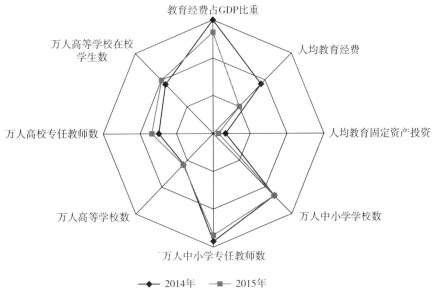

图 22 - 5 - 1 商丘市 2014 ～ 2015 年教育竞争力二级指标排位

人均教育固定资产投资、万人高等学校数，其中人均教育经费和人均教育固定资产投资是商丘市教育竞争力的劣势指标。

（3）从雷达图图形变化看，2015 年与 2014 年相比，面积明显缩小，教育竞争力呈现下降趋势。

（4）从排位变化的动因来看，在万人高校专任教师数、万人高等学校在校学生数指标排位上升和教育经费占 GDP 比重、人均教育经费、人均教育固定资产投资、万人中小学专任教师数指标排位下降的综合作用下，2015 年商丘市教育竞争力综合排位下降 4 位，居河南省第 5 位。

22.5.2 科技竞争力评价分析

2014 ～ 2015 年，商丘市科技竞争力指标在河南省的排位变化情况，如表 22 - 5 - 2 和图 22 - 5 - 2 所示。

表22-5-2 商丘市2014～2015年科技竞争力及其二级指标

指标	科学研究和技术服务业增加值(亿元)	万人科技活动人员(人)	R&D经费占GDP比重(%)	人均R&D经费支出(元)	万人技术市场成交额(万元)	科技竞争力
2014年	7.14	14.71	0.54	125.45	0.69	—
2015年	8.96	16.91	0.55	136.58	2.04	—
2014年排位	14	15	14	15	12	16
2015年排位	13	15	14	15	10	13
升降	1	0	0	0	2	3
优势度	劣势	劣势	劣势	劣势	中势	劣势

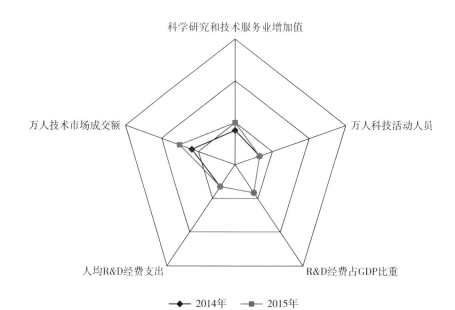

图22-5-2 商丘市2014～2015年科技竞争力二级指标排位

（1）2015年商丘市科技竞争力综合排位处于第13位，表明其在河南省处于劣势地位，与2014年相比排位上升了3位。

（2）从指标所处区位来看，2015年处于下游区的指标有5个，分别是科学研究和技术服务业增加值、万人科技活动人员、R&D经费占GDP比重、人均R&D经费支出、万人技术市场成交额，其中科学研究和技术服务业增加值、万人科技活动人员、R&D经费占GDP比重、人均R&D经费支出指标是商丘市科技竞争力的劣势指标。

（3）从雷达图图形变化看，2015年与2014年相比，面积略有增大，科技竞争力呈现上升趋势。

（4）从排位变化的动因来看，在科学研究和技术服务业增加值、万人技术市场成交额指标排位上升和其他指标排位不变的综合作用下，2015年商丘市科技竞争力综合排位上升3位，居河南省第13位。

22.5.3　文化竞争力评价分析

2014～2015 年，商丘市文化竞争力指标在河南省的排位变化情况，如表 22－5－3 和图 22－5－3 所示。

表 22－5－3　商丘市 2014～2015 年文化竞争力及其二级指标

指标	全市接待旅游总人次（万人次）	全市旅游总收入（亿元）	城镇居民人均文化娱乐支出（元）	农村居民人均文化娱乐支出（元）	城镇居民文化娱乐支出占消费性支出比重（%）	农村居民文化娱乐支出占消费性支出比重（%）	文化竞争力
2014 年	978.99	64.92	1414.45	344.00	10.29	6.54	—
2015 年	1576.30	96.05	1279.07	543.44	8.77	8.59	—
2014 年排位	15	14	16	14	15	10	16
2015 年排位	13	14	17	14	16	10	16
升降	2	0	－1	0	－1	0	0
优势度	劣势	劣势	劣势	劣势	劣势	中势	劣势

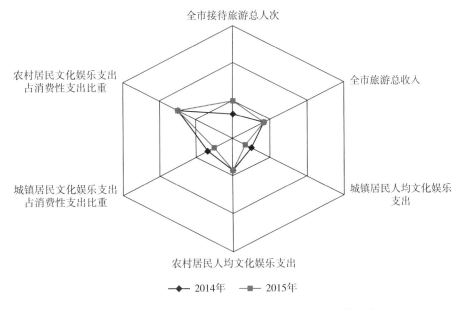

图 22－5－3　商丘市 2014～2015 年文化竞争力二级指标排位

（1）2015 年商丘市文化竞争力综合排位处于第 16 位，表明其在河南省处于劣势地位，与 2014 年相比排位保持不变。

（2）从指标所处区位来看，2015 年所有指标均处于下游区，其中全市接待旅游总人次、全市旅游总收入、城镇居民人均文化娱乐支出、农村居民人均文化娱乐支出、城镇居民文化娱乐支出占消费性支出比重为商丘市文化竞争力的劣势指标。

（3）从雷达图图形变化看，2015 年与 2014 年相比，面积变化不大，文化竞争力呈现稳定趋势。

（4）从排位变化的动因来看，在全市接待旅游总人次指标排位上升和城镇居民人均文化娱乐支出、城镇居民文化娱乐支出占消费性支出比重指标排位下降的综合作用下，2015 年商丘市文化竞争力综合排位保持不变，居河南省第 16 位。

22.6 商丘市县域经济发展评价分析

22.6.1 县域经济竞争力评价分析

2014 ~ 2015 年，商丘市县域经济竞争力指标在河南省的排位变化情况，如表 22 - 6 - 1 和图 22 - 6 - 1 所示。

表 22 - 6 - 1 商丘市 2014 ~ 2015 年县域经济竞争力及其二级指标

指标	地区生产总值（亿元）	人均地区生产总值（元）	一般预算财政总收入（亿元）	人均财政总收入（元）	固定资产投资额（亿元）	人均固定资产投资额（元）	全社会消费品零售总额（亿元）	人均全社会消费品零售总额（元）	金融机构贷款年底余额（亿元）	人均金融机构贷款年底余额（元）	县域经济竞争力
2014 年	1343.78	24118.00	64.27	1153.58	1199.99	21537.17	442.21	7936.72	602.90	10820.67	—
2015 年	1428.93	25828.81	71.54	1293.11	1290.38	23324.42	498.85	9017.05	654.93	11838.38	—
2014 年排位	8	15	8	12	10	15	8	17	5	10	12
2015 年排位	8	15	7	12	10	15	8	15	6	10	13
升降	0	0	1	0	0	0	0	2	-1	0	-1
优势度	中势	劣势	中势	中势	中势	劣势	中势	劣势	优势	中势	劣势

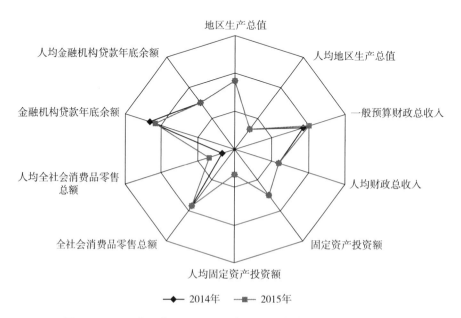

图 22 - 6 - 1 商丘市 2014 ~ 2015 年县域经济竞争力二级指标排位

（1）2015年商丘市县域经济竞争力综合排位处于第13位，表明其在河南省处于劣势地位，与2014年相比排位下降1位。

（2）从指标所处区位来看，2015年处于上游区的指标有4个，分别是地区生产总值、一般预算财政总收入、全社会消费品零售总额、金融机构贷款年底余额，其中金融机构贷款年底余额是商丘市县域经济竞争力的优势指标；处于下游区的指标有6个，分别是人均地区生产总值、人均财政总收入、固定资产投资额、人均固定资产投资额、人均全社会消费品零售总额、人均金融机构贷款年底余额，其中人均地区生产总值、人均固定资产投资额、人均全社会消费品零售总额是商丘市县域经济竞争力的劣势指标。

（3）从排位变化的动因来看，在一般预算财政总收入、人均全社会消费品零售总额指标排位上升和金融机构贷款年底余额指标排位下降的综合作用下，2015年商丘市县域经济竞争力综合排位下降1位，居河南省第13位。

22.6.2 商丘市县域经济发展特色分析

（一）民权县

2015年民权县完成地区生产总值184.33亿元，同比增长9.3%；人均地区生产总值25717.70元；一般预算财政总收入7.85亿元；一般预算财政总支出33.53亿元；全社会固定资产投资额187.65亿元；全社会消费品零售总额57.56亿元；金融机构贷款年底余额86.87亿元；城镇化率32.63%；城镇居民人均可支配收入20640元，农民人均纯收入8463元。

2015年，民权县第一产业完成增加值43.87亿元，同比增长4.5%；第二产业完成增加值69.04亿元，同比增长11.0%；第三产业完成增加值71.43亿元，同比增长11.9%。2015年民权县粮食总产67.8万吨，建成现代农业生产基地12个，畜牧业产值20.9亿元，新增节水灌溉面积6万亩、有效灌溉面积4.8万亩、旱涝保收田3万亩，规模流转土地面积16.7万亩，注册农民专业合作社431家、家庭农场406家、种养大户848户。争取财政扶贫资金4600余万元，资金量居商丘市第一位。制冷产业实现产值151.8亿元，举办了"河南·民权首届制冷装备博览会"，90多家知名企业、1000多家订货商参加了展会，其间签约项目32个，金额48.8亿元。2015年落地招商项目共31个，其中亿元以上项目12个，3亿元以上项目3个，5亿元以上项目5个。拥有中国驰名商标10件、河南省著名商标39件、商丘市知名商标21件，驰名商标件数居商丘市第一位。民权县高新区管委会被确定为"全国产业集群区域品牌建设试点工作组织实施单位"。

（二）睢县

2015年睢县完成地区生产总值144.67亿元，同比增长8.3%；人均地区生产总值21647.04元；一般预算财政总收入5.48亿元；一般预算财政总支出30.07亿元；全社会固定资产投资额177.78亿元；全社会消费品零售总额56.81亿元；金融机构贷款年底余额57.93亿元；城镇化率33.34%；城镇居民人均可支配收入21320元，农民人均纯收入8453元。

2015年，睢县第一产业完成增加值41.92亿元，同比增长4.5%；第二产业完成增加值 54.54 亿元，同比增长 8.5%；第三产业完成增加值 48.20 亿元，同比增长 12.0%。2015 年睢县粮食总产超过 18 亿斤，土地流转 14.07 万亩，千亩以上种植大户 9 家，百亩以上 161 家，家庭农场达到 68 家，农民专业合作社发展到 796 家。畜牧业产值突破 20 亿元，制鞋和电子信息两大主导产业完成工业产值 102.24 亿元，占规模以上工业总量的 55.41%。其中，制鞋产业完成工业总产值 58.26 亿元，增长 10.66%。电子信息产业完成工业总产值 43.98 亿元，增长 18.97%。成功申报河南省名牌产品 2 个，河南省著名商标 5 个。入驻阿里巴巴（商丘）产业带企业达到 110 家，建成电子商务运营中心 1 个，电子商务综合服务站 7 个，电子商务综合服务点 49 个，发展实体企业 102 家，线上网店 1389 家，网络交易总额突破 10 亿元，被财政部、商务部确定为国家级电子商务进农村综合示范县。

（三）宁陵县

2015 年宁陵县完成地区生产总值 96.29 亿元，同比增长 8.6%；人均地区生产总值 18949.84 元；一般预算财政总收入 4.00 亿元；一般预算财政总支出 25.18 亿元；全社会固定资产投资额 93.59 亿元；全社会消费品零售总额 38.97 亿元；金融机构贷款年底余额 50.32 亿元；城镇化率 30.97%；城镇居民人均可支配收入 18757 元，农民人均纯收入 8417 元。

2015 年，宁陵县第一产业完成增加值 25.47 亿元，同比增长 4.3%；第二产业完成增加值 38.49 亿元，同比增长 8.9%；第三产业完成增加值 32.34 亿元，同比增长 11.4%。成立 7 个专题招商组，围绕主导产业开展驻地招商，共引进省外资金 48 亿元，同比增长 9.8%；签约项目 32 个，其中亿元以上项目 10 个，持续推进产业集聚区建设，入驻企业 126 家，完成主营业务收入 130 亿元，实现税收 2.6 亿元，从业人员达 4.7 万人。投资 2980 万元实施了骊山路、光明路、黄山路、万寿西路、人民东路及连霍高速出入口扩建等道路建设工程。投资 4000 多万元实施了城区主干道破损路面修补、雨污管网和垃圾中转站建设工程。开展“双违”专项治理和城区市容环境集中整治活动，拆除各类“双违”建筑 3 万多平方米。投资 1.5 亿元新修农村道路 203 公里、危桥 8 座；清运垃圾 30 多万吨，拆除各类违章构筑物 3800 多个。新发展市级农业产业化龙头企业 13 家，累计发展各类养殖小区 1680 个，各类专业合作社 345 个，其中国家级示范社 3 个、省级示范社 4 个。

（四）柘城县

2015 年柘城县完成地区生产总值 168.63 亿元，同比增长 8.2%；人均地区生产总值 24488.15 元；一般预算财政总收入 6.26 亿元；一般预算财政总支出 35.70 亿元；全社会固定资产投资额 137.77 亿元；全社会消费品零售总额 63.23 亿元；金融机构贷款年底余额 57.20 亿元；城镇化率 32.62%；城镇居民人均可支配收入 19899 元，农民人均纯收入 8574 元。

2015 年，柘城县第一产业完成增加值 42.53 亿元，同比增长 4.6%；第二产业完成增加值 59.63 亿元，同比增长 6.6%；第三产业完成增加值 66.47 亿元，同比增长 12.7%。特色商业区规划面积由 1.55 平方公里调整到 2.6 平方公里，建成区面积增至 0.83 平方公里，吸纳就业 1.1 万余人，实现主营业务收入 22.6 亿元。新增绿化面积 20 多万平方米，新建、扩建 110 千伏城南变电站、110 千伏岗王变电站，完成了总投资 4033 万元的配网工程建设任务。禹亳铁路柘城段改建方案已经确定，境内 20 公里的涡河航运开挖治理全部完成，500 吨级船闸已经竣工验收；疏挖治理马头沟、小洪河等 5 条沟河 49 公里，改善除涝面积 14.5 万亩，引水补源面积 7.4 万亩，受益人口 7.4 万人。实施涉及 4 个乡镇57 个行政村的农田机井通电项目，受益农田 11.97 万亩；农作物机收率达到 90% 以上。

（五）虞城县

2015 年虞城县完成地区生产总值 215.04 亿元，同比增长 9.3%；人均地区生产总值24497.57 元；一般预算财政总收入 7.90 亿元；一般预算财政总支出 38.81 亿元；全社会固定资产投资额 188.45 亿元；全社会消费品零售总额 65.07 亿元；金融机构贷款年底余额 84.17 亿元；城镇化率 33.90%；城镇居民人均可支配收入 21846 元，农民人均纯收入8795 元。

虞城县第一产业完成增加值 45.12 亿元，同比增长 4.5%；第二产业完成增加值87.24 亿元，同比增长 8.7%；第三产业完成增加值 82.68 亿元，同比增长 13.7%。2015年支出民生保障资金 29.6 亿元，发放各类惠农补贴资金 1.6 亿元。虞城县 3 家融资担保机构累计担保融资 133.6 亿元，担保公司运营模式在全国推广，商丘市融资担保经验交流会在虞城县召开。

（六）夏邑县

2015 年夏邑县完成地区生产总值 189.94 亿元，同比增长 9.1%；人均地区生产总值21732.43 元；一般预算财政总收入 6.52 亿元；一般预算财政总支出 40.87 亿元；全社会固定资产投资额 194.94 亿元；全社会消费品零售总额 70.25 亿元；金融机构贷款年底余额 72.78 亿元；城镇化率 35.51%；城镇居民人均可支配收入 22388 元，农民人均纯收入8698 元。

2015 年，夏邑县第一产业完成增加值 47.56 亿元，同比增长 4.5%；第二产业完成增加值 73.23 亿元，同比增长 8.7%；第三产业完成增加值 69.15 亿元，同比增长 13.7%。2015 年夏邑县新增自营出口创汇企业 6 家，金展木业、大鸣发毛毯完成出口均超过 1000万美元；大力实施品牌战略，新增省著名商标 4 个、市知名商标 12 个；新登记市场主体5775 户，总量达到 4 万户，居商丘市第一。纺纱规模 220 万锭、织布能力 10 万吨、服装加工能力 1 亿件（套），纺织服装主营业务收入突破百亿元，在商丘市率先实现百亿级产业集群目标。新招引亿元以上项目 18 个，新铺供热管网 1.8 公里、燃气管网 2.6 公里、主干供水管网 4.4 公里，孔祖大道、县府路等重点路段强弱电改造工程全部完工。新登记农民专业合作社 264 个，新增家庭农场 33 家，规模以上龙头企业 45 家，新建规模养殖小区 4 个。投入扶贫开发资金 4970 万元，从县直单位抽调 329 名干部，组建 158 个扶贫工作队，开展驻村帮扶，完成 25 个村整村推进扶贫任务，实现脱贫人口 3.1 万人。

（七）永城市

2015 年永城市完成地区生产总值 430.03 亿元，同比增长 8.7%；人均地区生产总值35294.53 元；一般预算财政总收入 33.52 亿元；一般预算财政总支出 67.33 亿元；全社会固定资产投资额 310.18 亿元；全社会消费品零售总额 146.96 亿元；金融机构贷款年底余额 245.67 亿元；城镇化率 42.90%；城镇居民人均可支配收入 25102 元，农民人均纯收入 11097 元。

2015 年，永城市第一产业完成增加值 64.59 亿元，同比增长 4.4%；第二产业完成增加值 214.23 亿元，同比增长 7.8%；第三产业完成增加值 151.21 亿元，同比增长 14.4%。2015 年永城市共申报国家、省政策性项目 17 批次 170 个，争取项目资金 8.8 亿元，3 万吨城北水厂建成供水，雪枫路和开源路罩面工程顺利完成，打通了百花路铁路桥涵，启动了中心城区新的增长点——沱南生态广场、轻轨风景带、健康风景带的规划、建设。济祁高速拓展为京合高速，永城段全部建成通车，航空项目开工建设，沱浍河航运主航道工程有序推进。2015 年接待游客 200.4 万人次，增长 10%，综合收入 3.2 亿元，增长 12.7%，粮食生产实现了十二连增，总产达 26.8 亿斤，增长 4.6%。全国小农水重点县、中小河流治理重点县等水利项目进展顺利，基本实现农村安全饮水，完成 15 个贫困村整村推进和 1.5 万人贫困人口的脱贫任务。

第 23 章
信阳市 2015 年发展报告

23.1 信阳市发展概述

2015 年，信阳市完成地区生产总值 1879.67 亿元，增长 8.94%；人均地区生产总值 29351.46 元，同比增长 8.7%；全社会固定资产投资额 2085.28 亿元，增长 17.5%；全社会消费品零售总额 880.28 亿元，增长 13.1%；一般预算财政总收入 91.03 亿元，增长 13.3%；一般预算财政总支出 374.81 亿元，增长 12.2%；信阳市城镇化率达到 42.77%。

2015 年第一产业完成增加值 453.86 亿元，增长 4.5%；第二产业完成增加值 750.07 亿元，增长 9.0%；第三产业完成增加值 675.74 亿元，增长 11.8%；三次产业结构为 24.15:39.90:35.95。深入实施"三农"三大工程，持续推进农业综合开发，新建高标准粮田 65 万亩，主要粮食耕种收综合机械化水平达到 68%，2015 年信阳市粮食产量 119.4 亿斤。积极培育新型农业经营主体，推进农业适度规模经营，建成省级农业标准化示范区 19 个、市级以上农业产业化集群 25 个、农业产业化重点龙头企业 345 家。产业集聚区完成固定资产投资 980 亿元，增长 15.3%；规模以上工业企业主营业务收入突破 1700 亿元，增长 12.7%，产业集聚区的综合带动作用日益增强。信阳市有 6 个产业集聚区晋升为一星级产业集聚区，信阳市产业集聚区和潢川经济技术产业集聚区分别被授予全省十先进、十快产业集聚区。信阳电子信息产业集聚示范区被命名为"中国手机生产基地"，已集聚规模以上电子信息企业 89 家。2015 年信阳市接待国内外游客 2636.91 万人次，旅游总收入 151.17 亿元。

23.2 信阳市宏观经济竞争力评价分析

23.2.1 经济规模竞争力评价分析

2014 ~ 2015 年，信阳市经济规模竞争力指标在河南省的排位变化情况，如表 23 - 2 - 1 和图 23 - 2 - 1 所示。

（1）2015 年信阳市经济规模竞争力综合排位处于第 8 位，表明其在河南省处于中势地位，与 2014 年相比上升 5 位。

（2）从指标所处区位看，2015 年处于上游区的指标有 5 个，分别为地区生产总值、地区生产总值增长率、固定资产投资额、全社会消费品零售总额、金融机构贷款年底余额，其中，固定资产投资额、全社会消费品零售总额、金融机构贷款年底余额为信阳市经

表 23 - 2 - 1　信阳市 2014 ~ 2015 年经济规模竞争力及其二级指标

指标	地区生产总值（亿元）	地区生产总值增长率（%）	人均地区生产总值（元）	一般预算财政总收入（亿元）	人均财政总收入（元）	固定资产投资额（亿元）	人均固定资产投资额（元）	全社会消费品零售总额（亿元）	人均全社会消费品零售总额（元）	金融机构贷款年底余额（亿元）	人均金融机构贷款年底余额（元）	经济规模竞争力
2014 年	1757.34	8.92	27490.40	80.33	1256.55	1792.53	28040.92	778.35	12175.97	1107.74	17328.69	—
2015 年	1879.67	8.94	29351.46	91.03	1421.49	2085.28	32562.22	880.28	13745.86	1290.94	20158.40	—
2014 年排位	9	13	14	14	16	5	13	5	12	7	11	13
2015 年排位	8	9	14	14	16	4	13	5	11	6	11	8
升降	1	4	0	0	0	1	0	0	1	1	0	5
优势度	中势	中势	劣势	劣势	劣势	优势	劣势	优势	中势	优势	中势	中势

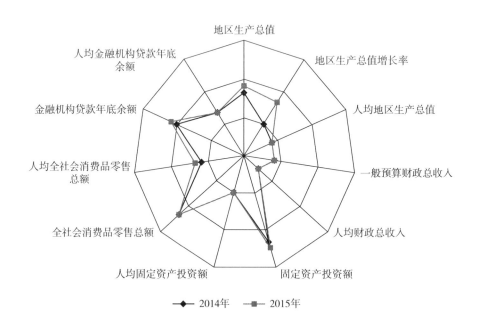

图 23 - 2 - 1　信阳市 2014 ~ 2015 年经济规模竞争力二级指标排位

济规模竞争力中的优势指标；处于下游区的指标有 6 个，分别为一般预算财政总收入、人均全社会消费品零售总额、人均地区生产总值、人均财政总收入、人均固定资产投资额、人均金融机构贷款年底余额，其中，人均全社会消费品零售总额、人均金融机构贷款年底余额为信阳市经济规模竞争力中的中势指标，其余均为信阳市经济规模竞争力中的劣势指标。

（3）从雷达图图形变化看，2015 年与 2014 年相比，面积略有增加，信阳市经济规模竞争力呈现上升趋势。

（4）从排位变化的动因看，在地区生产总值增长率、固定资产投资额、人均全社会消费品零售总额、地区生产总值、金融机构贷款年底余额指标排位上升以及其他指标排位不变的综合作用下，2015 年信阳市经济规模竞争力综合排位与上年相比上升 5 位，居河南省第 8 位。

23.2.2 经济结构竞争力评价分析

2014～2015 年，信阳市经济结构竞争力指标在河南省的排位变化情况，如表 23－2－2 和图 23－2－2 所示。

表 23－2－2 信阳市 2014～2015 年经济结构竞争力及其二级指标

指标	产业结构（%）	所有制结构（%）	人均收入结构（%）	支出结构（%）	国际贸易结构（%）	单位 GDP 能耗增减率(%)	经济结构竞争力
2014 年	75.38	76.71	42.11	43.42	53.40	－3.00	—
2015 年	75.85	82.15	43.88	42.21	60.62	－3.00	—
2014 年排位	18	5	11	9	15	16	16
2015 年排位	18	5	11	10	14	16	16
升降	0	0	0	－1	1	0	0
优势度	劣势	优势	中势	中势	劣势	劣势	劣势

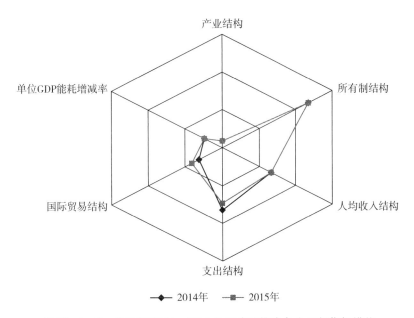

图 23－2－2 信阳市 2014～2015 年经济结构竞争力二级指标排位

（1）2015 年信阳市经济结构竞争力综合排位处于第 16 位，表明其在河南省处于劣势地位，与 2014 年相比排位保持不变。

（2）从指标所处区位看，2015 年处于上游区的指标有 1 个，是所有制结构，且为信阳市经济结构竞争力中的优势指标；处于下游区的指标有 5 个，分别为单位 GDP 能耗增减率、产业结构、人均收入结构、支出结构、国际贸易结构，其中人均收入结构和支出结构是信阳市经济结构竞争力中的中势指标，其余均为劣势指标。

（3）从雷达图图形变化看，2015年与2014年相比，面积基本不变，信阳市经济结构竞争力呈现稳定的趋势。

（4）从排位变化的动因看，在国际贸易结构指标排位上升和支出结构指标排位下降的综合作用下，2015年信阳市经济结构竞争力综合排位与2014年相比保持不变，居河南省第16位。

23.2.3 经济外向度竞争力评价分析

2014～2015年，信阳市经济外向度竞争力指标在河南省的排位变化情况，如表23-2-3和图23-2-3所示。

表23-2-3 信阳市2014～2015年经济外向度竞争力及其二级指标

指标	进出口总额（亿美元）	货物和服务净流出（亿元）	出口拉动指数（%）	实际FDI（万美元）	利用省外资金（亿元）	省外资金/固定资产投资（%）	经济外向度竞争力
2014年	7.56	3.16	0.18	47822.00	206.30	11.51	—
2015年	6.43	8.51	0.45	49517.00	224.70	10.78	—
2014年排位	11	15	15	13	15	18	16
2015年排位	13	15	15	12	15	18	18
升降	-2	0	0	1	0	0	-2
优势度	劣势	劣势	劣势	中势	劣势	劣势	劣势

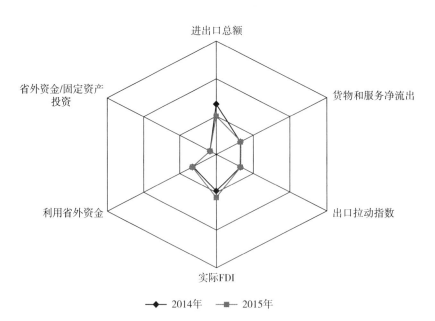

图23-2-3 信阳市2014～2015年经济外向度竞争力二级指标排位

（1）2015 年信阳市经济外向度竞争力综合排位处于第 18 位，表明其在河南省处于劣势地位，与 2014 年相比下降 2 位。

（2）从指标所处区位看，2015 年所有指标处于下游区，其中，进出口总额、货物和服务净流出、出口拉动指数、利用省外资金、省外资金/固定资产投资是信阳市经济外向度竞争力中的劣势指标。

（3）从雷达图图形变化看，2015 年与 2014 年相比，面积略有缩小，信阳市经济外向度竞争力呈现下降趋势。

（4）从排位变化动因看，在实际 FDI 指标排位上升和进出口总额指标排位下降的综合作用下，2015 年信阳市经济外向度竞争力排位下降了 2 位，居河南省第 18 位。

23.2.4　宏观经济竞争力综合分析

2014 ~ 2015 年，信阳市宏观经济竞争力指标在河南省的排位变化和指标结构，如表 23 - 2 - 4 所示。

表 23 - 2 - 4　信阳市 2014 ~ 2015 年宏观经济竞争力指标

指标	经济规模竞争力	经济结构竞争力	经济外向度竞争力	宏观经济竞争力
2014 年排位	13	16	16	17
2015 年排位	8	16	18	12
升降	5	0	- 2	5
优势度	中势	劣势	劣势	中势

（1）2015 年信阳市宏观经济竞争力综合排位处于 12 位，表明其在河南省处于中势地位，与 2014 年相比排位上升了 5 位。

（2）从指标所处区位看，2015 年经济规模竞争力处于上游区，经济结构竞争力、经济外向度竞争力处于下游区。

（3）从指标变化趋势看，有 1 个指标处于上升趋势，即经济规模竞争力指标，有 1 个指标处于下降趋势，即经济外向度竞争力指标。

（4）从排位评价分析看，在经济规模竞争力指标排位上升和经济外向度竞争力指标排位下降、经济结构竞争力指标排位保持不变的综合作用下，信阳市宏观经济竞争力排位比 2014 年上升了 5 位，居河南省第 12 位。

23.3　信阳市产业发展评价分析

23.3.1　农业竞争力评价分析

2014 ~ 2015 年，信阳市农业竞争力指标在河南省的排位变化情况，如表 23 - 3 - 1 和图 23 - 3 - 1 所示。

表 23 - 3 - 1　信阳市 2014～2015 年农业竞争力及其二级指标

指标	农业增加值（亿元）	人均农业增加值（元）	农民人均纯收入（元）	人均主要粮食产量（吨）	农业劳动生产率［元/（人·年）］	农村人均用电量（kW·h）	支农资金比重（%）	农业竞争力
2014 年	439.81	6880.09	8868.19	0.93	9758.61	407.49	15.13	—
2015 年	461.70	7209.60	9843.99	0.93	10132.59	432.92	15.62	—
2014 年排位	3	1	14	2	3	11	2	1
2015 年排位	3	1	14	4	3	10	1	1
升降	0	0	0	-2	0	1	1	0
优势度	优势	优势	劣势	优势	优势	中势	优势	优势

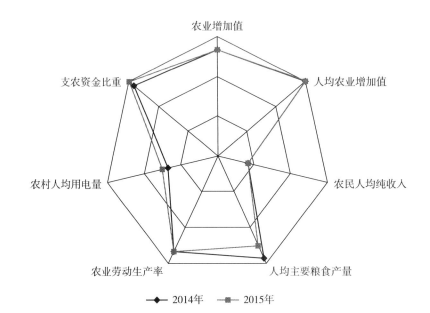

图 23 - 3 - 1　信阳市 2014～2015 年农业竞争力二级指标排位

（1）2015 年信阳市农业竞争力综合排位处于第 1 位，表明其在河南省处于优势地位，与 2014 年相比保持不变。

（2）从指标所处区位看，2015 年处于上游区的指标有 5 个，分别为农业增加值、人均农业增加值、人均主要粮食产量、农业劳动生产率、支农资金比重，它们均是信阳市农业竞争力中的优势指标；处于下游区的指标有 2 个，分别为农民人均纯收入、农村人均用电量，其中农民人均纯收入是信阳市农业竞争力中的劣势指标。

（3）从雷达图图形变化看，2015 年与 2014 年相比，面积基本不变，信阳市农业竞争力呈现稳定趋势。

（4）从排位变化的动因看，在支农资金比重、农村人均用电量指标排位上升和人均主要粮食产量指标排位下降的综合作用下，2015 年信阳市农业竞争力综合排位保持不变，居河南省第 1 位。

23.3.2 工业竞争力评价分析

2014 ~ 2015 年，信阳市工业竞争力指标在河南省的排位变化情况，如表 23 – 3 – 2 和图 23 – 3 – 2 所示。

表 23 – 3 – 2 信阳市 2014 ~ 2015 年工业竞争力及其二级指标

指标	工业增加值（亿元）	工业增加值增长率（%）	人均工业增加值（元）	规模以上工业资产总额（亿元）	规模以上工业资产总贡献率（%）	规模以上工业全员劳动生产率[元/(人·年)]	规模以上工业成本费用利润率（%）	规模以上工业产品销售率（%）	工业竞争力
2014 年	593.39	10.16	9282.57	1430.14	14.81	171929.82	6.69	98.31	—
2015 年	615.01	9.14	9603.57	1531.65	15.42	158412.09	6.96	98.48	—
2014 年排位	14	9	16	16	11	17	13	7	17
2015 年排位	14	5	16	16	6	17	9	6	14
升降	0	4	0	0	5	0	4	1	3
优势度	劣势	优势	劣势	劣势	优势	劣势	中势	优势	劣势

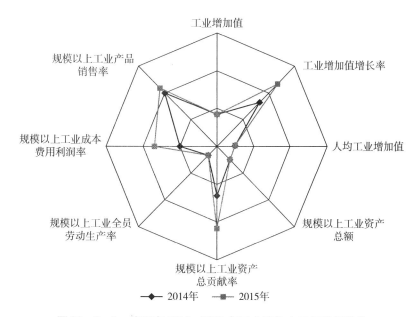

图 23 – 3 – 2 信阳市 2014 ~ 2015 年工业竞争力二级指标排位

（1）2015 年信阳市工业竞争力综合排位处于第 14 位，表明其在河南省处于劣势地位，与 2014 年相比排位上升 3 位。

（2）从指标所处区位看，2015 年处于上游区的指标有 4 个，分别是工业增加值增长率、规模以上工业成本费用利润率、规模以上工业资产总贡献率和规模以上工业产品销售率，其中工业增加值增长率、规模以上工业资产总贡献率、规模以上工业产品销售率是信阳市工业竞争力中的优势指标；处于下游区的指标有 4 个，分别为工业增加值、人均工业增加值、规模以上工业资产总额、规模以上工业全员劳动生产率，且均为信阳市工业竞争力中的劣势指标。

（3）从雷达图图形变化看，2015 年与 2014 年相比，面积明显增大，信阳市工业竞争力呈现上升趋势。

（4）从排位变化的动因看，在工业增加值增长率、规模以上工业产品销售率、规模以上工业资产总贡献率、规模以上工业成本费用利润率指标排位上升和其他指标排位不变的综合作用下，2015 年信阳市工业竞争力综合排位比 2014 年上升 3 位，居河南省第 14 位。

23.3.3 工业化进程竞争力评价分析

2014～2015 年，信阳市工业化进程竞争力指标在河南省的排位变化情况，如表 23 - 3 - 3 和图 23 - 3 - 3 所示。

表 23 - 3 - 3 信阳市 2014～2015 年工业化进程竞争力及其二级指标

指标	第二产业增加值占 GDP 比重(%)	第二产业增加值增长率(%)	第二产业从业人员占总就业人员比重(%)	第二产业从业人员增长率(%)	第二产业固定资产投资占比(%)	工业化进程竞争力
2014 年	41.16	10.22	24.81	-1.32	41.52	—
2015 年	39.90	8.96	25.02	1.41	39.64	—
2014 年排位	18	9	17	8	17	18
2015 年排位	17	6	17	8	17	18
升降	1	3	0	0	0	0
优势度	劣势	优势	劣势	中势	劣势	劣势

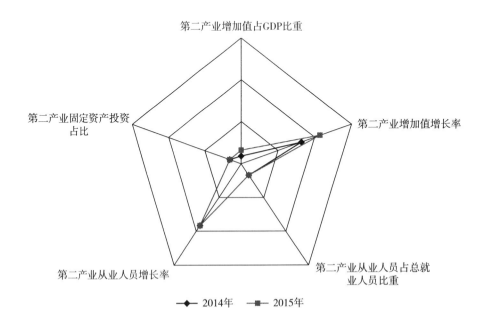

图 23 - 3 - 3 信阳市 2014～2015 年工业化进程竞争力二级指标排位

（1）2015 年信阳市工业化进程竞争力综合排位处于第 18 位，表明其在河南省处于劣势地位，与 2014 年相比保持不变。

（2）从指标所处区位看，2015 年处于上游区的指标有 2 个，分别为第二产业增加值增长率和第二产业从业人员增长率，其中第二产业增加值增长率为信阳市工业化进程竞争力中的优势指标；其余指标均处于下游区，且均为信阳市工业化进程竞争力中的劣势指标。

（3）从雷达图图形变化看，2015 年与 2014 年相比，面积略有变大，信阳市工业化进程竞争力呈现稳定的趋势。

（4）从排位变化的动因看，在第二产业增加值增长率、第二产业增加值占 GDP 比重指标排位上升和其他指标排位不变的综合作用下，2015 年信阳市工业化进程竞争力综合排位保持不变，居河南省第 18 位。

23.3.4 服务业竞争力评价分析

2014～2015 年，信阳市服务业竞争力指标在河南省的排位变化情况，如表 23 - 3 - 4 和图 23 - 3 - 4 所示。

表 23 - 3 - 4 信阳市 2014～2015 年服务业竞争力及其二级指标

指标	服务业增加值（亿元）	服务业增加值增长率（%）	人均服务业增加值（元）	服务业从业人员数（万人）	服务业从业人员数增长率（%）	交通运输仓储邮电业增加值（亿元）	金融业增加值（亿元）	房地产业增加值（亿元）	批发和零售业增加值（亿元）	住宿和餐饮业增加值（亿元）	服务业竞争力
2014 年	601.37	10.18	9407.29	165.32	-1.38	59.86	55.38	75.81	81.21	53.51	—
2015 年	675.74	11.80	10551.85	164.37	-0.58	55.91	65.54	81.98	87.57	58.50	—
2014 年排位	8	3	14	4	15	10	8	7	12	7	8
2015 年排位	10	7	14	6	14	12	7	7	13	7	10
升降	-2	-4	0	-2	1	-2	1	0	-1	0	-2
优势度	中势	中势	劣势	优势	劣势	中势	中势	中势	劣势	中势	中势

（1）2015 年信阳市服务业竞争力综合排位处于第 10 位，表明其在河南省处于中势地位，与 2014 年相比下降了 2 位。

（2）从指标所处区位看，2015 年处于上游区的指标有 5 个，分别为服务业增加值增长率、服务业从业人员数、金融业增加值、房地产业增加值、住宿和餐饮业增加值，其中，服务业从业人员数为信阳市服务业竞争力中的优势指标，其余为中势指标；处于下游区的指标有 5 个，分别为服务业增加值、批发和零售业增加值、服务业从业人员数增长率、人均服务业增加值、交通运输仓储邮电业增加值，其中人均服务业增加值、服务业从业人员数增长率、批发和零售业增加值指标为信阳市服务业竞争力中的劣势指标。

（3）从雷达图图形变化看，2015 年与 2014 年相比，面积略有缩小，信阳市服务业竞

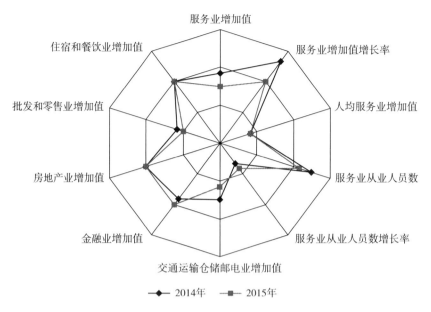

图23－3－4　信阳市2014～2015年服务业竞争力二级指标排位

争力呈现下降趋势。

（4）从排位变化的动因看，在服务业增加值、服务业增加值增长率、服务业从业人员数、交通运输仓储邮电业增加值、批发和零售业增加值指标排位下降和金融业增加值、服务业从业人员数增长率指标排位上升，其他指标排位不变的综合作用下，2015年信阳市服务业竞争力综合排位下降2位，居河南省第10位。

23.3.5　企业竞争力评价分析

2014～2015年，信阳市企业竞争力指标在河南省的排位变化情况，如表23－3－5和图23－3－5所示。

表23－3－5　信阳市2014～2015年企业竞争力及其二级指标

指标	规模以上工业企业数（个）	规模以上工业企业平均资产（亿元）	规模以上工业企业主营业务收入平均值（亿元）	流动资产年平均余额（亿元）	规模以上工业企业资产负债率（％）	规模以上工业企业成本费用利润率（％）	规模以上工业企业平均利润（亿元）	全员劳动生产率[元/（人·年）]	企业竞争力
2014年	1264	1.13	1.71	471.28	41.44	6.69	0.11	171929.82	—
2015年	1286	1.19	1.90	496.79	38.89	6.96	0.12	158412.09	—
2014年排位	8	18	17	16	11	13	18	17	18
2015年排位	7	18	16	16	12	9	14	17	18
升降	1	0	1	0	－1	4	4	0	0
优势度	中势	劣势	劣势	劣势	中势	中势	劣势	劣势	劣势

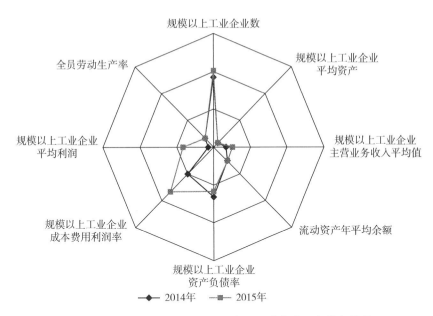

图 23 - 3 - 5　信阳市 2014 ~ 2015 年企业竞争力二级指标排位

（1）2015 年信阳市企业竞争力综合排位处于第 18 位，表明其在河南省处于劣势地位，与 2014 年相比保持不变。

（2）从指标所处区位看，2015 年处于上游区的指标有 2 个，分别是规模以上工业企业数、规模以上工业企业成本费用利润率，且均为信阳市企业竞争力中的中势指标；处于下游区的指标有 6 个，分别为规模以上工业企业平均资产、规模以上工业企业主营业务收入平均值、规模以上工业企业资产负债率、规模以上工业企业平均利润、流动资产年平均余额、全员劳动生产率，其中规模以上工业企业资产负债率为信阳市企业竞争力中的中势指标，其余均为劣势指标。

（3）从雷达图图形变化看，2015 年与 2014 年相比，面积略有增加，信阳市企业竞争力呈现稳定的趋势。

（4）从排位变化的动因看，在规模以上工业企业数、规模以上工业企业主营业务收入平均值、规模以上工业企业平均利润、规模以上工业企业成本费用利润率指标排位上升和规模以上工业企业资产负债率指标排位下降，其他指标排位不变的综合作用下，2015年信阳市企业竞争力综合排位保持不变，居河南省第 18 位。

23.4　信阳市城镇化发展评价分析

23.4.1　城镇化进程竞争力评价分析

2014 ~ 2015 年，信阳市城镇化进程竞争力指标在河南省的排位变化情况，如表 23 - 4 - 1 和图 23 - 4 - 1 所示。

表23-4-1　信阳市2014～2015年城镇化进程竞争力及其二级指标

指标	城镇化率（％）	城镇居民人均可支配收入（元）	城市建成区面积（平方公里）	市区人口密度（人/平方公里）	人均拥有道路面积（平方米）	人均日生活用水量（升）	燃气普及率（％）	人均城市园林绿地面积（平方米）	城镇化进程竞争力
2014年	41.08	21060.39	88.75	2035.00	16.59	147.30	97.80	14.14	—
2015年	42.77	22433.77	89.00	2065.00	16.62	143.82	90.86	14.14	—
2014年排位	13	17	7	18	4	3	4	4	13
2015年排位	13	17	8	18	4	3	10	5	13
升降	0	0	-1	0	0	0	-6	-1	0
优势度	劣势	劣势	中势	劣势	优势	优势	中势	优势	劣势

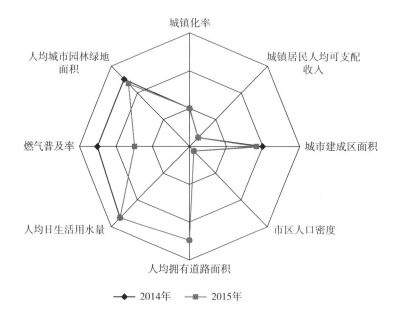

图23-4-1　信阳市2014～2015年城镇化进程竞争力二级指标排位

（1）2015年信阳市城镇化进程竞争力综合排位处于第13位，表明其在河南省处于劣势地位，与2014年相比保持不变。

（2）从指标所处区位看，2015年处于上游区的指标有4个，分别为城市建成区面积、人均拥有道路面积、人均日生活用水量、人均城市园林绿地面积，其中城市建成区面积是信阳市城镇化进程竞争力中的中势指标，其余均为优势指标；处于下游区的指标有4个，分别为市区人口密度、燃气普及率、城镇化率、城镇居民人均可支配收入，其中燃气普及率是信阳市城镇化进程竞争力中的中势指标，其余均为劣势指标。

（3）从雷达图图形变化看，2015年与2014年相比，面积略有缩小，信阳市城镇化进程竞争力呈现稳定趋势。

（4）从排位变化的动因看，在城市建成区面积、燃气普及率、人均城市园林绿地面积指标排位下降和其他指标排位不变的综合作用下，2015年信阳市城镇化进程竞争力综合排位保持不变，居河南省第13位。

23.4.2　城镇社会保障竞争力评价分析

2014～2015 年，信阳市城镇社会保障竞争力指标在河南省的排位变化情况，如表 23 - 4 - 2 和图 23 - 4 - 2 所示。

表 23 - 4 - 2　信阳市 2014～2015 年城镇社会保障竞争力及其二级指标

指标	城市城镇社区服务设施数(个/万人)	医疗保险覆盖率(%)	养老保险覆盖率(%)	失业保险覆盖率(%)	工伤保险覆盖率(%)	城镇登记失业率(%)	城镇社会保障竞争力
2014 年	205	51.19	23.89	14.79	12.10	2.90	—
2015 年	1003	48.71	23.89	13.81	12.17	2.79	—
2014 年排位	9	11	11	14	16	8	12
2015 年排位	3	12	11	15	16	6	13
升降	6	-1	0	-1	0	2	-1
优势度	优势	中势	中势	劣势	劣势	优势	劣势

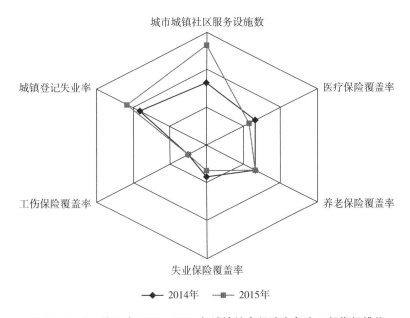

图 23 - 4 - 2　信阳市 2014～2015 年城镇社会保障竞争力二级指标排位

（1）2015 年信阳市城镇社会保障竞争力综合排位处于第 13 位，表明其在河南省处于劣势地位，与 2014 年相比排位下降 1 位。

（2）从指标所处区位看，2015 年处于上游区的指标有 2 个，分别为城市城镇社区服务设施数、城镇登记失业率，且均是信阳市城镇社会保障竞争力中的优势指标；处于下游区的指标有 4 个，分别为医疗保险覆盖率、养老保险覆盖率、失业保险覆盖率、工伤保险覆盖率，其中失业保险覆盖率、工伤保险覆盖率是信阳市城镇社会保障竞争力中的劣势指标。

（3）从雷达图图形变化看，2015 年与 2014 年相比，面积略有增加，综合作用下，信阳市城镇社会保障竞争力呈现下降的趋势。

（4）从排位变化的动因看，在医疗保险覆盖率、失业保险覆盖率指标排位下降和城镇登记失业率、城市城镇社区服务设施数指标排位上升的综合作用下，2015年信阳市城镇社会保障竞争力综合排位下降了1位，居河南省第13位。

23.5 信阳市社会发展评价分析

23.5.1 教育竞争力评价分析

2014～2015年，信阳市教育竞争力指标在河南省的排位变化情况，如表23-5-1和图23-5-1所示。

表23-5-1 信阳市2014～2015年教育竞争力及其二级指标

指标	教育经费占GDP比重（%）	人均教育经费（元）	人均教育固定资产投资（元）	万人中小学学校数（所）	万人中小学专任教师数（人）	万人高等学校数（所）	万人高校专任教师数（人）	万人高等学校在校学生数（人）	教育竞争力
2014年	5.35	1471.53	309.59	3.56	117.67	0.01	7.16	91.37	—
2015年	5.08	1493.19	360.88	3.18	116.33	0.01	7.54	96.57	—
2014年排位	4	7	9	6	1	13	12	11	2
2015年排位	4	8	12	9	1	13	12	11	3
升降	0	-1	-3	-3	0	0	0	0	-1
优势度	优势	中势	中势	中势	优势	劣势	中势	中势	优势

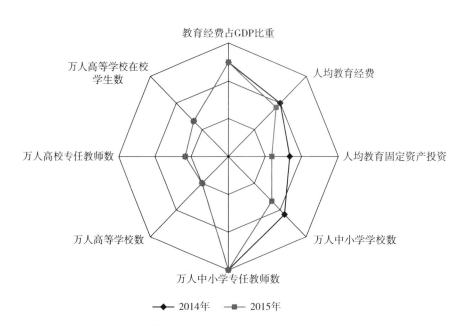

图23-5-1 信阳市2014～2015年教育竞争力二级指标排位

（1）2015 年信阳市教育竞争力综合排位处于第 3 位，表明其在河南省处于优势地位，与 2014 年相比排位下降 1 位。

（2）从指标所处区位看，2015 年处于上游区的指标有 4 个，分别为教育经费占 GDP 比重、人均教育经费、万人中小学学校数、万人中小学专任教师数，其中教育经费占 GDP 比重、万人中小学专任教师数为信阳市教育竞争力中的优势指标；处于下游区的指标有 4 个，分别为万人高等学校在校学生数、人均教育固定资产投资、万人高等学校数、万人高校专任教师数，其中万人高等学校数为信阳市教育竞争力中的劣势指标。

（3）从雷达图图形变化看，2015 年与 2014 相比，面积略有缩小，信阳市教育竞争力呈现下降趋势。

（4）从排位变化的动因看，在人均教育经费、人均教育固定资产投资、万人中小学学校数指标排位下降的综合作用下，2015 年信阳市教育竞争力综合排位下降了 1 位，居河南省第 3 位。

23.5.2　科技竞争力评价分析

2014～2015 年，信阳市科技竞争力指标在河南省的排位变化情况，如表 23 - 5 - 2 和图 23 - 5 - 2 所示。

表 23 - 5 - 2　信阳市 2014～2015 年科技竞争力及其二级指标

指标	科学研究和技术服务业增加值（亿元）	万人科技活动人员（人）	R&D 经费占 GDP 比重（%）	人均 R&D 经费支出（元）	万人技术市场成交额（万元）	科技竞争力
2014 年	16.45	10.29	0.32	89.31	4.22	—
2015 年	20.96	11.73	0.34	100.97	0.00	—
2014 年排位	5	16	17	17	8	13
2015 年排位	5	16	18	17	15	17
升降	0	0	-1	0	-7	-4
优势度	优势	劣势	劣势	劣势	劣势	劣势

（1）2015 年信阳市科技竞争力综合排位处于第 17 位，表明其在河南省处于劣势地位，与 2014 年相比下降了 4 位。

（2）从指标所处区位看，2015 年处于上游区的指标有 1 个，即科学研究和技术服务业增加值，且为信阳市科技竞争力中的优势指标；处于下游区的指标有 4 个，分别为万人科技活动人员、万人技术市场成交额、R&D 经费占 GDP 比重、人均 R&D 经费支出，均为信阳市科技竞争力中的劣势指标。

（3）从雷达图图形变化看，2015 年与 2014 年相比，面积明显缩小，信阳市科技竞争力呈现下降的趋势。

（4）从排位变化的动因看，在万人技术市场成交额、R&D 经费占 GDP 比重指标排位下降，其他指标排位保持不变的综合作用下，2015 年信阳市科技竞争力综合排位与 2014 年相比下降了 4 位，居河南省第 17 位。

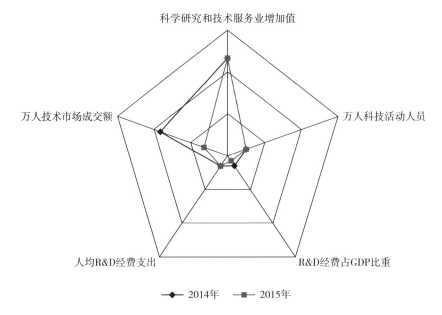

图 23 – 5 – 2　信阳市 2014～2015 年科技竞争力二级指标排位

23.5.3　文化竞争力评价分析

2014～2015 年，信阳市文化竞争力指标在河南省的排位变化情况，如表 23 – 5 – 3 和图 23 – 5 – 3 所示。

表 23 – 5 – 3　信阳市 2014～2015 年文化竞争力及其二级指标

指标	全市接待旅游总人次（万人次）	全市旅游总收入（亿元）	城镇居民人均文化娱乐支出（元）	农村居民人均文化娱乐支出（元）	城镇居民文化娱乐支出占消费性支出比重（%）	农村居民文化娱乐支出占消费性支出比重（%）	文化竞争力
2014 年	2046.39	116.48	1162.22	262.15	8.68	4.56	—
2015 年	2636.91	151.17	1111.96	607.21	7.46	8.00	—
2014 年排位	8	10	18	18	17	18	18
2015 年排位	8	10	18	12	18	14	17
升降	0	0	0	6	-1	4	1
优势度	中势	中势	劣势	中势	劣势	劣势	劣势

（1）2015 年信阳市文化竞争力综合排位处于第 17 位，表明其在河南省处于劣势地位，与 2014 年相比排位上升 1 位。

（2）从指标所处的区位看，全市接待旅游总人次指标处于上游区，其余 2015 年指标都处于下游区，其中，全市接待旅游总人次、全市旅游总收入、农村居民人均文化娱乐支出是信阳市文化竞争力中的中势指标；其余均为信阳市文化竞争力中的劣势指标。

（3）从雷达图图形变化看，2015 年与 2014 年相比，面积略有增加，信阳市文化竞争力呈现上升的趋势。

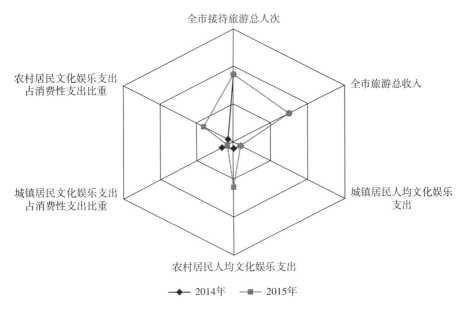

图 23 - 5 - 3 信阳市 2014 ~ 2015 年文化竞争力二级指标排位

（4）从排位变化的动因看，在农村居民人均文化娱乐支出、农村居民文化娱乐支出占消费性支出比重指标排位上升和城镇居民文化娱乐支出占消费性支出比重指标排位下降的综合作用下，2015 年信阳市文化竞争力综合排位上升了 1 位，居河南省第 17 位。

23.6 信阳市县域经济发展评价分析

23.6.1 县域经济竞争力评价分析

2014 ~ 2015 年，信阳市县域经济竞争力指标在河南省的排位变化情况，如表 23 - 6 - 1 和图 23 - 6 - 1 所示。

表 23 - 6 - 1 信阳市 2014 ~ 2015 年县域经济竞争力及其二级指标

指标	地区生产总值（亿元）	人均地区生产总值（元）	一般预算财政总收入（亿元）	人均财政总收入（元）	固定资产投资额（亿元）	人均固定资产投资额（元）	全社会消费品零售总额（亿元）	人均全社会消费品零售总额（元）	金融机构贷款年底余额（亿元）	人均金融机构贷款年底余额（元）	县域经济竞争力
2014 年	1297.58	25618.08	37.60	742.29	1305.42	25772.74	548.10	10821.11	653.30	12898.05	—
2015 年	1391.35	27708.93	43.58	867.90	1538.98	30649.11	620.44	12356.16	728.89	14516.06	—
2014 年排位	10	13	14	17	5	10	5	8	3	6	9
2015 年排位	9	13	14	17	5	9	5	8	4	7	8
升降	1	0	0	0	0	1	0	0	-1	-1	1
优势度	中势	劣势	劣势	劣势	优势	中势	优势	中势	优势	中势	中势

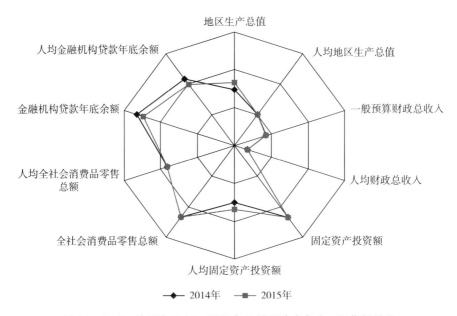

图 23 - 6 - 1　信阳市 2014～2015 年县域经济竞争力二级指标排位

（1）2015 年信阳市县域经济竞争力综合排位处于第 8 位，表明其在河南省处于中势地位，与 2014 年相比排位上升 1 位。

（2）从指标所处区位看，2015 年处于上游区的指标有 7 个，分别为固定资产投资额、全社会消费品零售总额、地区生产总值、人均全社会消费品零售总额、金融机构贷款年底余额、人均金融机构贷款年底余额、人均固定资产投资额，其中，固定资产投资额、全社会消费品零售总额、金融机构贷款年底余额是信阳市县域竞争力的优势指标；处于下游区的指标有 3 个，分别为一般预算财政总收入、人均地区生产总值、人均财政总收入，且均是信阳市县域经济竞争力中的劣势指标。

（3）从雷达图图形变化看，2015 年与 2014 年相比，面积略有增加，信阳市县域经济竞争力呈现上升的趋势。

（4）从排位变化的动因看，在地区生产总值、人均固定资产投资额指标排位上升，人均金融机构贷款年底余额、金融机构贷款年底余额指标排位下降和其他指标排位不变的综合作用下，2015 年信阳市县域经济竞争力综合排位上升了 1 位，居河南省第 8 位。

23.6.2　信阳市县域经济发展特色分析

（一）罗山县

罗山县 2015 年完成地区生产总值 160.06 亿元，增长 9.1%，人均地区生产总值 30859 元，增长 10.4%；全社会固定资产投资额 199.91 亿元，增长 14.8%；一般公共预算收入 5.09 亿元，增长 13.1%；一般公共预算支出 28.61 亿元，增长 11.3%；社会消费品零售总额 63.39 亿元，增长 15.3%。

2015 年罗山县第一产业完成增加值 45.69 亿元，同比增长 4.7%；第二产业完成增加值 56.87 亿元，同比增长 10.6%；第三产业完成增加值 57.50 亿元，同比增长 10.1%；三产结构比为 28.55：35.53：35.92。粮食种植面积 147.7 万亩，总产 14.8 亿斤，新建农村公路 129.7 公里，建成高标准粮田 13 万亩，全年完成造林 3.9 万亩，森林抚育改造 7.6 万亩，林业总产值达 14.3 亿元，增长 9.5%；茶园面积发展到 25.8 万亩，茶叶总产 506 万公斤，产值 9.1 亿元，分别增长 2.4%、19.1% 和 15.2%。2015 年接待游客 253 万人次，旅游相关产业收入 10.6 亿元，分别增长 11% 和 13%。特色商业区建设成效明显，完成固定资产投资 6.2 亿元，建成区面积 0.8 平方公里，入驻企业 37 家，主营业务收入 17.6 亿元。

（二）光山县

2015 年，光山县完成地区生产总值 166.54 亿元，增长 9.7%；人均地区生产总值 27657 元，同比增长 10.1%；全社会固定资产投资额 204.18 亿元，增长 19.1%；全社会消费品零售总额 75.58 亿元，增长 15.2%；一般公共预算收入 5.13 亿元，增长 13.8%；一般公共预算支出 31.73 亿元，增长 11.6%。

2015 年，光山县第一产业完成增加值 47.35 亿元，同比增长 4.7%；第二产业完成增加值 64.95 亿元，同比增长 10.5%；第三产业完成增加值 54.24 亿元，同比增长 12.5%；三产结构比为 28.43：39.00：32.57。农业产业化龙头企业不断壮大，现代农业园区规模不断扩张，茶叶、油茶、苗木花卉等特色农业优势更加明显。新建标准化茶园 1.1 万亩，茶园面积稳定在 22.8 万亩，被市政府评为"全市茶产业发展优秀县"。新发展油茶面积 5 万亩，油茶种植面积达到 16.7 万亩，建成年产 3 万吨的蓝天茶油加工厂 1 座。新发展苗木花卉 1.8 万亩，苗木花卉面积达到 9.2 万亩。新发展蔬菜基地 600 亩。农民专业合作社新增 160 家，达到 831 家。家庭农场新增 27 家，达到 197 家，其中省级示范农场 1 家、市级示范农场 5 家。粮食、油茶、茶叶、畜禽四大产业集群成为市级农业产业化集群。

（三）新县

新县 2015 年全县完成地区生产总值 108.80 亿元，同比增长 10.0%；人均地区生产总值 38506 元，同比增长 11.2%；全社会固定资产投资额 137.86 亿元，增长 18.8%；全社会消费品零售总额 40.35 亿元，增长 15.6%；一般公共预算支出 21.44 亿元，增长 22.9%；一般公共预算收入 3.82 亿元，增长 41.6%；城镇居民人均可支配收入和农民人均纯收入分别达到 21718 元、9880 元，同比分别增长 7.0%、11.6%。

2015 年，新县第一产业完成增加值 26.32 亿元，同比增长 4.4%；第二产业完成增加值 46.13 亿元，同比增长 10.7%；第三产业完成增加值 36.34 亿元，同比增长 12.3%；三产结构比为 24.20：42.40：33.40。新县完成植树造林 7.27 万亩，城区新增绿化带 4.54 万平方米，改造城市绿地 3.86 万平方米。地表水断面水质稳定，城市饮用水源水质达标率达到 95% 以上，城市污水集中处理率提高到 85%，城市垃圾无害化处理率达到 90%。新县常住人口城镇化率达到 35.7%。累计 6 个村入选中国景观村落，8 个村入选中国传统村落，23 个村入选河南省传统村落。

（四）商城县

商城县 2015 年完成地区生产总值 156.22 亿元，增长 8.6%；人均地区生产总值

30472 元，增长 10.5%；一般公共预算收入 4.58 亿元，增长 13.6%；一般公共预算支出 30.35 亿元，增长 10.6%；全社会固定资产投资额 165.35 亿元，增长 22.5%。城镇居民人均可支配收入 21729 元，增长 5.9%；农民人均纯收入 9544 元，增长 11.0%。全社会消费品零售总额完成 59.78 亿元，增长 15.0%。

2015 年，商城县第一产业完成增加值 42.25 亿元，同比增长 4.4%；第二产业完成增加值 62.94 亿元，同比增长 9.1%；第三产业完成增加值 51.03 亿元，同比增长 10.8%；三次产业结构比为 27.04：40.29：32.67。加快旅游要素体系建设，新增省级乡村旅游经营星级户 5 家。商城县累计注册农民专业合作社 744 家、家庭农场 89 家，新型经营主体不断涌现。工业企业达 500 余家，工业增加值达 47.9 亿元。建立旅游网络宣传营销信息联动体系，实现了重点景区网上预订。成功举办"薪火相传 再创辉煌"长征精神红色旅游火炬传递活动。黄柏山国家森林公园入选首批"中国森林氧吧"，西河景区新增休闲项目 20 余项，重点景区带动能力进一步增强，激情漂流、温泉疗养等享誉省内外，与美丽乡村建设相呼应，乡村旅游蓬勃发展，2015 年共接待国内外游客 380 万人次，实现旅游综合收入 24.7 亿元。

（五）固始县

2015 年，固始县完成地区生产总值 272.75 亿元，增长 8.9%；人均地区生产总值 25372 元，增长 8.2%；全社会固定资产投资额 270.86 亿元，增长 22.4%；社会消费品零售总额 154.0 亿元，增长 16.4%；一般公共预算收入 11.14 亿元，增长 11.3%；一般公共预算支出 63.09 亿元，增长 24.4%。

2015 年，固始县第一产业完成增加值 75.54 亿元，同比增长 4.5%；第二产业完成增加值 88.84 亿元，同比增长 9.2%；第三产业完成增加值 108.37 亿元，同比增长 12.8%；三次产业结构比为 27.70：32.57：39.73。固始县农民合作社、家庭农场等新型农业经营主体总数达 1616 家，累计流转土地 136 万亩，适度规模经营面积占比 59.8%。工业主导产业快速发展，装备制造业、竹木加工业、食品加工业分别完成增加值 4.1 亿元、18 亿元、38.2 亿元，较 2014 年增长 27.7%、16.2%、9.0%，主导产业增加值占全部工业增加值比重达 73.2%。编制了城乡总体规划和城市道路、绿地水景等 9 个专项规划以及 74 个重点区域和单体建设项目的控制性规划。

（六）潢川县

2015 年，潢川县完成地区生产总值 208.60 亿元，增长 9.3%；人均地区生产总值 31779 元，增长 10.2%；一般公共预算收入 5.50 亿元，增长 12.9%；一般公共预算支出 31.39 亿元，增长 18.0%；全年全社会固定资产投资完成 210.80 亿元，比上年增长 18.9%；全社会消费品零售总额 86.43 亿元，比上年增长 15.8%。

2015 年，潢川县第一产业完成增加值 58.31 亿元，同比增长 4.6%；第二产业完成增加值 74.41 亿元，同比增长 10.8%；第三产业完成增加值 75.87 亿元，同比增长 11.0%；三次产业结构调整为 27.96：35.67：36.37。工业用电量增长 9.8%，位居信阳市第一。两大产业集聚区共实现主营业务收入 195.3 亿元，增长 15.7%；规模以上工业增加值 46 亿元，增长 13.9%；固定资产投资额 121.4 亿元，增长 22%。其中，产业集聚区规上企业增加值达 41 亿元，增长 14.6%；固定资产投资额 69.8 亿元，增长 23.1%；新征地 1100 亩，新建标准化厂房 45 万平方米，主要指标达到省一星级产业集聚区标准。

（七）淮滨县

2015 年，淮滨县完成地区生产总值 140.37 亿元，增长 9.6%；人均地区生产总值 24483 元，增长 10.6%；全社会固定资产投资 140.76 亿元，增长 19.5%；一般公共预算收入 4.13 亿元，增长 24.8%；一般公共预算支出 29.06 亿元，增长 8.6%；全社会消费品零售总额 58.78 亿元，增长 15.4%。

2015 年，淮滨县第一产业完成增加值 35.80 亿元，同比增长 4.5%；第二产业完成增加值 59.38 亿元，同比增长 11.2%；第三产业完成增加值 45.20 亿元，同比增长 10.6%；三次产业结构调整为 25.50∶42.30∶32.20。大力发展主食产业化和粮油深加工，主食产业化率达 42%，连续 3 年被市政府评为"主食产业化和粮油深加工先进单位"。淮滨县新增"四上"企业 18 家，规模以上工业企业达 117 家，实现主营业务收入 190.1 亿元，增长 15.3%。发展纺织关联企业 41 家，签约纺织机械设备 1 万台套，投产 4000 台套，居河南省第 1 位。

（八）息县

2015 年，息县完成地区生产总值 178.01 亿元，增长 8.7%；人均地区生产总值 21645 元，同比增长 7.4%；全社会固定资产投资额 209.26 亿元，增长 24.7%；全社会消费品零售总额 82.13 亿元，增长 14.8%；一般公共预算支出 32.76 亿元，增长 12.2%；一般公共预算收入 4.20 亿元，增长 13.5%。

2015 年，息县第一产业完成增加值 49.21 亿元，同比增长 4.4%；第二产业完成增加值 70.42 亿元，同比增长 8.9%；第三产业完成增加值 58.38 亿元，同比增长 11.7%；三次产业结构调整为 27.64∶39.56∶32.80。成立了新型农业经营主体联合会，新增家庭农场 10 家、农民专业合作社 148 家、市级农业产业化龙头企业 6 家。新增信阳市知名商标 7 件，河南省著名商标 9 件。产业集聚区规模以上工业企业实现主营业务收入 163.9 亿元，主导产业相关企业达到了 49 家，主导产业占比达到了 51.2%，集群规模持续壮大。

第 24 章

周口市 2015 年发展报告

24.1 周口市发展概述

2015 年，周口市完成地区生产总值 2089.70 亿元，同比增长 8.97%；人均地区生产总值 23727.55 元，比上年增长 4.9%；一般预算财政总收入 100.42 亿元，增长 10.41%；一般预算财政总支出 433.74 亿元，增长 13.39%；固定资产投资 1693.73 亿元，同比增长 15.0%；全社会消费品零售总额 974.73 亿元，同比增长 12.8%。城镇化率 37.85%。

2015 年周口市第一产业实现增加值 454.02 亿元，同比增长 4.4%；第二产业实现增加值 959.61 亿元，同比增长 9.6%；第三产业实现增加值 676.07 亿元，同比增长 11.4%；三次产业结构为 21.73：45.92：32.35。农业产业化集群发展势头良好，培育国家级农业产业化重点龙头企业 5 家、省级 51 家，龙头企业实现销售收入 400 多亿元。规模以上工业增加值增长 10.7%，增速居河南省第一位；实现利润 430.5 亿元，高于全省平均增速 12.4 个百分点，居河南省第二位。产业集聚区规模以上工业增加值增长 17.3%，居河南省第三位。房地产业保持健康发展态势，房地产业增加值达到 93.09 亿元。文化旅游产业稳步发展，创建省级文化产业示范基地 6 个，项城市汝阳刘笔业文化产业园被命名为"国家级文化产业示范基地"，2015 年周口市接待游客 1476.78 万人次，旅游总收入 99.22 亿元。

24.2 周口市宏观经济竞争力评价分析

24.2.1 经济规模竞争力评价分析

2014～2015 年，周口市经济规模竞争力指标在河南省的排位变化情况，如表 24－2－1 和图 24－2－1 所示。

（1）2015 年周口市经济规模竞争力综合排位处于第 13 位，表明其在河南省处于劣势地位，与 2014 年相比排位上升 3 位。

（2）从指标所处区位看，2015 年处于上游区的指标有 3 个，分别为地区生产总值、地区生产总值增长率、全社会消费品零售总额，且均为周口市经济规模竞争力中的优势指标；处于下游区的指标有 8 个，分别为人均地区生产总值、一般预算财政总收入、人均财政总收入、固定资产投资额、人均固定资产投资额、人均全社会消费品零售总额、金融机构贷款年底余额、人均金融机构贷款年底余额，其中人均地区生产总值、人均财政总

表 24 – 2 – 1 周口市 2014 ~ 2015 年经济规模竞争力及其二级指标

指标	地区生产总值（亿元）	地区生产总值增长率（%）	人均地区生产总值（元）	一般预算财政总收入（亿元）	人均财政总收入（元）	固定资产投资额（亿元）	人均固定资产投资额（元）	全社会消费品零售总额（亿元）	人均全社会消费品零售总额（元）	金融机构贷款年底余额（亿元）	人均金融机构贷款年底余额（元）	经济规模竞争力
2014 年	1989.75	9.07	22625.06	90.95	1034.17	1473.12	16750.56	864.46	9829.65	818.34	9305.17	—
2015 年	2089.70	8.97	23727.55	100.42	1140.21	1693.73	19231.47	974.73	11067.66	917.97	10423.13	—
2014 年排位	5	9	18	12	18	11	18	4	17	13	18	16
2015 年排位	5	6	18	11	18	10	18	4	17	13	18	13
升降	0	3	0	1	0	1	0	0	0	0	0	3
优势度	优势	优势	劣势	中势	劣势	中势	劣势	优势	劣势	劣势	劣势	劣势

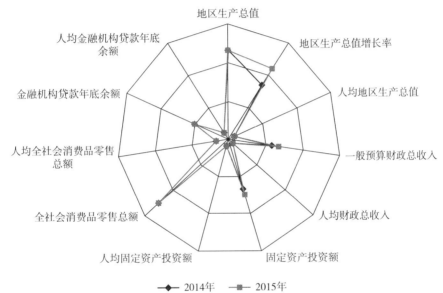

图 24 – 2 – 1 周口市 2014 ~ 2015 年经济规模竞争力二级指标排位

收入、人均固定资产投资额、人均全社会消费品零售总额、人均金融机构贷款年底余额、金融机构贷款年底余额指标为周口市经济规模竞争力中的劣势指标。

（3）从雷达图图形变化看，2015 年与 2014 年相比，面积略有增加，周口市经济规模竞争力呈现上升趋势。

（4）从排位的动因看，在地区生产总值增长率、一般预算财政总收入、固定资产投资额指标排位上升和其他指标排位不变的综合作用下，2015 年周口市经济规模竞争力综合排位上升 3 位，居河南省第 13 位。

24.2.2 经济结构竞争力评价分析

2014 ~ 2015 年，周口市经济结构竞争力指标在河南省的排位变化情况，如表 24 – 2 – 2 和图 24 – 2 – 2 所示。

表 24 - 2 - 2　周口市 2014 ~ 2015 年经济结构竞争力及其二级指标

指标	产业结构（%）	所有制结构（%）	人均收入结构（%）	支出结构（%）	国际贸易结构（%）	单位 GDP 能耗增减率(%)	经济结构竞争力
2014 年	77.53	94.10	39.22	58.68	90.53	-6.98	—
2015 年	78.27	94.48	40.80	57.55	79.14	-6.23	—
2014 年排位	16	1	13	1	1	6	3
2015 年排位	16	1	14	1	9	10	5
升降	0	0	-1	0	-8	-4	-2
优势度	劣势	优势	劣势	优势	中势	中势	优势

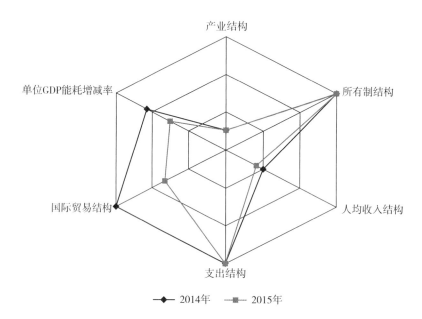

图 24 - 2 - 2　周口市 2014 ~ 2015 年经济结构竞争力二级指标排位

（1）2015 年周口市经济结构竞争力综合排位处于第 5 位，表明其在河南省处于优势地位，与 2014 年相比下降 2 位。

（2）从指标所处区位看，2015 年处于上游区的指标有 3 个，分别为支出结构、所有制结构、国际贸易结构，其中所有制结构和支出结构为周口市经济结构竞争力中的优势指标；处于下游区的指标有 3 个，分别为产业结构、单位 GDP 能耗增减率、人均收入结构，其中产业结构、人均收入结构为周口市经济结构竞争力中的劣势指标。

（3）从雷达图图形变化看，2015 年与 2014 年相比，面积明显缩小，周口市经济结构竞争力呈现下降趋势。

（4）从排位变化的动因看，在人均收入结构、国际贸易结构、单位 GDP 能耗增减率指标排位下降和其他指标排位不变的综合作用下，2015 年周口市经济结构竞争力综合排位下降了 2 位，居河南省第 5 位。

24.2.3 经济外向度竞争力评价分析

2014~2015 年，周口市经济外向度竞争力指标在河南省的排位变化情况，如表 24 - 2 - 3 和图 24 - 2 - 3 所示。

表 24 - 2 - 3 周口市 2014~2015 年经济外向度竞争力及其二级指标

指标	进出口总额（亿美元）	货物和服务净流出（亿元）	出口拉动指数（%）	实际 FDI（万美元）	利用省外资金（亿元）	省外资金/固定资产投资（%）	经济外向度竞争力
2014 年	8.43	41.96	2.11	48490.00	442.70	30.05	—
2015 年	7.82	28.38	1.36	49052.00	479.20	28.29	—
2014 年排位	9	6	6	12	8	7	7
2015 年排位	10	8	10	14	8	7	11
升降	-1	-2	-4	-2	0	0	-4
优势度	中势	中势	中势	劣势	中势	中势	中势

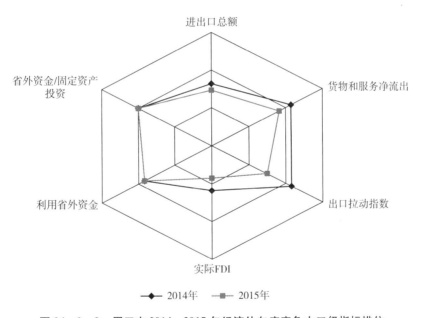

图 24 - 2 - 3 周口市 2014~2015 年经济外向度竞争力二级指标排位

（1）2015 年周口市经济外向度竞争力综合排位处于第 11 位，表明其在河南省处于中势地位，与 2014 年相比排位下降 4 位。

（2）从指标所处区位看，2015 年处于上游区的指标有 3 个，分别为货物和服务净流出、利用省外资金、省外资金/固定资产投资，且其均为周口市经济外向度竞争力的中势指标；处于下游区的指标有 3 个，分别为进出口总额、出口拉动指数、实际 FDI，其中实际 FDI 为周口市经济外向度竞争力的劣势指标。

（3）从雷达图图形变化看，2015 年与 2014 年相比，面积明显缩小，周口市经济外向度竞争力呈现下降的趋势。

（4）从排位的动因看，在货物和服务净流出、进出口总额、出口拉动指数、实际 FDI 指标排位下降和其他指标排位不变的综合作用下，2015 年周口市经济外向度竞争力综合排位与 2014 年相比下降了 4 位，居河南省第 11 位。

24.2.4　宏观经济竞争力综合分析

2014～2015 年，周口市宏观经济竞争力指标在河南省的排位变化和指标结构，如表 24 – 2 – 4 所示。

表 24 – 2 – 4　周口市 2014～2015 年宏观经济竞争力指标

指标	经济规模竞争力	经济结构竞争力	经济外向度竞争力	宏观经济竞争力
2014 年排位	16	3	7	10
2015 年排位	13	5	11	9
升降	3	– 2	– 4	1
优势度	劣势	优势	中势	中势

（1）2015 年周口市宏观经济竞争力综合排位处于第 9 位，表明其在河南省处于中势地位，与 2014 年相比上升 1 位。

（2）从指标所处区位看，2015 年经济结构竞争力处于上游区，且其为周口市宏观经济竞争力指标中的优势指标；经济规模竞争力、经济外向度竞争力指标处于下游区，其中经济规模竞争力为周口市宏观经济竞争力指标中的劣势指标。

（3）从指标排位变化趋势看，经济规模竞争力指标排位上升 3 位，经济结构竞争力指标排位下降 2 位，经济外向度竞争力指标排位下降 4 位。

（4）从排位综合分析看，在经济规模竞争力指标排位上升和经济结构竞争力、经济外向度竞争力指标排位下降的综合作用下，2015 年周口市宏观经济竞争力综合排位上升了 1 位，居河南省第 9 位。

24.3　周口市产业发展评价分析

24.3.1　农业竞争力评价分析

2014～2015 年，周口市农业竞争力指标在河南省的排位变化情况，如表 24 – 3 – 1 和图 24 – 3 – 1 所示。

（1）2015 年周口市农业竞争力综合排位处于第 7 位，表明其在河南省处于中势地位，与 2014 年相比排位上升 1 位。

（2）从指标所处区位看，2015 年处于上游区的指标有 4 个，分别为农业增加值、人均农业增加值、人均主要粮食产量、支农资金比重，其中农业增加值、人均农业增加值、

表 24 - 3 - 1　周口市 2014 ~ 2015 年农业竞争力及其二级指标

指标	农业增加值（亿元）	人均农业增加值（元）	农民人均纯收入（元）	人均主要粮食产量（吨）	农业劳动生产率[元/（人·年）]	农村人均用电量（kW·h）	支农资金比重（%）	农业竞争力
2014 年	461.22	5244.42	7742.00	0.92	7936.64	279.05	12.99	—
2015 年	469.33	5328.99	8576.00	0.94	7966.50	311.30	12.77	—
2014 年排位	2	4	18	3	9	18	8	8
2015 年排位	2	4	18	3	12	18	8	7
升降	0	0	0	0	-3	0	0	1
优势度	优势	优势	劣势	优势	中势	劣势	中势	中势

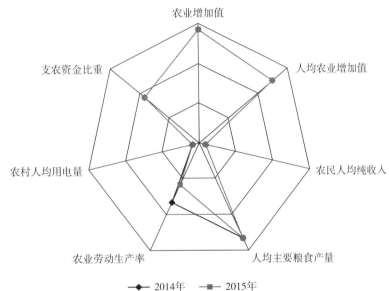

图 24 - 3 - 1　周口市 2014 ~ 2015 年农业竞争力二级指标排位

人均主要粮食产量为周口市农业竞争力中的优势指标；处于下游区的指标有 3 个，分别为农民人均纯收入、农村人均用电量、农业劳动生产率，其中农业劳动生产率为周口市农业竞争力中的中势指标。

（3）从雷达图图形变化看，2015 年与 2014 年相比，面积略有缩小，综合作用下，周口市农业竞争力呈现上升趋势。

（4）从排位变化的动因看，在农业劳动生产率指标排位下降和其他指标排位不变的综合作用下，2015 年周口市农业竞争力综合排位上升了 1 位，居河南省第 7 位。

24.3.2　工业竞争力评价分析

2014 ~ 2015 年，周口市工业竞争力指标在河南省的排位变化情况，如表 24 - 3 - 2 和图 24 - 3 - 2 所示。

（1）2015 年周口市工业竞争力综合排位处于第 4 位，表明其在河南省处于优势地位，

表 24 - 3 - 2　周口市 2014～2015 年工业竞争力及其二级指标

指标	工业增加值（亿元）	工业增加值增长率（%）	人均工业增加值（元）	规模以上工业资产总额（亿元）	规模以上工业资产总贡献率（%）	规模以上工业全员劳动生产率［元/(人·年)］	规模以上工业成本费用利润率（%）	规模以上工业产品销售率（%）	工业竞争力
2014 年	832.82	9.83	9469.83	2342.97	21.83	230081.54	12.46	99.95	—
2015 年	846.79	9.65	9614.91	2584.25	21.79	240922.46	12.70	99.12	—
2014 年排位	7	11	15	9	2	11	1	1	5
2015 年排位	6	1	15	9	2	10	1	1	4
升降	1	10	0	0	0	1	0	0	1
优势度	优势	优势	劣势	中势	优势	中势	优势	优势	优势

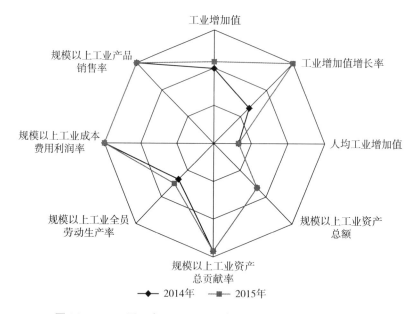

图 24 - 3 - 2　周口市 2014～2015 年工业竞争力二级指标排位

与 2014 年相比上升 1 位。

（2）从指标所处区位看，2015 年处于上游区的指标有 6 个，分别为工业增加值、工业增加值增长率、规模以上工业资产总额、规模以上工业资产总贡献率、规模以上工业成本费用利润率、规模以上工业产品销售率，其中工业增加值、工业增加值增长率、规模以上工业资产总贡献率、规模以上工业成本费用利润率、规模以上工业产品销售率指标是周口市工业竞争力中的优势指标；处于下游区的指标有 2 个，分别为人均工业增加值、规模以上工业全员劳动生产率，其中人均工业增加值指标是周口市工业竞争力的劣势指标。

（3）从雷达图图形变化看，2015 年与 2014 年相比，面积略有增加，周口市工业竞争力呈现上升趋势。

（4）从排位变化的动因看，在工业增加值、工业增加值增长率、规模以上工业全员劳动生产率指标排位上升、其他指标排位不变的综合作用下，2015 年周口市工业竞争力综合排位与 2014 年相比上升了 1 位，居河南省第 4 位。

24.3.3　工业化进程竞争力评价分析

2014～2015 年，周口市工业化进程竞争力指标在河南省的排位变化情况，如表 24 - 3 - 3 和图 24 - 3 - 3 所示。

表 24 - 3 - 3　周口市 2014～2015 年工业化进程竞争力及其二级指标

指标	第二产业增加值占 GDP 比重(%)	第二产业增加值增长率(%)	第二产业从业人员占总就业人员比重(%)	第二产业从业人员增长率(%)	第二产业固定资产投资占比(%)	工业化进程竞争力
2014 年	47.25	10.41	29.56	- 3.79	61.79	—
2015 年	45.92	9.57	29.68	- 0.02	59.42	—
2014 年排位	13	8	14	11	4	10
2015 年排位	13	2	13	10	4	5
升降	0	6	1	1	0	5
优势度	劣势	优势	劣势	中势	优势	优势

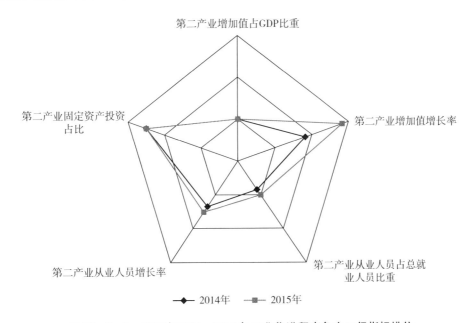

图 24 - 3 - 3　周口市 2014～2015 年工业化进程竞争力二级指标排位

（1）2015 年周口市工业化进程竞争力综合排位处于第 5 位，表明其在河南省处于优势地位，与 2014 年相比上升 5 位。

（2）从指标所处区位看，2015 年处于上游区的指标有 2 个，分别为第二产业增加值增长率、第二产业固定资产投资占比，这两项指标均为周口市工业化进程竞争力中的优势指标；处于下游区的指标有 3 个，分别为第二产业增加值占 GDP 比重、第二产业从业人员占总就业人员比重、第二产业从业人员增长率，其中第二产业增加值占 GDP 比重、第二产业从业人员占总就业人员比重指标为周口市工业化进程竞争力中的劣势指标。

（3）从雷达图图形变化看，2015 年与 2014 年相比，面积明显增大，周口市工业化进程竞争力呈现上升趋势。

（4）从排位变化的动因看，在第二产业增加值增长率、第二产业从业人员占总就业人员比重、第二产业从业人员增长率指标排位上升，其他指标排位不变的综合作用下，2015 年周口市工业化进程竞争力综合排位与 2014 年相比上升了 5 位，居河南省第 5 位。

24.3.4 服务业竞争力评价分析

2014～2015 年，周口市服务业竞争力指标在河南省的排位变化情况，如表 24 - 3 - 4 和图 24 - 3 - 4 所示。

表 24 - 3 - 4　周口市 2014～2015 年服务业竞争力及其二级指标

指标	服务业增加值（亿元）	服务业增加值增长率（%）	人均服务业增加值（元）	服务业从业人员数（万人）	服务业从业人员数增长率（%）	交通运输仓储邮电业增加值（亿元）	金融业增加值（亿元）	房地产业增加值（亿元）	批发和零售业增加值（亿元）	住宿和餐饮业增加值（亿元）	服务业竞争力
2014 年	602.34	10.55	6849.09	181.41	9.32	50.65	56.72	85.93	105.95	51.02	—
2015 年	676.07	11.37	7676.43	178.82	-1.43	55.26	62.63	93.09	114.92	56.46	—
2014 年排位	7	1	18	3	3	14	7	5	10	9	4
2015 年排位	9	9	18	3	15	14	8	5	10	8	12
升降	-2	-8	0	0	-12	0	-1	0	0	1	-8
优势度	中势	中势	劣势	优势	劣势	劣势	中势	优势	中势	中势	中势

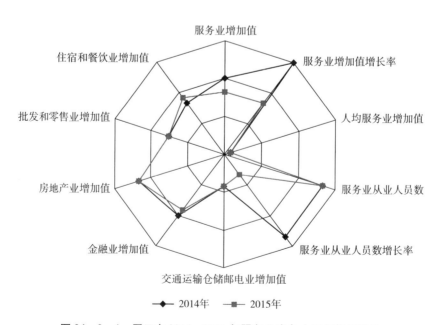

图 24 - 3 - 4　周口市 2014～2015 年服务业竞争力二级指标排位

（1）2015 年周口市服务业竞争力综合排位处于第 12 位，表明其在河南省处于中势地位，与 2014 年相比下降 8 位。

（2）从指标所处区位看，2015 年处于上游区的指标有 6 个，分别为服务业增加值、服务业增加值增长率、服务业从业人员数、金融业增加值、房地产业增加值、住宿和餐饮业增加值，其中服务业从业人员数、房地产业增加值指标为周口市服务业竞争力中的优势指标；处于下游区的指标有 4 个，分别为交通运输仓储邮电业增加值、服务业从业人员数增长率、人均服务业增加值、批发和零售业增加值，其中服务业从业人员数增长率、人均服务业增加值、交通运输仓储邮电业增加值指标为周口市服务业竞争力中的劣势指标。

（3）从雷达图图形变化看，2015 年与 2014 年相比，面积明显缩小，周口市服务业竞争力呈现下降的趋势。

（4）从排位变化的动因看，在住宿和餐饮业增加值指标排位上升和服务业增加值、服务业增加值增长率、服务业从业人员数增长率、金融业增加值指标排位下降，其他指标排位不变的综合作用下，2015 年周口市服务业竞争力综合排位下降了 8 位，居河南省第 12 位。

24.3.5　企业竞争力评价分析

2014～2015 年，周口市企业竞争力指标在河南省的排位变化情况，如表 24-3-5 和图 24-3-5 所示。

表 24-3-5　周口市 2014～2015 年企业竞争力及其二级指标

指标	规模以上工业企业数（个）	规模以上工业企业平均资产（亿元）	规模以上工业企业主营业务收入平均值（亿元）	流动资产年平均余额（亿元）	规模以上工业企业资产负债率（%）	规模以上工业企业成本费用利润率（%）	规模以上工业企业平均利润（亿元）	全员劳动生产率［元/（人·年）］	企业竞争力
2014 年	1200	1.95	2.96	938.21	26.74	12.46	0.32	230081.54	—
2015 年	1277	2.02	3.16	1003.61	28.23	12.70	0.35	240922.46	—
2014 年排位	10	12	12	10	18	1	4	11	12
2015 年排位	9	12	12	9	18	1	3	10	10
升降	1	0	0	1	0	0	1	1	2
优势度	中势	中势	中势	中势	劣势	优势	优势	中势	中势

（1）2015 年周口市企业竞争力综合排位处于第 10 位，表明其在河南省处于中势地位，与 2014 年相比排位上升 2 位。

（2）从指标所处区位看，2015 年处于上游区的指标有 4 个，分别为规模以上工业企业成本费用利润率、规模以上工业企业数、流动资产年平均余额、规模以上工业企业平均利润，其中规模以上工业企业成本费用利润率、规模以上工业企业平均利润为周口市企业竞争力中的优势指标；处于下游区的指标有 4 个，分别为规模以上工业企业平均资产、规

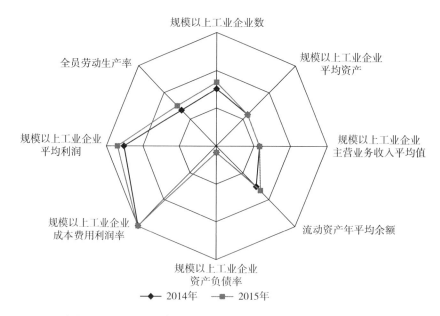

图 24 - 3 - 5　周口市 2014 ~ 2015 年企业竞争力二级指标排位

模以上工业企业主营业务收入平均值、规模以上工业企业资产负债率、全员劳动生产率，其中规模以上工业企业资产负债率指标为周口市企业竞争力中的劣势指标。

（3）从雷达图图形变化看，2015 年与 2014 年相比，面积略有增大，周口市企业竞争力呈现上升趋势。

（4）从排位变化的动因看，在规模以上工业企业数、流动资产年平均余额、规模以上工业企业平均利润、全员劳动生产率指标排位上升，其他指标排位不变的综合作用下，2015 年周口市企业竞争力综合排位与 2014 年相比上升 2 位，居河南省第 10 位。

24.4　周口市城镇化发展评价分析

24.4.1　城镇化进程竞争力评价分析

2014 ~ 2015 年，周口市城镇化进程竞争力指标在河南省的排位变化情况，如表 24 - 4 - 1 和图 24 - 4 - 1 所示。

（1）2015 年周口市城镇化进程竞争力综合排位处于第 17 位，表明其在河南省处于劣势地位，与 2014 年相比保持不变。

（2）从指标所处区位看，2015 年处于上游区的指标有 4 个，分别为人均拥有道路面积、人均日生活用水量、燃气普及率、人均城市园林绿地面积，其中人均拥有道路面积、人均日生活用水量为周口市城镇化进程竞争力中的优势指标；处于下游区的指标有 4 个，分别为城镇化率、城镇居民人均可支配收入、城市建成区面积、市区人口密度，其中城市建成区面积、市区人口密度为周口市城镇化进程竞争力中的中势指标。

表 24 - 4 - 1 周口市 2014 ～ 2015 年城镇化进程竞争力及其二级指标

指标	城镇化率 （％）	城镇居民 人均可 支配收入 （元）	城市 建成 区面积 （平方公里）	市区人口 密度（人/ 平方公里）	人均拥有 道路面积 （平方米）	人均 日生活 用水量 （升）	燃气 普及率 （％）	人均城市 园林绿地 面积 （平方米）	城镇化 进程 竞争力
2014 年	36. 19	19742. 41	66. 00	3531. 00	21. 88	148. 45	88. 02	10. 38	—
2015 年	37. 85	21019. 00	68. 13	3808. 00	21. 53	138. 07	93. 49	11. 33	—
2014 年排位	18	18	12	14	2	2	12	12	17
2015 年排位	18	18	12	12	2	5	8	8	17
升降	0	0	0	2	0	-3	4	4	0
优势度	劣势	劣势	中势	中势	优势	优势	中势	中势	劣势

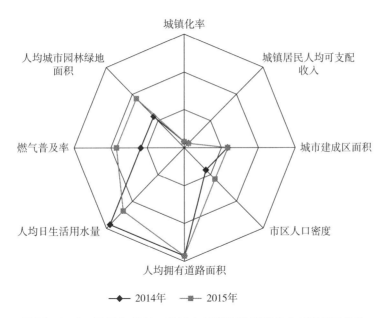

图 24 - 4 - 1 周口市 2014 ～ 2015 年城镇化进程竞争力二级指标排位

（3）从雷达图图形变化看，2015 年与 2014 年相比，面积基本不变，周口市城镇化进程竞争力呈现稳定趋势。

（4）从排位变化的动因看，在市区人口密度、燃气普及率、人均城市园林绿地面积指标排位上升和人均日生活用水量指标排位下降的综合作用下，2015 年周口市城镇化进程竞争力综合排位保持不变，居河南省第 17 位。

24.4.2 城镇社会保障竞争力评价分析

2014 ～ 2015 年，周口市城镇社会保障竞争力指标在河南省的排位变化情况，如表 24 - 4 - 2 和图 24 - 4 - 2 所示。

表24 - 4 - 2　周口市2014～2015年城镇社会保障竞争力及其二级指标

指标	城市城镇社区服务设施数(个/万人)	医疗保险覆盖率(%)	养老保险覆盖率(%)	失业保险覆盖率(%)	工伤保险覆盖率(%)	城镇登记失业率(%)	城镇社会保障竞争力
2014年	45	44.21	18.87	12.22	13.12	3.95	—
2015年	476	42.15	18.65	11.40	12.93	2.89	—
2014年排位	15	17	17	18	14	16	18
2015年排位	9	16	17	18	14	10	18
升降	6	1	0	0	0	6	0
优势度	中势	劣势	劣势	劣势	劣势	中势	劣势

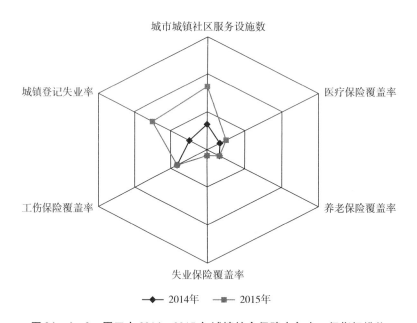

图24 - 4 - 2　周口市2014～2015年城镇社会保障竞争力二级指标排位

（1）2015年周口市城镇社会保障竞争力综合排位处于第18位，表明其在河南省处于劣势地位，与2014年相比保持不变。

（2）从指标所处区位看，2015年处于上游区的指标有1个，为城市城镇社区服务设施数，且其为周口市城镇社会保障竞争力的中势指标；处于下游区的指标有5个，分别为医疗保险覆盖率、养老保险覆盖率、失业保险覆盖率、工伤保险覆盖率、城镇登记失业率，其中城镇登记失业率为周口市城镇社会保障竞争力中的中势指标。

（3）从雷达图图形变化看，2015年与2014相比，面积明显增大，周口市城镇社会保障竞争力呈现上升的趋势。

（4）从排位变化的动因看，在城市城镇社区服务设施数、医疗保险覆盖率、城镇登记失业率指标排位上升、其他指标排位不变的综合作用下，2015年周口市城镇社会保障竞争力综合排位保持不变，居河南省第18位。

24.5　周口市社会发展评价分析

24.5.1　教育竞争力评价分析

2014~2015 年，周口市教育竞争力指标在河南省的排位变化情况，如表 24-5-1 和图 24-5-1 所示。

表 24-5-1　周口市 2014~2015 年教育竞争力及其二级指标

指标	教育经费占GDP 比重（%）	人均教育经费（元）	人均教育固定资产投资（元）	万人中小学学校数（所）	万人中小学专任教师数（人）	万人高等学校数（所）	万人高校专任教师数（人）	万人高等学校在校学生数（人）	教育竞争力
2014 年	5.71	1291.27	80.31	5.03	101.95	0.00	3.37	39.59	—
2015 年	5.72	1356.33	163.71	4.73	112.55	0.00	3.45	43.56	—
2014 年排位	3	15	18	1	5	16	16	16	16
2015 年排位	2	15	16	1	2	16	16	16	13
升降	1	0	2	0	3	0	0	0	3
优势度	优势	劣势	劣势	优势	优势	劣势	劣势	劣势	劣势

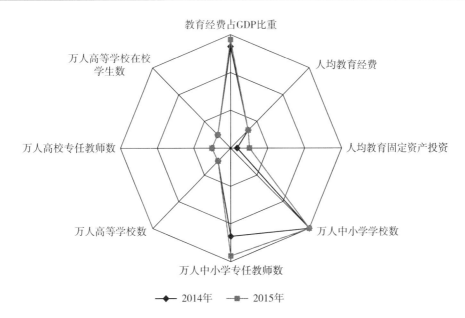

图 24-5-1　周口市 2014~2015 年教育竞争力二级指标排位

（1）2015 年周口市教育竞争力综合排位处于第 13 位，表明其在河南省处于劣势地位，与 2014 年相比排位上升 3 位。

（2）从指标所处区位看，2015 年处于上游区的指标有 3 个，分别为教育经费占 GDP 比重、万人中小学学校数、万人中小学专任教师数，且均为周口市教育竞争力中的优势指标；处于下游区的指标有 5 个，分别为人均教育经费、人均教育固定资产投资、万人高等学校数、万人高校专任教师数、万人高等学校在校学生数，且均为周口市教育竞争力中的劣势指标。

（3）从雷达图图形变化看，2015 年与 2014 年相比，面积略有增加，周口市教育竞争力呈现上升趋势。

（4）从排位变化的动因看，在教育经费占 GDP 比重、万人中小学专任教师数、人均教育固定资产投资指标排位上升，其他指标排位不变的综合作用下，2015 年周口市教育竞争力综合排位上升了 3 位，居河南省第 13 位。

24.5.2　科技竞争力评价分析

2014 ~ 2015 年，周口市科技竞争力指标在河南省的排位变化情况，如表 24 - 5 - 2 和图 24 - 5 - 2 所示。

表 24 - 5 - 2　周口市 2014 ~ 2015 年科技竞争力及其二级指标

指标	科学研究和技术服务业增加值(亿元)	万人科技活动人员(人)	R&D 经费占GDP 比重(%)	人均 R&D经费支出(元)	万人技术市场成交额(万元)	科技竞争力
2014 年	21.03	10.08	0.29	66.74	0.00	—
2015 年	24.06	9.37	0.36	85.27	0.00	—
2014 年排位	4	17	18	18	17	17
2015 年排位	4	17	17	18	15	17
升降	0	0	1	0	2	0
优势度	优势	劣势	劣势	劣势	劣势	劣势

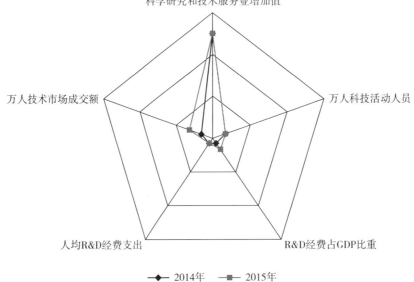

图 24 - 5 - 2　周口市 2014 ~ 2015 年科技竞争力二级指标排位

（1）2015 年周口市科技竞争力综合排位处于第 17 位，表明其在河南省处于劣势地位，与 2014 年相比排位保持不变。

（2）从指标所处区位看，2015 年处于上游区的指标有 1 个，为科学研究和技术服务业增加值，且为周口市科技竞争力中的优势指标，处于下游区的指标有 4 个，为万人科技活动人员、R&D 经费占 GDP 比重、人均 R&D 经费支出、万人技术市场成交额，且均为周口市科技竞争力中的劣势指标。

（3）从雷达图图形变化看，2015 年与 2014 年相比，面积略有增加，周口市科技竞争力呈现上升趋势。

（4）从排位变化的动因看，在万人技术市场成交额、R&D 经费占 GDP 比重指标排位上升，其他指标排位不变的综合作用下，2015 年周口市科技竞争力综合排位保持不变，居河南省第 17 位。

24.5.3 文化竞争力评价分析

2014～2015 年，周口市文化竞争力指标在河南省的排位变化情况，如表 24 – 5 – 3 和图 24 – 5 – 3 所示。

表 24 – 5 – 3 周口市 2014～2015 年文化竞争力及其二级指标

指标	全市接待旅游总人次（万人次）	全市旅游总收入（亿元）	城镇居民人均文化娱乐支出（元）	农村居民人均文化娱乐支出（元）	城镇居民文化娱乐支出占消费性支出比重（%）	农村居民文化娱乐支出占消费性支出比重（%）	文化竞争力
2014 年	1088.60	77.71	1299.24	298.00	8.46	5.62	—
2015 年	1476.78	99.22	1335.00	338.00	8.04	5.68	—
2014 年排位	14	13	17	16	18	15	17
2015 年排位	14	13	16	18	17	17	18
升降	0	0	1	–2	1	–2	–1
优势度	劣势	劣势	劣势	劣势	劣势	劣势	劣势

（1）2015 年周口市文化竞争力综合排位处于第 18 位，表明其在河南省处于劣势地位，与 2014 年相比排位下降 1 位。

（2）从指标所处区位看，2015 年周口市文化竞争力的所有指标均处于下游区，且指标均为周口市文化竞争力中的劣势指标。

（3）从雷达图图形变化看，2015 年与 2014 年相比，面积略有缩小，周口市文化竞争力呈现下降趋势。

（4）从排位变化的动因看，在城镇居民人均文化娱乐支出、城镇居民文化娱乐支出占消费性支出比重指标排位上升和农村居民人均文化娱乐支出、农村居民文化娱乐支出占消费性支出比重指标排位下降，其他指标排位不变的综合作用下，2015 年周口市文化竞争力综合排位与 2014 年相比下降 1 位，居河南省第 18 位。

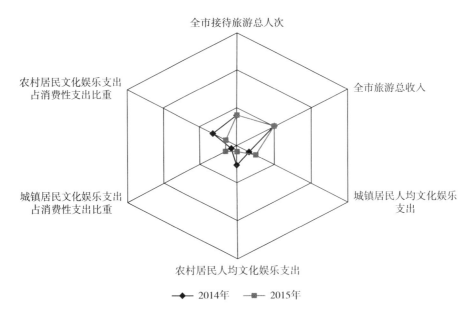

图 24 − 5 − 3　周口市 2014 ~ 2015 年文化竞争力二级指标排位

24.6　周口市县域经济发展评价分析

24.6.1　县域经济竞争力评价分析

2014 ~ 2015 年，周口市县域经济竞争力指标在河南省的排位变化情况，如表 24 − 6 − 1 和图 24 − 6 −1 所示。

表 24 − 6 − 1　周口市 2014 ~ 2015 年县域经济竞争力及其二级指标

指标	地区生产总值（亿元）	人均地区生产总值(元)	一般预算财政总收入（亿元）	人均财政总收入（元）	固定资产投资额（亿元）	人均固定资产投资额（元）	全社会消费品零售总额（亿元）	人均全社会消费品零售总额（元）	金融机构贷款年底余额（亿元）	人均金融机构贷款年底余额（元）	县域经济竞争力
2014 年	1801.77	22270.45	67.40	833.09	1264.14	15625.16	739.54	9141.00	548.90	6784.59	—
2015 年	1892.22	23377.50	74.79	923.96	1488.48	18389.42	833.24	10294.28	598.76	7397.35	—
2014 年排位	5	17	7	15	6	17	3	11	8	16	11
2015 年排位	5	17	6	16	6	17	3	11	8	17	10
升降	0	0	1	−1	0	0	0	0	0	−1	1
优势度	优势	劣势	优势	劣势	优势	劣势	优势	中势	中势	劣势	中势

（1）2015 年周口市县域经济竞争力综合排位处于第 10 位，表明其在河南省处于中势地位，与 2014 年相比排位上升 1 位。

（2）从指标所处区位看，2015 年处于上游区的指标有 5 个，分别为地区生产总值、

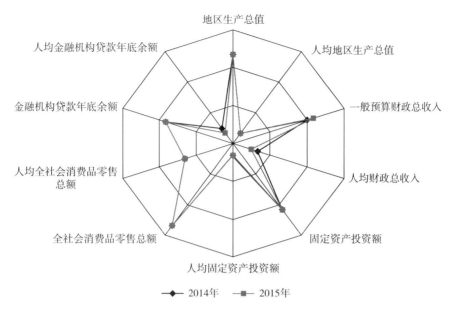

图 24 - 6 - 1 周口市 2014～2015 年县域经济竞争力二级指标排位

一般预算财政总收入、固定资产投资额、全社会消费品零售总额、金融机构贷款年底余额，其中地区生产总值、一般预算财政总收入、固定资产投资额、全社会消费品零售总额指标为周口市县域经济竞争力中的优势指标；处于下游区的指标有 5 个，分别为人均地区生产总值、人均财政总收入、人均固定资产投资额、人均全社会消费品零售总额、人均金融机构贷款年底余额，其中人均地区生产总值、人均财政总收入、人均固定资产投资额、人均金融机构贷款年底余额指标为周口市县域经济竞争力中的劣势指标。

（3）从雷达图图形变化看，2015 年与 2014 年相比，面积基本不变，周口市县域经济竞争力呈现上升趋势。

（4）从排位变化的动因看，在一般预算财政总收入指标排位上升和人均财政总收入、人均金融机构贷款年底余额指标排位下降的综合作用下，2015 年周口市县域经济竞争力综合排位与 2014 年相比上升 1 位，居河南省第 10 位。

24.6.2 周口市县域经济发展特色分析

（一）商水县

2015 年，商水县完成地区生产总值 206.44 亿元，增长 8.3%；人均地区生产总值 23064 元，同比增长 8.5%；全社会固定资产投资额 163.8 亿元，增长 19.9%；全社会消费品零售总额 70.6 亿元，增长 13.2%；一般公共预算收入 6.39 亿元，增长 11.9%；一般公共预算支出 41.03 亿元，增长 16.5%。

2015 年，商水县第一产业完成增加值 59.62 亿元，同比增长 4.1%；第二产业完成增加值 84.40 亿元，同比增长 9.8%；第三产业完成增加值 62.42 亿元，同比增长 11.7%；三次产业结构为 28.88∶40.88∶30.24。商水县新建成高标准粮田 15 万亩。新增农民专业合作社 147 家、家庭农场 52 家；新增土地流转面积 2 万亩。工业经济提质增效，工业经济主导作用持续增强，拉动 GDP 增速 4.1 个百分点。规模以上工业企业主营业务收入达 333.7 亿，增长 6.1%；实现利润总额 39.6 亿元，增长 3.9%。新增贸易企业 21 家、服务业企业 25 家、房地产企业 2 家，实现服务业增加值 62.5 亿元，增长 11.7%。

（二）淮阳县

2015 年，淮阳县完成地区生产总值 192.91 亿元，同比增长 8.2%；人均地区生产总值 19405 元，同比增长 8.0%；一般公共预算收入 6.80 亿元，增长 13.3%；一般公共预算支出 43.19 亿元，增长 15.3%；全社会固定资产投资额 142.36 亿元，增长 1.2%；全社会消费品零售总额 101.8 亿元，增长 13.9%。

2015 年，淮阳县第一产业完成增加值 59.58 亿元，同比增长 4.4%；第二产业完成增加值 83.89 亿元，同比增长 9.7%；第三产业完成增加值 49.44 亿元，同比增长 10.6%；三次产业结构为 30.88∶43.49∶25.63。淮阳县支持新型农业经营主体规范发展，新增家庭农场 93 家、农民专业合作社 71 个。夏粮生产实现十三连增，2015 年粮食总产量 20.04 亿斤，巩固了全国超级产粮大县地位。规模以上工业增加值完成 65.2 亿元，增长 12.0%，工业的发展质量和效益进一步提升。2015 年接待海内外游客 1063.2 万人次，门票收入 8748.6 万元，旅游综合收入 43.7 亿元。

（三）鹿邑县

2015 年，鹿邑县实现地区生产总值 259.50 亿元，比上年增长 9.0%；人均地区生产总值 29204 元，同比增长 8.8%；全社会固定资产投资额 172.08 亿元，增长 15.8%；一般公共预算支出 42.68 亿元，增长 2.5%；一般公共预算收入 10.37 亿元，增长 3.0%；全社会消费品零售总额 110.72 亿元，增长 13.6%。

2015 年，鹿邑县第一产业完成增加值 48.63 亿元，同比增长 4.3%；第二产业完成增加值 122.43 亿元，同比增长 9.4%；第三产业完成增加值 88.44 亿元，同比增长 11.9%；三次产业结构为 18.74∶47.18∶34.08。现代农业加快发展，实施高标准农田建设和农业产业化集群培育工程。粮食总产稳定在 93 万吨以上，保持"全国粮食生产先进县"荣誉称号。强力推进产业集聚区发展，全面加快项目建设，规模以上工业企业主营业务收入 254.3 亿元，增长 13.9%；规模以上工业利润总额 24 亿元，增长 16.5%；规模以上企业从业人员 2.33 万人。

（四）太康县

2015 年，太康县实现地区生产总值 210.52 亿元，较上年增长 9.7%；人均地区生产总值 19903 元，同比增长 9.8%；全社会固定资产投资额 158.20 亿元，增长 24.4%；一般公共预算收入 9.09 亿元，增长 10.3%；一般公共预算支出 48.20 亿元，增长 4.8%；全社会消费品零售总额 108.75 亿元，增长 12.2%。

2015 年，太康县第一产业完成增加值 55.67 亿元，同比增长 4.4%；第二产业完成增加值 86.85 亿元，同比增长 11.6%；第三产业完成增加值 68.00 亿元，同比增长 12.7%；三次产业结构为 26.44∶41.26∶32.30。农业基础不断夯实，粮食生产能力持续增强，建成高标准粮田 13.21 万亩，新增有效灌溉面积 31.77 万亩，2015 年粮食总产量 115.56 万吨，连续 12 年增产增收。农业产业化水平显著提升，发展农民合作社 2310 家；注册家庭农场 700 多家。工业生产稳中趋好，工业增加值增长 11.7%，规模以上工业增加值增长 12.9%，居周口市第 1 位。创建省级区域品牌试点企业 7 家、省级区域品牌示范企业 3 家，雷烁光电被评为省高新技术企业，创建市公共技术研发中心 2 家、市重点企业和高成长企业 6 家、市长质量奖企业 1 家。

（五）沈丘县

2015 年，沈丘县完成地区生产总值 214.95 亿元，同比增长 9.6%；人均地区生产总值 22430 元，同比增长 9.3%；一般公共预算支出 43.60 亿元，增长 13.6%；一般公共预算收入 11.58 亿元，增长 13.6%；全社会固定资产投资额 193.20 亿元，增长 20.5%；全社会消费品零售总额 87.76 亿元，增长 13.1%。

2015 年，沈丘县第一产业完成增加值 43.22 亿元，同比增长 4.9%；第二产业完成增加值 98.00 亿元，同比增长 10.6%；第三产业完成增加值 73.73 亿元，同比增长 11.4%；三次产业结构为 20.11∶45.60∶34.30。粮食总产达到 91.1 万吨，再创历史新高，夏粮单产 509 公斤，连续九年居周口市第一位，持续加快高标准粮田建设，投资 1.62 亿元，新建 8 个万亩方，面积达 15.3 万亩。大力培育新型农业经营主体，发展农民专业合作社 2659 个、家庭农场 66 家、农业产业化集群 8 个，其中国家级合作社 4 个、省级合作社 4 个、省级农场 1 个、省级产业化集群 2 个。工业实力持续增强，沈丘县工业实现主营业务收入 429 亿元，增长 10.7%，新增规模以上工业企业 7 家，总数达到 136 家。

（六）扶沟县

2015 年，扶沟县完成地区生产总值 151.67 亿元，增长 9.3%；人均地区生产总值 25332 元，同比增长 9.5%；全社会固定资产投资额 165.23 亿元，增长 21.7%；全社会消费品零售总额 59.2 亿元，增长 12.6%；一般公共预算支出 30.56 亿元，增长 16.4%；一般公共预算收入 6.19 亿元，增长 12.5%。

2015 年，扶沟县第一产业完成增加值 38.15 亿元，同比增长 4.2%；第二产业完成增加值 72.95 亿元，同比增长 10.6%；第三产业完成增加值 40.57 亿元，同比增长 12.0%；三次产业结构为 25.15∶48.10∶26.75。扶沟县综合实力持续增强，城乡面貌持续改观，发展质量持续提升，改革开放持续推进，社会事业持续发展，被评为"全国科技进步先进县""省级义务教育均衡先进县""省级双拥模范县"，群众安全感指数连年位居河南省前列、周口市首位。

（七）郸城县

2015 年，郸城县实现地区生产总值 203.88 亿元，增长 9.4%；人均地区生产总值 21562 元，同比增长 9.8%；一般公共预算收入 8.82 亿元，增长 10.0%；一般公共预算支出 45.70 亿元，增长 16.9%；全社会固定资产投资额 168.52 亿元，增长 24.2%；全社会消费品零售总额 80.89 亿元，增长 12.7%。

2015 年，郸城县第一产业完成增加值 49.66 亿元，同比增长 3.9%；第二产业完成增加值 97.65 亿元，同比增长 10.9%；第三产业完成增加值 56.57 亿元，同比增长 11.2%；三次产业结构为 24.36∶47.89∶27.75。鼓励支持农业经营主体发展，新增农民专业合作社

440 家、家庭农场 120 家，农业综合开发工作居全市首位；加强农业科技园区建设，流转土地 5000 亩，建成甘薯花木套种、油用牡丹种植基地，示范带动了现代农业快速发展。确立生态立县发展战略，持续开展蓝天、碧水、乡村清洁"三大工程"，加强林业生态建设，完成植树造林 1.8 万亩，植树 186 万株，农田林网控制率 96%。规模以上工业总产值完成 445 亿元、利润总额 28 亿元。

（八）西华县

2015 年，西华县实现地区生产总值 192.58 亿元，增长 6.6%；人均地区生产总值 25580 元，同比增长 7.0%；一般公共预算收入 6.16 亿元，增长 15.6%；一般公共预算支出 31.19 亿元，增长 10.8%；全社会固定资产投资额 152.99 亿元，增长 9.5%；全社会消费品零售总额 93.02 亿元，增长 12.9%。

2015 年，西华县第一产业完成增加值 52.27 亿元，同比增长 4.4%；第二产业完成增加值 90.68 亿元，同比增长 5.0%；第三产业完成增加值 49.63 亿元，同比增长 12.7%；三次产业结构为 27.14∶47.09∶25.77。大力发展农业产业化，新发展农民专业合作社 68 家，新增无公害农产品生产基地 5 个，新认证无公害农产品 14 个，省、市级农业产业化龙头企业达到 32 个。2015 年新增规模以上工业企业 19 家，总数达到 115 家，实现主营业务收入 363 亿元，利润总额 35.5 亿元。

（九）项城市

2015 年，项城市实现地区生产总值 259.77 亿元，增长 9.5%；人均地区生产总值 25942 元，同比增长 7.9%；全社会消费品零售总额 120.44 亿元，增长 12.3%；全社会固定资产投资额 172.06 亿元，增长 25.6%；一般公共预算支出 39.83 亿元，增长 12.0%；一般公共预算收入 9.40 亿元，增长 12.3%。

2015 年，项城市第一产业完成增加值 42.53 亿元，同比增长 4.7%；第二产业完成增加值 124.96 亿元，同比增长 10.3%；第三产业完成增加值 92.28 亿元，同比增长 10.6%；三次产业结构为 16.37∶48.11∶35.52。2015 年粮食总产达 83.3 万吨，喜获十二连增。项城市土地流转面积达到 29.5 万亩，新型农业经营主体稳步壮大，农田基础设施建设进一步加强，新建高标准粮田 11.7 万亩，荣获河南省"红旗渠精神杯"。项城市规模以上工业企业发展到 159 家，完成工业增加值 133.7 亿元，居周口市第一位，同比增长 12.2%；实现主营业务收入 549.5 亿元，增长 15.7%；实现利润总额 60.7 亿元，增长 16.7%，主营业务收入和利润总额总量均居周口市第一位，增速均居周口市第三位；工业实交税金 3.7 亿元，居周口市第一位，同比增长 17.2%。

第 25 章
驻马店市 2015 年发展报告

25.1 驻马店市发展概述

2015 年，驻马店市完成地区生产总值 1807.69 亿元，同比增长 8.94%；人均地区生产总值 26031.51 元，同比增长 6.42%；一般预算财政总收入 95.98 亿元，增长 12.03%；一般财政总支出 383.72 亿元，同比增长 10.37%；固定资产投资额 1512.02 亿元，同比增长 17.10%；全社会消费品零售总额 755.11 亿元，同比增长 13.28%；金融机构贷款年底余额 1114.67 亿元，同比增长 18.66%；城镇化率 38.08%；城镇居民人均可支配收入 22608.28 元，农民人均纯收入 9173.5 元，分别增长 8.7% 和 10%。

2015 年，驻马店市第一产业完成增加值 402.52 亿元，同比增长 4.3%；第二产业完成增加值 720.25 亿元，同比增长 8.4%；第三产业完成增加值 684.93 亿元，同比增长 12.5%；三次产业结构比为 22.3:40.1:37.6。驻马店市坚持把开放招商作为"一举求多效"的重要举措，进一步提高招商引资实效，举办各类招商活动 15 次，累计签约亿元以上项目 248 个，合同投资 1628.5 亿元，其中 10 亿元以上项目 53 个，合同投资 981.4 亿元。成功举办"第十八届中国农加工洽谈会"，现场签约合同项目 76 个，总投资 696.5 亿元，项目质量和投资规模较往年均有所提高。市公共保税物流中心"两仓"封关运营，2015 年到位省外资金 222.4 亿元，增长 9%；完成进出口 4.5 亿美元，增长 11.3%，增幅分别居河南省第二位和第三位。

25.2 驻马店市宏观经济竞争力评价分析

25.2.1 经济规模竞争力评价分析

2014~2015 年，驻马店市经济规模竞争力指标在河南省的排位变化情况，如表 25-2-1 和图 25-2-1 所示。

（1）2015 年驻马店市经济规模竞争力综合排位处于第 18 位，表明其在河南省处于劣势地位，与 2014 年相比保持不变。

（2）从指标所处区位看，2015 年处于上游区的指标有 2 个，分别是全社会消费品零售总额、金融机构贷款年底余额，且均为驻马店市经济规模竞争力中的中势指标；处于下游的指标有 9 个，分别是地区生产总值、一般预算财政总收入、固定资产投资额、人均地区生产总值、人均财政总收入、人均固定资产投资额、人均金融机构贷款年底余额、人均全社会消费品零售总额、地区生产总值增长率，其中，地区生产总值、地区生产总值增长

表 25 - 2 - 1　驻马店市 2014~2015 年经济规模竞争力及其二级指标

指标	地区生产总值（亿元）	地区生产总值增长率（%）	人均地区生产总值（元）	一般预算财政总收入（亿元）	人均财政总收入（元）	固定资产投资额（亿元）	人均固定资产投资额（元）	全社会消费品零售总额（亿元）	人均全社会消费品零售总额（元）	金融机构贷款年底余额（亿元）	人均金融机构贷款年底余额（元）	经济规模竞争力
2014 年	1691.30	8.51	24461.20	85.65	1238.69	1284.67	18580.17	666.57	9640.55	939.35	13585.74	—
2015 年	1807.69	8.94	26031.51	95.98	1382.14	1512.02	21773.77	755.11	10873.89	1114.67	16051.76	—
2014 年排位	11	17	16	13	17	13	17	8	18	9	16	18
2015 年排位	11	10	16	12	17	13	17	8	18	9	15	18
升降	0	7	0	1	0	0	0	0	0	0	1	0
优势度	中势	中势	劣势	中势	劣势	劣势	劣势	中势	劣势	中势	劣势	劣势

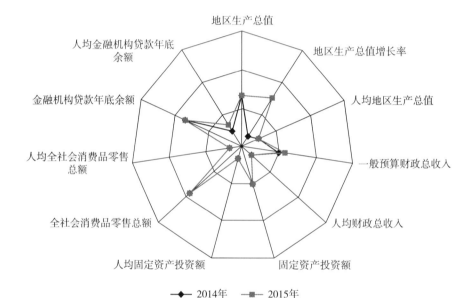

图 25 - 2 - 1　驻马店市 2014~2015 年经济规模竞争力二级指标排位

率和一般预算财政总收入为驻马店市经济规模竞争力中的中势指标，其余均为驻马店市经济规模竞争力中的劣势地位。

（3）从雷达图图形变化看，2015 年与 2014 年相比，面积明显增加，经济规模竞争力呈现上升趋势。

（4）从排位变化的动因看，在地区生产总值增长率、一般预算财政总收入和人均金融机构贷款年底余额指标排位上升及其他指标排位不变的综合作用下，2015 年驻马店市经济规模竞争力综合排位与上年相比保持不变，居河南省第 18 位。

25.2.2　经济结构竞争力评价分析

2014~2015 年，驻马店市经济结构竞争力指标在河南省的排位变化情况，如表 25 - 2 - 2 和图 25 - 2 - 2 所示。

表 25 - 2 - 2　驻马店市 2014 ~ 2015 年经济结构竞争力及其二级指标

指标	产业结构（%）	所有制结构（%）	人均收入结构（%）	支出结构（%）	国际贸易结构（%）	单位 GDP 能耗增减率(%)	经济结构竞争力
2014 年	76.51	78.09	38.79	51.89	85.04	-4.73	—
2015 年	77.73	82.09	40.58	49.94	88.54	-2.80	—
2014 年排位	17	4	15	5	5	12	8
2015 年排位	17	6	15	5	4	15	10
升降	0	-2	0	0	1	-3	-2
优势度	劣势	优势	劣势	优势	优势	劣势	中势

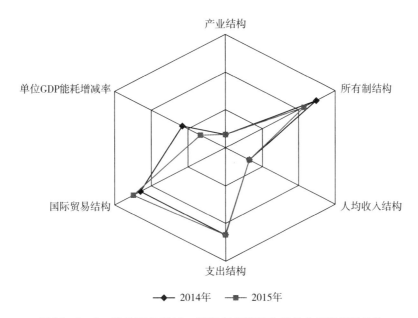

图 25 - 2 - 2　驻马店市 2014 ~ 2015 年经济结构竞争力二级指标排位

（1）2015 年驻马店市经济结构竞争力综合排位处于第 10 位，表明其在河南省处于中势地位，与 2014 年相比排位下降了 2 位。

（2）从指标所处区位看，2015 年处于上游区的指标有 3 个，分别为所有制结构、支出结构、国际贸易结构，均为驻马店市经济结构竞争力中的优势指标；处于下游区的指标有 3 个，分别是产业结构、单位 GDP 能耗增减率、人均收入结构，均为驻马店市经济结构竞争力中的劣势指标。

（3）从雷达图图形变化看，2015 年与 2014 年相比，面积略有缩小，经济结构竞争力呈现下降趋势。

（4）从排位变化的动因看，在国际贸易结构指标排位上升和所有制结构、单位 GDP 能耗增减率指标排位下降及其他指标排位不变的综合作用下，2015 年驻马店市经济结构竞争力综合排位下降 2 位，居河南省第 10 位。

25.2.3　经济外向度竞争力评价分析

2014～2015 年，驻马店市经济外向度竞争力指标在河南省的排位变化情况，如表 25 - 2 - 3 和图 25 - 2 - 3 所示。

表 25 - 2 - 3　驻马店市 2014～2015 年经济外向度竞争力及其二级指标

指标	进出口总额（亿美元）	货物和服务净流出（亿元）	出口拉动指数（%）	实际 FDI（万美元）	利用省外资金（亿元）	省外资金/固定资产投资（%）	经济外向度竞争力
2014 年	5.01	21.54	1.27	35392.00	221.40	17.23	—
2015 年	4.45	21.37	1.18	36888.00	241.20	15.95	—
2014 年排位	15	10	13	16	14	14	17
2015 年排位	14	10	12	16	14	15	16
升降	1	0	1	0	0	-1	1
优势度	劣势	中势	中势	劣势	劣势	劣势	劣势

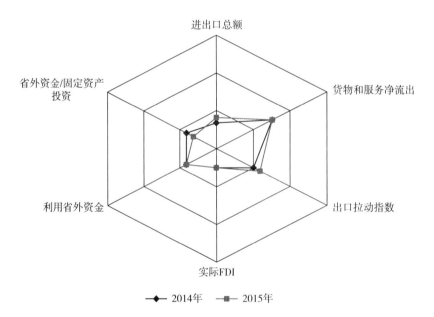

图 25 - 2 - 3　驻马店市 2014～2015 年经济外向度竞争力二级指标排位

（1）2015 年驻马店市经济外向度竞争力综合排位处于第 16 位，表明其在河南省处于劣势地位，与 2014 年相比排位上升 1 位。

（2）从指标所处区位看，2015 年所有指标都处于下游区，其中，进出口总额、实际 FDI、利用省外资金、省外资金/固定资产投资为驻马店市经济外向度竞争力中的劣势指标。

（3）从雷达图图形变化看，2015 年与 2014 年相比，面积略有增加，经济外向度竞争力呈现上升趋势。

（4）从排位变化的动因看，在出口拉动指数、进出口总额指标排位上升和省外资金/固定资产投资指标排位下降的综合作用下，2015 年驻马店市经济外向度竞争力综合排位上升 1 位，居河南省第 16 位。

25.2.4　宏观经济竞争力综合分析

2014～2015 年，驻马店市宏观经济竞争力指标在河南省的排位变化和指标结构，如表 25－2－4 所示。

表 25－2－4　驻马店市 2014～2015 年宏观经济竞争力指标

指标	经济规模竞争力	经济结构竞争力	经济外向度竞争力	宏观经济竞争力
2014 年排位	18	8	17	16
2015 年排位	18	10	16	17
升降	0	－2	1	－1
优势度	劣势	中势	劣势	劣势

（1）2015 年驻马店市宏观经济竞争力综合排位处于第 17 位，表明其在河南省处于劣势地位，与 2014 年相比下降 1 位。

（2）从指标所处区位看，2015 年经济结构竞争力、经济规模竞争力和经济外向度竞争力均处于下游区。

（3）从指标变化趋势看，经济结构竞争力指标排位下降 2 位，经济外向度竞争力指标排位上升 1 位，经济规模竞争力指标排位保持不变。

（4）从排位评价分析看，在经济结构竞争力指标排位下降、经济外向度竞争力指标排位上升和经济规模竞争力排位不变的综合作用下，2015 年驻马店市宏观经济竞争力居河南省第 17 位。

25.3　驻马店市产业发展评价分析

25.3.1　农业竞争力评价分析

2014～2015 年，驻马店市农业竞争力指标在河南省的排位变化情况，如表 25－3－1 和图 25－3－1 所示。

（1）2015 年驻马店市农业竞争力综合排位处于第 3 位，表明其在河南省处于优势地位，与 2014 年相比排位不变。

（2）从指标所处区位看，2015 年处于上游区的指标有 5 个，分别是农业增加值、人均农业增加值、人均主要粮食产量、农业劳动生产率、支农资金比重，除农业劳动生产率外均为驻马店市农业竞争力中的优势指标；处于下游区的指标有 2 个，分别是农民人均纯

表 25 – 3 – 1 驻马店市 2014～2015 年农业竞争力及其二级指标

指标	农业增加值 （亿元）	人均农业 增加值 （元）	农民人均 纯收入 （元）	人均主要 粮食产量 （吨）	农业劳动 生产率 [元/（人·年）]	农村人均 用电量 （kW·h）	支农资金 比重 （%）	农业 竞争力
2014 年	411.40	5950.11	8270.26	1.04	7547.12	407.59	14.33	—
2015 年	421.47	6069.34	9173.50	1.09	8047.32	429.01	14.00	—
2014 年排位	4	3	16	1	14	10	4	3
2015 年排位	4	3	16	1	9	11	5	3
升降	0	0	0	0	5	−1	−1	0
优势度	优势	优势	劣势	优势	中势	中势	优势	优势

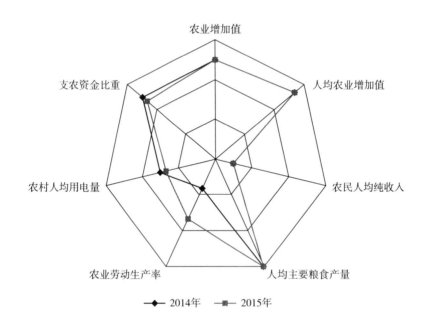

图 25 – 3 – 1 驻马店市 2014～2015 年农业竞争力二级指标排位

收入、农村人均用电量，其中，农民人均纯收入是驻马店市农业竞争力中的劣势指标。

（3）从雷达图图形变化看，2015 年与 2014 年相比，面积略有增加，农业竞争力呈现稳定趋势。

（4）从排位变化的动因看，在农业劳动生产率指标排位上升和农村人均用电量、支农资金比重指标排位下降的综合作用下，2015 年驻马店市农业竞争力综合排位保持不变，居河南省第 3 位。

25.3.2 工业竞争力评价分析

2014～2015 年，驻马店市工业竞争力指标在河南省的排位变化情况，如表 25 – 3 – 2 和图 25 – 3 – 2 所示。

表 25 - 3 - 2 驻马店市 2014 ~ 2015 年工业竞争力及其二级指标

指标	工业增加值（亿元）	工业增加值增长率（%）	人均工业增加值（元）	规模以上工业资产总额（亿元）	规模以上工业资产总贡献率（%）	规模以上工业全员劳动生产率[元/（人·年）]	规模以上工业成本费用利润率（%）	规模以上工业产品销售率（%）	工业竞争力
2014 年	606.48	8.32	8771.45	1764.33	14.43	185811.50	7.48	98.31	—
2015 年	622.90	8.31	8970.01	2098.68	13.54	180173.48	7.19	98.37	—
2014 年排位	13	18	17	14	12	16	9	7	18
2015 年排位	13	11	17	12	10	14	7	7	15
升降	0	7	0	2	2	2	2	0	3
优势度	劣势	中势	劣势	中势	中势	劣势	中势	中势	劣势

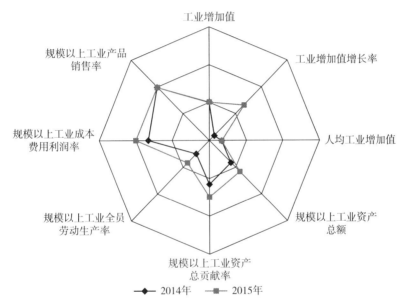

图 25 - 3 - 2 驻马店市 2014 ~ 2015 年工业竞争力二级指标排位

（1）2015 年驻马店市工业竞争力综合排位处于第 15 位，表明其在河南省处于劣势地位，与 2014 年相比上升 3 位。

（2）从指标所处区位看，2015 年处于上游区的指标有 2 个，分别是规模以上工业产品销售率、规模以上工业成本费用利润率，且均为驻马店市工业竞争力中的中势指标；处于下游区的指标有 6 个，分别是工业增加值、人均工业增加值、规模以上工业资产总额、规模以上工业资产总贡献率、规模以上工业全员劳动生产率、工业增加值增长率，其中工业增加值增长率、规模以上工业资产总额和规模以上工业资产总贡献率是驻马店市工业竞争力中的中势指标，其余均为驻马店市工业竞争力中的劣势指标。

（3）从雷达图图形变化看，2015 年与 2014 年相比，面积明显增加，工业竞争力呈现上升趋势。

（4）从排位变化的动因看，在工业增加值增长率、规模以上工业资产总额、规模以上工业成本费用利润率、规模以上工业资产总贡献率、规模以上工业全员劳动生产率指标排位上升和其他指标排位不变的综合作用下，2015年驻马店市工业竞争力综合排位上升了3位，居河南省第15位。

25.3.3 工业化进程竞争力评价分析

2014～2015年，驻马店市工业化进程竞争力指标在河南省的排位变化情况，如表25-3-3和图25-3-3所示。

表25-3-3 驻马店市2014～2015年工业化进程竞争力及其二级指标

指标	第二产业增加值占GDP比重(%)	第二产业增加值增长率(%)	第二产业从业人员占总就业人员比重(%)	第二产业从业人员增长率(%)	第二产业固定资产投资占比(%)	工业化进程竞争力
2014年	41.32	9.24	31.09	6.86	55.28	—
2015年	39.84	8.41	31.64	3.03	52.60	—
2014年排位	17	16	12	2	11	15
2015年排位	18	9	10	4	11	13
升降	-1	7	2	-2	0	2
优势度	劣势	中势	中势	优势	中势	劣势

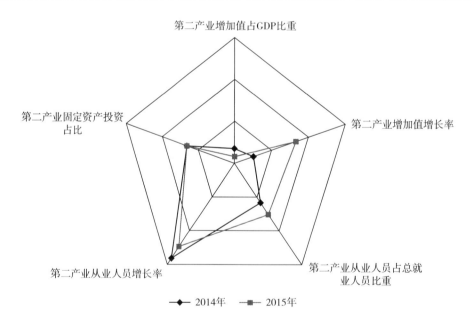

图25-3-3 驻马店市2014～2015年工业化进程竞争力二级指标排位

（1）2015年驻马店市工业化进程竞争力综合排位处于第13位，表明其在河南省处于劣势地位，与2014年相比上升了2位。

（2）从指标所处区位看，2015年处于上游区的指标有2个，为第二产业增加值增长率和第二产业从业人员增长率，其中第二产业增加值增长率是驻马店市工业化进程竞争力中的中势指标，第二产业从业人员增长率为优势指标；处于下游区的指标有3个，分别是第二产业增加值占 GDP 比重、第二产业从业人员占总就业人员比重、第二产业固定资产投资占比，其中第二产业增加值占 GDP 比重为驻马店市工业化进程竞争力中的劣势指标。

（3）从雷达图图形变化看，2015 年与 2014 年相比，面积明显增加，工业化进程竞争力呈现上升趋势。

（4）从排位变化的动因看，在第二产业增加值增长率、第二产业从业人员占总就业人员比重指标排位上升和第二产业增加值占 GDP 比重、第二产业从业人员增长率指标排位下降的综合作用下，2015 年驻马店市工业化进程竞争力综合排位上升 2 位，居河南省第 13 位。

25.3.4　服务业竞争力评价分析

2014 ~ 2015 年，驻马店市服务业竞争力指标在河南省的排位变化情况，如表 25 - 3 - 4 和图 25 - 3 - 4 所示。

表 25 - 3 - 4　驻马店市 2014 ~ 2015 年服务业竞争力及其二级指标

指标	服务业增加值（亿元）	服务业增加值增长率（%）	人均服务业增加值（元）	服务业从业人员数（万人）	服务业从业人员数增长率（%）	交通运输仓储邮电业增加值（亿元）	金融业增加值（亿元）	房地产业增加值（亿元）	批发和零售业增加值（亿元）	住宿和餐饮业增加值（亿元）	服务业竞争力
2014 年	595.11	10.31	8583.70	155.11	7.24	58.35	45.57	47.48	111.10	50.80	—
2015 年	684.93	12.50	9863.24	167.24	7.82	62.84	57.57	53.93	125.84	50.42	—
2014 年排位	9	2	16	5	7	11	11	12	9	10	7
2015 年排位	7	3	16	4	7	10	9	12	9	10	6
升降	2	-1	0	1	0	1	2	0	0	0	1
优势度	中势	优势	劣势	优势	中势	中势	中势	中势	中势	中势	优势

（1）2015 年驻马店市服务业竞争力综合排位处于第 6 位，表明其在河南省处于优势地位，与 2014 年相比上升了 1 位。

（2）从指标所处区位看，2015 年处于上游区的指标有 6 个，分别是服务业增加值、服务业增加值增长率、服务业从业人员数、金融业增加值、服务业从业人员数增长率、批发和零售业增加值，其中服务业增加值增长率、服务业从业人员数为驻马店市服务业竞争力中的优势指标；处于下游区的指标有 4 个，分别是人均服务业增加值、交通运输仓储邮电业增加值、房地产业增加值、住宿和餐饮业增加值，其中，人均服务业增加值是驻马店市服务业竞争力中的劣势指标。

（3）从雷达图图形变化看，2015 年与 2014 年相比，面积略有增加，服务业竞争力呈现上升趋势。

（4）从排位变化的动因看，在服务业增加值、服务业从业人员数、交通运输仓储邮电业增加值、金融业增加值指标排位上升和服务业增加值增长率指标排位下降的综合作用下，2015 年驻马店市服务业竞争力综合排位上升了 1 位，居河南省第 6 位。

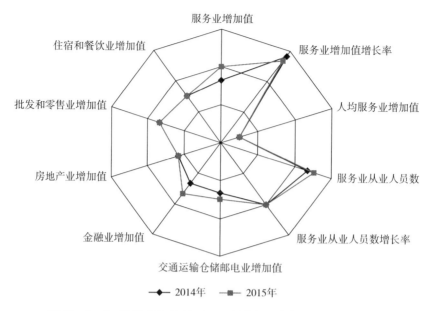

图 25 - 3 - 4　驻马店市 2014 ~ 2015 年服务业竞争力二级指标排位

25.3.5　企业竞争力评价分析

2014 ~ 2015 年，驻马店市企业竞争力指标在河南省的排位变化情况，如表 25 - 3 - 5 和图 25 - 3 - 5 所示。

表 25 - 3 - 5　驻马店市 2014 ~ 2015 年企业竞争力及其二级指标

指标	规模以上工业企业数（个）	规模以上工业企业平均资产（亿元）	规模以上工业企业主营业务收入平均值（亿元）	流动资产年平均余额（亿元）	规模以上工业企业资产负债率（%）	规模以上工业企业成本费用利润率（%）	规模以上工业企业平均利润（亿元）	全员劳动生产率[元/（人·年）]	企业竞争力
2014 年	1498.00	1.18	1.63	592.11	34.67	7.48	0.11	185811.50	—
2015 年	1594.00	1.32	1.73	654.49	32.00	7.19	0.12	180173.48	—
2014 年排位	5	17	18	15	15	9	17	16	17
2015 年排位	5	17	18	15	16	7	15	14	17
升降	0	0	0	0	-1	2	2	2	0
优势度	优势	劣势	劣势	劣势	劣势	中势	劣势	劣势	劣势

（1）2015 年驻马店市企业竞争力综合排位处于第 17 位，表明其在河南省处于劣势地位，与 2014 年相比排位保持不变。

（2）从指标所处区位看，2015 年处于上游区的指标有 2 个，分别是规模以上工业企业数、规模以上工业企业成本费用利润率，其中规模以上工业企业数是驻马店市企业竞争力中的优势指标；处于下游区的指标有 6 个，分别为规模以上工业企业平均资产、规模以

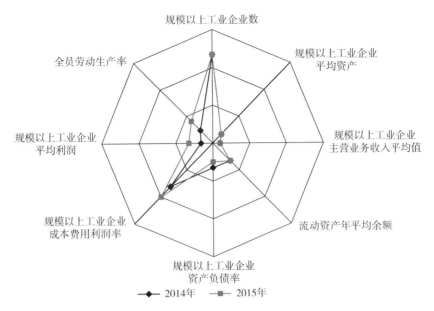

图 25 - 3 - 5　驻马店市 2014 ~ 2015 年企业竞争力二级指标排位

上工业企业主营业务收入平均值、流动资产年平均余额、规模以上工业企业资产负债率、规模以上工业企业平均利润、全员劳动生产率，它们均为驻马店市企业竞争力中的劣势指标。

（3）从雷达图图形变化看，2015 年与 2014 年相比，面积略有增加，企业竞争力呈现上升趋势。

（4）从排位变化的动因看，在规模以上工业企业成本费用利润率、规模以上工业企业平均利润、全员劳动生产率指标排位上升和规模以上工业企业资产负债率指标排位下降的综合作用下，2015 年驻马店市企业竞争力综合排位保持不变，在河南省居第 17 位。

25.4　驻马店市城镇化发展评价分析

25.4.1　城镇化进程竞争力评价分析

2014 ~ 2015 年，驻马店市城镇化进程竞争力指标在河南省的排位变化情况，如表 25 - 4 - 1 和图 25 - 4 - 1 所示。

（1）2015 年驻马店市城镇化进程竞争力综合排位处于第 18 位，表明其在河南省处于劣势地位，与 2014 年相比保持不变。

（2）从指标所处区位看，2015 年处于上游区的指标有 2 个，为人均拥有道路面积和人均城市园林绿地面积，其中人均拥有道路面积是驻马店市城镇化进程竞争力中的优势指标；处于下游区的指标有 6 个，分别是市区人口密度、人均日生活用水量、燃气普及率、城镇化率、城镇居民人均可支配收入、城市建成区面积，其中市区人口密度、燃气普及

表 25－4－1　驻马店市 2014～2015 年城镇化进程竞争力及其二级指标

指标	城镇化率（%）	城镇居民人均可支配收入（元）	城市建成区面积（平方公里）	市区人口密度（人/平方公里）	人均拥有道路面积（平方米）	人均日生活用水量（升）	燃气普及率（%）	人均城市园林绿地面积（平方米）	城镇化进程竞争力
2014 年	36.36	21320.40	71.30	2522.00	23.23	105.25	68.80	10.50	—
2015 年	38.08	22608.28	75.10	2539.00	23.81	114.67	74.41	11.07	—
2014 年排位	17	16	11	16	1	15	18	11	18
2015 年排位	17	16	10	16	1	12	17	9	18
升降	0	0	1	0	0	3	1	2	0
优势度	劣势	劣势	中势	劣势	优势	中势	劣势	中势	劣势

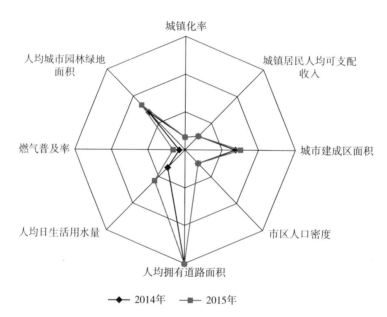

图 25－4－1　驻马店市 2014～2015 年城镇化进程竞争力二级指标排位

率、城镇化率、城镇居民人均可支配收入是驻马店市城镇化进程竞争力中的劣势指标。

（3）从雷达图图形变化看，2015 年与 2014 年相比，面积略有增加，城镇化进程竞争力呈现稳定趋势。

（4）从排位变化的动因看，在城市建成区面积、燃气普及率、人均城市园林绿地面积、人均日生活用水量指标排位上升以及其他指标排位不变的综合作用下，2015 年驻马店市城镇化进程竞争力综合排位保持不变，居河南省第 18 位。

25.4.2　城镇社会保障竞争力评价分析

2014～2015 年，驻马店市城镇社会保障竞争力指标在河南省的排位变化情况，如表 25－4－2 和图 25－4－2 所示。

表 25 - 4 - 2　驻马店市 2014～2015 年城镇社会保障竞争力及其二级指标

指标	城市城镇社区服务设施数（个/万人）	医疗保险覆盖率（%）	养老保险覆盖率（%）	失业保险覆盖率（%）	工伤保险覆盖率（%）	城镇登记失业率（%）	城镇社会保障竞争力
2014 年	261	49.77	16.14	15.16	11.71	3.02	—
2015 年	645	48.04	15.79	14.27	11.60	3.12	—
2014 年排位	5	13	18	13	18	11	17
2015 年排位	5	13	18	13	17	12	16
升降	0	0	0	0	1	-1	1
优势度	优势	劣势	劣势	劣势	劣势	中势	劣势

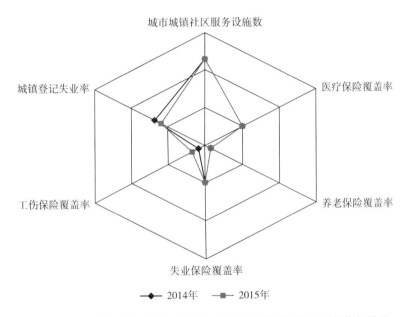

图 25 - 4 - 2　驻马店市 2014～2015 年城镇社会保障竞争力二级指标排位

（1）2015 年驻马店市城镇社会保障竞争力综合排位处于第 16 位，表明其在河南省处于劣势地位，与 2014 年相比上升 1 位。

（2）从指标所处区位看，2015 年处于上游区的指标有 1 个，为城市城镇社区服务设施数，它是驻马店市城镇社会保障竞争力中的优势指标；其余指标都处于下游区，其中医疗保险覆盖率、养老保险覆盖率、失业保险覆盖率、工伤保险覆盖率是驻马店市城镇社会保障竞争力中的劣势指标。

（3）从雷达图图形变化看，2015 年与 2014 年相比，面积略有增加，城镇社会保障竞争力呈现上升趋势。

（4）从排位变化的动因看，在工伤保险覆盖率指标排位上升和城镇登记失业率指标排位下降的综合作用下，2015 年驻马店市城镇社会保障竞争力综合排位上升 1 位，居河南省第 16 位。

25.5 驻马店市社会发展评价分析

25.5.1 教育竞争力评价分析

2014~2015 年，驻马店市教育竞争力指标在河南省的排位变化情况，如表 25－5－1 和图 25－5－1 所示。

表 25－5－1 驻马店市 2014~2015 年教育竞争力及其二级指标

指标	教育经费占GDP 比重（%）	人均教育经费（元）	人均教育固定资产投资（元）	万人中小学学校数（所）	万人中小学专任教师数（个）	万人高等学校数（所）	万人高校专任教师数（个）	万人高等学校在校学生数(人)	教育竞争力
2014 年	5.79	1415.43	269.47	3.80	104.99	0.00	2.34	30.38	—
2015 年	5.72	1487.82	230.58	3.82	107.00	0.00	2.33	32.13	—
2014 年排位	2	9	13	4	3	17	17	17	7
2015 年排位	1	9	14	2	4	17	17	17	6
升降	1	0	－1	2	－1	0	0	0	1
优势度	优势	中势	劣势	优势	优势	劣势	劣势	劣势	优势

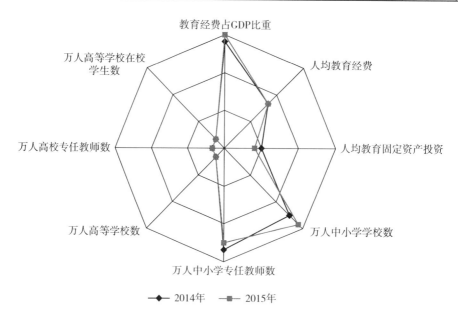

图 25－5－1 驻马店市 2014~2015 年教育竞争力二级指标排位

（1）2015 年驻马店市教育竞争力综合排位处于第 6 位，表明其在河南省处于优势地位，与 2014 年相比上升了 1 位。

（2）从指标所处区位看，2015 年处于上游区的指标有 4 个，分别是教育经费占 GDP 比重、人均教育经费、万人中小学学校数、万人中小学专任教师数，其中，教育经费占 GDP

比重、万人中小学学校数、万人中小学专任教师数是驻马店市教育竞争力中的优势指标；处于下游区的指标有 4 个，分别为人均教育固定资产投资、万人高等学校在校学生数、万人高校专任教师数、万人高等学校数，它们均为驻马店市教育竞争力中的劣势指标。

（3）从雷达图图形变化看，2015 年与 2014 相比，面积略有增大，教育竞争力呈现上升趋势。

（4）从排位变化的动因看，在教育经费占 GDP 比重、万人中小学学校数指标排位上升和人均教育固定资产投资、万人中小学专任教师数指标排位下降及其他指标排位不变的综合作用下，2015 年驻马店市教育竞争力综合排位上升了 1 位，居河南省第 6 位。

25.5.2　科技竞争力评价分析

2014～2015 年，驻马店市科技竞争力指标在河南省的排位变化情况，如表 25 - 5 - 2 和图 25 - 5 - 2 所示。

表 25 - 5 - 2　驻马店市 2014～2015 年科技竞争力及其二级指标

指标	科学研究和技术服务业增加值（亿元）	万人科技活动人员（人）	R&D 经费占GDP 比重（%）	人均 R&D经费支出（元）	万人技术市场成交额（万元）	科技竞争力
2014 年	11.90	8.36	0.37	89.45	0.94	—
2015 年	14.44	8.78	0.41	106.34	0.95	—
2014 年排位	9	18	16	16	11	15
2015 年排位	9	18	16	16	12	15
升降	0	0	0	0	-1	0
优势度	中势	劣势	劣势	劣势	中势	劣势

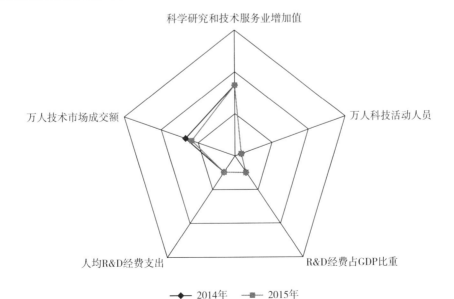

图 25 - 5 - 2　驻马店市 2014～2015 年科技竞争力二级指标排位

（1）2015 年驻马店市科技竞争力综合排位处于第 15 位，表明其在河南省处于劣势地位，与 2014 年相比保持不变。

（2）从指标所处区位看，2015 年处于上游区的指标有 1 个，为科学研究和技术服务业增加值，它是驻马店市科技竞争力中的中势指标；其余指标都处于下游区，其中万人技术市场成交额为驻马店市科技竞争力中的中势指标，其余均为劣势指标。

（3）从雷达图图形变化看，2015 年与 2014 年相比，面积变化不大，科技竞争力呈现稳定的趋势。

（4）从排位变化的动因看，在万人技术市场成交额指标排位下降及其他指标排位不变的综合作用下，2015 年驻马店市科技竞争力综合排位与 2014 年相比保持不变，居河南省第 15 位。

25.5.3 文化竞争力评价分析

2014～2015 年，驻马店市文化竞争力指标在河南省的排位变化情况，如表 25－5－3 和图 25－5－3 所示。

表 25－5－3　驻马店市 2014～2015 年文化竞争力及其二级指标

指标	全市接待旅游总人次（万人次）	全市旅游总收入（亿元）	城镇居民人均文化娱乐支出（元）	农村居民人均文化娱乐支出（元）	城镇居民文化娱乐支出占消费性支出比重（%）	农村居民文化娱乐支出占消费性支出比重（%）	文化竞争力
2014 年	1356.07	84.13	1920.51	416.24	12.62	6.56	—
2015 年	1886.16	114.53	1791.52	724.15	10.75	10.06	—
2014 年排位	12	12	11	11	7	9	10
2015 年排位	10	12	13	10	10	4	10
升降	2	0	-2	1	-3	5	0
优势度	中势	中势	劣势	中势	中势	优势	中势

（1）2015 年驻马店市文化竞争力综合排位处于第 10 位，表明其在河南省处于中势地位，与 2014 年相比保持不变。

（2）从指标所处的区位看，2015 年处于上游区的指标有 1 个，是农村居民文化娱乐支出占消费性支出比重，且是驻马店市文化竞争力中的优势指标；其余指标均处于下游区，其中全市接待旅游总人次、全市旅游总收入、城镇居民文化娱乐支出占消费性支出比重、农村居民人均文化娱乐支出均为驻马店市文化竞争力中的中势指标。

（3）从雷达图图形变化看，2015 年与 2014 年相比，面积基本不变，文化竞争力呈现稳定的趋势。

（4）从排位变化的动因看，在全市接待旅游总人次、农村居民人均文化娱乐支出、农村居民文化娱乐支出占消费性支出比重指标排位上升和城镇居民人均文化娱乐支出、城镇居民文化娱乐支出占消费性支出比重指标排位下降的综合作用下，2015 年驻马店市文化竞争力综合排位保持不变，居河南省第 10 位。

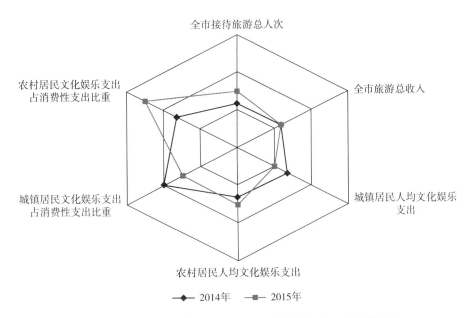

图 25 - 5 - 3　驻马店市 2014 ~ 2015 年文化竞争力二级指标排位

25.6　驻马店市县域经济发展评价分析

25.6.1　县域经济竞争力评价分析

2014 ~ 2015 年，驻马店市县域经济竞争力指标在河南省的排位变化情况，如表 25 - 6 - 1 和图 25 - 6 - 1 所示。

表 25 - 6 - 1　驻马店市 2014 ~ 2015 年县域经济竞争力及其二级指标

指标	地区生产总值（亿元）	人均地区生产总值（元）	一般预算财政总收入（亿元）	人均财政总收入（元）	固定资产投资额（亿元）	人均固定资产投资额（元）	全社会消费品零售总额（亿元）	人均全社会消费品零售总额（元）	金融机构贷款年底余额（亿元）	人均金融机构贷款年底余额（元）	县域经济竞争力
2014 年	1406.54	23413.88	49.28	820.37	1010.15	16815.50	529.25	8810.13	530.40	8829.34	—
2015 年	1502.62	25020.57	56.00	932.49	1185.63	19742.27	599.61	9984.33	614.21	10227.35	—
2014 年排位	7	16	11	16	13	16	6	12	9	13	14
2015 年排位	6	16	11	15	12	16	6	12	7	13	14
升降	1	0	0	1	1	0	0	0	2	0	0
优势度	优势	劣势	中势	劣势	中势	劣势	优势	中势	中势	劣势	劣势

（1）2015 年驻马店市县域经济竞争力综合排位处于第 14 位，表明其在河南省处于劣势地位，与 2014 年相比保持不变。

（2）从指标所处区位看，2015 年处于上游区的指标有 3 个，分别是地区生产总值、

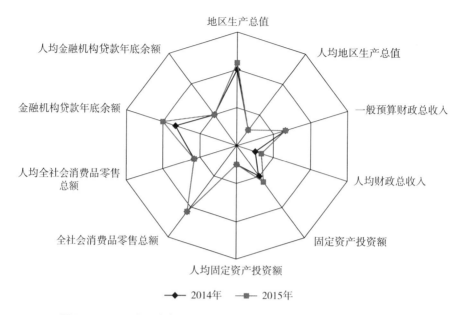

图 25 - 6 - 1　驻马店市 2014～2015 年县域经济竞争力二级指标排位

全社会消费品零售总额、金融机构贷款年底余额，其中地区生产总值和全社会消费品零售总额是驻马店市县域竞争力的优势指标；处于下游区的指标有 7 个，分别为一般预算财政总收入、固定资产投资额、人均地区生产总值、人均财政总收入、人均固定资产投资额、人均金融机构贷款年底余额、人均全社会消费品零售总额，其中一般预算财政总收入、固定资产投资额、人均全社会消费品零售总额是驻马店市县域经济竞争力中的中势指标，其余均为劣势指标。

（3）从雷达图图形变化看，2015 年与 2014 年相比，面积变化不大，县域经济竞争力呈现稳定的趋势。

（4）从排位变化的动因看，在地区生产总值、人均财政总收入、固定资产投资额、金融机构贷款年底余额指标排位上升和其他指标排位不变的综合作用下，2015 年驻马店市县域经济竞争力综合排位保持不变，居河南省第 14 位。

25.6.2　驻马店市县域经济发展特色分析

（一）西平县

2015 年，西平县实现地区生产总值 187.9 亿元，增长 9.8%；公共财政预算收入 6.94 亿元，增长 14%，净增 8000 多万元；全社会固定资产投资额 119.1 亿元，增长 20%；全社会消费品零售总额 89.9 亿元，增长 13.2%；城镇居民人均可支配收入 21272 元，增长 9.7%；农民人均纯收入 9810 元，增长 9.8%；各项存款余额 197.8 亿元，增长 19.7%；各项贷款余额 80.1 亿元，增长 24.4%，金融业保持平稳运行。

2015 年，西平县第一产业完成增加值 47.61 亿元，同比增长 4.6%；第二产业完成增加值 62.60 亿元，同比增长 9.2%；第三产业完成增加值 74.72 亿元，同比增长 15.6%。

围绕"一变应多变、一招求多效"目标，以招大引强为主线，以产业招商为重点，持续深入开展大招商活动，项目建设在质和量上实现了新突破。2015 年在建项目 133 个，总投资 179 亿元，其中，工业项目 44 个，亿元以上项目 38 个；围绕打造"宜居、宜业、宜学、宜游"城市目标，强化基础，完善功能，严格管理，提升品位，充分发挥城镇化"牵一发动全身"作用，城乡建设与管理取得明显成效。

（二）上蔡县

2015 年，上蔡县完成地区生产总值 184.8 亿元，增长 9.3%；规模以上工业增加值 59 亿元，增长 10.5%；固定资产投资额 119.4 亿元，增长 20.5%；全社会消费品零售总额 76.8 亿元，增长 13.4%；一般公共财政预算收入 5.7 亿元，增长 12.5%；城镇居民人均可支配收入 20955 元，增长 9.6%；农村居民人均纯收入 8867 元，增长 10.9%；金融机构各项存款余额 255.07 亿元、贷款余额 93.95 亿元，分别增长 10.2%、8.1%。

2015 年，上蔡县第一产业完成增加值 40.52 亿元，同比增长 4.4%；第二产业完成增加值 72.89 亿元，同比增长 9.1%；第三产业完成增加值 71.44 亿元，同比增长 12.3%。2015 年新引进各类项目 36 个，合同总投资 209.5 亿元，其中，亿元以上工业项目 19 个，合同总投资 111.4 亿元。实际利用外资 2530 万美元，占市定目标任务的 107.57%。新建续建项目 36 个，总投资 184.25 亿元，其中稳步鞋业、步实鞋业、新万仕利等 10 个项目已投产，帅威鞋业、亿民玉米胚芽油、制鞋产业园标准化厂房等 26 个项目正在紧张建设。

（三）平舆县

2015 年，平舆县完成地区生产总值 175.8 亿元，人均地区生产总值 2.5 万元；规模以上工业增加值 68.9 亿元；一般公共预算收入 6.6 亿元，支出 33.5 亿元；完成固定资产投资 13.9 亿元；金融机构各项存款余额 199.7 亿元，与 2014 年相比较，平舆县生产总值增长 8.9%，固定资产投资增长 19.5%，规模以上工业增加值增长 9.1%，一般公共预算收入增长 12%，全社会消费品零售总额增长 13.4%，城乡居民人均可支配收入分别增长 10%、10.5%，城镇化率较上年提高 1.5 个百分点；主要经济指标增速继续保持驻马店市前列。

2015 年，平舆县第一产业完成增加值 37.74 亿元，同比增长 4.7%；第二产业完成增加值 75.66 亿元，同比增长 8.6%；第三产业完成增加值 62.40 亿元，同比增长 12.2%。2015 年分四批集中开工了永光电子、恒远面业等 14 个亿元以上重点项目，十大重点工业项目有序推进。平舆县 24 个省市重点项目完成投资 97.1 亿元，占年度计划的 141%。争取上级各类政策性项目 120 个、资金 15 亿元；争取专项债券建设项目 8 个、资金 7.5 亿元，居驻马店市前列。在项目建设暨产业集聚区观摩评比中，居驻马店市第二位。

（四）正阳县

2015 年，正阳县完成地区生产总值 146 亿元，增长 8.7%；规模以上工业增加值 31.8 亿元，增长 9.7%；全社会固定资产投资额 116.4 亿元，增长 15%；全社会消费品零售总额 58.9 亿元，增长 13.4%；公共财政预算收入 4.84 亿元，增长 20.9%；城镇居民人均可支配收入 19846 元、农村居民人均纯收入 8877 元，均增长 10%；城镇化率达到 29.7%。

2015 年，正阳县第一产业完成增加值 49.88 亿元，同比增长 4.0%；第二产业完成增加值 40.46 亿元，同比增长 9.4%；第三产业完成增加值 55.58 亿元，同比增长 12.7%。产业集聚区固定资产投资增长 64.8%，规模以上工业企业主营业务收入增长 60%，均排河南省第一位。出口创汇 269 万美元，增幅达到 241%，位居驻马店市第 1 位，实施市属重点项目 8 个，完成投资 14.1 亿元；新开工四批亿元以上项目 17 个，总投资 77.1 亿元，累计完成投资 24.6 亿元。争取政策性项目 58 个，总投资 9.9 亿元，争取政策性资金 7.4 亿元。

（五）确山县

2015 年，确山县完成地区生产总值 137 亿元，增长 6.22%；人均地区生产总值 3.4 万元；一般预算财政总收入 6.3 亿元，增长 13.92%；一般预算财政总支出 24 亿元，增长 12.25%；固定资产投资额 120 亿元，增长 15.91%；全社会消费品零售总额 50.5 亿元，增长 13.38%；金融机构贷款年底余额 50.50 亿元，增长 10.53%；城镇居民人均可支配收入 2.1 万元，农民人均纯收入 8900 元，分别增长 6.37% 和 10.57%。

2015 年，确山县第一产业完成增加值 31.46 亿元，同比增长 4.4%；第二产业完成增加值 56.56 亿元，同比增长 8.6%；第三产业完成增加值 49.05 亿元，同比增长 11.6%。坚持把开放招商作为关键之举，深入开展大招商活动，全年举办 30 余次专项招商活动，累计引进亿元以上项目 46 个，总投资 171.8 亿元，分别比上年增长 48%、24%；实际利用外资 2600 万美元，增长 20%，被评为全市招商引资先进单位、全市开放招商先进单位。集中精力开展点对点的精准招商，围绕建设建筑产业现代化示范园区，与泛华集团实现了全面合作；围绕打造"中原门都"，与步阳、索福等知名门企达成了合作意向；围绕发展提琴产业，与 50 余家提琴企业形成了合作共识。

（六）泌阳县

2015 年，泌阳县完成地区生产总值 186 亿元，增长 8.6%；固定资产投资完成 130 亿元，增长 19.4%；规模以上工业增加值 74.7 亿元，增长 9.3%；财政一般公共预算收入 7.2 亿元，增长 14.3%；公共财政预算支出 37.1 亿元，增长 9%；全社会消费品零售总额 68 亿元，增长 13.3%；农民人均纯收入 9006 元，增长 10%；城镇居民人均可支配收入 21800 元，增长 9%。

2015 年，泌阳县第一产业完成增加值 49.72 亿元，增长 4.5%；第二产业完成增加值 74.63 亿元，增长 8.4%；第三产业完成增加值 61.87 亿元，增长 12.6%。紧紧抓住国家促进产业转型升级的政策机遇，大力实施工业强县战略。在项目建设上，全力推进 10 件民生实事、25 项重点城建工程、23 项重点招商项目，突出抓好了 15 个省、市重点项目；在主导产业培育上，着力抓好"区中园"建设，强力推进占地 800 亩、总投资 20 亿元的夏南牛产业园，占地 380 亩、总投资 15 亿元的电子产业园和占地 360 亩、总投资 15 亿元的食用菌产业园三个专业园区建设。

（七）汝南县

2015 年，汝南县完成地区生产总值 163.2 亿元，增长 8.3%；规模以上工业增加值 52.3 亿元，增长 10.6%；一般公共预算收入 5.6 亿元，增长 12%；全社会消费品零售总额 66.2 亿元，增长 13.4%；城镇居民人均可支配收入 19419 元，农民人均纯收入 9279元，分别增长 8.6% 和 9.8%；城镇化率为 34.13%。

2015 年，汝南县第一产业完成增加值 45.88 亿元，增长 4.5%；第二产业完成增加值 61.41 亿元，增长 9.5%；第三产业完成增加值 55.93 亿元，增长 9.9%。深入开展"迎盛会、大招商"活动，紧紧围绕主导产业、重点区域、产业链条开展多种形式的招商推介。先后 14 次组织招商小分队赴外地招商，并在台州成功举办了河南驻马店（汝南）—长三角地区优势产业招商推介会暨项目签约仪式，会上签约项目 9 个，合同总投资 62.8亿元。2015 年共签约项目 17 个，合同总投资 104.9 亿元，实际利用省外资金近 50 亿元；对接洽谈项目 4 个，总投资 41.1 亿元。

（八）遂平县

2015 年，遂平县完成地区生产总值 165.1 亿元，增长 9.6%；全社会固定资产投资额 145.8 亿元，增长 18.7%；规模以上工业增加值 58 亿元，增长 9.2%；全社会消费品零售总额 61.2 亿元，增长 13.5%；公共财政预算收入 6.7 亿元，增长 13%；城镇居民人均可支配收入 21550 元，增长 9.7%；农民人均纯收入 9728 元，增长 9.9%。

2015 年，遂平县第一产业完成增加值 29.13 亿元，增长 4.1%；第二产业完成增加值 74.84 亿元，增长 8.4%；第三产业完成增加值 61.20 亿元，增长 14.0%。强力推进招商引资项目建设，认真落实领导分包、现场办公、月督察和季度观摩点评等项目建设推进机制，切实加大协调服务力度，对 130 个年度经济发展重点项目进行集中攻坚，完成投资 85.2 亿元，占年度计划的 81.6%。其中，24 个省、市重点项目完成投资 55.5 亿元，占年度计划的 115%。思念食品产业园、中农农业机械等项目建成投产，大拇指食品、信义光伏、天中百年光伏等项目正在加快建设，被评为"2015 中国新能源产业百强县"。

（九）新蔡县

2015 年，新蔡县完成地区生产总值 158.8 亿元，增长 9.2%；财政一般公共预算收入 6.1 亿元，增长 11.2%；全社会固定资产投资额 121.5 亿元，增长 19.1%；规模以上工业增加值 41.8 亿元，增长 9.8%；全社会消费品零售总额 55.9 亿元，增长 12.6%；城镇居民人均可支配收入 20448 元，增长 8.5%；农村居民人均现金收入 8865 元，增长 10.7%；城镇化率达到 30.5%，提高 2.1 个百分点。

2015 年，新蔡县第一产业完成增加值 45.80 亿元，增长 4.3%；第二产业完成增加值 55.65 亿元，增长 8.1%；第三产业完成增加值 57.98 亿元，增长 14.4%。狠抓项目建设，3 个省级 A 类重点项目完成投资 12.9 亿元，22 个省级 B 类重点项目完成投资 36.7 亿元，恒盛纺织、玉绣坊二期等建成投产，纺织服装产业园标准化厂房已有三家企业签约入驻；加快产业集聚区建设，纺织服装园、医药产业园稳步推进；创业路、民主路、工贸路、汝河路等产业集聚区内道路基本建成，产业集聚区基础设施承载能力持续提升；创新金融服务，实施"担保融资、基准利率贷款、融资转贷资金池"等金融三项措施，筹资 7000 万元分别建立小微企业助保贷资金平台和工业企业信贷周转资金平台，为 19 家小微企业筹措资金 1 亿元，为 10 家企业启动 14 笔过桥资金 9900 万元，有效化解企业资金断链风险，缓解了企业融资难题。

第 26 章
济源市 2015 年发展报告

26.1　济源市发展概述

2015 年，济源市完成地区生产总值 492.54 亿元，同比增长 5.97%；人均地区生产总值 67796.88 元，同比增长 4.95%；一般预算财政总收入 38.59 亿元，同比增长 0.47%；一般预算财政总支出 59.32 亿元，同比增长 0.76%；固定资产投资额 479.27 亿元，增长 14.84%；全社会消费品零售总额 136.28 亿元，增长 11.95%；金融机构贷款年底余额 227.36 亿元，增长 8.40%；进出口总额 13.35 亿美元；城镇化率 58.02%；城镇居民人均可支配收入 26532 元，增长 5.21%，农民人均纯收入 14469 元，增长 9.90%。

2015 年济源市第一产业完成增加值 21.68 亿元，同比增长 4.07%；第二产业完成增加值 323.98 亿元，同比增长 5.94%；第三产业完成增加值 146.88 亿元，同比增长 6.37%；三次产业占比为 4.40∶65.78∶29.82。2015 年，济源市实施力帆新能源汽车、巨力钢丝绳、中国煤科钻探装备、地面光伏电站等一批工业转型升级项目，高成长性产业增长 10.3%，占工业比重 30% 以上，成为河南省唯一的全国首批区域工业绿色转型发展试点市；加快科技创新步伐，率先在河南省建成"互联网＋"模式科技大市场，高新技术产业增长 10%，占工业比重提高 4 个百分点；实施服务业发展"5433"行动计划，服务业投资增速首次超过工业；"全域旅游"规划编制基本完成，入围首批创建"国家全域旅游示范区"，被评为"2015 年度最具创意休闲城市"；2015 年接待游客 859.02 万人次，增长 12.15%，实现旅游收入 39.55 亿元，增长 13.26%。

26.2　济源市宏观经济竞争力评价分析

26.2.1　经济规模竞争力评价分析

2014 ~ 2015 年，济源市经济规模竞争力指标在河南省的排位变化情况，如表 26 - 2 - 1 和图 26 - 2 - 1 所示。

（1）2015 年济源市经济规模竞争力综合排位处于第 14 位，表明其在河南省处于劣势地位，与 2014 年相比排位下降 8 位。

（2）从指标所处区位看，2015 年处于上游区的指标有 5 个，分别为人均地区生产总值、人均财政总收入、人均固定资产投资额、人均全社会消费品零售总额、人均金融机构贷款年底余额，且均为济源市经济规模竞争力中的优势指标；处于下游区的指标有 6 个，

表 26 - 2 - 1　济源市 2014～2015 年经济规模竞争力及其二级指标

指标	地区生产总值（亿元）	地区生产总值增长率（%）	人均地区生产总值（元）	一般预算财政总收入（亿元）	人均财政总收入（元）	固定资产投资额（亿元）	人均固定资产投资额（元）	全社会消费品零售总额（亿元）	人均全社会消费品零售总额（元）	金融机构贷款年底余额（亿元）	人均金融机构贷款年底余额（元）	经济规模竞争力
2014 年	480.46	9.75	66777.29	38.41	5338.40	417.33	58002.78	121.73	16918.32	209.75	29152.12	—
2015 年	492.54	5.97	67796.88	38.59	5311.19	479.27	65969.51	136.28	18759.11	227.36	31295.49	—
2014 年排位	18	3	2	18	2	18	2	18	3	18	3	6
2015 年排位	18	17	2	18	2	18	3	18	3	18	4	14
升降	0	-14	0	0	0	0	-1	0	0	0	-1	-8
优势度	劣势	劣势	优势	劣势	优势	劣势	优势	劣势	优势	劣势	优势	劣势

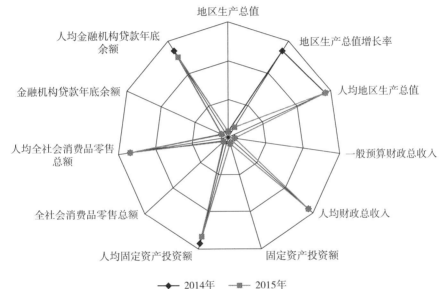

图 26 - 2 - 1　济源市 2014～2015 年经济规模竞争力二级指标排位

分别为地区生产总值、地区生产总值增长率、一般预算财政总收入、固定资产投资额、全社会消费品零售总额、金融机构贷款年底余额，且均为济源市经济规模竞争力中的劣势指标。

（3）从雷达图图形变化看，2015 年与 2014 年相比，面积明显缩小，经济规模竞争力呈现下降趋势。

（4）从排位变化动因看，在地区生产总值增长率、人均固定资产投资额、人均金融机构贷款年底余额指标排位下降的作用下，2015 年济源市经济规模竞争力的综合排位下降 8 位，居河南省第 14 位。

26.2.2　经济结构竞争力评价分析

2014～2015 年，济源市经济结构竞争力指标在河南省的排位变化情况，如表 26 - 2 - 2 和图 26 - 2 - 2 所示。

（1）2015 年济源市经济结构竞争力综合排位处于第 7 位，表明其在河南省处于中势

表 26 – 2 – 2　济源市 2014～2015 年经济结构竞争力及其二级指标

指标	产业结构（%）	所有制结构（%）	人均收入结构（%）	支出结构（%）	国际贸易结构（%）	单位 GDP 能耗增减率（%）	经济结构竞争力
2014 年	95.48	47.42	52.21	29.17	13.29	-4.03	—
2015 年	95.60	47.63	54.53	28.44	8.91	-9.78	—
2014 年排位	2	14	3	16	18	14	9
2015 年排位	2	15	2	16	18	2	7
升降	0	-1	1	0	0	12	2
优势度	优势	劣势	优势	劣势	劣势	优势	中势

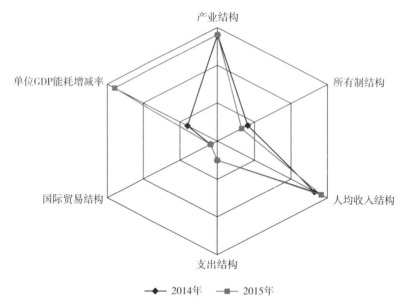

图 26 – 2 – 2　济源市 2014～2015 年经济结构竞争力二级指标排位

地位，与 2014 年相比排位上升 2 位。

（2）从指标所处区位看，2015 年处于上游区的指标 3 个，分别为产业结构、人均收入结构、单位 GDP 能耗增减率，且均为济源市经济结构竞争力中的优势指标；处于下游区的指标有 3 个，分别为所有制结构、支出结构、国际贸易结构，且均为济源市经济结构竞争力中的劣势指标。

（3）从雷达图图形变化看，2015 年与 2014 年相比，面积明显增大，经济结构竞争力呈现上升趋势。

（4）从排位变化动因看，在所有制结构指标排位下降和人均收入结构、单位 GDP 能耗增减率指标排位上升的综合作用下，2015 年济源市经济结构竞争力的综合排位上升 2 位，居河南省第 7 位。

26.2.3　经济外向度竞争力评价分析

2014～2015 年，济源市经济外向度竞争力指标在河南省的排位变化情况，如表 26 – 2 – 3 和图 26 – 2 – 3 所示。

表 26 - 2 - 3 济源市 2014 ~ 2015 年经济外向度竞争力及其二级指标

指标	进出口总额（亿美元）	货物和服务净流出（亿元）	出口拉动指数（%）	实际 FDI（万美元）	利用省外资金（亿元）	省外资金/固定资产投资（%）	经济外向度竞争力
2014 年	17.28	-77.91	-16.22	28125.00	162.10	38.84	—
2015 年	13.35	-68.34	-13.88	31873.00	176.70	36.87	—
2014 年排位	6	18	18	18	18	3	18
2015 年排位	6	18	18	18	18	2	17
升降	0	0	0	0	0	1	1
优势度	优势	劣势	劣势	劣势	劣势	优势	劣势

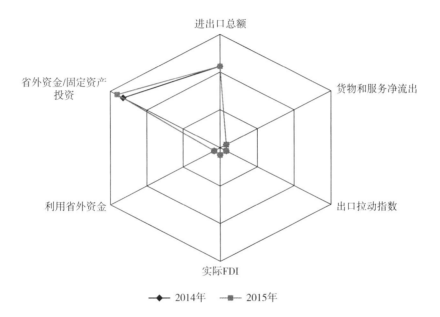

图 26 - 2 - 3 济源市 2014 ~ 2015 年经济外向度竞争力二级指标排位

（1）2015 年济源市经济外向度竞争力综合排位处于第 17 位，表明其在河南省处于劣势地位，与 2014 年相比排位上升 1 位。

（2）从指标所处区位看，2015 年处于上游区的指标有 2 个，分别为进出口总额、省外资金/固定资产投资，且均为济源市经济外向度竞争力中的优势指标；处于下游区的指标有 4 个，分别为货物和服务净流出、出口拉动指数、实际 FDI、利用省外资金，且均为济源市经济外向度竞争力中的劣势指标。

（3）从雷达图图形变化看，2015 年与 2014 年相比，面积略有增大，经济外向度竞争力呈现上升趋势。

（4）从排位变化动因看，在省外资金/固定资产投资指标排位上升和其他指标排位不变的综合作用下，2015 年济源市经济外向度竞争力的综合排位上升 1 位，居河南省第 17 位。

26.2.4 宏观经济竞争力综合分析

2014～2015 年，济源市宏观经济竞争力指标在河南省的排位变化和指标结构，如表 26－2－4 所示。

表 26－2－4　济源市 2014～2015 年宏观经济竞争力指标

指标	经济规模竞争力	经济结构竞争力	经济外向度竞争力	宏观经济竞争力
2014 年排位	6	9	18	8
2015 年排位	14	7	17	11
升降	－8	2	1	－3
优势度	劣势	中势	劣势	中势

（1）2015 年济源市宏观经济竞争力综合排位处于第 11 位，表明其在河南省处于中势地位，与 2014 年相比排位下降 3 位。

（2）从指标所处区位看，2015 年处于上游区的指标有 1 个，是经济结构竞争力，它是济源市宏观经济竞争力的中势指标；处于下游区的指标有 2 个，分别是经济规模竞争力、经济外向度竞争力，均是济源市宏观经济竞争力的劣势指标。

（3）从指标变化趋势看，经济规模竞争力指标排位下降了 8 位，经济结构竞争力指标排位上升了 2 位，经济外向度竞争力指标排位上升了 1 位。

（4）从排位综合分析看，在经济规模竞争力指标排位下降和经济结构竞争力、经济外向度竞争力指标排位上升的综合作用下，2015 年济源市宏观经济竞争力综合排位下降 3 位，居河南省第 11 位。

26.3　济源市产业发展评价分析

26.3.1 农业竞争力评价分析

2014～2015 年，济源市农业竞争力指标在河南省的排位变化情况，如表 26－3－1 和图 26－3－1 所示。

（1）2015 年济源市农业竞争力综合排位处于第 17 位，表明其在河南省处于劣势地位，与 2014 年相比排位保持不变。

（2）从指标所处区位看，2015 年处于上游区的指标有 3 个，分别为农民人均纯收入、农村人均用电量、支农资金比重，且农民人均纯收入、农村人均用电量为济源市农业竞争力中的优势指标，支农资金比重为济源市农业竞争力中的中势指标；处于下游区的指标有 4 个，分别为农业增加值、人均农业增加值、人均主要粮食产量、农业劳动生产率，且全都是济源市农业竞争力中的劣势指标。

（3）从雷达图图形变化看，2015 年与 2014 年相比，面积基本不变，农业竞争力呈现

表 26 - 3 - 1　济源市 2014 ~ 2015 年农业竞争力及其二级指标

指标	农业增加值（亿元）	人均农业增加值（元）	农民人均纯收入（元）	人均主要粮食产量（吨）	农业劳动生产率［元/（人·年）］	农村人均用电量（kW·h）	支农资金比重（%）	农业竞争力
2014 年	21.97	3053.40	13166.00	0.30	6948.78	679.90	12.11	—
2015 年	21.94	3019.94	14469.00	0.31	6919.79	628.40	12.94	—
2014 年排位	18	17	2	16	15	6	11	17
2015 年排位	18	17	2	17	16	6	7	17
升降	0	0	0	-1	-1	0	4	0
优势度	劣势	劣势	优势	劣势	劣势	优势	中势	劣势

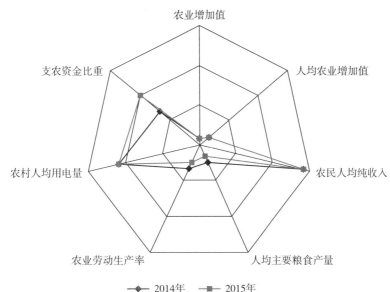

图 26 - 3 - 1　济源市 2014 ~ 2015 年农业竞争力二级指标排位

稳定趋势。

（4）从排位变化动因看，在支农资金比重指标排位上升和人均主要粮食产量、农业劳动生产率指标排位下降的综合作用下，2015 年济源市农业竞争力综合排位保持不变，居河南省第 17 位。

26.3.2　工业竞争力评价分析

2014 ~ 2015 年，济源市工业竞争力指标在河南省的排位变化情况，如表 26 - 3 - 2 和图 26 - 3 - 2 所示。

（1）2015 年济源市工业竞争力综合排位处于第 13 位，表明其在河南省处于劣势地位，与 2014 年相比排位保持不变。

（2）从指标所处区位看，2015 年处于上游区的指标有 2 个，分别为人均工业增加值、规模以上工业全员劳动生产率，且均为济源市工业竞争力中的优势指标；处于下游区的指

表 26 - 3 - 2 济源市 2014 ~ 2015 年工业竞争力及其二级指标

指标	工业增加值（亿元）	工业增加值增长率（%）	人均工业增加值（元）	规模以上工业资产总额（亿元）	规模以上工业资产总贡献率（%）	规模以上工业全员劳动生产率[元/(人·年)]	规模以上工业成本费用利润率（%）	规模以上工业产品销售率（%）	工业竞争力
2014 年	306.01	11.22	42531.12	1188.39	10.66	302114.80	5.40	97.05	—
2015 年	302.46	6.01	41632.35	1158.45	11.29	284287.11	5.72	96.51	—
2014 年排位	18	2	1	18	17	2	17	17	13
2015 年排位	18	14	1	18	14	3	12	18	13
升降	0	-12	0	0	3	-1	5	-1	0
优势度	劣势	劣势	优势	劣势	劣势	优势	中势	劣势	劣势

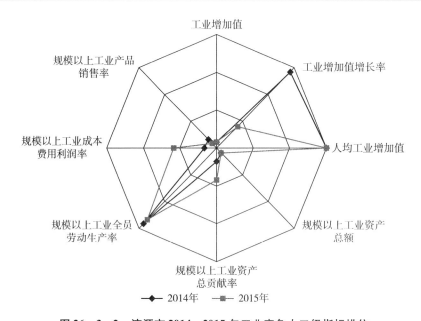

图 26 - 3 - 2 济源市 2014 ~ 2015 年工业竞争力二级指标排位

标有 6 个，分别为工业增加值、工业增加值增长率、规模以上工业资产总额、规模以上工业资产总贡献率、规模以上工业成本费用利润率、规模以上工业产品销售率，其中规模以上工业成本费用利润率为济源市工业竞争力中的中势指标，工业增加值、工业增加值增长率、规模以上工业资产总额、规模以上工业资产总贡献率、规模以上工业产品销售率为济源市工业竞争力中的劣势指标。

（3）从雷达图图形变化看，2015 年与 2014 年相比，面积略有缩小，工业竞争力呈现稳定趋势。

（4）从排位变化动因看，在规模以上工业资产总贡献率、规模以上工业成本费用利润率指标排位上升和工业增加值增长率、规模以上工业全员劳动生产率、规模以上工业产品销售率指标排位下降的综合作用下，2015 年济源市工业竞争力综合排位保持不变，居河南省第 13 位。

26.3.3　工业化进程竞争力评价分析

2014～2015 年，济源市工业化进程竞争力指标在河南省的排位变化情况，如表 26－3－3 和图 26－3－3 所示。

表 26－3－3　济源市 2014～2015 年工业化进程竞争力及其二级指标

指标	第二产业增加值占 GDP 比重(%)	第二产业增加值增长率(%)	第二产业从业人员占总就业人员比重(%)	第二产业从业人员增长率(%)	第二产业固定资产投资占比(%)	工业化进程竞争力
2014 年	68.12	11.09	37.38	3.77	52.37	—
2015 年	65.78	5.94	35.53	－6.73	46.52	—
2014 年排位	1	5	5	4	13	4
2015 年排位	1	14	6	17	16	11
升降	0	－9	－1	－13	－3	－7
优势度	优势	劣势	优势	劣势	劣势	中势

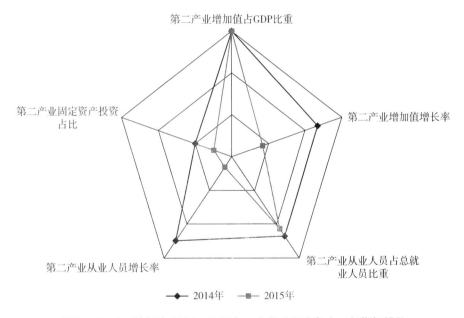

图 26－3－3　济源市 2014～2015 年工业化进程竞争力二级指标排位

（1）2015 年济源市工业化进程竞争力综合排位处于第 11 位，表明其在河南省处于中势地位，与 2014 年相比排位下降 7 位。

（2）从指标所处区位看，2015 年处于上游区的指标有 2 个，分别为第二产业增加值占 GDP 比重、第二产业从业人员占总就业人员比重，且均为济源市工业化进程竞争力中的优势指标；处于下游区的指标有 3 个，分别为第二产业增加值增长率、第二产业从业人员增长率、第二产业固定资产投资占比，且全都是济源市工业化进程竞争力中的劣势指标。

（3）从雷达图图形变化看，2015 年与 2014 年相比，面积明显缩小，工业化进程竞争力呈现下降趋势。

（4）从排位变化动因看，在第二产业增加值增长率、第二产业从业人员占总就业人员比重、第二产业从业人员增长率、第二产业固定资产投资占比指标排位下降和第二产业增加值占 GDP 比重指标排位不变的综合作用下，2015 年济源市工业化进程竞争力综合排位下降 7 位，居河南省第 11 位。

26.3.4　服务业竞争力评价分析

2014～2015 年，济源市服务业竞争力指标在河南省的排位变化情况，如表 26－3－4 和图 26－3－4 所示。

表 26－3－4　济源市 2014～2015 年服务业竞争力及其二级指标

指标	服务业增加值（亿元）	服务业增加值增长率（%）	人均服务业增加值（元）	服务业从业人员数（万人）	服务业从业人员数增长率（%）	交通运输仓储邮电业增加值（亿元）	金融业增加值（亿元）	房地产业增加值（亿元）	批发和零售业增加值（亿元）	住宿和餐饮业增加值（亿元）	服务业竞争力
2014 年	131.45	7.13	18269.59	16.05	－4.22	22.98	12.41	12.41	27.22	10.89	—
2015 年	146.88	6.37	20217.48	15.67	－2.39	24.92	13.97	13.09	28.29	12.95	—
2014 年排位	18	16	3	18	17	18	17	18	18	18	17
2015 年排位	18	18	3	18	16	18	17	18	18	18	18
升降	0	－2	0	0	1	0	0	0	0	0	－1
优势度	劣势	劣势	优势	劣势	劣势	劣势	劣势	劣势	劣势	劣势	劣势

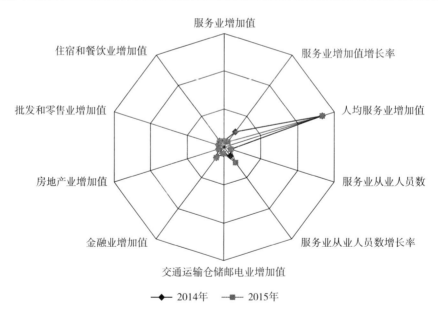

图 26－3－4　济源市 2014～2015 年服务业竞争力二级指标排位

（1）2015 年济源市服务业竞争力综合排位处于第 18 位，表明其在河南省处于劣势地位，与 2014 年相比排位下降 1 位。

（2）从指标所处区位看，2015 年处于上游区的指标有 1 个，为人均服务业增加值，且为济源市服务业竞争力中的优势指标；其余 9 个指标均处于下游区，且均为济源市服务业竞争力中的劣势指标。

（3）从雷达图图形变化看，2015 年与 2014 年相比，面积略有缩小，服务业竞争力呈现下降趋势。

（4）从排位变化动因看，在服务业从业人员数增长率指标排位上升和服务业增加值增长率指标排位下降的综合作用下，2015 年济源市服务竞争力综合排位下降了 1 位，居河南省第 18 位。

26.3.5　企业竞争力评价分析

2014 ~ 2015 年，济源市企业竞争力指标在河南省的排位变化情况，如表 26 – 3 – 5 和图 26 – 3 – 5 所示。

表 26 – 3 – 5　济源市 2014 ~ 2015 年企业竞争力及其二级指标

指标	规模以上工业企业数（个）	规模以上工业企业平均资产（亿元）	规模以上工业企业主营业务收入平均值（亿元）	流动资产年平均余额（亿元）	规模以上工业企业资产负债率（%）	规模以上工业企业成本费用利润率（%）	规模以上工业企业平均利润（亿元）	全员劳动生产率［元/（人·年）］	企业竞争力
2014 年	241	4.93	5.78	456.96	56.50	5.40	0.30	302114.80	—
2015 年	240	4.83	5.82	452.20	54.55	5.72	0.32	284287.11	—
2014 年排位	18	1	1	17	2	17	5	2	6
2015 年排位	18	1	1	17	6	12	5	3	5
升降	0	0	0	0	–4	5	0	–1	1
优势度	劣势	优势	优势	劣势	优势	中势	优势	优势	优势

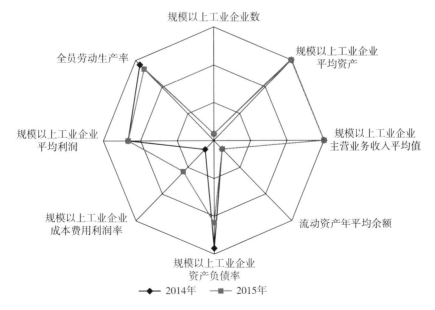

图 26 – 3 – 5　济源市 2014 ~ 2015 年企业竞争力二级指标

（1）2015 年济源市企业竞争力综合排位处于第 5 位，表明其在河南省处于优势地位，与 2014 年相比排位上升 1 位。

（2）从指标所处区位看，2015 年处于上游区的指标有 5 个，分别为规模以上工业企业平均资产、规模以上工业企业主营业务收入平均值、规模以上工业企业资产负债率、规模以上工业企业平均利润、全员劳动生产率，且均为济源市企业竞争力中的优势指标；处于下游区的指标有 3 个，分别为规模以上工业企业数、流动资产年平均余额、规模以上工业企业成本费用利润率，且规模以上工业企业成本费用利润率为济源市企业竞争力中的中势指标，规模以上工业企业数、流动资产年平均余额为济源市企业竞争力中的劣势指标。

（3）从雷达图图形变化看，2015 年与 2014 年相比，面积基本不变，企业竞争力呈现上升趋势。

（4）从排位变化动因看，在规模以上工业企业成本费用利润率指标排位上升和规模以上工业企业资产负债率、全员劳动生产率指标排位下降的综合作用下，2015 年济源市企业竞争力综合排位上升 1 位，居河南省第 5 位。

26.4 济源市城镇化发展评价分析

26.4.1 城镇化进程竞争力评价分析

2014~2015 年，济源市城镇化进程竞争力指标在河南省的排位变化情况，如表 26 - 4 - 1 和图 26 - 4 - 1 所示。

表 26 - 4 - 1 济源市 2014~2015 年城镇化进程竞争力及其二级指标

指标	城镇化率（%）	城镇居民人均可支配收入（元）	城市建成区面积（平方公里）	市区人口密度（人/平方公里）	人均拥有道路面积（平方米）	人均日生活用水量（升）	燃气普及率（%）	人均城市园林绿地面积（平方米）	城镇化进程竞争力
2014 年	56.40	25218.66	44.19	5810.00	19.12	136.94	98.31	12.25	—
2015 年	58.02	26532.00	45.01	6108.00	18.39	134.04	100.00	12.27	—
2014 年排位	2	3	17	7	3	5	2	7	2
2015 年排位	2	3	18	5	3	6	1	6	2
升降	0	0	-1	2	0	-1	1	1	0
优势度	优势	优势	劣势	优势	优势	优势	优势	优势	优势

（1）2015 年济源市城镇化进程竞争力综合排位处于第 2 位，表明其在河南省处于优势地位，与 2014 年相比排位保持不变。

（2）从指标所处区位看，2015 年处于上游区的指标有 7 个，分别为城镇化率、城镇

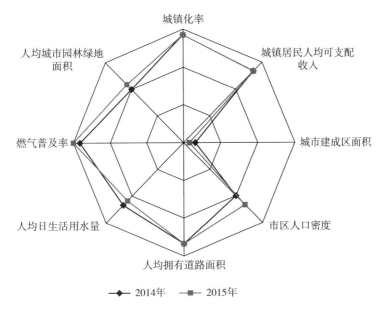

图 26 - 4 - 1　济源市 2014~2015 年城镇化进程竞争力二级指标排位

居民人均可支配收入、市区人口密度、人均拥有道路面积、人均日生活用水量、燃气普及率、人均城市园林绿地面积，且均是济源市城镇化进程竞争力中的优势指标；处于下游区的指标有 1 个，为城市建成区面积，且为济源市城镇化进程竞争力中的劣势指标。

（3）从雷达图图形变化看，2015 年与 2014 年相比，面积基本不变，城镇化进程竞争力呈现稳定趋势。

（4）从排位变化的动因看，在市区人口密度、燃气普及率、人均城市园林绿地面积指标排位上升和城市建成区面积、人均日生活用水量指标排位下降的综合作用下，2015 年济源市城镇化进程竞争力综合排位保持不变，居河南省第 2 位。

26.4.2　城镇社会保障竞争力评价分析

2014~2015 年，济源市城镇社会保障竞争力指标在河南省的排位变化情况，如表 26 - 4 - 2 和图 26 -4 -2 所示。

表 26 - 4 - 2　济源市 2014~2015 年城镇社会保障竞争力及其二级指标

指标	城市城镇社区服务设施数（个/万人）	医疗保险覆盖率（%）	养老保险覆盖率（%）	失业保险覆盖率（%）	工伤保险覆盖率（%）	城镇登记失业率（%）	城镇社会保障竞争力
2014 年	21	59.84	40.73	28.10	22.93	2.85	—
2015 年	48	57.82	41.21	26.53	26.50	2.85	—
2014 年排位	18	3	2	1	2	7	1
2015 年排位	18	3	2	1	1	8	1
升降	0	0	0	0	1	-1	0
优势度	劣势	优势	优势	优势	优势	中势	优势

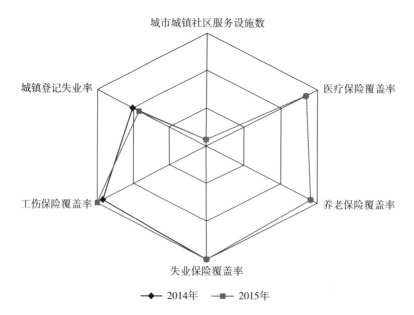

图 26 - 4 - 2　济源市 2014 ~ 2015 年城镇社会保障竞争力二级指标排位

（1）2015 年济源市城镇社会保障竞争力综合排位处于第 1 位，表明其在河南省处于优势地位，与 2014 年相比排位保持不变。

（2）从指标所处区位看，2015 年处于上游区的指标有 5 个，分别为医疗保险覆盖率、养老保险覆盖率、失业保险覆盖率、工伤保险覆盖率、城镇登记失业率，其中医疗保险覆盖率、养老保险覆盖率、失业保险覆盖率、工伤保险覆盖率是济源市城镇社会保障竞争力中的优势指标，城镇登记失业率是济源市城镇社会保障竞争力中的中势指标；处于下游区的指标有 1 个，为城市城镇社区服务设施数，且为济源市城镇社会保障竞争力中的劣势指标。

（3）从雷达图图形变化看，2015 年与 2014 年相比，面积基本不变，城镇社会保障竞争力呈现稳定趋势。

（4）从排位变化的动因看，在工伤保险覆盖率指标排位上升和城镇登记失业率指标排位下降的综合作用下，2015 年济源市城镇社会保障竞争力综合排位保持不变，居河南省第 1 位。

26.5　济源市社会发展评价分析

26.5.1　教育竞争力评价分析

2014 ~ 2015 年，济源市教育竞争力指标在河南省的排位变化情况，如表 26 - 5 - 1 和图 26 - 5 - 1 所示。

表 26 – 5 – 1　济源市 2014 ～ 2015 年教育竞争力及其二级指标

指标	教育经费占 GDP 比重（%）	人均教育经费（元）	人均教育固定资产投资（元）	万人中小学学校数（所）	万人中小学专任教师数（人）	万人高等学校数（所）	万人高校专任教师数（人）	万人高等学校在校学生数（人）	教育竞争力
2014 年	3.13	2089.05	298.43	1.79	79.17	0.01	10.55	101.75	—
2015 年	2.55	1724.46	910.21	1.77	78.97	0.01	10.30	114.92	—
2014 年排位	15	1	11	16	17	5	7	9	10
2015 年排位	17	3	2	16	18	5	7	8	11
升降	-2	-2	9	0	-1	0	0	1	-1
优势度	劣势	优势	优势	劣势	劣势	优势	中势	中势	中势

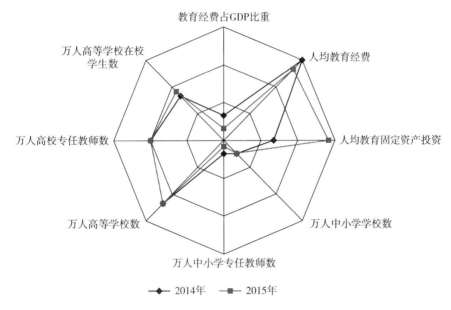

图 26 – 5 – 1　济源市 2014 ～ 2015 年教育竞争力二级指标排位

（1）2015 年济源市教育竞争力综合排位处于第 11 位，表明其在河南省处于中势地位，与 2014 年相比排位下降 1 位。

（2）从指标所处区位看，2015 年处于上游区的指标有 5 个，分别为人均教育经费、人均教育固定资产投资、万人高等学校数、万人高校专任教师数、万人高等学校在校学生数，其中人均教育经费、人均教育固定资产投资、万人高等学校数为济源市教育竞争力中的优势指标，万人高校专任教师数、万人高等学校在校学生数为济源市教育竞争力中的中势指标；处于下游区的指标有 3 个，分别为教育经费占 GDP 比重、万人中小学学校数、万人中小学专任教师数，且均为济源市教育竞争力中的劣势指标。

（3）从排位变化的动因看，在人均教育固定资产投资、万人高等学校在校学生数指标排位上升和教育经费占 GDP 比重、人均教育经费、万人中小学专任教师数指标排位下降的综合作用下，2015 年济源市教育竞争力综合排位下降 1 位，居河南省第 11 位。

26.5.2 科技竞争力评价分析

2014～2015 年，济源市科技竞争力指标在河南省的排位变化情况，如表 26－5－2 和图 26－5－2 所示。

表 26－5－2 济源市 2014～2015 年科技竞争力及其二级指标

指标	科学研究和技术服务业增加值（亿元）	万人科技活动人员（人）	R&D 经费占GDP 比重（%）	人均 R&D经费支出（元）	万人技术市场成交额（万元）	科技竞争力
2014 年	2.93	56.19	1.77	1181.55	20.29	—
2015 年	3.24	55.11	1.83	1239.19	22.09	—
2014 年排位	17	4	2	1	5	3
2015 年排位	17	4	2	2	5	4
升降	0	0	0	-1	0	-1
优势度	劣势	优势	优势	优势	优势	优势

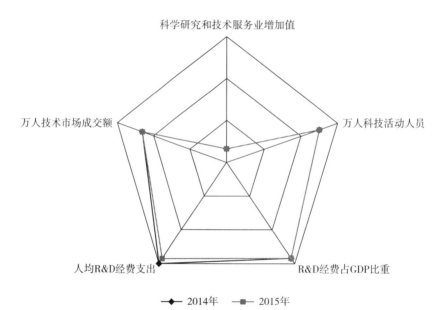

图 26－5－2 济源市 2014～2015 年科技竞争力二级指标排位

（1）2015 年济源市科技竞争力综合排位处于第 4 位，表明其在河南省处于优势地位，与 2014 年相比排位下降 1 位。

（2）从指标所处区位看，2015 年处于上游区的指标有 4 个，分别为万人科技活动人员、R&D 经费占 GDP 比重、人均 R&D 经费支出、万人技术市场成交额，且均为济源市科技竞争力中的优势指标；处于下游区的指标有 1 个，为科学研究和技术服务业增加值，且该指标是济源市科技竞争力中的劣势指标。

（3）从雷达图图形变化看，2015 年与 2014 年相比，面积略有缩小，科技竞争力呈现下降趋势。

（4）从排位变化的动因看，在人均 R&D 经费支出指标排位下降和其他指标排位不变的综合作用下，2015 年济源市科技竞争力综合排位下降 1 位，居河南省第 4 位。

26.5.3 文化竞争力评价分析

2014～2015 年，济源市文化竞争力指标在河南省的排位变化情况，如表 26 - 5 - 3 和图 26 - 5 - 3 所示。

表 26 - 5 - 3 济源市 2014～2015 年文化竞争力及其二级指标

指标	全市接待旅游总人次（万人次）	全市旅游总收入（亿元）	城镇居民人均文化娱乐支出（元）	农村居民人均文化娱乐支出（元）	城镇居民文化娱乐支出占消费性支出比重（%）	农村居民文化娱乐支出占消费性支出比重（%）	文化竞争力
2014 年	765.96	34.92	2832.00	902.00	15.25	10.52	—
2015 年	859.02	39.55	3072.00	825.00	15.47	8.74	—
2014 年排位	17	18	1	1	1	1	1
2015 年排位	18	18	1	6	1	8	5
升降	-1	0	0	-5	0	-7	-4
优势度	劣势	劣势	优势	优势	优势	中势	优势

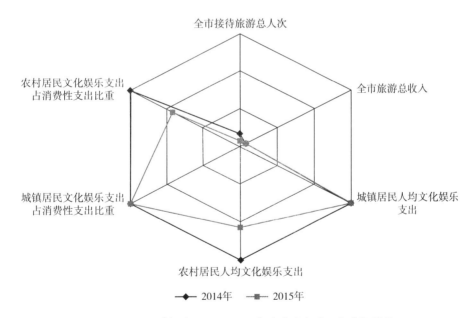

图 26 - 5 - 3 济源市 2014～2015 年文化竞争力二级指标排位

（1）2015 年济源市文化竞争力综合排位处于第 5 位，表明其在河南省处于优势地位，与 2014 年相比排位下降 4 位。

（2）从指标所处区位看，2015 年处于上游区的指标有 4 个，分别为城镇居民人均文化娱乐支出、农村居民人均文化娱乐支出、农村居民文化娱乐支出占消费性支出比重、城镇居民文化娱乐支出占消费性支出比重，且城镇居民人均文化娱乐支出、农村居民人均文化娱乐支出、城镇居民文化娱乐支出占消费性支出比重为济源市文化竞争力中的优势指标，农村居民文化娱乐支出占消费性支出比重为济源市文化竞争力中的中势指标；处于下游区的指标有 2 个，分别为全市接待旅游总人次、全市旅游总收入，且均为济源市文化竞争力中的劣势指标。

（3）从雷达图图形变化看，2015 年与 2014 年相比，面积明显缩小，文化竞争力呈现下降趋势。

（4）从排位变化动因看，在全市接待旅游总人次、农村居民人均文化娱乐支出、农村居民文化娱乐支出占消费性支出比重指标排位下降和其他指标排位不变的综合作用下，2015 年济源市文化竞争力综合排位下降 4 位，居河南省第 5 位。

区域篇二
（山西、河北、山东、安徽部分）

第 27 章
运城市 2015 年发展报告

27.1 运城市发展概述

2015 年，运城市地区生产总值 1174.01 亿元，其中第一产业增加值 192.54 亿元；第二产业增加值 352.51 亿元；第三产业增加值 541.03 亿元。固定资产投资 1370.67 亿元；全社会消费品零售总额 660.99 亿元。

2015 年，运城市一般预算财政总收入 56.30 亿元；城镇居民人均可支配收入 24048.91 元；农民人均纯收入 8718.50 元。外贸进出口总额为 12 亿美元。机场新航站楼、大西客专运城段、侯西铁路电气化复线改造建成运营，蒙西至华中铁路运城段开工建设。运城机场通航 29 个城市，旅客吞吐量突破百万人次。基础设施建设不断加强。水利上，累计完成投资 104.4 亿元，电网总投资达到 49.9 亿元，闻合、河运、运宝 3 条高速公路相继建成通车。

27.2 运城市宏观经济发展评价分析

27.2.1 经济规模竞争力评价分析

2014~2015 年，运城市经济规模竞争力指标的数据及排位变化情况如表 27-2-1 所示。

表 27-2-1 运城市 2014~2015 年经济规模竞争力数据

指标	地区生产总值（亿元）	地区生产总值增长率(%)	人均地区生产总值（元）	一般预算财政总收入（亿元）	人均财政总收入（元）	固定资产投资额（亿元）	人均固定资产投资额（元）	全社会消费品零售总额（亿元）	人均全社会消费品零售总额（元）	金融机构贷款年底余额（亿元）
2014 年	1201.62	5.00	22940	52.79	1005.04	1202.73	22899.39	626.24	11923.30	895.29
2015 年	1174.01	1.80	22303.55	56.30	1067.16	1370.67	25982.74	660.99	12529.93	962.34
2014 年排位	21/4/2	29/5/2	25/10/3	28/10/3	30/11/3	–/4/2	–/11/3	15/2/1	19/9/3	–/7/3
2015 年排位	24/3/2	29/6/2	28/10/3	28/9/3	30/11/3	–/4/2	–/11/3	18/2/1	22/9/3	–/7/3

注：人均指标除特别说明外均按"常住人口"计算；数据除特别说明外均来源于历年《山西统计年鉴》。2014 年、2015 年排位分别是运城市在中原经济区 30 个地市中的排位、运城市在山西省 11 个地市中的排位、运城市在中原经济区中山西省 3 个地市中的排位。本章中所有指标排位情况都与本表相同。

2015 年，运城市地区生产总值在中原经济区 30 个城市中位于第 24 位，在山西省 11 个地市中处于第 3 位；地区生产总值增长率为 1.8%，较 2014 年下降 3.2 个百分点，人均地区生产总值由 2014 年的 22940 元减少到 2015 年的 22303.55 元，在中原经济区的排位是第 28 位，在山西省的排位和 2014 年保持不变；一般预算财政总收入由 2014 年的 52.79 亿元增长到 2015 年的 56.30 亿元，在中原经济区的排位与 2014 年相比保持不变，在山西省的排位上升 1 位；与 2014 年相比，人均财政总收入在中原经济区的排位和在山西省的排位均保持不变。从排位情况可以看出，运城市的一般预算财政总收入及其人均指标在山西省处于劣势地位。2015 年，运城市固定资产投资额和全社会消费品零售总额排位均处于山西省的前列，但人均固定资产投资额和人均全社会消费品零售总额排位在山西省处于劣势地位。运城市金融机构贷款年底余额在山西省的排位处于第 7 位，与 2014 年排位保持不变。

27.2.2　经济结构竞争力评价分析

2014～2015 年，运城市经济结构竞争力指标的数据及排位变化情况如表 27－2－2 所示。

表 27－2－2　运城市 2014～2015 年经济结构竞争力数据

指标	产业结构（第二、三产业占 GDP 比重）（%）	人均收入结构（乡村/城市）（%）	支出结构（消费/投资）（%）	国际贸易结构（出口/进出口总额）（%）	单位 GDP 能耗增减率（%）
2014 年	83.59	36.56	72.71	32.07	－5.28
2015 年	83.60	36.25	71.75	27.66	－4.29
2014 年排位	20/11/3	26/8/3	－/5/2	－/9/2	－/2/1
2015 年排位	21/11/3	30/8/3	－/6/3	－/10/2	－/6/1

2015 年，运城市第二、三产业占 GDP 的比重为 83.60%，在中原经济区排位中处于第 21 位，在山西省排位中处于倒数第 1 位，与 2014 年相比，运城市产业结构得到了优化。运城市人均收入结构位于山西省 11 个地市中的第 8 位，说明运城市城乡收入差距在山西省中较大。全社会消费性支出占全社会投资性支出的比重为 71.75%，与 2014 年相比，运城市消费性支出的比重有所减小。运城市国际贸易结构在山西省由 2014 年的第 9 位下降为第 10 位。单位 GDP 能耗增减率为 －4.29%，在山西省 11 个城市中位于第 6 位。

2015 年，新一轮政府机构改革全面完成，市、县、乡三级权责清单制度普遍建立，取消下放调整行政审批事项 196 项。国企、农村、商事、公立医院等重点领域改革扎实推进。晋陕豫黄河金三角区域合作上升为国家战略，三省四市合作更加紧密。运城海关、出入境检验检疫局挂牌运营，航空口岸开放有序推进。招商引资力度加大，平陆复晟铝业、芮城光伏领跑基地等一批重大项目顺利落户。建龙钢铁重整海鑫取得成功。

27.3 运城市产业发展评价分析

27.3.1 农业竞争力评价分析

2014～2015 年，运城市农业竞争力指标的数据及排位变化情况如表 27 - 3 - 1 所示。

表 27 - 3 - 1 运城市 2014～2015 年农业竞争力数据

指标	农业增加值（亿元）	人均农业增加值（元）	农民人均纯收入（元）	人均主要粮食产量（吨）	农村人均用电量（kW·h）	农民人均生活消费支出（元）
2014 年	197.19	3754.43	8125.35	0.60	898.38	6485.0
2015 年	192.54	3649.76	8718.50	0.61	878.60	7012.45
2014 年排位	17/1/1	21/1/1	28/8/3	20/3/1	-/2/1	-/8/3
2015 年排位	17/1/1	23/1/1	29/8/3	20/2/1	7/3/1	-/8/3

注：表中"农村人均用电量"指标按照"农村人口"计算得到。

2015 年，运城市农业增加值达 192.54 亿元，人均农业增加值为 3649.76 元，农业增加值和人均农业增加值排位在山西省都是最高的，但农业增加值在中原经济区中处于中等偏下水平。2015 年，人均主要粮食产量为 0.61 吨，其在山西省的排位处于前列，但在中原经济区中的排位处于劣势地位。农民人均生活消费支出有所提高，在山西省排位中处于中等水平。

2015 年粮食总产达到 32.1 亿公斤。土地规模流转速度加快，达到 212.8 万亩，占全市家庭承包土地面积的 27%。省级龙头企业发展到 70 家，国家级龙头企业发展到 7 家。农产品加工业销售收入完成 251.7 亿元，建设各类现代农业示范园区 443 个，完成投资 111.6 亿元。农民专业合作社达到 11475 个，水果产量达到 600 万吨，其中出口 13 万吨，尤其是运城苹果代表中国首次出口美国，标志着运城苹果具备了通向世界高端市场的质量技术标准。农田水利末级渠系配套建设增加到 15711 公里，水地面积达到 631 万亩，农村人口人均实现两亩水浇地目标。改造中低产田 25.5 万亩，建设高标准农田 43 万亩。

27.3.2 工业竞争力评价分析

2014～2015 年，运城市工业竞争力指标的数据及排位变化情况如表 27 - 3 - 2 所示。

表 27 - 3 - 2 运城市 2014～2015 年工业竞争力数据

指标	工业增加值（亿元）	工业增加值增长率（%）	人均工业增加值（元）	工业企业年末资产合计（亿元）	工业企业总资产贡献率（%）	工业企业成本费用利润率（%）	工业企业产品销售率（%）
2014 年	408.62	4.30	7779.80	2175.22	5.65	2.53	94.00
2015 年	352.51	-4.80	6682.31	2025.93	4.34	1.55	96.89
2014 年排位	27/8/3	-/7/3	27/11/3	-/8/3	-/4/2	-/5/3	-/7/2
2015 年排位	28/9/3	-/7/2	27/11/3	-/10/3	-/4/2	-/3/2	-/5/2

2015 年，运城市实现工业增加值 352.51 亿元，同比下降 4.80%，人均工业增加值 6682.31 元，工业增加值和人均工业增加值在中原经济区排位中处于下游水平，人均工业增加值在山西省处于倒数第 1 位。运城市的工业增加值增长率在山西省 11 个地市的排位是第 7 位，与 2014 年相比排位没有变化。工业企业年末资产合计、工业企业总资产贡献率、工业企业成本费用利润率的数值出现小幅度下降。

2015 年，规模以上工业企业完成工业总产值 955.3 亿元，占全市工业的 73.5%，比上年提高了 3.4 个百分点；九大产业集群 24 个板块完成工业总产值 754.5 亿元，占全市工业的 58%。运城铝工业基地被国家工信部授予"国家新型工业化产业示范基地"。工业园区和产业集群成为拉动全市工业增长的主引擎和重要支撑。大运汽车、华泽铝业、华圣铝业、亚宝药业、万荣汇源等龙头企业引领集群发展，100 家重点企业产值占到全市规上工业的 70%。新型化工、新能源、新材料、农产品加工等新兴产业发展提速。中小企业发展到 1.3 万家，2015 年实现工业总产值 640 亿元。

27.3.3 服务业竞争力评价分析

2014~2015 年，运城市服务业竞争力指标的数据及排位变化情况如表 27-3-3 所示。

表 27-3-3　运城市 2014~2015 年服务业竞争力数据

指标	服务业增加值（亿元）	服务业增加值增长率（%）	人均服务业增加值（元）	交通运输仓储邮电业增加值（亿元）	批发和零售业增加值（亿元）	房地产开发完成投资额（亿元）	国内旅游接待收入（亿元）
2014 年	507.70	4.10	9666.27	85.44	93.58	117.72	268.29
2015 年	541.03	8.50	10255.90	88.64	97.13	123.64	326.38
2014 年排位	18/2/1	29/7/2	17/9/3	-/4/1	-/2/1	-/3/1	-/3/1
2015 年排位	18/3/1	18/4/1	21/9/3	-/4/1	-/2/1	-/3/1	-/3/1

2015 年，运城市实现服务业增加值 541.03 亿元；服务业增加值增长率为 8.5%，上升了 4.40 个百分点，在山西省的排位上升了 3 位。人均服务业增加值为 10255.90 元。服务业增加值和人均服务业增加值排位在中原经济区中处于中等偏下水平；交通运输仓储邮电业增加值、批发和零售业增加值、房地产开发完成投资额和国内旅游接待收入指标的排位在山西省中均处于上游区。

2015 年，第三产业增加值比重超过第二产业，占比达到 46.1%。关帝庙、盐池三禁门、李家大院、永济水峪口、平陆大天鹅景区、芮城圣天湖景区、绛北大峡谷、垣曲历山等重点文化旅游集聚区建设提挡升级，关圣文化建筑群申遗工作积极推进。2015 年实现旅游总收入 326.9 亿元，运城市各类文化企业达到 2100 余家，总产值达 40 多亿元。国家级文化产业基地 2 家，省级 5 家。国家级非物质文化遗产达到 25 项，省级 174 项，均居河南省第一。金融产业成为新的支柱产业。2015 年，金融业实现税收 6.9 亿元，同比增长 57.5%，占总税收的 7.9%；实现增加值 67.3 亿元，同比增长 16.8%，占运城市 GDP 的 5.7%，超国际认定的 5% 标准，金融业已经成为运城市的支柱产业。

27.4 运城市城镇化发展评价分析

2014~2015 年，运城市城镇化竞争力指标的数据及排位变化情况如表 27-4-1 所示。

表 27-4-1 运城市 2014~2015 年城镇化竞争力数据

指标	城镇化率（%）	城镇居民人均可支配收入（元）	供气总量（万立方米）	每万人拥有绿地面积（公顷）	人均拥有道路面积（平方米）	平均每人生活用水（吨）
2014 年	44.45	22226.35	3315	68.45	29.03	19.59
2015 年	46.12	24048.91	8301	24.92	10.27	36.87
2014 年排位	-/11/3	-/9/3	-/10/3	-/2/1	-/1/1	-/10/3
2015 年排位	19/11/3	-/9/3	-/7/2	-/8/3	-/7/2	-/3/2

注：供气总量、每万人拥有绿地面积、人均拥有道路面积、平均每人生活用水指标数值是市区的情况，不包含所辖县市。

2015 年，运城市城镇化率为 46.12%，居山西省倒数第 1 位，与 2014 年相比排位不变；城镇居民人均可支配收入 24048.91 元，在山西省 11 个地市中处于第 9 位；供气总量为 8301 万立方米，在山西省 11 个地市中处于第 7 位；人均拥有道路面积为 10.27 平方米，在山西省 11 个地市中排第 7 位；每万人拥有绿地面积和人均拥有道路面积指标排位与 2014 年相比均下降了 6 位。

2015 年，运城市提高低保标准，城市由每人每月 217 元提高到 413 元，农村由 99.7 元提高到 223.9 元。农村五保集中供养标准由每人每年 2008 元提高到 4900 元，分散供养标准由每人每年 1527 元提高到 3246 元。城乡居民社会养老保险参保达到 281.6 万人。各类保障性住房达到 60078 套。完成农村危房改造 5.4 万户。农村"五个全覆盖"和农村"五件实事"全面完成。新增就业持续增加。城镇登记失业率控制在 4% 以内。先后建成一批高技能人才培训基地、技能大师工作室，累计开展各类职业技能培训 58.5 万人次。有效发明专利达到 537 项。高新技术企业达到 63 家。培育了中车永济电机和南风化工等 7 家省级创新型企业。民营科技企业达 77 家。文化事业繁荣发展，"戏曲惠民、欢乐百姓""群文风采大展赛"等系列活动惠及城乡百姓。城乡养老、城乡低保、农村五保等标准逐年提高，覆盖面持续扩大，机关事业单位养老保险制度改革全面落实。

27.5 运城市社会发展评价分析

2014~2015 年，运城市社会发展竞争力指标的数据及排位变化情况如表 27-5-1 所示。

2015 年，运城市小学在校学生数和普通中学在校学生数在山西省的排位是第 1 位，重视基础教育，卫生机构数在中原经济区排位靠后，但在山西省排位处于第 2 位，和 2014 年相比，在山西省的排位没有变化。

表 27 – 5 – 1　运城市 2014 ~ 2015 年社会发展竞争力数据

指标	小学在校学生数（人）	普通中学在校学生数(人)	卫生机构数（个）	卫生机构床位数（张）	卫生机构技术人员数(人)
2014 年	287453	299884	2008	26714	26776
2015 年	287915	276288	1911	27508	26468
2014 年排位	–/1/1	13/1/1	20/2/1	–/2/1	21/2/1
2015 年排位	–/1/1	16/1/1	21/2/1	–/2/1	16/2/1

　　2015 年，运城市一般公共预算支出 276.9 亿元，其中民生支出 233.8 亿元，占总支出的 84.4%。平陆、垣曲、永济等 7 个县（市）高标准通过了国家义务教育发展基本均衡县达标验收，新改扩建公办幼儿园 435 所，连续两年代表山西参加"中国汉字听写大会"，为运城赢得荣誉。中等职业教育免学费和助学金政策惠及学生 10.5 万人次，运城学院新校区、运城职业技术学院等新校建设提挡升级。城镇基本医疗保险参保 88 万人，全市新农合参保率达到 99.3%。运城市第一医院、运城市第三人民医院加快建设。社会保障不断加强。城乡养老、城乡低保、农村五保等标准逐年提高，覆盖面持续扩大，机关事业单位养老保险制度改革全面落实。连续 5 年提高低保标准，城市由每人每月 217 元提高到 413 元，农村由 99.7 元提高到 223.9 元。农村五保集中供养标准由每人每年 2008 元提高到 4900 元，分散供养标准由每人每年 1527 元提高到 3246 元。

第 28 章
晋城市 2015 年发展报告

28.1　晋城市发展概述

2015 年，晋城市完成地区生产总值 1040.24 亿元，同比增长 3.33%，人均地区生产总值 44994 元。第一产业增加值 49.23 亿元，同比增长 5.7%；第二产业增加值 575.68 亿元，同比增长 0.8%，其中工业增加值 533.08 亿元，同比增长 0.93%；第三产业增加值 415.33 亿元，同比增长 8.11%。三次产业占比为 4.73∶55.34∶39.93。

2015 年，晋城市一般预算财政总收入 93.90 亿元，人均财政总收入 4056.31 元。其中，增值税收入 11.51 亿元，营业税收入 12.21 亿元。海关进出口总额 8.96 亿美元，下降 18.4%。其中，进口额 6.08 亿美元，下降 24.9%；出口额 2.88 亿美元，下降 0.2%。固定资产投资额 1105.15 亿元，增长 13.37%；全社会消费品零售总额 358.76 亿元，增长 5.14%；城镇居民人均可支配收入完成 26650.70 元，增长 7%；农村居民人均纯收入 10914.44 元，增长 8.2%。

28.2　晋城市宏观经济发展评价分析

28.2.1　经济规模竞争力评价分析

2014～2015 年，晋城市经济规模竞争力指标的数据及排位变化情况如表 28-2-1 所示。

表 28-2-1　晋城市 2014～2015 年经济规模竞争力数据

指标	地区生产总值（亿元）	地区生产总值增长率（%）	人均地区生产总值（元）	一般预算财政总收入（亿元）	人均财政总收入（元）	固定资产投资额（亿元）	人均固定资产投资额（元）	全社会消费品零售总额（亿元）	人均全社会消费品零售总额（元）	金融机构贷款年底余额（亿元）
2014 年	1035.86	4.80	44945	98.03	4245.68	974.78	42217.61	341.21	14777.84	922.08
2015 年	1040.24	3.33	44994	93.90	4056.31	1105.15	47739.03	358.76	15497.13	1007.51
2014 年排位	25/7/3	30/6/3	7/3/1	16/7/2	3/3/1	-/8/3	-/2/1	27/8/3	9/5/1	-/6/2
2015 年排位	25/7/3	27/4/1	7/3/1	21/4/2	5/2/1	-/9/3	-/2/1	27/8/3	13/5/1	-/6/2

注：人均指标除特别说明外均按"常住人口"计算；数据除特别说明外均来源于历年《山西统计年鉴》。2014 年、2015 年排位分别是晋城市在中原经济区 30 个地市中的排位、晋城市在山西省 11 个地市中的排位、晋城市在中原经济区中山西省 3 个地市中的排位。本章中所有指标排位情况都与本表相同。

2015 年，晋城市完成地区生产总值 1040.24 亿元，同比增长 3.33%；人均地区生产总值 44994 元。其中，晋城市地区生产总值在中原经济区 30 个地市中居第 25 位，在山西省 11 个地市中位于第 7 位；人均地区生产总值在中原经济区 30 个地市中位于第 7 位，在山西省位于第 3 位；地区生产总值和人均地区生产总值与 2014 年相比排位均保持不变，且人均地区生产总值处于优势地位；固定资产投资额、人均固定资产投资额、全社会消费品零售总额、人均全社会消费品零售总额和金融机构贷款年底余额的数值都呈现稳定增长的趋势，而一般预算财政总收入和人均财政总收入较 2014 年有所下降。

28.2.2 经济结构竞争力评价分析

2014~2015 年，晋城市经济结构竞争力指标的数据及排位变化情况如表 28-2-2 所示。

表 28-2-2　晋城市 2014~2015 年经济结构竞争力数据

指标	产业结构 （%）	人均收入结构 （%）	支出结构 （%）	国际贸易结构 （%）	单位 GDP 能耗 增减率（%）
2014 年	95.77	40.50	61.67	26.86	-3.14
2015 年	95.27	40.95	71.81	32.18	-3.20
2014 年排位	2/3/1	18/4/2	-/8/3	-/11/3	-/9/3
2015 年排位	3/3/1	20/4/2	-/5/2	-/9/1	-/10/3

2015 年，晋城市第二、三产业占 GDP 的比重为 95.27%，与 2014 年相比稍有下降，在中原经济区 30 个地市排位中处于第 3 位，较 2014 年下降 1 位，在山西省的排位中处于第 3 位，较 2014 年没有变化；人均收入结构为 40.95%，数值与 2014 年相比有所提高，在山西省的排位中仍位于第 4 位，但在中原经济区 30 个地市中的排位下降 2 位，居于第 20 位；支出结构为 71.81%，比 2014 年上升了 10.14 个百分点，其在山西省的排位上升了 3 位，居于第 5 位；国际贸易结构为 32.18%，与 2014 年相比，国际贸易结构上升了 5.32 个百分点，其在山西省的排位由 2014 年的第 11 位提升到 2015 年的第 9 位；单位 GDP 能耗增减率为 -3.20%，在山西省的排位较 2014 年降低 1 位，居于第 10 位。

28.3　晋城市产业发展评价分析

28.3.1　农业竞争力评价分析

2014~2015 年，晋城市农业竞争力指标的数据及排位变化情况如表 28-3-1 所示。

2015 年，晋城市农业增加值 49.23 亿元，其在山西省的排位中位于第 9 位，与 2014 年相比排位保持不变；人均农业增加值在山西省的排位处于第 4 位，与 2014 年相比排位提升 2 位；农业增加值、人均农业增加值和人均主要粮食产量在中原经济区 30 个地市的排位中处于劣势地位。农民人均纯收入、人均主要粮食产量在山西省 11 个地市的排位略

表 28 - 3 - 1 晋城市 2014 ~ 2015 年农业竞争力数据

指标	农业增加值（亿元）	人均农业增加值（元）	农民人均纯收入（元）	人均主要粮食产量（吨）	农村人均用电量（kW·h）	农民人均生活消费支出（元）
2014 年	43.84	1898.60	10087.00	0.32	803.77	7973.00
2015 年	49.23	2126.65	10914.44	0.42	746.53	8193.70
2014 年排位	29/9/3	28/6/2	14/6/2	27/8/3	-/5/2	-/5/2
2015 年排位	29/9/3	28/4/2	13/4/2	26/7/3	9/5/2	-/6/2

注：表中"农村人均用电量"指标按照"农村人口"计算得到。

有上升，而农民人均生活消费支出在山西省 11 个地市的排位略有下降。

2015 年，晋城市现代特色农业势头良好。在省级项目中，农业攻关计划 1 项，农村技术承包计划 3 项。农业产业化经营组织达到 225 家，专业合作社 5226 家，农业机械化率达到 70%。晋城市在 2015 年农作物种植面积达 189.19 千公顷，减少 0.82 千公顷，粮食产量 96.2 万吨，增加 23.2 万吨，增产 31.8%。

28.3.2 工业竞争力评价分析

2014 ~ 2015 年，晋城市工业竞争力指标的数据及排位变化情况如表 28 - 3 - 2 所示。

表 28 - 3 - 2 晋城市 2014 ~ 2015 年工业竞争力数据

指标	工业增加值（亿元）	工业增加值增长率（%）	人均工业增加值（元）	工业企业年末资产合计（亿元）	工业企业总资产贡献率（%）	工业企业成本费用利润率（%）	工业企业产品销售率（%）
2014 年	563.66	5.10	24412.20	2908.73	6.46	5.12	98.59
2015 年	533.08	0.93	23027.41	2987.58	6.41	5.12	98.26
2014 年排位	22/5/2	-/4/1	8/2/1	-/4/2	-/3/1	-/3/1	-/1/1
2015 年排位	23/3/2	-/5/1	7/1/1	-/4/2	-/1/1	-/1/1	-/2/1

2015 年，晋城市工业增加值 533.08 亿元，人均工业增加值 23027.41 元。其中，晋城市工业增加值在中原经济区 30 个地市中位于第 23 位，与 2014 年相比下降了 1 位，但在山西省的排位上升 2 位，居于第 3 位；其人均工业增加值在山西省位于第 1 位；工业企业年末资产合计 2987.58 亿元，在山西省的排位保持不变；工业企业总资产贡献率和工业企业产品销售率数值较 2014 年有所下降，但在山西省的排位中仍处于优势地位，其中，工业企业总资产贡献率、工业企业成本费用利润率在山西省的排位中均居第 1 位。

2015 年，晋城市规模以上工业企业 229 家，规模以上工业增加值比 2014 年增长 0.8%。六大行业"三增三降"，煤炭、煤层气和装备制造业分别增长 0.3%、7.3% 和 4.5%，分别拉动规模工业增长 0.2 个、0.6 个和 0.4 个百分点。煤炭资源整合和煤矿兼并重组基本完成，以煤为基多元发展的煤炭产业新体系正在形成。冶铸、电力和化工行业分别下降 4.6%、4.8% 和 2.7%，分别影响规模工业下降 0.2 个、0.4 个和 0.2 个百分点。

28.3.3　服务业竞争力评价分析

2014～2015年，晋城市服务业竞争力指标的数据及排位变化情况如表28-3-3所示。

表 28-3-3　晋城市 2014～2015 年服务业竞争力数据

指标	服务业增加值（亿元）	服务业增加值增长率（%）	人均服务业增加值（元）	交通运输仓储邮电业增加值（亿元）	批发和零售业增加值（亿元）	房地产开发完成投资额（亿元）	国内旅游接待收入（亿元）
2014 年	383.41	4.00	16605.35	64.13	61.88	58.18	241.96
2015 年	415.33	8.11	17940.95	69.60	60.15	74.60	294.54
2014 年排位	22/8/3	30/8/3	4/4/1	-/8/3	-/8/3	-/9/3	-/5/3
2015 年排位	24/8/3	24/5/2	6/4/1	-/8/3	-/8/3	-/7/3	-/5/3

2015 年，晋城市实现服务业增加值 415.33 亿元，服务业增加值增长率达到了8.11%，人均服务业增加值 17940.95 元。其中，服务业增加值在中原经济区 30 个地市中排位处于第 24 位，与 2014 年相比下降了 2 位，在山西省的排位中位于第 8 位，较 2014年没有变化；服务业增加值增长率与 2014 年相比上升了 6 位；人均服务业增加值在中原经济区 30 个地市的排位中，与 2014 年相比下降了 2 位，居于第 6 位；与 2014 年相比，交通运输仓储邮电业增加值、批发和零售业增加值以及国内旅游接待收入在山西省 11 个地市的排位均保持不变；房地产开发完成投资额在山西省 11 个地市的排位上升 2 位。

2015 年，晋城市住宿和餐饮业回稳，住宿业实现零售额增长 12.3%，餐饮业增长16.9%。网上消费活跃，新兴业态发展较快。2015 年，晋城市限额以上批发零售业、住宿业、餐饮业单位网上分别实现零售额 4988.2 万元、156.8 万元和 243.3 万元，同比分别增长 1.7 倍、14.8 倍和 3.7 倍。晋城市 2015 年接待海外旅游者 12143 人次，接待国内旅游者 3244.1 万人次，分别增长 5.1% 和 19.5%

28.4　晋城市城镇化发展评价分析

2014～2015 年，晋城市城镇化竞争力指标的数据及排位变化情况如表 28-4-1 所示。

表 28-4-1　晋城市 2014～2015 年城镇化竞争力数据

指标	城镇化率（%）	城镇居民人均可支配收入（元）	供气总量（万立方米）	每万人拥有绿地面积（公顷）	人均拥有道路面积（平方米）	平均每人生活用水（吨）
2014 年	56.49	24907.20	10792	55.21	18.55	27.87
2015 年	57.42	26650.70	11774	36.78	11.75	29.64
2014 年排位	-/4/1	-/4/1	-/5/1	-/4/2	-/5/2	-/6/2
2015 年排位	4/4/1	-/4/1	-/4/1	-/2/2	-/2/1	-/8/3

注：供气总量、每万人拥有绿地面积、人均拥有道路面积、平均每人生活用水指标数值是市区的情况，不包含所辖县市。

2015 年，晋城市城镇化率、城镇居民人均可支配收入在山西省的排位中均位于第 4 位，与 2014 年相比，排位均保持不变；供气总量为 11774 万立方米；每万人拥有的绿地面积和人均拥有道路面积在山西省的排位均有提高，而平均每人生活用水在山西省的排位降低了 2 位，居于第 8 位。

2015 年，晋城市公路线路里程达 9013.9 公里，其中，高速公路 318.6 公里。自然保护区 5 个，自然保护区面积达到 14.6 万公顷。晋城市市区环境空气质量二级以上天数达到 263 天。其中，一级天数 29 天，较 2014 年增加 10 天。空气综合污染指数为 6.48，较 2014 年下降 12.1%。城市污水处理率达到 93.5%；城市生活垃圾无害化处理率达到 100%；集中供热普及率达到 86.7%。

28.5　晋城市社会发展评价分析

2014～2015 年，晋城市社会发展竞争力指标的数据及排位变化情况如表 28－5－1 所示。

表 28－5－1　晋城市 2014～2015 年社会发展竞争力数据

指标	小学在校学生数（人）	普通中学在校学生数（人）	卫生机构数（个）	卫生机构床位数（张）	卫生机构技术人员数（人）
2014 年	128102	147689	818	10095	12609
2015 年	123130	136985	838	10737	12464
2014 年排位	-/10/3	25/9/3	28/8/3	-/9/3	28/9/3
2015 年排位	-/10/3	26/9/3	28/8/3	-/9/3	28/9/3

2015 年，晋城市小学在校学生数 123130 人，普通中学在校学生数 136985 人，共有卫生机构数 838 个，卫生机构床位数 10737 张，卫生专业技术人员 12464 人。全部指标在山西省的排位均处于劣势地位。

2015 年，晋城市组织实施各类科技项目 38 项（其中国家级 3 项、省级 19 项、市级 16 项）。新建普通高等学校 1 所，独立设置的成人高等学校 1 所，高中阶段毛入学率 95.12%。各级医疗卫生机构 3090 个，其中妇幼保健院（所、站）7 个。晋城市 6 县（市、区）全部开展了新型农村合作医疗试点工作，新型农村合作医疗参合率 99.25%。村卫生室覆盖率 100%，县、乡、村三级医疗机构达标率均为 100%，乡镇卫生监督站覆盖率达到 100%。

第 29 章
长治市 2015 年发展报告

29.1 长治市发展概述

2015 年，长治市完成地区生产总值 1195.34 亿元，同比下降 2.90%。其中，第一产业增加值 58.19 亿元，同比增长 0.9%；第二产业增加值 611.12 亿元，同比下降 7.4%；第三产业增加值 526.03 亿元，同比增长 6.1%。

2015 年，长治市人均地区生产总值 35029 元，城镇居民人均可支配收入 26407.39 元，增长 7.50%，农民人均纯收入 11094.61 元，增长 7.60%。一般预算财政总收入 96.44 亿元，一般预算财政总支出 241.56 亿元，其中，一般公共服务支出 18.34 亿元，教育事业费支出 45.78 亿元，社会保障和就业支出 37.65 亿元。

29.2 长治市宏观经济发展评价分析

29.2.1 经济规模竞争力评价分析

2014～2015 年，长治市经济规模竞争力指标的数据及排位变化情况如表 29-2-1 所示。

表 29-2-1 长治市 2014～2015 年经济规模竞争力数据

指标	地区生产总值（亿元）	地区生产总值增长率（%）	人均地区生产总值（元）	一般预算财政总收入（亿元）	人均财政总收入（元）	固定资产投资额（亿元）	人均固定资产投资额（元）	全社会消费品零售总额（亿元）	人均全社会消费品零售总额（元）	金融机构贷款年底余额（亿元）
2014 年	1331.14	5.1	39196	136.33	4004.34	1245.65	36588.95	494.50	14525.29	1016.93
2015 年	1195.34	-2.9	35029	96.44	2819.38	1441.51	42144.08	524.41	15331.78	1132.01
2014 年排位	18/2/1	28/4/1	10/5/2	8/2/1	5/4/2	-/2/1	-/5/2	21/6/2	11/7/2	-/4/1
2015 年排位	23/2/1	30/10/3	16/5/2	18/3/1	11/6/2	-/2/1	-/5/2	21/6/2	14/6/2	-/4/1

注：人均指标除特别说明外均按"常住人口"计算；数据除特别说明外均来源于历年《山西统计年鉴》。2014 年、2015 年排位分别是长治市在中原经济区 30 个地市中的排位、长治市在山西省 11 个地市中的排位、长治市在中原经济区中山西省 3 个地市中的排位。本章中所有指标排位情况都与本表相同。

2015 年，长治市在中原经济区 30 个地市的排位与 2014 年相比，地区生产总值下降 5 位，地区生产总值增长率下降 2 位，人均地区生产总值下降 6 位，一般预算财政总收入下降 10 位，人均财政总收入下降 6 位，人均全社会消费品零售总额下降 3 位。其中，地区

生产总值增长率为 - 2.90%，与 2014 年相比下降了 8 个百分点，在山西省的排位中下降了 6 位。固定资产投资额、人均固定资产投资额、全社会消费品零售总额以及金融机构贷款年底余额指标在山西省的排位均保持不变。人均全社会消费品零售总额指标在山西省的排位上升 1 位，一般预算财政总收入在山西省的排位下降了 1 位，人均财政总收入在山西省的排位下降 2 位。

29.2.2 经济结构竞争力评价分析

2014～2015 年，长治市经济结构竞争力指标的数据及排位变化情况如表 29-2-2 所示。

表 29-2-2 长治市 2014～2015 年经济结构竞争力数据

指标	产业结构 （%）	人均收入结构 （%）	支出结构 （%）	国际贸易结构 （%）	单位 GDP 能耗 增减率（%）
2014 年	95.63	41.97	73.01	53.37	-3.57
2015 年	95.13	42.01	80.94	20.65	-3.50
2014 年排位	3/4/2	15/3/1	-/4/1	-/5/1	-/7/2
2015 年排位	4/4/2	18/3/1	-/3/1	-/11/3	-/8/2

2015 年，长治市产业结构为 95.13%，与 2014 年相比，在中原经济区 30 个地市的排位下降 1 位，居于第 4 位，在山西省 11 个地市的排位保持不变。人均收入结构为 42.01%，在山西省的排位中仍位于第 3 位，但在中原经济区 30 个地市的指标排位中下降 3 位，居于第 18 位。支出结构为 80.94%，在山西省的排位提升 1 位。国际贸易结构为 20.65%，与 2014 年相比，下降了 32.72 个百分点，其在山西省的排位由 2014 年的第 5 位下降到 2015 年的第 11 位。单位 GDP 能耗增减率为 - 3.50%，在山西省的排位中处于第 8 位，与 2014 年相比排位降低 1 位。

29.3 长治市产业发展评价分析

29.3.1 农业竞争力评价分析

2014～2015 年，长治市农业竞争力指标的数据及排位变化情况如表 29-3-1 所示。

表 29-3-1 长治市 2014～2015 年农业竞争力数据

指标	农业增加值 （亿元）	人均农业 增加值（元）	农民人均 纯收入（元）	人均主要粮食 产量（吨）	农村人均 用电量（kW·h）	农民人均生活 消费支出（元）
2014 年	58.18	1709.04	10310.97	0.48	450.50	8616
2015 年	58.19	1701.25	11094.61	0.46	474.25	8996
2014 年排位	28/7/2	29/8/3	13/3/1	24/6/2	-/6/3	-/2/1
2015 年排位	28/5/2	29/7/3	11/3/1	24/6/2	13/7/3	-/3/1

注：表中"农村人均用电量"指标按照"农村人口"计算得到。

2015 年，长治市农民人均纯收入和人均主要粮食产量指标在山西省 11 个地市的排位与 2014 年相比保持不变。农业增加值、人均农业增加值和人均主要粮食产量指标在中原经济区 30 个地市的排位中均保持不变，仍处于劣势地位，但农业增加值、人均农业增加值在山西省 11 个地市的排位较 2014 年有所提升，农民人均纯收入在中原经济区 30 个地市的排位较 2014 年提升 2 位，居于第 11 位。农民人均生活消费支出 8996 元，在山西省的排位较 2014 年下降 1 位，居于第 3 位。

2015 年，长治市粮食总产量达到 15.70 亿公斤。蔬菜种植面积 19046.6 公顷，产量 1026915.9 吨，与 2014 年相比均有所下降，但设施蔬菜发展日趋成熟，规模化程度不断提高。其中，食用菌 2015 年产量达 22561.5 吨，比 2014 年增长 5.1%。2015 年长治市共下拨粮食直补和农资综合补贴资金 20731.82 万元，其中粮食直补资金 2891.9 万元，农资综合补贴资金 17839.92 万元，共落实小麦、玉米、谷子、薯类和其他杂粮 5 项粮食作物补贴面积 342.81 万亩。

29.3.2 工业竞争力评价分析

2014 ~ 2015 年，长治市工业竞争力指标的数据及排位变化情况如表 29 – 3 – 2 所示。

表 29 – 3 – 2　长治市 2014 ~ 2015 年工业竞争力数据

指标	工业增加值（亿元）	工业增加值增长率（%）	人均工业增加值（元）	工业企业年末资产合计（亿元）	工业企业总资产贡献率（%）	工业企业成本费用利润率（%）	工业企业产品销售率（%）
2014 年	733.39	5.10	21542.17	3060.69	5.46	2.83	92.62
2015 年	565.84	– 8.30	16542.93	3117.77	4.20	0.63	93.14
2014 年排位	13/1/1	–/5/2	11/3/2	–/3/1	–/5/3	–/4/2	–/8/3
2015 年排位	22/2/1	–/11/3	14/4/1	–/3/1	–/5/3	–/5/3	–/7/3

2015 年，长治市工业增加值在中原经济区 30 个地市的排位中位于第 22 位，与 2014 年相比下降 9 位，在山西省 11 个地市的排位中位于第 2 位，与 2014 年相比下降了 1 位。人均工业增加值在中原经济区 30 个地市的排位中位于第 14 位，下降了 3 位，在山西省 11 个地市的排位与 2014 年相比下降 1 位，居于第 4 位。工业增加值增长率为 – 8.30%，与 2014 年相比，在山西省 11 个地市的排位下降了 6 位，居于第 11 位。工业企业成本费用利润率下降了 1 位，居于第 5 位，而工业企业产品销售率上升了 1 位，居于第 7 位。工业企业年末资产合计、工业企业总资产贡献率指标在山西省 11 个地市的排位均保持不变。

2015 年，长治市从创优发展环境、做实项目储备、创新招商方式等方面发力，多措并举加大招商引资力度，加快推进项目建设，招商引资项目签约 293 个，总投资 1887 亿元。新引进 4 家外资企业，其中香港格盟、新加坡万浦两家为世界 500 强。长治市 2015 年工业企业 352 家单位，R&D 经费 102666.8 万元。其中，采矿业 155 家单位，制造业 177 家单位，电力、热力生产和供应业 55 家单位。长治市新兴产业中医药行业发展较快，其中医药行业实现工业增加值 11.5 亿元，增长 26.34%。

29.3.3 服务业竞争力评价分析

2014～2015 年，长治市服务业竞争力指标的数据及排位变化情况如表 29 – 3 – 3 所示。

表 29 – 3 – 3 长治市 2014～2015 年服务业竞争力数据

指标	服务业增加值（亿元）	服务业增加值增长率（%）	人均服务业增加值（元）	交通运输仓储邮电业增加值（亿元）	批发和零售业增加值（亿元）	房地产开发完成投资额（亿元）	国内旅游接待收入（亿元）
2014 年	496.45	4.8	14582.37	72.99	83.39	75.23	263.84
2015 年	526.03	6.1	15379.07	73.14	86.64	87.53	319.96
2014 年排位	19/4/2	28/5/1	9/6/2	–/7/2	–/3/2	–/7/2	–/4/2
2015 年排位	19/4/2	19/8/3	9/6/2	–/7/2	–/3/2	–/6/2	–/4/2

2015 年，长治市服务业增加值 526.03 亿元，在中原经济区 30 个地市与山西省 11 个地市排位与 2014 年相比均保持不变。服务业增加值增长率在山西省 11 个地市排位中位于第 8 位，与 2014 年相比下降了 3 位，但在中原经济区 30 个地市中排位上升了 9 位，居于第 19 位。交通运输仓储邮电业增加值、批发和零售业增加值、国内旅游接待收入等在山西省的排位与 2014 年相比均保持不变，房地产开发完成投资额在山西省的排位较 2014 年上升 1 位，居于第 6 位。

2015 年，长治市服务业整体发展平稳，全年实现服务业增加值 526.03 亿元，同比增长 6.10%，为长治市经济增长贡献了 1.9 个百分点。在季度核算的服务业七个行业中有三大行业增长快于长治市服务业水平，分别为：金融业实现增加值 77.3 亿元，同比增长 19.8%，增速居服务业之首，对服务业的贡献率达到了 38.2%；非营利性服务业实现增加值 114.5 亿元，同比增长 7.3%，对服务业的贡献率达到 26.7%；住宿和餐饮业实现增加值 21.3 亿元，同比增长 6.5%，对服务业的贡献率为 4.2%。2015 年长治市旅游行业保持了较快的发展，实现旅游总收入 320.87 亿元，比 2014 年同期增长 21.22%。2015 年共接待入境过夜游客 2.4 万人次，比 2014 年同期增长 4.59%；接待国内游客 3260.85 万人次，比 2014 年同期增长 21.17%。

29.4 长治市城镇化发展评价分析

2014～2015 年，长治市城镇化竞争力指标的数据及排位变化情况如表 29 – 4 – 1 所示。

表 29 – 4 – 1 长治市 2014～2015 年城镇化竞争力数据

指标	城镇化率（%）	城镇居民人均可支配收入（元）	供气总量（万立方米）	每万人拥有绿地面积（公顷）	人均拥有道路面积（平方米）	平均每人生活用水（吨）
2014 年	48.46	24565.01	5491	38.64	10.42	59.38
2015 年	50.02	26407.39	5895	39.71	9.24	63.63
2014 年排位	–/7/2	–/6/2	–/8/2	–/10/3	–/11/3	–/1/1
2015 年排位	11/7/2	–/6/2	–/9/3	–/1/1	–/9/3	–/1/1

注：供气总量、每万人拥有绿地面积、人均拥有道路面积、平均每人生活用水指标数值是市区的情况，不包含所辖县市。

2015 年，长治市城镇化率与城镇居民人均可支配收入指标在山西省 11 个地市中较 2014 年均没有变化，且处于中下游地位。供气总量在山西省排位中位于第 9 位，与 2014 年相比下降了 1 位。每万人拥有绿地面积在山西省排位中位于第 1 位，与 2014 年相比上升了 9 位。人均拥有道路面积在山西省的排位比 2014 年上升 2 位，居于第 9 位。平均每人生活用水指标在山西省的排位较 2014 年保持不变。

2015 年，长治市推进"五五"发展战略，推进稳增长、促改革、调结构，着力扩大就业渠道，增加民生支出，实现城乡居民收入的稳步增长，常住居民可支配收入 17889 元，比 2014 年增长 8.4%，其中城镇、农村常住居民可支配收入达到 26407 元和 11095 元，分别增长 7.5% 和 7.6%。城乡社会保障标准提高，长治市企业离退休人员养老金月人均增加 251 元，达到 2319 元，增幅为 12.1%；城镇居民基本医疗保险财政补助标准提高 60 元，人均达到 380 元，增幅为 18.75%。2015 年长治市主城区环境空气质量主要污染物为 PM2.5、PM10，污染负荷占比分别为 26.5%、21.5%，综合指数 7.03，较 2014 年上升了 4.3%。主城区二级以上天数共 242 天，较 2014 年增加 7 天，环境空气质量优良率为 66.3%。

29.5　长治市社会发展评价分析

2014～2015 年，长治市社会发展竞争力指标的数据及排位变化情况如表 29 - 5 - 1 所示。

表 29 - 5 - 1　长治市 2014～2015 年社会发展竞争力数据

指标	小学在校学生数（人）	普通中学在校学生数（人）	卫生机构数（个）	卫生机构床位数（张）	卫生机构技术人员数（人）
2014 年	204940	196374	861	16067	17688
2015 年	208391	182347	877	16562	18433
2014 年排位	-/6/2	23/5/2	27/7/2	-/5/2	26/5/2
2015 年排位	-/6/2	23/5/2	27/7/2	-/5/2	24/5/2

2015 年，长治市社会发展稳定，各项指标在山西省的排位均保持不变，卫生机构技术人员数指标排位在中原经济区 30 个地市中与 2014 年相比上升了 2 位，居于第 24 位。

2015 年，长治市把保就业、促创业作为工作重点，针对就业创业工作制定出台促进大众创业、万众创新等一系列措施办法，推进小微企业"六补一缓"政策、高校毕业生"七补一贷"等 11 项稳岗位减负、促就业政策，同时还组织开展长治市"创业之星"推选等活动，营造良好的就业创业环境和氛围，整体就业创业工作成效显著。2015 年长治市创业孵化基地（城隍庙广场）、昌盛商贸集团高校毕业生创业园区、壶关县高校毕业生创业园区、长治市电子商务人才就业创业孵化基地等 6 个创业孵化基地（创业园区）相继建成投入运行，入驻创业实体 200 余户。

第 30 章
邢台市 2015 年发展报告

30.1　邢台市发展概述

　　2015 年，邢台市实现地区生产总值 1764.73 亿元，同比增长 6.0%，人均地区生产总值 24192.94 元，同比增长 6.2%。邢台市一般预算财政总收入 102.67 亿元，同比增长 7.3%，其中，增值税收入 10.16 亿元，营业税收入 25.94 亿元；一般预算财政总支出 373.67 亿元。固定资产投资额 1886.62 亿元，增长 10.9%；实际利用外资 2.20 亿美元；新增规模以上工业企业 42 家，全市规模以上工业企业增加值完成 576.7 亿元，同比增长 4.2%。全社会消费品零售总额 875.32 亿元，同比增长 9.5%。城乡居民人均可支配收入分别达到 21895 元和 9152 元，同比分别增长 9.4%、9.7%。

　　2015 年，邢台市第一产业增加值 275.57 亿元，同比增长 3.2%；第二产业增加值 793.68 亿元，同比增长 4.3%；第三产业增加值 695.48 亿元，同比增长 10.0%。在第二产业中，工业增加值 711.64 亿元，同比增长 4.1%；建筑业增加值 82.07 亿元，同比增长 7.1%。邢台市金融机构存贷款余额分别达到 2936.9 亿元、1759.2 亿元，存贷比达到 59.9%。经济社会发展呈现稳中有进、稳中有新、稳中向好的态势。尽管压产能、治污染影响生产总值增速约 2.2 个百分点，邢台全市经济运行换挡不掉挡、调速不失速。

30.2　邢台市宏观经济发展评价分析

30.2.1　经济规模竞争力评价分析

　　2014～2015 年，邢台市经济规模竞争力指标的数据及排位变化情况如表 30-2-1 所示。

　　2015 年，邢台市地区生产总值在中原经济区 30 个地市中的排位为第 15 位，与 2014 年相比保持不变，在河北省 11 个地市中为第 7 位，在中原经济区中河北省 2 个地市中的排位为第 2 位。

　　从指标的变化情况来看，2015 年邢台市在中原经济区 30 个地市中地区生产总值增长率、人均地区生产总值、一般预算财政总收入指标排位有所上升，人均财政总收入、全社会消费品零售总额指标排位有所下降。在河北省 11 个地市排位中，地区生产总值增长率、一般预算财政总收入排位有所上升，其他指标在河北省 11 个地市的排位中没有变化。

表 30 - 2 - 1 邢台市 2014 ~ 2015 年经济规模竞争力数据

表 30 - 2 - 1 邢台市 2014 ~ 2015 年经济规模竞争力数据

指标	地区生产总值（亿元）	地区生产总值增长率（%）	人均地区生产总值（元）	一般预算财政总收入（亿元）	人均财政总收入（元）	固定资产投资额（亿元）	人均固定资产投资额（元）	全社会消费品零售总额（亿元）	人均全社会消费品零售总额（元）
2014 年	1646.94	6.00	22696.69	95.71	1318.99	1647.08	22698.62	796.20	10972.53
2015 年	1764.73	6.00	24192.94	102.67	1407.52	1886.62	25863.95	875.32	11999.89
2014 年排位	15/7/2	27/8/2	26/11/2	18/10/2	26/11/2	-/7/2	-/9/2	8/6/2	23/11/2
2015 年排位	15/7/2	24/7/2	25/11/2	16/9/2	27/11/2	-/7/2	-/9/2	9/6/2	23/11/2

注：本表人均地区生产总值、人均财政总收入、人均固定资产投资额、人均全社会消费品零售总额指标计算使用"常住人口"计算。2014 年、2015 年排位分别是邢台市在中原经济区 30 个地市中的排位、邢台市在河北省 11 个地市中的排位、邢台市在中原经济区中河北省 2 个地市中的排位。本章中所有指标排位情况都与本表相同。

30.2.2 经济结构竞争力评价分析

2014 ~ 2015 年，邢台市经济结构竞争力指标的数据及排位变化情况如表 30 - 2 - 2 所示。

表 30 - 2 - 2 邢台市 2014 ~ 2015 年经济结构竞争力数据

指标	产业结构（%）	人均收入结构（%）	支出结构（%）	单位 GDP 能耗增减率（%）
2014 年	83.25	41.69	77.38	-7.19
2015 年	84.38	41.80	82.05	-4.38
2014 年排位	21/9/2	16/4/2	1/3/1	-/4/2
2015 年排位	20/9/2	19/4/2	-/3/1	-/9/2

2015 年，邢台市产业结构排位在中原经济区 30 个地市中为第 20 位，与 2014 年相比上升了 1 位，在河北省 11 个地市中为第 9 位，在中原经济区中河北省 2 个地市中排位为第 2 位。

从指标的变化情况来看，产业结构排位相比于 2014 年在中原经济区 30 个地市中有所上升，在河北省 11 个地市中排位保持不变，人均收入结构相比 2014 年在中原经济区 30 个地市中的排位有所下降，邢台市 2015 年的支出结构在河北省 11 个地市中的排位相较于 2014 年保持不变。邢台市单位 GDP 能耗增减率在河北省 11 个地市中排位下降 5 位，居第 9 位。

30.3 邢台市产业发展评价分析

30.3.1 农业竞争力评价分析

2014 ~ 2015 年，邢台市农业竞争力指标的数据及排位变化情况如表 30 - 3 - 1 所示。

表 30 - 3 - 1　邢台市 2014 ~ 2015 年农业竞争力数据

指标	农业增加值（亿元）	人均农业增加值（元）	农民人均纯收入（元）	人均主要粮食产量（吨）	农村用电量（万 kW·h）	有效灌溉面积（千公顷）	粮食产量（吨）
2014 年	284.95	3926.96	8342	0.61	340728	567.19	4447854
2015 年	287.70	3944.14	9152	0.62	355555	577.39	4511001
2014 年排位	10/6/2	20/10/2	24/8/2	18/2/1	-/7/2	-/2/1	-/5/2
2015 年排位	10/6/2	20/10/2	25/8/2	19/2/1	6/7/2	-/2/1	-/4/2

注：人均农业增加值、人均主要粮食产量使用"总人口"计算。

2015 年，邢台市农业增加值排位在中原经济区 30 个地市中为第 10 位，在河北省 11 个地市中为第 6 位，在中原经济区中河北省 2 个地市中的排位为第 2 位，与 2014 年相比，以上 3 个指标排位没有发生变化。在中原经济区 30 个地市排位中，农民人均纯收入排位有所下降。

2015 年，邢台市现代农业稳步发展，连年丰收，粮食总产 451.1 万吨。畜牧、蔬菜、果品占农业总产值比重达到 57%，提高 9.3 个百分点；农业产业化经营率达到 67.2%，提高 7.2 个百分点；新增威县国家现代农业示范区、国家级农业科技园区。威县被列为国家新型城镇化综合试点，邢家湾等 4 个镇被列为河北省经济发达镇行政管理体制改革试点。建设省级重点村 478 个，公路、广播电视实现村村通。

30.3.2　工业竞争力评价分析

2014 ~ 2015 年，邢台市工业竞争力指标的数据及排位变化情况如表 30 - 3 - 2 所示。

表 30 - 3 - 2　邢台市 2014 ~ 2015 年工业竞争力数据

指标	工业增加值（亿元）	工业增加值增长率（%）	人均工业增加值（元）	规模以上工业企业总产值（亿元）	规模以上工业企业资产合计（亿元）	规模以上工业企业流动资产合计（亿元）	规模以上工业企业本年应缴增值税（亿元）
2014 年	701.47	4.50	9667.05	2720.4	2331.73	1061.7	58.65
2015 年	711.64	4.10	9755.98	2601.17	2416.16	1084.83	—
2014 年排位	16/7/2	-/11/2	22/11/2	-/7/2	-/7/2	-/7/2	-/8/2
2015 年排位	14/7/2	-/9/2	22/11/2	-/7/2	-/7/2	-/7/2	—

注：人均工业增加值计算时使用"总人口"；2015 年邢台市"规模以上工业企业本年应缴增值税"数据缺失无法计算。

2015 年，邢台市工业增加值在中原经济区 30 个地市中排第 14 位，与 2014 年相比上升 2 位，在河北省 11 个地市中为第 7 位，在中原经济区中河北省 2 个地市中的排位为第 2 位，与 2014 年相比，以上两个指标排位均没有发生变化。从指标的变化情况来看，2015 年邢台市工业增加值增长率在河北省 11 个地市中的排位上升了 2 位，其他指标排位与上年相比维持不变。

2015 年，邢台市全部工业增加值完成 711.64 亿元，比上年增长 4.1%。其中，规模以上工业增加值完成 576.7 亿元，增长 4.2%。在规模以上工业中，分经济类型看，国有及国有控股企业下降 0.9%；集体企业增长 18.8%；股份制企业增长 3.7%；外商及港澳台商投资企业增长 3.0%。轻工业增长 6.0%，重工业增长 2.9%。钢铁深加工、煤化工、装备制造、食品医药、纺织服装、新型建材和新能源七大优势产业合计完成增加值 398.4 亿元，比上年增长 6.4%；占全市规模以上工业增加值的比重为 69.1%，比上年提高 1.9 个百分点。工业产品销售率为 97.7%。规模以上工业企业实现利润总额 112.0 亿元，下降 4.8%。

30.3.3 服务业竞争力评价分析

2014～2015 年，邢台市服务业竞争力指标的数据及排位变化情况如表 30 - 3 - 3 所示。

表 30 - 3 - 3 邢台市 2014～2015 年服务业竞争力数据

指标	服务业增加值（亿元）	服务业增加值增长率(%)	人均服务业增加值（元）	限额以上住宿和餐饮业营业额（亿元）	限额以上批发和零售业销售总额（亿元）	房地产开发完成投资额（亿元）
2014 年	593.51	8.20	8179.24	5.50	387.07	151.83
2015 年	695.48	10.00	9534.44	5.51	368.77	181.98
2014 年排位	13/7/2	17/7/2	23/11/2	-/10/2	-/8/2	-/9/2
2015 年排位	10/7/2	10/7/2	25/11/2	-/10/2	-/9/2	-/9/2

注：人均服务业增加值计算时使用"总人口"。

2015 年，邢台市服务业增加值排位在中原经济区 30 个地市中为第 10 位，与 2014 年相比上升 3 位，在河北省 11 个地市中为第 7 位，在河北省所在中原经济区 2 个地市中的排位为第 2 位，与 2014 年相比，在河北省 11 个地市中指标排位没有发生变化。

2015 年，邢台市现代服务业不断发展。邢台市金融机构存贷款余额分别达到 2936.9 亿元、1759.2 亿元，存贷比达到 59.9%。全年国内旅游接待人数 1713.9 万人次，比上年增长 22.2%；创收金额 139.9 亿元，增长 31.5%；人均花费 816.3 元/人次，比上年增加 57.6 元/人次；国际旅游接待人数 23774 人次，增长 26.9%；创汇金额 674.4 万美元，增长 8.8%。2015 年，服务业增加值完成 695.48 亿元，对经济增长的贡献率超过 50%，成为重要拉动力量。

30.4 邢台市城镇化发展评价分析

2014～2015 年，邢台市城镇化竞争力指标的数据及排位变化情况如表 30 - 4 - 1 所示。

表 30 - 4 - 1 邢台市 2014～2015 年城镇化竞争力数据

指标	城镇化率（%）	园林绿地面积（公顷）	年末实有城市道路面积（万平方米）	建成区绿化覆盖面积（公顷）	用煤气(人工、天然气)人口(万人)	用水人口（万人）	排水管道长度（千米）
2014 年	—	4415	1461	3845	2.6	93.76	804
2015 年	47.73	2966	1519	3255	86.2	94.24	845
2014 年排位	—	-/6/2	-/6/2	-/7/2	-/6/2	-/6/2	-/6/2
2015 年排位	14/8/2	-/9/2	-/6/2	-/8/2	-/6/2	-/6/2	-/6/2

注：2014 年城镇化率缺少数据无法计算。

2015 年，邢台市常住人口城镇化率达到 47.73%，在中原经济区 30 个地市中排第 14 位。指标数值方面，园林绿地面积和建成区绿化覆盖面积有所下降，年末实有城市道路面积、用煤气（人工、天然气）人口、用水人口、排水管道长度略有上升。指标变动方面，园林绿地面积和建成区绿化覆盖面积方面在河北省 11 个地市中的排位有所下降，其他指标在河北省 11 个地市中的排位没有发生变化。

2015 年，邢台市"一城五星"总体规划编制完成并开始实施，建成了连接"五星"的绿色长廊和快速路。龙岗、高铁片区启动开发，七里河片区建成国家级水利风景区。市区集中供热率达到 90.1%、提高 8.7 个百分点。县城镇建设步伐加快。16 个县（市）编制完成新一轮城乡总体规划，威县被列为国家新型城镇化综合试点，南和建成国家园林县城，新增省级园林县城 13 个、卫生城 6 个，邢家湾等 4 个镇被列为河北省经济发达镇行政管理体制改革试点，一批公园、特色街区等工程建成投用，新增垃圾处理场 16 座。建设省级重点村 478 个，公路、广播电视实现村村通。

30.5　邢台市社会发展评价分析

2014～2015 年，邢台市社会发展竞争力指标的数据及排位变化情况如表 30－5－1 所示。

表 30－5－1　邢台市 2014～2015 年社会发展竞争力数据

指标	普通中学在校学生数（万人）	小学在校学生数（万人）	专利申请受理量（件）	专利申请授权量（件）	公共图书馆（个）	公共图书馆藏书量（千册）	卫生机构数（个）	卫生机构床位数（张）	卫生技术人员（人）
2014 年	34.08	58.66	1975	1283	20	139.17	8792	30275	31200
2015 年	35.22	62.03	3523	2521	20	149.14	8791	30635	31467
2014 年排位	12/4/2	–/5/2	–/8/2	–/8/2	–/3/1	–/7/2	1/4/1	–/6/2	16/6/2
2015 年排位	11/4/2	–/5/2	–/8/2	–/7/2	–/4/1	–/6/2	1/4/1	–/6/2	10/6/2

2015 年，邢台市普通中学在校学生数为 35.22 万人，在中原经济区 30 个地市中排位为第 11 位；小学在校学生数为 62.03 万人，相较于 2014 年有所增加；专利申请受理量为 3523 件，专利申请授权量为 2521 件，相较于 2014 年均有明显的增加；公共图书馆藏书量、卫生机构床位数和卫生技术人员相较于 2014 年略有增加；公共图书馆数量在 2015 年没有发生变化，卫生机构数略有下降。从指标的变化情况来看，普通中学在校学生数在中原经济区 30 个地市中排位上升 1 位，专利申请授权量、公共图书馆藏书量在河北省 11 个地市中的排位上升了 1 位；卫生事业发展平稳，卫生机构数排位基本不变。

2015 年，邢台市图书馆基本建成并对外开放，博物馆开工建设，智慧城市建设加快，成功创建国家园林城市。社会事业繁荣发展。新增幼儿园 691 所，新建、改扩建中小学 856 所，新增国家级示范性中职学校 3 所，建成覆盖主城区的基础教育城域网。邢台市眼科医院冠名河北省眼科医院，组建邢台市儿童医院，新建迁建市级医院 6 家，县级公立医院综合改革实现全覆盖，乡镇医疗卫生机构改造任务全部完成。

第 31 章
邯郸市 2015 年发展报告

31.1 邯郸市发展概述

2015 年，邯郸市地区生产总值完成 3145.43 亿元，同比增长 6.8%；全社会固定资产投资完成 3526.63 亿元，同比增长 11.4%；全社会消费品零售总额完成 1364.5 亿元，同比增长 9.4%。一般预算财政总收入完成 190.62 亿元，同比增长 6.5%，出口总值增长 5.5%。2015 年邯郸市经济社会发展稳中有进、稳中有新、稳中向好。

2015 年，邯郸市政府带头联系 66 家重点企业，实施金桥帮扶行动，促进了经济平稳增长。新认定科技型中小企业 2476 家，邯郸市新增贷款 438.9 亿元，存贷比达 67.73%。项目投资方面，省、市重点项目分别完成投资 252.5 亿元和 965 亿元。集中签约项目 151 个，超百亿、超 50 亿元项目分别达 5 个和 25 个。邯郸电商谷、昊远跨境电商产业园等一批电子商务项目开工建设，邯郸海关挂牌开关，国际陆港开港运营。现代农业加快发展，建成 3 个省级和 7 个市级现代农业园区。新增省级企业技术中心 7 家、省级工程技术研究中心 5 家、中国驰名商标 3 件。组建了市金融资本服务中心、市科技金融服务中心、市股权交易服务公司，邯郸农商银行挂牌成立，设立 2 家科技支行。

31.2 邯郸市宏观经济发展评价分析

31.2.1 经济规模竞争力评价分析

2014~2015 年，邯郸市经济规模竞争力指标的数据及排位变化情况如表 31-2-1 所示。

表 31-2-1　邯郸市 2014~2015 年经济规模竞争力数据

指标	地区生产总值（亿元）	地区生产总值增长率（%）	人均地区生产总值（元）	一般预算财政总收入（亿元）	人均财政总收入（元）	固定资产投资额（亿元）	人均固定资产投资额（元）	全社会消费品零售总额亿元	人均全社会消费品零售总额（元）
2014 年	3080.01	6.50	32857.30	183.16	1953.94	3090.74	32971.76	1242.4	13253.82
2015 年	3145.43	6.80	33344.96	190.62	2020.78	3526.63	37386.09	1364.50	14465.18
2014 年排位	3/4/1	26/7/1	18/7/1	3/6/1	19/8/1	-/3/1	-/6/1	-/4/1	-/6/1
2015 年排位	3/5/1	21/6/1	19/7/1	3/6/1	20/8/1	-/3/1	-/6/1	4/4/1	15/6/1

注：本表人均财政总收入、人均全社会消费品零售总额、人均金融机构贷款年底余额指标计算使用"总人口"计算。2014 年、2015 年排位分别是邯郸市在中原经济区 30 个地市中的排位、邯郸市在河北省 11 个地市中的排位、邯郸市在中原经济区中河北省 2 个地市中的排位。本章中所有指标排位情况都与本表相同。

478

2015 年，邯郸市地区生产总值的排位在中原经济区 30 个地市中为第 3 位，较 2014 年相比，排位维持不变；在河北省 11 个地市中排第 5 位，与 2014 年相比排位下降 1 位。具体来说，邯郸市 2015 年全年实现地区生产总值 3145.43 亿元；地区生产总值增长率较 2014 年相比有小幅回升，在中原经济区 30 个地市中排位为第 21 位，较 2014 年上升了 5 位，与全国增幅持平。人均地区生产总值、人均财政总收入在中原经济区 30 个地市中排位相对 2014 年有所下降，一般预算财政总收入指标的排位与 2014 年持平。

2015 年，邯郸市固定资产投资增长 11.4%，全社会消费品零售总额增长 9.4%。邯郸市新增贷款 438.9 亿元，存贷比达 67.73%，创历史新高。邯郸市地区生产总值增长 6.8%，一般公共预算总收入增长 6.5%，规模以上工业增加值增长 4.7%，出口总值增长 5.5%，城镇、农村居民人均可支配收入分别增长 8.5% 和 8.7%。

31.2.2 经济结构竞争力评价分析

2014~2015 年，邯郸市经济结构竞争力指标的数据及排位变化情况如表 31-2-2 所示。

表 31-2-2 邯郸市 2014~2015 年经济结构竞争力数据

指标	产业结构(%)	人均收入结构(%)	支出结构(%)	单位 GDP 能耗(吨位准煤/万元)
2014 年	86.91	45.57	62.35	-7.56
2015 年	87.19	45.66	62.50	-5.90
2014 年排位	18/5/1	7/1/1	4/8/2	-/2/2
2015 年排位	18/5/1	11/1/1	-/9/2	-/5/1

2015 年，邯郸市产业结构在中原经济区 30 个地市的排位为第 18 位，排位与上年相比相对持平；在河北省 11 个地市以及中原经济区河北省所在 2 个地市的排位均保持不变。人均收入结构在中原经济区 30 个地市的排位为第 11 位，相对 2014 年有所下降；在河北省 11 个地市中排位和在中原经济区河北省 2 个地市中的排位没有发生变化。

2015 年，邯郸市装备制造、高新技术、现代物流三大新兴产业投资增长 13.7%，高于邯郸市固定资产投资增速 2.3 个百分点，永洋特钢退城搬迁升级改造项目开工建设，太行和冀南钢铁退城进园升级改造、新峰煤制天然气等项目有序推进。

31.3 邯郸市产业发展评价分析

31.3.1 农业竞争力评价分析

2014~2015 年，邯郸市农业竞争力指标的数据及排位变化情况如表 31-3-1 所示。

表 31 - 3 - 1　邯郸市 2014～2015 年农业竞争力数据

指标	农业增加值（亿元）	人均农业增加值（元）	农民人均纯收入（元）	人均主要粮食产量（吨）	农村用电量（万千瓦时）	有效灌溉面积（千公顷）	粮食产量（吨）
2014 年	417.50	4453.87	10343	0.58	637457	534.44	5448521
2015 年	417.64	4427.44	11247	0.58	655026	537.80	5424620
2014 年排位	4/4/1	11/8/1	12/4/1	22/4/2	-/5/1	-/3/2	-/2/1
2015 年排位	5/4/1	12/8/1	10/4/1	23/4/2	2/5/1	-/3/2	-/2/1

注：人均指标按照"总人口"计算。

2015 年，邯郸市实现农业增加值 417.64 亿元，其在中原经济区 30 个地市的排位与上年相比下降 1 位。人均农业增加值在中原经济区 30 个地市的排位较 2014 年下降 1 位，农民人均纯收入较 2014 年略有上升，人均主要粮食产量指标在中原经济区 30 个地市中排位由 2014 年第 22 位下降至第 23 位。

2015 年，邯郸市现代农业稳步发展，2015 年粮食总产达 542.5 万吨，建成华北首个"吨粮市"，连续三年荣获全国粮食生产先进市，曲周农业科技园区升级为国家级园区，建成省级农业科技园区 11 家，省级以上重点龙头企业达 62 家，农业产业化经营率达66.2%，土地流转率达 27%。

31.3.2　工业竞争力评价分析

2014～2015 年，邯郸市工业竞争力指标的数据及排位变化情况如表 31 - 3 - 2 所示。

表 31 - 3 - 2　邯郸市 2014～2015 年工业竞争力数据

指标	工业增加值（亿元）	工业增加值增长率（%）	人均工业增加值（元）	规模以上工业企业总产值（亿元）	规模以上工业企业资产合计（亿元）	规模以上工业企业流动资产合计（亿元）	规模以上工业企业本年应交增值税（亿元）
2014 年	1375.39	5.00	14672.55	5193.7	5189.83	2103.2	102.31
2015 年	1306.60	4.50	13851.37	4798.50	5185.91	2147.21	—
2014 年排位	3/4/1	-/8/2	18/6/1	-/4/1	-/3/1	-/2/1	-/5/1
2015 年排位	3/5/1	-/6/1	18/6/1	-/4/1	-/3/1	-/3/1	—

注：人均工业增加值按照"总人口数"计算。

2015 年，邯郸市实现工业增加值 1306.60 亿元，在中原经济区 30 个地市中的排位保持不变，在河北省 11 个地市中的排位下降 1 位。工业增加值增长率为 4.50%，在河北省 11 个地市中排位上升了 2 位。人均工业增加值为 13851.37 元，相较于 2014 年有所下降，在中原经济区 30 个地市和河北省 11 个地市中的排位保持不变。从指标的变化来看，工业增加值在中原经济区 30 个地市的排位保持不变，工业增加值率在中原经济区河北 2 个地市的排位有所上升，人均工业增加值在中原经济区 30 个地市的排位相较于

2014 年保持不变。规模以上工业企业流动资产合计指标在河北省 11 个地市中的排位下降 1 位。规模以上工业企业总产值、规模以上工业企业资产合计指标排位保持不变。

2015 年，邯郸市省、市重点项目分别完成投资 252.5 亿元和 965 亿元，超年计划 31.7 个和 20.6 个百分点。市级成立了 4 个招商部，集中签约项目 151 个，超百亿、超 50 亿元项目分别达 5 个和 25 个。与中国恒天、中国建材等 21 家央企签订 31 个合作协议，邯郸华耀城、华强中华成语文化博览园等一批大项目、好项目成功落地。工业转型步伐加快，永洋特钢退城搬迁升级改造项目开工建设，装备制造、高新技术、现代物流三大新兴产业投资增长 13.7%，高于邯郸市固定资产投资增速 2.3 个百分点。

31.3.3　服务业竞争力评价分析

2014～2015 年，邯郸市服务业竞争力指标的数据变化情况如表 31－3－3 所示。

表 31－3－3　邯郸市 2014～2015 年服务业竞争力数据

指标	服务业增加值（亿元）	服务业增加值增长率（%）	人均服务业增加值（元）	限额以上住宿和餐饮业营业额（亿元）	限额以上批发和零售业销售总额（亿元）	房地产开发完成投资额（亿元）
2014 年	1133.44	9.6	12091.45	10.93	1785.85	377.09
2015 年	1259.25	11.2	13349.41	10.43	1671.33	341.25
2014 年排位	3/4/1	10/5/1	13/7/1	－/4/1	－/3/1	－/5/1
2015 年排位	3/4/1	3/4/1	15/7/1	－/3/1	－/2/1	－/5/1

注：人均服务业增加值指标按照"总人口"进行计算。

2015 年，邯郸市实现服务业增加值 1259.25 亿元，服务业增加值增长率为 11.20%。从指标的变化情况来看，服务业增加值在中原经济区 30 个地市中排位不变，在河北省 11 个地市中排位保持不变；服务业增加值增长率、人均服务业增加值指标在中原经济区 30 个地市中排位分别上升了 7 个位次和下降了 2 个位次。房地产开发完成投资额相较于 2014 年数值有所下降，在河北省 11 个地市中的排位没有发生变化。限额以上住宿和餐饮业营业额、批发和零售业销售总额指标的排位变化与上年相比，排位均上升 1 个位次。

2015 年，邯郸市现代服务业发展提速，邯郸电商谷、昊远跨境电商产业园等一批电子商务项目开工建设，邯郸海关挂牌开关，国际陆港开港运营，娲皇宫晋升为 5A 级景区，广府古城通过 5A 级景区景观质量评审。主城区住宅销售面积同比增长 51.1%，新认定科技型中小企业 2476 家。

31.4　邯郸市城镇化发展评价分析

2014～2015 年，邯郸市城镇化竞争力指标的数据及排位变化情况如表 31－4－1 所示。

表 31-4-1　邯郸市 2014~2015 年城镇化竞争力数据

指标	城镇化率（%）	园林绿地面积（公顷）	年末实有城市道路面积（万平方米）	建成区绿化覆盖面积（公顷）	用煤气（人工、天然气）人口（万人）	用水人口（万人）	排水管道长度（公里）
2014 年	—	8092	3126	5768	81.17	157.18	1669
2015 年	51.38	8159	3161	5923	155.02	158.78	1718.45
2014 年排位	—	-/3/1	-/2/1	-/4/1	-/1/1	-/3/1	-/3/1
2015 年排位	10/6/1	-/3/1	-/3/1	-/4/1	-/4/1	-/4/1	-/3/1

注：此表格数据仅为邯郸市区，不包含所管辖县域；2014 年邯郸市城镇化率数据缺失，无法计算。

2015 年，邯郸市城镇化率达 51.38%，园林绿地面积相较于 2014 年有所上升，用煤气（人工、天然气）人口大幅上升，年末实有城市道路面积、建成区绿化覆盖面积、用水人口和排水管道长度均小幅上升；指标变化情况方面，年末实有城市道路面积在河北省 11 个地市中排位下降 1 个位次，用煤气（人工、天然气）人口在河北省 11 个地市中排位下降 3 个位次，用水人口下降 1 个位次，其他指标在河北省 11 个地市中的排位没有发生变化。

2015 年，邯郸市东区供排水、供气、供热等市政设施开工建设，东军师堡完成征迁，西军师堡回迁房建设加快，"三路一场"回迁房竣工入住，河北工程大学迁建启动。滏阳河酒吧街基本建成，串城街改造加紧施工，世纪大街、东柳大街南延竣工通车，"两高"沿线和北环路综合整治成效明显，绕城高速公路实现闭合通车。

31.5　邯郸市社会发展评价分析

2014~2015 年，邯郸市社会发展竞争力指标的数据及排位变化情况如表 31-5-1 所示。

表 31-5-1　邯郸市 2014~2015 年社会发展竞争力数据

指标	普通中学在校学生数（万人）	小学在校学生数（万人）	专利申请受理量（件）	专利申请授权量（件）	公共图书馆（个）	公共图书馆图书藏书量（千册）	卫生机构数（个）	卫生机构床位数（张）	卫生技术人员（人）
2014 年	47.23	92.3	2641	1498	20	1674.60	8582	41136	38497
2015 年	52.12	97.86	4803	3305	20	1725.80	8640	44111	40679
2014 年排位	8/3/1	-/1/1	-/5/1	-/6/1	-/4/2	-/5/1	2/5/2	-/2/1	13/4/1
2015 年排位	3/2/1	-/1/1	-/3/1	-/3/1	-/3/1	-/5/1	2/5/2	-/3/1	6/4/1

注：2014 年卫生统计数据不包含农村卫生室。

2015 年，指标数值方面，普通中学在校学生数、小学在校学生数、专利申请受理量、专利申请授权量、公共图书馆图书藏书量、卫生机构数、卫生机构床位数和卫生技术人员等数值方面均有所上升。从指标排位变化情况来看，普通中学在校学生人数在中原经济区

30 个地市的排位较 2014 年相比上升了 5 位，居于第 3 位；在河北省 11 个地市的指标排位中，专利申请受理量上升 2 位；专利申请授权量上升 3 位；公共图书馆个数上升 1 位；卫生机构床位数下降 1 位；其他指标排位没有发生变化。

2015 年，邯郸市空气质量优良天数 150 天，同比增加 62 天；重度及以上污染天数 33 天，同比减少 58 天。总投资 10.2 亿元，对主城区及周边外扩 5 公里区域内 275 个村庄（社区）实施了"煤改气"工程，10 万余户居民用上天然气，2015 年 12 月主城区二氧化硫同比下降 38.9%。

第 32 章

聊城市 2015 年发展报告

32.1 聊城市发展概述

2015 年，聊城市实现地区生产总值 2663.62 亿元，同比增长 8.79%。聊城市三次产业比例调整为 11.90:51.00:37.10。聊城市第二、三产业占 GDP 的比重为 88.13%；实现工业增加值 1273.86 亿元，同比增长 10.27%；农林牧渔业总产值 595.22 亿元；农业增加值 323.71 亿元；服务业增加值 986.98 亿元，同比增长 7.90%。

2015 年，聊城市地方一般预算财政总收入完成 175.93 亿元，增长 12.6%；全社会消费品零售总额 1060.22 亿元，是 2010 年的 2 倍，年均增长 14.6%；进出口总额 50.73 亿美元，其中出口总额 25.37 亿美元，进口总额 25.36 亿美元。本外币各项存款余额 2592.3 亿元，贷款余额 1872.33 亿元，分别是 2010 年的 2.1 倍和 1.9 倍。聊城市全社会固定资产投资累计完成 7747 亿元，年均增长 18.8%。聊城市财政用于民生的支出达到 1028.9 亿元，占总支出的 80.3%，高于山东省 3.9 个百分点。

32.2 聊城市宏观经济发展评价分析

32.2.1 经济规模竞争力评价分析

2014~2015 年，聊城市经济规模竞争力指标的数据及排位变化情况如表 32-2-1 所示。

表 32-2-1 聊城市 2014~2015 年经济规模竞争力数据

指标	地区生产总值（亿元）	地区生产总值增长率(%)	人均地区生产总值（元）	一般预算财政总收入（亿元）	人均财政总收入（元）	全社会消费品零售总额（亿元）	人均全社会消费品零售总额（元）	金融机构贷款年底余额（亿元）	人均金融机构贷款年底余额（元）
2014 年	2516.40	9.40	42482.00	156.19	2636.88	959.56	16199.34	1699.51	28691.22
2015 年	2663.62	8.79	44743.00	175.93	2946.64	1060.22	17757.28	1872.33	31359.16
2014 年排位	5/12/1	10/9/2	9/15/1	5/14/2	11/15/1	6/12/2	4/16/1	−/12/1	−/13/1
2015 年排位	5/12/1	17/2/2	8/15/1	5/14/2	10/15/1	6/12/2	4/16/1	−/11/1	−/14/1

注：人均指标除特别说明外均按"常住人口"计算；数据除特别说明外均来源于历年《山东统计年鉴》。2014 年、2015 年排位分别是聊城市在中原经济区 30 个地市中的排位、聊城市在山东省 17 个地市中的排位、聊城市在中原经济区中山东省 2 个地市中的排位。本章中所有指标排位情况都与本表相同。

2015 年，聊城市在中原经济区 30 个地市各经济规模竞争力指标排位中，与 2014 年相比，地区生产总值增长率下降了 7 位，人均地区生产总值和人均财政总收入均上升了 1 位；在山东省 17 个地市排位中，与 2014 年相比，地区生产总值增长率上升了 7 位，金融机构贷款年底余额上升了 1 位，人均金融机构贷款年底余额下降了 1 位；保持稳定的指标有：地区生产总值、一般预算财政总收入、全社会消费品零售总额、人均全社会消费品零售总额。

32.2.2　经济结构竞争力评价分析

2014～2015 年，聊城市经济结构竞争力指标的数据及排位变化情况如表 32-2-2 所示。

表 32-2-2　聊城市 2014～2015 年经济结构竞争力数据

指标	产业结构(%)	规模以上高新技术产业产值比重(%)	人均收入结构(%)	国际贸易结构(%)
2014 年	88.00	24.90	39.57	41.46
2015 年	88.13	26.26	48.73	50.01
2014 年排位	16/17/2	-/14/2	30/14/2	24/16/2
2015 年排位	17/17/2	-/13/2	6/2/1	-/14/2

2015 年聊城市第二、三产业占 GDP 的比重为 88.13%，三次产业比例调整为11.90：51.00：37.10。规模以上高新技术产业产值比重为 26.26%；农村人均纯收入占城市人均可支配收入的 48.73%；国际贸易结构为 50.01%。聊城市在中原经济区 30 个地市经济结构竞争力指标排位中与 2014 年相比，产业结构下降了 1 位，人均收入结构上升了 24 位；聊城市在山东省 17 个地市的排位中，与 2014 年相比，规模以上高新技术产业产值比重上升了 1 位，人均收入结构上升了 12 位，国际贸易结构上升了 2 位，产业结构保持不变。2015 年聊城市规模以上高新技术产业产值比重与 2014 年相比，提高 1.36 个百分点。进出口总额 50.73 亿美元，其中出口总额 25.37 亿美元，进口总额 25.36 亿美元。

32.3　聊城市产业发展评价分析

32.3.1　农业竞争力评价分析

2014～2015 年，聊城市农业竞争力指标的数据及排位变化情况如表 32-3-1 所示。

2015 年，聊城市农业增加值 323.71 亿元，在中原经济区 30 个地市排位中，排位保持不变，在山东省内排位保持不变；人均农业增加值 5421.76 元，在中原经济区 30 个地市排位中，排位保持不变，在山东省内的排位保持不变；农民人均收入 10512 元，在中原经济区 30 个地市排位中下降了 10 位，在山东省内排位保持不变；人均主要粮食产粮为 0.85 吨，在中原经济区 30 个地市排位中下降了 1 位，在山东省 17 个地市排位中保持不变，在山东省内的排位处于优势地位；农村人均用电量在山东省17 个地市排位中下降了

表 32 – 3 – 1　聊城市 2014～2015 年农业竞争力数据

指标	农业增加值（亿元）	人均农业增加值（元）	农民人均收入（元）	人均主要粮食产量（吨）	农村人均用电量（kW·h）	农村从业人员（人）	农业机械原值（万元）
2014 年	310.83	5247.36	11232	0.86	421.98	3265000	576923
2015 年	323.71	5421.76	10512	0.85	453.70	3165000	624404
2014 年排位	7/6/1	5/6/1	6/16/1	6/2/1	-/15/2	-/5/2	-/6/2
2015 年排位	7/6/1	5/6/1	16/16/1	7/2/1	14/16/2	-/5/2	-/6/2

　　注：表中"农村人均用电量"指标按照"农村人口"计算得到。

1 位，其他指标在山东省内的排位均无变化。

　　2015 年，聊城市农业结构调整深入推进，粮食生产实现十三连增，达到"吨粮市"标准，被评为全国粮食生产先进单位。瓜、菜、菌总产达到 1626 万吨，被评为"中国蔬菜第一市"。规模以上龙头企业主营业务收入和"三品"认证数量分别是 2010 年的 2.4 倍和 7.7 倍，农业机械化率提高 11 个百分点。

32.3.2　工业竞争力评价分析

　　2014～2015 年，聊城市工业竞争力指标的数据及排位变化情况如表 32 – 3 – 2 所示。

表 32 – 3 – 2　聊城市 2014～2015 年工业竞争力数据

指标	工业增加值（亿元）	工业增加值增长率（%）	人均工业增加值（元）	规模以上工业企业资产合计（亿元）	规模以上工业企业流动资产年平均余额（亿元）	规模以上工业企业利润总额（亿元）	规模以上工业企业本年应缴增值税（亿元）	规模以上工业企业产品销售率（%）	规模以上工业企业成本费用利润率（%）	规模以上工业企业总资产贡献率（%）
2014 年	1219.74	10.00	20591.72	4236.05	1934.57	577.50	202.14	99.10	7.17	21.16
2015 年	1273.86	10.27	21335.54	4673.28	1970.40	590.46	188.48	98.98	7.18	19.48
2014 年排位	4/10/1	-/8/2	12/13/1	-/11/1	-/10/1	-/6/1	-/10/2	-/2/1	-/4/2	-/4/2
2015 年排位	4/10/1	-/1/1	11/13/1	-/12/1	-/10/1	-/6/1	-/8/2	-/5/1	-/4/2	-/3/2

　　2015 年，聊城市在中原经济区 30 个地市排位中，与 2014 年相比，工业增加值排位保持不变，人均工业增加值上升了 1 位；聊城市在山东省 17 个地市的排位中，与 2014 年相比，工业增加值增长率上升了 7 位，规模以上工业企业资产合计下降了 1 位，规模以上工业企业本年应缴增值税上升了 2 位，规模以上工业企业产品销售率下降了 3 位，规模以上工业企业总资产贡献率上升了 1 位；保持稳定的指标有工业增加值、规模以上工业企业流动资产年平均余额、规模以上工业企业利润总额、规模以上工业企业成本费用利润率等。

　　2015 年，聊城市工业经济稳步发展。规模以上工业企业达到 2867 家，主营业务收入突破 9000 亿元，年均增长 17.5%。传统产业改造、新兴产业培育、工业园区建设取得新成效，高新技术产业占比达到 26.26%。

32.3.3　服务业竞争力评价分析

2014~2015 年，聊城服务业竞争力指标的数据及排位变化情况如表 32-3-3 所示。

表 32-3-3　聊城市 2014~2015 年服务业竞争力数据

指标	服务业增加值（亿元）	服务业增加值增长率（%）	人均服务业增加值（元）	金融机构贷款余额（亿元）	限额以上批发和零售业营业利润(亿元)	限额以上住宿和餐饮业营业利润(亿元)	全社会消费品零售总额（亿元）
2014 年	907.16	10.30	15314.72	1699.51	38.00	0.56	959.56
2015 年	986.98	7.90	16530.67	1872.33	34.55	0.29	1060.22
2014 年排位	5/13/1	5/7/2	7/16/1	-/12/1	-/14/2	-/8/2	-/12/2
2015 年排位	5/13/1	5/13/2	8/16/1	-/11/1	-/13/2	-/8/2	-/12/2

2015 年，聊城市在中原经济区 30 个地市排位中，与 2014 年相比，人均服务业增加值下降了 1 位；聊城市在山东省 17 个地市的排位中，与 2014 年相比，服务业增加值增长率下降了 6 位，限额以上批发和零售业营业利润上升了 1 位，金融机构贷款余额上升了 1 位。其他指标在山东省内的排位基本保持不变。

2015 年，聊城市现代服务业稳步发展。聊城市旅游总收入年均增长 19.3%，社会物流总额突破 1 万亿元，电商企业达到 3600 家，被命名为"中国温泉之城"。聊城市新增国家级研发平台 4 家、省级 79 家，荣获中国专利金奖 1 项、全国质量奖和省长质量奖 4 项，成功创建国家环境保护模范城市，代表山东省参加全国海河流域水污染防治检查获第 1 名。

32.4　聊城市城镇化发展评价分析

2014~2015 年，聊城市城镇化竞争力指标的数据及排位变化情况如表 32-4-1 所示。

表 32-4-1　聊城市 2014~2015 年城镇化竞争力数据

指标	城镇化率（%）	城镇居民人均可支配收入(元)	城市建成区面积（平方公里）	市区人口密度(人/平方公里)	人均拥有道路面积（平方米）	人均日生活用水量（升）	燃气普及率（%）	人均城市园林绿地面积（平方米）
2014 年	44.04	28382.15	90.7	1759	31.18	137.9	99.38	5.84
2015 年	46.15	21570.49	98.69	2088.00	27.28	123.08	99.74	6.39
2014 年排位	-/16/1	-/13/1	-/17/2	-/5/1	-/5/1	-/7/1	-/14/1	-/16/1
2015 年排位	18/16/1	-/15/1	-/17/2	-/4/1	-/9/1	-/14/2	-/11/1	-/16/1

注：燃气普及率、人均城市园林绿地面积、人均拥有道路面积、人均日生活用水量指标数值是市区的情况，不包含所辖县市。

2015 年，聊城市城镇化竞争力指标在山东省 17 个地市排位中，与 2014 年相比，城镇居民人均可支配收入下降了 2 位，市区人口密度上升了 1 位，人均拥有道路面积下降了 4 位，人均日生活用水量下降了 7 位，燃气普及率上升了 3 位。聊城市其他城镇化指标在山东省 17 个地市中排位保持稳定。

2015 年，聊城市住房和城乡建设累计完成投资 2970 亿元，是"十一五"的 10 倍；常住人口城镇化率达到 46.15%，比上年提高 2.11 个百分点。城市规模扩张稳步发展。中心城区由 69 平方公里扩展到 90 平方公里，聊城市达到 292 平方公里，是 2010 年的 1.4 倍。棚户区改造征收面积 2823 万平方米，是"十一五"的 5.6 倍；开工建设回迁安置房 10.7 万套，基本建成 10.4 万套，5.4 万户群众乔迁新居。新建污水处理厂 16 个，垃圾处理厂 9 个，污水处理率和生活垃圾无害化处理率分别达到 95% 和 100%。聊城市林木绿化率达到 37.5%。中心城区新增提升绿化面积 3500 公顷，通过国家卫生城市复审。小城镇建设步伐加快，建设农村新型社区 510 个，城乡环卫一体化实现全覆盖。

32.5　聊城市社会发展评价分析

2014 ~ 2015 年，聊城市社会发展竞争力指标的数据及排位变化情况如表 32 - 5 - 1 所示。

表 32 - 5 - 1　聊城市 2014 ~ 2015 年社会发展竞争力数据

指标	普通中学在校学生数（万人）	小学在校学生数（万人）	公共图书馆（个）	公共图书馆藏书量（千册）	文化站（个）	卫生机构数（个）	卫生机构床位数（张）	卫生机构技术人员数（人）
2014 年	28.06	46.62	8	1110	131	5663	26102	28236
2015 年	28.41	51.40	8	1153	132	5619	26280	29606
2014 年排位	15/9/2	-/6/2	-/10/2	-/15/2	-/8/2	6/5/1	-/10/2	-/10/2
2015 年排位	15/9/2	-/6/2	-/10/2	-/15/2	-/8/2	7/6/1	-/10/2	13/10/2

2015 年，聊城市在中原经济区 30 个地市排位中，与 2014 年相比，卫生机构数下降 1 位。聊城市卫生机构数在山东省 17 个地市中排位下降 1 位，其他社会发展竞争力指标排位与 2014 年相比均保持不变。

2015 年，聊城市教育事业健康发展。建成乡镇中心幼儿园 135 所，新建、改建中心城区中小学 15 处、农村校舍 160 万平方米，聊城市技师学院、聊城市高级财经职业学校投入使用。文化体育不断进步。新建改造综合性文化服务中心 1000 个，市豫剧院投入使用，成功举办了聊城市第二届运动会。聊城市人民医院成为省级区城医疗中心，县、乡医疗机构全部实行"先诊疗后付费"，低生育水平稳定。

第 33 章
菏泽市 2015 年发展报告

33.1 菏泽市发展概述

2015 年，菏泽市实现地区生产总值 2400.96 亿元，同比增长 9.26%；菏泽市三次产业结构比为 11.30∶52.90∶35.80；实现工业增加值 1112.68 亿元，同比增长 10.14%；农业增加值 274.93 亿元；服务业增加值 863.44 亿元，同比增长 10.13%；全社会消费品零售总额 1352.11 亿元。

2015 年，菏泽市一般预算财政总收入实现 177.66 亿元，增长 9.7%；城乡居民人均可支配收入分别达到 20370.06 元、9802 元，分别增长 8.3%、10%；金融机构年末存贷款余额分别达到 2550.50 亿元、1635.43 亿元，分别比年初增加 322.2 亿元、188.4 亿元。菏泽市完成进出口 43.25 亿美元，增长 25.6%。实际利用外资 2.3 亿美元，增长 5%。新增市级以上高新技术企业、创新型企业 244 家，省级企业技术中心、工程实验室、工程技术研究中心 50 家，中国驰名商标 9 个，山东省著名商标和名牌产品 65 个。

33.2 菏泽市宏观经济发展评价分析

33.2.1 经济规模竞争力评价分析

2014～2015 年，菏泽市经济规模竞争力指标的数据及排位变化情况如表 33-2-1 所示。

表 33-2-1 菏泽市 2014～2015 年经济规模竞争力数据

指标	地区生产总值（亿元）	地区生产总值增长率(%)	人均地区生产总值（元）	一般预算财政总收入（亿元）	人均财政总收入（元）	全社会消费品零售总额（亿元）	人均全社会消费品零售总额（元）	金融机构贷款年底余额（亿元）	人均金融机构贷款年底余额（元）
2014 年	2222.19	10.20	26446	161.97	1927.53	1215.22	14462.18	1447.04	17221.04
2015 年	2400.96	9.26	28349.81	177.66	2090.01	1352.11	15906.60	1635.43	19239.67
2014 年排位	6/14/2	1/1/1	22/17/2	4/13/1	20/17/2	5/8/1	12/17/2	-/15/2	-/17/2
2015 年排位	6/13/2	6/1/1	22/17/2	4/13/1	19/17/2	5/8/1	11/17/2	-/14/2	-/17/2

注：人均指标除特别说明外均按"常住人口"计算；数据除特别说明外均来源于历年《山东统计年鉴》。2014 年、2015 年排位分别是菏泽在中原经济区 30 个地市中的排位/菏泽在山东省 17 个地市中的排位/菏泽在中原经济区中山东省 2 个地市中的排位。本章中所有指标排位情况都与本表相同。

2015 年，菏泽市在中原经济区 30 个地市各经济规模竞争力指标排位中，与 2014 年相比，地区生产总值增长率下降了 5 位，人均财政总收入与人均全社会消费品零售总额均上升了 1 位；菏泽市在山东省 17 个地市排位中，与 2014 年相比，地区生产总值与金融机构贷款年底余额均上升了 1 位。保持不变的指标有：人均地区生产总值、一般预算财政总收入、全社会消费品零售总额和人均金融机构贷款年底余额。

33.2.2 经济结构竞争力评价分析

2014～2015 年，菏泽市经济结构竞争力指标的数据及排位变化情况如表 32-2-2 所示。

表 33-2-2 菏泽市 2014～2015 年经济结构竞争力数据

指标	产业结构(%)	规模以上高新技术产业产值比重(%)	人均收入结构(%)	国际贸易结构(%)
2014 年	88.30	31.09	44.71	61.26
2015 年	88.80	31.61	48.12	50.80
2014 年排位	15/16/1	-/6/1	29/7/1	19/7/1
2015 年排位	14/15/1	-/8/1	8/3/2	-/13/1

2015 年，菏泽市第二、三产业占 GDP 的比重为 88.80%，在中原经济区 30 个地市和山东省内 17 个地市的排位中均上升了 1 位，人均收入结构在中原经济区 30 个地市排位中上升了 21 位。2015 年，菏泽市实现进出口总额 43.25 亿美元，其中出口总额 21.97 亿美元，进口总额 21.28 亿美元，菏泽市出口占进出口总额比重为 50.80%，在山东省内的排位中下降了 6 位；规模以上高新技术产业产值比重 31.61%，在山东省内的排位中下降了 2 位；人均收入结构在山东省 17 个地市排位中上升了 4 位，城镇居民人均可支配收入 20370.06 元，农民人均纯收入 9802 元。

33.3 菏泽市产业发展评价分析

33.3.1 农业竞争力评价分析

2014～2015 年，菏泽市农业竞争力指标的数据及排位变化情况如表 33-3-1 所示。

表 33-3-1 菏泽市 2014～2015 年农业竞争力数据

指标	农业增加值(亿元)	人均农业增加值(元)	农民人均纯收入(元)	人均主要粮食产量(吨)	农村人均用电量(kW·h)	农村从业人员(人)	农业机械原值(万元)
2014 年	265.01	3153.76	10436	0.73	934.08	4142000	837692
2015 年	274.93	3234.32	9802	0.73	980.14	4003000	881680
2014 年排位	12/10/2	25/16/2	11/17/2	11/4/2	-/10/1	-/3/1	-/2/1
2015 年排位	12/10/2	25/16/2	21/17/2	13/4/2	5/9/1	-/2/1	-/2/1

注：表中"农村人均用电量"指标按照"农村人口"计算得到。

2015 年，菏泽市农民人均纯收入在中原经济区 30 个地市的排位中下降了 10 位，在山东省 17 个地市的排位中保持不变，人均主要粮食产量在中原经济区 30 个地市的排位中下降了 2 位，在山东省 17 个地市排位中保持不变；农村人均用电量和农村从业人员在山东省 17 个地市的排位中均上升了 1 位；农业增加值、人均农业增加值、农业机械原值在山东省 17 个地市中的排位保持不变。

2015 年，菏泽市现代农业持续发展，积极推进农业建设。以"一村一品"为抓手，大力推进农业内部结构和种植结构调整。粮食生产实现十二连增。新增土地流转面积 43 万亩、规模以上农副产品加工企业 174 家、农民专业合作社 2825 家、家庭农场 1129 家、省级农业标准化生产基地 10 万亩、省级以上畜禽标准化示范养殖场 38 家、省级以上"一村一品"示范村镇 12 个。农村土地流转面积占比达到 17.7%，农田有效灌溉面积占比达到 81.6%，耕种收综合机械化水平达到 86%，农业科技进步贡献率达到 56%。

33.3.2　工业竞争力评价分析

2014～2015 年，菏泽市工业竞争力指标的数据及排位变化情况如表 33－3－2 所示。

表 33－3－2　菏泽市 2014～2015 年工业竞争力数据

指标	工业增加值（亿元）	工业增加值增长率（%）	人均工业增加值（元）	规模以上工业企业资产合计（亿元）	流动资产年平均余额（亿元）	规模以上工业企业利润总额（亿元）	规模以上工业企业本年应缴增值税（亿元）	工业企业产品销售率（%）	工业企业成本费用利润率（%）	工业企业总资产贡献率（%）
2014 年	1043.51	11.3	12418.68	2978.23	1244.26	509.93	257.13	99.03	8.74	29.55
2015 年	1112.68	10.14	13089.89	3386.16	1312.67	547.87	231.76	98.70	8.38	26.57
2014 年排位	8/14/2	-/1/1	20/17/2	-/14/2	-/15/2	-/9/2	-/7/1	-/4/2	-/2/1	-/1/1
2015 年排位	6/13/2	-/2/2	19/17/2	-/15/2	-/15/2	-/9/2	-/7/1	-/8/2	-/1/1	-/1/1

2015 年，菏泽市工业竞争力指标在中原经济区 30 个地市的排位中，工业增加值上升了 2 位，人均工业增加值上升了 1 位；在山东省 17 个地市排位中，工业增加值和工业企业成本费用利润率排位均上升了 1 位，工业增加值增长率下降 1 位，工业企业产品销售率下降 4 位。菏泽市各工业竞争力指标排位保持稳定的有规模以上工业企业资产合计、流动资产年平均余额、规模以上工业企业利润总额、规模以上工业企业本年应缴增值税、工业企业总资产贡献率等。

2015 年，菏泽市工业经济平稳增长。主营业务收入达到 6340 亿元，增长 9.2%。大力实施百强企业培育计划，规模效益大幅提升，纳税前 100 家工业企业入库税金 84.2 亿元，同比增长 24%。大力实施品牌战略，新增中国驰名商标 2 个、山东省著名商标 11 个、山东名牌产品 10 个。

33.3.3 服务业竞争力评价分析

2014～2015 年，菏泽市服务业竞争力指标的数据及排位变化情况如表 33-3-3 所示。

表 33-3-3 菏泽市 2014～2015 年服务业竞争力数据

指标	服务业增加值（亿元）	服务业增加值增长率（%）	人均服务业增加值（元）	金融机构贷款余额（亿元）	限额以上批发和零售业营业利润（亿元）	限额以上住宿和餐饮业营业利润（亿元）	全社会消费品零售总额（亿元）
2014 年	770.77	11.80	9172.84	1447.05	74.53	7.83	1215.22
2015 年	863.44	10.13	10157.76	1635.43	67.77	8.72	1352.11
2014 年排位	6/14/2	1/1/1	20/17/2	-/15/2	-/7/1	-/2/1	-/8/1
2015 年排位	6/14/2	6/2/1	22/17/2	-/14/2	-/7/1	-/2/1	-/8/1

2015 年，菏泽市服务业完成增加值 863.44 亿元。与 2014 年相比，菏泽市人均服务业增加值在中原经济区 30 个地市中排位下降了 2 位，服务业增加值增长率下降了 5 位；服务业增加值增长率和金融机构贷款余额在山东省 17 个地市中分别下降了 1 位和上升了 1 位。其他指标在山东省内的排位保持不变。

2015 年，菏泽市服务业稳步发展。大力发展商贸物流业、现代服务业，新兴服务业占比首次超过传统服务业。纳税前 100 家非工业企业入库税金 42.2 亿元，同比增长 22.1%。旅游业健康发展，新增 4A 级旅游景区 4 个，被评为中国优秀旅游城市。与阿里巴巴集团签署了全面战略合作协议，以农特产品为主的"特色中国菏泽馆"、以工业品为主的"1688 菏泽产业带"等一批电商平台上线运营，"千县万村"试点县区发展到 5 个。全省电子商务示范县、"淘宝镇"、"淘宝村"发展到 2 个、4 个、35 个，分别占山东省的 1/5、2/3、1/2 以上。发展电商园区 16 个，电商企业达到 2.5 万家，从业人员 22 万人，电商交易额达到 700 亿元、增长 40% 以上。

33.4 菏泽市城镇化发展评价分析

2014～2015 年，菏泽市城镇化竞争力指标的数据及排位变化情况如表 33-4-1 所示。

表 33-4-1 菏泽市 2014～2015 年城镇化竞争力数据

指标	城镇化率（%）	城镇居民人均可支配收入（元）	城市建成区面积（平方公里）	市区人口密度（人/平方公里）	人均拥有道路面积（平方米）	人均日生活用水量（升）	燃气普及率（%）	人均城市园林绿地面积（平方米）
2014 年	43.23	23344	95.10	1736	22.19	120.0	99.11	4.42
2015 年	45.13	20370.06	99.55	1762	22.27	138.37	99.11	4.70
2014 年排位	-/17/2	-/17/2	-/16/1	-/6/2	-/15/2	-/14/2	-/15/2	-/17/2
2015 年排位	20/17/2	-/17/2	-/16/1	-/6/2	-/15/2	-/7/1	-/15/2	-/17/2

注：人均拥有道路面积、人均日生活用水量、燃气普及率、人均城市园林绿地面积指标数值是市区的情况，不包含所辖县市。

2015 年，菏泽市人均日生活用水量在山东省 17 个地市排位中上升了 7 位。其他指标在山东省内的排位基本保持不变。

2015 年，菏泽市城镇化率达到 45.13%，提高 1.9 个百分点。菏泽市市区新建改造道路 72 条、136 公里，新增供热面积 500 万平方米，配套建设雨污管网 240 公里，环卫保洁面积新增 197 万平方米，绿化覆盖率达到 40.9%，被评为国家园林城市。建成农村新型社区 372 个，新建改建农村公路 7006 公里、农村供电线路 9864 公里，新增农村饮水安全人口 393.2 万人，城乡环卫一体化实现全覆盖。

33.5　菏泽市社会发展评价分析

2014～2015 年，菏泽市社会发展竞争力指标的数据及排位变化情况如表 33－5－1 所示。

表 33－5－1　菏泽市 2014～2015 年社会发展竞争力数据

指标	普通中学在校学生数（万人）	小学在校学生数（万人）	公共图书馆（个）	公共图书馆藏书量（千册）	文化站（个）	卫生机构数（个）	卫生机构床位数（张）	卫生机构技术人员数（人）
2014 年	49.56	86.31	10	1290	168	3783	34780	46918
2015 年	49.34	92.22	10	1316	168	3849	37547	48294
2014 年排位	5/2/1	-/1/1	-/8/1	-/12/1	-/1/1	15/11/2	-/7/1	-/6/1
2015 年排位	7/2/1	-/1/1	-/8/1	-/13/1	-/1/1	15/11/2	-/7/1	2/6/1

2015 年，菏泽市普通中学在校学生数 49.34 万人；小学在校学生数 92.22 万人；普通中学在校学生数在中原经济区 30 个地市的排位中下降了 2 位；公共图书馆藏书量在山东省 17 个地市排位中下降了 1 位。

2015 年，菏泽市企业退休人员月人均养老金达到 2182 元。城乡居民人均住房面积分别达到 38.4 平方米、39.7 平方米。城乡居民每百户拥有汽车分别达到 27 辆、10 辆。人均预期寿命达到 79 岁。新建中小学校舍 327.7 万平方米，新建、改扩建城区义务教育学校 129 所，新建幼儿园 1016 所，新招聘录用教师 11037 人。新建、改扩建公立医院 26 家，床位由 25697 张增加到 36317 张。每千名老年人拥有社会化养老床位由 13 张增加到 31 张。村级健身项目覆盖率达到 63%。

第 34 章
淮北市 2015 年发展报告

34.1 淮北市发展概述

2015 年，淮北市完成地区生产总值 760.39 亿元，同比增长 4.4%，第二、三产业占 GDP 的比重为 92.2%；一般预算财政总收入 60.23 亿元；一般预算财政总支出 131.44 亿元；城镇居民人均可支配收入 25690 元，同比增长 8%，农民人均纯收入 9882 元，同比增长 8.4%；进出口总额 5.77 亿美元，同比增长 5.3%。

2015 年，淮北市引进并开工规模以上项目 103 个，其中投资 3 亿元以上项目 10 个，实施创业富民提升工程，开展创业培训 3610 人次，提供创业指导 3741 人次，培育初创企业 216 户，带动就业 1.5 万人。淮北市服务业完成增加值 259.49 亿元，较上年提高 8.8 个百分点，服务业对经济增长的贡献达到 53.5%。全年旅游综合收入 38.9 亿元，增长 15.2%。新增设施蔬菜种植面积 1.02 万亩、水果种植面积 8500 亩，新增土地流转面积 3 万亩，家庭农场增至 1169 家，农民合作社发展到 1206 家，培育市级以上农业产业化龙头企业 141 家，农产品加工业产值 542 亿元，增长 6.4%。

34.2 淮北市宏观经济竞争力评价分析

34.2.1 经济规模竞争力评价分析

2014~2015 年，淮北市经济规模竞争力指标的数据及排位变化情况，如表 34-2-1 所示。

表 34-2-1 淮北市 2014~2015 年经济规模竞争力及其二级指标

指标	地区生产总值（亿元）	地区生产总值增长率（%）	人均地区生产总值（元）	一般预算财政总收入（亿元）	人均一般财政总收入（元）	固定资产投资额（亿元）	人均固定资产投资额（元）	全社会消费品零售总额（亿元）	人均全社会消费品零售总额（元）	金融机构贷款年底余额（亿元）	人均金融机构贷款年底余额（元）
2014 年	759.64	9.6	35324	52.81	2446.2	840.84	38945.79	252.88	11712.64	665.318	30816.03
2015 年	760.39	4.40	35057	60.23	2764.43	925.30	42468.31	283.35	13005.08	702.49	32242.16
2014 年排位	28/13/5	7/7/3	13/9/2	27/16/5	13/11/2	-/10/3	-/7/1	28/14/5	21/10/2	-/13/4	-/10/2
2015 年排位	28/14/5	26/15/5	15/9/2	27/16/5	12/10/2	-/12/4	-/7/2	28/13/5	21/11/2	-/14/5	-/9/2

注：人均指标除特别说明外均按"常住人口"计算；数据除特别说明外均来源于历年《安徽统计年鉴》。2014 年、2015 年排位分别是淮北市在中原经济区 30 个地市中的排位/淮北市在安徽省 16 个地市中的排位/淮北市在中原经济区中安徽省 5 个地市中的排位。本章中所有指标排位情况都与本表相同。

2015 年，淮北市地区生产总值、一般预算财政总收入、全社会消费品零售总额、人均全社会消费品零售总额在中原经济区 30 个地市中排位保持不变；人均地区生产总值、一般预算财政总收入、人均固定资产投资额在安徽省内的排位保持不变；人均一般财政总收入在中原经济区 30 个地市中排位上升 1 位，在安徽省 16 个地市中的排位上升 1 位；人均全社会消费品零售总额在安徽省内的排位下降 1 位；金融机构贷款年底余额在安徽省内的排位下降 1 位；人均金融机构贷款年底余额在安徽省内的排位上升 1 位。

34.2.2　经济结构竞争力评价分析

2014～2015 年，淮北市经济结构竞争力指标的数据及排位变化情况，如表 34 - 2 - 2 所示。

表 34 - 2 - 2　淮北市 2014～2015 年经济结构竞争力及其二级指标

指标	产业结构(%)	所有制结构(%)	人均收入结构(%)	国际贸易结构(%)	单位 GDP 能耗增减率(%)
2014 年	92.37	56.96	38.32	94.80	-7.97
2015 年	92.20	65.06	38.47	94.63	-6.18
2014 年排位	7/5/1	-/14/5	22/14/3	1/2/1	-/1/1
2015 年排位	7/5/1	-/14/5	26/13/4	-/2/1	-/8/2

2015 年，淮北市产业结构指标在中原经济区 30 个地市中排位保持不变，在安徽省 16 个地市中的排位不变；人均收入结构为 38.47%，在安徽省内的排位由 2014 年的第 14 位上升到 2015 年的第 13 位；国际贸易结构和所有制结构在安徽省内的排位不变；单位 GDP 能耗增减率在安徽省的排位下降 7 位。

34.3　淮北市产业发展评价分析

34.3.1　农业竞争力评价分析

2014～2015 年，淮北市农业竞争力指标的数据及排位变化情况，如表 34 - 3 - 1 所示。

表 34 - 3 - 1　淮北市 2014～2015 年农业竞争力及其二级指标

指标	农业增加值(亿元)	人均农业增加值(元)	农民人均纯收入(元)	人均主要粮食产量(吨)	农村人均用电量(kW·h)	财政支农资金比重(%)	农村人口(人)	农村从业人员(人)	有效灌溉面积(千公顷)
2014 年	60.09	2783.12	9116	0.58	181.32	9.54	1391549	719174	142.13
2015 年	61.59	2826.67	9882	0.60	208.82	8.82	1430304	736043	142.87
2014 年排位	27/14/5	27/15/5	20/11/2	23/8/5	-/15/4	-/12/5	-/12/5	-/15/5	-/12/5
2015 年排位	27/14/5	27/16/5	19/12/2	21/8/5	28/13/3	-/13/5	-/12/5	-/14/5	-/13/5

注：表中"农村人均用电量"指标按照"农村人口"计算得到。

2015 年，淮北市农业增加值、人均农业增加值在中原经济区 30 个地市中排位均保持不变；农业增加值、人均主要粮食产量、农村人口在安徽省的排位与上年持平；人均农业增加值、农民人均纯收入、财政支农资金比重、有效灌溉面积在安徽省内的排位均下降 1 位；农村人均用电量在中原经济区 30 个地市排位中处于第 28 位，在安徽省的排位上升 2 位；农村从业人员 736043 人，在安徽省内的排位上升 1 个排位。

2015 年，淮北市新增设施蔬菜种植面积 1.02 万亩、水果种植面积 8500 亩。新增土地流转面积 3 万亩，家庭农场增至 1169 家，农民合作社发展到 1206 家。培育市级以上农业产业化龙头企业 141 家，农产品加工业产值 542 亿元，增长 6.4%。凤凰山、榴园、高岳获批省级现代农业示范园区，榴园村入选"全国特色景观旅游名村"和安徽省"绿色村庄示范村"，"四季榴园"创建国家 4A 级景区顺利通过评审。

34.3.2　工业竞争力评价分析

2014 ~ 2015 年，淮北市工业竞争力指标的数据及排位变化情况，如表 34 - 3 - 2 所示。

表 34 - 3 - 2　淮北市 2014 ~ 2015 年工业竞争力及其二级指标

指标	工业增加值（亿元）	人均工业增加值（元）	规模以上工业企业总产值(亿元)	规模以上工业企业资产合计(亿元)	规模以上工业企业利润总额(亿元)	规模以上工业企业本年应缴增值税(亿元)	规模以上工业产品销售率(%)
2014 年	551.95	25565.08	1816.45	2304.83	56.73	58.93	98.40
2015 年	501.38	23011.75	1814.60	2341.13	32.64	47.66	98.40
2014 年排位	24/7/2	7/5/1	– /8/2	– /4/1	– /12/5	– /7/2	– /3/2
2015 年排位	25/8/3	8/5/1	– /9/3	– /5/1	– /14/5	– /8/2	– /2/1

2015 年，淮北市工业增加值在中原经济区 30 个地市和在安徽省 16 个地市中的排位均下降 1 位；人均工业增加值在中原经济区的排位下降 1 位，安徽省内排位保持不变；规模以上工业企业总产值、规模以上工业企业资产合计、规模以上工业企业本年应缴增值税在安徽省内的排位均下降 1 位；规模以上工业企业利润总额在安徽省的排位下降 2 位；2015 年规模以上工业产品销售率为 98.4%，与上年相同，在安徽省的排位上升 1 位。

2015 年，淮北市非煤产业增加值占全市工业的 70.8%，同比提高 5.9 个百分点，对财税贡献首次超过煤炭行业；设立 1 亿元的产业投资引导基金，加大对"双新"产业扶持力度。高新技术产业和战略性新兴产业分别实现产值 465.5 亿元和 360 亿元。规模以上民营工业企业增加值占淮北市工业的比重达 66.9%，同比提高 6.1 个百分点。2015 年新增 5 件中国驰名商标，相当于淮北市建市以来的总和。

34.3.3　服务业竞争力评价分析

2014 ~ 2015 年，淮北市服务业竞争力指标的数据及排位变化情况，如表 34 - 3 - 3 所示。

表 34 - 3 - 3　淮北市 2014 ～ 2015 年服务业竞争力及其二级指标

指标	服务业增加值（亿元）	服务业增加值增长率（％）	人均服务业增加值（元）	服务业从业人员数（万人）	服务业从业人员数增长率（％）	交通运输仓储邮电业增加值（亿元）	批发和零售业增加值（亿元）	金融业增加值（亿元）	房地产业增加值（亿元）	住宿和餐饮业增加值（亿元）
2014 年	219.89	8.20	10184.81	37.40	3.89	27.35	46.14	25.79	25.51	13.40
2015 年	259.49	8.80	11909.77	40.60	8.56	30.31	53.70	30.95	27.75	15.79
2014 年排位	28/14/5	17/10/4	27/10/2	-/15/5	-/8/3	-/13/5	-/13/5	-/11/3	-/11/4	-/16/5
2015 年排位	28/15/5	28/13/5	16/9/2	-/14/5	-/3/1	-/14/5	-/13/5	-/14/5	-/11/4	-/16/5

2015 年，淮北市服务业增加值在中原经济区 30 个地市中排位保持不变，在安徽省内的排位下降 1 位；服务业增加值增长率在中原经济区的排位降幅明显，位于第 28 位，在安徽省内的排位下降 3 位；人均服务业增加值 11909.77 元，在中原经济区 30 个地市排位中排位上升 11 位，在安徽省内的排位上升 1 位；服务业从业人员数 40.60 万人，在安徽省内排位上升 1 位；服务业从业人员数增长率 8.56％，在安徽省内的排位上升 5 位；交通运输仓储邮电业增加值 30.31 亿元，在安徽省内的排位下降 1 位；金融业增加值在安徽省内排位下降 3 位；批发和零售业增加值、房地产业增加值、住宿和餐饮业增加值在安徽省内排位不变。

2015 年，淮北市服务业完成增加值占淮北市地区生产总值的 31％，较上年提高 2 个百分点，服务业对经济增长的贡献达到 53.5％。中易物流园、隋唐运河古镇文化旅游等项目加快建设，口子文化博览园主体工程完工；成功举办第四届食博会、第六届石榴文化旅游节和第二届葡萄采摘节。2015 年旅游综合收入 38.9 亿元，增长 15.2％。

34.4　淮北市城镇化发展评价分析

34.4.1　城镇化竞争力评价分析

2014 ～ 2015 年，淮北市城镇化竞争力指标的数据及排位变化情况，如表 34 - 4 - 1 所示。

表 34 - 4 - 1　淮北市 2014 ～ 2015 年城镇化竞争力及其二级指标

指标	城镇化率（％）	城镇居民人均可支配收入（元）	城市建成区面积（平方公里）	市区人口密度（人/平方公里）	人均拥有道路面积（平方米）	人均日生活用水量（升）	燃气普及率（％）	人均城市园林绿地面积（平方米）
2014 年	59.80	23787	88.34	3930	13.32	97.06	98.39	19.33
2015 年	60.76	25690	90.10	3883	14.75	101.54	98.52	20.28
2014 年排位	-/6/1	-/9/2	-/9/3	-/4/2	-/15/5	-/16/5	-/9/2	-/5/1
2015 年排位	2/4/1	-/9/2	-/8/3	-/2/1	-/15/5	-/16/5	-/10/3	-/5/1

注：人均拥有道路面积、人均日生活用水量、燃气普及率、人均城市园林绿地面积指标数值是市区的情况，不包含所辖县市。

2015 年，淮北市城镇化率在中原经济区 30 个地市中排位为第 2 位，在安徽省 16 个地市中排位是第 4 位；城镇居民人均可支配收入、人均拥有道路面积、人均日生活用水量、人均城市园林绿地面积在安徽省内的排位均保持不变；城市建成区面积 90.10 平方公里，在安徽省内的排位上升 1 个排位；市区人口密度 3883 人/平方公里，在安徽省内的排位上升 2 位；燃气普及率在安徽省排位下降 1 位。

2015 年淮北市完成城乡公路交通建设投资 13 亿元，濉唐路一期工程完成，与泗许高速互联互通，合相路一期主体工程完工，市、区两级投入资金 2 亿元，改造提升老城区配套设施，新建、改造供水与燃气管网 106 公里，完成地下管网普查 2600 公里，新增中石油天然气供应 2000 万立方米。绿化城市道路 12 条，新建公园、游乐园和街头绿地 16 个，新增城镇绿地 193 万平方米，建成城市绿道 57 公里。城市集中式饮用水源地水质达标率 100%，新建污水处理厂 2 座，新建污水管网 42 公里，淮北市污水处理设施建设运行考核居安徽省第 3 位。

34.5 淮北市社会发展评价分析

2014～2015 年，淮北市社会发展竞争力指标的数据及排位变化情况，如表 34 – 5 – 1 所示。

表 34 – 5 – 1 淮北市 2014～2015 年社会发展竞争力及其二级指标

指标	普通高等学校在校学生数（人）	普通中学在校学生数（人）	卫生机构数（个）	卫生机构人员数（人）	新型农村合作医疗参合率（%）	基本养老保险参保职工数（人）	基本医疗保险参保数（人）
2014 年	35749	112678	732	13993	108.7	326489	460781
2015 年	38534	106323	718	14012	109.3	331484	461189
2014 年排位	–/9/2	28/11/5	29/15/5	27/13/5	–/2/1	–/7/2	–/5/1
2015 年排位	–/9/2	29/11/5	29/15/5	26/13/5	–/2/1	–/6/2	–/7/2

2015 年，淮北市普通高等学校在校学生数、普通中学在校学生数、卫生机构数、卫生机构人员数、新型农村合作医疗参合率在安徽省 16 个地市的排位保持不变；普通中学在校学生数 106323 人，在中原经济区 30 个地市的排位下降 1 位，在安徽省内的排位保持不变；基本养老保险参保职工数 331484 人，在安徽省内排位上升 1 位；基本医疗保险参保数在安徽省内排位下降 2 位。

2015 年，淮北市大力扶持高校毕业生和困难群体就业，城镇登记失业率控制在 4.1% 以内；企业离退休人员养老金人均月增 184 元，城乡居民基础养老金标准提至 70 元；发放家庭经济困难学生补助金 2580 万元。开展大病保险试点，报销比例提高 10～15 个百分点。新开工各类保障性住房和棚户区改造安置住房 11136 套，基本建成 12765 套，1435 户农村危房改造全部竣工。新建、改扩建幼儿园 7 所。落实进城务工人员随迁子女就读义务教育阶段学校入学政策，推进义务教育资源合理配置。

第 35 章

宿州市 2015 年发展报告

35.1 宿州市发展概述

2015 年，宿州市地区生产总值 1235.83 亿元，同比增长 8.9%；工业增加值 368.50 亿元；农业增加值 279.28 亿元；一般预算财政总收入 86.02 亿元；一般预算财政总支出 294.60 亿元；城镇固定资产投资额 1133.39 亿元，增长 19.83%；年末金融机构各项存款余额 1490.30 亿元；金融机构贷款年底余额 809.08 亿元；城镇居民人均可支配收入为 23630 元，农民人均纯收入为 9140 元。

2015 年，宿州市审批权力事项精减 56.6%，涉企收费项目减少 34%，深化商事制度改革，新登记注册企业 8890 户。实施金融"五个一"工程，贷款突破 800 亿元，新增存贷比 70%，直接融资 25 亿元。设立"徽银"产业基金和"城镇化 1 号"基金，总规模 30 亿元。皖北制药、绿洲森工在主板上市辅导备案，2 家企业在新三板挂牌，33 家企业在省股交中心挂牌。

35.2 宿州市宏观经济发展评价分析

35.2.1 经济规模竞争力评价分析

2014～2015 年宿州市经济规模竞争力指标的数据及排位变化情况如表 35-2-1 所示。

表 35-2-1　宿州市 2014～2015 年经济规模竞争力数据

指标	地区生产总值（亿元）	地区生产总值增长率(%)	人均地区生产总值（元）	一般预算财政总收入（亿元）	人均财政总收入（元）	城镇固定资产投资额（亿元）	人均城镇固定资产投资额（元）	金融机构贷款年底余额（亿元）	人均金融机构贷款年底余额（元）
2014 年	1140.53	9.70	20895	76.94	1402.56	945.80	17240.20	687.55	12532.78
2015 年	1235.83	8.90	22415	86.02	1552.28	1133.39	20453.94	809.08	14601.23
2014 年排位	24/8/3	6/5/2	28/13/3	23/10/3	23/15/4	–/9/2	–/14/3	–/12/3	–/15/4
2015 年排位	22/8/3	15/9/4	27/13/3	23/10/3	23/15/4	–/8/2	–/14/3	–/12/3	–/16/5

注：人均指标除特别说明外均按"常住人口"计算；数据除特别说明外均来源于历年《安徽统计年鉴》。2014 年、2015 年排位分别是宿州市在中原经济区 30 个地市中的排位、宿州市在安徽省 16 个地市中的排位、宿州市在中原经济区中安徽省 5 个地市中的排位。本章中所有指标排位情况都与本表相同。

2015 年，宿州市地区生产总值为 1235.83 亿元，在中原经济区 30 个地市的排位上升了 2 位，在安徽省内的排位保持不变；一般预算财政总收入、人均财政总收入、人均城镇固定资产投资额、金融机构贷款年底余额的排位与上年相比没有变化；但人均地区生产总值、人均财政总收入、人均城镇固定资产投资额、人均金融机构贷款年底余额在安徽省内16 个地市的排位中处于比较靠后的位置。城镇固定资产投资额在安徽省内的排位上升了 1位，处于第 8 位。

35.2.2 经济结构竞争力评价分析

2014～2015 年宿州市经济结构竞争力指标的数据及排位变化情况如表 35-2-2 所示。

表 35-2-2 宿州市 2014～2015 年经济结构竞争力数据

指标	产业结构(%)	所有制结构(%)	人均收入结构(%)	国际贸易结构(%)	单位 GDP 能耗增减率(%)
2014 年	77.20	86.11	37.97	88.17	-6.49
2015 年	78.30	89.47	38.68	87.30	-5.82
2014 年排位	27/15/4	-/4/1	23/15/4	6/6/3	-/8/3
2015 年排位	26/15/4	-/3/1	25/12/3	-/6/4	-/10/3

2015 年，宿州市产业结构即第二、三产业占 GDP 比重为 78.30%，在中原经济区 30 个地市的排位上升 1 位，在安徽省内的排位不变，处于第 15 位，比较靠后的位置；所有制结构在安徽省内的排位上升 1 位，处于第 3 位；人均收入结构在中原经济区下降 2 位，在安徽省内的排位上升 3 位，在安徽省内的排位处于第 12 位；国际贸易结构在安徽省内的排位没有变化；单位 GDP 能耗增减率在安徽省内的排位下降了 2 位，处于第 10 位。

35.3 宿州市产业发展评价分析

35.3.1 农业竞争力评价分析

2014～2015 年宿州市农业竞争力指标的数据及排位变化情况如表 35-3-1 所示。

表 35-3-1 宿州市 2014～2015 年农业竞争力数据

指标	农业增加值(亿元)	人均农业增加值(元)	农民人均纯收入(元)	人均主要粮食产量(吨)	农村人均用电量(kW·h)	财政支农资金比重(%)	农村从业人员数(人)	有效灌溉面积(千公顷)
2014 年	269.95	4920.74	8332	0.72	183.09	14.83	2947250	416.16
2015 年	279.28	5040.01	9140	0.74	214.18	14.92	2993756	421.99
2014 年排位	11/2/2	9/5/2	25/14/4	12/5/3	-/14/3	-/3/1	-/3/2	-/5/2
2015 年排位	11/2/2	10/5/2	26/15/4	11/5/3	27/11/2	-/3/1	-/2/2	-/6/3

表中"农村人均用电量"指标按照"农村人口"计算得到。

宿州市的农业增加值为 279.28 亿元，在中原经济区 30 个地市中排在第 11 位，在安徽省 16 个地市的排位中处于第 2 位；宿州市的农业增加值、人均农业增加值、人均主要粮食产量、财政支农资金比重、农村从业人员数、有效灌溉面积在安徽省内的排位均处于比较靠前的位置，其中人均农业增加值、农业增加值、人均主要粮食产量、财政支农资金比重在安徽省内的排位没有发生变化；人均农业增加值在中原经济区 30 个地市的排位中下降 1 位，处于第 10 位，在安徽省内的排位没有发生变化；农民人均纯收入在中原经济区 30 个地市的排位中处于第 26 位，在安徽省 16 个地市的排位中处于第 15 位；农村人均用电量在中原经济区 30 个地市的排位中处于第 27 位，在安徽省 16 个地市的排位中处于第 11 位；农村从业人员数在安徽省内的排位中下降 1 位，处于第 2 位；有效灌溉面积在安徽省内的排位中下降 1 位，处于第 6 位。

2015 年，宿州市实现粮食生产"十二连丰"，现代农业"两区"建设加快推进，20 个示范基地及园区投资 13 亿元，实现产值 108 亿元。加快培育新型经营主体，家庭农场、现代农业产业化联合体分别达到 3641 个和 175 个，农民专业合作社数量居安徽省首位。农产品加工产值 920 亿元，市级以上龙头企业发展到 516 家，萧县循环产业园成为国家农业产业化示范基地。新解决 60 万人饮水安全问题。新造林 12 万亩。大力实施扶贫开发"五个一"重点工程，359 个贫困村实现包保全覆盖，投入扶贫资金 3 亿元，减贫 11 万人。

35.3.2　工业竞争力评价分析

2014～2015 年宿州市工业竞争力指标的数据及排位变化情况如表 35 - 3 - 2 所示。

表 35 - 3 - 2　宿州市 2014～2015 年工业竞争力数据

指标	工业增加值（亿元）	人均工业增加值（元）	规模以上工业企业工业总产值(亿元)	规模以上工业企业资产合计（亿元）	规模以上工业企业利润总额（亿元）	规模以上工业企业本年应缴增值税(亿元)	规模以上工业产品销售率（%）
2014 年	338.34	6167.34	1424.57	703.68	58.16	23.30	98.97
2015 年	368.50	6650.18	1623.25	742.79	74.67	23.12	98.12
2014 年排位	28/13/4	28/14/3	-/12/4	-/13/4	-/11/4	-/13/4	-/1/1
2015 年排位	27/11/4	28/14/3	-/11/4	-/13/4	-/7/2	-/12/4	-/4/2

2015 年，宿州市的人均工业增加值在中原经济区的排位与上年持平；人均工业增加值、规模以上工业企业资产合计在安徽省内的排位与上年相比没有变化；规模以上工业企业利润总额在安徽省内的排位上升 4 位，处于第 7 位；规模以上工业企业本年应缴增值税在安徽省内的排位上升 1 位，处于第 12 位；规模以上工业产品销售率在安徽省内的排位由上年的第 1 位下降至第 4 位。

2015 年，宿州市规模以上工业增加值 380 亿元，增长 8.5%，规模以上企业达到 1169 户。推进"3111"工程，鞋服、板材、食品、建材、云计算、生化医药等首位产业逐步成长，实现产值480亿元，增长25%。首位产业税收10.5亿元，增长12%。战略性新兴产业产值首次突破百亿元，增长25%以上。经开区首位产业规模以上企业20家，宿马园区鸿丰生物等10个产值亿元以上项目投产，高新区云计算产业落户企业达92家，鞋城成为全国11个特色制鞋产业集聚区之一。

35.3.3 服务业竞争力评价分析

2014～2015年宿州市服务业竞争力指标的数据及排位变化情况如表35-3-3所示。

表35-3-3 宿州市2014～2015年服务业竞争力数据

指标	服务业增加值（亿元）	服务业增加值增长率(%)	人均服务业增加值（元）	服务业从业人员数（万人）	服务业从业人员数增长率(%)	交通运输仓储邮电业增加值（亿元）	批发和零售业增加值（亿元）	金融业增加值（亿元）	房地产业增加值（亿元）
2014年	402.47	11.10	7336.31	109.60	2.62	53.88	83.45	21.99	24.74
2015年	498.72	12.20	9000.22	117.10	6.84	36.50	85.10	58.87	20.10
2014年排位	21/6/2	2/1/1	28/13/3	−/6/3	−/9/4	−/3/1	−/6/2	−/15/5	−/12/5
2015年排位	20/5/1	20/2/2	27/13/3	−/6/3	−/5/2	−/11/4	−/6/2	−/5/2	−/15/5

2015年，宿州市服务业增加值为498.72亿元，在中原经济区排第20位，安徽省内的排位为第5位，处于比较靠前的位置；服务业增加值增长率为12.20%，安徽省内的排位为第2位；服务业从业人员数、批发和零售业增加值在安徽省内的排位与上年相比没有变化；金融业增加值在安徽省内的排位与上年相比上升了10位；房地产业增加值在安徽省内的排位与上年相比下降了3位。

35.4 宿州市城镇化发展评价分析

2014～2015年宿州市城镇化竞争力指标的数据及排位变化情况如表35-4-1所示。

表35-4-1 宿州市2014～2015年城镇化竞争力数据

指标	城镇化率（%）	城镇居民人均可支配收入(元)	城市建设用地面积（平方公里）	市区人口密度(人/平方公里)	人均拥有道路面积（平方米）	人均日生活用水量（升）	燃气普及率（%）	人均城市园林绿地面积（平方米）
2014年	37.40	21941.00	71.54	3224	27.06	152.56	97.21	5.33
2015年	38.73	23630.00	74.41	3572	26.78	141.51	98.79	5.64
2014年排位	−/15/4	−/13/3	−/11/4	−/6/3	−/4/2	−/7/2	−/12/3	−/14/4
2015年排位	26/15/4	−/13/3	−/10/4	−/5/3	−/4/2	−/10/3	−/9/2	−/15/4

注：人均拥有道路面积、人均日生活用水量、燃气普及率、人均城市园林绿地面积指标数值是市区的情况，不包含所辖县市。

2015年，宿州市的城镇化率为38.73%，居安徽省第15位；城镇居民人均可支配收入和人均拥有道路面积在安徽省内的排位没有发生变化；城市建设用地面积、市区人口密度在安徽省内排位与上年相比上升了1位；人均城市园林绿地面积在安徽省内排位下降了

1 位。

2015 年，宿州市获批开展宿州市城市总体规划修编工作，四个县均完成总体规划修编。投资 183 亿元，实施重点工程 176 项。区域交通条件大为改善，宿城大外环即将全线贯通，环内面积超 200 平方公里。扎实推进 "555" 工程，四个县建设重点工程 80 个，投资 102 亿元。第二批 37 个美好乡村示范村建设完成，第三批 40 个示范村建设稳步推进，5 座垃圾焚烧发电厂和 4 座秸秆发电厂建设加快，农村电网改造升级全面铺开。

35.5　宿州市社会发展评价分析

2014～2015 年宿州市社会发展竞争力指标的数据及排位变化情况如表 35 - 5 - 1 所示。

表 35 - 5 - 1　宿州市 2014～2015 年社会发展竞争力数据

指标	普通高等学校在校学生数（人）	普通中学在校学生数（人）	卫生机构数（个）	卫生机构人员数（人）	新型农村合作医疗参合率（％）	基本养老保险参保职工数（人）	基本医疗保险参保数（人）
2014 年	19887	275160	1895	29034	97.10	201600	300039
2015 年	22604	265865	1880	30312	101.40	201516	312456
2014 年排位	-/14/4	17/5/2	22/5/2	18/4/2	-/15/5	-/12/4	-/12/4
2015 年排位	-/13/4	18/6/3	22/5/2	12/4/2	-/9/4	-/12/4	-/12/4

2015 年，宿州市普通高等学校在校学生数在安徽省内的排位比上年上升 1 位，处于第 13 位；普通中学在校学生数在中原经济区 30 个地市的排位中位于第 18 位；卫生机构数、卫生机构人员数在中原经济区的排位分别是第 22 位和第 12 位；卫生机构数、卫生机构人员数、基本养老保险参保职工数、基本医疗保险参保数在安徽省内的排位与上年相比没有变化；新型农村合作医疗参合率在安徽省内的排位比上年上升 6 位，处于第 9 位。

2015 年，宿州市民生支出 249.4 亿元，占财政总支出的 84.7%，33 项民生工程年度任务圆满完成。10 件惠民实事顺利实施，新增纯电动公交车 60 辆，新投放公共自行车 2500 辆，完成中山街商品市场基础设施改造。新建各类保障房 3.38 万套，基本建成 1.84 万套。城镇新增就业 6 万人，登记失业率控制在 4.5% 以内。"五险" 参保 180 万人次，新农合参合率 101.40%，城乡居民基础养老金标准提高到 75 元，发放城乡低保资金 5.5 亿元。

第36章
蚌埠市 2015 年发展报告

36.1　蚌埠市发展概述

2015 年，蚌埠市的地区生产总值为 1253.05 亿元，同比增长 10.2%；蚌埠市第二、三产业占 GDP 的比重为 85%；一般预算财政总收入 119.68 亿元；一般预算财政总支出 244.72 亿元；城镇居民人均可支配收入 26369 元；农民人均纯收入 11552 元；工业增加值 673.96 亿元；农业增加值 192.49 亿元；服务业增加值 463.53 亿元。

2015 年，蚌埠市出台促进经济持续健康发展 18 条等扶持政策，统筹安排各类发展资金 38 亿元，减免抵退企业各项税费 39.5 亿元。新增贷款 182 亿元，增长 18%。新增新三板挂牌企业 10 家。发放商标权、专利权质押贷款 3.1 亿元。全面推行"三证合一""一照一码"工商登记模式，新增各类企业 6500 户、认缴资本 450 亿元。完成"3461"项目投资 830 亿元，在建亿元以上项目 320 个。新签约中电科 41 所现代通信仪器与自动化设备研发及产业化、与环球医疗合作共建医疗机构开发健康养老产业等 30 个央企合作项目，总投资 528.1 亿元。引进市外亿元以上项目资金 770 亿元，实际利用外商直接投资 12.5 亿美元，均增长 10%。

36.2　蚌埠市宏观经济发展评价分析

36.2.1　经济规模竞争力评价分析

2014～2015 年，蚌埠市经济规模竞争力指标的数据及排位变化情况如表 36－2－1 所示。

表 36－2－1　蚌埠市 2014～2015 年经济规模竞争力数据

指标	地区生产总值（亿元）	地区生产总值增长率（%）	人均地区生产总值（元）	一般预算财政总收入（亿元）	人均财政总收入（元）	全社会消费品零售总额（亿元）	人均全社会消费品零售总额（元）	金融机构贷款年底余额（亿元）	人均金融机构贷款年底余额（元）
2014 年	1151.19	10.10	35542	105.34	3233.32	506.56	15548.34	1010.62	31019.79
2015 年	1253.05	10.20	38267	119.68	3636.15	570.65	17337.53	1200.27	36466.97
2014 年排位	23/7/2	2/2/1	12/8/1	12/7/1	7/8/1	20/6/2	7/6/1	-/6/1	-/9/1
2015 年排位	20/7/2	1/3/1	10/6/1	10/7/2	6/8/1	20/5/2	7/5/1	-/5/1	-/6/1

注：人均指标除特别说明外均按"常住人口"计算；数据除特别说明外均来源于历年《安徽统计年鉴》。2014 年、2015 年排位分别是蚌埠市在中原经济区 30 个地市中的排位、蚌埠市在安徽省 16 个地市中的排位、蚌埠市在中原经济区中安徽省 5 个地市中的排位。本章中所有指标排位情况都与本表相同。

2015 年，蚌埠市地区生产总值在中原经济区 30 个地市中排在第 20 位，在安徽省内排位保持不变；全社会消费品零售总额、人均全社会消费品零售总额、金融机构贷款年底余额在安徽省内的排位均上升 1 个排位，且均处于第 5 位；地区生产总值增长率在中原经济区的排位处于比较靠前的位置，为第 1 位；人均地区生产总值在中原经济区 30 个地市和安徽省内排位均上升 2 个排位，处于第 10 位、第 6 位；人均财政总收入、地区生产总值、一般预算财政总收入在安徽省内的排位与上年保持一致；一般预算财政总收入在中原经济区 30 个地市排位上升 2 个排位，处于第 10 位；人均财政总收入在中原经济区 30 个地市排位上升 1 个排位，处于第 6 位；金融机构贷款年底余额在安徽省内的排位上升 1 位，处于第 5 位；人均金融机构贷款年底余额在安徽省内的排位上升 3 位，处于第 6 位。

36.2.2　经济结构竞争力评价分析

2014～2015 年，蚌埠市经济结构竞争力指标的数据及排位变化情况如表 36 – 2 – 2 所示。

表 36 – 2 – 2　蚌埠市 2014～2015 年经济结构竞争力数据

指标	产业结构（%）	所有制结构（%）	人均收入结构（%）	国际贸易结构（%）	单位 GDP 能耗增减率（%）
2014 年	84.50	77.05	43.53	78.01	– 6.80
2015 年	85.0	81.51	43.81	70.55	– 6.86
2014 年排位	19/11/2	– /8/2	10/7/1	14/10/5	– /6/2
2015 年排位	19/11/2	– /6/2	15/6/1	– /11/5	– /3/1

2015 年，蚌埠市产业结构在中原经济区和安徽省内的排位较上年没有发生变化；所有制结构在安徽省内的排位上升了 2 位，处于第 6 位；人均收入结构在中原经济区的排位下降 5 个排位，处于第 15 位，在安徽省内的排位上升 1 位，处于第 6 位；国际贸易结构在安徽省内的排位下降 1 个排位，处于第 11 位；单位 GDP 能耗增减率在安徽省内的排位上升 3 个排位，处于第 3 位。

36.3　蚌埠市产业发展评价分析

36.3.1　农业竞争力评价分析

2014～2015 年，蚌埠市农业竞争力指标的数据及排位变化情况如表 36 – 3 – 1 所示。

2015 年，蚌埠市的人均农业增加值为 5848.40 元，在安徽省内 16 个地市的排位中名列前茅，处于第 1 位，在中原经济区处于第 4 位；人均主要粮食产量在安徽省内的排位也比较靠前，处于第 3 位，在中原经济区排在第 6 位，比上年排位上升 1 个排位；农民人均纯收入在安徽省内的排位上升 3 位，在中原经济区中的排位上升 1 位；人均农业增加值、人均主要粮食产量、农村人均用电量、农村从业人员数在安徽省内的排位与上年相比没有变化。

2015年，蚌埠市粮食总产286.6万吨，实现"十二连丰"，增长4.02%，居安徽省第2位。五河现代牧业液态奶二期项目竣工投产，固镇亿只肉鸡项目新增养殖规模4000万只，新增怀远百万头美味猪现代养殖等3个种养加一体化项目。创建省级现代农业示范区1个、产业化示范区2个，新建市级现代农业示范区10个。土地流转面积达206万亩，流转率49%。新增有效灌溉面积9万亩。建设高标准基本农田29.5万亩，连续17年实现耕地占补平衡，完成粮安工程危仓老库维修改造65万吨。

表36-3-1　蚌埠市2014~2015年农业竞争力数据

指标	农业增加值（亿元）	人均农业增加值（元）	农民人均纯收入（元）	人均主要粮食产量（吨）	农村人均用电量（kW·h）	财政支农资金比重（%）	农村从业人员数（人）	有效灌溉面积（千公顷）
2014年	182.05	5587.76	10511.00	0.85	303.02	11.25	1683804	232.31
2015年	192.49	5848.40	11552.00	0.87	318.98	10.68	1699064	237.15
2014年排位	19/8/4	4/1/1	10/9/1	7/3/2	-/8/1	-/9/4	-/8/4	-/8/4
2015年排位	18/7/4	4/1/1	9/6/1	6/3/2	24/8/1	-/10/4	-/8/4	-/9/4

注：表中"农村人均用电量"指标按照"农村人口"计算得到。

36.3.2　工业竞争力评价分析

2014~2015年，蚌埠市工业竞争力指标的数据及排位变化情况如表36-3-2所示。

表36-3-2　蚌埠市2014~2015年工业竞争力数据

指标	工业增加值（亿元）	人均工业增加值（元）	规模以上工业企业总产值（亿元）	规模以上工业企业资产合计（亿元）	规模以上工业企业利润总额（亿元）	规模以上工业企业本年应缴增值税（亿元）	规模以上工业产品销售率（%）
2014年	591.37	18151.32	2215.54	1114.81	64.51	29.67	96.52
2015年	673.96	20476.39	2596.82	1343.85	72.34	30.69	95.76
2014年排位	20/5/1	14/6/2	-/6/1	-/11/2	-/10/3	-/10/3	-/16/5
2015年排位	15/3/1	12/6/2	-/4/1	-/9/2	-/8/3	-/10/3	-/15/4

2015年，蚌埠市工业增加值为673.96亿元，在中原经济区30个地市排在第15位，在安徽省内的排位上升2位；人均工业增加值在中原经济区的排位上升2位，处于第12位，在安徽省内的排位没有发生变化；规模以上工业企业本年应缴增值税在安徽省内的排位没有发生变化。规模以上工业企业总产值、规模以上工业企业资产合计在安徽省内的排位均上升了2位，分别为第4位、第9位；规模以上工业企业利润总额在安徽省内的排位上升2位，处于第8位；规模以上工业产品销售率在安徽省内排在第15位。

2015年，蚌埠市规模以上工业企业超过1000户，实现增加值670亿元，居安徽省第

4 位，增长 11%。工业经济效益综合指数居安徽省第 2 位。德豪润达倒装芯片、大富工业机器人等 29 个项目建成投产，中创钛酸钡、心里程智慧园、自行车产业园等 40 个项目开工建设。获批省级硅基新材料战略性新兴产业集聚发展基地，设立 30 亿元硅基新材料产业发展基金。参与设立 23 亿元省高新投叁号基金，新增国家高新技术企业 37 家，实现高新技术产业产值 920 亿元，增长 20%。玻璃设计院入选国家国际科技合作基地。发明专利授权量 660件，增长 12%。建成中小企业标准化厂房 35.7 万平方米，入驻孵化企业 144 家。

36.3.3　服务业竞争力评价分析

2014～2015 年，蚌埠市服务业竞争力指标的数据及排位变化情况如表 36－3－3所示。

表 36－3－3　蚌埠市 2014～2015 年服务业竞争力数据

指标	服务业增加值（亿元）	服务业增加值增长率（%）	人均服务业增加值（元）	服务业从业人员数（万人）	服务业从业人员数增长率（%）	交通运输仓储邮电业增加值（亿元）	批发和零售业增加值（亿元）	金融业增加值（亿元）	房地产业增加值（亿元）	住宿和餐饮业增加值（亿元）
2014 年	375.35	9.40	11520.87	74.20	42.42	41.12	68.83	39.12	40.12	29.07
2015 年	463.53	12.70	14083.06	72.90	-1.75	46.87	80.93	51.02	44.40	35.21
2014 年排位	23/7/3	11/4/2	26/9/1	-/9/4	-/2/2	-/9/4	-/8/4	-/7/2	-/7/1	-/4/1
2015 年排位	22/7/3	22/1/1	12/8/1	-/11/4	-/15/5	-/5/2	-/8/4	-/9/3	-/7/1	-/4/1

2015 年，服务业增加值在中原经济区 30 个地市的排位中位于第 22 位，与上年相比，在中原经济区的排位上升 1 位；服务业增加值增长率在中原经济区的排位是第 22 位，在安徽省内的排位上升至第 1 位；服务业从业人员数在安徽省内的排位下降 2 位；服务业增加值、批发和零售业增加值、房地产业增加值、住宿和餐饮业增加值在安徽省内的排位与上年相比没有变化；金融业增加值在安徽省内的排位较上年相比下降 2 位，处于第 9 位。

2015 年，蚌埠市获批安徽省首家全国电子商务与物流快递协同发展试点城市，蚌山区入选省级电子商务示范区，经开区、蚌山区电商产业园和怀远县电商孵化园投入运营。中通、圆通总部项目入驻蚌埠市，实现快递业务收入 2.8 亿元、增长 90%，分别居安徽省第 3 位、第 1 位。净增限额以上商贸企业 40 户、规上服务业企业 10 户。蚌埠（皖北）保税物流中心封关运营，当年业务量突破 1 亿美元，并成功引入首家跨境电商服务平台。实现进出口总额 22.9 亿美元，增长 10.1%。花鼓灯嘉年华夜游项目、谷阳城遗址公园一期建成开放，旅游总收入增长 15%。

36.4　蚌埠市城镇化发展评价分析

2014～2015 年，蚌埠市城镇化竞争力指标的数据及排位变化情况如表 36－4－1所示。

表 36 - 4 - 1 蚌埠市 2014～2015 年城镇化竞争力数据

指标	城镇化率（%）	城镇居民人均可支配收入（元）	城市建设用地面积（平方公里）	市区人口密度（人/平方公里）	人均拥有道路面积（平方米）	人均日生活用水量（升）	燃气普及率（%）	人均城市园林绿地面积（平方米）
2014 年	50.90	24147.00	127	2544	19.24	201.85	100.00	13.56
2015 年	52.22	26369.00	137.59	2599	19.96	208.94	100.00	14.58
2014 年排位	-/7/2	-/8/1	-/3/1	-/8/4	-/10/4	-/3/1	-/1/1	-/9/2
2015 年排位	8/7/2	-/7/1	-/3/1	-/9/4	-/10/4	-/3/1	-/1/1	-/7/2

注：人均拥有道路面积、人均日生活用水量、燃气普及率、人均城市园林绿地面积指标数值是市区的情况，不包含所辖县市。

2015 年，蚌埠市城镇化率、城市建设用地面积、人均拥有道路面积、人均日常生活用水量、燃气普及率在安徽省内的排位与上年相比没有变化；城镇居民人均可支配收入在安徽内排位上升 1 个排位，处于第 7 位；市区人口密度在安徽省内的排位下降 1 位，处于第 9 位；人均城市园林绿地面积在安徽省内排位上升 2 个排位，处于第 7 位。

2015 年，蚌埠市围绕"三环六轴三带"持续推进城市大建设，实施项目 181 个、完成投资 248.6 亿元，征迁 312.9 万平方米，拆违 49.6 万平方米，交付净地 15975 亩。新启动柴油机厂 B 区、蒋岗巷等 41 个棚户区项目，回迁安置 16128 户，货币化安置 5948 户。开工建设保障性安居工程 60200 套，基本建成 13900 套，公租房实物配租 10726 套。争取省代发地方政府债券 37.4 亿元。新设兴蚌一、二、三号城市发展基金，规模 65 亿元。

36.5 蚌埠市社会发展评价分析

2014～2015 年，蚌埠市社会发展竞争力指标的数据及排位变化情况如表 36 - 5 - 1 所示。

表 36 - 5 - 1 蚌埠市 2014～2015 年社会发展竞争力数据

指标	普通高等学校在校学生数（人）	普通中学在校学生数（人）	卫生机构数（个）	卫生机构人员数（人）	新型农村合作医疗参合率（%）	基本养老保险参保职工数（人）	基本医疗保险参保数（人）
2014 年	61033	166104	1418	22212	103.10	372244	457796
2015 年	61617	160470	1413	23487	103.60	383867	467342
2014 年排位	-/4/1	24/8/4	26/9/4	23/8/4	-/4/2	-/5/1	-/7/2
2015 年排位	-/4/1	24/8/4	26/9/4	20/8/4	-/6/3	-/5/1	-/5/1

2015 年，蚌埠市普通高等学校在校学生数、普通中学在校学生数、卫生机构数、基本养老保险参保职工数在安徽省内的排位与上年相比没有发生变化；普通中学在校学生数、卫生机构数、卫生机构人员数在中原经济区 30 个地市的排位中分别位于第 24 位、26 位和 20 位；新型农村合作医疗参合率在安徽省内的排位下降 2 位，处于第 6 位；基本医

疗保险参保数在安徽省内的排位上升 2 位，处于第 5 位。

在 2015 年蚌埠市投入资金 50 亿元，完成 33 项省级民生工程。城乡居民医保财政补助标准由 320 元提高至 380 元，保障城乡低保 160 万人次，发放低保金 3.8 亿元。资助困难家庭学前儿童和贫困大学生 171 万元，维修改造校舍 9.2 万平方米。为 8.8 万名老年人发放高龄津贴 3725 万元，为 3.9 万名老人发放居家养老服务补贴 2171 万元，新增养老服务机构床位 2080 张。解决 29.86 万农村居民饮水不安全问题，发放特殊人群免费乘车补贴 1130 万元，奖补新建设施蔬菜基地 800 万元。投资 6956 万元，对 7080 户农村危房实施改造。新建、改造公厕 32 座，完成 25 个街巷小区路灯改造。实施精准扶贫、精准脱贫，减少贫困人口 2.18 万人。

第 37 章
亳州市 2015 年发展报告

37.1 亳州市发展概述

2015 年，亳州市地区生产总值 942.61 亿元，地区生产总值增长率 9.1%；第二、三产业占 GDP 比重为 79.31%；一般预算财政总收入 81.36 亿元；全社会消费品零售总额 436.38 亿元；城镇居民人均可支配收入、农村居民人均纯收入分别为 23120 元和 9738 元。

2015 年，亳州市完成社会固定资产投资 767.3 亿元；工业增加值 246.15 亿元；农业增加值 206.36 亿元；服务业增加值 377.39 亿元；金融机构新增贷款 141.1 亿元；贷款余额 784.3 亿元，增长 21.9%。首创"532"小额贷款保证保险模式，为小微企业、"三农"提供无抵押担保贷款 7200 万元。净增规模以上工业企业 122 家、总数达 793 家，净增限额以上商贸企业 87 家、总数达 603 家；新增私营企业 8426 户，增长 43.3%，新增个体工商户 28301 户，增长 27.5%。城镇职工养老保险参保 14.6 万人，基本医疗保险参保 62.9 万人。在中心城区实施城建项目 162 个、完成投资 50.9 亿元；新建高速公路 91 公里、干线公路 325 公里，改建农村公路 436 公里，改造危桥 64 座；220 千伏漆园变电站建成投运，110 千伏芍花变电站提前完工，农村电网改造完成投资 3.5 亿元。

37.2 亳州市宏观经济发展评价分析

37.2.1 经济规模竞争力评价分析

2014～2015 年，亳州市经济规模竞争力指标的数据及排位变化情况如表 37－2－1 所示。

2015 年，亳州市地区生产总值达到 942.61 亿元，同比增长 9.1%，地区生产总值和一般预算财政总收入均有提升，在中原经济区、安徽省 16 个地市以及中原经济区安徽 5 个地市的排位中均处于下游。一般预算财政总收入实现增长，在安徽省 16 个地市中排位提升了 1 位，居于第 11 位，但该项指标仍处于靠后的地位。地区生产总值增长率增加较多，在中原经济区 30 个地市中排位提升了 16 位，居于第 8 位；全社会消费品零售总额在中原经济区以及安徽省 16 个地市中排位下降了 1 位；人均财政总收入、人均全社会消费品零售总额和人均金融机构贷款年底余额的排位与上年相比，均保持不变。

表 37 - 2 - 1　亳州市 2014 ~ 2015 年经济规模竞争力数据

指标	地区生产总值（亿元）	地区生产总值增长率（%）	人均地区生产总值（元）	一般预算财政总收入（亿元）	人均财政总收入（元）	全社会消费品零售总额（亿元）	人均全社会消费品零售总额（元）	金融机构贷款年底余额（亿元）	人均金融机构贷款年底余额（元）
2014 年	883.63	7.80	17769	72.70	1455.09	388.41	7774.37	643.20	12874.28
2015 年	942.61	9.10	18771	81.36	1612.12	436.38	8646.47	784.30	15540.17
2014 年排位	27/11/4	24/14/5	29/15/4	24/12/4	21/14/3	23/8/3	28/14/3	-/14/5	-/14/3
2015 年排位	27/11/4	8/8/3	29/15/4	24/11/4	21/14/3	24/9/3	28/14/3	-/13/4	-/14/3

注：本表人均财政总收入、人均全社会消费品零售总额、人均金融机构贷款年底余额指标计算使用"常住人口"计算。2014 年、2015 年排位分别是亳州市在中原经济区 30 个地市中的排位、亳州市在安徽省 16 个地市中的排位、亳州市在中原经济区中安徽省 5 个地市中的排位。本章中所有指标排位情况都与本表相同。

37.2.2　经济结构竞争力评价分析

2014 ~ 2015 年，亳州市经济结构竞争力指标的数据及排位变化情况如表 37 - 2 - 2 所示。

表 37 - 2 - 2　亳州市 2014 ~ 2015 年经济结构竞争力数据

指标	产业结构（%）	所有制结构（%）	人均收入结构（%）	国际贸易结构（%）	单位 GDP 能耗增减率（%）
2014 年	77.99	68.42	42.31	87.52	-4.45
2015 年	79.31	71.40	42.12	89.75	-5.62
2014 年排位	24/14/3	-/12/4	13/9/2	7/7/4	11/14/4
2015 年排位	24/14/3	-/12/4	17/8/2	-/4/3	-/11/4

2015 年，亳州市继续优化产业结构和所有制结构，与 2014 年相比均有小幅提升，但在中原经济区、安徽省 16 个地市以及中原经济区安徽 5 个地市的排位没有变化。人均收入结构的比重由 2014 年的 42.31% 降低到 42.12%，在中原经济区 30 个地市中的排位下降了 4 位，居于第 17 位，但在安徽省 16 个地市排位上升 1 位，居于第 8 位。2015 年，亳州市加快国际贸易发展，出口占进出口总额的比重增加，旅游总收入达 100 亿元，增长 12.6%。单位 GDP 能耗增减率在安徽省 16 个地市排位上升 3 位，居于第 11 位，节能减排取得显著成果。

37.3　亳州市产业发展评价分析

37.3.1　农业竞争力评价分析

2014 ~ 2015 年，亳州市农业竞争力指标的数据及排位变化情况如表 37 - 3 - 1 所示。

表 37 - 3 - 1　亳州市 2014～2015 年农业竞争力数据

指标	农业增加值（亿元）	人均农业增加值（元）	农民人均纯收入（元）	人均主要粮食产量（吨）	农村人均用电量（kW·h）	财政支农资金比重（%）	农村从业人员（人）	有效灌溉面积（千公顷）
2014 年	204.93	4101.80	8967	0.94	184.04	13.12	2794654	449.24
2015 年	206.36	4088.88	9738	0.96	198.99	14.16.	2807411	459.54
2014 年排位	16/7/3	17/7/3	21/13/3	2/2/1	-/13/3	-/5/2	-/5/3	-/4/1
2015 年排位	16/5/3	15/8/3	23/13/3	2/2/1	29/15/4	-/5/2	-/4/3	-/2/1

注：人均农业增加值、人均主要粮食产量使用"常住人口"计算，农村人均用电量使用"农村人口"计算。

2015 年，亳州市农业增加值为 206.36 亿元，与上年相比有所增加，在安徽省 16 个地市中排位有所上升，人均农业增加值为 4088.88 元，在安徽省 16 个地市中排位下降了 1 位，居于第 8 位；农民人均纯收入为 9738 元，在中原经济区 30 个地市中的排位下降了 2 位，居于第 23 位；人均主要粮食产量的排位没有变化；有效灌溉面积在中原经济区安徽省 5 个地市中排第 1 位。

2015 年，亳州市加快发展现代农业，全年粮食总产 97 亿斤，新增家庭农场 1079 家，总数达 2045 家，规模养殖比重达 80%；育苗面积 25253 亩，植树 1166 万株，人工造林面积 14.6 万亩，林木绿化率达 22.1%；农业适度规模经营面积达 342.3 万亩，新增农民合作社 1504 家，总数达 6455 家。

37.3.2　工业竞争力评价分析

2014～2015 年，亳州市工业竞争力指标的数据及排位变化情况如表 37 - 3 - 2 所示。

表 37 - 3 - 2　亳州市 2014～2015 年工业竞争力数据

指标	工业增加值（亿元）	人均工业增加值（元）	规模以上工业企业工业总产值（亿元）	规模以上工业企业资产合计（亿元）	规模以上工业企业利润总额（亿元）	规模以上工业企业本年应缴增值税（亿元）	规模以上工业产品销售率（%）
2014 年	227.99	4563.45	844.41	580.28	65.36	20.67	97.12
2015 年	246.15	4877.25	959.39	654.72	71.62	19.99	95.69
2014 年排位	30/14/5	30/16/5	-/14/5	-/14/5	-/9/2	-/15/5	-/10/3
2015 年排位	30/14/5	30/16/5	-/14/5	-/14/5	-/9/4	-/14/5	-/16/5

注：人均工业增加值计算时使用"总人口"。

2015 年，亳州市工业增加值达到 246.15 亿元，人均工业增加值 4877.25 亿元，两项指标均有小幅度上升，在中原经济区、安徽省 16 个地市以及中原经济区安徽 5 个地市的排位均没有变化；规模以上工业产品销售率出现明显下降，在安徽省 16 个地市排位中下降了 6 位，居于第 16 位。

2015 年，亳州市规模以上工业企业达 793 户，比上年净增 122 户；规模以上工业企业增加值 249.6 亿元，比上年增长 10.9%，其中轻、重工业分别增长 10.7% 和 11.2%。全市 31 个工业行业中，24 个保持增长，其中增速超过 20% 的行业达到 5 个。煤炭开采和洗选业增长 14.4%，农副食品加工业增长 6.1%，酒、饮料和精制茶制造业增长 15.1%，医药制造业增长 10.0%，非金属矿物制造业增长 10.6%，汽车制造业增长 30.7%，五大主导行业对全市规模以上工业增长贡献率达 72.5%。

全年规模工业总产值为 936.2 亿元，增长 11.7%；战略性新兴产业产值 250.1 亿元，增长 13%；农产品加工产值 606.2 亿元，增长 13.6%；高新技术行业产值 294.9 亿元，增长 13.8%。全市规模以上工业企业经济效益综合指数 268.9%，比上年提高 6.4 个百分点。企业主营业务收入 853.5 亿元，增长 9.9%；利税 77.7 亿元，增长 15.6%，其中利润 46.3 亿元，增长 19.2%。

37.3.3　服务业竞争力评价分析

2014～2015 年，亳州市服务业竞争力指标的数据及排位变化情况如表 37－3－3 所示。

表 37－3－3　亳州市 2014～2015 年服务业竞争力数据

指标	服务业增加值（亿元）	服务业增加值增长率（%）	人均服务业增加值（元）	服务业从业人员数（万人）	服务业从业人员数增长率（%）	交通运输仓储邮电业增加值（亿元）	批发和零售业增加值（亿元）	金融业增加值（亿元）	房地产业增加值（亿元）	住宿和餐饮业增加值（亿元）
2014 年	340.45	9.10	6814.45	117.9	1.99	45.24	75.77	24.22	36.15	19.19
2015 年	377.39	10.50	7477.66	119.8	1.61	43.8	81.09	32.65	36.76	21.16
2014 年排位	26/10/4	13/5/3	29/14/4	–/5/2	–/11/5	–/8/3	–/7/3	–/14/4	–/8/2	–/9/3
2015 年排位	26/9/4	26/10/4	29/15/4	–/5/2	–/12/4	–/6/3	–/7/3	–/13/4	–/8/2	–/10/3

注：人均服务业增加值计算时使用"常住人口"。

2015 年，亳州市实现服务业增加值 377.39 亿元；服务业增加值增长率 10.5%，这一指标在中原经济区 30 个地市中的排位下降了 13 位，居于第 26 位，在安徽省 16 个地市的排位下降了 5 位，居于第 10 位。交通运输仓储邮电业增加值 43.8 亿元。公路旅客运输量 9336 万人，增长 4.6%。全年邮电业务总量 34.1 亿元，比上年增长 31.2%。其中，电信业务总量 28.7 亿元，增长 23.2%；邮政业务总量 5.4 亿元，增长 33.1%。

2015 年，亳州市金融机构各项存款余额 1260.1 亿元，比上年末增加 199.3 亿元，增长 18.8%。其中，单位存款余额 381.6 亿元，增长 28.3%；住户存款余额 866.3 亿元，增长 16%。金融机构各项贷款余额 784.3 亿元，增长 22%。其中，短期贷款 413.4 亿元，增长 21.7%；中长期贷款 357 亿元，增长 21.4%，中长期贷款中个人消费贷款 163 亿元，增长 26.3%。

37.4　亳州市城镇化发展评价分析

2014～2015年，亳州市城镇化竞争力指标的数据及排位变化情况如表37－4－1所示。

表37－4－1　亳州市2014～2015年城镇化竞争力数据

指标	城镇化率（%）	城镇居民人均可支配收入（元）	城市建设用地面积（平方公里）	市区人口密度（人/平方公里）	人均拥有道路面积（平方米）	人均日生活用水量（升）	燃气普及率（%）	人均城市园林绿地面积（平方米）
2014 年	35.70	21192.00	60.63	4155	39.82	149.86	90.00	11.52
2015 年	36.96	23120.00	62.61	3693	46.04	156.41	94.08	14.04
2014 年排位	－/16/5	－/15/5	－13/5	－/2/1	－/2/1	－/8/3	－/15/4	－/10/3
2015 年排位	30/16/5	－/15/5	－/13/5	－/3/2	－/2/1	－/7/2	－/15/4	－/8/2

2015年，亳州市城镇化率为36.96%，与上年相比有小幅提高，但在安徽省16个地市以及中原经济区安徽5个地市的排位均没有变化。全年共投入城市建设维护资金4.9亿元。城市日供水综合能力11.2万吨，自来水普及率达93%。液化气年家庭用量0.2万吨，用气人口40.5万人，城市燃气普及率达94.08%。年末园林绿地面积2108公顷，建成区绿化覆盖率为41%，人均公共绿地面积12.2平方米。

2015年亳州市调整完成小城镇规划20个，小城镇规划区内新铺装道路99.5公里，新修排水管道116.03公里，新增供水管道126.4公里，新增住宅面积84万平方米。规划区绿化覆盖率为35.2%，供水普及率为40%。中心镇完成建设总投入6.5亿元。新增道路面积和住宅面积分别为71.2万和92.2万平方米，新增排水管道50.2公里，新铺供水管道88.2万米，供水普及率为50%。新增公共绿地面积86.4万平方米。全年完成新农村建设规划20处，面积472.5万平方米，新农村建设竣工面积39.7万平方米，完成土地置换2000亩，节约土地1300亩。

37.5　亳州市社会发展评价分析

2014～2015年，亳州市社会发展竞争力指标的数据及排位变化情况如表37－5－1所示。

2015年，亳州市基本养老保险参保职工数和基本医疗保险参保数的排位没有任何变化；亳州市普通中学在校学生数在中原经济区中的排位上升了1位，居于第17位；卫生机构人员数在中原经济区30个地市中的排位上升了4位，居于第18位；参加新型农村合作医疗的农业人口532.3万人，参合率103.6%。

2015年亳州市共有专业艺术表演团体216个，文化馆4个，公共图书馆5个，博物馆4个，乡镇综合文化站87个。全国重点文物保护单位7处，省级重点文物保护单位38

处，市级重点文物保护单位 45 处。国家级非物质文化遗产名录 3 项，省级名录 20 项，市级名录 66 项。全市共有体育场地 1218 个，"全民健身"系列主题活动蓬勃开展，共开展全民健身项目 120 项次，全民健身运动参加人数 107 万人次，全年共举办百人以上群众体育活动 84 次。

表 37 – 5 – 1 亳州市 2014~2015 年社会发展竞争力数据

指标	普通高等学校在校学生数(人)	普通中学在校学生数(人)	卫生机构数(个)	卫生机构人员数(人)	新型农村合作医疗参合率(%)	基本养老保险参保职工数(人)	基本医疗保险参保数(人)
2014 年	11932	266208	1645	23313	100.60	139589	205022
2015 年	12049	270742	1705	24145	103.6	146419	219078
2014 年排位	–/15/5	18/6/3	24/6/3	22/7/3	–/11/3	–/15/5	–/14/5
2015 年排位	–/15/5	17/5/2	24/6/3	18/7/3	–/5/2	–/15/5	–/14/5

第 38 章
阜阳市 2015 年发展报告

38.1 阜阳市发展概述

2015 年，阜阳市地区生产总值 1267.45 亿元，同比增长 9.5%；阜阳市第二、三产业占 GDP 的比重为 77.41%；实现工业增加值 501.48 亿元；农业增加值 299.59 亿元；服务业增加值 464.79 亿元，同比增长 11.3%；一般预算财政总收入 120.04 亿元；城镇居民人均可支配收入 23496 元，同比增长 8.2%；农村居民人均纯收入 9001 元，同比增长 9.6%。全社会消费品零售总额 674.71 亿元，人均全社会消费品零售总额 8538.99 元；全社会固定资产投资额 1004.98 亿元。

2015 年，阜阳市土地流转面积达到 483 万亩，流转率 56.2%，规模养殖比重达 76%。新注册家庭农场 2090 家、认定市级以上龙头企业 95 家。实现农产品加工业产值 764 亿元，增长 19%。交通、水利基础设施建设力度加大，分别完成投资 54 亿元和 24 亿元，比上年增长 25.4% 和 71%。建设保障性住房 80292 套，基本建成 31498 套，占安徽省的 20.2%，完成农村危房改造 18400 户。

38.2 阜阳市宏观经济发展评价分析

38.2.1 经济规模竞争力评价分析

2014～2015 年，阜阳市经济规模竞争力指标的数据及排位变化情况如表 38－2－1 所示。

表 38－2－1 阜阳市 2014～2015 年经济规模竞争力数据

指标	地区生产总值（亿元）	地区生产总值增长率（%）	人均地区生产总值（元）	一般预算财政总收入（亿元）	人均财政总收入（元）	全社会消费品零售总额（亿元）	人均全社会消费品零售总额（元）	金融机构贷款年底余额（亿元）	人均金融机构贷款年底余额（元）
2014 年	1188.97	8.60	15303.00	103.51	1323.14	598.41	7649.33	963.87	12320.94
2015 年	1267.45	9.50	16121.00	120.04	1519.24	674.71	8538.99	1188.94	15047.06
2014 年排位	22/6/1	21/12/4	30/16/5	13/8/2	25/16/5	18/4/1	29/15/4	－/7/2	－/16/5
2015 年排位	19/6/1	3/5/2	30/16/5	9/6/1	25/16/5	17/3/1	29/15/4	－/6/2	－/15/4

注：本表人均财政总收入、人均全社会消费品零售总额、人均金融机构贷款年底余额指标计算使用"常住人口"计算。2014 年、2015 年排位分别是阜阳市在中原经济区 30 个地市中的排位、阜阳市在安徽省 16 个地市中的排位、阜阳市在中原经济区中安徽省 5 个地市中的排位。本章所有指标排位情况都与本表相同。

2015 年，阜阳市地区生产总值 1267.45 亿元，地区生产总值增长率 9.5%，地区生产总值增长率在中原经济区 30 个地市中的排位上升了 18 位，居于第 3 位，在安徽省 16 个地市中的排位上升了 7 位，居于第 5 位；一般预算财政总收入在中原经济区 30 个地市中上升了 4 位，居于第 9 位，在安徽省 16 个地市中上升了 2 位，居于第 6 位；全社会消费品零售总额在中原经济区 30 个地市和安徽省 16 个地市中的排位均上升 1 位。

金融机构贷款年底余额 1188.94 亿元，在安徽省 16 个地市的排位中上升了 1 位，居于第 6 位。人均地区生产总值、人均财政总收入和人均全社会消费品零售总额指标在中原经济区 30 个地市、安徽省 16 个地市以及中原经济区中安徽省 5 个地市中的排位基本无变化。

38.2.2 经济结构竞争力评价分析

2014 ~ 2015 年，阜阳市经济结构竞争力指标的数据及排位变化情况如表 38 - 2 - 2 所示。

表 38 - 2 - 2 阜阳市 2014 ~ 2015 年经济结构竞争力数据

指标	产业结构（%）	所有制结构（%）	人均收入结构（%）	国际贸易结构（%）	单位 GDP 能耗增减率（%）
2014 年	76.70	75.24	37.82	90.23	- 4.37
2015 年	77.41	79.52	38.31	90.42	- 3.96
2014 年排位	28/16/5	- /10/3	24/16/5	3/4/2	10/15/5
2015 年排位	29/16/5	- /9/3	27/14/5	- /3/2	- /13/5

2015 年，阜阳市第二、三产业占 GDP 的比重为 77.41%，在中原经济区 30 个地市排位中下降了 1 位，居于第 29 位，在安徽省内的排位保持不变。所有制结构为 79.52%，在安徽省内的排位上升 1 位，居于第 9 位；农村人均收入是城市人均收入的 38.31%，在中原经济区 30 个地市排位和安徽省 16 个地市的排位分别下降 3 位和上升 2 位。国际贸易结构发生微小变化，在安徽省 16 个地市中排位上升 1 位，居于第 3 位；单位 GDP 能耗增减率为 - 3.96%，在安徽省内的排位较靠后。阜阳市 2015 年第一产业增加值 286.3 亿元，增长 4.7%；第二产业增加值 526.4 亿元，增长 10.3%；第三产业增加值 464.79 亿元，增长 11.3%。三次产业结构为 22.6∶41.5∶35.9，工业增加值占 GDP 的 35.7%。

38.3 阜阳市产业发展评价分析

38.3.1 农业竞争力评价分析

2014 ~ 2015 年，阜阳市农业竞争力指标的数据及排位变化情况如表 38 - 3 - 1 所示。

表 38 - 3 - 1　阜阳市 2014 ~ 2015 年农业竞争力数据

指标	农业增加值（亿元）	人均农业增加值（元）	农民人均纯收入（元）	人均主要粮食产量（吨）	农村人均用电量（kW·h）	财政支农资金比重（%）	农村从业人员数（人）
2014 年	289.44	3699.92	8213.00	0.70	155.57	12.88	4928265
2015 年	299.59	3791.61	9001.00	0.72	172.05	11.96	5009020
2014 年排位	8/1/1	23/12/4	27/16/5	14/6/4	-/16/5	-/6/3	-/1/1
2015 年排位	8/1/1	21/12/4	27/16/5	14/6/4	30/16/5	-/8/3	-/1/1

注：人均农业增加值、人均主要粮食产量使用"常住人口"计算；农村人均用电量使用"农村人口"计算。

2015 年，阜阳市农业增加值 299.59 亿元，在安徽省内的排位为第 1 位，处于优势地位；人均农业增加值在中原经济区 30 个地市的排位上升 2 位，居于第 21 位；财政支农资金比重在安徽省内的排位下降了 2 位，居于第 8 位；农民人均纯收入、人均主要粮食产量和农村从业人员数等指标在中原经济区 30 个地市、安徽省 16 个地市以及中原经济区安徽省 5 个地市中的排位均无变化。从阜阳市农业竞争力指标可以看出，阜阳市农民的实际收入水平仍亟待提高。

2015 年，阜阳市粮食产量 570.3 万吨，比上年增加 22.1 万吨，增长 4.0%；油料产量 7.7 万吨，下降 4.2%；棉花产量 1.0 万吨，下降 33.4%；蔬菜产量 594.3 万吨，增长 12.3%。全年肉类总产量 65.2 万吨，比上年增长 3.3%；禽蛋产量 15.2 万吨，增长 5.6%；水产品产量 10.5 万吨，增长 5.0%。全年粮食作物种植面积 1000.2 千公顷，比上年减少 2.5 千公顷；油料种植面积 39.1 千公顷，减少 0.9 千公顷；棉花种植面积 8.5 千公顷，减少 3.2 千公顷；蔬菜种植面积 158.1 千公顷，增加 15.8 千公顷。粮食面积比由上年的 81.7∶18.3 调整为 80.6∶19.4。农村用电量 15.5 亿千瓦时，增长 11.6%。

38.3.2　工业竞争力评价分析

2014 ~ 2015 年，阜阳市工业竞争力指标的数据及排位变化情况如表 38 - 3 - 2 所示。

表 38 - 3 - 2　阜阳市 2014 ~ 2015 年工业竞争力数据

指标	工业增加值（亿元）	人均工业增加值（元）	规模以上工业企业总产值（亿元）	规模以上工业企业资产合计（亿元）	规模以上工业企业利润总额（亿元）	规模以上工业企业本年应缴增值税（亿元）	规模以上工业产品销售率（%）
2014 年	442.56	5657.16	1681.71	980.95	78.21	63.83	96.79
2015 年	501.48	6346.64	1989.69	1154.42	82.34	56.23	96.28
2014 年排位	25/8/3	29/15/4	-/11/3	-/12/3	-/8/1	-/6/1	-/13/4
2015 年排位	24/7/2	29/15/4	-/8/2	-/11/3	-/6/1	-/6/1	-/14/3

注：人均工业增加值计算时使用"总人口"。

2015 年，阜阳市实现工业增加值 501.48 亿元，在中原经济区 30 个地市的排位和安徽省 16 个地市中的排位均上升了 1 位；规模以上工业企业总产值 1989.69 亿元，在安徽省内排位上升 3 位，居于第 8 位；规模以上工业企业利润总额在安徽省内排位上升了 2 位，居于第 6 位；规模以上工业产品销售率为 96.28%，在安徽省 16 个地市中的排位下降了 1 位，居于第 14 位，在中原经济区中安徽省 5 个地市中的排位上升了 1 位，居于第 3 位。人均工业增加值和规模以上工业企业本年应缴增值税的排位均未发生变化。

2015 年，阜阳市规模以上工业中，36 个工业行业大类有 32 个行业增加值保持增长。其中，煤炭开采和洗选业增长 6.1%，农副食品加工业增长 6.2%，化学原料和化学制品制造业增长 5.3%，纺织业增长 16.9%，电气机械和器材制造业增长 18.5%，非金属矿物制品业增长 9.1%，废弃资源综合利用业增长 20.8%，电力、热力生产和供应业增长 1.7%，酒、饮料和精制茶制造业增长 0.4%，烟草制品业下降 0.9%。

38.3.3　服务业竞争力评价分析

2014～2015 年，阜阳市服务业竞争力指标的数据及排位变化情况如表 38 – 3 – 3 所示。

表 38 – 3 – 3　阜阳市 2014～2015 年服务业竞争力数据

指标	服务业增加值（亿元）	服务业增加值增长率（%）	人均服务业增加值（万元）	服务业从业人员数（万人）	服务业从业人员数增长率（%）	交通运输仓储邮电业增加值（亿元）	批发和零售业增加值（亿元）	金融业增加值（亿元）	房地产业增加值（亿元）
2014 年	407.37	8.00	0.52	224.80	43.64	50.99	96.31	50.44	33.26
2015 年	464.79	11.30	0.59	239.50	6.54	48.28	101.43	69.37	34.64
2014 年排位	20/5/1	21/11/5	30/16/5	–/2/1	–/1/1	–/4/2	–/4/1	–/4/1	–/9/3
2015 年排位	21/6/2	21/6/3	30/16/5	–/2/1	–/6/3	–/4/1	–/5/1	–/3/1	–/9/3

注：人均服务业增加值计算时使用"常住人口"。

2015 年，阜阳市服务业增加值为 464.79 亿元，在中原经济区 30 个地市中排位下降 1 位，居于第 21 位；服务业增加值增长率为 11.30%，与 2014 年相比，在安徽省 16 个地市中的排位上升了 5 位，居于第 6 位，在中原经济区中安徽省 5 个地市中的排位上升了 2 位；服务业从业人员数增长率为 6.54%，在安徽省 16 个地市中的排位下降了 5 位，居于第 6 位；批发和零售业增加值在安徽省 16 个地市中的排位下降了 1 位，居于第 5 位，金融业增加值在安徽省 16 个地市中的排位上升了 1 位，居于第 3 位；人均服务业增加值、服务业从业人员数等指标的排位没有变化。

2015 年，阜阳市年末金融机构人民币各项存款余额 2452.7 亿元，比上年末增加 404.9 亿元，增长 19.8%。其中，住户存款余额 1655.8 亿元，比上年末增加 200.4 亿元，增长 13.8%；金融机构人民币各项贷款余额 1187.0 亿元，比上年末增加 225.7 亿元，增长 23.5%；非金融企业及机关团体贷款余额 631.8 亿元，增长 27.2%。

2015 年交通运输仓储邮电业增加值 52.1 亿元，比上年增长 2.3%。公路里程 1.3 万公里，公路货物运输量 5.5 亿吨，旅客运输量 1.3 亿人次，分别比上年增长 1.3% 和

4.1%。邮电业务总量47.7亿元，比上年增长18.1%。其中，电信业务总量42.4亿元，增长5.0%；邮政业务总量5.3亿元，增长10.8%。

38.4 阜阳市城镇化发展评价分析

2014～2015年，阜阳市城镇化竞争力指标的数据及排位变化情况如表38－4－1所示。

表38－4－1 阜阳市2014～2015年城镇化竞争力数据

指标	城镇化率（%）	城镇居民人均可支配收入（元）	市区人口密度（人/平方公里）	人均拥有道路面积（平方米）	人均日生活用水量（升）	燃气普及率（%）
2014年	37.50	21715.00	2243	23.73	125.23	88.13
2015年	38.81	23496.00	2290	23.73	138.12	88.2
2014年排位	−/14/3	−/14/4	−/10/5	−/7/3	−/13/4	−/16/5
2015年排位	25/14/3	−/14/4	−/10/5	−/7/3	−/12/4	−/16/5

2015年，阜阳市城镇化率达38.81%，城镇居民人均可支配收入23496元，在安徽省16个地市中和中原经济区安徽省5个地市中的排位没有变化；人均日生活用水量在安徽省16个地市中的排位上升了1位，居于第12位。其他指标如市区人口密度、人均拥有道路面积以及燃气普及率的排位均无变化。

2015年，阜阳市全年居民人均消费支出9934元，增长6.3%，城镇常住居民人均消费性支出15127元，增长5.0%。建设保障性住房80292套，基本建成31498套，占全省的20.2%；完成农村危房改造18400户。企业退休人员基本养老金人均月增197.3元，城乡居民基础养老金月标准提高到70元。

38.5 阜阳市社会发展评价分析

2014～2015年，阜阳市社会发展竞争力指标的数据及排位变化情况如表38－5－1所示。

表38－5－1 阜阳市2014～2015年社会发展竞争力数据

指标	普通高等学校在校学生数（人）	普通中学在校学生数（人）	卫生机构数（个）	卫生机构人员数（人）	新型农村合作医疗参合率（%）	基本养老保险参保职工数（人）	基本医疗保险参保数（人）
2014年	34840	449172	2647	43448	98.00	242920	374257
2015年	36187	464745	2644	45288	97.7	244846	385458
2014年排位	−/10/3	9/1/1	19/2/1	9/2/1	−/14/4	−/10/3	−/9/3
2015年排位	−/10/3	9/1/1	19/2/1	3/2/1	−/16/5	−/10/3	−/9/3

2015 年，阜阳市新型农村合作医疗参合率为 97.7%，与 2014 年相比，在安徽省 16 个地市中的排位下降 2 位，居于第 16 位，在中原经济区安徽省 5 个地市中的排位下降了 1 位；卫生机构人员数在中原经济区 30 个地市中的排位上升了 6 位，居于第 3 位；其他指标如普通高等学校在校学生数、卫生机构数、基本医疗保险参保数等无论是在安徽省 16 个地市中还是中原经济区安徽省 5 个地市中的排位均保持不变。

2015 年，阜阳市有普通高校 5 所，各类中等职业教育学校 43 所，普通中学 443 所。艺术表演团体 566 个（含个体），文化馆 9 个，公共图书馆 8 个，博物馆 9 个。报纸出版量 2019.6 万份，期刊出版量 0.8 万册。阜阳市有体育场馆 11 处，举办大型全民健身活动 154 次，参与活动人数 7.9 万人次。

城镇基本养老保险参保人数 35.1 万人，城镇基本医疗保险参保人数 71.8 万人。农村社会养老保险参保人数 474.8 万人；新型农村合作医疗保险参保人数 879.3 万人，比上年增加 10.6 万人。

第 39 章
东平县 2015 年发展报告

39.1 东平县发展概述

2015 年，东平县实现地区生产总值 364.81 亿元，同比增长 8.0%；一般预算财政总收入 12.59 亿元，同比增长 11.0%，年末金融机构各项存款余额 223.91 亿元，同比增长 63.52%，固定资产投资完成 293.2 亿元，同比增长 13.9%；全社会消费品零售总额 142.60 亿元，同比增长 22.67%；农民人均纯收入 12126 元，同比增长 10.4%；城镇居民人均可支配收入 24204 元，增长 7.9%。

39.2 东平县宏观经济发展评价分析

2011~2015 年，东平县经济规模竞争力指标数据变化情况如表 39-2-1 所示。

表 39-2-1　东平县 2011~2015 年经济规模竞争力数据

年份	地区生产总值(亿元)	地区生产总值增长率(%)	人均地区生产总值(元)	一般预算财政总收入(亿元)	人均财政总收入(元)	全社会消费品零售总额(亿元)	人均全社会消费品零售总额(元)	金融机构贷款年底余额(亿元)	人均金融机构贷款年底余额(元)
2011	235.00	15.48	29559.70	6.43	808.81	76.19	9583.65	74.82	9411.32
2012	270.00	14.90	34005.00	7.59	955.92	89.60	11284.63	90.82	11438.29
2013	310.80	15.11	39143.60	10.04	1264.48	103.10	12985.49	108.68	13687.78
2014	346.50	10.50	43043.48	11.34	1408.67	116.25	14441.14	136.93	17010.46
2015	364.81	8.0	44927.34	12.59	1550.49	142.60	17561.58	150.42	18524.63

注：本表中人均指标按照年末总人口计算；生产总值数据来自《东平县政府工作报告》。

2015 年，东平县地区生产总值 364.81 亿元，比 2014 年增长 8.0%。人均地区生产总值 44927.34 元，一般预算财政总收入 12.59 亿元，比 2014 年增长 11%，全社会消费品零售总额 142.60 亿元，比 2014 年增长 22.67%。金融机构贷款年底余额 150.42 亿元，同比增长 9.9%。出口总额 6515 万美元，完成进出口总值 17767 亿美元。

39.3 东平县产业发展评价分析

39.3.1 农业竞争力评价分析

2011~2015 年，东平县农业竞争力指标数据变化情况如表 39-3-1 所示。

表 39 – 3 – 1　东平县 2011～2015 年农业竞争力数据

年份	农民人均纯收入（元）	油料产量（吨）	蔬菜产量（吨）	水果产量（吨）	肉类产量（吨）	规模以上农业龙头企业（家）	农村从业人员数（人）	农业合作社（家）
2011	7146	18768	680848	11537	49383	131	383802	599
2012	8304	20957	708544	12141	52333	140	386434	658
2013	9446	20657	736305	12890	53697	148	—	—
2014	10598	20641	762744	13218	54857	155	—	—
2015	12126	20929	729168	10995	56765	181	—	—

注：规模以上农业龙头企业数据来自《东平县政府工作报告》。

2015 年，东平县粮食总产实现十二连增。累计完成造林 16.9 万亩、苗木花卉 3.4 万亩、标准化水产养殖 5 万亩，新建、扩建畜禽规模养殖场 365 家。流转土地 14.86 万亩，泉灵农场等 87 个示范园区稳步发展。规模以上农业龙头企业增加 26 家；各类农民合作社新增 820 家，其中国家级、省级示范社分别增加 7 家、23 家；发展家庭农场 212 家。农产"三品"认证新增 54 个、23.6 万亩，注册认证特色农产品品牌 17 个，创建国家级标准化示范养殖场 1 家、省级 5 家。

39.3.2　工业竞争力评价分析

2011～2015 年，东平县工业竞争力指标的数据变化情况如表 39 – 3 – 2 所示。

表 39 – 3 – 2　东平县 2011～2015 年工业竞争力数据

年份	规模以上工业企业总产值（亿元）	规模以上工业企业主营业务收入（亿元）	规模以上工业企业利润总额（亿元）	规模以上工业企业利税总额（亿元）
2011	575.99	571.70	36.50	54.51
2012	727.76	724.59	51.29	73.94
2013	878.39	928.07	60.00	96.35
2014	1086.02	1125.83	—	108.11
2015	1143.29	1179.81	70.5	107.40

2015 年，东平县规模以上工业企业新增 17 家。规模工业增加值、主营业务收入分别增长 9.9%、4.2%，利税下降 1.5%。瑞星集团实现主营业务收入 120 亿元，东顺集团生活用纸和卫生用品产能、新东岳集团力车胎产能均居全国第 3 位。县经济开发区建成区面积达到 18 平方公里，在全省 160 家省级开发区综合排位中处于第 31 位，先后荣获"省级生态工业园区""山东省新型工业化产业示范基地""山东省安全标准化园区"等称号。新增国家级高新技术企业 5 家，达到 6 家；纳入省高新技术产业统计范围的企业增加 12 家，达到 58 家。2015 年实现高新技术产业产值 280 亿元，占规模以上工业总产值比重达到 24.6%。

39.3.3 服务业竞争力评价分析

2011～2015 年，东平县服务业竞争力指标的数据变化如表 39 - 3 - 3 所示。

表 39 - 3 - 3 东平县 2011～2015 年服务业竞争力指标数据变化情况

年份	全社会消费品零售总额(亿元)	人均全社会消费品零售总额(元)	金融机构贷款年底余额(亿元)	人均金融机构贷款年底余额(元)
2011	76.19	9583.65	74.82	9411.32
2012	89.60	11284.63	90.82	11438.29
2013	103.10	12985.49	108.68	13687.78
2014	116.25	14441.14	136.93	17010.46
2015	142.60	17561.58	150.42	18524.63

2015 年，东平县先后引进北京瑞辰酒店管理公司、深圳锦绣中华发展有限公司经营水浒度假酒店、水浒影视城；引进南山集团开发经营白佛山景区，目前已完成投资 8.4 亿元，祇元精舍、缘起楼、三面观音东西配殿等重要节点已完成主体建设。创建省级旅游强乡镇 9 个、旅游特色村 22 个，星级农家乐、渔家乐 160 多家。由市场主体经营了第五届国际龙舟邀请赛、中国国际露营大会等节庆活动以及中美篮球对抗赛、中国乒超联赛、中国垂钓电视直播精英赛等体育赛事。东平湖景区被评为国家级水利风景名胜区、"美丽中国"十佳旅游景区、"好客山东最佳主题旅游景区"。

39.4 东平县城镇化和社会发展评价分析

2015 年，东平县累计新增就业再就业 48996 人、农村劳动力转移就业 98395 人、就业技能培训 38559 人。养老、医疗、生育、工伤、失业等社会保险覆盖面不断扩大，城镇职工养老、医疗参保人数分别达到 7.9 万人、7.5 万人，城乡居民养老、医疗参保人数分别达到 46.7 万人、63.1 万人，城乡低保对象达到 3.2 万人，重度残疾人生活和护理补贴对象 6000 余人。建成农村幸福院 302 处，全国农村养老服务工作观摩座谈会在东平县召开。建设保障性住房 3043 套，棚户区改造 8803 户，危房改造 4935 户。基本药物制度每年减少群众支出 1730 万元。县直医院全部达到 2 级以上，10 家乡镇卫生院达到省级标准，424 处卫生室全部达到省级规范化建设标准。

第 40 章

凤台县 2015 年发展报告

40.1 凤台县发展概述

2015 年，凤台县户籍人口为 75.14 万人，其中常住人口 68.7 万人。地区生产总值 218.93 亿元，增长 2.2%；第一产业增加值 28.87 亿元，增长 4.4%；第二产业增加值 132.71 亿元，增长 1.1%；第三产业增加值 57.36 亿元，增长 5.0%。财政收入 18.72 亿元，增长 5.19%；固定资产投资额 178.85 亿元，减少 0.35%；全社会消费品零售总额 63.22 亿元，增长 18.15%。金融机构存款余额 224.11 亿元，增长 13.4%；贷款余额 135.03 亿元，增长 7.2%。农村人均纯收入 11341 元，增长 8.4%。

40.2 凤台县宏观经济发展评价分析

2012~2015 年，凤台县经济规模竞争力指标的数据变化情况如表 40 - 2 - 1 所示。

表 40 - 2 - 1　凤台县 2012~2015 年经济规模竞争力数据

年份	地区生产总值（亿元）	地区生产总值增长率（%）	人均地区生产总值（元）	一般预算财政总收入（亿元）	人均财政总收入（元）	全社会消费品零售总额（亿元）	人均全社会消费品零售总额（元）	金融机构贷款年底余额（亿元）	人均金融机构贷款年底余额（元）
2012	215.30	9.83	33747	21.09	2738.84	45.21	5870.07	90.71	11756.09
2013	222.02	8.2	34605	26.85	3480.63	53.50	6935.08	115	14907.19
2014	223.38	8.0	41214	17.80	3284.13	53.51	9872.69	125	23245.39
2015	218.93	2.2	35706	18.72	3053.34	63.22	10311.87	135.03	22024.14

注：本表中人均指标按照年末总人口计算，金融机构贷款年底余额来自历年《凤台县国民经济和社会发展统计公报》。

2015 年，凤台县经济结构持续优化。三次产业占比由上年的 13.2∶64.9∶21.9 调整到 13.4∶60.0∶26.6，第三产业增加值占地区生产总值的比重增加 4.7%。规模以上工业企业 143 户，完成规模以上工业增加值 102.56 亿元，同比增长 0.3%。煤炭产业转型发展，2015 年去产能 640 万吨。新增"四上企业"48 家，"三新企业"27 家，产值 6 亿元。全县引进内资项目 98 项，实际到位市外资金 90.38 万元，同比下降 14.9%。进出口总额 1.22 万美元，增长 17.3%。

40.3 凤台县产业发展评价分析

40.3.1 农业竞争力评价分析

2012~2015年，凤台县农业竞争力指标数据变化情况如表40-3-1所示。

表40-3-1 凤台县2012~2015年农业竞争力数据

年份	农业增加值（亿元）	人均农业增加值（元）	农民人均纯收入（元）	耕地面积（公顷）	农村用电量（万千瓦时）	财政支农资金比重(%)	农村人口数（人）	农村从业人员数（人）	农用排灌机械（台）
2012	26.15	3389.21	8127.24	45981	23426	26.82	516962	308804	3847
2013	28.55	3700.87	9216.70	45981	25300	14.64	523204	313597	3947
2014	29.35	5415.13	10462	64450	28768	17.84	504774	304576	3947
2015	28.87	4708.50	11341	64530	32976	17.5	518137	303286	3947

注：农村人均用电量按农村人口计算。

2015年，凤台县农林牧渔业实现增加值28.87亿元，同比下降1.64%。全年粮食作物播种面积83278公顷，同比增长0.8%，粮食总产607598吨，同比增长3.6%。农业机械总动力87.1万千瓦，同比增长4.7%；农村用电量32976万千瓦时，农用化肥施用量（折纯）50359吨，农药使用量3376吨。建成糯稻绿色核心示范区1.1万亩；创建省级绿色增效示范片2个、示范村2个；发展无公害蔬菜10万亩。发放农民专业合作社、家庭农场融资风险补偿基金贷款2320万元。培育省级龙头企业7家、农业产业联合体8个，新增农民专业合作社120家、家庭农场37家、新型农民550人。全县畜禽标准化规模养殖场超1000家，规模养殖比重72.9%。

40.3.2 工业竞争力评价分析

2012~2015年，凤台县工业竞争力指标的数据变化情况如表40-3-2所示。

表40-3-2 凤台县2012~2015年工业竞争力数据

年份	工业增加值（亿元）	人均工业增加值（元）	工业总产值（亿元）	企业单位数（个）	工业销售产值（亿元）
2012	18.38	2382.17	89.79	148	87.84
2013	108.18	14023.13	280.12	150	278.19
2014	109.46	20195.57	273.93	139	270.73
2015	134.46	4077.33	124.07	159	121.59

2015年，凤台县规模以上工业企业143户，完成工业增加值134.46亿元，增长22.84%。规模以上工业中，原煤3431.7万吨，增长5.2%；发电量138亿千瓦时，下降

13.8%；服装业 784.8 万件，增长 10.6%；面粉 716979 吨，增长 13.2%；大米 478692 吨，增长 4.4%。建筑业增加值 17.72 亿元，较上年增长 6.0%；全县 15 家资质等级以上建筑企业实现总产值 98028 万元，增长 29.3%。乡镇工业集聚区新建标准厂房 14.4 万平方米，入驻企业 20 家。启动光伏项目三年滚动计划，开工项目 4 个，总装机容量 80 兆瓦。滚动实施"485"重点项目 92 个，列入省重点项目 56 个。

40.3.3　服务业竞争力评价分析

2012~2015 年，凤台县服务业竞争力指标的数据变化情况如表 40-3-3 所示。

表 40-3-3　凤台县 2012~2015 年服务业竞争力数据

年份	服务业增加值（亿元）	金融机构贷款年底余额（亿元）	人均金融机构贷款年底余额（元）	房地产开发投资（亿元）	全社会消费品零售总额（亿元）	人均全社会消费品零售总额（元）
2012	41.19	90.71	11756.09	11.87	45.21	5870.07
2013	45.76	115	14907.19	—	53.50	6935.08
2014	49.02	125	23245.39	—	53.51	9872.69
2015	57.36	135.03	19655.34	4.09	63.22	9202.63

2015 年，凤台县服务业增加值为 57.36 亿元。交通运输仓储邮电业实现增加值 87147 万元，同比增长 2.1%。邮电业务收入 42051 万元，同比下降 5.7%，其中电信业务收入 35706 万元，同比下降 8.7%。金融机构人民币各项存款余额 224.11 亿元，增长 13.4%，住户存款余额 141.66 亿元，增长 13.2%；各项贷款余额 135.03 亿元，增长 7.2%。发放农民专业合作社、家庭农场融资风险补偿基金贷款 2320 万元。在全省率先启动"劝耕贷"试点，发放贷款 3991 万元。大力实施商贸、物流、电商三大提升行动，新建"两园一中心"载体，设立电商基金 1000 万元，新增物流企业 12 家、电商企业 33 家，网上销售额达 3.5 亿元。

40.4　凤台县城镇化和社会发展评价分析

2015 年，凤台县城镇化建设持续发展。投入资金 10 亿元，实施 32 项民生工程。实施"五大"脱贫工程和"四大"扶贫工程，构建"1+18"政策体系，整合资金 1.4 亿元，10400 人成功脱贫、20 个村整村出列。全县拥有艺术表演团 2 个、文化馆（站）19 所、图书馆 1 个、19 家公共电子阅览室、247 家农家书屋。教育经费投入 5.77 亿元，同比增长 18.4%。学校数 278 所，其中普通中学 33 所，小学 136 所。拥有卫生机构 23 个，其中医院、卫生院 19 个。新型农村合作医疗扎实推进，2015 年新型农村合作医疗参合率高达 103.4%。全年医疗卫生支出 3.44 亿元，较上年增长 3.3%。参加城乡居民社会养老保险人数 342400 人；参加城镇职工基本养老保险人数 61320 人；参加城镇居民医疗保险人数 83684 人；参加城镇职工医疗保险人数 62013 人；参加失业保险人数 35593 人，新型农村合作医疗人数 536445 人。

附录一

本书综合篇中所有一级指标最终排名采用加权平均算法，赋予二级指标不同权重，加权平均而得。综合篇各一级指标下二级指标权重见以下各表。

经济规模竞争力	地区生产总值	地区生产总值增长率	人均地区生产总值	一般预算财政总收入	人均财政总收入	固定资产投资额	人均固定资产投资额	全社会消费品零售总额	人均全社会消费品零售总额	城镇居民人均可支配收入	农村居民家庭人均纯收入
	20%	20%	20%	5%	5%	5%	5%	5%	5%	5%	5%

经济结构竞争力	产业结构（第二、三产业占GDP比重）	所有制结构（非国有工业企业主营业务收入/工业企业主营业务收入）	人均收入结构（乡村/城市）	支出结构（消费/投资）	国际贸易结构（出口/进出口总额）
	22%	22%	22%	22%	12%

经济外向度竞争力	进出口总额	货物和服务净流出（净出口）	出口拉动指数（净出口/GDP）	外商投资企业投资总额	出口总额	外贸依存度
	20%	15%	15%	30%	10%	10%

农业竞争力	农业增加值	人均农业增加值	农民人均纯收入	人均主要粮食产量	农业劳动生产率	农村人均用电量	支农资金比重
	20%	20%	20%	10%	10%	10%	10%

工业竞争力	工业增加值	工业增加值增长率	人均工业增加值	工业增加值占GDP比重	全社会工业固定资产投资	规模以上工业资产总额	规模以上工业资产总贡献率	规模以上工业成本费用利润率	规模以上工业流动资产周转次数
	20%	15%	15%	10%	10%	10%	10%	10%	10%

工业化进程竞争力	第二产业增加值占GDP比重	第二产业增加值增长率	第二产业从业人员占总就业人员比重	第二产业从业人员增长率	第二产业贡献率
	25%	25%	20%	10%	20%

服务业竞争力	服务业增加值	服务业增加值增长率	人均服务业增加值	服务业从业人员数	服务业从业人员数增长率	交通运输仓储邮电业增加值	金融业增加值	房地产业增加值	批发和零售业增加值	住宿和餐饮业增加值
	15%	15%	15%	15%	15%	5%	5%	5%	5%	5%

企业竞争力	规模以上工业企业数	规模以上工业企业平均资产	规模以上工业企业主营业务收入平均值	规模以上工业企业平均流动资产	规模以上工业企业资产负债率	规模以上工业企业成本费用利润率	规模以上工业企业平均利润	规模以上工业企业总资产贡献率
	25%	25%	25%	5%	5%	5%	5%	5%

城镇化进程竞争力	城镇化率	城镇居民人均可支配收入	城市建成区面积	市区人口密度	人均拥有道路面积	人均日生活用水量	燃气普及率	人均城市园林绿地面积
	50%	10%	10%	10%	5%	5%	5%	5%

城镇社会保障竞争力	城市城镇社区服务设施数	医疗保险覆盖率	养老保险覆盖率	失业保险覆盖率	工伤保险覆盖率	城镇登记失业率
	5%	25%	25%	20%	20%	5%

教育竞争力	教育业就业人员数	教育业就业人员平均工资	人均教育固定资产投资	万人中小学学校数	万人中小学专任教师数	万人高等学校数	万人高校专任教师数	万人高等学校在校学生数
	20%	20%	10%	10%	10%	10%	10%	10%

科技竞争力	人均R&D经费支出	R&D经费占GDP比重	万人技术市场成交额	万人专利数	人均高新企业总产值
	20%	20%	20%	20%	20%

文化竞争力	文化、体育和娱乐业就业人数	文化、体育和娱乐业就业人员平均工资	城镇居民人均文化娱乐支出	农村居民人均文化娱乐支出	城镇居民文化娱乐支出占消费性支出比重	农村居民文化娱乐支出占消费性支出比重
	10%	10%	20%	20%	20%	20%

综合篇中指标在全国排位处于第1~16位的归为上游区，在全国排位处于第17~31位的归为下游区；指标排位在全国处于第1~10位的归为优势指标，在全国排位处于第11~20位的归为中势指标，在全国排位处于第21~31位的归为劣势指标。

附录二

本书区域篇中所有一级指标最终排位采用加权平均算法，赋予二级指标不同权重，加权平均而得。各一级指标下二级指标权重见以下各表。

经济规模竞争力	地区生产总值	地区生产总值增长率	人均地区生产总值	一般预算财政总收入	人均财政总收入	固定资产投资额	人均固定资产投资额	全社会消费品零售总额	人均全社会消费品零售总额	金融机构贷款年底余额	人均金融机构贷款年底余额
	20%	20%	20%	5%	5%	5%	5%	5%	5%	5%	5%

经济结构竞争力	产业结构（第二、三产业占 GDP 比重）	所有制结构(非国有工业企业主营业务收入/工业企业主营业务收入)	人均收入结构（乡村/城市）	支出结构（消费/投资）	国际贸易结构（出口/进出口总额）	单位 GDP 能耗增减率
	20%	20%	20%	20%	10%	10%

经济外向度竞争力	进出口总额	货物和服务净流出（净出口）	出口拉动指数（净出口/GDP）	实际 FDI	利用省外资金	省外资金/固定资产投资
	20%	15%	15%	30%	10%	10%

宏观经济竞争力	经济规模竞争力	经济结构竞争力	经济外向度竞争力
	50%	40%	10%

农业竞争力	农业增加值	人均农业增加值	农民人均纯收入	人均主要粮食产量	农业劳动生产率	农村人均用电量	支农资金比重
	20%	20%	20%	10%	10%	10%	10%

工业竞争力	工业增加值	工业增加值增长率	人均工业增加值	规模以上工业资产总额	规模以上工业资产总贡献率	规模以上工业全员劳动生产率	规模以上工业成本费用利润率	规模以上工业产品销售率
	20%	10%	20%	10%	10%	10%	10%	10%

工业化进程竞争力	第二产业增加值占 GDP 比重	第二产业增加值增长率	第二产业从业人员占总就业人员比重	第二产业从业人员增长率	第二产业固定资产投资占比
	25%	25%	20%	10%	20%

服务业竞争力	服务业增加值	服务业增加值增长率	人均服务业增加值	服务业从业人员数	服务业从业人员数增长率	交通运输仓储邮电业增加值	金融业增加值	房地产业增加值	批发和零售业增加值	住宿和餐饮业增加值
	15%	15%	15%	15%	15%	5%	5%	5%	5%	5%

企业竞争力	规模以上工业企业数	规模以上工业企业平均资产	规模以上工业企业主营业务收入平均值	流动资产年平均余额	规模以上工业企业资产负债率	规模以上工业企业成本费用利润率	规模以上工业企业平均利润	全员劳动生产率
	25%	25%	25%	5%	5%	5%	5%	5%

城镇化竞争力	城镇化率	城镇居民人均可支配收入	城市建成区面积	市区人口密度	人均拥有道路面积	人均日生活用水量	燃气普及率	人均城市园林绿地面积
	50%	10%	10%	10%	5%	5%	5%	5%

城镇社会保障竞争力	城市城镇社区服务设施数	医疗保险覆盖率	养老保险覆盖率	失业保险覆盖率	工伤保险覆盖率	城镇登记失业率
	5%	25%	25%	20%	20%	5%

教育竞争力	教育经费占GDP比重	人均教育经费	人均教育固定资产投资	万人中小学学校数	万人中小学专任教师数	万人高等学校数	万人高校专任教师数	万人高等学校在校学生数
	20%	20%	10%	10%	10%	10%	10%	10%

科技竞争力	科学研究和技术服务业增加值	万人科技活动人员	R&D经费占GDP比重	人均R&D经费支出	万人技术市场成交额
	20%	20%	20%	20%	20%

文化竞争力	全市接待旅游总人次	全市旅游总收入	城镇居民人均文化娱乐支出	农村居民人均文化娱乐支出	城镇居民文化娱乐支出占消费性支出比重	农村居民文化娱乐支出占消费性支出比重
	10%	10%	20%	20%	20%	20%

县域经济竞争力	地区生产总值	人均地区生产总值	一般预算财政总收入	人均财政总收入	固定资产投资额	人均固定资产投资额	全社会消费品零售总额	人均全社会消费品零售总额	金融机构贷款年底余额	人均金融机构贷款年底余额
	30%	30%	5%	5%	5%	5%	5%	5%	5%	5%

区域篇一（河南部分）中上游区指标是指排位在河南省第1~9位的指标，下游区是指排位在河南省第10~18位的指标；优势指标是指排位在河南省第1~6位的指标，中势指标是指在排位在河南省第7~12位的指标，劣势指标是指排位在河南省第13~18位的指标。

后　记

　　《中原经济区竞争力报告（2017）》是中原发展研究院丛书系列年度报告第六本，该报告获教育部哲学社会科学发展报告培育项目（项目编号：13JBGP023）资助。

　　本报告的编撰工作于2016年9月启动，仍由我统筹，郑祖玄为学术事务总负责人，赵志亮为秘书长，负责所有与报告编撰有关的组织工作，侯雨灿负责各项具体事务。经过多次讨论，确定编撰思路，拟定报告框架，统一技术路线和写作规范，并选定相关章节负责人。赵志亮负责稿件最后的汇总、修改，郑祖玄负责初审并处理相关的学术和技术问题，最后由我把关定稿。

　　本报告的撰写工作具体分工如下：综合篇各章分别由朱华宇（河南省2015年宏观经济发展报告）、赵岩（河南省2015年新型城镇化发展报告）、谷亚楠（河南省2015年新型工业化发展报告）、赵贺朵（河南省2015年新型农业现代化发展报告）、和冠龙（河南省2015年现代服务业发展报告）、吴朝阳（河南省2015年社会事业发展报告）、柴森（河南省2015年信息化发展报告）、姜良良（河南省2015年县域经济发展报告）撰写；中原经济区30个地市和2个县各章分别由李华峰（郑州市、开封市、运城市）、张彤（洛阳市、晋城市、长治市）、赵政轩（平顶山市、安阳市）、张涵（鹤壁市、邢台市、邯郸市）、曹昱（新乡市、焦作市、东平县）、侯雨灿（濮阳市、许昌市）、张景林（漯河市、聊城市、菏泽市）、董华猛（三门峡市、商丘市、淮北市）、李川川（南阳市、宿州市、蚌埠市）、陈楚阳（信阳市、周口市）、和冠龙（驻马店市）、范丽亚（济源市）、程之旭（亳州市、阜阳市、凤台县）撰写。以上人员均参与了数据搜集、格式整理和校稿工作。

耿明斋

2017年7月

532

图书在版编目（CIP）数据

中原经济区竞争力报告. 2017 / 耿明斋主编. -- 北

京：社会科学文献出版社，2017.9

（中原发展研究院智库丛书）

ISBN 978 - 7 - 5201 - 1223 - 9

Ⅰ. ①中…　Ⅱ. ①耿…　Ⅲ. ①经济区 - 竞争力 - 研究

报告 - 河南 - 2017　Ⅳ. ①F127.61

中国版本图书馆 CIP 数据核字（2017）第 197683 号

· 中原发展研究院智库丛书 ·

中原经济区竞争力报告（2017）

主　　编／耿明斋

执行主编／郑祖玄

副 主 编／赵志亮

出 版 人／谢寿光

项目统筹／邓泳红

责任编辑／张　超

出　　版／社会科学文献出版社 · 皮书出版分社 （010）59367127
　　　　　地址：北京市北三环中路甲 29 号院华龙大厦　邮编：100029
　　　　　网址：www. ssap. com. cn

发　　行／市场营销中心 （010）59367081　59367018

印　　装／三河市东方印刷有限公司

规　　格／开　本：787mm × 1092mm　1/16
　　　　　印　张：34　字　数：797 千字

版　　次／2017 年 9 月第 1 版　2017 年 9 月第 1 次印刷

书　　号／ISBN 978 - 7 - 5201 - 1223 - 9

定　　价／180.00 元

本书如有印装质量问题，请与读者服务中心 （010 - 59367028）联系